NEUMANN

Die Niedersächsische Verfassung

Die
Niedersächsische Verfassung

Handkommentar

von

Heinzgeorg Neumann
Vizepräsident des Verwaltungsgerichts a. D.

3., neubearbeitete Auflage 2000

RICHARD BOORBERG VERLAG
Stuttgart · München · Hannover · Berlin · Weimar · Dresden

Neumann, Heinzgeorg:

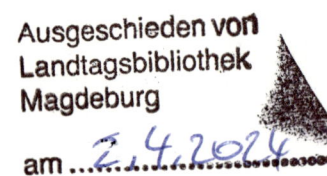

Die niedersächsische Verfassung : Handkommentar / von Heinzgeorg Neumann. – 3., neubearb. Aufl. – Stuttgart ; München ; Hannover ; Berlin ; Weimar ; Dresden : Boorberg, 2000
2. Aufl. u. d. T.: Neumann, Heinzgeorg: Die vorläufige niedersächsische Verfassung
ISBN 3-415-02651-5

Gesamtherstellung: Offizin Andersen Nexö Leipzig –
ein Betrieb der Interdruck GmbH
© Richard Boorberg Verlag GmbH & Co, 2000

Vorwort zur dritten Auflage

Die dritte Auflage erläutert die neue Niedersächsische Verfassung in der Fassung des Zweiten Gesetzes zur Änderung der Landesverfassung vom 21. November 1997. Um den vorgesehenen Umfang des Werkes nicht zu überschreiten, ist in der Regel auf eine Auseinandersetzung mit Rechtsprechung und Schrifttum verzichtet worden. Einige Artikel wurden durch geschichtliche Hinweise ergänzt. Schwerpunkt der Auflage ist das Organisationsrecht des Landtages, der Landesregierung, des Staatsgerichtshofes und der Kommunalverwaltung.

Hiermit danke ich der Verwaltung des Niedersächsischen Landtages für die mir übersandten Drucksachen.

Mein besonderer Dank gilt Herrn Professor Dr. Erich Röper für die praxisbezogenen Anregungen zum Parlamentsrecht.

Lüneburg, im Oktober 1999   Heinzgeorg Neumann

Inhalt

Abkürzungen und Zitierweisen 11
Text der Niedersächsischen Verfassung 21
Einleitung zur Kommentierung der Niedersächsischen Verfassung 41
Kommentierung der Verfassung des Landes Niedersachsen 47
Präambel 47

ERSTER ABSCHNITT
Grundlagen der Staatsgewalt, Grundrechte und Staatsziele

Art. 1 (Staatsgrundsätze, Teil der europäischen Völkergemeinschaft, Landessymbole und Landeshauptstadt Hannover) 50

Art. 2 (Repräsentative Demokratie, Bindung der drei Gewalten an Gesetz und Recht) 57

Art. 3 (Bekenntnis zu den Menschenrechten, Übernahme der Grundrechte und staatsbürgerlichen Rechte des Grundgesetzes, Gleichberechtigung von Frauen und Männern, Diskriminierungsverbot) 61

Art. 4 (Recht auf Bildung, Schulpflicht, Schulaufsicht, Gewährleistung der Privatschulen) 65

Art. 5 (Förderung der Wissenschaft, der Hochschulen und anderer wissenschaftlicher Einrichtungen, Hochschulselbstverwaltung) 70

Art. 6 (Schutz und Förderung von Kunst, Kultur und Sport) 78

Art. 6a (Arbeitsbeschaffung und Versorgung mit Wohnraum) 85

Art. 6b (Tierschutz) 88

ZWEITER ABSCHNITT
Der Landtag

Art. 7 (Aufgaben des Landtages) 90
Art. 8 (Wahlgrundsätze, aktives und passives Wahlrecht) 94
Art. 9 (Dauer, Beginn und Ende der Wahlperiode) 101
Art. 10 (Selbstauflösung des Landtages) 104
Art. 11 (Beginn und Ende des Mandats, Wahlprüfungsverfahren) 107
Art. 12 (Repräsentationsprinzip, Mandatsfreiheit) 113
Art. 13 (Wahlurlaub, Freiheit der Mandatskandidatur, Alimentation der Abgeordneten) 118
Art. 14 (Indemnität) 125
Art. 15 (Immunität) 129
Art. 16 (Zeugnisverweigerungsrecht und Beschlagnahmeverbot) 134
Art. 17 (Abgeordnetenanklage) 137
Art. 18 (Wahl und Abberufung der Mitglieder des Präsidiums, Kompetenzen des Landtagspräsidenten) 140
Art. 19 (Recht der Fraktionsbildung, Recht der Fraktionen auf Chancengleichheit und Ausstattung) 146

Inhalt

Art. 20 (Aufgabe und Bildung der Parlamentsausschüsse sowie des Ältestenrates) 152

Art. 21 (Geschäftsordnung, Einberufung zu den Sitzungen, Beschlußmehrheit und Beschlußfähigkeit) 157

Art. 22 (Öffentlichkeit der Sitzungen, Parlamentsberichterstattung) 163

Art. 23 (Zitierrecht und Zutrittsrecht der Landesregierung) 167

Art. 24 (Anfrage, Vorlage von Akten und Inspektionsrecht) 171

Art. 25 (Spontane Informationspflicht der Landesregierung) 178

Art. 26 (Behandlung von Petitionen) 183

Art. 27 (Untersuchungsausschüsse: Bildung, Beweiserhebung, Verfahren, Verfassungswidrigkeit der Untersuchung, Gerichtsfreiheit) 186

DRITTER ABSCHNITT
Die Landesregierung

Art. 28 (Aufgaben und Zusammensetzung, Unvereinbarkeit mit anderen Ämtern) 193

Art. 29 (Wahl des Ministerpräsidenten, Berufung und Entlassung der Minister, Bestätigung der Landesregierung) 198

Art. 30 (Auflösung des Landtages bei gescheiterter Regierungsbildung, vereinfachte Regierungsbildung) 205

Art. 31 (Bekenntnis zu den Staatsgrundsätzen, Amtseid) 208

Art. 32 (Konstruktives Mißtrauensvotum) 211

Art. 33 (Rücktrittsrecht, Fiktion des Rücktritts des Ministerpräsidenten und der Landesregierung, Geschäftsführungspflicht) 216

Art. 34 (Status und Alimentation, Unvereinbarkeiten) 220

Art. 35 (Kompetenz des Ministerpräsidenten zur staats- und völkerrechtlichen Vertretung des Landes, Staatsverträge) 224

Art. 36 (Gnadenkompetenz des Ministerpräsidenten, Straffreiheitsgesetze) . . . 231

Art. 37 (Richtlinienkompetenz des Ministerpräsidenten, Ressortkompetenz der Minister, Zuständigkeiten der Landesregierung) 234

Art. 38 (Organisationsgewalt und Personalhoheit der Landesregierung) 240

Art. 39 (Innere Organisation der Landesregierung: Geschäftsordnung, Leitung der Geschäfte und der Sitzungen, Beschlußfassung) 244

Art. 40 (Anklage von Regierungsmitgliedern, „Reinigungsverfahren") 248

VIERTER ABSCHNITT
Die Gesetzgebung

Art. 41 (Gesetzgebungsvorbehalt) 252

Art. 42 (Kompetenz zur Gesetzgebung, Veto der Landesregierung, Klausur der Initianten) 253

Art. 43 (Verordnungskompetenzen) 261

Art. 44 (Notverordnungskompetenz der Landesregierung) 264

Art. 45 (Ausfertigung und Verkündung sowie Inkrafttreten von Gesetzen, Verordnungen) 269

Art. 46 (Verfassungsänderungen, Ewigkeitsklauseln) 276

Inhalt

FÜNFTER ABSCHNITT
Volksinitiative, Volksbegehren und Volksentscheid

Art. 47 (Volksinitiative) 280
Art. 48 (Verfahren des Volksbegehrens) 283
Art. 49 (Verfahren des Volksentscheides) 286
Art. 50 (Kostenerstattung, Ausführungsgesetz) 290

SECHSTER ABSCHNITT
Die Rechtsprechung

Art. 51 (Legitimation der rechtsprechenden Gewalt, Besetzung der Gerichte, Richterwahlausschuß, richterliche Unabhängigkeit) 291
Art. 52 (Richteranklage von Berufsrichtern und ehrenamtlichen Richtern) ... 295
Art. 53 (Gewährleistung des Rechtsweges gegen die öffentliche Gewalt) 298
Art. 54 (Zuständigkeiten des Staatsgerichtshofes) 301
Art. 55 (Verfassung und Verfahren des Staatsgerichtshofes) 311

SIEBENTER ABSCHNITT
Die Verwaltung

Art. 56 (Kompetenz der Landesregierung, Gesetzesvorbehalt für die Struktur der allgemeinen Landesverwaltung) 317
Art. 57 (Garantie der kommunalen und sonstigen Selbstverwaltung, Kommunalwahlrecht, Garantie der öffentlichen Aufgaben für die Gemeinden, Auftragsverwaltung und Staatsaufsicht, kommunale Spitzenverbände) 320
Art. 58 (Kommunale Steuerquellen und übergemeindlicher Finanzausgleich) .. 327
Art. 59 (Auflösung, Vereinigung, Neubildung und Gebietsänderungen bei Kommunen) 330
Art. 60 (Funktionsvorbehalt und Neutralitätsgebot für den öffentlichen Dienst) 334
Art. 61 (Einschränkung des passiven Kommunalwahlrechtes für Angehörige des öffentlichen Dienstes) 337
Art. 62 (Aufgaben, Wahl und Status des Landesbeauftragten für den Datenschutz) 339

ACHTER ABSCHNITT
Das Finanzwesen

Art. 63 (Erhaltung des Landesvermögens und der vom Lande verwalteten Vermögen Dritter) 344
Art. 64 (Finanz- und Investitionsplanung der Haushaltswirtschaft) 347
Art. 65 (Aufgabe und Gliederung des Landeshaushaltes, Bepackungsverbot) ... 348
Art. 66 (Adressaten und Voraussetzungen der Vorläufigen Haushaltsführung) .. 353
Art. 67 (Notbewilligungsrecht des Finanzministers) 356
Art. 68 (Deckungsgebot bei Entwürfen von Landesgesetzen sowie Parlamentsbeschlüssen) 361
Art. 69 (Rechnungslegung des Finanzministers, Entlastung der Landesregierung durch den Landtag) 364
Art. 70 (Aufgaben des Landesrechnungshofes, Status und Wahl seiner Mitglieder) 368

Inhalt

Art. 71 (Gesetzliche Ermächtigung für Kredite und Gewährleistungen, Grenzen der Kreditaufnahme) 375

NEUNTER ABSCHNITT
Übergangs- und Schlußbestimmungen

Art. 72 (Schutz der historischen Kultur der ehemaligen Länder Hannover, Oldenburg, Braunschweig und Schaumburg-Lippe, Aufgaben und Schutz überkommener heimatgebundener Einrichtungen) 380

Art. 73 (Ermächtigung zur Kompetenzübertragung beim Staatsvertrag über Cuxhaven) 382

Art. 74 (Mehrheiten und Minderheiten der „Mitglieder des Landtages") 384

Art. 75 (Indemnität, Immunität, Zeugnisverweigerungsrecht für Abgeordnete anderer Bundesländer) 385

Art. 76 (Übergangsvorschrift für Wahlperioden) 386

Art. 77 (Übergangsvorschrift für Richter des Staatsgerichtshofes) 386

Art. 78 (Inkrafttreten der Landesverfassung und Aufhebung der Vorläufigen Niedersächsischen Verfassung) 386

Sachregister 389

Abkürzungen und Zitierweisen

(auch Titel häufiger angeführten Schrifttums)

a. A.	anderer Ansicht
ABl.	Amtsblatt
Abmeier	Klaus Abmeier, Die parlamentarischen Befugnisse des Deutschen Bundestages nach dem Grundgesetz, 1984
Achterberg	Norbert Achterberg, Parlamentsrecht, 1984
Adamovich/Funk	Ludwig K. Adamovich/Bernd Christian Funk, Österreichisches Verfassungsrecht, 3. Aufl., 1985
a. F.	alte Fassung
Ahrens	Wolf-Eberhard Ahrens, Immunität von Abgeordneten, 1970
AK-GG	Denninger/Ridder/Simon/Stein, Alternativkommentar zum Grundgesetz für die Bundesrepublik Deutschland, 2. Aufl., 1989
AöR	Archiv des öffentlichen Rechts
Anschütz	Gerhard Anschütz, Die Verfassung des Deutschen Reiches vom 11. August 1919, Kommentar, 14. Aufl., Neudruck 1987
Arndt I	Adolf Arndt, Die Verfassungsurkunde für den Preußischen Staat, Kommentar, 2. Aufl., 1889
Arndt II	Adolf Arndt, Die Verfassung des Freistaats Preußen, Kommentar, 1921
Art.	Artikel
B.	Beschluß
Badura	Peter Badura, Staatsrecht, 1986
Bamberger Verfassung	Verfassung des Freistaates Bayern v. 13. 4. 1919
Barschel	Uwe Barschel (Hrsg.), 30 Jahre Landessatzung 1949–1979, 1979
Barschel/Gebel	Uwe Barschel/Volkram Gebel, Landessatzung für Schleswig-Holstein, Kommentar, 1976
BayVerfGH	Bayerischer Verfassungsgerichtshof
BBG	Bundesbeamtengesetz
Beck	Ulrich Beck (Hrsg.), Politik der Globalisierung, 1. Aufl., 1998
Bek.	Bekanntmachung
BGBl.	Bundesgesetzblatt
BGH	Bundesgerichtshof
BGHZ	Amtliche Sammlung der Entscheidungen des Bundesgerichtshofs in Zivilsachen
Bernzen/Sohnke	Uwe Bernzen/Michael Sohnke, Verfassung der Freien und Hansestadt Hamburg, Kommentar, 1976
Birk/Dittmann/Erhardt	Hans-Jörg Birk/Armin Dittmann/Manfred Erhardt (Hrsg.), Kulturverwaltungsrecht im Wandel, 1981
Bleckmann	Albert Bleckmann, Staatsrecht II – Die Grundrechte, 3. Aufl., 1989
Böckenförde, Recht, Staat, Freiheit	Ernst-Wolfgang Böckenförde, Recht, Staat, Freiheit, 1991
Böckenförde, Staat, Verfassung, Demokratie	Ernst-Wolfgang Böckenförde, Staat, Verfassung, Demokratie, 1991

Abkürzungen

Böckenförde, Organisationsgewalt	Ernst-Wolfgang Böckenförde, Die Organisationsgewalt im Bereich der Regierung, 2. Aufl., 1998
Bonner Kommentar	Rudolf Dolzer/Klaus Vogel (Hrsg.), Bonner Kommentar zum Grundgesetz, Loseblattwerk, Stand 1998
Brand	Brand, Das Beamtenrecht, 3. Aufl., 1928
Braun	Klaus Braun, Kommentar zur Verfassung des Landes Baden-Württemberg, 1984
Brunner	Georg Brunner, Vergleichende Regierungslehre, Bd. 1, 1979
Buchholz	Bernd Klaus Buchholz, Der Betroffene im parlamentarischen Untersuchungsausschuß, 1990
Bundesrat	Bundesrat (Hrsg.), Der Bundesrat als Verfassungsorgan und politische Kraft, 1974
Bundes-Verfassungsgesetz	Bundes-Verfassungsgesetz v. 1. 10. 1920, Österreich
Busse	Christian Busse, Regierungsbildung und Regierungswechsel nach niedersächsischem Verfassungsrecht, 1992
Butzer	Hermann Butzer, Immunität im demokratischen Rechtsstaat, 1991
BVerfG	Bundesverfassungsgericht
BVerfGE	Amtliche Sammlung der Entscheidungen des Bundesverfassungsgerichts
BVerfGG	Gesetz über das Bundeverfassungsgericht
BVerwG	Bundesverwaltungsgericht
BVerwGE	Amtliche Sammlung der Entscheidungen des Bundesverwaltungsgerichts
Dauster	Manfred Dauster, Die Stellung des Ministers zwischen Regierungschef, Parlament und Regierung nach dem Verfassungsrecht der Länder, 1994
David	Klaus David, Verfassung der Freien und Hansestadt Hamburg, Kommentar, 1994
Demmler	Wolfgang Demmler, Der Abgeordnete im Parlament der Fraktionen, 1993
Der Staat	Der Staat, Zeitschrift für Staatslehre, öffentliches Recht und Verfassungsgeschichte
DJT	Deutscher Juristen Tag
DÖV	Die öffentliche Verwaltung
Drexelius/Weber	Wilhelm Drexelius/Renatus Weber, Die Verfassung der Freien und Hansestadt Hamburg vom 6. Juni 1952, Kommentar, 1972
DVBl.	Deutsche Verwaltungsblatt
E.	Entscheidung
Eicher	Hermann Eicher, Der Machtverlust der Landesparlamente, 1988
Engelken	Klaus Engelken, Ergänzungsband zu Braun, Kommentar zur Verfassung des Landes Baden-Württemberg, 1997
Frh. v. Eppstein/Bornhak	Georg Freiherr v. Eppstein/Conrad Bornhak, Bismarcks Staatsrecht, 2. Aufl., 1923
Ermacora	Felix Ermacora, Österreichische Verfassungslehre, 1970
Eschenburg	Theodor Eschenburg, Spielregeln der Politik, 1987
Ev. Staatslexikon	Roman Herzog/Hermann Kunst/Klaus Schlaich/Wilhelm

Abkürzungen

	Schneemelcher (Hrsg.), Evangelisches Staatslexikon, Bd. I und II, 3. Aufl., 1987
Faber/Schneider	Heiko Faber/Hans-Peter Schneider (Hrsg.), Niedersächsisches Staats- und Verwaltungsrecht, 1987
FAZ	Frankfurter Allgemeine Zeitung
Feuchte	Paul Feuchte (Hrsg.), Verfassung des Landes Baden-Württemberg, Kommentar, 1987
FGO	Finanzgerichtsordnung
Fn.	Fußnote
Fromme	Friedrich Karl Fromme, Von der Weimarer Verfassung zum Bonner Grundgesetz, 1960
FS Geiger	Hans Joachim Faller/Paul Kirchhof/Ernst Träger (Hrsg.), Verantwortlichkeit und Freiheit, Festschrift für Willi Geiger, 1989
FS Stern	Joachim Burmeister (Hrsg.), Verfassungsstaatlichkeit, Festschrift für Klaus Stern, 1997
FS Zeidler	Walter Fürst/Roman Herzog/Dieter C. Umbach, Festschrift für Wolfgang Zeidler, Bd. I und II, 1987
Gebhard	Ludwig Gebhard, Handkommentar zur Verfassung des Deutschen Reichs, 1932
Geller/Kleinrahm/Fleck	Kurt Kleinrahm/Hans-Joachim Fleck, Die Verfassung des Landes Nordrhein-Westfalen, Kommentar, 2. Aufl., 1963
Geller/Kleinrahm	Kurt Kleinrahm/Adolf Dickersbach/Jörg-Detlef Kühne, Die Verfassung des Landes Nordrhein-Westfalen, Kommentar, 3. Aufl.
GG	Grundgesetz
Giese	Friedrich Giese, Die Verfassung des Deutschen Reiches, Kommentar, 8. Aufl., 1931
Giese	Friedrich Giese, Grundgesetz für die Bundesrepublik Deutschland, 3. Aufl., 1953
Giese/Volkmann	Friedrich Giese/Ernst Volkmann, Die Preußische Verfassung, Kommentar, 2. Aufl., 1926
GMBl.	Gemeinsames Ministerialblatt
GO	Geschäftsordnung
Gottschalck	Detlef Gottschalck, Die Hamburgische Bürgerschaft, 1993
GVG	Gerichtsverfassungsgesetz
Hagebölling	Lothar Hagebölling, Niedersächsische Verfassung, Kommentar, 1996
Hdb. d. kath. Kirchenrecht	Joseph Listl/Hubert Müller/Heribert Schmitz (Hrsg.), Handbuch des katholischen Kirchenrechts, 1983
Häberle	Peter Häberle, Verfassungslehre als Kulturwissenschaft, 2. Aufl., 1998
Hdb. d. Staatskirchenrechts, 1. Aufl.	Ernst Friesenhahn/Ulrich Scheuner (Hrsg.), Handbuch des Staatskirchenrechts der Bundesrepublik Deutschland, Bd. I und II, 1. Aufl., 1975
Hdb. d. Staatskirchenrechts, 2. Aufl.	Joseph Listl/Dietrich Pirson (Hrsg.), Handbuch des Staatskirchenrechts der Bundesrepublik Deutschland, Bd. I und II, 2. Aufl., 1995
Hdb. d. Staatsrechts	Josef Isensee/Paul Kirchhof (Hrsg.), Handbuch des Staatsrechts, Bd. I und II 1987, Bd. III 1988, Bd. IV 1990, Bd. VI 1989, Bd. V 1992, Bd. VII 1992, Bd. VIII 1995, Bd. IX 1997

Abkürzungen

Hdb. d. Verfassungsrechts	Ernst Benda/Werner Maihofer/Hans-Jochen Vogel (Hrsg.), Handbuch des Verfassungsrechts, Studienausgabe, Bd. I und II, 1984
Hartmann	Jürgen Hartmann, Staatszeremoniell, 1988
Hartung	Fritz Hartung, Deutsche Verfassungsgeschichte vom 15. Jahrhundert bis zur Gegenwart, 2. Aufl., 1922
Hatschek	Julius Hatschek, Lehrbuch des deutschen und preußischen Verwaltungsrechts, 6. Aufl., 1927
Hattenhauer	Hans Hattenhauer, Die geistesgeschichtlichen Grundlagen des deutschen Rechts, 3. Aufl., 1983
Heinrichs	Werner Heinrichs, Kulturpolitik und Kulturfinanzierung, 1997
Heinrichs/Franzki/ Schmalz/Stolleis	Helmut Heinrichs/Harald Franzki/Klaus Schmalz/Michael Stolleis, Deutsche Juristen jüdischer Herkunft, 1993
Henschel	Johann Friedrich Henschel, Kunstfreiheit als Grundrecht, 1993
Hesse	Konrad Hesse, Grundzüge des Verfassungsrechts der Bundesrepublik Deutschland, 12. Aufl., 1980
Hoffmann-Riem	Wolfgang Hoffmann-Riem, Bericht der Enquete-Kommission „Parlamentsreform", 1993
Hoffmann-Riem/Koch	Wolfgang Hoffmann-Riem/Hans-Joachim Koch (Hrsg.), Hamburgisches Staats- und Verwaltungsrecht, 1988
Huber, Verfassungsgeschichte	Ernst Rudolf Huber, Deutsche Verfassungsgeschichte seit 1789, Bd. VI, 1981
Huber, Dokumente	Ernst Rudolf Huber, Dokumente zur deutschen Verfassungsgeschichte, 3. Aufl., Bd. I 1978, Bd. II 1986
Huber, Wirtschaftsverwaltungsrecht	Ernst Rudolf Huber, Wirtschaftsverwaltungsrecht, 2. Aufl., Bd. I 1953
Graf Hue de Grais	Graf Hue de Grais/Peters (Hrsg.), Handbuch der Verfassung und Verwaltung, 23. Aufl., 1926
i. d. F.	in der Fassung
Ipsen	Hans Peter Ipsen, Hamburgs Verfassung und Verwaltung, Neudruck der Ausgabe 1956, 1988
Jörn Ipsen	Jörn Ipsen, Staatsorganisationsrecht, 1986
Knut Ipsen	Knut Ipsen (Hrsg.), Völkerrecht, 3. Aufl., 1990
i. V. m.	in Verbindung mit
Jellinek	Georg Jellinek, Allgemeine Staatslehre, 3. Aufl., 1922, Nachdruck 1976
Jürgens	Gunther Jürgens, Direkte Demokratie in den Bundesländern, 1993
JöR	Jahrbuch des öffentlichen Rechts der Gegenwart
Kluxen	Kurt Kluxen, Geschichte u. Problematik des Parlamentarismus, 1983
v. Köckritz	Sieghardt v. Köckritz/Günter Ermisch/weitergeführt von Norbert Dittrich/Christel Lamm, Bundeshaushaltsordnung, Kommentar, Loseblattwerk, Stand 1998
Köhler	Marc Köhler, Umfang und Grenzen des parlamentarischen Untersuchungsrechts gegenüber Privaten im nichtöffentlichen Bereich, 1996

Abkürzungen

Korte	Heinrich Korte, Verfassung und Verwaltung des Landes Niedersachsen, 1962
Korte/Rebe	Heinrich Korte/Bernd Rebe, Verfassung und Verwaltung des Landes Niedersachsen, 2. Aufl., 1986
Kröger	Klaus Kröger, Die Ministerverantwortlichkeit in der Verfassungsordnung der Bundesrepublik Deutschland, 1972
Kunzmann u. a.	Bernd Kunzmann/Michael Haas/Uwe Bartlitz/Harald Baumann-Hasske, Die Verfassung des Freistaates Sachsen, kommentierte Textausgabe, 1993
Laband	Paul Laband, Das Staatsrecht des Deutschen Reichs, 3. Aufl., 1902
Lagoni	Rainer Lagoni, Ländergrenzen in der Elbemündung und der Deutschen Bucht, 1982
Leibholz/Rinck/ Hesselberger	Gerhard Leibholz/Hans-Justus Rinck/Dieter Hesselberger, Grundgesetz für die Bundesrepublik Deutschland, Kommentar, 7. Aufl.
Leisner	Walter Leisner, Staatliche Rechnungsprüfung kirchlicher Einrichtungen unter besonderer Berücksichtigung karitativer Tätigkeit, 1991
Linck/Jutzi/Hopfe	Joachim Linck/Siegfried Jutzi/Jörg Hopfe, Die Verfassung des Freistaats Thüringen, Kommentar, 1994
Loeser	Roman Loeser, Die bundesstaatliche Verwaltungsorganisation in der Bundesrepublik Deutschland, 1981
LT	Landtag
v. Mangoldt/Klein	Hermann v. Mangoldt/Friedrich Klein/Christian Starck, Das Bonner Grundgesetz, Kommentar, Bd. 1, 3. Aufl., 1985 Hermann v. Mangoldt/Friedrich Klein/Norbert Achterberg/ Martin Schulte, Das Bonner Grundgesetz, Kommentar, Bd. 6, 3. Aufl., 1991 Hermann v. Mangoldt/Friedrich Klein/Christian Pestalozza, Das Bonner Grundgesetz, Kommentar, Bd. 8, 3. Aufl., 1996 Hermann v. Mangoldt/Friedrich Klein/Axel Frhr. v. Campenhausen, Das Bonner Grundgesetz, Bd. 14, 3. Aufl., 1991
Maunz/Dürig/Herzog	Theodor Maunz/Günter Dürig/Matthias Herdegen/Roman Herzog/Hans H. Klein/Peter Lerche/Hans-Jürgen Papier/ Albrecht Randelzhofer/E. Schmidt-Aßmann/Rupert Scholz, Grundgesetz, Kommentar
Maunz/Obermayer/ Berg/Knemeyer	Theodor Maunz/Klaus Obermayer/Wilfried Berg/Franz-Ludwig Knemeyer, Staats- und Verwaltungsrecht in Bayern, 5. Aufl., 1988 [6. Aufl., 1996]
Meder	Theodor Meder, Die Verfassung des Freistaates Bayern, Handkommentar, 4. Aufl., 1992
Müller	Klaus Müller, Verfassung des Freistaates Sachsen, Kommentar, 1993
v. Münch/Kunig	Ingo v. Münch/Philip Kunig (Hrsg.), Grundgesetz-Kommentar, Bd. 1, 4. Aufl., 1992; Bd. 2, 3. Aufl., 1995; Bd. 3, 3. Aufl., 1996. Ingo v. Münch (Hrsg.), Grundgesetz-Kommentar, Bd. 3, 2. Aufl., 1983
v. Mutius	Albert v. Mutius/Horst Wuttke/Peter Hübner, Kommentar zur Landesverfassung Schleswig-Holstein, 1995
m. w. N.	mit weiteren Nachweisen

Abkürzungen

Nawiasky	Hans Nawiasky/Karl Schweiger/Franz Knöpfle, Die Verfassung des Freistaates Bayern, Kommentar, 2. Aufl., Loseblattwerk, Stand 1998
NBG	Niedersächsisches Beamtengesetz
NDSG	Niedersächsisches Datenschutzgesetz
Nds. MBl.	Niedersächsisches Ministerialblatt
Nds. StGH	Niedersächsischer Staatsgerichtshof
Nds. StGHe	Entscheidungen des Niedersächsischen Staatsgerichtshofs
NdsVBl.	Niedersächsische Verwaltungsblätter
Neumann	Heinzgeorg Neumann, Die Verfassung der Freien Hansestadt Bremen, Kommentar, 1996
NGO	Niedersächsische Gemeindeordnung
Nieders. GVBl.	Niedersächsisches Gesetz- und Verordnungsblatt
Nieders. OVG	Niedersächsisches Oberverwaltungsgericht
Nipperdey	Hans Nipperdey (Hrsg.), Die Grundrechte und Grundpflichten der Reichsverfassung, Kommentar, Bd. I 1929, Bd. II und III 1930
NJW	Neue Juristische Wochenschrift
NLO	Niedersächsische Landkreisordnung
NLWG	Niedersächsisches Landeswahlgesetz
NV	Niedersächsische Verfassung
NVAstG	Niedersächsisches Volksabstimmungsgesetz
NVwZ	Neue Zeitschrift für Verwaltungsrecht
Oebbecke	Janbernd Oebbecke, Weisungs- und unterrichtungsfreie Räume in der Verwaltung, 1986
Oldiges	Martin Oldiges, Die Bundesregierung als Kollegium, 1983
OVG	Oberverwaltungsgericht
OVGE	Entscheidungen der Oberverwaltungsgerichte für das Land Nordrhein-Westfalen in Münster und für das Land Niedersachsen in Lüneburg mit Entscheidungen des Verfassungsgerichtshofes Nordrhein-Westfalen und des Niedersächsischen Staatsgerichtshofes
Palm	Wolfgang Palm, Öffentliche Kunstförderung zwischen Kunstfreiheitsgarantie und Kulturstaat, 1998
Pfennig/Neumann	Gero Pfennig/Martin J. Neumann (Hrsg.), Verfassung von Berlin, Kommentar, 2. Aufl., 1987
Pfundtner/Rüdiger	Hans Pfundtner/Hans Rüdiger (Hrsg.), Die Bücher der Verwaltung, Bd. 3, Die allgemeine und innere Verwaltung, 2. Aufl., 1943
Poetzsch-Heffter	Fritz Poetzsch-Heffter, Handkommentar der Reichsverfassung, 3. Aufl., 1928
Pollmann	Birgit Pollmann, Niedersachsen in Geschichte und Gegenwart, 1979
Püttner	Günter Püttner, Wirtschaftsverwaltungsrecht, 1989
v. Puttkamer	Ellinor v. Puttkamer, Föderative Elemente im deutschen Staatsrecht seit 1648, 1955
RdNr.	Randnummer
Reich	Andreas Reich, Verfassung des Landes Sachsen-Anhalt, Kommentar, 1994
Reichsministergesetz	Gesetz über die Rechtsverhältnisse des Reichskanzlers und der Reichsminister v. 27. März 1930

Abkürzungen

Reinicke	Wolf-Rüdiger Reinicke, Landstände im Verfassungsstaat, 1974
Rhamm	A. Rhamm, Die Verfassungsgesetze des Herzogtums Braunschweig, 2. Aufl., 1907
Rickert	Beate Rickert, Grundrechtsgeltung bei der Umsetzung europäischer Richtlinien in innerstaatliches Recht, 1997
Rieger	Helmut Rieger, Alles hat seine Zeit, Niedersachsen wird fünfzig, 1995
Ritzel/Bücker	Heinrich Ritzel/Joseph Bücker, Handbuch für die parlamentarische Praxis mit Kommentar zur Geschäftsordnung des Deutschen Bundestages, Loseblattwerk, Stand 1998
Ringhofer	Kurt Ringhofer, Die österreichische Bundesverfassung, Kommentar, 1977
Röper	Erich Röper, Parlamentarier und Parlament, Konflikte in modernen Volksvertretungen, 1998
Rozek	Jochen Rozek, Das Grundgesetz als Prüfungs- und Entscheidungsmaßstab der Landesverfassungsgerichte, 1993
Rspr.	Rechtsprechung
Ruppel	Erich Ruppel, Kirchenvertragsrecht, 1996
Sachs	Michael Sachs (Hrsg.), Grundgesetz, Kommentar, 2. Aufl., 1999
Schleich	Albrecht Schleich, Das parlamentarische Untersuchungsrecht des Bundestages, 1985
Schlußbericht	Schlußbericht der Enquete-Kommission Verfassungs- und Parlamentsreform, Schleswig-Holsteinischer Landtag, 1988
Schockenhoff	Volker Schockenhoff, Wirtschaftsverfassung und Grundgesetz, 1986
Scholl	Udo Scholl, Der Bundesrat in der deutschen Verfassungsentwicklung, 1982
Schmidt-Bleibtreu/Klein	Bruno Schmidt-Bleibtreu/Franz Klein, Kommentar zum Grundgesetz, 7. Aufl., 1990
Schmitt, C.	Carl Schmitt, Verfassungslehre, 6. Aufl., 1928
Schneider/Zeh	Hans-Peter Schneider/Wolfgang Zeh (Hrsg.), Parlamentsrecht und Parlamentspraxis in der Bundesrepublik Deutschland, 1989
Schriftlicher Bericht	Schriftlicher Bericht zum Entwurf einer Niedersächsischen Verfassung, Nieders. Landtag, Drucksache 12/584o
Schröder	Meinhard Schröder, Grundlagen und Anwendungsbereich des Parlamentsrechts, 1979
Schulze-Fielitz	Helmut Schulze-Fielitz, Der informale Verfassungsstaat, 1984
Seidl-Hohenveldern	Ignaz Seidl-Hohenveldern, Völkerrecht, 7. Aufl., 1992
Sigg	Wolfgang Sigg, Die Stellung der Rechnungshöfe im politischen System der Bundesrepublik Deutschland, 1983
Simon/Franke/Sachs	Helmut Simon/Dietrich Franke/Michael Sachs (Hrsg.), Handbuch der Verfassung des Landes Brandenburg, 1994
Simons	Wolfgang Simons, Das parlamentarische Untersuchungsrecht im Bundesstaat, 1991
Simma	Bruno Simma (Hrsg.), Charta der Vereinten Nationen, Kommentar, 1991
Staatslexikon	Görres-Gesellschaft, Staatslexikon, 7. Aufl., Bd. I 1985, Bd. II 1986, Bd. III 1987, Bd. IV 1988, Bd. V 1989

Abkürzungen

Starck/Stern	Christian Starck/Klaus Stern (Hrsg.), Landesverfassungsgerichtsbarkeit, Bd. I, II und III, 1983
Staupe	Jürgen Staupe, Parlamentsvorbehalt und Delegationsbefugnis, 1986
Steiger	Heinhard Steiger, Organisatorische Grundlagen des parlamentarischen Regierungssystems, 1973
Stern	Klaus Stern, Das Staatsrecht der Bundesrepublik Deutschland, Bd. I, 2. Aufl., 1984, Bd. II 1980, Bd. III/1 1988, Bd. III/2 1994
StGH	Staatsgerichtshof
StGHG	Gesetz über den niedersächsischen Staatsgerichtshof
Stiens	Andrea Stiens, Chancen und Grenzen der Landesverfassungen im deutschen Bundesstaat der Gegenwart, 1997
Stier-Somlo	Fritz Stier-Somlo, Kommentar zur Verfassung des Freistaats Preußen vom 30. November 1920, 1921
Stober	Rolf Stober, Handbuch des Wirtschaftsverwaltungs- und Umweltrechts, 1989
Storr	Stefan Storr, Verfassungsgebung in den Ländern, 1995
Stuckart/Schiedermair	Wilhelm Stuckart/Rolf Schiedermair, Neues Staatsrecht I, Der neue Staatsaufbau, 1943
Süsterhenn/Schäfer	Adolf Süsterhenn/Hans Schäfer, Kommentar der Verfassung für Rheinland Pfalz, 1950
Treitschke	Heinrich v. Treitschke, Deutsche Geschichte im Neunzehnten Jahrhundert, 1928
Trossmann	Hans Trossmann, Parlamentsrecht des Deutschen Bundestages, Kommentar, 1977
Trossmann/Roll	Hans Trossmann/Hans-Achim Roll, Parlamentsrecht des Deutschen Bundestages, Ergänzungsband, Kommentar, 1981
Triepel	Heinrich Triepel, Delegation und Mandat im öffentlichen Recht, 1942
U.	Urteil
u. a.	unter anderem
VA	Verwaltungsarchiv
Veen	Thomas, Veen, Die Vereinbarkeit von Regierungsamt und Aufsichtsratmandat in Wirtschaftsunternehmen, 1996
Verdross/Simma	Alfred Verdross/Bruno Simma, Universelles Völkerrecht, 3. Aufl., 1984
VerfGH	Verfassungsgerichtshof
Vetter	Joachim Vetter, Die Parlamentsausschüsse im Verfassungssystem der Bundesrepublik Deutschland, 1986
Vitzthum, Graf	Wolfgang Graf Vitzthum (Hrsg.), Völkerrecht, 1997
VNV	Vorläufige Niedersächsische Verfassung
Voll	Otto J. Voll, Handbuch des Bayerischen Staatskirchenrechts, 1985
Vorauflage	Heinzgeorg Neumann, Die Vorläufige Niedersächsische Verfassung, Handkommentar, 2. Aufl., 1987
VwGO	Verwaltungsgerichtsordnung

Abkürzungen

Wagener	Frido Wagener (Hrsg.), Kreisfinanzen, 1982
Wahl	Reiner Wahl, Stellvertretung im Verfassungsrecht, 1971
Walter	Robert, Walter, Österreichisches Bundesverfassungsrecht, 1972
Walter/Mayer	Robert Walter/Heinz Mayer, Grundriß des österreichischen Bundesverfassungsrechts, 3. Aufl., 1980
Weber	Werner Weber, Die deutschen Konkordate und Kirchenverträge der Gegenwart, 1962
Weis	Hubert Weis, Regierungswechsel in den Bundesländern, 1980
Welz	Joachim Welz, Parlamentarische Finanzkontrolle in den Bundesländern, 1982
Woltering/Bräth	Herbert Woltering/Peter Bräth, Niedersächsisches Schulgesetz (NSchG), Handkommentar, 3. Aufl., 1994
WRV	Weimarer Reichsverfassung
Wurbs	Richard Wurbs, Regelungsprobleme der Immunität und der Indemnität in der parlamentarischen Praxis, 1988
Zavelberg	Heinz Günter Zavelberg (Hrsg.), Die Kontrolle der Staatsfinanzen – Geschichte und Gegenwart, 1989
ZBR	Zeitschrift für Beamtenrecht
Zinn/Stein	Georg August Zinn/Erwin Stein, Verfassung des Landes Hessen, Kommentar, Loseblattwerk, Stand 1990
Zöllner	Dieter Zöllner, Der Datenschutzbeauftragte im Verfassungssystem, 1995
ZParl.	Zeitschrift für Parlamentsfragen

Niedersächsische Verfassung

vom 19. Mai 1993
(Nds. GVBl. 5, 107);
zuletzt geändert durch Gesetz vom 21. November 1997 (Nds. GVBl. 5, 480)

Präambel

Im Bewußtsein seiner Verantwortung vor Gott und den Menschen hat sich das Volk von Niedersachsen durch seinen Landtag diese Verfassung gegeben.

ERSTER ABSCHNITT
Grundlagen der Staatsgewalt
Grundrechte und Staatsziele

Artikel 1
Staatsgrundsätze, Landessymbole, Hauptstadt

(1) Das Land Niedersachsen ist hervorgegangen aus den Ländern Hannover, Oldenburg, Braunschweig und Schaumburg-Lippe.

(2) Das Land Niedersachsen ist ein freiheitlicher, republikanischer, demokratischer, sozialer und dem Schutz der natürlichen Lebensgrundlagen verpflichteter Rechtsstaat in der Bundesrepublik Deutschland und Teil der europäischen Völkergemeinschaft.

(3) Niedersachsen führt als Wappen das weiße Roß im roten Felde und in der Flagge die Farben Schwarz-Rot-Gold mit dem Landeswappen. Das Nähere bestimmt ein Gesetz.

(4) Landeshauptstadt ist Hannover.

Artikel 2
Demokratie, Rechtsstaatlichkeit

(1) Alle Staatsgewalt geht vom Volke aus. Sie wird vom Volke in Wahlen und Abstimmungen und durch besondere Organe der Gesetzgebung, der vollziehenden Gewalt und der Rechtsprechung ausgeübt.

(2) Die Gesetzgebung ist an die verfassungsmäßige Ordnung in Bund und Land, die vollziehende Gewalt und die Rechtsprechung sind an Gesetz und Recht gebunden.

Artikel 3
Grundrechte

(1) Das Volk von Niedersachsen bekennt sich zu den Menschenrechten als Grundlage der staatlichen Gemeinschaft, des Friedens und der Gerechtigkeit.

(2) Die im Grundgesetz für die Bundesrepublik Deutschland festgelegten Grundrechte und staatsbürgerlichen Rechte sind Bestandteil dieser Verfassung. Sie binden Gesetzgebung, vollziehende Gewalt und Rechtsprechung als unmittelbar geltendes Landesrecht. Die Achtung der Grundrechte, insbesondere die Verwirklichung der Gleichberechtigung von Frauen und Männern, ist eine ständige Aufgabe des Landes, der Gemeinden und Landkreise.

(3) Niemand darf wegen seines Geschlechts, seiner Abstammung, seiner Rasse, seiner Sprache, seiner Heimat und Herkunft, seines Glaubens, seiner religiösen oder po-

Landesverfassung

litischen Anschauungen benachteiligt oder bevorzugt werden. Niemand darf wegen seiner Behinderung benachteiligt werden.

Artikel 4
Recht auf Bildung, Schulwesen

(1) Jeder Mensch hat das Recht auf Bildung.

(2) Es besteht allgemeine Schulpflicht. Das gesamt Schulwesen steht unter der Aufsicht des Landes.

(3) Das Recht zur Errichtung von Schulen in freier Trägerschaft wird gewährleistet. Sie haben Anspruch auf staatliche Förderung, wenn sie nach Artikel 7 Abs. 4 und 5 des Grundgesetzes für die Bundesrepublik Deutschland genehmigt sind und die Voraussetzungen für die Genehmigung auf Dauer erfüllen.

(4) Das Nähere regelt ein Gesetz.

Artikel 5
Wissenschaft, Hochschulen

(1) Das Land schützt und fördert die Wissenschaft.

(2) Das Land unterhält und fördert Hochschulen und andere wissenschaftliche Einrichtungen.

(3) Die Hochschulen haben das Recht der Selbstverwaltung im Rahmen der Gesetze.

(4) Das Nähere regelt ein Gesetz.

Artikel 6
Kunst, Kultur und Sport

Das Land, die Gemeinden und die Landkreise schützen und fördern Kunst, Kultur und Sport.

Artikel 6a
Arbeit, Wohnen

Das Land wirkt darauf hin, daß jeder Mensch Arbeit finden und dadurch seinen Lebensunterhalt bestreiten kann und daß die Bevölkerung mit angemessenem Wohnraum versorgt ist.

Artikel 6b
Tierschutz

Tiere werden als Lebewesen geachtet und geschützt.

ZWEITER ABSCHNITT
Der Landtag

Artikel 7
Aufgaben des Landtages

Der Landtag ist die gewählte Vertretung des Volkes. Seine Aufgaben sind es insbesondere, die gesetzgebende Gewalt auszuüben, über den Landeshaushalt zu beschließen, die Ministerpräsidentin oder den Ministerpräsidenten zu wählen, an der Regierungs-

Landesverfassung

bildung mitzuwirken und die vollziehende Gewalt nach Maßgabe dieser Verfassung zu überwachen.

Artikel 8
Wahl des Landtages

(1) Die Mitglieder des Landtages werden in allgemeiner, unmittelbarer, freier, gleicher und geheimer Wahl gewählt.

(2) Wahlberechtigt und wählbar sind alle Deutschen, die das 18. Lebensjahr vollendet und im Land Niedersachsen ihren Wohnsitz haben.

(3) Wahlvorschläge, für die weniger als fünf vom Hundert der Stimmen abgegeben werden, erhalten keine Mandate.

(4) Mitglieder des Bundestages, der Bundesregierung, des Europäischen Parlaments sowie der Volksvertretungen und Regierungen anderer Länder dürfen dem Landtag nicht angehören.

(5) Das Nähere bestimmt ein Gesetz. Dieses kann insbesondere die Wahlberechtigung und die Wählbarkeit von einer bestimmten Dauer des Wohnsitzes abhängig machen.

Artikel 9
Wahlperiode

(1) Der Landtag wird auf fünf Jahre gewählt. Seine Wahlperiode beginnt mit seinem Zusammentritt und endet mit dem Zusammentritt des nächsten Landtages.

(2) Der nächste Landtag ist frühestens 56, spätestens 59 Monate nach Beginn der Wahlperiode zu wählen, im Fall der Auflösung des Landtages binnen zwei Monaten.

(3) Der Landtag tritt spätestens am 30. Tage nach seiner Wahl zusammen.

Artikel 10
Auflösung des Landtages

(1) Der Landtag kann seine Auflösung beschließen. Der Beschluß ist unwiderruflich.

(2) Der Antrag auf Auflösung kann nur von mindestens einem Drittel der Mitglieder des Landtages gestellt werden. Zu dem Beschluß ist die Zustimmung von zwei Dritteln der anwesenden Mitglieder, mindestens jedoch die Zustimmung der Mehrheit der Mitglieder des Landtages erforderlich.

(3) Über den Antrag auf Auflösung kann frühestens am elften und muß spätestens am 30. Tage nach Schluß der Besprechung abgestimmt werden.

Artikel 11
Beginn und Ende des Mandats, Wahlprüfung

(1) Die Mitgliedschaft im Landtag beginnt mit der Annahme der Wahl, jedoch nicht vor Beginn der Wahlperiode.

(2) Der Landtag prüft auf Antrag die Gültigkeit der Wahl. Er entscheidet auch, ob ein Mitglied des Landtages sein Mandat verloren hat, wenn der Verlust nicht schon aus einem Richterspruch folgt.

(3) Das Nähere regelt ein Gesetz. Es kann Entscheidungen nach Absatz 2 einem Ausschuß oder der Präsidentin oder dem Präsidenten des Landtages übertragen.

Landesverfassung

(4) Die Entscheidungen nach den Absätzen 2 und 3 können beim Staatsgerichtshof angefochten werden.

Artikel 12
Rechtsstellung der Mitglieder des Landtages

Die Mitglieder des Landtages vertreten das ganze Volk. Sie sind an Aufträge und Weisungen nicht gebunden und nur ihrem Gewissen unterworfen.

Artikel 13
Bewerbung, Mandatsausübung, Entschädigung

(1) Wer sich um ein Mandat im Landtag bewirbt, hat Anspruch auf den zur Vorbereitung seiner Wahl erforderlichen Urlaub.

(2) Niemand darf gehindert werden, ein Landtagsmandat zu übernehmen und auszuüben. Die Kündigung eines Beschäftigungsverhältnisses aus diesem Grunde ist unzulässig.

(3) Die Mitglieder des Landtages haben Anspruch auf eine angemessene, ihre Unabhängigkeit sichernde Entschädigung. Das Nähere bestimmt ein Gesetz.

Artikel 14
Indemnität

Ein Mitglied des Landtages darf zu keiner Zeit wegen seiner Abstimmung oder wegen einer Äußerung, die es im Landtag, in einem Ausschuß oder in einer Fraktion getan hat, gerichtlich oder dienstlich verfolgt oder anderweitig außerhalb des Landtages zur Verantwortung gezogen werden. Dies gilt nicht für verleumderische Beleidigungen.

Artikel 15
Immunität

(1) Wegen einer mit Strafe bedrohten Handlung darf ein Mitglied des Landtages nur mit Genehmigung des Landtages zur Verantwortung gezogen oder verhaftet werden, es sei denn, daß es bei Begehung der Tat, spätestens bis zum Ablauf des folgenden Tages, festgenommen wird.

(2) Die Genehmigung des Landtages ist ferner bei jeder anderen Beschränkung der persönlichen Freiheit eines Mitglieds des Landtages oder zur Einleitung eines Verfahrens gegen ein Mitglied des Landtages gemäß Artikel 18 des Grundgesetzes für die Bundesrepublik Deutschland erforderlich.

(3) Jedes Strafverfahren und jedes Verfahren gemäß Artikel 18 des Grundgesetzes für die Bundesrepublik Deutschland gegen ein Mitglied des Landtages, jede Haft und jede sonstige Beschränkung seiner persönlichen Freiheit sind auf Verlangen des Landtages auszusetzen.

Artikel 16
Zeugnisverweigerungsrecht

(1) Mitglieder des Landtages sind berechtigt, über Personen, die ihnen als Mitgliedern des Landtages oder denen sie in dieser Eigenschaft Tatsachen anvertraut haben, sowie über diese Tatsachen selbst das Zeugnis zu verweigern.

(2) Den Mitgliedern des Landtages stehen Personen gleich, die sie in Ausübung

Landesverfassung

ihres Mandats zur Mitarbeit herangezogen haben. Über die Ausübung ihres Zeugnisverweigerungsrechts entscheidet das Mitglied des Landtages, es sei denn, daß seine Entscheidung in absehbarer Zeit nicht herbeigeführt werden kann.

(3) Soweit das Zeugnisverweigerungsrecht reicht, ist eine Beschlagnahme unzulässig.

Artikel 17
Abgeordnetenanklage

(1) Der Landtag kann ein Mitglied des Landtages wegen gewinnsüchtigen Mißbrauchs seiner Stellung als Mitglied des Landtages vor dem Staatsgerichtshof anklagen.

(2) Der Antrag auf Erhebung der Anklage muß von mindestens einem Drittel der Mitglieder des Landtages gestellt werden. Der Beschluß auf Erhebung der Anklage bedarf der Zustimmung von zwei Dritteln der Mitglieder des Landtages.

(3) Erkennt der Staatsgerichtshof im Sinne der Anklage, so verliert das Mitglied des Landtages sein Mandat.

Artikel 18
Präsidium

(1) Der Landtag wählt seine Präsidentin oder seinen Präsidenten, deren oder dessen Stellvertreterin oder Stellvertreterinnen oder Stellvertreter und die Schriftführerinnen oder Schriftführer (Präsidium).

(2) Die Präsidentin oder der Präsident übt das Hausrecht und die Ordnungsgewalt in den Räumen des Landtages aus. Eine Durchsuchung oder Beschlagnahme in diesen Räumen bedarf ihrer oder seiner Einwilligung.

(3) Die Präsidentin oder der Präsident vertritt das Land in Angelegenheiten des Landtages, leitet dessen Verwaltung und übt die dienstrechtlichen Befugnisse aus. Sie oder er ist dabei nur an Gesetz und Recht gebunden. Wichtige Personalentscheidungen trifft sie oder er im Benehmen mit dem Präsidium.

(4) Der Landtag kann Mitglieder des Präsidiums auf Antrag der Mehrheit der Mitglieder des Landtages durch Beschluß abberufen. Der Beschluß bedarf der Zustimmung von zwei Dritteln der Mitglieder des Landtages.

Artikel 19
Fraktionen, Oppositionen

(1) Mitglieder des Landtages können sich nach Maßgabe der Geschäftsordnung des Landtages zu Fraktionen zusammenschließen.

(2) Die Fraktionen und die Mitglieder des Landtages, die die Landesregierung nicht stützen, haben das Recht auf Chancengleichheit in Parlament und Öffentlichkeit. Sie haben Anspruch auf die zur Erfüllung ihrer besonderen Aufgaben erforderliche Ausstattung; das Nähere regelt ein Gesetz.

Artikel 20
Ausschüsse, Ältestenrat

(1) Zur Vorbereitung seiner Beschlüsse setzt der Landtag Ausschüsse ein.

(2) In den Ausschüssen müssen die Fraktionen des Landtages ihrer Stärke entsprechend, mindestens jedoch durch ein Mitglied mit beratender Stimme, vertreten sein.

Landesverfassung

Fraktionslose Mitglieder des Landtages sind angemessen zu berücksichtigen. Jedes Ausschußmitglied kann im Ausschuß Anträge stellen.

(3) Zur Unterstützung der Präsidentin oder des Präsidenten in parlamentarischen Angelegenheiten bildet der Landtag einen Ältestenrat. Absatz 2 gilt entsprechend.

Artikel 21
Geschäftsordnung, Einberufung, Beschlußfassung

(1) Der Landtag gibt sich eine Geschäftsordnung.

(2) Die Präsidentin oder der Präsident des Landtages beruft den Landtag ein und bestimmt, soweit der Landtag nicht darüber beschlossen hat, den Beginn und die Tagesordnung der Sitzungen. Der Landtag ist unverzüglich einzuberufen, wenn ein Viertel seiner Mitglieder oder die Landesregierung es unter Angabe des Beratungsgegenstandes verlangt.

(3) Zu seiner ersten Sitzung wird der Landtag von der Präsidentin oder dem Präsidenten des bisherigen Landtages einberufen. Absatz 2 Satz 2 gilt entsprechend.

(4) Der Landtag beschließt mit der Mehrheit der abgegebenen Stimmen, sofern diese Verfassung nichts anderes bestimmt. Für Beschlüsse zum Verfahren des Landtages und für Wahlen kann auch durch die Geschäftsordnung oder durch Gesetz Abweichendes bestimmt werden. Die Beschlußfähigkeit wird durch die Geschäftsordnung geregelt.

Artikel 22
Öffentlichkeit

(1) Der Landtag verhandelt öffentlich. Auf Antrag eines Zehntels seiner Mitglieder oder auf Antrag der Landesregierung kann die Öffentlichkeit mit Zustimmung von zwei Dritteln der anwesenden Mitglieder des Landtages ausgeschlossen werden. Über den Antrag wird in nichtöffentlicher Sitzung entschieden.

(2) Wahrheitsgetreue Berichte über die öffentlichen Sitzungen des Landtages und seiner Ausschüsse bleiben von jeder Verantwortlichkeit frei.

Artikel 23
Anwesenheit der Landesregierung

(1) Der Landtag und seine Ausschüsse können die Anwesenheit eines jeden Mitglieds der Landesregierung verlangen.

(2) Die Mitglieder der Landesregierung und ihre Beauftragten haben zu den Sitzungen des Landtages und seiner Ausschüsse Zutritt. Sie müssen jederzeit gehört werden. Sie unterstehen der Ordnungsgewalt der Präsidentin oder des Präsidenten oder der Vorsitzenden oder des Vorsitzenden.

(3) Absatz 2 Satz 1 und 2 gilt nicht für die Sitzungen der Untersuchungsausschüsse, des Wahlprüfungsausschusses und des Ausschusses zur Vorbereitung der Wahl der Mitglieder des Staatsgerichtshofs.

Artikel 24
Auskunft, Aktenvorlage und Zugang zu öffentlichen Einrichtungen

(1) Anfragen von Mitgliedern des Landtages hat die Landesregierung im Landtag

und in seinen Ausschüssen nach bestem Wissen unverzüglich und vollständig zu beantworten.

(2) Die Landesregierung hat, wenn es mindestens ein Fünftel der Ausschußmitglieder verlangt, zum Gegenstand einer Ausschußsitzung Akten unverzüglich und vollständig vorzulegen und Zugang zu öffentlichen Einrichtungen zu gewähren. Für Akten und Einrichtungen, die nicht in der Hand des Landes sind, gilt dies, soweit das Land die Vorlage oder den Zugang verlangen kann.

(3) Die Landesregierung braucht dem Verlangen nicht zu entsprechen, soweit dadurch die Funktionsfähigkeit und Eigenverantwortung der Landesregierung wesentlich beeinträchtigt würden oder zu befürchten ist, daß durch das Bekanntwerden von Tatsachen dem Wohl des Landes oder des Bundes Nachteile zugefügt oder schutzwürdige Interessen Dritter verletzt werden. Die Entscheidung ist zu begründen.

(4) Näheres kann ein Gesetz regeln.

Artikel 25
Unterrichtungspflicht der Landesregierung

(1) Die Landesregierung ist verpflichtet, den Landtag über die Vorbereitung von Gesetzen sowie über Grundsatzfragen der Landesplanung, der Standortplanung und Durchführung von Großvorhaben frühzeitig und vollständig zu unterrichten. Das gleiche gilt, soweit es um Gegenstände von grundsätzlicher Bedeutung geht, für die Vorbereitung von Verordnungen, für die Mitwirkung im Bundesrat sowie für die Zusammenarbeit mit dem Bund, den Ländern, anderen Staaten, der Europäischen Gemeinschaft und deren Organen.

(2) Artikel 24 Abs. 3 Satz 1 gilt entsprechend.

(3) Näheres kann ein Gesetz regeln.

Artikel 26
Behandlung von Eingaben

Die Behandlung an den Landtag gerichteter Bitten und Beschwerden obliegt dem Landtag, der sich zur Vorbereitung des nach der Geschäftsordnung zuständigen Ausschusses bedient.

Artikel 27
Untersuchungsausschüsse

(1) Der Landtag hat das Recht und auf Antrag von mindestens einem Fünftel seiner Mitglieder die Pflicht, Untersuchungsausschüsse einzusetzen, um Sachverhalte im öffentlichen Interesse aufzuklären. Gegen den Willen der Antragstellerinnen oder Antragsteller darf der Untersuchungsauftrag nur ausgedehnt werden, wenn dessen Kern gewahrt bleibt und keine wesentliche Verzögerung zu erwarten ist.

(2) Die Ausschüsse erheben die erforderlichen Beweise. Hält ein Fünftel der Ausschußmitglieder einen bestimmten Beweis für erforderlich, so hat der Ausschuß ihn zu erheben.

(3) Die Beweisaufnahme ist öffentlich. Die Beratungen sind nicht öffentlich. Der Ausschluß der Öffentlichkeit bei der Beweiserhebung und die Herstellung der Öffentlichkeit bei der Beratung bedürfen einer Mehrheit von zwei Dritteln der Ausschußmit-

Landesverfassung

glieder. Über den Ausschluß der Öffentlichkeit wird in nichtöffentlicher Sitzung entschieden.

(4) Gerichte und Verwaltungsbehörden haben Rechts- und Amtshilfe zu leisten und ihren Bediensteten die Aussage vor den Ausschüssen zu genehmigen. Dies gilt nicht, soweit Gründe nach Artikel 24 Abs. 3 entgegenstehen.

(5) Die Ausschüsse berichten über ihre Untersuchungen. Ausschußmitglieder, die einen Bericht für unzutreffend halten, können ihre Auffassung in einem Zusatz zu dem Bericht darstellen.

(6) Der Landtag kann das Verfahren der Ausschüsse durch Gesetz oder Geschäftsordnung näher regeln. Soweit er nichts anderes bestimmt, sind auf die Erhebungen der Ausschüsse und der von ihnen ersuchten Gerichte und Behörden die Vorschriften über den Strafprozeß sinngemäß anzuwenden. Das Brief-, Post- und Fernmeldegeheimnis bleibt unberührt.

(7) Hält ein Gericht die einem Ausschuß aufgegebene Untersuchung für verfassungswidrig und ist dies für seine Entscheidung erheblich, so hat es das Verfahren auszusetzen und die Entscheidung des Staatsgerichtshofs einzuholen.

(8) Die Berichte der Ausschüsse sind der richterlichen Erörterung entzogen. In der Würdigung und Beurteilung des der Untersuchung zugrundeliegenden Sachverhalts sind die Gerichte frei.

DRITTER ABSCHNITT
Die Landesregierung

Artikel 28
Aufgabe und Zusammensetzung

(1) Die Landesregierung übt die vollziehende Gewalt aus.

(2) Die Landesregierung besteht aus der Ministerpräsidentin oder dem Ministerpräsidenten und den Ministerinnen und Ministern.

(3) Mitglieder des Bundestages, des Europäischen Parlaments und der Volksvertretungen anderer Länder dürfen der Landesregierung nicht angehören.

Artikel 29
Regierungsbildung

(1) Die Ministerpräsidentin oder der Ministerpräsident wird vom Landtag mit der Mehrheit seiner Mitglieder ohne Aussprache in geheimer Abstimmung gewählt.

(2) Die Ministerpräsidentin oder der Ministerpräsident beruft die übrigen Mitglieder der Landesregierung und bestimmt ein Mitglied, das sie oder ihn vertritt.

(3) Die Landesregierung bedarf zur Amtsübernahme der Bestätigung durch den Landtag.

(4) Die Berufung und Entlassung eines Mitglieds der Landesregierung durch die Ministerpräsidentin oder den Ministerpräsidenten nach der Bestätigung bedarf der Zustimmung des Landtages.

(5) Wird die Bestätigung versagt, so kann das Verfahren nach den Absätzen 1 bis 3 wiederholt werden.

Landesverfassung

Artikel 30
Auflösung des Landtages, vereinfachte Regierungsbildung

(1) Kommt die Regierungsbildung und -bestätigung auf Grund des Artikels 29 innerhalb von 21 Tagen nach dem Zusammentritt des neugewählten Landtages oder dem Rücktritt einer Landesregierung nicht zustande, so beschließt der Landtag innerhalb von weiteren 14 Tagen über seine Auflösung. Der Beschluß bedarf der Mehrheit der Mitglieder des Landtages.

(2) Wird die Auflösung nicht beschlossen, so findet unverzüglich eine neue Wahl der Ministerpräsidentin oder des Ministerpräsidenten statt. Gewählt ist, wer die meisten Stimmen erhält. Die weitere Regierungsbildung vollzieht sich nach Artikel 29 Abs. 2. Artikel 29 Abs. 3 findet keine Anwendung.

Artikel 31
Bekenntnis und Amtseid

Die Mitglieder der Landesregierung haben sich bei der Amtsübernahme vor dem Landtag zu den Grundsätzen eines freiheitlichen, republikanischen, demokratischen, sozialen und dem Schutz der natürlichen Lebensgrundlagen verpflichteten Rechtsstaates zu bekennen und folgenden Eid zu leisten:

„Ich schwöre, daß ich meine Kraft dem Volke und dem Lande widmen, das Grundgesetz für die Bundesrepublik Deutschland und die Niedersächsische Verfassung sowie die Gesetze wahren und verteidigen, meine Pflichten gewissenhaft erfüllen und Gerechtigkeit gegenüber allen Menschen üben werde."

Der Eid kann mit der Beteuerung „So wahr mir Gott helfe" oder ohne sie geleistet werden.

Artikel 32
Mißtrauensvotum

(1) Der Landtag kann der Ministerpräsidentin oder dem Ministerpräsidenten das Vertrauen entziehen.

(2) Der Antrag kann nur von mindestens einem Drittel der Mitglieder des Landtages gestellt werden. Über den Antrag darf frühestens 21 Tage nach Schluß der Besprechung abgestimmt werden.

(3) Das Vertrauen kann nur dadurch entzogen werden, daß der Landtag mit der Mehrheit seiner Mitglieder eine Nachfolgerin oder einen Nachfolger wählt.

Artikel 33
Rücktritt

(1) Die Mitglieder der Landesregierung können jederzeit zurücktreten.

(2) Die Ministerpräsidentin oder der Ministerpräsident gilt als zurückgetreten, sobald ein neugewählter Landtag zusammentritt oder sobald der Landtag ihr oder ihm das Vertrauen entzieht.

(3) Scheidet die Ministerpräsidentin oder der Ministerpräsident aus oder tritt sie oder er zurück, so gilt die Landesregierung als zurückgetreten.

(4) Die Mitglieder der Landesregierung sind im Falle ihres Rücktritts verpflichtet, die Geschäfte bis zu deren Übernahme durch ihre Nachfolgerinnen oder Nachfolger weiterzuführen.

Landesverfassung

Artikel 34
Rechtsstellung der Regierungsmitglieder

(1) Die Mitglieder der Landesregierung sind keine Beamte. Ihre Bezüge regelt ein Gesetz.

(2) Die Mitglieder der Landesregierung dürfen kein anderes besoldetes Amt, kein Gewerbe und keinen Beruf ausüben und weder der Leitung noch dem Aufsichtsrat eines auf Erwerb gerichteten Unternehmens angehören. Die Landesregierung kann Ausnahmen zulassen, insbesondere für die Entsendung in Organe von Unternehmen, an denen die öffentliche Hand beteiligt ist. Jede Ausnahme ist dem Landtag mitzuteilen.

Artikel 35
Vertretung des Landes, Staatsverträge

(1) Die Ministerpräsidentin oder der Ministerpräsident vertritt das Land nach außen.

(2) Verträge des Landes, die sich auf Gegenstände der Gesetzgebung beziehen, bedürfen der Zustimmung des Landtages.

Artikel 36
Begnadigungsrecht, Amnestie

(1) Die Ministerpräsidentin oder der Ministerpräsident übt im Einzelfall das Begnadigungsrecht aus. Sie oder er kann ihre oder seine Befugnisse auf andere Stellen übertragen.

(2) Allgemeine Straferlasse und die Niederschlagung von Strafsachen bedürfen eines Gesetzes.

Artikel 37
Richtlinien der Politik, Ressortprinzip, Zuständigkeit der Landesregierung

(1) Die Ministerpräsidentin oder der Ministerpräsident bestimmt die Richtlinien der Politik und trägt dafür die Verantwortung. Innerhalb dieser Richtlinien leitet jedes Mitglied der Landesregierung seinen Geschäftsbereich selbständig und unter eigener Verantwortung.

(2) Die Landesregierung beschließt
1. über alle Angelegenheiten, die der Landesregierung gesetzlich übertragen sind,
2. über die Bestellung der Vertreterinnen oder Vertreter im Bundesrat und deren Stimmabgabe,
3. über die Abgrenzung der Geschäftsbereiche,
4. über Fragen, die mehrere Geschäftsbereiche berühren, wenn die beteiligten Mitglieder der Landesregierung sich nicht verständigen,
5. über Gesetzentwürfe, die sie beim Landtag einbringt,
6. über Verordnungen, soweit gesetzlich nichts anderes bestimmt ist.

Artikel 38
Verwaltungsorganisation, dienstrechtliche Befugnisse

(1) Die Landesregierung beschließt über die Organisation der öffentlichen Verwaltung, soweit nicht Gesetze die Organisation regeln.

Landesverfassung

(2) Die Landesregierung ernennt und entläßt die Berufsrichterinnen, Berufsrichter, Beamtinnen und Beamten.

(3) Die Landesregierung kann diese Befugnisse auf einzelne Mitglieder der Landesregierung oder auf andere Stellen übertragen.

Artikel 39

Sitzungen der Landesregierung

(1) In der Landesregierung führt die Ministerpräsidentin oder der Ministerpräsident den Vorsitz und leitet die Geschäfte nach einer von der Landesregierung zu beschließenden Geschäftsordnung. Die Geschäftsordnung ist zu veröffentlichen.

(2) Die Landesregierung faßt ihre Beschlüsse mit Stimmenmehrheit. Kein Mitglied darf sich der Stimme enthalten. Bei Stimmengleichheit entscheidet die Stimme der Ministerpräsidentin oder des Ministerpräsidenten. Die Beschlußfähigkeit der Landesregierung und die Stellvertretung der Ministerinnen oder Minister werden durch die Geschäftsordnung geregelt.

(3) Für die Beratung des Entwurfs des Haushaltsplans sowie für die Beschlußfassung über Ausgaben außerhalb des Haushaltsplans kann die Geschäftsordnung eine von Absatz 2 Satz 1 abweichende Regelung treffen.

Artikel 40

Anklage von Regierungsmitgliedern

(1) Der Landtag kann Mitglieder der Landesregierung vor dem Staatsgerichtshof anklagen, daß sie in Ausübung des Amtes vorsätzlich die Verfassung oder ein Gesetz verletzt haben. Artikel 17 Abs. 2 gilt entsprechend.

(2) Erkennt der Staatsgerichtshof im Sinne der Anklage, so kann er das Mitglied der Landesregierung des Amtes für verlustig erklären. Die Anklage wird durch den vor oder nach ihrer Erhebung erfolgten Rücktritt des Mitglieds der Landesregierung nicht berührt.

(3) Jedes Mitglied der Landesregierung kann mit Zustimmung der Landesregierung die Entscheidung des Staatsgerichtshofs über einen gegen das Mitglied in der Öffentlichkeit erhobenen Vorwurf nach Absatz 1 Satz 1 beantragen. Für das weitere Verfahren gelten die Vorschriften des Absatzes 2.

VIERTER ABSCHNITT

Die Gesetzgebung

Artikel 41

Erfordernis der Gesetzreform

Allgemein verbindliche Vorschriften der Staatsgewalt, durch die Rechte oder Pflichten begründet, geändert oder aufgehoben werden, bedürfen der Form des Gesetzes.

Artikel 42

Gesetzgebungsverfahren

(1) Die Gesetze werden vom Landtag oder durch Volksentscheid beschlossen.

(2) Vor dem Beschluß des Landtages kann die Landesregierung verlangen, daß die Abstimmung bis zu 30 Tagen ausgesetzt wird.

Landesverfassung

(3) Gesetzentwürfe werden beim Landtag aus seiner Mitte, von der Landesregierung, durch Volksinitiative oder Volksbegehren eingebracht.

Artikel 43
Verordnungen

(1) Gesetze können die Landesregierung, Ministerien und andere Behörden ermächtigen, Vorschriften im Sinne des Artikels 41 als Verordnungen zu erlassen. Die Gesetze müssen Inhalt, Zweck und Ausmaß der Ermächtigung bestimmen.

(2) In der Verordnung ist die Rechtsgrundlage anzugeben. Die Ermächtigung zum Erlaß einer Verordnung darf nur, wenn das Gesetz dies zuläßt, und nur durch Verordnung weiter übertragen werden.

Artikel 44
Notverordnungen

(1) Ist der Landtag durch höhere Gewalt daran gehindert, sich frei zu versammeln, und wird dies durch die Präsidentin oder den Präsidenten des Landtages festgestellt, so kann die Landesregierung zur Aufrechterhaltung der öffentlichen Sicherheit und Ordnung oder zur Beseitigung eines Notstandes Verordnungen mit Gesetzeskraft, die der Verfassung nicht widersprechen, erlassen.

(2) Diese Verordnungen bedürfen der Zustimmung des Ältestenrates des Landtages.

(3) Ist auch der Ältestenrat durch höhere Gewalt gehindert, sich frei zu versammeln, und wird dies durch die Präsidentin oder den Präsidenten des Landtages festgestellt, so bedürfen die Verordnungen der Zustimmung der Präsidentin oder des Präsidenten des Landtages.

(4) Die Verordnungen sind dem Landtag unverzüglich vorzulegen. Er kann sie aufheben.

Artikel 45
Ausfertigung, Verkündung, Inkrafttreten

(1) Die verfassungsmäßig beschlossenen Gesetze sind unverzüglich von der Präsidentin oder dem Präsidenten des Landtages auszufertigen und von der Ministerpräsidentin oder dem Ministerpräsidenten im Gesetz- und Verordnungsblatt zu verkünden. Verordnungen werden von der Stelle, die sie erläßt, ausgefertigt und vorbehaltlich anderweitiger gesetzlicher Regelung im Gesetz- und Verordnungsblatt verkündet.

(2) Verordnungen, die auf Grund des Artikels 44 beschlossen sind, werden von der Präsidentin oder dem Präsidenten des Landtages gemeinsam mit der Ministerpräsidentin oder dem Ministerpräsidenten ausgefertigt und, falls eine Verkündung im Gesetz- und Verordnungsblatt nicht möglich ist, öffentlich bekanntgemacht.

(3) Jedes Gesetz und jede Verordnung soll den Tag des Inkrafttretens bestimmen. Fehlt eine solche Bestimmung, so treten sie mit dem 14. Tage nach Ablauf des Tages in Kraft, an dem das Gesetz- und Verordnungsblatt ausgegeben worden ist.

Artikel 46
Verfassungsänderungen

(1) Diese Verfassung kann nur durch ein Gesetz geändert werden, das ihren Wortlaut ausdrücklich ändert oder ergänzt.

Landesverfassung

(2) Verfassungsänderungen, die den in Artikel 1 Abs. 2 und Artikel 2 niedergelegten Grundsätzen widersprechen, sind unzulässig.

(3) Ein verfassungsänderndes Gesetz bedarf der Zustimmung von zwei Dritteln der Mitglieder des Landtages. Für Verfassungsänderungen durch Volksentscheid gilt Artikel 49 Abs. 2.

FÜNFTER ABSCHNITT
Volksinitiative, Volksbegehren und Volksentscheid

Artikel 47
Volksinitiative

70 000 Wahlberechtigte können schriftlich verlangen, daß sich der Landtag im Rahmen seiner verfassungsmäßigen Zuständigkeit mit bestimmten Gegenständen der politischen Willensbildung befaßt. Ihre Vertreterinnen oder Vertreter haben das Recht, angehört zu werden.

Artikel 48
Volksbegehren

(1) Ein Volksbegehren kann darauf gerichtet werden, ein Gesetz im Rahmen der Gesetzgebungsbefugnis des Landes zu erlassen, zu ändern oder aufzuheben. Dem Volksbegehren muß ein ausgearbeiteter, mit Gründen versehener Gesetzentwurf zugrunde liegen. Gesetze über den Landeshaushalt, über öffentliche Abgaben sowie über Dienst- und Versorgungsbezüge können nicht Gegenstand eines Volksbegehrens sein.

(2) Die Landesregierung entscheidet, ob das Volksbegehren zulässig ist; gegen ihre Entscheidung kann der Staatsgerichtshof angerufen werden.

(3) Das Volksbegehren kommt zustande, wenn es von zehn vom Hundert der Wahlberechtigten unterstützt wird. Die Landesregierung leitet dann den Gesetzentwurf mit ihrer Stellungnahme unverzüglich an den Landtag weiter.

Artikel 49
Volksentscheid

(1) Nimmt der Landtag einen Gesetzentwurf, der ihm auf Grund eines Volksbegehrens zugeleitet wird, nicht innerhalb von sechs Monaten im wesentlichen unverändert an, so findet spätestens sechs Monate nach Ablauf der Frist oder nach dem Beschluß des Landtages, den Entwurf nicht als Gesetz anzunehmen, ein Volksentscheid über den Gesetzentwurf statt. Der Landtag kann dem Volk einen eigenen Gesetzentwurf zum Gegenstand des Volksbegehrens zur Entscheidung mit vorlegen.

(2) Ein Gesetz ist durch Volksentscheid beschlossen, wenn die Mehrheit derjenigen, die ihre Stimme abgegeben haben, jedoch mindestens ein Viertel der Wahlberechtigten, dem Entwurf zugestimmt hat. Die Verfassung kann durch Volksentscheid nur geändert werden, wenn mindestens die Hälfte der Wahlberechtigten zustimmt.

Artikel 50
Kostenerstattung, Ausführungsgesetz

(1) Ist ein Volksbegehren zustande gekommen, haben die Vertreterinnen und Vertreter des Volksbegehrens Anspruch auf Erstattung der notwendigen Kosten einer angemessenen Information der Öffentlichkeit über die Ziele des Volksbegehrens.

Landesverfassung

(2) Das Nähere über Volksinitiative, Volksbegehren und Volksentscheid regelt ein Gesetz.

SECHSTER ABSCHNITT
Die Rechtsprechung

Artikel 51
Gerichte, Richterinnen und Richter

(1) Die rechtsprechende Gewalt wird im Namen des Volkes durch die nach den Gesetzen bestellten Gerichte ausgeübt.

(2) Die Gerichte sind mit Berufsrichterinnen oder Berufsrichtern sowie in den durch Gesetz bestimmten Fällen mit ehrenamtlichen Richterinnen oder Richtern besetzt.

(3) Durch Gesetz kann bestimmt werden, daß bei der Anstellung von Berufsrichterinnen und Berufsrichtern ein Richterwahlausschuß mitwirkt.

(4) Die Richterinnen und Richter sind unabhängig und nur dem Gesetz unterworfen.

Artikel 52
Richteranklage

(1) Verstößt eine Berufsrichterin oder ein Berufsrichter im Amt oder außerhalb des Amtes gegen die Grundsätze des Grundgesetzes für die Bundesrepublik Deutschland oder dieser Verfassung, so kann das Bundesverfassungsgericht mit Zweidrittelmehrheit auf Antrag des Landtages anordnen, daß die Richterin oder der Richter in ein anderes Amt oder in den Ruhestand zu versetzen ist. Im Falle eines vorsätzlichen Verstoßes kann auf Entlassung erkannt werden. Der Antrag des Landtages kann nur mit der Mehrheit seiner Mitglieder beschlossen werden.

(2) Unter den Voraussetzungen des Absatzes 1 kann das Bundesverfassungsgericht die Bestellung von ehrenamtlichen Richterinnen oder Richtern zurücknehmen.

Artikel 53
Gewährleistung des Rechtsweges

Wird eine Person durch die öffentliche Gewalt in ihren Rechten verletzt, so steht ihr der Rechtsweg offen.

Artikel 54
Zuständigkeit des Staatsgerichtshofs

Der Staatsgerichtshof entscheidet
1. über die Auslegung dieser Verfassung bei Streitigkeiten über den Umfang der Rechte und Pflichten eines obersten Landesorgans oder anderer Beteiligter, die durch diese Verfassung oder in der Geschäftsordnung des Landtages oder der Landesregierung mit eigenen Rechten ausgestattet sind, auf Antrag des obersten Landesorgans oder anderer Beteiligter;
2. bei Streitigkeiten über die Durchführung von Volksinitiativen, Volksbegehren oder Volksentscheiden auf Antrag der Antragstellerinnen und Antragsteller, der Landesregierung oder eines Fünftels der Mitglieder des Landtages;
3. bei Meinungsverschiedenheiten oder Zweifeln über die förmliche oder sachliche

Landesverfassung

Vereinbarkeit von Landesrecht mit dieser Verfassung auf Antrag der Landesregierung oder eines Fünftels der Mitglieder des Landtages;
4. über die Vereinbarkeit eines Landesgesetzes mit dieser Verfassung auf Vorlage eines Gerichts gemäß Artikel 100 Abs. 1 des Grundgesetzes für die Bundesrepublik Deutschland;
5. über Verfassungsbeschwerden von Gemeinden und Gemeindeverbänden wegen Verletzung des Rechts auf Selbstverwaltung durch ein Landesgesetz;
6. in den übrigen ihm durch diese Verfassung oder durch Gesetz zugewiesenen Fällen.

Artikel 55
Verfassung und Verfahren des Staatsgerichtshofs

(1) Der Staatsgerichtshof besteht aus neun Mitgliedern und neun stellvertretenden Mitgliedern, die jeweils ein Mitglied persönlich vertreten.

(2) Die Mitglieder und stellvertretenden Mitglieder des Staatsgerichtshofs werden vom Landtag ohne Aussprache mit einer Mehrheit von zwei Dritteln der anwesenden Mitglieder des Landtages, mindestens aber mit der Mehrheit seiner Mitglieder, auf sieben Jahre gewählt. Eine Wiederwahl ist nur einmal zulässig.

(3) Die Mitglieder des Staatsgerichtshofs dürfen während ihrer Amtszeit weder dem Landtag noch der Landesregierung oder einem entsprechenden Organ des Bundes oder eines anderen Landes oder der Europäischen Gemeinschaft angehören. Sie dürfen beruflich weder im Dienst des Landes noch einer Körperschaft, Anstalt oder Stiftung des öffentlichen Rechts unter der Aufsicht des Landes stehen. Ausgenommen ist der Dienst als Berufsrichterin oder Berufsrichter und als Hochschullehrerin oder Hochschullehrer.

(4) Ein Gesetz regelt das Nähere über die Verfassung und das Verfahren des Staatsgerichtshofs und bestimmt, in welchen Fällen seine Entscheidungen Gesetzeskraft haben.

(5) Der Staatsgerichtshof hat seinen Sitz in Bückeburg.

SIEBENTER ABSCHNITT
Die Verwaltung

Artikel 56
Landesverwaltung

(1) Das Land übt seine Verwaltung durch die Landesregierung und die ihr nachgeordneten Behörden aus.

(2) Der allgemeine Aufbau und die räumliche Gliederung der allgemeinen Landesverwaltung bedürfen eines Gesetzes.

Artikel 57
Selbstverwaltung

(1) Gemeinden und Landkreise und die sonstigen öffentlich-rechtlichen Körperschaften verwalten ihre Angelegenheiten im Rahmen der Gesetze in eigener Verantwortung.

(2) In den Gemeinden und Landkreisen muß das Volk eine Vertretung haben, die aus allgemeinen, unmittelbaren, freien, gleichen und geheimen Wahlen hervorgegan-

Landesverfassung

gen ist. In Gemeinden kann an diese Stelle einer gewählten Vertretung die Gemeindeversammlung treten.

(3) Die Gemeinden sind in ihrem Gebiet die ausschließlichen Träger der gesamten öffentlichen Aufgaben, soweit die Gesetze nicht ausdrücklich etwas anderes bestimmen.

(4) Den Gemeinden und Landkreisen und den sonstigen öffentlich-rechtlichen Körperschaften können durch Gesetz staatliche Aufgaben zur Erfüllung nach Weisung übertragen werden, wenn gleichzeitig Bestimmungen über die Deckung der Kosten getroffen werden.

(5) Das Land stellt durch seine Aufsicht sicher, daß die Gesetze beachtet und die Auftragsangelegenheiten weisungsgemäß erfüllt werden.

(6) Bevor durch Gesetz oder Verordnung allgemeine Fragen geregelt werden, welche die Gemeinden oder die Landkreise unmittelbar berühren, sind die kommunalen Spitzenverbände zu hören.

Artikel 58
Finanzwirtschaft der Gemeinden und Landkreise

Das Land ist verpflichtet, den Gemeinden und Landkreisen die zur Erfüllung ihrer Aufgaben erforderlichen Mittel durch Erschließung eigener Steuerquellen und im Rahmen seiner finanziellen Leistungsfähigkeit durch übergemeindlichen Finanzausgleich zur Verfügung zu stellen.

Artikel 59
Gebietsänderung von Gemeinden und Landkreisen

(1) Aus Gründen des Gemeinwohls können Gemeinden und Landkreise aufgelöst, vereinigt oder neu gebildet und Gebietsteile von Gemeinden oder Landkreisen umgegliedert werden.

(2) Gebietsänderungen bedürfen eines Gesetzes. Gebietsteile können auch durch Vertrag der beteiligten Gemeinden oder Landkreise mit Genehmigung des Landes umgegliedert werden.

(3) Vor der Änderung von Gemeindegebieten ist die Bevölkerung der beteiligten Gemeinden zu hören.

Artikel 60
Öffentlicher Dienst

Die Ausübung hoheitsrechtlicher Befugnisse ist als ständige Aufgabe in der Regel Angehörigen des öffentlichen Dienstes zu übertragen, die in einem öffentlich-rechtlichen Dienst- und Treueverhältnis stehen. Sie dienen dem ganzen Volk, nicht einer Partei oder sonstigen Gruppe, und haben ihr Amt und ihre Aufgaben unparteiisch und ohne Rücksicht auf die Person nur nach sachlichen Gesichtspunkten auszuüben.

Artikel 61
Wählbarkeit von Angehörigen des öffentlichen Dienstes

Die Wählbarkeit von Angehörigen des öffentlichen Dienstes in Vertretungskörperschaften kann gesetzlich beschränkt werden.

Landesverfassung

Artikel 62
Landesbeauftragte oder Landesbeauftragter für den Datenschutz

(1) Die Landesbeauftragte oder der Landesbeauftragte für den Datenschutz kontrolliert, daß die öffentliche Verwaltung bei dem Umgang mit personenbezogenen Daten Gesetz und Recht einhält. Sie oder er berichtet über ihre oder seine Tätigkeit und deren Ergebnisse dem Landtag.

(2) Der Landtag wählt auf Vorschlag der Landesregierung die Landesbeauftragte oder den Landesbeauftragten für den Datenschutz mit einer Mehrheit von zwei Dritteln der anwesenden Mitglieder des Landtages, mindestens jedoch der Mehrheit seiner Mitglieder.

(3) Die Landesbeauftragte oder der Landesbeauftragte für den Datenschutz ist unabhängig und nur an Gesetz und Recht gebunden.

(4) Das Nähere bestimmt ein Gesetz. Dieses Gesetz kann personalrechtliche Entscheidungen, welche die der Landesbeauftragten oder dem Landesbeauftragten für den Datenschutz zugeordneten Bediensteten betreffen, von deren oder dessen Mitwirkung abhängig machen. Das Gesetz kann weitere Aufgaben der Landesbeauftragten oder des Landesbeauftragten für den Datenschutz vorsehen.

ACHTER ABSCHNITT
Das Finanzwesen

Artikel 63
Landesvermögen

(1) Das Landesvermögen ist Eigentum des Volkes. Landesvermögen darf nur mit Zustimmung des Landtages veräußert oder belastet werden. Die Zustimmung kann allgemein oder für den Einzelfall erteilt werden.

(2) Für die Veräußerung und Belastung von Vermögen, das im Eigentum Dritter steht und vom Land verwaltet wird, gilt Absatz 1 entsprechend.

Artikel 64
Finanzplanung

Der Haushaltswirtschaft ist eine mehrjährige Finanz- und Investitionsplanung zugrunde zu legen. Das Nähere regelt ein Gesetz.

Artikel 65
Landeshaushalt

(1) Für jedes Haushaltsjahr sind alle Einnahmen des Landes nach dem Entstehungsgrund und alle Ausgaben des Landes nach Zwecken getrennt im Haushaltsplan zu veranschlagen. Der Haushaltsplan ist in Einnahme und Ausgabe auszugleichen. Zusätzlich können Verpflichtungsermächtigungen für die Folgejahre ausgewiesen werden.

(2) Die Verwaltung darf nur die im Haushaltsplan veranschlagten Ausgaben leisten und das Land zu Ausgaben in künftigen Haushaltsjahren nur verpflichten, soweit der Haushaltsplan sie dazu ermächtigt.

(3) Bei Landesbetrieben und Sondervermögen des Landes brauchen nur die Zuführungen oder die Ablieferungen im Haushaltsplan veranschlagt zu sein.

(4) Der Haushaltsplan wird im voraus durch Gesetz festgestellt.

Landesverfassung

(5) In das Haushaltsgesetz dürfen nur Vorschriften aufgenommen werden, die sich auf die Einnahmen und die Ausgaben des Landes und auf den Zeitraum beziehen, für den das Haushaltsgesetz beschlossen wird. Das Haushaltsgesetz kann vorschreiben, daß die Vorschriften erst mit der Verkündung des nächsten Haushaltsgesetzes oder bei Ermächtigung nach Artikel 71 zu einem späteren Zeitpunkt außer Kraft treten.

Artikel 66
Vorläufige Haushaltsführung

(1) Ist bis zum Schluß eines Haushaltsjahres der Haushaltsplan für das folgende Jahr nicht durch Gesetz festgestellt, so sind bis zur Verkündung des Haushaltsgesetzes die Präsidentin oder der Präsident des Landtages, die Landesregierung und die Präsidentin oder der Präsident des Landesrechnungshofs ermächtigt, alle Ausgaben zu leisten, die nötig sind,
1. um gesetzlich bestehende Einrichtungen zu erhalten und gesetzlich beschlossene Maßnahmen durchzuführen,
2. um die rechtlich begründeten Verpflichtungen des Landes zu erfüllen,
3. um Bauten, Beschaffungen und sonstige Leistungen fortzusetzen oder Beihilfen für diese Zwecke weiter zu gewähren, sofern durch den Haushaltsplan eines Vorjahres bereits Beträge bewilligt worden sind.

(2) Soweit nicht auf besonderem Gesetz beruhende Einnahmen aus Steuern, Abgaben und sonstigen Quellen oder die Betriebsmittelrücklage die Ausgaben unter Absatz 1 decken, darf die Landesregierung die zur Aufrechterhaltung der Wirtschaftsführung erforderlichen Mittel bis zur Höhe eines Viertels der Endsumme des abgelaufenen Haushaltsplans durch Kredit beschaffen.

Artikel 67
Über- und außerplanmäßige Ausgaben

(1) Im Falle eines unvorhergesehenen und unabweisbaren Bedarfs sind mit Einwilligung der Finanzministerin oder des Finanzministers über- und außerplanmäßige Ausgaben sowie über- und außerplanmäßige Verpflichtungen zulässig. Dieses gilt nicht, wenn der Landtag noch rechtzeitig durch ein Nachtragshaushaltsgesetz über die Ausgabe entscheiden kann, es sei denn, daß die Ausgabe einen im Haushaltsgesetz festzusetzenden Betrag nicht überschreitet, die Mittel von anderer Seite zweckgebunden zur Verfügung gestellt werden oder eine fällige Rechtsverpflichtung des Landes zu erfüllen ist.

(2) Näheres kann durch Gesetz geregelt werden. Es kann insbesondere bestimmen, daß über- und außerplanmäßige Ausgaben und Verpflichtungen dem Landtag mitzuteilen sind und seiner Genehmigung bedürfen.

Artikel 68
Haushaltswirksame Gesetze

(1) Wer einen Gesetzentwurf einbringt, muß die Kosten und Mindereinnahmen darlegen, die für das Land, für die Gemeinden, für die Landkreise und für betroffene andere Träger öffentlicher Verwaltung in absehbarer Zeit zu erwarten sind.

(2) Der Landtag darf Maßnahmen mit Auswirkungen auf einen bereits verabschiedeten Haushaltsplan nur beschließen, wenn gleichzeitig die notwendige Deckung geschaffen wird.

Landesverfassung

Artikel 69

Rechnungslegung, Entlastung

Die Finanzministerin oder der Finanzminister hat dem Landtag über alle Einnahmen, Ausgaben und Verpflichtungen im Laufe des nächsten Haushaltsjahres Rechnung zu legen. Über das Vermögen und die Schulden ist Rechnung zu legen oder ein anderer Nachweis zu führen. Der Landtag beschließt über die Entlastung der Landesregierung.

Artikel 70

Landesrechnungshof

(1) Der Landesrechnungshof, dessen Mitglieder richterliche Unabhängigkeit besitzen, prüft die Rechnung sowie die Wirtschaftlichkeit und Ordnungsmäßigkeit der Haushalts- und Wirtschaftsführung. Er berichtet darüber dem Landtag und unterrichtet gleichzeitig die Landesregierung. Das Nähere wird durch Gesetz geregelt. Durch Gesetz können dem Landesrechnungshof weitere Aufgaben zugewiesen werden.

(2) Der Landtag wählt auf Vorschlag der Landesregierung die Präsidentin oder den Präsidenten und die Vizepräsidentin oder den Vizepräsidenten des Landesrechnungshofs mit einer Mehrheit von zwei Dritteln der anwesenden Mitglieder des Landtages, mindestens jedoch der Mehrheit seiner Mitglieder, auf die Dauer von zwölf Jahren. Die Landesregierung ernennt die Präsidentin oder den Präsidenten, die Vizepräsidentin oder den Vizepräsidenten und auf Vorschlag der Präsidentin oder des Präsidenten mit Zustimmung des Landtages die weiteren Mitglieder des Landesrechnungshofs. Das Nähere bestimmt ein Gesetz.

Artikel 71

Kreditaufnahme, Gewährleistungen

Die Aufnahme von Krediten sowie die Übernahme von Bürgschaften, Garantien oder sonstigen Gewährleistungen, die zu Ausgaben in künftigen Haushaltsjahren führen können, bedürfen einer der Höhe nach bestimmten oder bestimmbaren Ermächtigung durch Gesetz. Kredite dürfen die für eigenfinanzierte Investitionen, Investitionsfördermaßnahmen und zur Umschuldung veranschlagten Ausgaben nicht überschreiten. Ausnahmen sind nur zulässig zur Abwehr einer nachhaltigen Störung des gesamtwirtschaftlichen Gleichgewichts oder zur Abwehr einer akuten Bedrohung der natürlichen Lebensgrundlagen.

NEUNTER ABSCHNITT
Übergangs- und Schlußbestimmungen

Artikel 72

Besondere Belange und überkommene Einrichtungen der ehemaligen Länder

(1) Die kulturellen und historischen Belange der ehemaligen Länder Hannover, Oldenburg, Braunschweig und Schaumburg-Lippe sind durch Gesetzgebung und Verwaltung zu wahren und zu fördern.

(2) Die überkommenen heimatgebundenen Einrichtungen dieser Länder sind weiterhin dem heimatlichen Interesse dienstbar zu machen und zu erhalten, soweit ihre Änderung oder Aufhebung nicht in Verfolg organisatorischer Maßnahmen, die sich auf das gesamte Land Niedersachsen erstrecken, notwendig wird.

Landesverfassung

Artikel 73

Übertragung von Hoheitsrechten

Für das in Artikel 1 Abs. 2 des Staatsvertrages zwischen der Freien und Hansestadt Hamburg und dem Land Niedersachsen vom 26. Mai/4. Juni 1961 (Nieders. GVBl. 1962 S. 151) bezeichnete Gebiet können öffentlich-rechtliche Befugnisse des Landes auf die Freie und Hansestadt Hamburg übertragen werden.

Artikel 74

Mehrheiten und Minderheiten der Mitglieder des Landtages

Mehrheiten oder Minderheiten der „Mitglieder des Landtages" im Sinne dieser Verfassung werden nach der gesetzlichen Mitgliederzahl berechnet.

Artikel 75

Volksvertretungen anderer Länder

Artikel 22 Abs. 2 und die Artikel 14, 15 und 16 gelten entsprechend für Volksvertretungen anderer Länder der Bundesrepublik Deutschland.

Artikel 76

Übergangsvorschrift für die Wahlperioden

(1) Die Zwölfte Wahlperiode des Landtages endet mit dem 20. Juni 1994. Artikel 6 Abs. 1 Satz 3 der Vorläufigen Niedersächsischen Verfassung gilt bis zum Ende der Zwölften Wahlperiode fort. Der Ausschuß nach Artikel 12 der Vorläufigen Niedersächsischen Verfassung bleibt bis zum Zusammentritt des Landtages der Dreizehnten Wahlperiode bestehen. Artikel 18 der Vorläufigen Niedersächsischen Verfassung gilt weiterhin für diesen Ausschuß.

(2) Die Dreizehnte Wahlperiode beginnt mit dem Ende der Zwölften Wahlperiode. Für die Wahl und den Zusammentritt des Landtages der Dreizehnten Wahlperiode gelten noch Artikel 4 Abs. 2 Satz 2 und Artikel 6 Abs. 2 und 3 der Vorläufigen Niedersächsischen Verfassung. Der Landtag der Dreizehnten Wahlperiode wird auf vier Jahre gewählt. Der Landtag der Vierzehnten Wahlperiode ist frühestens 44, spätestens 47 Monate nach Beginn der Dreizehnten Wahlperiode zu wählen; im übrigen ist Artikel 9 Abs. 2 dieser Verfassung anzuwenden.

Artikel 77

Übergangsvorschrift für die Besetzung des Staatsgerichtshofs

Die Mitglieder des Staatsgerichtshofs und deren Stellvertreterinnen oder Stellvertreter bleiben nach Inkrafttreten dieser Verfassung in der Zeit, für die sie gewählt worden sind, in ihrem Amt.

Artikel 78

Inkrafttreten

(1) Diese Verfassung tritt am 1. Juni 1993 in Kraft.

(2) Gleichzeitig tritt die Vorläufige Niedersächsische Verfassung vom 13. April 1951 (Nieders. GVBl. Sb. I S. 5), zuletzt geändert durch Artikel 1 des Gesetzes vom 27. November 1991 (Nieders. GVBl. S. 301), außer Kraft.

Einleitung zur Kommentierung der Niedersächsischen Verfassung

Seit der Herausgabe der Vorauflage im Jahre 1987 haben sich die **Rahmenbedingungen für den Landesverfassungsgeber** wesentlich verändert. Von den Änderungen des Grundgesetzes, die in das Verfassungsgefüge des Landes besonders eingreifen, seien hier nur drei erwähnt: Im Jahre 1992 erließ der Bundesverfassungsgeber den neuen Art. 23 GG, den **Europaartikel**. Die Länder können nicht verhindern, daß der Bund durch ein einfaches Gesetz über ihre Kompetenzen verfügt. Die Länder wirken nur über den Bundesrat mit[1]. Der an sich schon kleine Handlungsspielraum der Landesparlamente wurde dadurch weiter verringert[2].

Ferner änderte der Gesetzgeber des Bundes im selben Jahr durch eine dynamische Verweisung auf das Unionsrecht das aktive und passive Wahl- und Abstimmungsrecht in den Kreisen und Gemeinden mit Art. 28 Abs. 1 Satz 3 GG. Er führte damit eine **kommunale Unionsbürgerschaft** ein. Das gesamte Kommunalwahl- und Abstimmungsrecht des Landes ist danach an das Unionsrecht gebunden[3]. Die Europäische Union hat durch eine Richtlinie das Wahl- und Abstimmungsrecht geregelt, die für eine Auslegung des Landesrechtes maßgebend ist. Die Richtlinie hat gegenüber dem Landesrecht Anwendungsvorrang[4].

Schließlich hat der Grundgesetzgeber zur genannten Zeit mit der Änderung des Art. 88 GG und dem Abschluß des Maastricht-Vertrages vom 7. Februar 1992 die Voraussetzungen für eine Währungsunion geschaffen, deren dritte Stufe am 1. Januar 1999 in Kraft getreten ist. Damit wurde die **Preisstabilität** zum „vorrangigen" Staatsziel für Bund und Länder erhoben[5]. Die Gesamtsumme der jährlichen Kreditaufnahme des Bundes, der Länder und der Kommunen wurde begrenzt[6]. Die Grenzen für die Verschuldung der einzelnen Länder sind bisher noch nicht konkret gesetzt worden. Welche rechtlichen Wege hier zulässig sind, ist im Schrifttum umstritten[7]. Der politische Kampf um eine hohe Grenze der Verschuldung des Landes steht somit noch bevor. Bei der Bedeutung des Eingriffs in die schon reduzierte Haushaltshoheit der Länder wird voraussichtlich in Karlsruhe die letzte Entscheidung fallen.

---

1 Papier, Der unitarische Bundesstaat, FAZ v. 5. 11. 1998.
2 Rojahn, in: v. Münch/Kunig, RdNr. 57 zu Art. 23.
3 Löwer, in: v. Münch/Kunig, RdNr. 30 zu Art. 28; Maunz/Scholz, in: Maunz/Dürig/Herzog, RdNr. 41 a f. zu Art. 28.
4 RdNr. 12 zu Art. 57.
5 Nass, Verpönt und vergöttert, FAZ v. 30. 12. 1997; Herdegen, in: Maunz/Dürig/Herzog, RdNr. 69 zu Art. 88; BVerfGE 89, 155 (204).
6 Bleckmann, Der Vertrag über die Europäische Union, DVBl., 1992, 335 (340); Müller, Verfassungsrechtliche Fußnoten zum Maastrichter Vertrag über die Wirtschafts- und Währungsunion, DVBl., 1992, 1249 (1252); Vogel/Waldhoff, in: Bonner Kommentar, Vorbem. zu Art. 104a–115, RdNr. 661; Herdegen (Fn. 5) RdNr. 6 zu Art. 88.
7 Vogel/Waldhoff, Fn. 6; Bleckmann, Fn. 6.

Einleitung

Der Landtag hat als Verfassungsgeber, als **pouvoir constituant,** die Vorläufige Niedersächsische Verfassung ausdrücklich „außer Kraft" und diese Verfassung „in Kraft" gesetzt. Hierbei konnte er über das Verfahren frei verfügen; bei 149 Ja-Stimmen stellt sich nicht die Frage einer hinreichenden Legitimation. Zum Verfahren wird auf Christian Starck verwiesen[8].

Der Sonderausschuß „Niedersächsische Verfassung" lehnte in seinem schriftlichen Bericht zum Entwurf einer Niedersächsischen Verfassung mit den Stimmen der damaligen Koalitionsfraktionen eine **Präambel** mit einem Gottesbezug ab. Die neue Landesverfassung wurde darauf ohne eine Präambel verabschiedet und verkündet. Dagegen bildete sich eine Volksinitiative von Christen und Juden Niedersachsens, die innerhalb von kurzer Zeit rund 120 000 Unterschriften erhielt. Das beeindruckte offensichtlich den Landtag. Er beschloß am 19. Mai 1994 die Präambel. Dies war die erste Änderung der neuen Landesverfassung[9].

Die neue Landesverfassung hat als **zusätzliches Staatsziel** den „Schutz der natürlichen Lebensgrundlagen". Damit genießen wesentliche Teile der überkommenen Kulturlandschaften, wie z. B. die Flußmarschen an Ems, Weser und Elbe einen erheblichen Schutz vor einer Umwidmung[10].

Der Verfassungsgeber führte **Landesgrundrechte** ein, indem er durch dynamische Verweisung die Grundrechtsinhalte des Grundgesetzes zu (Landes-)Grundrechten machte. Diese Gesetzestechnik ist bei Landesverfassungen durchaus zulässig.

Sie leidet jedoch an dem Mangel, daß damit auch Materien erfaßt werden, für die dem Landesgesetzgeber die erforderliche Gesetzgebungszuständigkeit fehlt.[11].

Mit dem „**Recht auf Bildung**" (Art. 4 Abs. 1 NV), „**Förderung von Wissenschaft und anderen wissenschaftlichen Einrichtungen**" (Art. 5 Abs. 1 u. 2 NV) sowie der „**Förderung von Kunst und Kultur**" (Art. 6 NV) wurden Staatsziele angeführt[12]. Mit dem Zweiten Gesetz zur Änderung der Niedersächsischen Verfassung vom 21. November 1997 wurden noch die Staatsziele „**Sport**", **Arbeitsbeschaffung** und **Versorgung mit angemessenem Wohnraum** zugefügt[13]. Die Ziele Arbeitsbeschaffung und Wohnraumförderung umfassen auch Ausländer[14].

Um dem Landtag eine seiner Hauptfunktionen, die Kontrolle der Exekutive, zu erleichtern, wurden die **Informationsrechte der Abgeordneten** erheblich erweitert, damit sie ihren Aufgaben genügen können[15]. Zur Minderung des parlamentarischen Terrainverlustes[16] gibt es eine **spontane Informations-**

---

8 Die neue Niedersächsische Verfassung von 1993, NdsVBl., 1994, 2.
9 RdNr. 1 zur Präambel.
10 RdNr. 13 zu Art. 1 NV.
11 RdNr. 4 zu Art. 3 NV.
12 Starck (Fn. 8), S. 8.
13 RdNr. 5, 8 zu Art. 6a NV.
14 RdNr. 8 zu Art. 6a NV.
15 RdNr. 2 zu Art. 24 NV.
16 RdNr. 1 zu Art. 25 NV.

Einleitung

pflicht der Landesregierung gegenüber dem Landtage für politisch wesentliche Materien, die eine Bringschuld des Kabinetts ist[17].

Mehrere neue Artikel sind parlamentarisches Geschäftsordnungsrecht im Verfassungsrang. Die **Abberufung der Mitglieder des Präsidiums** mit einer qualifizierten Mehrheit stärkt besonders die Autorität des Landtagspräsidenten. Sie brachte zugleich eine bisher fehlende Rechtsklarheit bei der Abwahl[18].

Die **Fraktionen des Landtages,** Einheiten eines politischen Gliederungsprinzips für die Arbeit im Landtage und maßgeblicher Faktor der Willensbildung[19], werden mit dem Fraktionsbildungsrecht der Abgeordneten erwähnt (Art. 19 NV). Die alte Verfassung kannte Fraktionen noch nicht als Verfassungsbegriff[20].

Bei den **Ausschüssen** lehnt der Verfassungsgeber das sogenannte Selbstbefassungsrecht ab[21]. Er konkretisiert das vom Bundesverfassungsgericht entwickelte **Spiegelbildprinzip** für die Besetzung der Ausschüsse[22].

Der **Ältestenrat** hat in Niedersachsen eine singulare zweischichtige Organqualität. Damit unterscheidet er sich grundlegend von den Ältestenräten anderer deutscher Parlamente. Als Mitgesetzgeber im Notstandsfalle (Art. 44 Abs. 2 NV) ist er ein Verfassungsorgan, wie es früher der Ständige Ausschuß der Vorläufigen Niedersächsischen Verfassung war. Bei der Unterstützung des Präsidenten in parlamentarischen Angelegenheiten (Art. 20 Abs. 3 Satz 1 NV) ist er ein Unterorgan des Landtages[23].

Der Verfassungsgeber hat die **Wahlperiode** auf fünf Jahre verlängert (Art. 9 Abs. 1 NV) und die landtagslose Zeit[24] beseitigt. Mit der variablen Wahlperiode übernahm er eine bewährte Lösung des Grundgesetzes[25].

Ziemlich umfangreiche Regelungen ergänzen das Recht der **Untersuchungsausschüsse** (Art. 27 NV). Dabei wurde die verfahrensrechtliche Stellung der Minderheit im Ausschuß verbessert und die Rechtsprechung berücksichtigt. Die Zeugnispflicht bei Zeugen außerhalb des Landes bleibt umstritten. Ob sie für Bürger eines anderen Bundeslandes besteht, ist vom Bundesverfassungsgericht noch nicht entschieden worden. Nur Verwaltungsakte eines Landes, die Bundesgesetze vollziehen, haben nach einer Entscheidung des Bundesverfassungsgerichts „im gesamten Bundesgebiet Geltung"[26]. Fachgerichtliche Entscheidungen können für die Praxis keine allgemeinverbindliche Klarheit bringen. Das Land kann jedoch mit Staatsverträgen das Problem lösen.

---

17 RdNr. 4 zu Art. 25 NV.
18 Zur Abwahl: RdNr. 7 zu Art. 18 NV.
19 RdNr. 2 zu Art. 19 NV.
20 Fn. 19.
21 RdNr. 15 zu Art. 20 NV.
22 RdNr. 11 zu Art. 20.
23 RdNr. 19 zu Art. 20 NV.
24 Vorauflage, RdNr. 3 zu Art. 6 und RdNr. 2 zu Art. 12 NVN.
25 RdNr. 5 zu Art. 9 NV.
26 RdNr. 5 zu Art. 1 NV.

Einleitung

Die sogenannte staatsoberhauptliche Kompetenz der **Ausfertigung von Gesetzen** wurde dem Landtagspräsidenten übertragen (Art. 45 Abs. 1 NV). Da die materielle Prüfungspflicht essentieller Bestandteil einer Ausfertigung ist, kann sich die Prüfung auf offensichtliche Rechtsverletzungen des Gesetzesbeschlusses nach der Rechtslage am Tage der Ausfertigung beschränken[27].

Eine wesentliche Neuerung ist die **unmittelbare Beteiligung des Landesvolkes an der politischen Willensbildung,** der der Verfassungsgeber einen besonderen Abschnitt widmet. Die **Volksinitiative** (Art. 47 NV) ist ein sehr junges Institut des Verfassungsrechts. Sie ist ein Gruppenrecht der Staatsbürger, das mit den politischen Parteien konkurriert[28]. Sie unterscheidet sich von der plebiszitären Gesetzgebung, weil sie auf die breite Palette der Willensbildung des Landtages im Rahmen seiner Zuständigkeit abzielt[29]. Die Volksinitiative bewährte sich bereits bei der Präambel.

Bei dem **Volksbegehren** schloß der Verfassungsgeber finanzwirksame Gesetzesentwürfe aus. Er folgte damit den Vorschriften der alten Verfassungen der Freistaaten Bayern (1920) und Preußen (1919)[30]. Diese Begrenzung der plebiszitären Gesetzgebung hat sich auch bei den neuen Landesverfassungen durchgesetzt. Hält die Landesregierung einen plebiszitären Gesetzentwurf für unzulässig, so kann dagegen der Staatsgerichtshof in Bückeburg angerufen werden. Dieser entscheidet im Wege der präventiven Normenkontrolle[31].

Beim **Volksentscheid** hat der Landtag die Möglichkeit, einen akzessorischen Alternativentwurf dem Landesvolk zur Abstimmung vorzulegen[32].

Die **Zuständigkeiten des Staatsgerichtshofes** wurden wesentlich erweitert. Von großer politischer Bedeutung ist die **kommunale Verfassungsbeschwerde** gegen Landesgesetze nach Art. 54 Nr. 5 NV, wie die relativ hohe Zahl der neuen Verfahren bereits gezeigt hat[33]. Unverständlich ist es jedoch, warum die Landesverfassung nicht auch für Rechtsverordnungen des Landes den Weg nach Bückeburg öffnet. Für Verordnungen bleibt, wie bisher, das Bundesverfassungsgericht zuständig[34].

Eine **Landesverfassungsbeschwerde** führte der Verfassungsgeber nicht ein[35]. Der Landesgesetzgeber kann sie nachträglich noch einfachgesetzlich bringen[36]. Nach einem Beschluß des Bundesverfassungsgerichts vor einem Jahre[37] ist sie auch bei Verletzung von Landesgrundrechten zulässig, die gleichen Inhalt wie die Grundrechte des Grundgesetzes haben, wenn ein Gericht des Landes bei bundesrechtlich geregeltem Verfahren entschieden

---

27 RdNr. 4f. zu Art. 45 NV.
28 RdNr. 1 zu Art. 47 NV.
29 RdNr. 2 zu Art. 48 NV.
30 RdNr. 8 zu Art. 48 NV.
31 RdNr. 14 zu Art. 48 NV.
32 RdNr. 6 zu Art. 49 NV.
33 RdNr. 25 zu Art. 54 NV.
34 RdNr. 19 zu Art. 54 NV.
35 Schriftlicher Bericht, 32f.
36 RdNr. 24 zu Art. 54 NV.
37 BVerfGE 96, 345.

Einleitung

hat. Der Senat hat jedoch zum Schutz der Entscheidungen der letztinstanzlichen Bundesgerichte erhebliche Hürden aufgebaut[38].

Beim **Kommunalwahlrecht** lehnte der Verfassungsgeber eine besondere Regelung an die Stelle des „Volkes" (Art. 7 Abs. 2 Satz 1 NV) ab, da die Vorschrift des Grundgesetzes „automatisch" auch in Niedersachsen gelte[39]. Der Begriff kann daher als „Unionsvolk" gelesen werden[40]. Ein kurzer Hinweis auf die grundgesetzliche Norm wäre bürgerfreundlicher.

Die Bestimmung über die **Gebietsänderung von Gemeinden und Landkreisen** berücksichtigt die Rechtsprechung des Staatsgerichtshofes. Mit Genehmigung des Landes können Kommunen Gebietsteile durch Vertrag umgliedern (Art. 59 Abs. 2 NV).

Mit dem **Landesbeauftragten für den Datenschutz** erfüllt der Landesgesetzgeber ein vom Bundesverfassungsgericht erkanntes Gebot. Die Wahl des Landesbeauftragten mit qualifizierter Mehrheit des Landtages entspricht der besonderen Stellung innerhalb der Landesverwaltung (Art. 62 Abs. 2 NV). Die institutionelle Garantie der richterlichen Unabhängigkeit gewährt ihm einen zugriffsfesten Schutz vor Eingriffen des Landesgesetzgebers und der Landesregierung[41].

Bei den Art. betreffend die **Finanzen** hatte der Landesverfassungsgeber wenig Spielraum. Denn die Grundsatzgesetzgebung des Bundes bindet ihn. In den dadurch geregelten Bereichen kann neues Landesfinanzrecht mit Verfassungsrang nicht entstehen[42]. Die fortschreitende Entparlamentarisierung der Finanzgesetzgebung der Länder wird wegen der oben angeführten Grenzen der Verschuldung von Ländern und Kommunen noch fortschreiten[43].

Das **Deckungsgebot für** haushaltswirksame **Gesetze** wurde verschärft (Art. 68 Abs. 2 NV). Es muß auch die Deckung des Fehlbetrages für einen bereits verabschiedeten Haushalt dargelegt werden[44].

Bei der **Kreditermächtigung durch Gesetz** (Art. 71 NV) wurde das bundesrechtliche Gebot der Kreditobergrenze durch eine weitere Ausnahmevorschrift, „Abwehr einer akuten Bedrohung der natürlichen Lebensgrundlagen", ergänzt. Nach zutreffender Ansicht des Landesrechnungshofes überschreitet der Landerverfassungsgeber damit seine Kompetenz[45]. Aus den eingangs angeführten Gründen ist mit einer zahlenmäßigen Fixierung der Kreditobergrenze des Landes zu rechnen[46].

Die alte **Traditionsklausel des Art. 56 VNV** wurde mit Art. 72 NV unverändert übernommen. Die **„überkommenen heimatgebundenen Einrichtungen"** der ehemaligen Länder Hannover, Oldenburg, Braunschweig und

---

38 Fn. 37.
39 Schriftlicher Bericht, 36.
40 RdNr. 11 zu Art. 57 NV.
41 RdNr. 12 zu Art. 62 NV.
42 RdNr. 2 zu Art. 65 und RdNr. 2 zu Art. 70 NV.
43 Fn. 42.
44 RdNr. 10 zu Art. 68 NV.
45 RdNr. 15 zu Art. 71 NV.
46 RdNr. 19 zu Art. 71 NV.

Einleitung

Schaumburg-Lippe sind daher weiterhin zu wahren und zu fördern. Die Vorschrift ist weitgehend eine Spezialnorm zur Erhaltung und Förderung alter kultureller Einrichtungen, wie sie andere Länder in ihrer besonderen organisatorischen Breitenwirkung nicht haben[47]. Die Organisationsgewalt des Landesgesetzgebers und der Landesregierung wird erheblich eingeschränkt[48].

Das Zentrum der politischen Willensbildung des Landes, die Bildung und Funktion der Landesregierung unter der Leitung des Ministerpräsidenten, blieb unverändert[49]. Damit besteht die Gewähr, daß die neue Landesverfassung ihre Hauptaufgabe gut erfüllen wird.

Die **Amts- und Funktionsbezeichnungen** werden in der Verfassung in weiblicher und männlicher Form verwendet. Damit wird der Text erheblich verlängert, teilweise ist er doppelt so lang. Die Gesellschaft für deutsche Sprache[50] sowie *Wolfgang Rüfner* und *Christian Starck*[51] lehnen diese Form der Gesetzgebungstechnik ab. Für den Landesverfassungsgeber bestand keine verfassungsrechtliche Pflicht, das „**Titanic-Prinzip**" einzuführen[52]. Gemeindeutsches Verfassungsrecht gebietet nur, die deutsche Sprache bei der Gesetzgebung zu wählen[53]. Der Landesverfassungsgeber hätte das Problem eleganter lösen können. Wie andere Landesverfassungsgeber hätte er eine Klausel aufnehmen können, wonach die Amts- und Funktionsbezeichnungen auch in weiblicher Form gelten[54].

---

47 Parallelvorschriften in den meisten Landesverfassungen.
48 RdNr. 6 zu Art. 72 NV.
49 Schriftlicher Bericht, 22.
50 Wider das amtliche Wortgetöse, Weser Kurier v. 4. 4. 1998.
51 Rüfner, in: Bonner Kommentar, RdNr. 822f. zu Art. 3 Abs. 2 u. 3; Starck, Die neue Niedersächsische Verfassung von 1993, NdsVBl., 1994, 2 (7).
52 Rüfner (Fn. 51), RdNr. 824 zu Art. 3 Abs. 2 u. 3.
53 Kirchhof, Deutsche Sprache, in: Hdb. d. Staatsrechts, Bd. I, 745 (762).
54 Reich, RdNr. 1 zu Art. 100; Art. 79 Verfassung v. Mecklenburg-Vorpommern und Art. 100 Verfassung von Sachsen-Anhalt.

Kommentierung der Verfassung des Landes Niedersachsen

Präambel

Im Bewußtsein seiner Verantwortung vor Gott und den Menschen hat sich das Volk von Niedersachsen durch seinen Landtag diese Verfassung gegeben.

Übersicht

	RdNr.
Die Vorgeschichte	1
Normzweck und Adressaten	2
Die Rechtsnatur	3
Die „Verantwortung vor Gott"	4
„und den Menschen"	5
„durch seinen Landtag"	6

Die Vorläufige Niedersächsische Verfassung hatte keine Präambel. Die CDU-Fraktion beantragte in den Ausschußberatungen, für diese Verfassung eine Präambel einzufügen, in der sich das Volk von Niedersachsen die neue Verfassung „im Bewußtsein seiner Verantwortung vor Gott und den Menschen" gebe. Mit dem Hinweis auf die Verantwortung vor Gott werde das **ethische Fundament der Verfassung** deutlich gemacht; es werde klargestellt, daß der Mensch nicht das Maß aller Dinge sei. Der Antrag wurde abgelehnt. Darauf beschloß der Sonderausschuß „Niedersächsische Verfassung" auf eine Präambel zu verzichten[1]. Der Landtag verabschiedete die Verfassung ohne eine Präambel. Nur der Abgeordnete **Krapp** (CDU) stimmte deshalb mit „Nein". Nach der Verkündung der Verfassung bildete sich eine Volksinitiative von Christen und Juden Niedersachsens, die innerhalb von kurzer Zeit rund 120000 Unterschriften sammeln konnte. Damit erreichte sie die Voraussetzungen für eine **Befassungspflicht** nach Art. 47 NV. Am 19. Mai 1994 beschloß der Landtag mit der erforderlichen Mehrheit die Präambel, die vom Präsidenten des Landtages ausgefertigt und vom Ministerpräsidenten verkündet wurde (Nds. GVBl. v. 13. 6. 1994, S. 229).

1

Die Präambel einer Verfassung kann **den Zweck** haben, die entstehungsgeschichtliche Lage, die Beweggründe und die Ziele des Verfassungsgebers kurz zu umreißen[2]. Der Landesverfassungsgeber beschränkte sich auf das Ziel einer **Bindung der Organe des Staates.** Hierzu übernahm er weitgehend den ersten Satz der Präambel des Grundgesetzes. Der Grundgesetzgeber folgte damit älteren Landesverfassungen. Diesen Verfassungen ist gemeinsam, daß damit der rechtlichen Perversion sowohl durch einen totalitä-

2

---

1 Schriftlicher Bericht, S. 21.
2 v. Münch, in: v. Münch/Kunig, RdNr. 1 zur Präambel; Starck, in: v. Mangold/Klein, RdNr. 19 zur Präambel; Jutzi, in: Linck/Jutzi/Hopfe, RdNr. 1 zur Präambel.

Präambel

ren Staat, als auch durch eine „absolute Volkssouveränität" eine Absage erteilt werden sollte[3].

3   In formeller Einsicht ist eine **Präambel ein Teil der Verfassung.** Sie kann daher wie andere Teile nur nach dem Verfahren einer Verfassungsänderung aufgehoben, geändert oder ergänzt werden[4]. Eine Änderung ist nur dann ausgeschlossen, wenn dies die Verfassung ausdrücklich vorsieht. Ferner, wenn die Änderung einen grundlegenden Verfassungswandel enthält[5].

4   Mit der Kurzformel „Verantwortung vor Gott" gibt der Verfassungsgeber ein Staatsziel vor[6]. Alle zum politischen Handeln berufenen Organe Niedersachsens haben die rechtliche Pflicht, bei ihren Maßnahmen dieses Ziel zu beachten. Ihnen bleibt es aber überlassen, welche Wege sie für politisch richtig und zweckmäßig halten[7]. Dabei haben sie einen breiten Raum politischen Ermessens[8].

Die „Verantwortung vor Gott" bedeutet rechtlich: Es gibt keine **absolute Staatsallmacht** und keinen **Parlamentsabsolutismus.** Das Handeln des Staates ist begrenzt, er kann nicht über alles verfügen[9]. Der Atheismus als Staatsreligion ist ausgeschlossen[10]. Die Anrufung Gottes bekräftigt das Grundrecht der Religionsfreiheit. Die religiös-weltanschauliche Offenheit und Toleranz der Verfassung wird dabei nicht in Frage gestellt[11].

5   Die „Verantwortung vor den Menschen" wird auch als Gebot gewertet, beim politischen Handeln die Auswirkungen für die Menschen in der Zukunft zu beachten[12]. Diese Pflicht folgt bereits aus den Wertentscheidungen der Grundrechte[13].

Mit der Formel „**das Volk von Niedersachsen**" wird das Legitimationssubjekt, das niedersächsische Landesvolk, umschrieben. Das ist nach dem Grundgesetz die Gesamtheit der Staatsbürger in Niedersachsen, also die Aktivbürgerschaft der Deutschen (Art. 116 Abs. 1 GG) im Lande.[14]

Soweit die Landesverfassung die Grundsätze der parlamentarischen Demokratie konkret regelt, sind diese Normen spezielles Recht, das der Präambel vorgeht, aber mit ihr zusammen auszulegen ist[15]

---

3   v. Münch (Fn. 2), RdNr. 8 zur Präambel; Starck (Fn. 2), RdNr. 25 zur Präambel; Häberle, Gott im Verfassungsstaat?, in: FS Zeidler, Bd. I, 1 (11 f.); Süsterhenn/Schäfer, RdNr. 2 zur Präambel; Feuchte, in: Feuchte, RdNr. 9 zum Vorspruch; Kirchhof, Woran das Bundesverfassungsgericht gebunden ist, FAZ v. 13. 9. 1995.
4   v. Münch (Fn. 2), RdNr. 35a zur Präambel; Neumann, RdNr. 3 zur Präambel d. Bremischen Verfassung.
5   Schmitt, C., 104.
6   Starck (Fn. 2), RdNr. 26 zur Präambel.
7   BVerfGE 5, 85 (127); 12, 45 (51); 36, 1 (17).
8   BVerfGE 5, 85 (128).
9   Starck (Fn. 2), RdNr. 25 zur Präambel; Häberle (Fn. 3), 12; Feuchte (Fn. 3).
10 Maunz, in: Maunz/Dürig/Herzog, RdNr. 17 zur Präambel.
11 Feuchte (Fn. 3), RdNr. 12 zur Präambel; v. Münch (Fn. 2), RdNr. 7 zur Präambel.
12 v. Münch (Fn. 2), RdNr. 10 zur Präambel; Feuchte (Fn. 3), RdNr. 13 zur Präambel; Häberle (Fn. 3), 14, 16; Starck (Fn. 3).
13 Feuchte (Fn. 3), RdNr. 14.
14 v. Münch (Fn. 2), RdNr. 11 zur Präambel.
15 Isensee, Staat und Verfassung, in: Hdb. d. Staatsrechts, Bd. I, 591 (594).

Präambel

Das Volk von Niedersachsen hat sich diese Verfassung „**durch seinen Landtag**" gegeben. Der Landtag trat dabei als Verfassungsgeber, als **pouvoir constituant**, auf[16]. Das Landesvolk wurde nicht durch einen Volksentscheid beteiligt, obgleich es bei Änderungen der Verfassung nach Art. 47 Abs. 2 i. V. m. Art. 49 Abs. 2 NV entscheiden kann. Dieses Mißtrauen der Parlamentarier gegen ihre Wähler[17] wird auch in Zukunft auf Kritik stoßen.

6

---

16 RdNr. 3 zu Art. 78 NV.
17 Albert Janssen, Fn. 20 zu Art. 78 NV.

ERSTER ABSCHNITT
Grundlagen der Staatsgewalt, Grundrechte und Staatsziele

Artikel 1
Staatsgrundsätze, Landessymbole, Hauptstadt

(1) Das Land Niedersachsen ist hervorgegangen aus den Ländern Hannover, Oldenburg, Braunschweig und Schaumburg-Lippe.

(2) Das Land Niedersachsen ist ein freiheitlicher, republikanischer, demokratischer, sozialer und dem Schutz der natürlichen Lebensgrundlagen verpflichteter Rechtsstaat in der Bundesrepublik Deutschland und Teil der europäischen Völkergemeinschaft.

(3) Niedersachsen führt als Wappen das weiße Roß im roten Felde und in der Flagge die Farben Schwarz-Rot-Gold mit dem Landeswappen. Das Nähere bestimmt ein Gesetz.

(4) Landeshauptstadt ist Hannover.

Übersicht

	RdNr.
„Niedersachsen"	1
Die Entstehung des Gliedstaates	2
Das Homogenitätsgebot des Grundgesetzes	3
Keine Bestandsgarantie	4
Die Grenzen der Verwaltungshoheit	5
Düneninseln an der Küste	6
Die Küstengewässer	7
Der Festlandsockel	8
Die Staatsgrundsätze (Art. 1 Abs. 2 NV)	9
Der republikanische, demokratische und soziale Rechtsstaat	10
Der freiheitliche Rechtsstaat	11
Der Umweltschutz im Grundgesetz	12
Die „natürlichen Lebensgrundlagen"	13
Die Adressaten der Schutzpflicht	14
Grundgesetzlicher Gesetzesvorbehalt	15
Nur ein relatives Schutzgut	16
„Teil der europäischen Völkergemeinschaft"	17
Der Normzweck der Staatssymbole (Art. 1 Abs. 3 NV)	18
Gesetzesvorbehalt	19
Das „weiße Roß"	20
Die „Flagge"	21
„Schwarz-Rot-Gold"	22
Flaggenführung des Bürgers	23
Flaggenpflicht des nachgeordneten Bereichs	24
Bundesgesetzlicher Schutz	25
Die „Landeshauptstadt Hannover"	26

Der Raum zwischen Weser und Ems wurde erst 1354 als **Niedersachsen** bezeichnet.¹ 1512 brachte die Reichs- und Kreiseinteilung den „Niedersächsischen Kreis", der aber nur östlich der Weser liegende Territorien umfaßte. Diese Verfassungsnorm des alten Reiches galt bis 1806. Der preußische Entwurf für eine Deutsche Bundesverfassung vom 13. 9. 1814 schlug vor, die Länder Braunschweig, Hannover, Lübeck, Glückstadt und Hamburg sowie Oldenburg und Schaumburg-Lippe in einem „Niedersächsischen Kreis" zusammenzufassen.² Mit dem „Entwurf I" zur Verfassung des Deutschen Reiches vom 8. 1. 1919 wurde erstmals ein „Freistaat Niedersachsen", bestehend aus den preußischen Provinzen Schleswig-Holstein und Hannover sowie den Ländern Oldenburg und Braunschweig, zur Debatte gestellt.³

1

Am 18. 10. 1945 befahl die Britische Besatzungsmacht, einen „Gebietsrat Niedersachsen" zu bilden.⁴ Dieser Rat hatte eine Koordinationsfunktion. Seine Beschlüsse wurden von der „Gebietskanzlei Niedersachsen" in Hannover vorbereitet und durchgeführt. Die Militärregierung forderte Anfang Juni 1946 den Zonenbeirat auf, ein Gutachten für die Neugliederung der Länder vorzulegen. Bei der Abstimmung im Plenum des Zonenbeirates erhielt ein Vorschlag des Ministerpräsidenten des Landes Hannover, Hinrich Wilhelm Kopf (SPD), eine Zweidrittelmehrheit. Der Vorschlag enthielt eine Dreigliederung der Besatzungszone in die Länder Niedersachsen, Schleswig-Holstein und Nordrhein-Westfalen sowie den Fortbestand der Stadtstaaten Hamburg und Bremen.⁵ Am 22. Oktober 1946 kündigte der britische Außenminister Bevin im Unterhaus die Bildung eines Landes Niedersachsen an. Am nächsten Tage wiederholte der britische Gouverneur, Generalleutnant Sir Robertson, vor dem Zonenbeirat in Hamburg diese Ankündigung. Am 14. November 1946 ordnete die Militärregierung die Bildung des Landes Niedersachsen durch Zusammenschluß der Länder Hannover, Braunschweig, Oldenburg und Schaumburg-Lippe an. Sie beauftragte den Ministerpräsidenten von Hannover mit der Bildung einer Landesregierung. Dieser erließ am 23. November 1946 eine Verfügung an die Landesregierungen dieser Länder – Az. P Nr. 4888 –, mit der er die Bildung einer Niedersächsischen Staatsregierung feststellte und erkannte:

2

„Mit der Bildung der Niedersächsischen Staatsregierung sind die Hannoversche Staatsregierung, das Oldenburgische Staatsministerium, das Staatsministerium in Braunschweig sowie die Schaumburg-Lippische Landesregierung aufgelöst."

Die Verordnung der Militärregierung Nr. 55 „Schaffung des Landes Niedersachsen" legte **nachträglich** den Tag der Bildung des Landes **rückwirkend** auf den 1. November 1946 fest. Die Verordnung wurde im Amtsblatt für Niedersachsen am 1. Dezember 1946 und im Amtsblatt der Militärregierung Anfang des Jahres 1947 verkündet. Dieser 1. November 1946 gilt seitdem als

---

1 Ploetz, Geschichte des Landes Niedersachsen, 1983, 2.
2 E. v. Puttkamer, Föderative Elemente im deutschen Staatsrecht, 1955, 75.
3 E. v. Puttkamer (Fn. 2), 154.
4 Pollmann (Überschr. Fn. 2), 62.
5 Pollmann (Überschr. Fn. 2), 63.

Gründungstag des Landes. Tatsächlich ist das Land jedoch erst mit der Niedersächsischen Staatsregierung am 23. November 1946 gebildet worden. Der von der Militärregierung ernannte Niedersächsische Landtag beschloß am 11. Februar 1947 das Gesetz zur Vorläufigen Ordnung der Niedersächsischen Landesgewalt. Diese erste Verfassung des Landes lehnte sich weitgehend an den Inhalt der Weimarer Reichsverfassung an.

3 Das „Land Niedersachsen" ist als Glied des Bundes, als **Gliedstaat**, ein Staat mit eigener, nicht vom Bunde abgeleiteter, sondern von ihm anerkannter staatlicher Hoheitsgewalt. Das Grundgesetz geht von der grundsätzlichen **Verfassungsautonomie der Länder** aus. Es fordert nur ein Mindestmaß an **Homogenität**. Dabei sind die Grundsätze seiner Staatsziel- und Staatsstruktur bindend[6]. Die Verfassungsräume des Bundes und der Länder stehen einander selbständig gegenüber[7]. Wegen des Inhalts des **Homogenitätsgebotes** wird auf das Schrifttum verwiesen[8].

4 Das Grundgesetz gewährt dem Lande **keine Bestandsgarantie**. Ohne Mitwirkung des Landes und seines **Landesvolkes** der Niedersachsen kann aber das Land Niedersachsen weder vom Bund aufgehoben noch sein Gebiet wesentlich geändert werden[9]. Der sogenannte „**labile Bundesstaat**" hat sich inzwischen stabilisiert[10]. Solange es dem Landtage und der Landesregierung gelingt, ein niedersächsisches **Staatsbewußtsein** im Landesvolk zu erhalten, ist der Bestand des Landes somit nicht gefährdet.

5 Die **Verwaltungshoheit des Landes** beschränkt sich grundsätzlich auf sein **eigenes Staatsgebiet**. Nur Verwaltungsakte, die Bundesgesetze vollziehen, haben nach einer Entscheidung des Bundesverfassungsgerichts „im gesamten Bundesgebiet Geltung"[11]. Das Land kann durch seine Gesetze nicht einseitig anderen Ländern und den dort wohnenden Personen Pflichten auferlegen[12]. Demgemäß ist ein Zeugniszwang aufgrund von Landesrecht gegenüber Zeugen außerhalb des Landes unzulässig[13]. Das Land kann jedoch mit

---

6 BVerfGE 90, 60 (84).
7 Stern, Bd. I, 707.
8 Stern, Bd. I, 706f.; Storr, 170f.; Rozek, 107; Löwer, in: v. Münch/Kunig, RdNr. 6f., zu Art. 28; Maunz, in: Maunz/Dürig/Herzog, RdNr. 17 zu Art. 28, ders., Verfassungshomogenität von Bund und Ländern, in: Hdb. d. Staatsrechts, Bd. IV, 443 f.; Bartlsperger, Das Verfassungsrecht der Länder in der gesamtstaatlichen Verfassungsordnung, in: Hdb. d. Staatsrechts, Bd. IV, 457 (474f.); Starck, Die Verfassungen der neuen Länder in: Hdb. d. Staatsrechts, Bd. IX, 353 (363f.); Leibholz/Rinck/Hesselberger, RdNr. 1ff. zu Art. 28; Bothe, in: AK-GG, RdNr. 1ff. zu Art. 28; Nierhaus, in: Sachs, RdNr. 4ff. zu Art. 28.
9 Isensee, Idee und Gestalt des Föderalismus im Grundgesetz, in: Hdb. d. Staatsrechts, Bd. IV, 517 (532); Hofmann, Die Entwicklung des Grundgesetzes nach 1949, in: Hdb. d. Staatsrechts, Bd. I, 259 (312f.).
10 Isensee (Fn. 9), 531.
11 BVerfGE 11, 6 (19).
12 Isensee, Fn. 10.
13 Isensee (Fn. 9), 537; M. Schröder, Minderheitenschutz im parlamentarischen Untersuchungsverfahren: Neue Gerichtsentscheidungen, ZParl., 1986, 367 (380); ders., Empfiehlt sich eine gesetzliche Neuordnung der Rechte und Pflichten parlamentarischer Untersuchungsausschüsse?, in: Verhandlungen des 57. Deutschen Juristentages, 1988, E. S. 57; Neumann, RdNr. 26 zu Art. 105: Bremische Verfassung; Bayer. Senat, Senatsdrucksache 203/88 v. 3. 11. 1988; Achterberg/Schulte, in: Mangoldt/Klein, RdNr. 130f. zu Art. 44; a. A.: BVerwG, U. v. 19. 5. 1988, DVBl., 1988, 852.

Staatsverträgen die räumliche Wirkung seiner Hoheitsakte über die Landesgrenzen erweitern.

Entsteht an der niedersächsischen Nordseeküste eine **neue Düneninsel**[14], so wird sie ohne einen besonderen Akt der Besitzergreifung der Landesregierung kraft Bundesverfassungsrechts niedersächsisches Staatsgebiet. Weder gibt es landesfreies Bundesgebiet noch bundesfreies Landesgebiet[15]. 6

Die Hoheitsgewalt des Landes erfaßt die **Küstengewässer**[16]. Das Völkerrecht schränkt diese Hoheitsgewalt ein[17]. Wegen der einzelnen Einschränkungen wird auf das Schrifttum verwiesen[18]. Westlich der Hamburger Exklave (Art. 73 NV) schließt sich das **niedersächsische Küstenmeer** an[19]. 7

Im Gegensatz zum Küstenmeer gehört der **Festlandsockel** nicht zum Staatsgebiet des Landes oder des Bundes[20]. Das Völkervertragsrecht gewährt dem Küstenstaat ausschließliche Nutzungs- und Hoheitsrechte[21]. Das Grundgesetz hat die **Aufteilung der Gesetzgebungs- und Verwaltungskompetenzen am Festlandsockel** zwischen Bund und Küstenländern nicht ausdrücklich geregelt. Die Kompetenzverteilung des Grundgesetzes ist entsprechend anzuwenden[22]. Das Bundesverfassungsgericht hat die Frage noch nicht entschieden. 8

Art. 1 Abs. 2 NV enthält **Staatsgrundsätze**, die schon in Art. 1 Abs. 1 VNV enthalten waren. Der Verfassungsgeber fügte noch drei „Aussagen" hinzu: „freiheitlicher Rechtsstaat", „Schutz der natürlichen Lebensgrundlagen" und „Teil der europäischen Völkergemeinschaft"[23]. Der gesamte Absatz genießt den Schutz der Unveränderlichkeit des Art. 46 Abs. 2 NV. Bei den Parallelvorschriften des Grundgesetzes wirken die **Staatsformprinzipien Republik, Demokratie, Sozialstaat und Rechtsstaat** als Grundsätze, an die das Land gebunden ist[24]. Beim Schutz der „natürlichen Lebensgrundlagen" ist das Land ohne Einschränkung durch Art. 20a GG, der nach der Verkündung der Landesverfassung in Kraft trat, als **Staatszielbestimmung** gebunden[25]. Die Beziehungen des Landes zur „europäischen Völkergemeinschaft" regeln die Art. 23 GG und Art. 28 Abs. 1 Satz 3 GG. Die in Art. 1 Abs. 2 NV ent- 9

---

14 Zum Begriff: Grote/Lüschen/Muuß, Luftbildatlas Niedersachsen, 1967, 19.
15 Graf Vitzthum, Staatsgebiet, in: Hdb. d. Staatsrechts, Bd. I, 709 (727); Isensee (Fn. 9), 528; Scholz, in: Maunz/Dürig/Herzog, RdNr. 75 zu Art. 23 a. F. GG.
16 Kunig, in: v. Münch/Kunig, RdNr. 8 zu Art. 29; Stober, 347; Petersen, Staatsrechtliche Probleme einer Begrenzung des Küstenmeeres der Bundesrepublik Deutschland, DVBl., 1987, 78, 79; Scholz (Fn. 15), RdNr. 90 zu Art. 23 a. F.
17 Petersen, Fn. 16; Lagoni, 91.
18 Verdross/Simma, S. 683 f.; Gloria, Küstenmeer und Anschlußzone, in: Knut Ipsen, 678 f.; Seidl-Hohenveldern, 254 f.; Graf Vitzthum, Raum, Umwelt und Wirtschaft im Völkerrecht, in: Graf Vitzthum, 393 (426 f.).
19 Lagoni, 91 f.
20 Zuleeg, in: AK-GG, RdNr. 4 zu Art. 23 a. F.; Lagoni, 97, 99 f.; Graf Vitzthum (Fn. 15), 726; Gloria (Fn. 18), 724.
21 Gloria (Fn. 18), 724 f.; Verdross/Simma, 722; Seidl-Hohenveldern, 259.
22 Willecke, Der Festlandsockel, eine völker- und verfassungsrechtliche Problematik, DVBl., 1966, 461 (467); Lagoni, 99.
23 Schriftlicher Bericht, 3.
24 Löwer (Fn. 8), RdNr. 15 zu Art. 28.
25 Kloepfer, in: Bonner Kommentar, RdNr. 20 zu Art. 20a.

haltenen Grundsätze stehen als Landesverfassungsrecht gleichrangig nebeneinander. Sie sollen die übrige Ordnung der Verfassung leiten[26]. Bei Kollisionen der Grundsätze untereinander ist jedoch zu berücksichtigen, daß das Staatsziel „Schutz der natürlichen Lebensgrundlagen" im Grundgesetz (Art. 20a) nicht zu den **Fundamentalnormen** der Bundesverfassung gehört und daher nur bei Landesrecht, für das der Landesgesetzgeber kompetent ist, diesen qualifizierten Charakter hat.

10 Wegen des Inhalts der Staatsgrundsätze wird auf das Schrifttum zu den Parallelvorschriften des Grundgesetzes verwiesen. Die Grundsätze **republikanischer, demokratischer und sozialer Rechtsstaat** sind in Art. 28 Abs. 1 Satz 1 GG verbindlich für das Land vorgeschrieben[27].

11 Das Staatsziel des **„freiheitlichen Rechtsstaates"** bedeutet nach den Vorgaben des Grundgesetzes: der **materielle Rechtsstaat** dient einer freiheitlichen Gesamtordnung, die von Grundrechten geprägt und geschützt wird[28]. Dabei sichern die ihn schützenden Grundrechte das rechtsstaatliche Prinzip[29].

12 Der **„Schutz der natürlichen Lebensgrundlagen"**, der in der Vorläufigen Niedersächsischen Verfassung noch nicht enthalten war, wird durch die Gesetzgebungskompetenz des Bundes überlagert. So z. B.:
 – Art. 20a GG[30]: Einbindung des Umweltschutzes in Gesetz und Recht;
 – Art. 74 Nr. 11 GG: Recht der Wirtschaft, wozu Bergbau, Industrie und Energiewirtschaft gehören[31];
 – Art. 74 Nr. 17 GG: Förderung der land- und forstwirtschaftlichen Erzeugung, Hochsee- und Küstenfischerei, Küstenschutz, Bau von Sperrwerken und Deichen[32];
 – Art. 74 Nr. 20 GG: Schutz der Pflanzen gegen Krankheiten und Schädlinge, Tierschutz[33];
 – Art. 74 Nr. 21 GG: Hochsee-, Küsten- und Binnenschiffahrt, die dem allgemeinen Verkehr dienenden Binnenwasserstraßen;

---

26 Kirchhof, Die Identität der Verfassung in ihren unabänderlichen Inhalten, in: Hdb. d. Staatsrechts, Bd. I, 775 (803).
27 Löwer (Fn. 8), RdNr. 1f. zu Art. 28; Maunz (Fn. 8), RdNr. 20f. zu Art. 28; Stern, in: Bonner Kommentar, RdNr. 23 zu Art. 28; Schnapp, in: v. Münch/Kunig, RdNr. 5f. zu Art. 20; Bothe, in: AK-GG, RdNr. 6f. zu Art. 28; Herzog, in: Maunz/Dürig/Herzog, RdNr. 30f. zu Art. 20; Stein, Bäumlin, Ridder, Kittner, in: AK-GG, zu Art. 20; Böckenförde, Demokratie als Verfassungsprinzip, in: Hdb. d. Staatsrechts, Bd. I, 887f.; Henke, Die Republik, in: Hdb. d. Staatsrechts, Bd. I, 863 f.; Badura, Die parlamentarische Demokratie, in: Hdb. d. Staatsrechts, Bd. I, 953f.; Schmidt-Aßmann, Der Rechtsstaat, in: Hdb. d. Staatsrechts, Bd. I, 987f.; Zacher, Das soziale Staatsziel, in: Hdb. d. Staatsrechts, Bd. I, 1045f.; Leibholz/Rinck/Hesselberger, RdNr. 181f. zu Art. 20.
28 Hdb. d. Staatsrechts, Bd. I, 789f.; Benda, Der soziale Rechtsstaat, in: Hdb. d. Verfassungsrechts, Bd. I, 477 (494); Böckenförde, Entstehung und Wandel des Rechtsstaatsbegriffs, in: Böckenförde, Recht, Staat, Freiheit, 143 (164f.).
29 Isensee, Grundrechtsvoraussetzungen und Verfassungserwartungen an die Grundrechtsausübung, in: Hdb. d. Staatsrechts, Bd. V, 353 (421).
30 Gesetz zur Änderung des Grundgesetzes v. 27.10.1994 – BGBl. I, 3146, in Kraft seit 15.11.1994.
31 Kunig (Fn. 16), RdNr. 55 zu Art. 74.
32 Rengeling, Gesetzgebungszuständigkeit, in: Hdb. d. Staatsrechts, Bd. IV, 723 (811); Kunig (Fn. 16), RdNr. 80 zu Art. 74; Pestalozza, in: v. Mangoldt/Klein, RdNr. 1152 zu Art. 74.
33 Kunig (Fn. 16), RdNr. 99 zu Art. 74.

- Art. 74 Nr. 22 GG: Straßenverkehr, Kraftfahrzeugwesen;
- Art. 74 Nr. 24 GG: Abfallbeseitigung, Luftreinhaltung und Lärmbekämpfung;
- Art. 75 Nr. 3 GG: Jagdwesen, Naturschutz und Landschaftspflege;
- Art. 75 Nr. 3 GG: Raumordnung und Wasserhaushalt.

Seine Kompetenzen hat der Bundesgesetzgeber weitgehend ausgeschöpft[34]. Das erdrückende Übergewicht der Bundeskompetenzen wird noch verstärkt, da der Umweltschutz eine **typische Annexkompetenz** ist[35].

Der Begriff der „**natürlichen Lebensgrundlagen**" umfaßt nach Art. 20a GG „Tiere, Pflanzen, Boden, Wasser, Luft, Klima, Landschaft und Kulturlandschaft"[36]. Die überkommenen **Weidewirtschaften** an den niedersächsischen Strömen genießen daher als wesentliche Teile einer Kulturlandschaft der Flußmarschen einen grundgesetzlichen Schutz gegen Bestrebungen, sie in Nationalparks umzuwandeln.

13

Der „**Schutz**" des Landes entspricht der Schutzpflicht nach Art. 20a GG. Darüber hinaus bindet Art. 20a GG noch die Kommunen, die juristischen Personen des öffentlichen Rechts und die privatrechtlich auftretende öffentliche Hand, soweit sie Aufgaben der öffentlichen Verwaltung wahrnimmt[37].

14

Die Pflicht ist nach Art. 20a GG „nach Maßgabe von Gesetz und Recht durch die vollziehende Gewalt und die Rechtsprechung" zu erfüllen. Es besteht ein **Gesetzesvorbehalt**[38]. Die Gerichte erhalten keine „**umweltpolitische Führungsaufgabe**"[39].

15

Da der Mensch Mittelpunkt im Wertesystem der Verfassung ist, sein Leben Höchstwert innerhalb der grundgesetzlichen Ordnung[40] genießt, muß sich das Staatsziel Umweltschutz ihm unterordnen. Es ist daher nur ein relatives, kein absolutes Schutzgut[41].

16

Daß das Land ein „**Teil der europäischen Völkergemeinschaft**" ist, kann nur im Rahmen des Grundgesetzes wahrgenommen werden. Die Bildung eines **europäischen Bundesstaates** schließt Art. 23 Abs. 1 Satz 3 GG aus[42]. Die neue Fassung des Art. 23 GG ermöglicht nur die Übertragung **einzelner** Hoheitsrechte, nicht aber die **Kompetenz-Kompetenz** auf die **Europäische Union**[43]. Deutschland bleibt einer der „Herren der Verträge". Die Bundesre-

17

---

34 Stober, 281; Stern, Bd. III/2, 1482; Salzwedel, Umweltschutz, in: Hdb. d. Staatsrechts, Bd. III, 1205 (1209).
35 BVerfGE 75, 329 (343).
36 Scholz (Fn. 15), RdNr. 36 zu Art. 20a; Kloepfer (Fn. 25), RdNr. 50, 52 zu Art. 20a.
37 Kloepfer (Fn. 25), RdNr. 20 zu Art. 20a.
38 Kloepfer (Fn. 25), RdNr. 43 zu Art. 20a; Scholz (Fn. 15), RdNr. 46 zu Art. 20a.
39 Scholz (Fn. 15), RdNr. 58 zu Art. 20a.
40 BVerfGE 39, 1 (42).
41 Kloepfer (Fn. 25), RdNr. 15 zu Art. 20a; Scholz (Fn. 15), RdNr. 41 zu Art. 20a; Neumann, RdNr. 6 zu Art. 11a Bremische Verfassung.
42 Rojahn, in: v. Münch/Kunig, RdNr. 11, 51 zu Art. 23 u. RdNr. 52 zu Art. 24; Randelzhofer, in: Maunz/Dürig/Herzog, RdNr. 34, 88 zu Art. 23 n. F.; Kirchhof, Der deutsche Staat im Prozeß der europäischen Integration, in: Hdb. d. Staatsrechts, Bd. VII, 855 (882).
43 Rojahn (Fn. 42), RdNr. 9 zu Art. 23; Scholz (Fn. 15), RdNr. 19 zu Art. 23.

Art. 1 Erster Abschnitt Grundlagen der Staatsgewalt

gierung kann seine Zugehörigkeit wieder aufheben[44]. Die Europäische Union ist nur ein **Staatenverbund** und kein Bundesstaat[45].

18 Der dritte Absatz des Artikels regelt einen Teil der **Staatssymbole**. Als freiheitlicher Gliedstaat ist Niedersachsen auf die Identifikation seiner Bürger mit dem in der Flagge und dem Landeswappen versinnbildlichten Grundwerten angewiesen[46]. Das Land zeigt sich seinen Bürgern in Staatssymbolen. Sie sind ein notwendiges Element der Staatlichkeit[47]. Der **Normzweck der Staatssymbole** gebietet es daher, die gesetzlich vorgeschriebene Form zu wahren. Gutgemeinte künstlerische Erwägungen dürfen ein Staatssymbol nicht „karikieren"[48].

19 Das Land ist für seine Staatssymbole allein zuständig. Die nähere Ausgestaltung unterliegt dem **Gesetzesvorbehalt** (Art. 1 Abs. 3 Satz 2 NV). Die Landesregierung ist daher nicht befugt, modische Formen des Niedersachsenrosses selbst zu bestimmen.

20 „**Das weiße Roß**" ist aufgrund seiner Herkunft, seiner geschichtlichen Entwicklung und seiner bisherigen Verbreitung berufen, das Land Niedersachsen zu repräsentieren[49]. Der Landesgesetzgeber wählte in seinem Ausführungsgesetz das **springende** weiße Roß (§ 1 Satz 1 Gesetz über Wappen, Flaggen und Siegel vom 13. Oktober 1952 i. d. F. v. 30. Juli 1983 – Nieders. GVBl., S. 246). Das **springende** silberne Roß im roten Felde war das Landeswappen des Herzogtums Braunschweig. Die preußische Provinz Hannover hatte im amtlichen „Provinzwappen" das silberne **laufende** Roß im roten Felde.

21 Der Begriff der „**Flagge**" umfaßt sämtliche aus Stoff hergestellten Hoheitszeichen: Flaggen, die gehißt werden, Fahnen, Wimpel, Stander und Standarten[50].

22 Die Farben „**Schwarz-Rot-Gold**" wandelten in den letzten 150 Jahren ihren Sinngehalt. Die Farben führte das Reichsgesetz betreffend die Einführung einer deutschen Kriegs- und Handelsflagge vom 12. November 1848 (RGBl. 1848, S. 15) ein. Ursprünglich symbolisierten sie das Verfassungsgebot der Weimarer Reichsverfassung der Vereinigung Deutschlands mit Österreich[51]. Heute stehen diese Staatsfarben für die freiheitliche demokratische Grundordnung[52].

23 **Jedermann hat das Recht,** die allgemeine Flagge seines Staates, nicht jedoch seine Dienstflagge, zu zeigen[53].

---

44 BVerfGE 89, 155 (190); Rojahn, Fn. 43.
45 BVerfGE 89, 155 (156), Leitsatz Nr. 8.
46 BVerfGE 81, 278 (293).
47 Klein, Die Staatssymbole, in: Hdb. d. Staatsrechts, Bd. I, 733 (734); Stern, Bd. I, 282; Hoog, in: v. Münch/Kunig, RdNr. 1 zu Art. 22; Maunz (Fn. 8), RdNr. 3 zu Art. 22; Hartmann, 21, 29.
48 Stern, Bd. I, 279.
49 Korte, 89.
50 Maunz (Fn. 8), RdNr. 5, 6 zu Art. 22.
51 Huber, Dokumente, Bd. I, 401; Anschütz, RdNr. 1 zu Art. 3 und RdNr. 4 zu Art. 61; Gebhard, RdNr. 3 b zu Art. 3; Ermacora, 29; Adamovich/Funk, 67.
52 So BVerfG, Fn. 44.
53 Stern, Bd. I, 279; David, RdNr. 14 zu Art. 5.

Die Pflicht einer **juristischen Person des** öffentlichen Rechts des **nachge-** 24
ordneten Bereichs des Landes (Art. 57 Abs. 1 NV), die Landesflagge zu hissen, bedarf einer ausdrücklichen gesetzlichen Grundlage[54].

Der Normzweck der Staatssymbole gebietet es, Beschimpfungen, Verächt- 25
lichmachungen und Verunglimpfungen zu verhindern[55]. Das **Strafrecht gewährt** diesen **Schutz** durch § 90 a Abs. 1 StGB. Markenrechtlichen Schutz genießen die Landesflagge und das Landeswappen nach dem Markengesetz (§ 8 Abs. 2 Nr. 6). Das Bundesverfassungsgericht relativiert diesen notwendigen Schutzzweck für Staatssymbole zu Gunsten der Kunstfreiheit[56]. Im Schrifttum wird diese Rechtsprechung kritisiert[57]. Landesflagge und Landeswappen sind auch völkerrechtlich geschützt[58].

Die **Hauptstadtbestimmung** des letzten Absatzes korrespondiert mit Art. 55 26
Abs. 5 NV, wonach Bückeburg Sitz des Staatsgerichtshofes ist. Die früheren Landeshauptstädte Braunschweig und Oldenburg gingen leer aus. Mit dem Gebot der Landeshauptstadt wird die **Organisationsgewalt** des Landtages und der Landesregierung eingeschränkt[59]. Die Sitzbindung erfaßt nicht den Landesrechnungshof in Hildesheim, da er kein oberstes Verfassungsorgan ist[60]. Die Sitzbindung schließt Sitzungen des Landtages und der Landesregierung an anderen Orten des Landes nicht aus. Die Hauptstadtentscheidung gebietet, bei **kommunalen Finanzzuweisungen** den besonderen Hauptstadtcharakter zu berücksichtigen (Art. 58 NV).

Artikel 2
Demokratie, Rechtsstaatlichkeit

(1) Alle Staatsgewalt geht vom Volke aus. Sie wird vom Volke in Wahlen und Abstimmungen und durch besondere Organe der Gesetzgebung, der vollziehenden Gewalt und der Rechtsprechung ausgeübt.

(2) Die Gesetzgebung ist an die verfassungsmäßige Ordnung in Bund und Land, die vollziehende Gewalt und die Rechtsprechung sind an Gesetz und Recht gebunden.

Übersicht

	RdNr.
Eine Parallelnorm des Art. 20 Abs. 2 und 3 Grundgesetz	1
Eine Staatsfundamentalnorm	2
Das Homogenitätsgebot der Volkssouveränität	3
Die Legitimationskette	4
Die Staatsgewalt	5

---

54 Preuß. OVG, E. v. 20. 5. 1927 – DVBl., 1985, 1168 (1171); Hoog (Fn. 47), RdNr. 15 zu Art. 22.
55 BVerfG, Fn. 44.
56 BVerfG, Fn. 44.
57 Hans H. Klein, Gedanken zur Verfassungsgerichtsbarkeit, in: FS Stern, 1134 (1141).
58 Klein, in: Bonner Kommentar, RdNr. 77 zu Art. 22.
59 Stern, Bd. I, 282; Bothe, in: AK-GG, RdNr. 12 zu Art. 22.
60 RdNr. 4 zu Art. 70 NV.

Art. 2   Erster Abschnitt   Grundlagen der Staatsgewalt

	RdNr.
Das Landesvolk	6
Der Grundsatz der Gewaltenteilung	7
„Wahlen und Abstimmungen"	8
Keine Wirtschaftsdemokratie	9
Grenzen des ministerialfreien Raumes	10
Die Bindung der Gesetzgebung	11
Die Bindung an Gemeinschaftsrecht	12
„Die vollziehende Gewalt"	13
Die Bindung der Rechtsprechung „an Gesetz und Recht"	14

1 Art. 2 NV entspricht Art. 2 VNV. Zusätzlich wurde die Ausübung der Staatsgewalt durch „Abstimmungen" eingefügt. Sie ermöglicht es, neben der plebiszitären Gesetzgebung durch einfaches Landesgesetz kommunale Bürgerentscheide einzuführen[1]. Die Vorschrift **übernimmt den Text des Art. 20 Abs. 2 und 3 GG**. Es wird daher auf das Schrifttum zu dieser Vorschrift verwiesen[2].

2 Art. 2 NV umreißt den Charakter der Landesverfassung durch **Staatsfundamentalnormen**:
– Das demokratische Prinzip mit der Volkssouveränität und der repräsentativen Demokratie,
– die Entscheidung für die Gewaltenteilung und
– die Bindung der Gesetzgebung an die Verfassung und der anderen beiden Gewalten an Gesetz und Recht.

Diese Grundsätze werden durch die Ewigkeitsklausel des Art. 46 Abs. 2 NV besonders geschützt.

3 Der in Art. 2 Abs. 1 NV enthaltene **Grundsatz der Volkssouveränität** fällt unter das **Homogenitätsgebot** des Art. 28 Abs. 1 Satz 2 GG[3]. Dieses Gebot wird durch die vom Landesverfassungsgeber eingeführte Volksgesetzgebung nicht verletzt. Er kann neben der parlamentarischen noch eine plebiszitäre Gesetzgebung vorsehen[4].

4 Art. 2 Abs. 1 Satz 1 NV begründet das Prinzip der Volkssouveränität. Der zweite Satz verdeutlicht den Grundsatz der **repräsentativen Demokratie**. Er sagt, wie die Herrschaft des niedersächsischen Landesvolkes ausgeübt wird. Die Repräsentanten üben die Staatsgewalt für das Landesvolk aus. Diese sogenannte Übertragung der Legitimation beschreibt das Bundesverfassungsgericht wie folgt:
– Die demokratische Legitimation erfordert eine ununterbrochene **Legiti-**

---

[1] Schriftlicher Bericht, 3.
[2] Schnapp, in: v. Münch/Kunig, RdNr. 30 f. zu Art. 20; Bothe u. a., in: AK-GG, zu Art. 20; Herzog, in: Maunz/Dürig/Herzog, zu Art. 20; Stern, Bd. I, 587 f.; Böckenförde, Demokratie als Verfassungsprinzip, in: Hdb. d. Staatsrechts, Bd. I, 887 f.; Badura, Die parlamentarische Demokratie, in: Hdb. d. Staatsrechts, Bd. I, 953 f.; Schmidt-Aßmann, Der Rechtsstaat, in: Hdb. d. Staatsrechts, Bd. I, 987 f.; Krause, Verfassungsrechtliche Möglichkeiten unmittelbarer Demokratie, in: Hdb. d. Staatsrechts, Bd. II, 313 f.; Sachs, in: Sachs, RdNr. 1 ff. zu Art. 20; Leibholz/Rinck/Hesselberger, RdNr. 1 ff. zu Art. 20.
[3] BVerfGE 93, 37 (66); 83, 60 (71); 83, 37 (50).
[4] BVerfGE 60, 175 (208).

mationskette vom Volk zu den mit staatlichen Aufgaben betrauten Organen und Amtswaltern.
- Nicht in jedem Falle muß eine unmittelbare Volkswahl legitimieren. In aller Regel genügt es, daß sie sich unmittelbar auf das Volk zurückführen läßt.
- Ein amtliches Handeln mit Entscheidungscharakter bedarf der demokratischen Legitimation[5].

Diese Legitimationskette schafft weder ein **imperatives Mandat** noch eine **Rätedemokratie**. Die Landesverfassung konkretisiert dies mit dem in Art. 12 NV enthaltenen **Prinzip der Mandatsfreiheit**. Aus dem Prinzip der repräsentativen Demokratie folgt, daß die Organe der Exekutive durch den Willen des Landesvolkes nicht gebunden werden[6].

„Staatsgewalt" bedeutet, daß das Land ein Herrschaftsverband ist, eine zum Einsatz körperlichen Zwanges berechtigte Organisation. Das **Gewaltmonopol des Staates** und das Gewaltverbot für Private geben ihm die Befugnis des Befehlens und Erzwingens[7]. Dabei hat jede Liberalisierung ihre unüberschreitbare Grenze. Die Macht des Staates muß bereitstehen, um das Recht erzwingen zu können. Der Staat bedarf dieser Gewalt, um seine fundamentale Aufgabe, die Sicherheit des Bürgers zu wahren, und seine völkerrechtlichen Pflichten zu erfüllen[8]. Das schließt es nicht aus, Privaten die zwangsweise Abwehr von Gefahren in bestimmten Grenzen widerruflich zu übertragen. Seiner Verantwortung für die innere Sicherheit kann er sich nicht entledigen[9]. 5

„Volk" im Sinne des Art. 2 Abs. 1 NV ist das **niedersächsische Landesvolk**. Dies sind die deutschen Staatsangehörigen und die ihnen nach Art. 116 Abs. 1 GG gleichgestellten Bürger mit einem Wohnsitz in Niedersachsen[10]. Dies gilt jedoch nicht mehr für die Kommunen des Landes. In ihnen haben auch Personen, welche die Staatsbürgerschaft eines Landes der Europäischen Union besitzen, das aktive und passive Wahlrecht nach Art. 28 Abs. 1 Satz 3 GG in der ab 15. November 1994 geltenden Fassung[11]. Auf der kommunalen Ebene hat somit die öffentliche Verwaltung die **Unionsbürger als Legitimationssubjekt**[12]. Ob Unionsbürger, die Ausländer sind, in Kernbereichen der staatlichen Hoheitsverwaltung auch mitentscheiden dürfen, ist vom Bundesverfassungsgericht noch nicht entschieden worden. 6

Die in Art. 2 Abs. 1 Satz 2 NV normierte **Teilung der Gewalten** ist ein tragendes **Organisations- und Funktionsprinzip**[13]. Es hat nach der Rechtsprechung des Bundesverfassungsgerichts folgenden Inhalt: 7

---

5 BVerfGE 93, 37 (67); 83, 60 (72).
6 StGH Bremen, E. v. 23. 9. 1974, StGHE 2, 38 (64) = DVBl., 1975, 429.
7 Kirchhof, Mittel staatlichen Handelns, in: Hdb. d. Staatsrechts, Bd. III, 121 (146).
8 Isensee, Staat und Verfassung, in: Hdb. d. Staatsrechts, Bd. I, 591 (623).
9 Isensee, Fn. 8.
10 BVerfGE 83, 37 (51); 83, 60 (71); Grawert, Staatsvolk und Staatsangehörigkeit, in: Hdb. d. Staatsrechts, Bd. I, 663 (674).
11 BVerfGE 89, 155 (179).
12 Zum Begriff Legitimationssubjekt: BVerfGE 83, 37 (53).
13 BVerfGE 95, 1 (15).

- Es dient der gegenseitigen Kontrolle der Staatsorgane und der Mäßigung der Staatsherrschaft;
- Staatliche Entscheidungen sollen Organe treffen, die nach ihrer Organisation, Funktion und Verfahrensweise über die besten Voraussetzungen verfügen;
- Die Verteilung der Gewichte zwischen den drei Gewalten durch die Verfassung muß gewahrt bleiben.
- Keine Gewalt darf der für die Erfüllung ihrer verfassungsmäßigen Aufgaben erforderlichen Zuständigkeiten beraubt werden. Der Kernbereich der Gewalten ist unveränderbar[14].
- Es gibt keinen Gewaltenmonismus des Parlaments in der Form eines allumfassenden **Parlamentsvorbehalts**[15].

8   Zum Begriff der „Wahl" wird auf Art. 8 NV und zur „Abstimmung" auf Art. 49 NV verwiesen.

9   Das Grundgesetz schließt eine sogenannte **Wirtschaftsdemokratie** aus. Der Landesgesetzgeber kann nicht wirtschaftliche Nebenparlamente zur Mitentscheidung bei der Gesetzgebung bilden[16].

10 Hoheitliche Befugnisse der Verwaltung unterliegen grundsätzlich der parlamentarischen Kontrolle. Einen sogenannten **ministerialfreien Raum** darf der Landesgesetzgeber nur für Bereiche ohne eine politische Tragweite schaffen[17]. **Ministerialfreie Räume der Landesverwaltung** sind nicht ressortfrei, es vermindert sich nur die Kontrolldichte des Ressortchefs (Art. 37 Abs. 1 Satz 2 NV)[18].

11 „**Die Gesetzgebung ist an die verfassungsmäßige Ordnung in Bund und Land**" (Art. 2 Abs. 2, 1. Halbsatz NV) gebunden. Das ist an sich eine Selbstverständlichkeit. Auch durch diese Bezugnahme werden Grundrechte des Grundgesetzes inhaltlicher Bestandteil des Landesverfassungsrechts[19]. Diese Bindung gilt auch für den plebiszitären Gesetzgeber (Art. 48 Abs. 2 NV).

12 Grundsätzlich ist der Landesgesetzgeber gehalten, gemeinschaftsrechtliche Ermächtigungen und in seine Zuständigkeit fallende Ausführungsgesetze des Gemeinschaftsrechts fristgerecht zu erfüllen[20]. Denn zu Gesetz und Recht im Sinne des Art. 20 Abs. 3 GG gehört auch das **Gemeinschaftsrecht**[21]. Überschreitet aber die Gemeinschaft ihre durch das Zustimmungsgesetz des Bundesgesetzgebers eingeräumte Kompetenz, so ist ihr Recht un-

---

14 BVerfG, Fn. 13; BVerfGE 95, 1 (15).
15 BVerfGE 49, 89 (125); 68, 1 (89).
16 Stober, 216; Kaiser, Verbände, in: Hdb. d. Staatsrechts, Bd. II, 149 (166); Neumann, RdNr. 3 zu Art. 46 Bremische Verfassung.
17 BVerfGE 83, 130 (150).
18 Oebbecke, 123; Achterberg, 438; Linck, in: Linck/Jutzi/Hopfe, RdNr. 16 zu Art. 76; Herzog (Fn. 2), RdNr. 4 zu Art. 65; Bull, in: AK-GG, RdNr. 27 zu Art. 86; Stern, Bd. II, 791; Meder, RdNr. 2 zu Art. 51.
19 StGH, u. v. 20. 9. 1977 – StGH 1/77, Fundstelle Art. 54 NV.
20 Hans Peter Ipsen, Deutschland in den europäischen Gemeinschaften, in: Hdb. d. Staatsrechts, Bd. VII, 767 (800); Streinz, Der Vollzug des Europäischen Gemeinschaftsrechts durch deutsche Staatsorgane, in: Hdb. d. Staatsrechts, Bd. VII, 817 (822).
21 Pernice, Deutschland in der Europäischen Union, in: Hdb. d. Staatsrechts, Bd. VIII, 225 (246).

verbindlich. Der Landesgesetzgeber schuldet ihr dann keinen Rechtsgehorsam[22].

Zur „**vollziehenden Gewalt**" gehören die Landesverwaltung (Art. 56 NV), die Kommunalverwaltungen (Art. 57 Abs. 1 NV) und die Verwaltungen der sonstigen juristischen Personen des öffentlichen Rechts, die der Landesregierung unterstehen (Art. 57 Abs. 1 NV). Die Gesetzesbindung der Exekutive bedeutet nicht, daß sie nur aufgrund von Gesetzen handeln darf. Es gibt keinen **Totalvorbehalt des förmlichen Gesetzes**[23]. Auch die Landesregierung ist als eine „politische Gewalt" ausgestattet und nicht auf politisch weniger bedeutsame Entscheidungen beschränkt[24]. Zum Parlamentsvorbehalt siehe Art. 41 NV RdNr. 3.

13

Die Bindung der „**Rechtsprechung**" an „**Gesetz und Recht**" korrespondiert mit der Unabhängigkeit des Richters (Art. 51 Abs. 4 NV) und der konkreten Normenkontrolle (Art. 54 Nr. 4 NV). Diese Bindung bedeutet: Hat der Gesetzgeber eindeutig entschieden, so ist der Richter daran gebunden. Ist das Gesetz durch eine tatsächliche oder rechtliche Entwicklung ergänzungsbedürftig und ergänzungsfähig geworden, verliert es seine Fähigkeit, eine gerechte Lösung bereit zu halten. Der Richter ist dann befugt und verpflichtet zu prüfen, was unter diesen veränderten Umständen „Recht" im Sinne des Art. 20 Abs. 3 (= Art. 2 Abs. 2 NV) ist[25].

14

Artikel 3

Grundrechte

(1) Das Volk von Niedersachsen bekennt sich zu den Menschenrechten als Grundlage der staatlichen Gemeinschaft, des Friedens und der Gerechtigkeit.

(2) Die im Grundgesetz für die Bundesrepublik Deutschland festgelegten Grundrechte und staatsbürgerlichen Rechte sind Bestandteil dieser Verfassung. Sie binden Gesetzgebung, vollziehende Gewalt und Rechtsprechung als unmittelbar geltendes Landesrecht. Die Achtung der Grundrechte, insbesondere die Verwirklichung der Gleichberechtigung von Frauen und Männern, ist eine ständige Aufgabe des Landes, der Gemeinden und Landkreise.

(3) Niemand darf wegen seines Geschlechts, seiner Abstammung, seiner Rasse, seiner Sprache, seiner Heimat und Herkunft, seines Glaubens, seiner religiösen oder politischen Anschauungen benachteiligt oder bevorzugt werden. Niemand darf wegen seiner Behinderung benachteiligt werden.

---

22 BVerfGE 89, 155 (188f.); Isensee, Vorrang des Europarechts und deutsche Verfassungsvorbehalte – offener Dissens –, in: FS Stern, 1239 (1255); Kirchhof, Der deutsche Staat im Prozeß der europäischen Integration, in: Hdb. d. Staatsrechts, Bd. VII, 855 (884).
23 Stern, Bd. I, 808; BVerfGE 68, 1 (89).
24 BVerfG, Fn. 23.
25 BVerfGE 82, 6 (12); 96, 375 (394).

Art. 3 Erster Abschnitt Grundlagen der Staatsgewalt

Übersicht

	RdNr.
„Das Volk von Niedersachsen"	1
Die „Menschenrechte"	2
„als Grundlage der staatlichen Gemeinschaft"	3
Die „Grundrechte"	4
Der Inhalt der Landesgrundrechte	5
Die „staatsbürgerlichen Rechte"	6
Der Beginn der Bindung der Landesgrundrechte	7
Grundrechte der Europäischen Union	8
Die „Verwirklichung der Gleichberechtigung"	9
Die Gleichbehandlungsrichtlinie der Europäischen Union	10
Das Diskriminierungsverbot (Art. 3 Abs. 3 Satz 1 NV)	11
Das Verbot der Benachteiligung Behinderter	12

1 Die Parallelvorschrift des Grundgesetzes (Art. 1 Abs. 2) stellt fest, „das Deutsche Volk bekennt sich zu unverletzlichen und unveräußerlichen Menschenrechten als Grundlage jeder menschlichen Gemeinschaft, des Friedens und der Gerechtigkeit in der Welt". Diese Vorschrift bindet auch das Land als (ständiger) Verfassungsauftrag[1]. Der Landesverfassungsgeber beschränkt sich in Anlehnung an diese Formel auf die „staatliche Gemeinschaft". Das „Volk von Niedersachsen" ist die Gesamtheit der niedersächsischen Staatsbürger, das vom Bundesverfassungsgericht sogenannte **Landesvolk**[2]. Zur grundgesetzlichen Parallelvorschrift wird die Ansicht vertreten, daß das Volk, repräsentiert durch seine Organe und handelnd durch seine Organwalter, nicht aber der einzelne Staatsbürger gemeint sei[3]. **Christian Starck** meint dagegen eine unmittelbare Bindung des Volkes[4]. Die ursprünglich für eine Präambel der Landesverfassung vorgesehene Formel drückt in pathetischem und angemessenem Stil die Bindung des Landesvolkes, vertreten durch seine Repräsentanten, aus. Das Bekenntnis („bekennt sich") ist eine politische Anleitung zum Handeln[5].

2 Der Grundgesetzgeber hat den Begriff der „**Menschenrechte**" nicht erläutert. Er ging von dem sich seinerzeit entwickelnden **Völkervertragsrecht zum Schutz der Menschenrechte** aus[6]. Das Bekenntnis wird als eine dynamische Verweisung auf das geltende Völkerrecht gewertet[7]. Zum Umfang der Menschenrechte nach dem Völkervertragsrecht wird auf das Schrifttum verwiesen[8]. Das Völkervertragsrecht der **Europäischen Menschenrechtskonvention**

---
1 Kunig, in: v. Münch/Kunig, RdNr. 37 zu Art. 1; Denninger, in: AK-GG, RdNr. 6 zu Art. 1 Abs. 2.
2 Zum Begriff des Landesvolkes BVerfGE 83, 37 (53).
3 Denninger (Fn. 1), RdNr. 5 zu Art. 1; Kunig, Fn. 1.
4 Starck, in: v. Mangoldt/Klein, RdNr. 89 zu Art. 1.
5 Kunig (Fn. 1), RdNr. 38 zu Art. 1.
6 Kunig (Fn. 1), RdNr. 43 zu Art. 1; Stern, Bd. III/1, 342.
7 Kunig (Fn. 1), RdNr. 44 zu Art. 1.
8 Stern, Bd. III/2, 1513 f.; Isensee, Grundrechtsvoraussetzungen und Verfassungserwartungen an die Grundrechtsausübung, in: Hdb. d. Staatsrechts, Bd. V, 353 (371 f.); Quaritsch, Der grundrechtliche Status der Ausländer, in: Hdb. d. Staatsrechts, Bd. V, 663 (669 f.); Steinberger, Allgemeine Regeln des Völkerrechts, in: Hdb. d. Staatsrechts, Bd. VII, 525 (563 f.); Frowein, Überna-
(Fortsetzung der Fußnote auf S. 63)

Grundrechte Art. 3

ist Bestandteil des positiven Rechts im Range eines Bundesgesetzes[9]. Das gilt auch für andere völkerrechtliche Verträge nach Maßgabe des Zustimmungsgesetzes des Bundes, die Materien der Menschenrechte regeln[10].

Die Klausel „**als Grundlage der staatlichen Gemeinschaft, des Friedens und der Gerechtigkeit**" besagt mit anderen Worten: Ohne Menschenrechte gibt es keinen idealen Staat, keinen inneren Frieden und keine Gerechtigkeit[11]. 3

Das Grundgesetz beschränkt die Einführung von **Landesgrundrechten** durch Art. 142 GG und seine Kompetenzverteilung zwischen dem Bunde und den Ländern[12]. Verweist der Landesverfassungsgeber auf die Grundrechte des Grundgesetzes, so ergeben sich nacheinander zwei Fragen: Ist die Verweisung zulässig und kann im Falle der Bejahung nach dem Zuständigkeitskatalog des Grundgesetzes die Norm Landesverfassungsrecht werden[13]. Da der Verfassungsgeber schlicht auf das Grundgesetz ohne eine bestimmte Fassung verweist, liegt eine dynamische Verweisung vor[14]. Das Bundesverfassungsgericht hält eine **dynamische Verweisung** für unzulässig, wenn sie gegen Prinzipien der Rechtsstaatlichkeit, der Demokratie und der Bundesstaatlichkeit verstößt[15]. Bei inhaltsgleichen Bundes- und Landesgrundrechten geht es offenbar von einer Zulässigkeit der Verweisung aus[16]. Die pauschale Verweisung auf das Grundgesetz leidet jedoch an der erforderlichen Bestimmtheit. Sie bezieht grundgesetzliche Normen ein, für die dem Landesgesetzgeber die Kompetenz fehlt[17]. So ist z. B. das Land für das Grundrecht der Kriegsdienstverweigerung nicht zuständig[18]. Ein für die Praxis brauchbarer landesrechtlicher Grundrechtsschutz setzt voraus, daß der Bürger seine Grundrechte und staatsbürgerlichen Rechte mühelos selbst nachlesen kann[19]. 4

Landesgrundrechte können in den Verfahren der abstrakten und konkreten Normenkontrolle (Art. 54 Nr. 3, 4 NV) bedeutsam sein. Organstreitverfahren sind dagegen grundrechtsfrei[20]. Inhaltsgleiche Bundes- und Landesgrundrechte wie hier sind materiell ein und dasselbe Grundrecht, das sowohl durch das Grundgesetz als auch durch die Landesverfassung geschützt wird[21]. Der **Inhalt des Landesgrundrechtes** ergibt sich dabei aus dem 5

(Fortsetzung der Fußnote von S. 62)
    tionale Menschenrechtsgewährleistungen, in: Hdb. d, Staatsrechts, Bd. VII, 731f.; Seidl-Hohenveldern, 340f.; Verdross/Simma, 820f.; Knut Ipsen, Individualschutz im Völkerrecht, in: Knut Ipsen, 627 (629); Partsch, in: Simma, Anm. zu Art. 55c; Hailbronner, Der Staat und der Einzelne als Völkerrechtssubjekte, in: Graf Vitzthum, 181 (241f.).
9 BVerfGE 74, 358 (370); Rojahn, in: v. Münch/Kunig, RdNr. 38 zu Art. 59.
10 Rojahn (Fn. 9), RdNr. 15 zu Art. 25.
11 Kunig (Fn. 1), RdNr. 45 zu Art. 1; Starck (Fn. 4), RdNr. 98 zu Art. 1.
12 Rozek, 202; Uerpmann, Landesrechtlicher Grundrechtsschutz und Kompetenzordnung, Der Staat, 1996, 428 (429, 434).
13 Uerpmann, Fn. 12.
14 Klindt, Die Zulässigkeit dynamischer Verweisungen ..., DVBl., 1998, 373 (374).
15 BVerfGE 78, 32 (36).
16 BVerfGE 96, 345 (367).
17 Uerpmann, Fn. 12.
18 Pestalozza, in: v. Mangoldt/Klein, RdNr. 51 zu Art. 73.
19 Engelken, RdNr. 11 zu Art. 2 Abs. 1; Rickert, 122.
20 Stern, Bd. III/2, 1503.
21 BVerfGE 22, 267 (271).

Art. 3 Erster Abschnitt Grundlagen der Staatsgewalt

Grundgesetz und der Rechtsprechung des Bundesverfassungsgerichts[22]. Landesgrundrechte binden nur die Landesstaatsgewalt[23].

6 Mit den „**staatsbürgerlichen Rechten**" sind die grundrechtsgleichen Rechte der Artikel 101 ff. GG gemeint[24]. Das sind nachfolgende **Prozeßgrundrechte**[25]:
 - Art. 101 Abs. 1 Satz 1 GG – Verbot der Ausnahmegerichte,
 - Art. 101 Abs. 1 Satz 2 GG – Recht auf den gesetzlichen Richter,
 - Art. 102 GG – Abschaffung der Todesstrafe[26],
 - Art. 103 Abs. 1 GG – Anspruch auf rechtliches Gehör,
 - Art. 103 Abs. 2 GG – keine Strafe ohne Gesetz,
 - Art. 103 Abs. 3 GG – Verbot der Doppelbestrafung und
 - Art. 104 GG – Rechtsgarantien bei der Freiheitsberaubung.

7 **Erst seit dem 1. Juni 1993,** dem Inkrafttreten der Landesverfassung, **werden die drei Gewalten** des Landes an die Landesgrundrechte **gebunden**[27]. Zum Umfang dieser Bindung wird auf das Schrifttum zu den Grundrechten des Grundgesetzes verwiesen[28].

8 Der Umfang der Regelungen auf den Gebieten des Wirtschafts-, Sozial- und Steuerrechts, die europäischen Ursprungs sind, soll in Kürze 80% aller geltenden Normen erreichen[29]. Für diesen großen Rechtskreis gibt es praktisch keinen Grundrechtsschutz. Das **Recht der Europäischen Union** hat **keine Kodifikation der Grundrechte**[30]. Die Grundrechte der Europäischen Union sind größtenteils Richterrecht und für den Betroffenen daher weder hinreichend sichtbar noch berechenbar[31]. Das Bundesverfassungsgericht versucht, diesen Mangel zu mindern. In seinem **Maastricht-Urteil** verpflichtet es die deutschen Staatsorgane, nicht vom Zustimmungsgesetz zum Vertrage gedeckte wesentliche Änderungen nicht anzuwenden[32].

9 Mit den Worten „**die Verwirklichung der Gleichberechtigung von Frauen und Männern ist eine ständige Aufgabe des Landes, der Gemeinden und Landkreise**" wiederholt der Verfassungsgeber das grundgesetzliche Staatsziel des Art. 3 Abs. 2 Satz 2 GG, das der Grundgesetzgeber mit Wirkung

---

22 Stern, Bd. III/2, 1507 f.; Pietzcker, Zuständigkeitsordnung und Kollisionsrecht im Bundesstaat, in: Hdb. d. Staatsrechts, Bd. IV, 693 (720); Tilch, Inhaltsgleiches Bundes- und Landesgrundrecht als Prüfungsmaßstab, in: Starck/Stern, Bd. II, 551 (560); Rozek, 186.
23 Rozek, 190 f.
24 Schriftlicher Bericht, 4.
25 Stern, Bd. III/1, 360 und Bd. III/2, 1799.
26 Die Grundrechtsqualität ist streitig: Stern, Bd. III/1, 372; Kunig (Fn. 1), RdNr. 3 zu Art. 102.
27 BVerfGE 29, 166 (175).
28 Kunig (Fn. 1), RdNr. 50 f. zu Art. 1; Starck (Fn. 4), RdNr. 138 f. zu Art. 1; Stern, Bd. III/1, 1177 f.; Isensee, Grundrechtsvoraussetzungen und Verfassungserwartungen an die Grundrechtsausübung, in: Hdb. d. Staatsrechts, Bd. V, 353 (385 f.); Dürig, in: Maunz/Dürig/Herzog, RdNr. 103 f. zu Art. 1; Denninger, in: AK-GG, RdNr. 17 f. zu Art. 1.
29 BVerfGE 89, 153 (173).
30 Hans Peter Ipsen, Die Bundesrepublik Deutschland in den Europäischen Gemeinschaften, in: Hdb. d. Staatsrechts, Bd. VII, 767 (799).
31 Rickert, 157.
32 Isensee, Vorrang des Europarechts und deutsche Verfassungsvorbehalte – offener Dissens, in: FS Stern, 1239 (1256 f.).

vom 15. November 1994 einfügte[33]. Wegen des Inhalts dieses Staatszieles wird auf das Schrifttum verwiesen[34]. Normadressaten des grundgesetzlichen Staatszieles sind nicht nur das Land und die genannten Kommunen, sondern der gesamte nachgeordnete Bereich des Landes, die juristischen Personen des öffentlichen Rechts und die beliehenen Unternehmer als Träger öffentlicher Gewalt.

Die Anwendungsvorrang enthaltende **Gleichbehandlungsrichtlinie der Europäischen Union**[35] schließt sogenannte **starre Frauenquoten** für den Zugang zur Beschäftigung von Beamten, Richtern, Angestellten und Arbeitern und für den Aufstieg aus[36]. 10

Art. 3 Abs. 3 Satz 1 NV enthält ein mit dem Zweiten Gesetz zur Änderung der Niedersächsischen Verfassung vom 21. November 1997 – Nieders. GVBl. S. 480 – eingefügtes **Diskriminierungsverbot,** auch Differenzierungsverbot genannt. Der Landesverfassungsgeber übernahm mit ihm den Inhalt des Art. 3 Abs. 3 Satz 1 GG. Er wiederholte damit das grundgesetzliche Grundrecht und schützte es zusätzlich. Wegen des Inhalts wird auf das Schrifttum zur Parallelvorschrift verwiesen[37]. 11

Das **Verbot der Benachteiligung Behinderter** (Art. 3 Abs. 3 Satz 2 NV), ebenfalls mit dem Zweiten Änderungsgesetz eingefügt, enthält den Text des Art. 3 Abs. 3 Satz 2 GG, den der Grundgesetzgeber mit Wirkung vom 15. November 1994 ergänzte. Es handelt sich hierbei um ein soziales Staatsziel mit zugleich grundrechtlicher Wirkung[38]. Wegen seines Inhalts wird auf das Schrifttum verwiesen[39]. Das Bundesverfassungsgericht hat das Benachteiligungsverbot für Schüler behandelt[40]. 12

Artikel 4
Recht auf Bildung, Schulwesen

(1) **Jeder Mensch hat das Recht auf Bildung.**

(2) **Es besteht allgemeine Schulpflicht. Das gesamte Schulwesen steht unter der Aufsicht des Landes.**

---

33 42. Änderungsgesetz vom 27. 10. 1994 – BGBl. I, 3146.
34 Rüfner, in: Bonner Kommentar, RdNr. 686 f. zu Art. 3 Abs. 2 und 3; Scholz, in: Maunz/Dürig/Herzog, RdNr. 58 f. zu Art. 3 Abs. 2; Osterloh, in: Sachs, RdNr. 222 f. zu Art. 3.
35 Richtlinie des Rates v. 9. 2. 1976 Nr. 76/207 EWG.
36 Scholz (Fn. 34), RdNr. 72 f. zu Art. 3 Abs. 2; Kalanke-Entscheidung des EuGH v. 17. 10. 1995, DVBl., 1995, 1231; OVG Lüneburg, B. v. 8. 3. 1996, NdSVBl., 1996, 159 (160) mit zustimmender Anmerkung von Burmeister; Rüfner (Fn. 34), RdNr. 742 zu Art. 3 Abs. 2 und 3.
37 Starck (Fn. 4), RdNr. 253 f. zu Art. 3; Gubelt, in: v. Münch/Kunig, RdNr. 94 f. zu Art. 3; Rüfner (Fn. 34), RdNr. 536 f. zu Art. 3 Abs. 2 u. 3; Dürig/Scholz (Fn. 34), RdNr. 1 f. zu Art. 3 Abs. 3; Stein, in: AK-GG, RdNr. 85 f. zu Art. 3; Sachs, Besondere Gleichheitsgarantien, in: Hdb. d. Staatsrechts, Bd. V, 1017 (1035 f.); Osterloh (Fn. 34), RdNr. 305 f. zu Art. 3.
38 Rüfner (Fn. 34), RdNr. 882, 884 zu Art. 3 Abs. 2 u. 3; Jutzi, in: Linck/Jutzi/Hopfe, RdNr. 59 zu Art. 2; Scholz (Fn. 34), RdNr. 174 f. zu Art. 3 Abs. 3; Engelken, RdNr. 5 zu Art. 2 a.
39 Rüfner, Jutzi, Scholz und Engelken, jeweils Fn. 38; Osterloh, Fn. 37.
40 BVerfGE 96, 288, Verfassungsbeschwerde eines behinderten niedersächsischen Schülers gegen einen Beschluß des Oberverwaltungsgerichts.

Art. 4 Erster Abschnitt Grundlagen der Staatsgewalt

(3) Das Recht zur Errichtung von Schulen in freier Trägerschaft wird gewährleistet. Sie haben Anspruch auf staatliche Förderung, wenn sie nach Artikel 7 Abs. 4 und 5 des Grundgesetzes für die Bundesrepublik Deutschland genehmigt sind und die Voraussetzungen für die Genehmigung auf Dauer erfüllen.

(4) Das Nähere regelt ein Gesetz.

Übersicht

	RdNr.
Das soziale Landesgrundrecht auf Bildung	1
Die grundgesetzliche Kompetenzverteilung	2
„Jeder Mensch"	3
Ein „Recht"?	4
Die „Bildung"	5
Rückblick zur allgemeinen Schulpflicht	6
Die Normadressaten	7
Die Dauer der Schulpflicht	8
Der Begriffsinhalt der Schulaufsicht	9
Eine Einrichtungsgarantie	10
„Schulen in freier Trägerschaft" und Staat	11
„Das Recht zur Errichtung von Schulen in freier Trägerschaft"	12
Wartezeit für eine Finanzhilfe für Ersatzschulen	13
„Das Nähere"	14

1 Das **„Recht auf Bildung"** drückt ein bildungspolitisches Programm in der Form eines Grundrechtes aus. Es gehört zu den **sozialen Grundrechten** und ist zugleich eine **Staatszielbestimmung**[1]. Es ist allerdings kein Grundrecht im engeren Sinne, da es zu seiner Ausübung Leistungen der öffentlichen Hand bedarf[2]. Aufgrund seiner **„ausschließlichen" Kulturhoheit** ist das Land für die Bildungspolitik zuständig[3]. Dem Bund verbleiben außerhalb seiner Bildungseinrichtungen des öffentlichen Dienstes folgende Kompetenzen im Bildungswesen:
– Regelung des betrieblichen Teils der Berufsbildung der Wirtschaft nach Art. 74 Nr. 11 und 12 GG[4],
– Ausbildungsbeihilfen nach Art. 74 Nr. 13 GG[5],
– außerschulische Jugendfürsorge und Jugendpflege nach Art. 74 Nr. 7 GG[6],
– Beteiligung bei der überregionalen Bildungsplanung nach Art. 91b GG,

---

1 Stern, Bd. III/2, 1425; Badura, 130; Feuchte, in: Feuchte, RdNr. 10 zu Art. 11; Neumann, RdNr. 2 zu Art. 27 Bremische Verfassung; Eiselstein, Staatliches Bildungsmonopol und Europäische Menschenrechtskonvention, in: Birk/Dittmann/Erhardt, 178 (194).
2 Eiselstein, Fn. 1; Böckenförde, Die sozialen Grundrechte im Verfassungsgefüge, in: Böckenförde, Staat, Verfassung, Demokratie, 146 (149 f.).
3 BVerfGE 6, 309 (354); Ossenbühl, Bildungspolitik, in: Staatslexikon, Bd. I, Sp. 797 (800).
4 Ossenbühl, Fn. 3; Oppermann, Schule und berufliche Ausbildung, in: Hdb. d. Staatsrechts, Bd. VI, 329 (341 f.); BVerfGE 26, 246 (255).
5 Oppermann, Fn. 4; Rengeling, Gesetzgebungszuständigkeit, in: Hdb. d. Staatsrechts, Bd. IV, 723 (806).
6 v. Münch, in: v. Münch, RdNr. 25a zu Art. 74.

- allgemeine Grundsätze des Hochschulwesens nach Art. 75 Nr. 1a GG[7],
- Auslandsschulen nach Art. 32 GG[8].

Die bundesrechtliche Vorschrift des Art. 2 Satz 1 des Ersten Zusatzprotokolls zur Europäischen Konvention zum Schutze der Menschenrechte und Grundfreiheiten vom 20. März 1952 (BGBl. II, 1956, S. 1880) garantiert ein subjektives Recht auf Bildung und verpflichtet das Land, dieses Recht zu sichern[9]. Das Land hat danach die religiöse Erziehung und den Unterricht entsprechend den weltanschaulichen Überzeugungen der Eltern sicherzustellen. Art. 13 des Internationalen Pakts über wirtschaftliche, soziale und kulturelle Rechte – Weltsozialpakt – vom 16. 12. 1966 verpflichtet, das Recht eines jeden auf Bildung anzuerkennen[10].

„Jeder Mensch" hat dieses Recht. Es beschränkt sich als **Menschenrecht** nicht auf deutsche Staatsbürger.

Die Vorschrift spricht von einem „**Recht**" auf Bildung. Damit kann aber der Gliedstaat Niedersachsen nicht verpflichtet werden, ohne Rücksicht auf seine Finanzkraft soviele und verschiedenartige Ausbildungsstätten zu schaffen und zu unterhalten, wie dies potentielle Antragsteller es u. U. wünschen. Der Staatsgerichtshof spricht zwar von einem „**Individualrecht**" gegen den Staat auf Bildung nach Maßgabe von Begabung und Interesse[11], koppelt jedoch dieses Recht mit den Landesgrundrechten der freien Berufswahl und freien Wahl der Ausbildungsstätte (Art. 3 Abs. 2 Satz 1 NV i. V. m. Art. 12 Abs. 1 GG) sowie dem Landesgrundrecht der allgemeinen Handlungsfreiheit (Art. 3 Abs. 2 Satz 1 NV i. V. m. Art. 2 GG)[12], ohne jedoch dieses „Individualrecht" normativ einzuordnen. Ob ein subjektives öffentliches Recht auf Bildung allein aus Art. 4 Abs. 1 NV beansprucht werden kann, bleibt fraglich[13]. Die Tatsache, daß der Verfassungsgeber dem Landesgesetzgeber die Regelung des „Näheren" übertragen hat, spricht für den Charakter eines **sozialen Landesgrundrechtes.**

Weder die Landesverfassung noch das Grundgesetz erläutern den unbestimmten Rechtsbegriff des Verfassungsrechts „**Bildung**". Ein allgemein anerkannter Begriff der Bildung entwickelte sich weder zur Zeit der Weimarer Reichsverfassung[14] noch nach 1945[15]. Der Landesgesetzgeber ist als Inhaber der Kulturhoheit befugt, Bildungsziele aufzustellen. Das hat er im Niedersächsischen Schulgesetz beim Bildungsauftrag der Schule getan[16].

---

7 Maunz, in: Maunz/Dürig/Herzog, RdNr. 74 zu Art. 75; v. Münch (Fn. 6), RdNr. 17 zu Art. 75.
8 Oppermann (Fn. 4), 343; Loeser, 91.
9 Frowein, Übernationale Menschenrechtsgewährleistungen, in: Hdb. d. Staatsrechts, Bd. VII, 731 (734).
10 Frowein (Fn. 9), 750.
11 U. v. 8. 5. 1996 – StGH 3/94 –, Fundstelle s. Art. 54, NV.
12 Fn. 11.
13 Hopfe, in: Linck/Jutzi/Hopfe, RdNr. 2 zu Art. 20; Braun, RdNr. 7 zu Art. 11; Meder, RdNr. 12 zu Art. 128; Scholz, in: Maunz/Dürig/Herzog, RdNr. 61, 118 zu Art. 12.
14 Landé, Artikel 143–149, Bildung und Schule, in: Nipperdey, Bd. III, 1 (30).
15 Menze, Bildung, in: Staatslexikon, Bd. I, Sp. 783 f.; Neukirchen, Bildungspolitik, in: Ev. Staatslexikon, Bd. I, Sp. 258 (267).
16 i. d. F. v. 12. 6. 1994 – Nieders. GVBl., S. 304.

6   Eine allgemeine Pflicht der Kinder zum **Besuch des Schulunterrichts** wurde erstmals 1717 in Preußen verfügt und danach wiederholt ergänzt[17]. Die Paulskirchenverfassung von 1849 und die Preußische Verfassung von 1850 übernahmen die **Schulpflicht**[18]. Die Weimarer Reichsverfassung regelte sie mit Art. 145 Satz 1 WRV für das gesamte Reichsgebiet.

7   Nach dem überkommenen Begriffsinhalt sind **Normadressaten** die Erziehungsberechtigten sowie die Kinder und Jugendlichen[19].

8   Im Gegensatz zur Weimarer Reichsverfassung (Art. 145 Satz 2) enthält weder das Grundgesetz noch die Landesverfassung eine **Dauer der Schulpflicht**. Sie erlischt spätestens mit der Volljährigkeit[20]. Der Landesgesetzgeber setzt den Beginn der Schulpflicht auf die Vollendung des sechsten Lebensjahres. Er geht davon aus, daß Kinder dieses Alters die erforderliche Schulreife haben (§ 64 Nieders. Schulgesetz).

9   Die Vorschrift über die **Schulaufsicht** (Art. 4 Abs. 2 Satz 2 NV) wiederholt Art. 7 Abs. 1 GG, der wortwörtlich Art. 144 Satz 1, 1. Halbsatz WRV übernommen hat. Zur Schulaufsicht im überkommenen Begriffsinhalt gehörte nicht nur die Aufsicht im engeren Sinne, sondern auch Leitung und Verwaltung der inneren Schulangelegenheiten der öffentlichen Schulen einschließlich der Dienstaufsicht über die Lehrer[21]. Es handelt sich hierbei um einen geschichtlich gewachsenen Sammelbegriff[22]. Nach der Rechtsprechung des Bundesverfassungsgerichts umfaßt der **Begriff der Schulaufsicht** im Sinne des Art. 7 Abs. 1 GG, der für das Land verbindlich ist, die „Befugnis des Staates zur Planung und Organisation des Schulwesens mit dem Ziel, ein Schulsystem zu gewährleisten, daß allen jungen Bürgern gemäß ihren Fähigkeiten die dem heutigen gesellschaftlichen Leben entsprechenden Bildungsmöglichkeiten eröffnet"[23].

Zu dieser Organisationsgewalt des Landes gehören nach Ansicht des Bundesverfassungsgerichts:
– Organisatorische Gliederung der Schule und Schulformen,
– Übegang von Bildungsweg zu Bildungsweg,
– Struktur des Ausbildungssystems,
– Programme der Lernvorgänge und Unterrichtsgegenstände,
– Setzen der Langziele, Unterrichtsziele,
– Erziehungsprinzipien,
– Entscheidungen über das Erreichen der Lernziele, Erfolgskontrollen,
– Versetzung innerhalb eines Bildungsweges,
– Voraussetzungen für den Zugang zu einer Schule,

---

17 Eiselen, Der Preußische Staat, 1862, 343; Ernst Berner, Geschichte des Preussischen Staates, 1851, Bd. I, 317.
18 § 155 Abs. 2 Paulskirchenverfassung, Art. 21 Abs. 2 Preußische Verfassung.
19 Gebhard, RdNr. 2b zu Art. 145; Giese, RdNr. 1 zu Art. 145; Hopfe (Fn. 13), RdNr. 3 zu Art. 23.
20 BVerfGE 59, 360 (382).
21 Poetzsch-Heffter, RdNr. 2, Giese, RdNr. 1 und Anschütz, RdNr. 1, jeweils zu Art. 144; Landé (Fn. 14),24.
22 Landé (Fn. 14), 23; Neumann, RdNr. 3 zu Art. 28 Bremische Verfassung.
23 BVerfGE 59, 360 (377).

Recht auf Bildung, Schulwesen   Art. 4

- Errichtung, Änderung und Aufhebung öffentlicher Schulen[24].

Der Staatsgerichtshof hat im Rahmen dieser grundgesetzlichen Vorgaben zur Schulaufsicht erkannt[25]:
- Schulformen müssen den Eltern eine der Begabung des Kindes entsprechende substantielle Entscheidung über die Schulaufnahme ermöglichen,
- der Landesgesetzgeber kann in diesem Rahmen neue Schulformen einführen, es gibt keine institutionelle Garantie für bestimmte Schulformen,
- die zulässige Beteiligung von Erziehungsberechtigten und Schülern an schulischen Entscheidungen findet ihre Grenze an der staatlichen Schulaufsicht,
- Lehrer nehmen Aufgaben des Staates wahr, nicht Rechte der Eltern oder Schüler; diese Aufgaben sind wesentlicher Teil der Schulhoheit,
- Lehrer müssen daher als Gewährs- und Vollzugsorgane der Schulaufsicht mit angemessenen Kompetenzen ausgestattet sein,
- maßgebliche Bedeutung haben die dem Schulleiter eingeräumten Kompetenzen und die Fachaufsicht der Schulaufsichtsbehörden,
- die Funktionsfähigkeit der staatlichen Schulaufsicht gebietet, daß nur Lehrkräfte über Zeugnisse, Versetzungen, Abschlüsse und Übergänge entscheiden.

Konflikte zwischen den Kompetenzen der Schule und den Grundrechten der Erziehungsberechtigten sowie der Schüler beim Erziehungsauftrag sind nach dem **Grundsatz der praktischen Konkordanz** zu lösen[26].

Die grundgesetzliche Kompetenzzuweisung ist zugleich eine **Einrichtungsgarantie**. Weder der Landesverfassungsgeber noch der einfache Landesgesetzgeber sind befugt, den Kern der staatlichen Schulaufsicht auf Dritte unter Verzicht auf eine staatliche Fachaufsicht zu übertragen[27]. Verfahrensvorschriften sind so zu regeln, daß sie die staatliche Fachaufsicht funktionsfähig halten[28]. 10

Die **Geschichte des Privatschulrechts** ist ein ständiges Schwanken zwischen Verbot und liberaler Aufsicht. Je freiheitlicher ein Staat, desto weniger reglementierte er die Privatschulen. Staaten mit einer Neigung zur Indoktrination finden immer einen Vorwand, die Privatschulen zu verbieten oder ihnen das Existenzminimum zu nehmen. Die Weimarer Reichsverfassung bestimmte den Vorrang der öffentlichen Schulen. Sie führte das System der begrenzten Unterrichtsfreiheit ein, bei dem der Staat private Schulen von einer Genehmigung abhängig macht, auf die bei der Erfüllung der in der Verfassung gegebenen Voraussetzungen ein Rechtsanspruch bestand[29]. 11

---

24 BVerfGE 26, 228 (238); 34, 165 (182); 45, 400 (415); 47, 46 (71); 52, 223 (236); 53, 185 (196); 59, 360 (377); 75, 40 (67); 83, 242 (340); 96, 288 (303); 98, 218 (244).
25 Fn. 11.
26 BVerfGE 93, 1 (21); 52, 223 (247, 251); 41, 29 (50); 28, 243 (260).
27 Hemmrich, in: v. Münch/Kunig, RdNr. 12 zu Art. 7; Stern, Bd. III/1, 797f.; Braun, RdNr. 28 zu Art. 17.
28 StGH, Fn. 11.
29 BVerfGE 75, 40 (58).

12 Mit Art. 4 Abs. 3 Satz 1 NV – „**Das Recht zur Errichtung von Schulen in freier Trägerschaft wird gewährleistet**" – wiederholt der Verfassungsgeber das grundgesetzliche Grundrecht auf „Errichtung von privaten Schulen" in Art. 7 Abs. 4 Satz 1 GG[30]. Wegen des Inhalts dieser Vorschrift wird auf das Schrifttum verwiesen[31].

13 Mit Art. 4 Abs. 3 Satz 2 NV regelt der Verfassungsgeber den „**Anspruch auf staatliche Förderung**" von Schulen, wenn sie „**nach Art. 7 Abs. 4 und 5 des Grundgesetzes ... genehmigt**" sind. Hierfür kommen nur Ersatzschulen in Betracht[32]. Mit der Formel „**die Voraussetzungen für die Genehmigung auf Dauer erfüllen**" wird die „Durststrecke", die Wartezeit, umschrieben, welche die Träger einer Ersatzschule für ihren Leistungsanspruch erfüllen müssen. Der Verfassungsgeber berücksichtigte hierbei die einfachgesetzliche Regelung der Finanzhilfe nach dem Niedersächsischen Schulgesetz. Danach wird eine Finanzhilfe erst nach Ablauf von drei Jahren seit der Genehmigung als Zuschuß zu den laufenden Betriebskosten geleistet[33]. „**Die Voraussetzung für die Dauer**" ist somit nach dem Willen des Verfassungsgebers die Erfüllung einer dreijährigen „Durststrecke"[34]. Diese Wartefrist ist „nicht übermäßig lang"[35].

14 Der Landesgesetzgeber erfüllt den Auftrag für das „**Nähere**" insbesondere durch sein Schulgesetz[36] und sein Erwachsenenbildungsgesetz[37].

Artikel 5
Wissenschaft, Hochschulen

(1) Das Land schützt und fördert die Wissenschaft.

(2) Das Land unterhält und fördert Hochschulen und andere wissenschaftliche Einrichtungen.

(3) Die Hochschulen haben das Recht der Selbstverwaltung im Rahmen der Gesetze.

(4) Das Nähere regelt ein Gesetz.

---

30 Schriftlicher Bericht, 5.
31 Hemmrich, Fn. 27; Richter, in: AK-GG, Bd. I; Maunz, in: Maunz/Dürig/Herzog, Art. 7; Link, Staatliche Subventionierung konfessioneller Privatschulen, in: FS Geiger, 600 f.; Leibholz/Rinck/Hesselberger, Art. 7; Oppermann (Fn. 4), 338 f.; Stern, Bd. III/1, 801 f.; Badura, 129; Bleckmann, 733 f.; Tröger, Privatschule, in: Ev. Staatslexikon, Bd. II, Sp. 2659 f.; Jurina, Freie Schulen, in: Staatslexikon, Bd. II, Sp. 682 f.; Loschelder, Kirchen als Schulträger, in: Hdb. d. Staatskirchenrechts, 2. Aufl., Bd. II, 511 f.; Maunz, Kirchen als Schulträger, in: Hdb. d. Staatskirchenrechts, 1. Aufl., Bd. II, 548 f.; Klein, in: Schmidt-Bleibtreu/Klein, Art. 7; Schmitt-Kammler, in: Sachs, RdNr. 61 f. zu Art. 7.
32 Schriftlicher Bericht, 5.
33 § 149 Niedersächsisches Schulgesetz.
34 Schriftlicher Bericht, 5.
35 BVerfGE 90, 128 (140); Nds. OVG, B. v. 25. 7. 1995 – NdsVBl., 1996, 61.
36 Bekanntmachung v. 27. 9. 1993 – Nieders. GVBl. S. 183; Zu den einzelnen Änderungen: Woltering/Bräth, S. 12 f.; März, Nieders. Gesetze, NSchG 363 A S. 1; Seyderhelm/Nagel, Niedersächsisches Schulgesetz, Loseblatt-Kommentar.
37 Vom 12. 12. 1996 i. d. F. v. 12. 11. 1997 Nieders. GVBl. S. 464; Mahrenholz, Schul- und Hochschulrecht, in: Faber/Schneider, 514 (543 f.).

Übersicht

	RdNr.
Das vorrechtliche Bild	1
Die grundgesetzlichen Vorgaben	2
Das Hochschulrahmengesetz	3
Parallelvorschriften der Landesverfassung	4
Der Begriff „Wissenschaft"	5
Die Schutzpflicht	6
Die Förderungspflicht	7
Priorität der Hochschulen des Landes	8
Die Grundausstattung der Hochschullehrer	9
Sonstige „Wissenschaftsbetriebe"	10
Die institutionelle Garantie für die Hochschulen	11
Keine individuelle Bestandsgarantie	12
Hochschulen als „heimatgebundene Einrichtungen"	13
Der Kernbereich der „Selbstverwaltung"	14
Der Doppelcharakter der Hochschulen	15
Verfahrensrechtlicher Schutz der Selbstverwaltung	16
Die staatliche Aufsicht	17
Die Formen der Aufsicht	18
„im Rahmen der Gesetze"	19
Die Fachhochschulen	20
Die privaten Hochschulen	21
Die Hochschulen der Kirchen	22
Bundeswehrhochschulen	23
„Das Nähere"	24

Die Entwicklung der Freiheit der Wissenschaft ist ein Teil des **vorrechtlichen Bildes** der Hochschulen. Die deutschen Universitäten und die ihnen gleichstehenden wissenschaftlichen Hochschulen sind das Ergebnis einer im wesentlichen auf den deutschen Sprachraum beschränkten geschichtlichen Entwicklung. Die Universitäten waren im Mittelalter weitgehend autonome eng mit der Kirche verbundene Körperschaften der Gelehrten und Studenten. Unter dem Einfluß der Aufklärung wurden sie staatliche Anstalten. Die Gründung der Universität Berlin unter dem Kultusminister Karl Wilhelm Freiherr v. Humboldt[1], die eine umfassende Hör- und Lehrfreiheit mit der Verbindung zweckfreier Lehre und Forschung in korporativer Gemeinschaft erhielt, brachte eine Neuentwicklung, die von anderen deutschen Staaten übernommen wurde[2]. Die Preußische Verfassung von 1850 gebot mit Art. 20 die Freiheit für Wissenschaft und Lehre und erkannte damit die akademische Freiheit als objektives Prinzip an. Die Verwaltung sollte angehalten werden, die Wissenschaft nicht einseitig zu beeinflussen[3]. Der Verfassungsgeber der Weimarer Reichsverfassung wollte das überlieferte Erbe der deutschen Universitäten im Kern erhalten[4]. Er schuf mit Art. 142 WRV die insti- 1

---

[1] Geb. 22. 6. 1767 in Potsdam, gest. 8. 4. 1835 in Tegel bei Berlin, Jurist, preußischer Staatsminister und Diplomat.
[2] BVerfGE 35, 79 (117f.); Boehm, Hochschulen, in: Staatslexikon, Bd. II, Sp. 1296 (1299).
[3] Arndt I, RdNr. 1 zu Art. 20.
[4] Huber, Verfassungsgeschichte, Bd. VII, 974.

Art. 5 Erster Abschnitt Grundlagen der Staatsgewalt

tutionelle Garantie der Wissenschaftsfreiheit. Der Staat sollte ihr grundsätzlich „Schutz gewähren und an ihrer Pflege teilnehmen" (Art. 142 Satz 2 WRV). Es sollte verhindert werden, daß ein Land unter Berufung auf eine finanzielle Notlage keine Mittel zur Pflege der Wissenschaft gewähre[5]. Nach dem Kriege brachten die ersten Landesverfassungen einen Schutz der Wissenschaftsfreiheit[6] und die institutionelle Garantie der Selbstverwaltung der Hochschulen[7].

2 Der **Grundgesetzgeber** beschränkte sich auf das Grundrecht der Wissenschaftsfreiheit in Art. 5 Abs. 3 GG, übernahm aber nicht ausdrücklich die Schutzpflicht des Art. 142 WRV. Nachträglich wurden in das Grundgesetz noch eingefügt:
- die Rahmengesetzgebung über die allgemeinen Grundsätze des Hochschulwesens für Hochschulen aller Art einschließlich der privaten Hochschulen ohne die Volkshochschulen (Art. 75 Nr. 1a GG)[8],
- die Mitwirkung beim Aus- und Neubau von Hochschulen und Hochschulkliniken (Art. 91a Nr. 1 GG) einschließlich Fach-, Kunst-, Musik- und Sporthochschulen[9], privaten und kirchlichen Hochschulen[10] sowie
- das Zusammenwirken von Bund und Ländern mit Staatsverträgen und Verwaltungsabkommen zur Finanzierung von Vorhaben der wissenschaftlchen Forschung nach Art. 91b GG[11].

3 Der Bundesgesetzgeber hat die Rahmenkompetenz des Art. 75 Nr. 1a GG durch das Hochschulrahmengesetz[12] so umfassend genutzt, daß Zweifel bestehen, ob er seine Zuständigkeit noch eingehalten hat[13]. Der einfache Landesgesetzgeber ist an die Vorschriften des **Hochschulrahmengesetzes** und an Landesverfassungsrecht gebunden. Dabei ist jedoch der Spielraum für ihn bei **Vollregelungen** des Hochschulrahmengesetzes mit unmittelbarer Wirkung[14] gering.

4 **Parallelvorschriften** der Landesverfassung sind:
- die Freiheit von Kunst, Wissenschaft und Forschung sowie Lehre nach Art. 3 Abs. 2 Satz 1 NV i. V. m. Art. 5 Abs. 3 GG,
- die Freiheit der Ausbildungsstätte nach Art. 3 Abs. 2 Satz 1 NV i. V. m. Art. 12 Abs. 1 Satz 1 GG,

---

5 Gebhard, RdNr. 5b zu Art. 142 WRV; a. A.: Anschütz, RdNr. 6 zu Art. 142.
6 Z. B.: Art. 108 Bayerische Verfassung, Art. 39 Abs. 1 Satz 2 Verfassung von Rheinland-Pfalz, Art. 33 Abs. 2 Satz 2 Verfassung d. Saarlandes.
7 Art. 138 Abs. 2 Bayerische Verfassung, Art. 60 Abs. 1 Satz 2 Hessische Verfassung, Art. 39 Abs. 1 Satz 1 Verfassung von Rheinland-Pfalz.
8 Kunig, in: v. Münch/Kunig, 3. Aufl., RdNr. 18 zu Art. 75; Maunz, in: Maunz/Dürig/Herzog, RdNr. 69f. zu Art. 75; Bothe, in: AK-GG, RdNr. 7 zu Art. 75; Rengeling, Gesetzgebungszuständigkeit, in: Hdb. d. Staatsrechts, Bd. IV, 723 (837).
9 Richter/Faber, in: AK-GG, RdNr. 30 zu Art. 91a; Maunz (Fn. 8), RdNr. 26 zu Art. 91a.
10 Klein, in: Schmidt-Bleibtreu/Klein, RdNr. 6 zu Art. 91a; Rengeling (Fn. 8), 849.
11 Liesegang (Fn. 9), RdNr. 6 zu Art. 91b; Blümel, Verwaltungszuständigkeit, in: Hdb. d. Staatsrechts, Bd. IV, 857 (943); Richter/Faber (Fn. 9), RdNr. 32 zu Art. 91a, 91b; Maunz (Fn. 8), RdNr. 17, 22 zu Art. 91b; Glotz/Faber, Richtlinien und Grenzen des Grundgesetzes für das Bildungswesen, in: Hdb. d. Verfassungsrechts, Bd. II, 959 (1027).
12 Vom 26. 1. 1976 – BGBl. I, 185 i. d. F. v. 20. 8. 1998, BGBl. I, 2190.
13 Rengeling (Fn. 8), 838.
14 BVerfGE 66, 270 (285).

- das Recht auf Bildung nach Art. 4 NV und
- der besondere Schutz der alten Hochschulen als überkommene heimatgebundene Einrichtungen der ehemaligen Länder bei organisatorischen Maßnahmen nach Art. 72 Abs. 2 NV.

Der Göttinger Staatsrechtler **Rudolf Smend** formulierte 1927 den **Begriff** der **Wissenschaft** „als ernsthaften Versuch zur Ermittlung oder zur Lehre der wissenschaftlichen Wahrheit"[15]. **Rupert Scholz** führte 1977 aus: „Wissenschaft heißt der autonome geistige Prozeß planmäßiger, methodischer und eigenverantwortlicher Suche nach Erkenntnissen sachbezogen-objektiver Wahrheit sowie kommunikativer Vermittlung solcher Erkenntnisse"[16]. Das Bundesverfassungsgericht hat in ständiger Rechtsprechung erkannt: „Die Freiheitsgarantie des Art. 5 Abs. 3 GG" erstreckt sich auf jede wissenschaftliche Tätigkeit, d. h. auf alles, was nach Inhalt und Form als ernsthafter planmäßiger Versuch zur Ermittlung der Wahrheit anzusehen ist"[17].

Wenn das Land die Wissenschaft „**schützt**", so hat es einer Aushöhlung der Freiheitsgarantien der Wissenschaftsfreiheit „vorzubeugen"[18]. Dabei umfaßt die Wissenschaftsfreiheit insbesondere folgende Schutzobjekte:
- Freiheit der Forschung,
- Fragestellung, Grundsätze ihrer Methodik,
- Bewertung und Verbreitung der Forschungsergebnisse,
- Freiheit des Inhalts der Lehre,
- methodischer Ansatz von Lehrmeinungen,
- Äußerung von Lehrmeinungen[19],
- Überblick über den Stand der nationalen und internationalen Forschung[20],
- Mitwirkung der Wissenschaftler an der akademischen Selbstverwaltung des Fachgebietes[21],
- Bestimmung des Inhalts und des Ablaufs der Lehrveranstaltungen[22].

Diese Schutzpflicht zwingt den Landesgesetzgeber, durch Organisation sicherzustellen, daß Studenten die durch die Wissenschaftsfreiheit geschützten Rechtsgüter weder stören noch behindern[23].

Die Pflicht des Landes, die Wissenschaftsfreiheit **zu „fördern"** bedeutet: Es müssen personelle, finanzielle und organisatorische Mittel bei mit öffentlichen Mitteln eingerichteten und unterhaltenen Wissenschaftsbetrieben bereitgestellt werden. Dabei sind die anderen legitimen Aufgaben der Wissenschaftseinrichtungen und die Rechte der verschiedenen Beteiligten zu be-

---

15 Zitiert nach Oppermann, Freiheit von Forschung und Lehre, in: Hdb. d. Staatsrechts, Bd. VI, 809 (815).
16 In: Maunz/Dürig/Herzog, RdNr. 101 zu Art. 5 Abs. 3.
17 BVerfGE 35, 79 (113); 47, 327 (367); 90, 1 (12).
18 BVerfGE 35, 79 (113).
19 BVerfG, Fn. 18.
20 BVerfGE 35, 79 (123).
21 BVerfGE 51, 369 (381); 55, 37 (58); 56, 192 (211); 88, 129 (137).
22 BVerfGE 55, 37 (68).
23 BVerfG, Fn. 22.

rücksichtigen[24]. Das Land hat funktionsfähige Einrichtungen mit seinen finanziellen Mitteln zur Verfügung zu stellen[25]. Denn es ist auf weiten Gebieten des Wissenschaftsbetriebes faktischer Monopolinhaber und die Grundfreiheit der Wissenschaftsfreiheit ist notwendig mit einer Teilhabe an staatlichen Leistungen verbunden[26].

8 Diese grundgesetzlich bereits vorgegebene Förderungspflicht für mit öffentlichen Mitteln unterhaltene Wissenschaftsbetriebe genießen in erster Linie die **Hochschulen des Landes**. Denn bei ihnen ist das „**faktische Monopol**"[27] des Staates offensichtlich. Die Hochschulen des Landes haben somit bei der **Förderung Priorität**.

9 Dabei haben die **Hochschullehrer** eine sogenannte „**Teilhabeberechtigung**" an der Förderung. Sie haben ein persönliches Recht auf finanzielle und organisatorische Maßnahmen, soweit sie unerläßlich sind und ihren grundrechtlich geschützten Freiheitsraum als Wissenschaftler schützen[28]. Sie haben einen Anspruch auf eine **Grund- oder Mindestausstattung**, um in ihrem Fachgebiet wissenschaftlich zu arbeiten[29]. Das Schrifttum ist der Rechtsprechung des Bundesverfassungsgerichts beigetreten[30].

10 Soweit das Land **Wissenschaftsbetriebe** nicht unterhält, ist es befugt, bei finanziellen Förderungen Prioritäten zu setzen, zu werten, auszuwählen und Schwerpunkte zu bilden[31].

11 Mit Art. 5 Absätze 2 und 3 NV gewährt die Landesverfassung eine **institutionelle Garantie** für die niedersächsischen Hochschulen und ihre akademische Selbstverwaltung[32]. Der einfache Landesgesetzgeber ist gehalten, die Hochschulen als organische Einrichtung und das überkommene akademische Selbstverwaltungsrecht zu beachten[33]. Das schließt eine Anpassung an neue Bedürfnisse bis zu einem unantastbaren Kernbereich der Institution aus. Der grundgesetzliche Schutz des Typus der deutschen Hochschule und die Funktionsfähigkeit des Wissenschaftsbetriebes müssen aber erhalten bleiben.

12 Die einzelne Hochschule genießt **keine individuelle Bestandsgarantie**[34]. Sie kann durch Gesetz aufgehoben werden. Der Lehrkörper kann in andere Hochschulen eingegliedert werden.

---

24 BVerfGE 88, 129 (136f.); 35, 79 (114f.).
25 BVerfGE 35, 79 (115).
26 BVerfG, Fn. 25.
27 BVerfGE 35, 79 (115).
28 BVerfGE 88, 129 (137); 35, 79 (115f.).
29 BVerfGE 43, 242 (285).
30 Z. B.: Stern, Bd. III/1, 983f.; Meder, RdNr. 5e zu Art. 108; Starck, in: v. Mangold/Klein, RdNr. 241 zu Art. 5; Tettinger, Die politischen und kulturellen Freiheitsrechte der Landesverfassungen, in: Starck/Stern, Bd. II, 271 (291); v. Mutius, in: v. Mutius/Wuttke/Hübner, RdNr. 18 zu Art. 9; Denninger, in: AK-GG, RdNr. 50 zu Art. 5 Abs. 3; Oppermann (Fn. 15), 833.
31 Scholz (Fn. 16), RdNr. 117 zu Art. 5 Abs. 3.
32 Stern, Bd. III/1, 813; Starck (Fn. 30), RdNr. 180 zu Art. 5 Abs. 3; Braun, RdNr. 13 zu Art. 20; Hopfe, in: Linck/Jutzi/Hopfe, RdNr. 5 zu Art. 28; Meder, RdNr. 8 zu Art. 138.
33 Braun, Fn. 32.
34 BVerfGE 51, 369 (382); Braun, RdNr. 14 zu Art. 20; Scholz (Fn. 16), RdNr. 135 zu Art. 5 Abs. 3.

Jedoch haben die alten Hochschulen den besonderen Schutz des Art. 72   13
Abs. 2 NV in ihrer Eigenschaft als **überkommene heimatgebundene Einrichtung**. Änderungen und Aufhebungen müssen diesen Schutz beachten. Hierunter fallen die Hochschulen:
- Göttingen (1734),
- Braunschweig (1745),
- Hannover (1831),
- Technische Universität Clausthal (1775),
- Tierärztliche Universität Hannover (gegründet 1738).

Ist das Land aus finanziellen Gründen gezwungen, eine Hochschule aufzuheben, so kann Art. 72 Abs. 2 NV den Gesetzgeber hindern, eine dieser ehrwürdigen alten Hochschulen auszuwählen. Entsprechendes gilt für die alten Fachhochschulen.

Die „**Selbstverwaltung**" ist ein unbestimmter Rechtsbegriff des Verfassungs-   14
rechts. Sein Inhalt folgt aus dem Normzweck der grundrechtlich gesicherten Wissenschaftsfreiheit. Hauptaufgabe der Selbstverwaltung sind Forschung und Lehre. Diese Aufgaben nehmen die Hochschulen als eigene Angelegenheiten durch Selbstverwaltung wahr[35]. Zum Kernbereich dieser Selbstverwaltung gehören alle hochschultypischen Angelegenheiten der Wissenschaft, Forschung und Lehre[36]. So zum Beispiel:
- wissenschaftliche Prüfungen[37],
- Koordination der Lehre[38],
- Koordination von Forschungsvorhaben[39],
- Vorschläge für die Berufung von Lehrkräften[40],
- Verfahren der Promotion und Habilitation[41],
- Wahl der Hochschulorgane[42],
- Verwaltung des hochschuleigenen Vermögens[43].

Zu den überkommenen Aufgaben der akademischen Selbstverwaltung können den Hochschulen zusätzliche weitere Aufgaben übertragen werden, die mit den Hauptaufgaben zusammenhängen[44]. Der Landesgesetzgeber hat die Kompetenzen der Selbstverwaltung aufgelistet[45].

Die **Selbstverwaltung** ist nur **eine partikulare**. Daneben ist die Hochschule   15
eine staatliche Einrichtung, die weisungsgebundene staatliche Aufgaben wahrnimmt. Als Einrichtung des Gliedstaates Niedersachsen bleibt sie ein Teil des staatlichen Gefüges. Sie hat somit einen **Doppelcharakter**: Körper-

---

35 BVerfGE 57, 70 (95).
36 Scholz (Fn. 16), RdNr. 161 zu Art. 5 Abs. 3.
37 Starck (Fn. 30), RdNr. 243 zu Art. 5 Abs. 3; Denninger (Fn. 30), RdNr. 68 zu Art. 5 Abs. 3.
38 Starck, Fn. 37; Oppermann (Fn. 15), 840; Meder, RdNr. 8 zu Art. 138; Denninger (Fn. 30), RdNr. 22, 68 zu Art. 5 Abs. 3; BVerfGE 35, 79 (123).
39 Starck, Fn. 37; Oppermann, Meder und BVerfG, jeweils Fn. 38; Denninger (Fn. 30), RdNr. 68 zu Art. 5 Abs. 3.
40 Starck, Fn. 37; Meder, Fn. 38; Hopfe (Fn. 32), RdNr. 8 zu Art. 28; BVerfG, Fn. 38.
41 Oppermann, Fn. 38; Meder, Fn. 38; BVerfG, Fn. 38.
42 Meder, Fn. 38; BVerfGE 95, 193 (209f.).
43 Meder, Fn. 38 und Denninger, Fn. 39.
44 BVerfGE 57, 70 (95).
45 § 77 Nieders. Hochschulgesetz i. d. F. v. 20. 11. 1995 – Nieders. GVBl. S. 427.

schaft des öffentlichen Rechts und Einrichtung des Landes[46]. Beide rechtlichen Formen der Verwaltung werden jedoch von einer **Einheitsverwaltung** der Hochschule wahrgenommen[47]. Dienststellen der Hochschule können daher einen Doppelcharakter haben: Einrichtuung der akademischen Selbstverwaltung und der staatlichen Wissenschaftsverwaltung.

16 Organe der Hochschule können auf den Gebieten ihrer **Selbstverwaltung** gegen staatliche Behörden das Grundrecht der Wissenschaftsfreiheit verfahrensmäßig durch **Rechtsbehelfe und Rechtsmittel** geltend machen[48]. Das gilt insbesondere gegen Maßnahmen der Staatsaufsicht und der Haushaltskontrolle.

17 Der Verfassungsgeber hat die **Aufsicht über die Körperschaften des öffentlichen Rechts** in Art. 57 Abs. 5 NV geregelt. Die Staatsaufsicht ist ein Korrelat jeder Selbstverwaltung[49]. Demgemäß gehört die Staatsaufsicht in Körperschaftsangelegenheiten zu den überkommenen Institutionen des deutschen Hochschulrechts[50].

18 Entsprechend dem Doppelcharakter der staatlichen Hochschulen gibt es zwei **Arten der staatlichen Aufsicht:** die Dienst- und Fachaufsicht für alle staatlichen Angelegenheiten und die Rechtsaufsicht für alle Aufgaben der Selbstverwaltung. Die Beschränkung der staatlichen Aufsicht auf eine Rechtsaufsicht bei den Angelegenheiten der Selbstverwaltung entspricht den traditionellen Grundsätzen einer Selbstverwaltungsgarantie[51].

19 Mit der Formel einer „**Selbstverwaltung im Rahmen der Gesetze**" übernahm der Verfassungsgeber eine Klausel des überkommenen Kommunalverfassungsrechts. Es wird hierzu auf Art. 57 Abs. 1 NV verwiesen[52].

20 Das Bundesverfassungsgericht umschreibt den **Begriff der Fachhochschule** wie folgt: Der Schwerpunkt ihrer Ausbildung liegt in der „wissenschaftlich-praktischen" Vorbereitung für einen bestimmten Beruf, dessen Ausübung die Anwendung wissenschaftlicher Erkenntnisse und Methoden erfordere. Sie unterscheide sich von der Hochschule darin, daß sie keine umfassende und vertiefte wissenschaftliche Ausbildung vermittele, sondern nur das für den Studiengang Wesentliche, das für die Anwendung Notwendige[53]. Der Landesgesetzgeber ist hiervon ausgegangen[54].

21 Es besteht weder ein geschriebener noch ungeschriebener Satz des Bundesverfassungsrechts, der die Errichtung einer Hochschule dem Staate vorbehält. Demgemäß sehen Landesverfassungen auch die **Errichtung privater**

---

46 § 75 Abs. 1 u. 2 Nieders. Hochschulgesetz; Elster, Die Verwaltung, in: Korte/Rebe, 288 (510).
47 § 75 Abs. 3 Nieders. Hochschulgesetz.
48 BVerfGE 15, 256 (262); 31, 314 (322); Stern (Fn. 32), 1152; Oppermann (Fn. 15), 830; Rüfner, Grundrechtsträger, in: Hdb. d. Staatsrechts, Bd. V, 485 (520); Isensee, Anwendung der Grundrechte auf juristische Personen, in: Hdb. d. Staatsrechts, Bd. V, 563 (579).
49 BVerfGE 6, 104 (118).
50 BVerfGE 57, 70 (95 f.); Meder, RdNr. 9 zu Art. 138; Hopfe (Fn. 32), RdNr. 13 zu Art. 28.
51 Scholz (Fn. 16), RdNr. 144 zu Art. 5 Abs. 3; § 59 Abs. 1 Hochschulrahmengesetz; Meder, Fn. 50.
52 RdNr. 10 zu Art. 57 NV.
53 BVerfGE 64, 323 (355).
54 § 2 Abs. 10 Nieders. Hochschulgesetz.

Hochschulen vor[55]. Das Grundrecht der Wissenschaftsfreiheit umfaßt nach herrschender Lehre auch das Recht, private Hochschulen zu gründen[56]. Der Staat kann jedoch gewisse Mindestanforderungen stellen, soweit sie Studenten ausbilden[57]. Unbedenklich ist es, von privaten Hochschulen, welche die Bezeichnung „Universität, Hochschule oder Fachhochschule" führen, eine Anerkennung zu verlangen[58]. Eine Rechtsprechung des Bundesverfassungsgerichts über die Grenzen der Freiheit zur Gründung privater Hochschulen hat sich noch nicht gebildet. Die Lösung wird in einer **praktischen Konkordanz** des Grundrechts der Wissenschaftsfreiheit mit kollidierenden Grundrechten und anderen mit Verfassungsrang ausgestatteten Rechtswerten zu suchen sein[59].

Rechtsgrundlagen für die **Hochschulen der Religionsgemeinschaften** ist in erster Linie ihre weitgehende organisationsrechtliche Autonomie nach Art. 140 GG i. V. m. Art. 137 Abs. 3 WRV. Sie gilt für alle Religionsgemeinschaften, auch wenn sie keinen Status einer Körperschaft des öffentlichen Rechts haben und nur ein privatrechtlicher Verein sind[60]. Zu dieser von staatlicher Aufsicht freien Autonomie gehört die Ausbildung der Geistlichen, Prediger und sonstigen Amtsträger und das Recht, Einrichtungen mit dem Charakter von Hochschulen hierfür zu gründen und zu unterhalten[61]. Die **Hochschulen der Kirchen und jüdischen Gemeinden** bedürfen daher zur Ausbildung ihrer Amtsträger keiner besonderen Anerkennung oder Genehmigung des Staates[62]. Es steht ihren Trägern frei, ob sie eine staatliche Anerkennung als eine Art von Ersatzhochschule erstreben[63].

22

Hochschulen der Religionsgemeinschaften, die nicht der Aus- und Fortbildung ihrer Amtsträger dienen, bedürfen der staatlichen Anerkennung, soweit dies nicht bereits durch Vertragskirchenrecht geschehen ist[64]. Nach Art. 12 Abs. 2 **Preußenkonkordat**[65] sind die Bischöfe von Hildesheim und Osnabrück berechtigt, ein Seminar zur wissenschaftlichen Ausbildung der Geist-

---

55 Bayern: Art. 138 Abs. 2; Hessen: Art. 60 Abs. 3; Nordrhein-Westfalen: Art. 16 Abs. 2; Sachsen: Art. 107 Abs. 4; Thüringen: Art. 28 Abs. 2.
56 Voll, 123; Starck (Fn. 30), RdNr. 229, 253 zu Art. 5 Abs. 3; Scholz (Fn. 16), RdNr. 147 zu Art. 5 Abs. 3; Hopfe (Fn. 32), RdNr. 14 zu Art. 28.
57 Starck (Fn. 30), RdNr. 254 zu Art. 5 Abs. 3; Scholz, Fn. 56.
58 Nds. OVG, U. v. 18. 5. 1993, DVBl., 1993, 1319, bestätigt durch BVerwG, B. v. 15. 8. 1994, DVBl., 1994, 1366.
59 Hesse, 138; Stern, Idee und Elemente eines Systems der Grundrechte, in: Hdb. d. Staatsrechts, Bd. V, 45 (93); ders. in Staatsrecht, Bd. III/1, 930, 1503.
60 Frh. v. Campenhausen, in: v. Mangoldt/Klein, RdNr. 25 zu Art. 140/Art. 137 WRV.
61 Frh. v. Campenhausen (Fn. 60), RdNr. 38 zu Art. 140/Art. 138 WRV; Scholz (Fn. 16), RdNr. 181 zu Art. 5 Abs. 3; Hollerbach, Freiheit kirchlichen Wirkens, in: Hdb. d. Staatsrechts, Bd. VI, 595 (610); Baldus, Kirchliche Hochschulen, in: Ev. Staatslexikon, Bd. I, Sp. 1275 f.; derselbe, Kirchliche Hoch- und Fachhochschulen, in: Hdb. d. Staatskirchenrechts, 1. Aufl., Bd. II, 597 (602); und Kirchliche Hochschulen, in: Hdb. d. Staatskirchenrechts, 2. Aufl., Bd. II, 601 (613); Voll, 19, 121; v. Busse, in: Nawiasky, RdNr. 3 zu Art. 150; Neumann, RdNr. 5 zu Art. 34 Bremische Verfassung; Solte, Kirchliche Hochschulen, in: Staatslexikon, Bd. II, Sp. 1312 (1319).
62 v. Busse, Fn. 60; Süsterhenn/Schäfer, RdNr. 2 zu Art. 42; Voll, 121.
63 Baldus (Fn. 61), Sp. 1277.
64 Voll, 123.
65 Vom 14. 7. 1929/3. 8. 1929 – Preuss. Gesetzessammlung, S. 151.

lichen zu unterhalten[66]. Art. 20 **Reichskonkordat**[67] gewährt der Katholischen Kirche das Recht, zur Ausbildung des Klerus philosophische und theologische Lehranstalten zu errichten, die ausschließlich von der kirchlichen Behörde abhängen, falls keine staatlichen Zuschüsse gewährt werden. Das Land hat die Geltung des Artikels im **Niedersachsen-Konkordat** anerkannt[68]. Niedersachsen hat **Fachhochschulen der Kirchen** „ersatzhochschulrechtlich" anerkannt[69].

23 Der Bund kann zur wissenschaftlichen Aus- und Fortbildung seiner Beamten und Angestellten aufgrund seiner umfassenden Personalhoheit für diese Personen **eigene wissenschaftliche Schulen ohne Zustimmung des Landes errichten und unterhalten**[70]. Entsprechendes gilt für die Aus- und Weiterbildung seiner Soldaten, für die der Bund allein zuständig ist[71]. Diese Schulen können jedoch keine akademischen Abschlüsse und Grade an ihre Schüler verleihen, denn dies ist den Hochschulen der Länder vorbehalten. Die Länder sind nach dem Hochschulrahmengesetz berechtigt, Hochschulen des Bundes anzuerkennen. Erst ihr Verleihungsakt gewährt einer Hochschule des Bundes den förmlichen Hochschulstatus[72]. Die Abgrenzung der Kompetenzen zwischen Bund und Land kann durch Staatsvertrag geregelt werden. Eine Rechtsprechung des Bundesverfassungsgerichts über diese Aufteilung der Kompetenzen gibt es noch nicht. Die Praxis beschränkt sich auf ausführliche Anerkennungsbescheide der Kultusverwaltungen der Länder[73].

24 Der Landesgesetzgeber hat das „**Nähere**" bei der Materie Organisation der Hochschulen im Nieders. Hochschulgesetz geregelt (Bek. der Fassung v. 24. 3. 1998 – Nds. GVBl. S. 299).

Artikel 6
Kunst, Kultur, Sport

Das Land, die Gemeinden und die Landkreise schützen und fördern Kunst, Kultur und Sport.

Übersicht

	RdNr.
Rückblick zur Kunst	1
Die „Kunst"	2
Die „Kultur"	3
Die Kompetenzen der Gesetzgeber	4

---

66 May, Die Hochschulen, in: Hdb. d. Katholischen Kirchenrechts, 605 (613).
67 Vom 20. 7. 1933/12. 9. 1933 – RGBl. I, 625.
68 Präambel zum Niedersachsen-Konkordat, siehe RdNr. 19 zu Art. 35 NV.
69 Sperling, Das Staatskirchenrecht, in: Korte/Rebe, 706 (738); Radtke, Zum Niedersächsischen Konkordat, NdsVBl., 1997, 49 (55); Baldus, Kirchliche Hochschulen, in: Hdb. d. Staatskirchenrechts, 2. Aufl., 601 (623).
70 Hernekamp, in: v. Münch, 3. Aufl., RdNr. 4 zu Art. 87b; Loeser, 84, 90.
71 Art. 87a Abs. 1 Satz 1 GG; BVerfGE 8, 104 (116).
72 Loeser, 85.
73 Loeser, 85; Berkemann, Hochschulrecht, in: Hoffmann-Riem/Koch, 451 (468).

	RdNr.
Die Kunstfreiheit	5
Kein einklagbarer Anspruch auf eine Förderung	6
Umfang und Zweck der Förderung	7
Die kommunale Förderung	8
Die hannoverschen Landschaften	9
Organisation der Kulturpflege	10
Private Kulturförderung	11
Das Landesgrundrecht der Rundfunkfreiheit	12
Das grundgesetzliche Rundfunkverfassungsrecht	13
Eine eingeschränkte Organisationsgewalt des Landes	14
Staatsverträge über den Rundfunk	15
Die Gesetzgebung für die Denkmalpflege	16
Kirchenvertragliche Regelungen der Denkmalpflege	17
Die Gesetzgebungskompetenz für den Sport	18
Die Finanzierung von zentralen Sporteinrichtungen	19
Der Begriff „Sport"	20
Die Sportförderung	21
Die grundgesetzliche Pflicht für den Schulsport	22

Die Pflicht zur Förderung der Kunst ist eine Konkretisierung der Kulturaufgabe des Staates. Der moderne europäische Staat ist ein **Kulturstaat**[1]. Der Weimarer Verfassungsgeber verpflichtete das Reich und die Länder mit Art. 142 Satz 2 WRV, die Kunst zu schützen und an ihrer Pflege teilzunehmen. Dies wurde als rechtliche Pflicht gewertet[2]. Der nationalsozialistische Staat pervertierte und verengte den Begriff der Kunst auf „Schöpfungen des künstlerischen Ausdruckswillens, die von deutschen Menschen aus dem greifbaren Stoffe hervorgebracht worden sind, durchdrungen und beherrscht von germanischer, durch das nordische Blut bestimmter Wesensart"[3]. Von den ersten Landesverfassungen nach dem Kriege übernahmen Bayern und Schleswig-Holstein die Förderung der Kunst[4].

1

Ob man den Begriff der „**Kunst**" definieren kann, war und ist umstritten[5]. Das Bundesverfassungsgericht hat lange Jahre die Ansicht vertreten, es sei unmöglich, „Kunst generell zu definieren"[6]. Es greift jetzt auf seine früheren Kriterien zurück[7]. Danach ist für eine künstlerische Betätigung wesentlich die freie schöpferische Gestaltung, in der Eindrücke, Erfahrungen und Er-

2

---

1 Huber, Verfassungsgeschichte, Bd. VI, 855.
2 Giese, RdNr. 2, Poetzsch-Heffter, RdNr. 4 und Gebhard, RdNr. 5, jeweils zu Art. 142; a. A.: Anschütz, RdNr. 6 zu Art. 142.
3 Meyers Lexikon, 8. Aufl., 1937, Bd. II, Sp. 977 (1137).
4 Art. 140 Bayer. Verfassung, Art. 7 Landessatzung Schleswig-Holstein.
5 Kitzinger, Artikel 142 Satz 1. Die Freiheit der Wissenschaft und der Kunst, in: Nipperdey, Bd. II, 449 (508f.). Friedrich Kitzinger, geb. 1872, gest. 1943, Professor der Rechte in Halle a. d. Saale (1926–1933), Jurist jüdischer Herkunft; Palm, 35f.; Starck, in: v. Mangold/Klein, RdNr. 186 zu Art. 5; Scholz, in: Maunz/Dürig/Herzog, RdNr. 20 zu Art. 5 Abs. 3; Wendt, in: v. Münch/Kunig, RdNr. 89 zu Art. 5; Badura, 134; Ladeur, in: AK-GG, RdNr. 9 zu Art. 5 Abs. 3; Knies, Kunst, in: Ev. Staatslexikon, Sp. 1945 (1947); Denninger, Freiheit der Kunst, in: Hdb. d. Staatsrechts, Bd. VI, 847 (848); Lerche, Grundrechtlicher Schutzbereich ..., in: Hdb. d. Staatsrechts, Bd. V, 739 (750); Henschel, Kunstfreiheit als Grundrecht, 5.
6 BVerfGE 67, 213 (225); 75, 369 (377).
7 BVerfGE 83, 130 (139).

lebnisse des Künstlers durch das Medium einer bestimmten Formensprache zu unmittelbarer Anschauung gebracht werden[8].

3 Den staatsrechtlichen Begriff der **"Kultur"** erläutern weder das Grundgesetz noch andere Landesverfassungen. Nach **Theodor Meder** läßt es sich nur durch die einschlägigen Bereiche umschreiben[9]. **Karl Schweiger** erwähnt hierzu Bildung, Wissenschaft, Kunst und Religion[10]. **Udo Steiner** konkretisiert diese Begriffe ohne den Bereich des Religiösen[11]. **Werner Maihofer** fügt den von Schweiger genannten Begriffen noch Presse, Rundfunk, Jugend und Sport, Bibliotheks- und Archivwesen, Naturschutz und Landschaftspflege hinzu[12]. **Peter Häberle** empfiehlt den Juristen, sich bei der Kultur auf die Schaffung eines Rahmens zu beschränken, in dem die Kultur des Gemeinwesens sich entwickeln könne[13]. Kultur ist nach Ansicht des Bundesverfassungsgerichts „die Gesamtheit der innerhalb einer Gemeinschaft wirksamen geistigen Kräfte, die sich unabhängig vom Staat entfalten und ihren Wert in sich tragen. Sie kann nicht staatlich verwaltet werden[14].

4 Das Grundgesetz hat keine in sich geschlossene übersichtliche Kulturverfassung[15]. **Die Kompetenzen werden** wie folgt **verteilt:** Die Länder sind „ausschließliche" Träger der Kulturhoheit, soweit nicht das Grundgesetz selbst hinreichend deutliche Ausnahmen für den Bund trifft[16]. Als solche Ausnahmen sind z. B. anerkannt:
- auswärtige Kulturpolitik und Kulturverwaltung[17],
- kulturelle Entwicklungshilfe einschließlich Auslandsschulen[18],
- Urheber- und Verlagsrecht (Art. 73 Nr. 9 GG)[19],
- Kulturgut der Vertreibungsgebiete[20],
- Schutz des deutschen Kulturgutes gegen Abwanderung[21],
- Filmförderung[22],
- ehemals preußischer Kulturbesitz[23].

Von großer praktischer Bedeutung ist die Kunstförderung des Bundesgesetzgebers im Steuerrecht[24].

---

8 BVerfGE 67, 213 (226); 30, 173 (189).
9 Meder, RdNr. 21 zu Art. 3.
10 Schweiger, in: Nawiasky, RdNr. 13 zu Art. 3.
11 Steiner, Kulturpflege, in: Hdb. d. Staatsrechts, Bd. III, 1235 (1236).
12 Maihofer, Kulturelle Aufgaben des modernen Staates, in: Hdb. d. Verfassungsrechts, Bd. II, 953 (977).
13 Häberle, Kulturverfassungsrecht, 5f.
14 BVerfGE 10, 20 (36); ebenso Stern, Bd. III/1, 887.
15 Häberle, Fn. 13.
16 BVerfGE 92, 203 (238); 12, 205; 6, 309 (354).
17 Rojahn, in: v. Münch/Kunig, RdNr. 24 zu Art. 32; Kilian, Auswärtige Kulturverwaltung ..., in: Birk/Dittmann/Erhardt, 111 (118).
18 Maihofer (Fn. 12), 978.
19 Kunig, in: v. Münch/Kunig, RdNr. 35 zu Art. 73.
20 Maunz, in: Maunz/Dürig/Herzog, RdNr. 103 zu Art. 74.
21 Kunig (Fn. 19), RdNr. 38 zu Art. 75.
22 Kunig (Fn. 19), RdNr. 28 zu Art. 75; Pestalozza: v. Mangoldt/Klein, RdNr. 594 zu Art. 74 Abs. 1 Nr. 11 GG.
23 BVerfGE 10, 20; Mager, in: v. Münch/Kunig, RdNr. 7 zu Art. 135.
24 Palm, 202f.; Bayer, Thesen zum Begriff der Kunst ..., in: Birk/Dittmann/Erhardt, 1f.

Kunst, Kultur, Sport   Art. 6

Das Bundesverfassungsgericht wertet **die Kunstfreiheit** des Art. 5 Abs. 3 GG 5
als eine objektive Wertentscheidung eines Staatszieles Kulturstaat und sieht
darin die Aufgabe, ein freiheitliches Kunstleben zu erhalten und zu fördern[25]. Das Schrifttum teilt diese Ansicht[26].

Die Förderungspflicht der öffentlichen Hand gewährt dem Träger einer Einrichtung und dem Künstler grundsätzlich **keinen einklagbaren Anspruch** 6
auf eine Förderung[27]. Bei den **heimatgebundenen überkommenen Einrichtungen** im Sinne des Art. 72 NV besteht dagegen ein einklagbarer Anspruch dem Grunde nach[28]. Da niedersächsische Opernhäuser, Theater, Museen und Archive in erheblichem Umfange den besonderen Schutz des Art. 72 NV genießen, muß erst die Förderungspflicht nach Art. 72 NV hinreichend erfüllt werden, ehe eine Förderung nach Art. 6 NV in Betracht kommt.

Staat und Kommunen entscheiden über die **Höhe und den Zweck der Leistungen** nach haushaltspolitischem Ermessen. Sie haben eine weitgehende 7
Freiheit. Sie können bei wirtschaftlichen Förderungsmaßnahmen wirtschafts- und finanzpolitische Gesichtspunkte beachten und dabei die wirtschaftliche Kraft der Träger, Personen und Institutionen des Kulturbereichs angemessen berücksichtigen[29]. Sie dürfen künstlerische Leistungen nach Qualität bevorzugen[30]. Wenn die öffentliche Hand Kunstwerke kauft und ihre Bauten künstlerisch schmückt, ist sie frei in der Wahl der Künstler und der Kunstrichtung[31]. Bestimmte Kultur- und Kunstrichtungen dürfen jedoch nicht einseitig bevorzugt werden. So z. B. „ökopazifistische" oder volkstümliche Kunst. Mit einer einseitigen Förderung betriebe die öffentliche Hand eine ideologische „Gleichschaltung" nach Art der „Reichskulturkammer"[32].

Parallelvorschriften zur **kommunalen Förderung der Kunst und Kultur** haben die Landesverfassungen von Bayern (Art. 140), Brandenburg (Art. 34), 8
Hessen (Art. 62), Mecklenburg-Vorpommern (Art. 16), Nordrhein-Westfalen (Art. 18), Sachsen-Anhalt (Art. 36), Schleswig-Holstein (Art. 30) und Thüringen (Art. 30). Das Grundgesetz gibt den Gemeinden das Recht, alle Angelegenheiten der örtlichen Gemeinschaft im Rahmen der Gesetze in eigener Verantwortung zu regeln (Art. 28 Abs. 2 Satz 1 GG). Diese **Universalität des gemeindlichen Wirkungskreises** umfaßt eine breite Palette von kulturellen Einrichtungen, die den Kulturraum, das kulturelle Klima der Gemeinden und Städte prägen. Es sind dies z. B. Theater, Museen, Büchereien, Musik- und Volkshochschulen und neuerdings die sogenannten „Stadtschreiber". Die Kommunen leisten etwa die Hälfte aller Kulturausgaben der öf-

---

25 BVerfGE 36, 321 (331).
26 Häberle, AöR, 1985, 577; Stern, Bd. III/1, 939; Scholz (Fn. 5), RdNr. 8 zu Art. 5 Abs. 3; Palm, 127 mit weiteren Nachweisen.
27 BVerfGE 36, 321 (332); Scholz (Fn. 5), RdNr. 40 zu Art. 5 Abs. 3; Starck (Fn. 5), RdNr. 198 zu Art. 5 Abs. 3; Wendt, in: v. Münch/Kunig, RdNr. 94 zu Art. 5; Hopfe, in: Linck/Jutzi/Hopfe, RdNr. 3 zu Art. 30; Meder, RdNr. 4 zu Art. 108.
28 Hierzu RdNr. 5 zu Art. 72 NV.
29 So BVerfGE 36, 321 (332).
30 BVerfGE 36, 321 (333); Starck, Fn. 27; Scholz, Fn. 27; Meder, Fn. 27.
31 Starck, Fn. 27.
32 Denninger (Fn. 5), 869.

fentlichen Hand³³. Dem Landesgesetzgeber ist ein Eingriff in diese „kommunale Kulturhoheit" weitgehend verwehrt. Grundsätzlich entscheidet auf diesem Kerngebiet der kommunalen Selbstverwaltung die Vertretungskörperschaft über ihr Konzept der Kulturpolitik³⁴.

9   Zu den Trägern öffentlicher Kulturpflege gehören auch die **hannoverschen Landschaften,** Körperschaften des öffentlichen Rechts sui generis, und der **Landschaftsverband Stade,** ein eingetragener Verein³⁵. Sie werden auch als „autonome Kulturparlamente" bezeichnet³⁶.

10 Der Staat versucht, die natürliche Spannung zwischen seiner Verantwortung für die Kultur und ihren Bedarf an Selbständigkeit zu mildern. Wegen der zahlreichen Formen der **Organisationen der Kulturpflege** wird auf das Schrifttum verwiesen³⁷.

11 Der Bundesgesetzgeber wird in Kürze die Höhe der Verschuldung der Länder und der Kommunen wesentlich einschränken. Denn die Konvergenzkriterien des **Vertrages von Maastricht** müssen in die bundesstaatliche Finanzverfassung umgesetzt werden³⁸. Die finanziellen Möglichkeiten einer Kulturförderung durch die öffentliche Hand werden sich dadurch verringern. Dem Lande Niedersachsen und seinen Kommunen verbleibt jedoch die **Stärkung der privaten Kulturförderung.** Dies kann z. B. durch den Abbau von Barrieren der privaten Kulturförderung im Steuerrecht³⁹ und durch neue Formen der Partnerschaften mit den Bürgern und der heimischen Wirtschaft (Matching Funds) geschehen⁴⁰. Leere Kassen befreien das Land nicht vom Nachdenken über bereits erprobte Organisationen der privaten Kulturförderung.

12 Die Landesverfassung gewährt ein „**dienendes Grundrecht der Rundfunkfreiheit**" nach Art. 3 Abs. 2 NV i. V. m. Art. 5 Abs. 1 Satz 2 GG⁴¹.

13 Das **grundgesetzliche** Grundrecht der Rundfunkfreiheit ist das Fundament des deutschen **Rundfunkverfassungsrechts.** Es besteht fast ausschließlich aus der Rechtsprechung des Bundesverfassungsrechts⁴². Das Grundgesetz verteilt die Zuständigkeiten für die Rundfunkgesetzgebung und die Verwaltung zwischen Bund und Ländern:
    – Die Länder sind zuständig für das gesamte materielle Rundfunkrecht. So

---

33 Weinacht, Kulturpolitik, in: Staatslexikon, Bd. III, Sp. 762 (765); Sofsky, Kulturpolitik, in: Ev. Staatslexikon, Bd. I, Sp. 1934 (1939).
34 Steiner (Fn. 11), 1253; Palm, 225; Maihofer (Fn. 11), 987.
35 Steiner (Fn. 11), 1255; Reinick, 350 f.; Elster, Die Verwaltung, in: Korte/Rebe, 288 (516 f.).
36 Korte, 311.
37 Häberle (Fn. 26), 612; Steiner (Fn. 11), 1245; Denninger (Fn. 5), 870; Palm, 213 f.; Starck (Fn. 5), RdNr. 198 zu Art. 5 Abs. 3; Scholz (Fn. 5), RdNr. 41, 42 zu Art. 5 Abs. 3; zur Weisungsfreiheit von Theaterintendanten und Museumsleitern: Oebbecke, 199 f.; Karpen/Hofer, VA, 1990, 557; Hans Peter Ipsen, DVBl., 1982, 115 f.
38 Selmer, Art. 115 Abs. 2 – eine offene Flanke der Staatsverschuldung? in: FS Stern, 567.
39 Beispiele: Heinrichs, 241.
40 Heinrichs, 205, 247, 249.
41 BVerfGE 95, 220 (236); 83, 238 (295); 74, 297 (323); 63, 131 (143); 59, 231 (265).
42 Übersicht: Ebsen, Öffentlich-rechtliche Rahmenbedingungen einer Informationsordnung, DVBl., 1997, 1039 (1043 f.); Nachträglich sind noch veröffentlicht: BVerfGE 92, 203 und 95, 220.

z. B. für Leitgrundsätze zur Sicherung der Rundfunkfreiheit, Organisationsrecht, Finanzierung, Gebühren, staatliche Aufsicht[43].

– Der Bund ist nur kompetent nach Art. 87f GG für die **Telekommunikation**. Hierunter fallen die sendetechnischen Einrichtungen, ausgenommen die Studiotechnik der Funkhäuser, der Betrieb der Rundfunksender sowie die Verwaltung der Rundfunkfrequenzen[44]. Wegen der geschichtlichen Entwicklung des Rundfunks in Niedersachsen wird auf das Schrifttum verwiesen[45].

Die umfangreiche Rechtsprechung des Bundesverfassungsgerichts hat **die Organisationsgewalt des Landesgesetzgebers** für den Rundfunk erheblich **eingeschränkt**. Eine Übersicht bringt Ingwer Ebsen[46]. 14

Wegen des Umfanges der Regelungen kann hier nur auf die Rechtsprechung verwiesen werden[47]. Das Schrifttum hat sich mit dieser Rechtsprechung auseinandergesetzt[48]. Unmittelbar empfangbare Programme aus anderen Bundesländern sind der Verfügung des Landesgesetzgebers entzogen[49]. Nach dem **Unionsrecht** sind Ausstrahlungen und Weiterverbreitung von Rundfunksendungen Dienstleistungen. Demgemäß hat der Rat eine Fernsehrichtlinie vom 3. Oktober 1989 erlassen[50]. Der Europäische Gerichtshof teilt diese rechtliche Wertung[51]. Die Richtlinie genießt Anwendungsvorrang und ist zur Auslegung des ihrer Durchführung dienenden Rechts heranzuziehen[52].

Der Landesgesetzgeber wird durch **Staatsverträge über die Rundfunkanstalten** gebunden[53]. Er erfüllte seine Gesetzgebungspflicht mit dem Nieders. Landesrundfunkgesetz[54]. 15

Ein wesentlicher Teil der Kulturpflege des Landes ist die **Denkmalpflege**. Der Landesgesetzgeber hat sie durch das Denkmalschutzgesetz geregelt[55]. Er 16

---

43 BVerfGE 12, 205 (229); 73, 118 (174); 87, 181 (197); 92, 203 (238); Uerpmann, in: v. Münch/Kunig, RdNr. 5 zu Art. 87f.; Wendt, in: v. Münch/Kunig, RdNr. 60 zu Art. 5; Degenhart, in: Bonner Kommentar, RdNr. 636 zu Art. 5 Abs. 1; Meder, RdNr. 10 zu Art. 11a.
44 BVerfGE 12, 205 (228); Lerche, in: Maunz/Dürig/Herzog, RdNr. 105 zu Art. 87; Uerpmann, Fn. 43; Kunig, in: v. Münch/Kunig, RdNr. 32 zu Art. 73; Ebsen (Fn. 42), 1049.
45 Bausch, Rundfunk, in: Staatslexikon, Bd. IV, Sp. 948 (951f.); Berg, Medienrecht, in: Faber/Schneider, 545 (551f.); Elster (Fn. 35), 513; Bullinger, Freiheit von Presse, Rundfunk, Film, in: Hdb. d. Staatsrechts, Bd. VI, 667 (698f.); Korte, 224; Huber, Wirtschaftsverwaltungsrecht, Bd. I, 170f.; Thomas Ellwein, Das Regierungssystem der BR Deutschland, 3. Aufl., 1973, 130f.
46 Ebsen, Fn. 42.
47 BVerfGE 95, 220; 90, 60; 89, 144; 87, 181; 83, 238; 74, 297; 73, 118; 63, 131; 59, 231.
48 Ebsen, Fn. 42; Stern, Bd. III/1, 839f.; Wendt (Fn. 5), RdNr. 44f. zu Art. 5; Starck (Fn. 5), RdNr. 71f. zu Art. 5; Herzog, in: Maunz/Dürig/Herzog, RdNr. 194f. zu Art. 5; Hoffmann-Riem, in: AK-GG, RdNr. 123f. zu Art. 5; ders., Massenmedien, in: Hdb. d. Verfassungsrechts, Bd. I, 388f.; Degenhart (Fn. 43), RdNr. 542f. zu Art. 5; Meder, RdNr. 2f. zu Art. 11a; Jutzi, in: Linck/Jutzi/Hopfe, RdNr. 5f. zu Art. 12; Bethge, in: Sachs, RdNr. 90f. zu Art. 5.
49 BVerfGE 73, 118 (156).
50 ABl. Nr. L 298 vom 17. 10. 1989, ber. ABl. Nr. L 331 v. 16. 11. 1989, S. 51.
51 Degenhart (Fn. 42), 1045.
52 BVerfGE 75, 223 (237).
53 Heintzen, Erziehung, Wissenschaft, Kultur, Sport, in: Hdb. d. Staatsrechts, Bd. IX, 799 (849).
54 Vom 9. 11. 1993, z. Zt. i. d. F. v. 12. 11. 1998 – Niders. GVBl. S. 693.
55 Vom 30. 5. 1978, z. Zt. i. d. F. v. 22. 3. 1990 – Niders. GVBl. S. 101.

hat hier die ausschließliche Zuständigkeit[56]. Der Bundesgesetzgeber kann den Schutz im Bau- und im Planungsrecht ergänzen[57]. Das Grundgesetz schränkt die Gesetzgebungszuständigkeit des Landes bei den Religionsgemeinschaften durch Art. 4 Abs. 2 GG und Art. 140 GG i. V. m. Art. 137 Abs. 3 und Art. 138 Abs. 2 WRV erheblich ein[58]. Bei Kulturdenkmälern, die dem Gottesdienst dienen, sind die kultischen Belange vorrangig zu beachten[59].

17 Nach dem **Loccumer-Vertrag** verpflichten sich die Evangelischen Landeskirchen, Veräußerungen und Umgestaltungen nur „im Benehmen" mit den Stellen der staatlichen Denkmalpflege vorzunehmen. Eine inhaltlich gleiche Regelung enthält die Anlage zum **Nieders. Konkordat**[60]. Diese **kirchenvertraglichen Regelungen** ersetzen die Genehmigungspflicht für kirchliche Beschlüsse bei Veräußerungen von Gegenständen, die einen geschichtlichen, wissenschaftlichen Wert oder einen Kunstwert haben[61]. Da „im Benehmen" nur eine rechtzeitige Information vor der Entscheidung bedeutet, werden die Kirchen von Eingriffen der staatlichen Denkmalpflege ausgenommen[62]. Der Staat kann durch Zuschüsse seinen Einfluß stärken[63].

18 Mit dem Zweiten Gesetz zur Änderung der Niedersächsischen Verfassung vom 2. November 1997 – Nieders. GVBl. S. 480 – fügte der Verfassungsgeber den **„Sport"** hinzu. Das Grundgesetz erwähnt weder den Sport noch die Leibesübungen. Der Einigungsvertrag vom 15. Mai 1990 – BGBl. I S. 537 – und die Verfassungen der neuen Bundesländer machen die Förderung des Sports zur Staatsaufgabe[64]. Nach Art. 70 Abs. 1 GG hat das Land die **Gesetzgebungskompetenz für den Sport** und seine Förderung. Der einfache Bundesgesetzgeber hat in einigen Gesetzen und Verordnungen den Sport gefördert[65]. Dies ist nur im Rahmen des **Annexes** einer grundgesetzlichen Sachkompetenz möglich[66].

19 Eine Zuständigkeit des Bundes zur **Finanzierung** von Sporteinrichtungen und Veranstaltungen bei **zentralen Funktionen** wird bejaht[67].

---

56 Steiner (Fn. 11), 1257.
57 Steiner, Fn. 56.
58 Hollerbach, Kunst und Denkmalpflege, in: Hdb. d. Katholischen Kirchenrechts, 913 (918); ders., Freiheit kirchlichen Wirkens, in: Hdb. d. Staatsrechts, Bd. VI, 595 (626); Kremer, Denkmalschutz und Denkmalpflege im Bereich der Kirchen, in: Hdb. d. Staatskirchenrechts, 2. Aufl., Bd. II, 77 (85).
59 Sperling, Das Staatskirchenrecht, in: Korte/Rebe, 706 (740); Albrecht, Kirchliche Denkmalpflege, in: Hdb. d. Staatskirchenrechts, 1. Aufl., Bd. II, 204 (215); Kremer (Fn. 58), 90.
60 Art. 20 Satz 2 Loccumer Vertrag v. 19. 3. 1955 – Nieders. GVBl. S. 159; § 13 Satz 2 Anlage zum Nieders. Konkordat v. 1. 7. 1965 – Nieders. GVBl. S. 191.
61 Regierungsbegründung v. 26. 2. 1965, Drucksache Nr. 529, 5. Wahlperiode, zit. nach Weber, Bd. I, 226 und Bd. II, 112.
62 Sperling, Fn. 59.
63 Ruppel, Kirchenvertragsrecht, 494.
64 Heintzen (Fn. 53), 852.
65 Steiner, Von den Grundrechten im Sport zur Staatszielbestimmung „Sportförderung", in: FS Stern, 509 (518 f.).
66 Zur Problematik der „Annexkompetenz": Pestalozza, in: v. Mangoldt/Klein, RdNr. 110 f. zu Art. 70 Abs. 1.
67 Pestalozza (Fn. 66), RdNr. 105 zu Art. 70; Fischer-Menshausen, in: v. Münch/Kunig, RdNr. 5 a zu Art. 104.

Das Bundesverfassungsgericht stellt fest, daß der Sport „im lokalen und nationalen Rahmen" eine Identifikation des Volkes ermöglicht[68]. Rechtsprechung der Verfassungsgerichte zur **Sportförderung** liegt noch nicht vor. Sie wird als Staatsziel bewertet[69]. Ein staatsrechtlich allgemein anerkannter **Begriff des Sportes** hat sich noch nicht gebildet[70]. Dem Landesgesetzgeber steht es frei, den Begriff zu konturieren. 20

Der Sport kann z. B. durch eine besondere Berücksichtigung im Bauplanungsrecht gefördert werden[71]. Die **private Sportförderung** kann unterstützt werden. Die Grundversorgung von Sportstätten, der Sportplatz für jede Gemeinde, wird man als **Daseinsvorsorge** werten können[72]. 21

Der **Schulsport** ist ein wesentlicher Teil des staatlichen Bildungsauftrages[73]. Der grundgesetzliche (Art. 7 Abs. 1 GG) und landesverfassungsrechtliche (Art. 3 Abs. 2 NV i. V. m. Art. 7 Abs. 1 GG) Erziehungsauftrag verpflichtet das Land, Turnhallen und Sportplätze für Schulen zu unterhalten und die Erziehungsziele für den Schulsport zu bestimmen[74]. 22

Artikel 6 a

Arbeit, Wohnen

Das Land wirkt darauf hin, daß jeder Mensch Arbeit finden und dadurch seinen Lebensunterhalt bestreiten kann und daß die Bevölkerung mit angemessenem Wohnraum versorgt ist.

Übersicht

	RdNr.
Das vorrechtliche Bild der Arbeitsbeschaffung	1
und der Förderung des Wohnungsbaus	2
Die Parallelvorschriften	3
Die Gesetzgebungskompetenzen	4
„Das Land" als Normadressat	5
Die Staatsziele	6
Der „angemessene Wohnraum"	7
Europäische Sozialcharta	8
Langzeitarbeitslosigkeit	9

Die Weimarer Reichsverfassung bestimmte mit Art. 163 Abs. 2 Satz 1, daß jedem Deutschen die Möglichkeit gegeben werden soll, durch wirtschaftliche Arbeit seinen Unterhalt zu erwerben. Nicht er selbst sollte sich die Möglichkeit wirtschaftlicher Arbeit schaffen, sondern er sollte sie vom Staat empfan- 1

---

68 U. v. 17. 2. 1998 – 1 BvF 1/91, DVBl., 1998, 393 (395) bzw. BVerfGE 97, 228 (257).
69 Müller, RdNr. 1 zu Art. 11; Kunzmann, in: Kunzmann u. a., RdNr. 2 zu Art. 11; Schwarz, Neue Staatsziele in der Niedersächsischen Verfassung, NdsVBl., 1998, 225 (227); Steiner (Fn. 65), 516.
70 Grupe/Krüger, Sport, in: Staatslexikon, Bd. V, Sp. 116 (118).
71 Steiner (Fn.11), 520.
72 Rüfner, Daseinsvorsorge und soziale Sicherheit, in: Hdb. d. Staatsrechts, Bd. III, 1037 (1053).
73 Gebhard, RdNr. 2 zu Art. 143 WRV; Benstz/Franke, Schulische Bildung, Jugend, Sport, in: Simon/Franke/Sachs, 109 (124).
74 BVerwG, U. v. 28. 8. 1993, DVBl., 1994, 163 (164); BVerfGE 93, 1 (21).

gen. Gesetzgebung und Verwaltung sollten bei ihren Entscheidungen in der Finanz- und Wirtschaftspolitik die Auswirkungen auf den Arbeitsmarkt beachten[1]. Eine vergleichbare Vorschrift kennt das Grundgesetz nicht. In ständiger Rechtsprechung entschied das Bundesverfassungsgericht: **Art. 12 Abs. 1 GG** schützt unter anderem die freie Wahl des Arbeitsplatzes. **Das Grundrecht** entfaltet seinen Schutz gegen alle staatlichen Maßnahmen, die diese Wahlfreiheit beschränken. Damit ist weder ein Anspruch auf die Bereitstellung eines Arbeitsplatzes eigener Wahl noch eine Bestandsgarantie für den einmal gewählten Arbeitsplatz verbunden. Ebensowenig verleiht das Grundrecht einen unmittelbaren Schutz gegen den Verlust des Arbeitsplatzes[2]. Das Schrifttum teilt die Ansicht[3]. Das schließt einen Programmsatz zur Arbeitsbeschaffung in der Landesverfassung nicht aus[4]. Nach Art. 109 Abs. 2 GG haben der Bund und die Länder bei ihrer Haushaltswirtschaft den „Erfordernissen des gesamtwirtschaftlichen Gleichgewichts Rechnung zu tragen". Dabei ist u. a. ein hoher Beschäftigungsstand zu berücksichtigen[5]. Durch die mit der Währungsunion übernommene Pflicht, die Kreditaufnahme der öffentlichen Hand zu beschränken, eine Stabilitätsgemeinschaft zu erhalten, ist mit einer Neuregelung durch Bundesrecht zu rechnen[6].

2   Das Bedürfnis nach einem **„angemessenen Wohnraum"** war schon nach den Kriegen 1870/71 und 1914/18 sehr groß, da die zurückgekehrten Kriegsteilnehmer vergeblich Wohnungen suchten[7]. Die Weimarer Reichsverfassung wollte „jedem Deutschen eine gesunde Wohnung" sichern (Art. 155 Abs. 1 Satz 1 WRV). Damit sollten Mietwohnungen in Mehrfamilienhäusern mit freiem Licht- und Luftzutritt geschaffen werden[8]. Diesen Verfassungsauftrag wiederholte der bayerische Verfassungsgeber und dehnte ihn auf alle Bewohner des Landes als Menschenrecht aus[9].

3   **Parallelvorschriften** zur Arbeitsförderung stehen in den Landesverfassungen von Berlin (Art. 12), Brandenburg (Art. 48), Bremen (Art. 49), Mecklenburg-Vorpommern (Art. 17), Sachsen (Art. 7), Schleswig-Holstein (Art. 39) und Thüringen (Art. 36). Die Förderung der Beschaffung des Wohnraumes enthalten die Landesverfassungen von Bayern (Art. 106, 125), Berlin (Art. 19), Brandenburg (Art. 47), Bremen (Art. 14), Mecklenburg-Vorpommern (Art. 17) und Sachsen (Art. 7).

4   Die **Gesetzgebungskompetenz** für die Arbeitsmarktpolitik ist auf Bund und Länder verteilt. Denn eine Fülle von Faktoren beeinflußt den Arbeitsmarkt,

---

[1] Weigert, Artikel 163; Betätigungspflicht und Arbeitslosenhilfe, in: Nipperdey, Bd. III, 485 (500).
[2] BVerfGE 92, 140 (150); 85, 360 (373); 84, 133 (146f.).
[3] Gubelt, in: v. Münch/Kunig, RdNr. 25 zu Art. 12; Scholz, in: Maunz/Dürig/Herzog, RdNr. 44 zu Art. 12; Breuer, Freiheit des Berufs, in: Hdb. d. Staatsrechts, Bd. VI, 877 (931); Papier, Art. 12 GG – Freiheit des Berufs und Grundrecht der Arbeit, DVBl., 1984, 801 (810f.).
[4] Papier (Fn. 3), 811; Jutzi, 90.
[5] BVerfGE 79, 311 (338); Fischer-Menshausen, in: v. Münch/Kunig, RdNr. 11 zu Art. 109: Vogel/Wiebel, in: Bonner Kommentar, RdNr. 83 zu Art. 109.
[6] Einleitung.
[7] Hattauer, 253 f.
[8] Erman, Artikel 155. Bodenrecht, in: Nipperdey, Bd. III, 283 (294).
[9] Hans Nawiasky/Claus Leusser, Die Verfassung des Freistaates Bayern, Handkommentar, 1948, Anm. zu Art. 106.

so z. B. die Wirtschafts-, Finanz-, Bildungs- und Lohnpolitik[10]. Das Recht der Arbeitsvermittlung gehört nach Art. 74 Nr. 12 GG zur konkurrierenden Gesetzgebung. Der Bundesgesetzgeber hat durch das Arbeitsförderungsgesetz und Bildungsgesetz seine Kompetenz genutzt[11]. Die Wohnraumförderung gehört als ein Teil des privaten Wohnungswesens nach Art. 74 Nr. 18 GG ebenfalls zur konkurrierenden Gesetzgebung[12]. Wegen der Fülle der bundesgesetzlichen Regelungen wird auf Pestalozza verwiesen[13].

Normadressaten sind das „Land", seine Gesetzgeber und seine Verwaltung. 5

Der Auftrag an das Land ist als **Staatsziel**[14] gestaltet. Er konkretisiert den 6 Grundsatz des sozialen Rechtsstaates. Das Land ist verpflichtet, eine aktive staatliche Politik der Vollbeschäftigung zu verfolgen[15]. Dabei ist es vornehmlich eine Aufgabe des Landesgesetzgebers, auf der Grundlage seiner arbeitsmarktpolitischen Ziele zu entscheiden, welche Maßnahmen er ergreifen will[16]. Entsprechendes gilt für den Bau von Mietwohnungen.

Welche Ausstattung des **Wohnraums „angemessen"** ist, sagt die Landesverfassung nicht. Eine Rechtsprechung der Verfassungsgerichte hat sich hierzu noch nicht gebildet. Der Begriff kann nicht aus einfachgesetzlichen Vorschriften des Baurechts abgeleitet werden. Sein Inhalt folgt aus dem überkommenen Normzweck. Die Vorschrift soll die Ergebnisse des Wohnungsmarktes korrigieren. Selbst in einer störungsfreien Marktwirtschaft werden nicht alle Familien mit angemessenem Wohnraum zu tragbaren Mieten versorgt. Die Familie mit Kindern ist von vornherein benachteiligt, da die zahlungskräftigen kinderlosen Ehepaare mehr Chancen haben[17]. Es sind daher Wohnungen zu fördern, die in ortsüblicher und zeitgemäßer Ausstattung hinreichend diesen sozial schwachen Wohnungssuchenden dienen. Unzulässig ist es, nach dem **„Gießkannenprinzip"** alle Bauvorhaben gleichmäßig zu fördern[18].

Die beiden Staatsziele umfassen Deutsche und Ausländer[19]. Bei der Arbeits- 8 beschaffung für Ausländer sind bundesrechtliche Vorgaben zu beachten[20].

---

10 Stingl/Prast, Arbeitsmarktpolitik, in: Ev. Staatslexikon, Bd. I, Sp. 78 (81); Külp, Arbeitslosigkeit, in: Staatslexikon, Bd. I, S. 274 (275); Müller/Klauder, Arbeitsmarkt, in: Staatslexikon, Bd. I, Sp. 284 (289f.).
11 i. d. F. v. 15. 12. 1995 – BGBl. I, 582.
12 Kunig, in: v. Münch/Kunig, RdNr. 87 zu Art. 74; Pestalozza, in: v. Mangoldt/Klein, RdNr. 1258f. zu Art. 74 Abs. 1; BVerfGE 78, 249 (266); 21, 117 (128); Rengeling, Gesetzgebungszuständigkeiten, in: Hdb. d. Staatsrechts, Bd. IV, 723 (813).
13 Pestalozza (Fn. 12), RdNr. 1268 zu Art. 74 Abs. 1.
14 Der Begriff wurde von Hans Peter Ipsen, geb. 11. 12. 1907, gest. 2. 2. 1998, Professor der Rechte in Hamburg, geprägt. Schwarz, Neue Staatsziele in der Niedersächsischen Verfassung, NdsVBl., 1998, 225f.
15 Scholz (Fn. 2), RdNr. 45 zu Art. 12.
16 BVerfGE 77, 84 (106).
17 Neumann, RdNr. 5 zu Art. 41 Bremische Verfassung; Zeidler, Ehe und Familie, in: Hdb. d. Verfassungsrechts, Bd. I, 555 (598); Paul, Wohnungspolitik, in: Ev. Staatslexikon, Bd. II, Sp. 4101; Völker, Wohnen, in: Staatslexikon, Bd. V, Sp. 1126.
18 BVerfGE 59, 52 (62); Benda, Der soziale Rechtsstaat, in: Hdb. d. Verfassungsrechts, Bd. I, 477 (541).
19 Jutzi, in: Linck/Jutzi/Hopfe, RdNr. 10 zu Art. 36.
20 Stober, 365.

Die beiden Staatsziele werden von der **Europäischen Sozialcharta** vom 18. Oktober 1961 (BGBl. II, 1964, 1261) angeführt. Deutschland hat sich mit ihr verpflichtet, seine Sozialordnung anzugleichen[21]. Die völkerrechtliche Verpflichtung enthält „die Erreichung und Aufrechterhaltung eines möglichst hohen und stabilen Beschäftigungsstandes" und den „Schutz des Familienlebens" durch Förderung des Baues von familiengerechten Wohnungen[22]. Die Charta ist nicht „self-executing", sie kann nicht unmittelbar von Behörden und Gerichten angewandt werden[23].

9 Die Rechtsprechung der Verfassungsgerichte hat bisher das Problem der **Langzeitarbeitslosen** nicht behandelt. Zur Zeit beträgt ihre Zahl im Jahresdurchschnitt in der Bundesrepublik 1,5 Millionen[24]. Für die Betroffenen und ihre Familien ist diese Form der Arbeitslosigkeit ein materielles und immaterielles Problem[25]. Sie verlieren dabei ihre Würde[26] und den Glauben an den Staat. Kann der Staat diese Form der Arbeitslosigkeit nicht wirksam mindern, so verliert er seine Glaubwürdigkeit[27]. Wie angeführt (RdNr. 1) sind die Möglichkeiten des Landes durch höherrangiges Recht beschränkt[28]. Die zunehmende **Globalisierung** mindert seine verbliebenen Kompetenzen. Produktion und Handel suchen die jeweils für sie günstigen Standorte mit optimalen Verkehrsbedingungen, günstigem Arbeits- und Steuerrecht sowie kulturellen Angeboten[29]. Der Staat verliert immer mehr an Kraft, auf den Markt seines Staatsgebietes einzuwirken[30].

Artikel 6 b

Tierschutz

Tiere werden als Lebewesen geachtet und geschützt.

Übersicht

	RdNr.
Das vorrechtliche Bild	1
Eine Kompetenz des Bundesgesetzgebers	2
Die grundrechtlichen Einschränkungen	3
Ein Staatsziel	4

---

21 Knut Ipsen, Individualschutz in multilateralen Verträgen mit regionalem Geltungsbereich, in: Knut Ipsen, 629 (656).
22 Art. 1 Abs. 1, Art. 9.
23 Frowein, Übernationale Menschenrechtsgewährleistungen und nationale Staatsgewalt, in: Hdb. d. Staatsrechts, Bd. VII, 731 (747).
24 FAZ v. 11. 1. 1999, Zahl der Langzeitarbeitslosen steigt.
25 Külp (Fn. 10), Sp. 278.
26 Häberle, 169.
27 Häberle, 873.
28 Z. B. Stern, Bd. III/2, 1492.
29 Hugo Bütler, Von der Euphorie zur Ernüchterung, Neue Züricher Zeitung v. 31. 12. 1998, S. 55; Perraton/Goldblatt/Held/McGrew, Die Globalisierung der Wirtschaft, in: Beck, 134 (160); Streeck, Industrielle Beziehungen in einer internationalen Wirtschaft, in: Beck, 169 (180).
30 McGrew, Demokratie ohne Grenzen?, in: Beck, 374 (379f.).

Tierschutz   Art. 6b

Die Vorschrift wurde durch das Zweite Gesetz zur Änderung der Nieders.   1
Verfassung vom 21. November 1997 mit Wirkung vom 6. Dezember 1997
eingeführt (Nieders. GVBl. S. 480). Den Schutz der Tiere gegen mutwillige
und grausame Mißhandlung gewährte in einem besonderen Tierschutzgesetz
der englischen Gesetzgeber bereits 1822 mit der Martin's Act. Die deutschen
Länder folgten ab 1838 mit strafrechtlichen Vorschriften. Das Reichsstrafge-
setzbuch von 1871 wertete die Tierquälerei nur als Übertretung. Erst das
Reichstierschutzgesetz vom 24. November 1934 ging von dem **Gedanken
des ethischen Tierschutzes** aus und enthielt bereits umfassende Vorschriften[1]. Dieses Gesetz blieb nach 1945 in Kraft. Nur sein strafrechtlicher Teil
war Bundesrecht, der übrige jedoch Landesrecht[2]. Der Grundgesetzgeber
fügte 1971 mit Art. 74 Abs. 1 Nr. 20 GG als Materie der konkurrierenden
Gesetzgebung den Tierschutz ein. Damit schuf er die Grundlage für das
Tierschutzgesetz vom 24. Juli 1972 – BGBl. I, S. 1277. Die Landesverfassungen von Brandenburg, Sachsen und Thüringen haben Bestimmungen über
den Tierschutz[3].

Art. 74 Abs. 1 Nr. 20 GG ist lediglich eine **Kompetenznorm**. Sie gewährt   2
dem Tierschutz nicht den Charakter eines Staatszieles mit Verfassungsrang.
Sie verpflichtet nicht den Bundesgesetzgeber, ein Tierschutzgesetz zu erlassen[4]. In der Rechtsprechung zum Tierschutzgesetz wird der Verfassungsrang
verneint[5].

Die einfachgesetzlichen Regelungen des Tierschutzgesetzes des Bundes ha-   3
ben nicht das rechtliche Gewicht der **Menschengrundrechte**[6].

Die **Sperrwirkung** einer erschöpfenden Regelung der Materie Tierschutz für   4
den Landesgesetzgeber[7] schließt eine Staatszielnorm der Landesverfassung
nicht aus[8]. Der Inhalt des **Staatszieles Tierschutz**[9] kollidiert nicht mit der
ethischen Zielsetzung des Bundestierschutzgesetzes. Die Zuständigkeit des
Bundesgesetzgebers wird nicht geschmälert.[10] Verwaltung und Rechtsprechung des Landes haben zusätzlich das Bundesrecht zu beachten[11].

---

1 Erbel, Rechtsschutz für Tiere ..., DVBl., 1986, 1235 (1245).
2 Erbel (Fn. 1), 1246.
3 Art. 39 Abs. 3 Brandenburgische Verf., Art. 10 Abs. 1 Satz 1 Sächs. Verf., Art. 32 Thüringische
  Verf.
4 Pestalozza, in: v. Mangoldt/Klein, RdNr. 1462f. zu Art. 74; Maunz, in: Maunz/Dürig/Herzog,
  RdNr. 231 zu Art. 74; Kunig, in: v. Münch/Kunig, RdNr. 101 zu Art. 74; Rengeling, Gesetzgebungszuständigkeit, in: Hdb. d. Staatsrechts, Bd. IV, 723 (819); a. A.: Heyde, Der Regelungs-
  spielraum des Gesetzgebers bei vorbehaltlos gewährten Grundrechten, FS Zeidler, Bd. II, 1429
  (1441 f.).
5 Hess. VGH, B. v. 29. 12. 1993, DVBl., 1994, 651; Pestalozza (Fn. 4), RdNr. 2619 zu Art. 74
  Abs. 1 Nr. 20.
6 Erbel (Fn. 1), 1248f.; BVerfGE 48, 376 (399); Stern, Bd. III/2, 587.
7 Kunig (Fn. 4), RdNr. 12 zu Art. 72.
8 Pestalozza (Fn. 4), RdNr. 1465 zu Art. 74 Abs. 1 Nr. 20 zu den genannten Artikeln der Landesverfassungen von Brandenburg und Sachsen.
9 Gesetzentwurf der CDU-Fraktion vom 30. 6. 1997, LT Drucksache 13/3071.
10 BVerfGE 36, 342 (368); Pietzker, Zuständigkeitsordnung und Kollisionsrecht im Bundesstaat,
   in: Hdb. d. Staatsrechts, Bd. IV, 693 (711).
11 BVerfGE, Fn. 10.

ZWEITER ABSCHNITT

Der Landtag

Artikel 7
Aufgaben des Landtages

Der Landtag ist die gewählte Vertretung des Volkes. Seine Aufgaben sind es insbesondere, die gesetzgebende Gewalt auszuüben, über den Landeshaushalt zu beschließen, die Ministerpräsidentin oder den Ministerpräsidenten zu wählen, an der Regierungsbildung mitzuwirken und die vollziehende Gewalt nach Maßgabe dieser Verfassung zu überwachen.

Übersicht

	RdNr.
Homogenitätsgebot und Parlamentswahl	1
Die „gewählte Vertretung des Volkes"	2
Der Status des Landtages	3
„Seine Aufgaben sind es insbesondere"	4
„die gesetzgebende Gewalt auszuüben"	5
„über den Landeshaushalt zu beschließen"	6
„die Ministerpräsidentin oder den Ministerpräsidenten zu wählen"	7
„an der Regierungsbildung mitzuwirken"	8
Parlamentarische Kontrolle „nach Maßgabe dieser Verfassung"	9
Ein oberstes Organ der politischen Willensbildung	10

1 Die fundamentale Bedeutung der **Parlamentswahl** für den demokratischen Staat erklärt das **Homogenitätsgebot des Grundgesetzes** in Art. 28 Abs. 1 Satz 2. Der Grundgesetzgeber greift damit in die Souveränität des Gliedstaates Niedersachsen auf dem wichtigen Gebiet der Organisation des Parlaments ein[1]. Dabei gebietet er, daß das Landesvolk eine Vertretung haben muß, die aus allgemeiner, unmittelbarer, freier, gleicher und geheimer Wahl hervorgeht. Das Wahlrecht der Länder wird weitgehend von der Rechtsprechung des Bundesverfassungsgerichts geprägt, das nach Maßgabe des Grundgesetzes auch über die Entscheidungen der Wahlprüfungsgerichte der Länder befindet. Dem Landesgesetzgeber verbleibt in diesem Rahmen nur die Auswahl des Wahlsystems.

2 Das **Landesvolk**, in Art. 7 Satz 1 NV „Volk" genannt, ist das Legitimationssubjekt des Landes. Es sind dies die auf dem Gebiet des Landes Niedersachsen lebenden Deutschen im Sinne des Art. 116 Abs. 1 GG[2]. Das sind die deutschen Staatsangehörigen und die ihnen nach Art. 116 Abs. 1 GG gleichgestellten Personen[3]. Sie tragen die Staatsgewalt des Landes[4]. Aufgrund der Legitimation durch Wahlen ist „**der Landtag die gewählte Vertretung des**

---

[1] BVerfGE 90, 60 (64 f.); 99, 1 (7 f.); Meyer, Demokratische Wahl und Wahlsystem, in: Hdb. d. Staatsrechts, Bd. II, 249 (255).
[2] BVerfGE 83, 37 (53); 83, 60 (71).
[3] BVerfGE 83, 37.
[4] BVerfGE 83, 37 (53).

Volkes". Er ist der **Legitimationsspender** für die weitere Organisation des Landes. Er vermittelt sie vom Staatsbürger her und gibt sie an die Organe der Exekutive und der rechtsprechenden Gewalt weiter[5]. Aus der Tatsache, daß die Mitglieder des Landtages unmittelbar vom Volk gewählt werden, folgt aber nicht, daß andere Organe, Institutionen und Funktionen der demokratischen Legitimation entbehren[6]. Auch führt diese Kompetenz nicht zu einem Entscheidungsmonopol des Landtages[7], zu einer Organsouveränität[8].

Der Landtag ist keine Behörde, da er als einer der obersten Verfassungsorgane nicht ausschließlich verwaltet. Dagegen hat der Präsident des Landestages, soweit er nach Art. 18 Abs. 2 und 3 NV verwaltet, Behördencharakter. Der Landtag ist keine juristische Person des öffentlichen Rechts und besitzt keine eigene Rechtsfähigkeit im Sinne des bürgerlichen Rechts. Im Rechtsverkehr ist er ein oberstes Organ des Landes Niedersachsen[9]. Er ist **unmittelbares Repräsentationsorgan des Landesvolkes**[10]. Seine Abgeordneten bilden insgesamt die „**Vertretung des Volkes**".

3

Die Aufzählung der Hauptfunktionen mit den Worten „**seine Aufgaben sind insbesondere**" soll die Landesverfassung besser lesbar machen[11]. Sie werden nicht vollständig erwähnt („insbesondere"). Zu den Hauptfunktionen eines Parlaments rechnet man:
- Wahl- und Kreationsfunktion für andere Staatsorgane,
- Kontrolle der Exekutive,
- Gesetzgebung,
- Haushaltsfunktion sowie die
- Öffentlichkeitsfunktion[12].

4

Der Verfassungsgeber hat diese Aufgaben weitgehend übernommen. Einen ähnlichen Katalog haben die Landesverfassungen von Sachsen, Schleswig-Holstein und Thüringen[13].

Der Landtag „**übt die gesetzgebende Gewalt aus**", soweit sie nicht der Volksgesetzgeber durch Volksentscheid in Anspruch nimmt (Art. 42 Abs. 1 NV). Beide Gesetzgeber sind grundsätzlich gleichrangig[14]. Lediglich die in Art. 48 Abs. 1 Satz 2 NV abschließend aufgeführten Sachgebiete sind dem plebiszitären Gesetzgeber verschlossen. Auf welchen Sachgebieten der Landesgesetzgeber noch Landesgesetze erlassen darf, bestimmt das Grundgesetz

5

---

5 Böckenförde, Demokratie als Verfassungsprinzip, in: Hdb. d. Staatsrechts, Bd. I, 887 (896).
6 BVerfGE 49, 89 (125).
7 BVerfGE, Fn. 6; 68, 1 (109).
8 Klein, Aufgaben des Bundestages, in: Hdb. d. Staatsrechts, Bd. II, 341 (343).
9 Maunz, in: Maunz/Dürig/Herzog, RdNr. 7 zu Art. 38; Hübner, in: v. Mutius/Wuttke/Hübner, RdNr. 3 zu Art. 10; Neumann, RdNr. 3 zu Art. 75 Bremische Verfassung.
10 BVerfGE 80, 188 (217).
11 Schriftlicher Bericht, 10.
12 Stern, Bd. II, 47; Meinhard Schröder, 205 f.; Hans-Peter Schneider, Das parlamentarische System, in: Hdb. d. Verfassungsrechts, Bd. I, 239 (261 f.); derselbe, in: AK-GG, RdNr. 9 f. zu Art. 38; Klein (Fn. 8), 349 f.; BVerfGE 80, 188 (218).
13 Art. 29 Abs. 2, Art. 10 Abs. 1 und Art. 48 Abs. 2.
14 RdNr. 12 zu Art. 47, RdNr. 21 zu Art. 48 und RdNr. 18 zu Art. 49 NV.

(Art. 70 Abs. 1 GG). Die bereits in der Vorauflage[15] beschriebene Schwindsucht der Gesetzgebungszuständigkeiten hat sich in den letzten zehn Jahren nicht verringert. Die schleichende Auszehrung wird jetzt besonders durch das **Unionsrecht** verursacht. Der Bundesverfassungsgeber hat mit den Artikeln 72 und 80 Abs. 4 GG den Landesparlamenten seit dem 15. November 1994[16] ein Trostpflaster gegeben.

Nachfolgende Artikel der Landesverfassung behandeln das Gesetzgebungsverfahren des Landtages:
- Art. 25 Abs. 2 NV Zustimmung zu Staatsverträgen,
- Art. 41 Gesetzesvorbehalt,
- Art. 42 Abs. 1 Zuständigkeit des Landtages,
- Art. 42 Abs. 3 Klausur der Initianten der parlamentarischen Gesetzgebung,
- Art. 43 Verordnungen,
- Art. 47 Adressat für Volksinitiativen,
- Art. 49 Abs. 1 Kompetenz bei plebiszitären Gesetzentwürfen,
- Art. 65 Abs. 4 Haushaltsgesetze,
- Art. 71 Satz 1 Kreditaufnahme durch Gesetz.

Die Exekutive wird bei dieser Gesetzgebung beteiligt:
- Art. 42 Abs. 2 Aussetzungsrecht der Landesregierung gegen Gesetzesbeschlüsse,
- Art. 45 Abs. 1 Satz 1 Prüfungsrecht des Ministerpräsidenten bei der Verkündung von Landesgesetzen,
- Art. 54 Nr. 1 und 3 Befugnis der Landesregierung zur Einleitung von Verfahren zur Prüfung der Gesetzgebung und des Gesetzgebungsverfahrens,
- Art. 65 Initiativmonopol der Landesregierung bei Haushaltsgesetzen[17] sowie
- Art. 93 Abs. 2 Nr. 2 des Grundgesetzes: Einleitungsbefugnis zur abstrakten Normenkontrolle der Landesregierung beim Bundesverfassungsgericht, wenn Zweifel an der Vereinbarkeit eines Landesgesetzes mit dem Grundgesetz oder Bundesrecht bestehen[18].

6 Die Kompetenz „**über den Landeshaushalt zu beschließen**", die Haushaltshoheit, konkretisieren nachfolgende Artikel:
- Art. 65 Landeshaushalt,
- Art. 67 Abs. 1 Satz 2 Nachtragshaushaltsgesetz,
- Art. 68 Deckungsgebot,
- Art. 69 Satz 2 Entlastung der Landesregierung und
- Art. 71 Grenzen der Kreditaufnahme.

7 „**Die Ministerpräsidentin oder den Ministerpräsidenten zu wählen**" regeln die Artikel:

---

15 RdNr. 3 zu Art. 3 VNV.
16 Gesetz zur Änderung des Grundgesetzes v. 27. 10. 1994 – BGBl. I, 3146; Kunig, in: v. Münch, 3. Aufl., RdNr. 4 zu Art. 72; Bryde, in: v. Münch, 3. Aufl., RdNr. 34 zu Art. 80; Pestalozza, in: v. Mangoldt/Klein, RdNr. 201 zu Art. 72
17 RdNr. 16 zu Art. 65 NV.
18 Rinken, in: AK-GG, RdNr. 25 zu Art. 93.

Aufgaben des Landtages   Art. 7

- Art. 29 Abs. 1 Wahl des Kabinettschefs,
- Art. 30 Abs. 2 Neue Wahl nach Ablehnung einer Landtagsauflösung und
- Art. 32 Positives Mißtrauensvotum mit Wahl des Nachfolgers.

Der Landtag „wirkt an der Regierungsbildung mit" durch die Bestätigung 8
der Landesregierung zur Amtsübernahme (Art. 29 Abs. 3 NV) und durch
Zustimmung zur Berufung oder Entlassung eines Landesministers (Art. 29
Abs. 4 NV).

„Die vollziehende Gewalt nach Maßgabe dieser Verfassung zu überwa- 9
chen" wird mit nachfolgenden Artikeln erreicht oder versucht:
- Art. 23 Abs. 1 Zitierungsrecht gegenüber Mitgliedern der Landesregierung,
- Art. 24 Abs. 1 Auskunftspflicht der Landesregierung,
- Art. 24 Abs. 2 Aktenvorlagepflicht der Landesregierung,
- Art. 24 Abs. 2 Inspektionsrecht bei Einrichtungen in der Hand des Landes,
- Art. 25 Abs. 1 spontane Informationspflicht der Landesregierung,
- Art. 26 Petitionsinformationsrechte[19],
- Art. 27 Untersuchungsausschüsse zur Aufklärung von Sachverhalten,
- Art. 34 Abs. 2 Satz 3 Informationspflicht der Landesregierung,
- Art. 40 Anklage von Regierungsmitgliedern,
- Art. 62 Abs. 1 Satz 3 Berichtspflicht des Landesbeauftragten für den Datenschutz,
- Art. 63 Zustimmungsbedürftigkeit für Veräußerung oder Belastung von Landesvermögen,
- Art. 69 Rechnungslegung und Entlastung.

Der Verfassungsgeber lehnte es ab, den Landtag als „oberstes Organ der po- 10
litischen Willensbildung" ausdrücklich zu bezeichnen. Nach der zutreffenden Ansicht des Gesetzgebungs- und Beratungsdienstes des Landtages hätte
dies den irrigen Eindruck erwecken können, daß der Landtag gleichsam omnipotent sei und anderen Staatsorganen des Landes unbeschränkt Weisungen erteilen könne[20]. Lediglich die Landesverfassungen von Schleswig-Holstein und Thüringen enthalten eine solche Formel[21]. Die Vorschrift wurde in
Kiel in die Landesverfassung eingefügt, um dem Landtage den Rang zu geben, den die Landesregierung bereits nach der alten „Landessatzung" gehabt
habe. Sie sollte nur klarstellen, daß der Landtag der Landesregierung gleichrangig sei[22]. Da der Landtag **weder eine Organsouveränität** besitzt[23] noch
die Landesverfassung eine Rangordnung der obersten Landesorgane mit
dem Landtage an der Spitze kennt, hätte es anders formuliert werden können. Der Landtag ist auch ohne diese Klausel eines der beiden obersten Organe der politischen Willensbildung.

---

19 RdNr. 8 zu Art. 26 NV.
20 Schriftlicher Bericht, 10.
21 Art. 10 Abs. 1 Satz 1 Schlesw.-Holst. Verf. und Art. 48 Abs. 1 Thür. Verf.
22 Hübner (Fn. 9), RdNr. 2 zu Art. 10.
23 Siehe oben RdNr. 2.

Artikel 8
Wahl des Landtages

(1) Die Mitglieder des Landtages werden in allgemeiner, unmittelbarer, freier, gleicher und geheimer Wahl gewählt.

(2) Wahlberechtigt und wählbar sind alle Deutschen, die das 18. Lebensjahr vollendet und im Land Niedersachsen ihren Wohnsitz haben.

(3) Wahlvorschläge, für die weniger als fünf vom Hundert der Stimmen abgegeben werden, erhalten keine Mandate.

(4) Mitglieder des Bundestages, der Bundesregierung, des Europäischen Parlaments sowie der Volksvertretungen und Regierungen anderer Länder dürfen dem Landtag nicht angehören.

(5) Das Nähere bestimmt ein Gesetz. Dieses kann insbesondere die Wahlberechtigung und die Wählbarkeit von einer bestimmten Dauer des Wohnsitzes abhängig machen.

Übersicht

	RdNr.
Die Parallelvorschriften	1
Die Geltung der Wahlrechtsgrundsätze	2
Das Homogenitätsgebot	3
Die Allgemeinheit der Wahl	4
Die Unmittelbarkeit	5
Parteimitgliedschaft des nachrückenden Bewerbers	6
Die Wahlfreiheit	7
Die Wahlgleichheit	8
Der Grundsatz der geheimen Wahl	9
„alle Deutschen"	10
Der „Wohnsitz" im Lande Niedersachsen	11
Aktives und passives Wahlrecht, grundrechtsgleiche Rechte	12
Die Aufstellung der Kandidaten	13
Die Größe des Wahlkreises	14
Die Sperrklausel „fünf vom Hundert"	15
Landes- und bundesrechtliche Unvereinbarkeiten beim Mandat	16
Gesetzgebungskompetenz bei Beschränkung des passiven Wahlrechts	17
Doppelmandate Bundestag/Landtag	18
„Mitglieder des Bundesregierung"	19
Minister-Abgeordnete	20
Keine Landeskompetenz für Kirchenämter	21
„Das Nähere"	22

1 **Parallelvorschriften** zu den Wahlgrundsätzen (Art. 8 Abs. 1 NV) stehen im Grundgesetz (Art. 28 Abs. 1 Satz 2, Art. 38 Abs. 1 Satz 1) und in den Verfassungen der anderen Bundesländer. Vorschriften zum Wahlalter haben das Grundgesetz (Art. 38 Abs. 2) und einige Landesverfassungen. Sperrklauseln (Art. 8 Abs. 3 NV) haben die Landesverfassungen von Baden-Württemberg, Bayern, Hessen, Rheinland-Pfalz und Thüringen. Innerhalb der Landesverfassung wird der Artikel durch die Wahl- und Mandatsprüfung (Art. 11 NV),

die **Unvereinbarkeit** des Amtes eines **Mitgliedes des Staatsgerichtshofes** mit der Mitgliedschaft im Landtage (Art. 55 Abs. 3 NV) und die Möglichkeit, die Wählbarkeit von Angehörigen des öffentlichen Dienstes durch Landesgesetz einzuschränken (Art. 61 NV), ergänzt.

Bezüglich der **Entwicklung der Wahlrechtsgrundsätze** wird auf das Schrifttum verwiesen[1]. Die Wahlrechtsgrundsätze gelten umfassend für alle Stationen einer Wahl, auch für die parteiinterne Aufstellung der Kandidaten[2]. Als Sätze des objektiven Verfassungsrechts binden sie Gesetzgebung, Verwaltung, Rechtsprechung, Wahlberechtigte, Wahlbewerber und politische Parteien[3]. Der Grundsatz der Gleichheit ist auch bei der Annahme und Ausübung des Mandates bedeutsam[4]. 2

Die fundamentale Bedeutung der Parlamentswahl für den demokratischen Staat erklärt das **Homogenitätsgebot des Grundgesetzes** in Art. 28 Abs. 1 Satz 1 und 2. Das Landesvolk muß in Niedersachsen eine Vertretung haben, die aus allgemeinen, unmittelbaren, freien, gleichen und geheimen Wahlen hervorgeht. Der Grundgesetzgeber greift damit in die Kompetenz des Gliedstaates auf dem wichtigen Gebiet der Organisation des Parlaments ein[5]. Das Wahlrecht der Länder wird weitgehend von der Rechtsprechung des Bundesverfassungsgerichts geprägt. Das Bundesverfassungsgericht lehnt Verfassungsbeschwerden gegen Entscheidungen der Wahlprüfungsgerichte der Länder nach Art. 93 Abs. 1 Nr. 4a GG ab[6]. Dem Landesgesetzgeber verbleibt in diesem Rahmen nur die Feinarbeit und die Auswahl der Wahlsysteme. 3

Der Grundsatz der **Allgemeinheit der Wahl** untersagt den unberechtigten Ausschluß von Wahlberechtigten von der Teilnahme an einer Landtagswahl. Er verbietet dem einfachen Gesetzgeber, bestimmte Bevölkerungsgruppen aus politischen, wirtschaftlichen oder sozialen Gründen auszuschließen. Er fordert, daß grundsätzlich jeder sein Wahlrecht in möglichst gleicher Weise ausüben kann[7]. Unzulässig sind z. B. Anknüpfungen an Vermögen, Einkommen und Bildungsstufen[8]. Das Prinzip gilt auch für das passive Wahlrecht und das Wahlvorschlagsrecht[9]. Beim aktiven Wahlrecht kann der Grundsatz begrenzt werden, sofern dafür ein zwingender Grund besteht. Als Gründe sind anerkannt worden: Fehlender Wohnsitz im Wahlgebiet, fehlendes Mindestalter, Entmündigung, vorläufige Vormundschaft, Pflegschaft wegen gei- 4

---

1 Badura, in: Bonner Kommentar, RdNr. 37f. zu Art. 38; Brunner, 183f.; Hattenhauer, 49f.; Jesse, Wahlen, in: Staatslexikon, Bd. V, Sp. 829; Kaisenberg, Art. 125, Wahlfreiheit und Wahlgeheimnis, in: Nipperdey, Hdb. II, 161f.; Frh. v. Eppstein/Bornhak, 305f. zum allgemeinen Wahlrecht.
2 Schiffer, Wahlrecht, in: Hdb. d. Verfassungsrechts, Bd. I, 295 (296); Westerath, Wahlrecht, in: Ev. Staatslexikon, Bd. II, Sp. 3930 (3932).
3 Badura (Fn. 1), RdNr. 21 Anh. zu Art. 38.
4 BVerfGE 93, 173 (377); 40, 296 (317).
5 Hans Meyer, Demokratische Wahl und Wahlsystem, in: Hdb. d. Staatsrechts, Bd. II, 249 (255); BVerfGE 99, 1 (7f.).
6 BVerfGE 99, 1 (8) unter Aufgabe der bisherigen Rspr.
7 BVerfGE, 58, 202 (205).
8 Stern, Bd. I, 304.
9 Meyer (Fn. 5), 274f.; BVerfGE 71, 81 (94).

stiger Gebrechen, Verlust des Wahlrechts durch Richterspruch und fehlende Staatsangehörigkeit[10].

5 Der **Grundsatz der Unmittelbarkeit** verlangt, daß die Abgeordneten direkt ohne eine Einschaltung von Wahlmännern gewählt werden. Er schließt jedes Wahlverfahren aus, bei dem zwischen Wählern und Wahlbewerbern nach der Wahlhandlung eine Instanz eingeschaltet ist, die nach ihrem Ermessen entscheidet und damit dem einzelnen Wähler die Möglichkeit nimmt, die zukünftigen Abgeordneten durch die Stimmabgabe selbst zu bestimmen[11]. Daß der Gewählte durch die Nichtannahme der Wahl oder einen späteren Rücktritt die Zusammensetzung des Landtages beeinflussen kann, liegt in der Natur der Sache und verletzt nicht den Grundsatz der Unmittelbarkeit der Wahl[12].

6 Umstritten ist die Verfassungsmäßigkeit einer Wahlvorschrift, die einen nachrückenden **Bewerber von der Anwartschaft ausschließt**, wenn er aus seiner **Partei ausgeschlossen** worden oder **ausgeschieden** ist[13]. Wegen der verschiedenen Ansichten wird auf das Schrifttum verwiesen[14]. Das Bundesverfassungsgericht bejaht den Verlust der Anwartschaft bei einem Verlust der „Parteizugehörigkeit"[15]. Es unterscheidet nicht bei den Verlustgründen.

7 Eine **Wahl ist frei,** wenn jeder Wähler ohne Zwang oder sonstigen unzulässigen Einfluß von außen wählen kann. Er soll vor Einflüssen geschützt werden, die geeignet sind, seine Freiheit der Entscheidung „ernstlich zu beeinträchtigen". Hierzu gehört der unzulässige Druck anderer Bürger oder gesellschaftlicher Gruppen. Die Unzulässigkeit wird im Strafgesetzbuch (§ 108) verfassungsgemäß näher umschrieben. Auch kommen der Mißbrauch einer beruflichen oder wirtschaftlichen Abhängigkeit oder ein wirtschaftlicher Druck in Betracht[16]. Der Grundsatz gilt für alle Stufen des Wahlverfahrens[17]. Religionsgemeinschaften, Verbände der Arbeitgeber und Arbeitnehmer haben jedoch durch die Meinungs-, Presse- und Vereinigungsfreiheit das Recht, die Meinungsbildung zu beeinflussen[18].

8 Der **Grundsatz der gleichen Wahl** unterscheidet sich von dem allgemeinen Gleichheitssatz durch seinen strenger formalisierten Charakter. Jedermann soll sein aktives und passives Wahlrecht in formal möglichst gleicher Weise ausüben können. Differenzierungen bedürfen eines zwingenden Grundes[19].

---

10 BVerfGE 83, 60 (71); 36, 137 (141); Stern, Fn. 8; Achterberg/Schulte, in: v. Mangoldt/Klein, RdNr. 120 zu Art. 38 Abs. 1; Hans-Peter Schneider, in: AK-GG, RdNr. 43 zu Art. 38; v. Münch, in: v. Münch/Kunig, RdNr. 9, 10, 13 zu Art. 38.
11 BVerfG, U. v. 10. 4. 1997 – 2 BvF 1/95, DVBl., 1997, 767 (768); BVerfGE 47, 253 (279); BVerfGE 7, 63 (68).
12 BVerfGE 47, 253 (281).
13 § 38 Abs. 3 Nieders. Landeswahlgesetz = § 48 Abs. 1 Satz 2 Bundeswahlgesetz.
14 Übersicht bei v. Münch (Fn. 10), RdNr. 28 zu Art. 38.
15 BVerfGE 7, 63 (72); Badura (Fn. 1), RdNr. 18 zu Anh. zu Art. 38.
16 BVerfGE 73, 40 (85); 66, 369 (380).
17 Achterberg/Schulte (Fn. 10), RdNr. 124 zu Art. 38 Abs. 1; David, RdNr. 52 zu Art. 6.
18 H. Meyer, Wahlgrundsätze und Wahlverfahren, in: Hdb. d Staatsrechts, Bd. II, 269 (279).
19 BVerfGE 93, 373 (376f.); 85, 148 (157); 82, 322 (337).

Eine Differenzierung des Zählwertes und grundsätzlich auch – bei der Verhältniswahl – des Erfolgswertes der Wählerstimmen sind ausgeschlossen[20].

Der **Grundsatz der geheimen Wahl** bedeutet, daß jeder Wähler seine Stimme abgeben kann, ohne anderen Wählern oder Dritten die Möglichkeit der Beobachtung zu bieten. Der Grundsatz gilt für alle Stationen der Wahl, prinzipiell auch für die Wahlvorbereitung[21]. Wahlgeräte dürfen keinen Rückschluß auf die Stimmangabe ermöglichen. Eine Beweisaufnahme über die Stimmabgabe ist unzulässig[22]. Bei der Wahl darf der Wähler nicht auf die Geheimhaltung verzichten[23]. Die Briefwahl ist verfassungsrechtlich nicht zu beanstanden[24]. 9

Das Wahlrecht zur Landtagswahl steht nur den **Deutschen im Sinne des Art. 116 GG** zu[25]. Gibt der Bürger seine Stimme ab, so handelt er „als Glied des Staatsorgans Volk im status aktivus"[26]. Die am 15. November 1994 in Kraft getretene neue Fassung des Art. 28 Abs. 1 Satz 2 GG sieht nur für Kommunalwahlen das aktive und passive Wahlrecht für Staatsangehörige eines Mitgliedsstaates der Europäischen Union vor. 10

Der Begriff des **Wohnsitzes** ist an sich ein Rechtsbegriff des bürgerlichen Rechts. Der Landesgesetzgeber kann diesen Begriff übernehmen, aber auch einen eigenständigen öffentlich-rechtlichen Wohnsitzbegriff schaffen. So z. B. dort, wo der Wähler den Schwerpunkt seiner politischen Arbeit oder seines Berufes hat[27]. Bei der Dauer des Wohnsitzes hat der Gesetzgeber einen Spielraum. 11

Das aktive Wahlrecht ist ein Bürgerrecht auf Teilnahme an der Wahl[28]. Aktives und passives Wahlrecht sind **grundrechtsgleiche Rechte**[29]. 12

Die **politischen Parteien** haben bei der **Aufstellung ihrer Kandidaten** einen Kernbestand von Verfahrensgrundsätzen einzuhalten. Wird dies versäumt, so muß der Wahlvorschlag zurückgewiesen werden. Verstöße gegen ihr **Satzungsrecht** sind dagegen wahlrechtlich bedeutungslos[30]. Zu den Mitgliederversammlungen, bei denen Wahlkandidaten aufgestellt oder Delegierte zu entsprechenden Vertreterversammlungen gewählt werden, müssen alle im Wahlkreis gemeldeten Parteimitglieder geladen werden, auch wenn sie ei- 13

---

20 BVerfGE 82, 322 (337); BVerfG, U. v. 10. 4. 1997 – 2 BvC 3/96, DVBl., 1997, 784.
21 BVerfGE 12, 33 (35).
22 v. Münch (Fn. 10), RdNr. 55 zu Art. 38; Schneider (Fn. 10), RdNr. 51 zu Art. 38; David, RdNr. 7 zu Art. 6.
23 Schiffer (Fn. 2), 303; v. Münch (Fn. 10), RdNr. 57 zu Art. 38; David, RdNr. 68 zu Art. 6; Achterberg/Schulte (Fn. 10), RdNr. 154 zu Art. 38; Schneider, Fn. 22; Meyer (Fn. 18), 277; Neumann, RdNr. 11 zu Art. 75 Bremische Verfassung.
24 BVerfGE 59, 119 (125).
25 BVerfGE 83, 60 (71).
26 So BVerfG, Fn. 25.
27 StGH Bremen, E. v. 28. 2. 1994 – St 2/93, DVBl., 1994, 633; Erich Röper, Wahlrechtsbezogenes Melderecht, ZParl., 1995, 13.
28 BVerfGE 89, 243 (251).
29 Stern, Bd. III/1, 359; BVerfGE 85, 148 (157); 34, 81 (94); RrdNr. 21 zu Art. 3 NV und RdNr. 5 zu Art. 11 NV; Neumann, RdNr. 7 zu Art. 75 Bremische Verfassung.
30 BVerfGE 89, 243 (251).

Art. 8   Zweiter Abschnitt Der Landtag

nem anderen Orts- oder Kreisverband angehören[31]. Es liegt im Interesse der Parteien, hierfür die erforderlichen organisatorischen Voraussetzungen zu schaffen.

14   Ein **Wahlkreis** muß nach einem Beschluß des Bundesverfassungsgerichts von 1963 „... ein abgerundetes zusammengehöriges Ganzes bilden, ...". Seine Grenzen sollen sich möglichst mit den Verwaltungsgrenzen decken. Wahlkreise mit gleicher Bevölkerungszahl zu schaffen, läßt sich nur unvollkommen verwirklichen. Die Grenze der Abweichung von der durchschnittlichen Bevölkerungszahl der Wahlkreise „auf $33\frac{1}{3}$ v. H. von unten und von oben" ist zulässig[32]. Diese Grenze hat das Bundesverfassungsgericht in seinem o. a. Urteil vom 10. April 1997 (Fn 20) zum **Bundes**wahlgesetz modifiziert. Seiner Ansicht genüge diese Abweichungsgrenze nicht mehr. Wegen der Problematik der Wahlkreisgrößen in Niedersachsen wird auf **Jörn Ipsen** und **Thorsten Koch** in den Niedersächsischen Verwaltungsblättern von Dezember 1996 verwiesen.

15   Anders als Art. 4 Abs. 3 Satz 2 VNV bestimmt Art. 8 Abs. 3 NV ein **Mindestquorum** der Stimmen. Das ist grundsätzlich nicht zu beanstanden[33]. Dem Verfassungsgeber obliegt jedoch eine Nachbesserungspflicht, wenn sich die für die Landtagswahl wesentlichen Umstände geändert haben. Dabei steht es ihm dann frei, die **Sperrklausel** aufzuheben, ihre Höhe zu verringern oder eine andere geeignete Maßnahme zu ergreifen, die sich mit dem Wahlwettbewerb der Parteien neutral verhält[34]. Sperrklauseln dürften sich daher für den Rang des Verfassungsrechtes kaum eignen.

16   Art. 8 Abs. 4 NV enthält **Unvereinbarkeiten** mit Ämtern außerhalb des Landes. Das Bundesrecht regelt Unvereinbarkeiten von Ämtern mit dem Amte eines Landtagsabgeordneten z. B.:
- Bundespräsident (Art. 55 Abs. 1 GG),
- Wehrbeauftragter (§ 14 Abs. 3 Wehrbeauftragtengesetz),
- Bundes- oder Landesrichter (§ 4 Deutsches Richtergesetz),
- Berufssoldat und Soldat auf Zeit (§ 25 Abs. 2 Soldatengesetz),
- Richter am Bundesverfassungsgericht (Art. 94 Abs. 1 Satz 3 GG),
- Wählbarkeit von Angehörigen des öffentlichen Dienstes im Lande und in den Gemeinden (Art. 137 Abs. 1 GG)[35] und
- Bundesbeamte (§ 89a BBG).

Landesrechtliche Unvereinbarkeitsvorschriften bestehen für nachfolgende Ämter und Tätigkeiten:
- Mitglieder des Staatsgerichtshofes (Art. 55 Abs. 3 NV i. V. m. § 2 Abs. 3 Staatsgerichtshofsgesetz),
- Richter, Berufssoldaten und Soldaten auf Zeit,

---
31 BVerfGE 89, 243 (256).
32 BVerfGE 16, 130 (141); zur Lage in Niedersachsen: Jörn Ipsen u. Th. Koch, Wahlkreisgröße und Wahlkreisgleichheit, NdsVBl., 1996, 269f.
33 BVerfGE 82, 322 (338); 51, 222 (237); BVerfG, U. v. 10. 4. 1997 – 2 BvC 3/96, DVBl., 1997, 784.
34 BVerfGE 82, 322 (339).
35 Vgl. RdNr. 3 zu Art. 61 NV.

- Angestellte der juristischen Personen des öffentlichen Rechts, ausgenommen Religionsgemeinschaften,
- Angestellte von Kapitalgesellschaften, Vereinen, Verbänden und Stiftungen, wenn zu mehr als 50 v. H. juristische Personen des öffentlichen Rechts (ausgenommen Religionsgemeinschaften), Kapitalträger oder Mitglieder sind, das Stiftungsvermögen bereitgestellt haben oder die Aufwendungen tragen (§ 5 Abgeordnetengesetz).

Wegen der Entwicklung der Unvereinbarkeiten in Niedersachsen wird auf **Bernd Rebe,** Landtag und Gesetzgebung, sowie **Gerhard Dronsch,** Die Landesregierung, in: Korte/Rebe, Verfassung und Verwaltung des Landes Niedersachsen, verwiesen (140, 198 f. sowie 246, 260 f.).

Grundsätzlich ist der Landesgesetzgeber für sein Landtagswahlrecht zuständig. Das gilt jedoch nicht für eine Beschränkung des **passiven Wahlrechts,** das ein grundrechtsgleiches Recht ist[36]. Eine grundgesetzliche Kompetenzzuweisung für den Landesgesetzgeber besteht für Art. 61 NV[37]. Soweit im Einzelfalle die Zuständigkeit des Landesgesetzgebers zu bejahen ist, kommt als Eingriff allein eine **Inkompatibilitätsnorm** in Betracht. Hierunter versteht man die Unvereinbarkeit zweier Funktionen in der Weise, daß der Funktionsinhaber selbst entscheidet, welche von ihnen er aufgibt[38]. Das grundrechtliche Homogenitätsgebot des gleichen passiven Wahlrechts kann nur der Bundesgesetzgeber durchbrechen[39]. Ungeschriebene Inkompatibilitäten haben hier keinen Raum[40]. 17

Art. 8 Abs. 4 NV will ein **parlamentarisches Doppelmandat** Bundestag/Landtag ausschließen. Grundsätzlich ist es dem **Bundes**gesetzgeber unbenommen, Doppelmandate durch eine Inkompatibilitätsnorm auszuschließen[41]. Das Bundesverfassungsgericht geht in seinem Urteil vom 16. März 1955 davon aus, daß eine solche Doppelmitgliedschaft zulässig sei[42]. Eine Unvereinbarkeit ist im Schrifttum umstritten[43]. Allein aus zeitlichen Gründen können beide Ämter nicht wahrgenommen werden. Entsprechendes gilt für das Doppelmandat Europäisches Parlament/Landtag[44]. In der Verfassungspraxis soll das Doppelmandat Bundestag/Landtag nur noch kurzfristig vorkommen[45]. Da die Funktionsfähigkeit des Landtages höchsten Verfas- 18

---

36 Siehe oben RdNr. 12 sowie RdNr. 3 zu Art. 61 NV.
37 RdNr. 3 zu Art. 61 NV.
38 BVerfGE 58, 175 (192); 57, 43 (67); 48, 64 (88); Rebe, Landtag und Gesetzgebung, in: Korte/Rebe, 141 (199); Schenke, Rechtsprechung zum Landesstaatsorganisationsrecht, in: Starck/Stern, Bd. III, 1 (89).
39 Stober, in: Bonner Kommentar, RdNr. 168 zu Art. 137 Abs. 1; Maunz, in:Maunz/Dürig/Herzog, RdNr. 9 zu Art. 137; BVerfGE 58, 175 (190); 48, 64 (82).
40 BVerfGE 48, 64 (82).
41 BVerfGE 42, 312 (327).
42 BVerfGE 4, 144.
43 Tsatsos, Unvereinbarkeiten zwischen Bundestagsmandat und anderen Funktionen, in: Schneider/Zeh, 701 (723); Achterberg, 235; Klein, Status des Abgeordneten, in: Hdb. d. Staatsrechts, Bd. II, 367 (381); Rupp-v. Brünneck/Konow, in: Zinn/Stein, RdNr. 24c zu Art. 75.
44 Tsatsos (Fn. 43), 724; Klein, Fn. 43.
45 Tsatsos, Fn. 43.

Art. 8 — Zweiter Abschnitt Der Landtag

sungsrang hat, ist die Unvereinbarkeit mit anderen Parlamentsämtern geboten.

19 Die gleichzeitige **Mitgliedschaft im Landtag und in der Bundesregierung** ist bedenklich, weil Bundesregierung und Bundesrat „gegengerichtete" Staatsorgane sind[46]. Aus der Grundsatzentscheidung für den Bundesstaat kann sie aber nicht abgeleitet werden[47]. Auch hier rechtfertigt allein schon der Gesichtspunkt der doppelten Arbeitslast eine Inkompatibilität[48].

20 Bei der Verfassungsgebung wurde die Unvereinbarkeit der Mitgliedschaft mit der in der Landesregierung gefordert[49]. Sie ist in den Verfassungen der Länder Bremen[50] und Hamburg[51] enthalten. Man will mit dieser Regelung die Arbeitsfähigkeit kleiner Fraktionen verbessern, da die **Minister-Abgeordneten** für die Arbeit in den Parlamentsausschüssen und in den Fraktionen ausfallen[52]. Die Einrichtung des Minister-Abgeordneten ist zulässig. Im Schrifttum wird die Zulässigkeit dieser Ämterhäufung fast ausnahmslos bejaht[53]. Die Verfassungspraxis des Bundes und der Länder erfordert aber eine Unvereinbarkeit der Funktionen insoweit, als sie für die Parlamentsarbeit wesentlich sind: Mitglied im Präsidium des Parlaments, Fraktionsvorsitz, Vorsitz und Mitgliedschaft in einem parlamentarischen Ausschuß, Alterspräsident[54].

21 **Kirchen-, Religions- und Weltanschauungsgemeinschaften** können die gleichzeitige Wahrnehmung ihrer Ämter mit einem Abgeordnetenmandat mit Wirkung für das Land ausschließen[55]. Das Land ist durch Art. 140 GG gehindert, sie in ihrer Freiheit stärker zu beschränken, als es nach Bundesverfassungsrecht zulässig ist[56].

22 Die dem Landesgesetzgeber übertragene Aufgabe, „**das Nähere**" zu bestimmen (Art. 8 Abs. 5 Satz 1 NV), erschöpft sich nicht in der Regelung technischer Einzelheiten. Sie fordert allein schon bei der Auswahl der Wahlsysteme Entscheidungen von großer Tragweite. Der Landesgesetzgeber hat hierbei einen weiten Spielraum. Dabei kann nicht jeder Wahlgrundsatz in dogmatischer Reinheit verwirklicht werden. Der Gesetzgeber entscheidet, ob und wieweit er von Wahlgrundsätzen im Interesse der staatspolitischen Ziele abweicht. Der Staatsgerichtshof kann nur prüfen, ob er sich in den Grenzen des ihm vom Grundgesetz und der Landesverfassung eingeräumten Spielraumes gehalten hat. Dabei ist es nicht seine Aufgabe festzustellen, ob der

---

46 Rupp-v. Brünneck/Konow (Fn. 43), RdNr. 24f. zu Art. 75.
47 Achterberg/Schulte (Fn. 10), RdNr. 77 zu Art. 38 Abs. 1; Achterberg, 229.
48 Achterberg, 237.
49 Antrag der FDP-Fraktion, Schriftlicher Bericht, 11.
50 Art. 108 Abs. 1 Bremische Verfassung.
51 Art. 38a Abs. 1 Hamburgische Verfassung.
52 Neumann, RdNr. 2 zu Art. 108 Bremische Verfassung.
53 Schneider (Fn. 10), RdNr. 20 zu Art. 38; Stern, Bd. I, 1055; Weis, 34; Braun, RdNr. 5 zu Art. 53; Liesegang, in: v. Münch, 2. Aufl., RdNr. 5 zu Art. 66; Meder, RdNr. 2 zu Art. 57; Achterberg, 236; Feuchte, in: Feuchte, RdNr. 36 zu Art. 25; Rebe (Fn. 38), 261.
54 Schulze-Fielitz, 70; H. Meyer, Die Stellung der Parlamente in der Verfassungsordnung des Grundgesetzes, in: Schneider/Zeh, 117 (129).
55 BVerfGE 42, 312 (336).
56 Fn. 55.

Landesgesetzgeber innerhalb seines Ermessensbereiches eine zweckmäßige oder rechtspolitisch erwünschte Lösung gefunden hat[57]. **Normzweck eines Wahlgesetzes** ist es:
- Die Zusammensetzung des Landtages muß die wesentlichen politischen Strömungen des Landesvolkes berücksichtigen,
- die Wahl muß eine autonome und rationale Entscheidung des Wählers ermöglichen und
- der Landtag muß für die Regierungsbildung und die Gesetzgebung funktionstüchtig sein[58].

Artikel 9
Wahlperiode

(1) Der Landtag wird auf fünf Jahre gewählt. Seine Wahlperiode beginnt mit seinem Zusammentritt und endet mit dem Zusammentritt des nächsten Landtages.

(2) Der nächste Landtag ist frühestens 56, spätestens 59 Monate nach Beginn der Wahlperiode zu wählen, im Fall der Auflösung des Landtages binnen zwei Monaten.

(3) Der Landtag tritt spätestens am 30. Tag nach seiner Wahl zusammen.

Übersicht

	RdNr.
Die Legitimation als Repräsentationsorgan	1
Das Homogenitätsgebot	2
Die Verlängerung der Wahlperiode	3
Die Organkontinuität des Landtages	4
Die fünfjährige Wahlperiode	5
Der Begriff der „Wahlperiode"	6
Der „Zusammentritt" des Landtages	7
Die Ladung zur konstituierenden Sitzung	8
Die Konstituierung	9
Die Bestimmung des Wahltages	10
Die flexible Länge der Wahlperiode	11
Die Überschreitung der Zeitspannen	12
Die „Auflösung des Landtages"	13
Die Dreißig-Tage-Frist (Art. 9 Abs. 3 NV)	14
Die Wahlperiode im Verteidigungsfall	15
Die Rechtswege	16

Der Artikel konkretisiert das **Fundamentalprinzip der periodischen Wahlen** 1 in Art. 2 Abs. 1 NV. Es gehört zu den grundlegenden Prinzipien des freiheitlich demokratischen Rechtsstaates, daß der Landtag in regelmäßigen, im

---

[57] BVerfGE 59, 119 (124).
[58] BVerfGE 95, 335 (369).

Art. 9 Zweiter Abschnitt Der Landtag

voraus bestimmten Abständen durch Wahlen abgelöst und neu legitimiert wird[1]. Eine solche Wahl stellt sicher, daß die Abgeordneten dem **Landesvolk** verantwortlich bleiben[2]. Durch diese Wahlen erhält der Landtag seine Legitimation als **Repräsentationsorgan** des Landesvolkes. Sie bezieht sich auf alle Aufgaben, die das Grundgesetz und die Landesverfassung dem Landtage zuweisen[3].

2   Das **Homogenitätsgebot des Grundgesetzes** (Art. 28 Abs. 1 GG) gebietet diese Periodizität der Parlamentswahl. Der Grundgesetzgeber greift damit in die Souveränität der Gliedstaaten auf dem wichtigen Gebiet der Organisation der Parlamente ein[4].

3   Der Landesverfassungsgeber kann **nur die künftige,** nicht die laufende **Wahlperiode verlängern**[5]. Hiervon ist der Landtag bei der Verlängerung seiner Wahlperiode als Verfassungsgeber in seiner Übergangsvorschrift des Art. 76 NV ausgegangen[6].

4   Der „**Landtag**" als Verfassungsorgan wird nicht „**gewählt**", sondern seine Abgeordneten. Der Landtag als eines der obersten Verfassungsorgane besteht ständig aufgrund seiner **Organidentität** und **Organkontinuität**. Seine Identität wird nicht durch eine Wahl berührt[7]. Seine Rechte und Pflichten, seine Funktionen und Kompetenzen gegenüber anderen Verfassungsorganen und Dritten bleiben bestehen[8].

5   Die „**fünf Jahre**" der Wahlperiode sind nach Art. 9 Abs. 2 NV **variabel**. Im Gegensatz zur alten Regelung in Art. 6 Abs. 1 Satz 1 VNV hat diese flexible Wahlperiode zur Folge, daß zwischen den Wahlperioden nicht mehr ein Interimsausschuß erforderlich ist. Der Verfassungsgeber übernahm damit eine Lösung, die der Grundgesetzgeber schon 1976 eingeführt hatte[9]. Eine Wahlperiode von fünf Jahren haben die Landesverfassungen von Brandenburg, Baden-Württemberg, Rheinland-Pfalz, Nordrhein-Westfalen, Saarland, Sachsen und Thüringen. Eine solche Länge der Wahlperiode hat auch eine deutsche Tradition[10].

6   „**Wahlperiode**" ist die Zeitspanne, für die der Landtag in seiner vom Landesvolk bestimmten parteipolitischen Zusammensetzung zur Wahrnehmung seiner Funktionen durch eine Wahl berufen worden ist[11]. Der Begriff „**Legislaturperiode**" wird oft dafür verwandt. Er ist jedoch zu eng, da die Kom-

---

1 BVerfGE 18, 151 (154); 44, 125 (139); 62, 1 (44); 77, 1 (40).
2 BVerfGE 44, 125 (139); 77, 1 (40).
3 BVerfGE 77, 1 (40).
4 Meyer, Demokratische Wahl und Wahlgesetz, in: Hdb. d. Staatsrechts, Bd. II, 249 (255).
5 Achterberg/Schulte, in: v. Mangoldt/Klein, RdNr. 4 zu Art. 39; BVerfGE 1, 14 (33); 18, 151 (154); 62, 1 (32); Braun, RdNr. 6 zu Art. 30.
6 Schriftlicher Bericht, 12.
7 BVerfGE 4, 144 (152); Steiger, 57; Kretschmer, in: Bonner Kommentar, RdNr. 10 zu Art. 39; Versteyl, in: v. Münch/Kunig, RdNr. 4 zu Art. 39; Maunz, in: Maunz/Dürig/Herzog, RdNr. 16 zu Art. 39; Schneider, in: AK-GG, RdNr. 9 zu Art. 39; Stern, Bd. II, 68.
8 Schneider (Fn. 7), RdNr. 9 zu Art. 39.
9 Schriftlicher Bericht, 12.
10 Stern, Bd. I, 609; Zeh, Zur Diskussion der Reform von Dauer und Beendigung der Wahlperiode, ZParl., 1976, 353; Jekewitz, Herrschaft auf Zeit ..., ZParl, 1976, 373.
11 Kretschmer (Fn. 7), RdNr. 4 zu Art. 39.

Wahlperiode Art. 9

petenzen sich nicht nur auf die Gesetzgebung beschränken. Siehe Art. 7 NV."

Daß die „**Wahlperiode beginnt**" mit dem „**Zusammentritt**", ist der Formel des Art. 39 Abs. 1 Satz 2 GG entlehnt worden[12]. Bei der grundgesetzlichen Vorschrift ist umstritten, ob dies der Tagesanbruch 0 Uhr am Tage des Zusammentritts oder die Eröffnungserklärung durch den **Alterspräsidenten** sei[13]. Der „Zusammentritt" ist wortwörtlich zu nehmen. Bis zu der Eröffnung der Sitzung durch den Alterspräsidenten kann der alte **Landtagspräsident** noch Gesetze ausfertigen (Art. 45 Abs. 1 Satz 1 NV) und der **Ältestenrat** als Notstandsgesetzgeber Notverordnungen zustimmen (Art. 44 Abs. 2 NV).

Die **Ladung zur konstituierenden Sitzung** verfügt der „Päsident des bisherigen Landtages" nach Art. 21 Abs. 3 NV. Ein Quorum von einem Viertel der Abgeordneten oder die Landesregierung können eine frühere Einberufung nach Art. 21 Abs. 3 Satz 2 i. V. m. Abs. 2 Satz 2 NV erzwingen. Hierzu Art. 21 NV.

Zusammentritt und **Konstituierung** decken sich nicht zeitlich. Der Landtag hat sich konstituiert, wenn wenigstens eine vorläufige Geschäftsordnung beschlossen und der Landtagspräsident, seine Vizepräsidenten und die Schriftführer gewählt worden sind[14]. Hiervon geht die Parlamentspraxis in Hannover aus. Zweckmäßig ist es, die Konstituierung durch den amtierenden Präsidenten ausdrücklich festzustellen, wie in der Sitzung am 23. Juni 1994 geschehen. Dem Landtag bleibt es aufgrund seiner Geschäftsordnungsautonomie unbenommen, eine Konstituierung von der Wahl aller gesetzlichen Ausschüsse abhängig zu machen.

Die **Landesregierung bestimmt den Wahltag** nach dem Nieders. Landeswahlgesetz[15]. Diese Befugnis ist der Landesverfassung nicht unmittelbar zu entnehmen. Art. 9 Abs. 2 NV setzt dies als staatsorganisatorischen Akt mit Verfassungsfunktion voraus[16]. Bei der Bestimmung des Wahltages ist zu berücksichtigen, daß die Ausübung der Wahl an einigen jüdischen Feiertagen für jüdische Mitbürger eine ihnen nicht zumutbare innere Belastung darstellen kann[17]. Ein einmal festgesetzter Wahltag kann bei außergewöhnlichen, nicht vorhersehbaren Umständen von der Landesregierung verlegt werden[18].

Die Zeitspanne für eine Neuwahl ist weitgehend wortwörtlich Art. 39 Abs. 1 Satz 3 und 4 GG entnommen und die Zahl der Monate der fünfjährigen Wahlperiode angepaßt worden. Damit kann es keine „landtagslose" Zeit zwischen den Wahlperioden mehr geben, sodaß immer ein legitimierter Landtag

---
12 „Seine Wahlperiode endet mit dem Zusammentritt eines neuen Bundestages."
13 Für den Zeitpunkt der Eröffnungserklärung: Kretschmer (Fn. 7), RdNr. 17 zu Art. 39; Schneider (Fn. 7), RdNr. 12 zu Art. 39; Achterberg/Schulte (Fn. 5), RdNr. 1 zu Art. 39; David, RdNr. 8 zu Art. 10; a. A.: Versteyl, Beginn und Ende der Wahlperiode, in: Schneider/Zeh, 467 (473).
14 Trossmann, 10.
15 § 9 Nieders. Landeswahlgesetz.
16 BVerfGE 61, 1 (31).
17 BVerfGE 35, 366 (376).
18 VerfGH Rheinland-Pfalz, E. v. 29. 11. 1983, DVBl., 1984, 676 (678).

vorhanden ist[19]. Die genaue Zeitspanne ergibt sich aus dem Zusammenspiel der Zeitspannen des 2. und 3. Absatzes[20]. Die Landesregierung mit der Bestimmung des Wahltages und der Landtagspräsident mit der Anberaumung der konstituierenden Sitzung bestimmen somit die **flexible Länge der Wahlperiode.**

12 Wird der Wahltermin vor dem 56. Monat nach Beginn der Wahlperiode, also zu früh angesetzt, so soll die Wahl ungültig sein. Wird ein Termin nach dem 59. Monat bestimmt, so sei dies zwar eine Verletzung der Verfassung, jedoch bleibt die Wahl gültig, andernfalls kein neuer Landtag zustandekommen könnte[21]. Ein Wahlperiode darf außerhalb der von der Landesverfassung selbst bestimmten Grenzen weder verlängert noch verkürzt werden[22].

13 Die Neuwahl innerhalb von „**zwei Monaten**" nach der Auflösung des Landtages (Art. 9 Abs. 2 – letzter Halbsatz NV) kommt bei einer Auflösung nach Art. 10 NV und nach Art. 30 Abs. 1 NV in Betracht[23].

14 Die „**30-Tage-Frist**" des 3. Absatzes entspricht Art. 6 Abs. 3 VNV. Der Präsident des bisherigen Landtages (Art. 21 Abs. 2 NV) ist an sie gebunden. Er kann jedoch erst dann die Ladung verfügen, wenn das endgültige Ergebnis der Landtagswahl feststeht[24].

15 Im **Verteidigungsfalle** verlängert sich die Wahlperiode nach Art. 115h Abs. 1 GG. Sie endet dann erst sechs Monate nach der Verkündung des Endes des letzten Verteidigungsfalles[25].

16 Die Bestimmung des Wahltermins kann im **Wahlprüfungsverfahren** und im **Organstreitverfahren** angefochten werden[26]. Für die Bestimmung der konstituierenden Sitzung des Plenums kommt nur ein Organstreitverfahren in Betracht.

Artikel 10
Auflösung des Landtages

(1) Der Landtag kann seine Auflösung beschließen. Der Beschluß ist unwiderruflich.

(2) Der Antrag auf Auflösung kann nur von mindestens einem Drittel der Mitglieder des Landtages gestellt werden. Zu dem Beschluß ist die Zustimmung von zwei Dritteln der anwesenden Mitglieder, mindestens jedoch die Zustimmung der Mehrheit der Mitglieder des Landtages erforderlich.

---

19 Schriftlicher Bericht, 12.
20 David, RdNr. 6 zu Art. 10.
21 Maunz (Fn. 7), RdNr. 39 zu Art. 39; Schneider (Fn. 7), RdNr. 17 zu Art. 39.
22 BVerfGE 62, 1 (32).
23 Vorauflage, RdNr. 4 zu Art. 6 VNV.
24 Versteyl (Fn. 7), RdNr. 33 zu Art. 39; Kretschmer (Fn. 7), RdNr. 20 zu Art. 39.
25 Versteyl (Fn. 7), RdNr. 3 zu Art. 115h; Rauschning, in: Bonner Kommentar, RdNr. 15 zu Art. 115h.
26 Stern, Bd. II, 70, dort Fn. 136; VerfGH Rheinland-Pfalz, Fn. 18; Kretschmer (Fn. 7), RdNr. 19 zu Art. 39.

(3) Über den Antrag auf Auflösung kann frühestens am elften und muß spätestens am 30. Tag nach Schluß der Besprechung abgestimmt werden.

Übersicht

	RdNr.
Kein „Tabula-rasa-Effekt"	1
Der Grundgedanke der Selbstauflösung	2
Ein ermessensfreier Auflösungsbeschluß	3
Keine Antragsfrist	4
Die Unwiderruflichkeit	5
Die „Mitglieder des Landtages" und die „anwesenden Mitglieder"	6
Die zwingende „Besprechung"	7
Volle Funktionsfähigkeit nach einem Auflösungsbeschluß	8
Kein Einfluß auf die Landesregierung	9
Parlamentsauflösung im Verteidigungsfalle	10

Die Verfassung regelt den Normalfall der Selbstauflösung des Landtages in Art. 10 NV und den der Krise bei einer Regierungsbildung in Art. 30 Abs. 1 NV. Die Auflösung in Art. 10 Abs. 1 NV ist nicht mit einem **„Tabula-rasa-Effekt"** verbunden. Der Landtag bleibt nach Art. 9 Abs. 1 NV bestehen bis zum „Zusammentritt des nächsten Landtages". Art. 10 Abs. 1 Satz 1 NV ist somit zu lesen: „Der Landtag kann das vorzeitige Ende der Wahlperiode beschließen." Die Formel der Wahlperiode, die „vorzeitig beendet werden kann", gibt es in den Landesverfassungen von Bremen[1], Mecklenburg-Vorpommern[2], Sachsen-Anhalt[3] und Schleswig-Holstein[4]. 1

Die Selbstauflösung geht von dem Gedanken aus, daß in einer Demokratie nur das Parlament darüber befindet, ob es notwendig sei, den Wähler vorzeitig an die Urne zu rufen[5]. Der Landtag bewältigte am 21. April 1970 eine Pattsituation durch Selbstauflösung[6]. 2

Der Beschluß der Auflösung setzt keine besonderen materiellen Kriterien voraus[7]. Es liegt im freien politischen Ermessen, ob ein Auflösungsbeschluß gefaßt wird. 3

Im Gegensatz zur Parallelvorschrift der Landesverfassung von Sachsen-Anhalt (Art. 60 Abs. 2) kann der **Antrag nicht nach einer Frist,** sondern sofort am ersten Tage der Wahlperiode gestellt werden[8]. Ein so frühes Ende der Wahlperiode kann z. B. bei schwerwiegenden Mängeln des Wahlverfahrens 4

---

1 Art. 76.
2 Art. 27.
3 Art. 43.
4 Art. 13.
5 Zeh, Bundestagsauflösung und Neuwahlen, Der Staat, 1983, 163.
6 Otto Groschupf, Die Entwicklung der Verfassung und Verwaltung in Niedersachsen von 1956 bis 1979, JöR, 1979, 381 (387); Rebe, Landtag und Gesetzgebung, in: Koch/Rebe, 141 (243); Toews, Die Regierungskrise in Niedersachsen (1969/70), AöR, 1971, 354; Weis, 143; Busse, 182.
7 David, RdNr. 3 zu Art. 11; Dickersbach, in: Geller/Kleinrahm, RdNr. 6 zu Art. 35; Giese/Volkmann, RdNr. 2 zu Art. 14; Bernzen/Sohnke, RdNr. 2 zu Art. 11; Rupp-v.Brünneck/Konow, in: Zinn/Stein, RdNr. 1 zu Art. 80; Neumann, RdNr. 4 zu Art. 76 Bremische Verfassung; Gottschalck, 29; Linck, in: Linck/Jutzi/Hopfe, RdNr. 14 zu Art. 50.
8 Giese/Volkmann, RdNr. 1 zu Art. 14; Neumann, RdNr. 3 zu Art. 76 Bremische Verfassung.

zweckmäßig sein. Der Antrag ist unzulässig, wenn das Verfahren der Selbstauflösung wegen des Ablaufs der regulären Wahlperiode sich nicht mehr auswirken kann[9]. Eine bedingte Selbstauflösung ist unzulässig[10].

5 „Der Beschluß ist **unwiderruflich**" bedeutet, daß das Plenum ihn nicht mehr aufheben kann. Fehlten die Voraussetzungen für eine Beschlußfassung, so kann der Staatsgerichtshof im Organstreitverfahren (Art. 54 Nr. 1 NV) dies feststellen.

6 Das Quorum für den Antrag von „**einem Drittel der Mitglieder des Landtages**" richtet sich nach dem Sollbestand (Art. 74 NV). Dasselbe gilt für die „**Mehrheit der Mitglieder des Landtages**". Bei den „**anwesenden Mitgliedern**" ist maßgebend die Zahl der Abgeordneten im Sitzungssaal, nicht ihre Beteiligung an der Abstimmung[11].

7 Der Abstimmung muß eine „Beratung in einer öffentlichen Verhandlung" (Art. 22 Abs. 1 Satz 1 NV) vorausgehen, in Art. 10 Abs. 3 NV „**Besprechung**" genannt. Ohne eine solche Beratung beginnt die Frist zur Abstimmung nicht zu laufen[12] und eine Abstimmung ist unzulässig. Die Geschäftsordnung berücksichtigt dies[13].

8 In der Zeit von der Verkündung des Auflösungsbeschlusses bis zum Zusammentritt des neuen Landtages bleiben das Plenum und seine Ausschüsse **voll handlungsfähig**[14]. Es können, wie geschehen, neue Gesetze beschlossen und verkündet werden[15]. Die Mehrheitsfraktionen können einen neuen Ministerpräsidenten wählen[16]. Die Vorschrift gewährt die volle, uneingeschränkte Funktionsfähigkeit des Landtages.

9 Die **Landesregierung** wird durch den Auflösungsbeschluß keine geschäftsführende Regierung, solange nicht eine der Voraussetzungen des Art. 33 Abs. 2–4 vorliegt[17]. Sie bleibt mit vollen Rechten im Amt.

10 Der Ausschluß der Parlamentsauflösung während des **Verteidigungsfalles** gilt nach Art. 115 h **Abs. 3** GG nur für den Bundestag[18]. Ist der Landtag aufgelöst worden, ohne daß vor dem Eintritt des Verteidigungsfalles Wahlen stattgefunden haben, so dauert die Wahlperiode fort[19].

---

9 Dickersbach (Fn. 7), RdNr. 6 zu Art. 35.
10 Schweiger, in: Nawiasky III, RdNr. 3 zu Art. 18.
11 Trossmann, 319; Vorauflage, RdNr. 6 zu Art. 9 VNV.
12 Reich, RdNr. 4 zu Art. 60.
13 § 44 Abs. 2 GO Landtag.
14 Vorauflage, RdNr. 4 zu Art. 7.
15 Groschupf, Fn. 6.
16 Busse, 197.
17 Maunz, in: Maunz/Dürig/Herzog, RdNr. 30 zu Art. 39.
18 Rauschning, in: Bonner Kommentar, RdNr. 16 zu Art. 115 h GG.
19 Robbers, in: Sachs, RdNr. 4 zu Art. 115 h; siehe RdNr. 16 zu Art. 11 NV.

Artikel 11
Beginn und Ende des Mandats, Wahlprüfung

(1) Die Mitgliedschaft im Landtag beginnt mit der Annahme der Wahl, jedoch nicht vor Beginn der Wahlperiode.

(2) Der Landtag prüft auf Antrag die Gültigkeit der Wahl. Er entscheidet auch, ob ein Mitglied des Landtages sein Mandat verloren hat, wenn der Verlust nicht schon aus einem Richterspruch folgt.

(3) Das Nähere regelt ein Gesetz. Es kann Entscheidungen nach Absatz 2 einem Ausschuß oder der Präsidentin oder dem Präsidenten des Landtages übertragen.

(4) Die Entscheidungen nach den Absätzen 2 und 3 können beim Staatsgerichtshof angefochten werden.

Übersicht

RdNr.

I. Die Wahlprüfung

Die Entwicklung der Wahlprüfung	1
Die „Wahlperiode"	2
Die „Annahme der Wahl"	3
Das Anwartschaftsrecht in der Interimsphase	4
Die Kompetenz des Landesgesetzgebers	5
Das Bundesverfassungsgericht zur Wahlprüfung	6
„Der Landtag"	7
Die „Gültigkeit der Wahl"	8
Der Wahlprüfungsausschuß	9
Der Prüfungsgegenstand	10
Der Maßstab der Prüfung	11
Keine Normenkontrolle des Landtages	12
Rechtsakte bleiben gültig	13
Die Funktionsfähigkeit des Landtages bei ungültiger Wahl	14
Erledigung nach dem Ablauf der Wahlperiode	15
Wahlprüfung im Verteidigungsfall	16

II. Die Feststellung des Mandatsverlustes

Der Mandatsverlust durch „Richterspruch"	17
Das „Mitglied des Landtages"	18
Der Verlust des Mandates	19
Das Verfahren	20
Kein Einfluß auf die gesetzliche Mitgliederzahl	21
Die Anfechtung beim Staatsgerichtshof	22

Die „**Wahlprüfung**" war in den deutschen Verfassungen des 19. Jahrhunderts eine Aufgabe des Parlaments. Die Parlamente prüften die Legitimation ihrer Mitglieder und entschieden verbindlich darüber. Wegen der Mängel der Rechtsprechung der Parlamente wurde bereits 1879 in England die Wahlprüfung aus der Parlamentsgerichtsbarkeit herausgenommen und dem Richter 1 anvertraut[1]. Das Herzogtum Braunschweig hatte eine Art Popularklage für die Wahlprüfung seines Parlaments und daneben noch die Anfechtungsklage zum Verwaltungsgerichtshof in Braunschweig wegen einer versagten oder unrichtigen Eintragung in die Wählerliste[2]. **Georg Jellinek**[3] und **Max v. Seydel**[4] wandten sich bereits im 19. Jahrhundert gegen die Zuständigkeit der Parlamente, da die Wahlprüfung ihrem Wesen nach eine richterliche Aufgabe sei. Die Verfassung des Reichslandes Elsaß-Lothringen von 1911 bestimmte das Oberlandesgericht Colmar zum Wahlprüfungsgericht für die Wahl der Landesversammlung[5]. Die Weimarer Reichsverfassung schrieb ein besonderes Wahlprüfungsgericht beim Reichstag vor, dem neben Abgeordneten Mitglieder des Reichsgerichts angehörten[6]. Hierbei ging der Verfassungsgeber davon aus, daß die Wahlprüfung eine richterliche Aufgabe sei, aber Berufsrichter nicht die einschlägigen praktischen Kenntnisse des Parteilebens und der Wahltechnik hätten[7]. Als Prüfungsmaßstab war bereits die Mandatsrelevanz anerkannt worden[8]. Eine entsprechende Lösung mit Mitgliedern des Oberverwaltungsgerichts hatte Preußen[9]. Dieses Wahlprüfungsgericht wurde als ein besonderes Verfassungsgericht bewertet.[10] Nach dem Kriege sahen die ersten Landesverfassungen besondere Wahlprüfungsverfahren vor, die eine Wahlprüfung im Parlament und die Möglichkeit des Rechtsweges zum Landesverfassungsgericht hatten. Der Grundgesetzgeber folgt mit Art. 41 GG dieser Aufteilung[11]. Der Verfassungsgeber der Vorläufigen Nieders. Verfassung übernahm mit Art. 5 VNV im wesentlichen den Inhalt der grundgesetzlichen Norm. Der Verfassungsgeber von 1993 wählte den alten Text und fügte zusätzlich die Möglichkeit der Delegation nach Art. 11 Abs. 3 Satz 2 NV ein[12].

2   Art. 11 Abs. 1 NV übernimmt den Inhalt des Art. 4 Abs. 1 Satz 2 VNV. Er schränkt den Statusbeginn auf den **„Beginn der Wahlperiode"** ein. Damit paßte er die Bestimmung dem Beginn der Wahlperiode in Art. 9 Abs. 1 Satz 2 NV an[13]. Zum **„Beginn der Wahlperiode"** siehe RdNr. 7 zu Art. 9 NV. § 45 Satz 1 Bundeswahlgesetz war hier Vorbild[14].

3   „Angenommen" ist die Wahl, wenn der Bewerber die Annahme schriftlich erklärt hat, mit Zugang seines Schreibens beim Landeswahlleiter; wenn er bis zum Ablauf der ihm gesetzten Frist keine formgerechte Erklärung abge-

---

1 Rechenberg, in: Bonner Kommentar, RdNr. 5 zu Art. 41; Ruszoly, Zur Institutionsgeschichte der parlamentarischen Wahlprüfung in Europa, Der Staat, 1982, 203 (213).
2 Rhamm, 162 f.
3 Jellinek, 614.
4 Rhamm, 162.
5 Ruszoly (Fn. 1), 225.
6 Poetzsch-Heffter, RdNr. 6 zu Art. 31.
7 Anschütz, RdNr. 1 zu Art. 31.
8 Gebhard, RdNr. 3 a zu Art. 31.
9 Art. 12 Preußische Verfassung v. 30. 11. 1920 – Preuß. Gesetzessammlung, 543.
10 Giese/Volkmann, RdNr. 2 zu Art. 12; Stier-Sommlo, RdNr. 2 zu Art. 12.
11 Rechenberg (Fn. 1), RdNr. 1 (S. 7) zu Art. 41.
12 Schriftlicher Bericht, 13.
13 Fn. 12.
14 Fn. 12.

geben hat, nach Ablauf dieser Frist kraft gesetzlicher Fiktion[15]. Eine Annahme mit Bedingung gilt als Ablehnung[16]. Diese Regelung ist zulässig[17].

Zwischen der Annahme der Wahl und dem Beginn der Wahlperiode hat der Gewählte nur ein **Mandatsanwartschaftsrecht**. Vermögensrechte können ihm durch Gesetz schon gewährt werden[18]. Nach der Annahme der Wahl aller Gewählten steht der neue noch nicht konstituierte Landtag in der konkreten Zusammensetzung bereits fest[19]. Nach **Ludger-Anselm Versteyl** soll das Recht der **Immunität** bereits in dieser Interimsphase zum Schutz des Parlaments gelten[20]. Eine solche Vorverlegung eines Rechtes mit Drittwirkung bedarf jedoch einer ausdrücklichen gesetzlichen Regelung.

4

Das Sachgebiet **Mitgliedschaftsrecht von Abgeordneten** gehört allein zur Kompetenz des Landesgesetzgebers[21]. Er ist für Parlamentsrecht zuständig[22]. Die Kompetenz des Landes wird durch das **prozessuale Hauptgrundrecht der Gewährleistung des Rechtsweges** (Art. 19 Abs. 4 GG) eingeschränkt[23]. Das Bundesverfassungsgericht gab seine Rechtsprechung zur Verfassungsbeschwerde bei Landtagswahlen auf, da Art. 19 Abs. 4 GG hier keinen subjektiven Rechtsschutz gewähre[24].

5

Das **Bundesverfassungsgericht hat zur Wahlprüfung entschieden:**

6

- Es prüft, ob die Wahlvorschriften richtig angewandt worden sind, das angewandte Wahlgesetz die Grundrechte der aktiv und passiv Wahlberechtigten verletzt und ob es mit dem Grundgesetz im Einklang steht[25].

- Das Wahlprüfungsverfahren ist dazu bestimmt, die ordnungsgemäße, gesetzmäßige Zusammensetzung des Parlaments zu gewährleisten[26].

- Eine Wahlprüfungsbeschwerde hat keinen Erfolg, wenn die behaupteten und festgestellten Wahlfehler keinen Einfluß auf die Mandatsverteilung haben können[27].

- Beim überwiegend objektiven Charakter des Wahlprüfungsverfahrens muß der Schutz subjektiver Rechte Einzelner zurücktreten gegenüber der Notwendigkeit, die Stimmen einer Vielzahl von Bürgern zu einem einheitlichen, wirksamen Wahlentscheid zusammenzufassen[28].

- Entscheidungen und Maßnahmen, die sich unmittelbar auf das Verfahren

---

15 § 35 Satz 3 NLWG.
16 § 35 Satz 4 NLWG.
17 Achterberg/Schulte, in: v. Mangoldt/Klein, RdNr. 85 zu Art. 38; Versteyl, Beginn und Ende der Wahlperiode, Erwerb und Verlust des Mandats, in: Schneider/Zeh, 467 (476).
18 Versteyl (Fn. 17), 480; H.-P. Schneider, in: AK-GG, RdNr. 12 zu Art. 39.
19 Versteyl, Fn. 18.
20 Fn. 18.
21 StGH, Rechtsgutachten v. 13. 12. 1993 – StGH 1/93, Fundstellen s. Art. 54 NV.
22 Maunz, Verfassungshomogenität von Bund und Ländern, Hdb. d. Staatsrechts, Bd. IV, 443 (447).
23 RdNr. 3 zu Art. 53 NV.
24 BVerfGE 99, 1 (8, 19).
25 BVerfGE 34, 81 (95):
26 BVerfGE 89, 291 (304); 85, 148 (159); 59, 119 (123); 48, 271 (280); 37, 84 (89); 22, 277 (281).
27 BVerfGE 48, 271 (280).
28 BVerfGE 34, 81 (97); 28, 214 (219).

- der Wahl beziehen, können nur mit den im Wahlrecht vorgesehenen Rechtsbehelfen in Wahlprüfungsverfahren angefochten werden[29].
- Wahlfehler können von amtlichen Wahlorganen und von Dritten, die gesetzliche Aufgaben bei der Organisation der Wahl erfüllen, begangen werden[30].
- Stellen politische Parteien Kandidaten auf, so müssen sie einen Kernbestand von Verfahrensgrundsätzen beachten. Ihr Satzungsrecht ist dabei wahlrechtlich bedeutungslos[31].
- Der Gesetzgeber kann berücksichtigen, daß die richtige Zusammensetzung in angemessener Frist geklärt werden muß. Er kann für den Einspruch eine fristgemäße, substantiierte Begründung verlangen[32].
- Regelmäßig bedarf es keiner Ermittlungen, wenn der gerügte Wahlmangel sich nicht auf das Wahlergebnis und die Zuteilung von Mandaten ausgewirkt haben kann[33].
- Zweck der Vorschriften über die Stimmenauszählung ist es, ein zutreffendes Wahlergebnis zu gewährleisten. Zuerst kann sich die Prüfung dieser Vorschriften darauf beschränken, ob die gerügten Wahlfehler bei der Auszählung vorgekommen sind. Ist dies der Fall, so ist grundsätzlich in dem Stimmbezirk nachzuzählen, in dem die gerügten Wahlfehler bei der Stimmauszählung vorgekommen sind. Die Nachzählung kann sich aber auf alle Stimmbezirke erstrecken, je geringer der Zählabstand zwischen dem als gewählt festgestellten Bewerber und seinem nächstfolgenden Konkurrenten ist[34].

7 Allein **„der Landtag"**, kein Fachgericht, hat die Kompetenz der Prüfung der Landtagswahl[35]. Durch Gesetz kann diese Kompetenz auf einen Ausschuß oder den Landtagspräsidenten übertragen werden (Art. 11 Abs. 3 Satz 2 NV).

8 Die Prüfung der **„Gültigkeit der Wahl"** geschieht in einem justizförmlichen Verfahren nach dem Gesetz über die Prüfung der Wahl zum Niedersächsischen Landtag-Wahlprüfungsgesetz[36]. Dieses Verfahren ist keine Rechtsprechung eines Gerichts[37].

9 Der **Wahlprüfungsausschuß** ist ein sogenannter **gesetzlicher Ausschuß** zur Vorbereitung der Entscheidung, der nach einem justizförmlichen Verfahren dem Plenum einen schriftlichen Entscheidungsvorschlag vorlegt. Neben den ihm einfachgesetzlich übertragenen Befugnissen auf Rechts- und Amtshilfe ist er berechtigt, Zeugen, Sachverständige und Beteiligte zu vereidigen[38].

---

29 BVerfGE 74, 96 (101).
30 BVerfGE 89, 243.
31 Fn. 30.
32 BVerfGE 85, 148 (159).
33 BVerfGE 85, 148 (160).
34 BVerfGE 85, 148 (161).
35 BVerfGE 66, 232 (234).
36 Vom 6. 3. 1955 i. d. F. v. 1. 6. 1996 – Nieders. GVBl., 342.
37 StGH Bremen, Wahlprüfungsgericht II. Instanz, E. v. 29. 7. 1996 – Leitsatz Nr. 2; Bettermann, Die rechtsprechende Gewalt, in: Hdb. d. Staatsrechts, Bd. III, 715 (778).
38 § 5 Abs. 3 u. 5 Wahlprüfungsgesetz.

Daneben stehen ihm alle Informationsrechte eines Ausschusses nach der Landesverfassung zu. Bei der Wahl seiner Mitglieder ist das **Spiegelbildprinzip** des Art. 20 Abs. 2 NV zu beachten. Die Ausschußmitglieder können wegen Befangenheit von den Verfahrensbeteiligten nach § 5 Abs. 4 Wahlprüfungsgesetz i. V. m. § 54 Abs. 1 VwGO abgelehnt werden[39].

Der **Prüfungsgegenstand** des Wahlprüfungsverfahrens wird durch den „Antrag" (im Wahlprüfungsgesetz „Einspruch" genannt) bestimmt und begrenzt. Eine Substantiierungspflicht des Einspruchsführers[40] ist im Wahlprüfungsgesetz nicht ausdrücklich vorgeschrieben. Sie dient der Beschleunigung des Verfahrens. 10

Der **Prüfungsmaßstab** für den Landtag und seine Organe sind alle in Betracht kommenden Wahlvorschriften des Wahlrechts. Zusätzlich kommen noch Normen des Strafrechts hinzu, die unmittelbar dem Schutz der Wahl dienen[41]. Im übrigen ist das materielle Wahlprüfungsrecht vom Gesetzgeber nicht geregelt und orientiert sich an der Rechtsprechung des Bundesverfassungsgerichts[42]. Das ist für ein Rechtsgebiet von höchster politischer Brisanz ungewöhnlich. Klare Kodifikationen dienen einem schnellen Rechtsschutz. Die Parlamente des Bundes und der Länder könnten sich auf einen Musterentwurf einigen. 11

Bei der Wahlprüfung kann der Landtag nach herrschender Meinung nicht eine **Normenkontrolle** über seine eigenen Wahlgesetze ausüben. Er ist an sein Recht gebunden, bis er es durch Gesetz aufgehoben hat[43]. Er kann aber ein Wahlprüfungsverfahren aussetzen, wenn ⅕ seiner Mitglieder die **abstrakte Normenkontrolle beim Staatsgerichtshof** nach Art. 54 Nr. 3 NV eingeleitet hat[44]. 12

Wird eine Wahl vom Landtag für ungültig erklärt, so sind zugleich die daraus sich ergebenden Folgen festzustellen[45]. Es besteht Übereinstimmung, daß bei einem Beschluß des Landtages über die Ungültigkeit einer Wahl, die bis dahin getroffenen Rechtsakte gültig bleiben[46]. Auch **die Ungültigerklärung der gesamten Wahl macht Entscheidungen,** Beschlüsse und Gesetze **nicht nachträglich ungültig.** 13

---

39 Versteyl (Fn. 24), RdNr. 28 zu Art. 41; Achterberg/Schulte (Fn. 17), RdNr. 24 zu Art. 41.
40 BVerfGE 70, 271 (276); 66, 369 (378).
41 Beispiele bei H.-P. Schneider (Fn. 18), RdNr. 6 zu Art 41; Achterberg/Schulte (Fn. 17), RdNr. 34 zu Art. 41; David, RdNr. 9 zu Art. 9.
42 Stern, Bd. II, 1013; v. Mutius, in: v. Mutius/Wuttke/Hübner, RdNr. 27 zu Art. 3; Rechenberg (Fn. 11), RdNr. 16 zu Art. 41; Achterberg/Schulte (Fn. 17), RdNr. 33 zu Art. 41; Kretschmer, Wahlprüfung, in: Schneider/Zeh, 441 (459); Maunz, in: Maunz/Dürig/Herzog, RdNr. 23 zu Art. 41; Linck, in: Linck/Jutzi/Hopfe, RdNr. 6 zu Art. 49; Koenig, Mandatsrelevanz und Sanktionen im verfassungsgerichtlichen Wahlbeschwerdeverfahren, ZParl, 1994, 241 (252).
43 Meder, RdNr. 1 zu Art. 33; David, RdNr. 28 zu Art. 9; Versteyl (Fn. 24), RdNr. 22 zu Art. 41; Klein, in; Schmidt-Bleibtreu/Klein, RdNr. 6 zu Art. 41; Rechenberg (Fn. 11), RdNr. 18 zu Art. 41 mit einer Übersicht über den Streitstand; Schneider (Fn. 18), RdNr. 7 zu Art. 41; v. Mutius (Fn. 42), RdNr. 3 zu Art. 3; Kretschmer (Fn. 42), 460f.
44 Achterberg/Schulte (Fn. 17), RdNr. 37 zu Art. 41; Versteyl, Fn. 43.
45 § 16 Abs. 1 Wahlprüfungsgesetz.
46 BVerfGE 34, 81 (95); 3, 41 (44); Bräun, RdNr. 20 zu Art. 31; Meder, RdNr. 3 zu Art. 33; David, RdNr. 22, 33 zu Art. 9.

Art. 11

14 Wird die **gesamte Landtagswahl** für **ungültig** erklärt, so bleiben das Parlament und seine Organe bis zur Konstituierung des neuen Landtages voll handlungsfähig. Dies folgt aus dem in Art. 9 Abs. 1 Satz 2 NV konkretisierten **Grundsatz der Kontinuität der Institution**[47].

15 Wahlprüfungsverfahren erledigen sich nach dem **Grundsatz der personellen Diskontinuität** mit dem Ablauf der Wahlperiode[48]. Dieser Grundsatz gilt aber nicht für das Feststellungsverfahren beim Mandatsverlust (Art. 11 Abs. 2 Satz 2 NV).

16 Nach Art. 115h Abs. 1 Satz 1 GG verlängert sich die Wahlperiode des Landtages insoweit, als der Landtag während des gesamten **Verteidigungsfalles** und noch sechs Monate nach dessen Ende im Amt bleibt und sich nicht früher auflösen kann[49]. Normzweck der grundgesetzlichen Vorschrift ist es, einen Wahlkampf zu vermeiden und die Inhaber politischer Ämter im Amt zu lassen[50]. Demgemäß kann in dieser Zeit weder in einem Wahlkreis noch in Niedersachsen neu gewählt werden. Die grundgesetzliche Norm überlagert das Wahlprüfungsrecht des Landes.

17 Art. 11 Abs. 2 Satz 2 NV weist dem Landtag die Kompetenz für die Prüfung des **Mandatsverlustes** zu, soweit dieser „**Verlust nicht schon aus einem Richterspruch folgt**". Richtersprüche im Sinne dieser Norm sind z. B.:
- Entscheidungen eines deutschen Strafgerichts, die in Rechtskraft erwachsen sind[51],
- Entscheidungen des Bundesverfassungsgerichts nach Art. 18 GG über die Verwirkung von Grundrechten[52],
- Feststellung der Verfassungswidrigkeit einer Partei oder einer Teilorganisation einer Partei, der der Abgeordnete angehört, durch das Bundesverfassungsgericht[53],
- Entmündigung durch ein deutsches Gericht[54] und
- Mandatsverlust durch Urteil des Staatsgerichtshofes nach Art. 17 Abs. 3 NV.

18 Art. 11 Abs. 2 Satz 2 NV korrespondiert mit der Wahlfähigkeit des Abgeordneten nach Art. 8 Abs. 2 und 4 NV. Der Verlust der Wahlfähigkeit ist einfachgesetzlich im Nieders. Landeswahlgesetz geregelt. „**Mitglied des Landtages**" im Sinne dieser Norm ist nur der Abgeordnete, der bereits das Mandat, den Status, erworben hat[55].

---

47 RdNr. 4 zu Art. 9 NV.
48 BVerfGE 34, 201 (203); Versteyl (Fn. 24), RdNr. 40 zu Art. 41, Nds. StGH, U. v. 18. 3. 1960 – StGH 1/57, Fundstelle siehe Art. 54 NV.
49 Herzog, in: Maunz/Dürig/Herzog, RdNr. 21, 8 zu Art. 115h; Frank, in: AK-GG, RdNr. 119 zu Art. 115h.
50 Frank, Fn. 49.
51 Beispiele bei Ritzel/Bücker, RdNr. 2 zu § 15.
52 Fn. 51.
53 BVerfGE 2, 1 (76f.).
54 Fn. 51.
55 BVerfGE 2, 300 (304).

Die Prüfung, ob ein Abgeordneter seinen Sitz verloren hat, beschränkt sich 19
somit auf den **nachträglichen Mandatsverlust**[56]. Der Landesgesetzgeber
geht davon aus, daß ein Abgeordneter in der ganzen Wahlperiode bis zum
letzten Tage alle Voraussetzungen der Wählbarkeit erfüllen muß[57]. Im Interesse der Mandatssicherung führen nur genau gesetzlich umrissene Tatbestände zum Mandatsverlust[58].

Das **Verfahren** zur Feststellung eines Mandatsverlustes ist im Wahlprüfungs- 20
gesetz geregelt[59]. Der Beschluß des Landtages, im Falle einer Delegation des
von ihm bestimmtem Organs, hat konstitutionellen Charakter und wirkt ex
nunc[60]. Er bindet die Fachgerichte. Der Abgeordnete behält seine Rechte
und Pflichten bis zur Rechtskraft der Entscheidung. Mit einer Mehrheit von
zwei Dritteln der Abgeordneten kann der Landtag beschließen, daß der Abgeordnete bis zur Rechtskraft der Entscheidung nicht an der Arbeit des
Landtages teilnehmen darf. Der **Staatsgerichtshof** kann auf Antrag des Abgeordneten die Entscheidung des Landtages durch eine **einstweilige Anordnung** aufheben. Falls der Landtag eine solche Arbeitsbeschränkung aber
nicht gefaßt hat, kann der Staatsgerichtshof auf Antrag von mindestens
15 Abgeordneten eine solche Anordnung der Nichtteilnahme an der Arbeit
des Landtages treffen (§ 15 Abs. 2 Wahlprüfungsgesetz). Die Entscheidung
bindet die Fachgerichte.

Der Mandatsverlust ändert nicht die **gesetzliche Mitgliederzahl des Land-** 21
tages im Sinne des Art. 74 NV[61].

Der Abgeordnete kann die Entscheidung über den Verlust seiner Mitglied- 22
schaft **beim Staatsgerichtshof anfechten**[62]. Dabei handelt es sich um einen
Statusprozeß, der, anders als das Wahlprüfungsverfahren, mit Ablauf der
Wahlperiode nicht gegenstandslos wird. Denn das Verfahren dient dem
Rechtsschutz des Abgeordneten[63]. Es schließt sowohl die Organklage
(Art. 54 Nr. 1 NV) als auch sonstige fachgerichtliche Verfahren aus[64].

Artikel 12
Rechtsstellung der Mitglieder des Landtages

Die Mitglieder des Landtages vertreten das ganze Volk. Sie sind an Aufträge und Weisungen nicht gebunden und nur ihrem Gewissen unterworfen.

---

56 Achterberg/Schulte (Fn. 17), RdNr. 47 zu Art. 41; Rebe, Landtag und Gesetzgebung, in: Korte/
   Rebe, 141 (171); BVerfGE 56, 396 (402).
57 BVerfGE 5, 2 (4); Linck (Fn. 17), RdNr. 6 zu Art. 52; David, RdNr. 40 zu Art. 9.
58 StGH, Rechtgutachten, Fn. 21.
59 §§ 18, 19 Wahlprüfungsgesetz.
60 Achterberg/Schulte (Fn. 17), RdNr. 50 zu Art. 41; Schneider (Fn. 18), RdNr. 18 zu Art. 41.
61 Trossmann, 92.
62 § 11 Abs. 4 NV i. V. m. § 14 Wahlprüfungsgesetz und § 22 Abs. 1 Staatsgerichtshofgesetz v.
   1. 7. 1996 – Nieders. GVBl. S. 342.
63 StGH, U. v. 18. 3. 1960 – StGH 1/57, Fundstellen s. Art. 54 NV.
64 Braun, RdNr. 27 zu Art. 31.

Art. 12

Übersicht

	RdNr.
Das vorrechtliche Bild	1
Das Homogenitätsgebot für einen Schlüsselbegriff	2
Der aktuelle Zweck der Norm	3
„Die Mitglieder des Landtages"	4
Die verfassungsrechtliche Repräsentation	5
„nur ihrem Gewissen unterworfen"	6
„an Aufträge und Weisungen nicht gebunden"	7
Schrifttum zur Mandatsfreiheit	8
Ein Maßstab für Pflichten und Rechte des Abgeordneten	9
Das Rotationsurteil des Staatsgerichtshofes	10
Der Rechtsweg für Organbeziehungen der Mandatsfreiheit	11

1 Die Vorschrift übernimmt den Inhalt des Art. 3 Abs. 1 Satz 2 VNV[1]. Das Institut der Mandatsfreiheit entstammt dem englischen Verfassungsrecht des 17. Jahrhunderts[2]. Inhaltlich ähnlich und kürzer wurde das Prinzip des freien Mandats in der Paulskirchenverfassung von 1849 (§ 96), der Bismarckschen Reichsverfassung von 1871 (Art. 29) und in der Weimarer Reichsverfassung (Art. 21) geregelt. Die Vorschrift des § 133 der Neuen Landschaftsordnung für das Herzogtum Braunschweig von 1832 gebot, daß die Abgeordneten keine Instruktionen von anderen anzunehmen und zu beachten haben. Die Tätigkeit des Abgeordneten wurde nicht als privatrechtliches Mandatsverhältnis, sondern als Ausübung eines **öffentlichen Amts** betrachtet[3].

2 Das Institut des **freien Mandats** ist ein nicht aufhebbares Kernstück, ein **Schlüsselbegriff der parlamentarischen Demokratie**[4]. Die mit ihm geschützte Entschließungsfreiheit gehört traditionsgemäß zum Wesen des parlamentarischen Repräsentativsystems[5]. Demgemäß ist der Landesverfassungsgeber durch das **Homogenitätsgebot** (Art. 28 Abs. 1 GG) gebunden[6].

3 Das Bundesverfassungsgericht ist zutreffend der Ansicht, „heute drohe die Gefahr einer Beeinträchtigung der Unabhängigkeit des Abgeordneten nicht mehr vom Staat, sondern eher von der politischen Partei, der er angehöre und vor allem von einflußreichen Gruppen der Gesellschaft"[7]. Demgemäß geht es von dem **Normzweck** der Mandatsfreiheit aus, den „**Parteienstaat** verfassungskräftig abzuwehren"[8]. Abzulehnen ist daher die Ansicht, das freie Mandat sei heute weitgehend zur Fiktion geworden, es sollte lediglich

---

[1] Schriftlicher Bericht, 13.
[2] Stern, Bd. I, 1079; Steffani/Edmund, Burke: Zur Vereinbarkeit von freiem Mandat und Fraktionsdisziplin, ZParl., 1981, 109; Badura, in: Bonner Kommentar, RdNr. 7f. zu Art. 38.
[3] Rhamm, 210.
[4] Stern, Bd. I, 1090.
[5] BVerfGE 4, 144 (150); Meder, RdNr. 2 zu Art. 13.
[6] Hans Peter Schneider, Parlamente, Wahlen und Parteien in der Rechtsprechung der Landesverfassungsgerichte, in: Starck/Stern, Bd. III, 91 (113); Neumann, RdNr. 3 zu Art. 83 Bremische Verfassung.
[7] BVerfGE 40, 296 (313).
[8] BVerfGE 11, 266 (273).

Rechtsstellung der Mitglieder des Landtages   Art. 12

vom parlamentarischen Mandat gesprochen werden[9]. Richtig ist hierbei der Ansatz, daß Abgeordnete, die keinen Beruf erlernt oder langjährig ausgeübt haben, die nur „Berufspolitiker" sind, sich eine eigene Meinung gegenüber Fraktion und Partei kaum „leisten" können. Denn ihre Existenz hängt von der Wiederaufstellung durch ihre Partei ab. Es ist aber gerade die Eigentümlichkeit der Verfassungsnorm, hier feste Grenzen zu setzen und eine ungesunde Entwicklung zu verhindern[10]. Die Bedeutung der Norm ist daher aktuell. Sie steigt mit der Anzahl der „Berufspolitiker", die nur Politik als Beruf erlernt haben.

Nur die **„Mitglieder des Landtages"** sind Inhaber der Mandatsfreiheit. Ersatzleute erhalten die Rechte und Pflichten der Mandatsfreiheit erst mit dem Status des Abgeordneten[11]. Demgemäß konnte der Landesgesetzgeber durch sein Wahlgesetz die Nachfolge für Bewerber auf dem Landeswahlvorschlag ausschließen, die nach der Wahl aus der Partei ausgeschieden oder ausgeschlossen worden sind[12].   4

Der Begriff **„vertreten"** ist nicht bürgerlich-rechtlich aufzufassen. Er bedeutet die **verfassungsrechtliche Repräsentation des niedersächsischen Landesvolkes**[13]. Der Abgeordnete kann daher auch Beschlüsse fassen und Ansichten vertreten, die mit dem wirklichen oder vermuteten Willen seiner Wähler nicht übereinstimmen[14]. Die Repräsentation bezieht sich auf **„das ganze Volk"** Niedersachsens (Art. 12 Satz 1 NV). Sie beschränkt sich nicht auf die Wähler oder die Partei des Abgeordneten[15]. Diese Repräsentation verlangt jedoch vom Abgeordneten, sich ständig nach den Meinungen der Repräsentierten zu erkundigen, ihnen getroffene Entscheidungen zu erläutern und zu verantworten[16]. Ein Abgeordneter, der sich nicht laufend bei den Wählern sehen und sprechen läßt, verfehlt den Kern seines Verfassungsauftrages.   5

Die Formel **„nur ihrem Gewissen unterworfen"** und **„an Aufträge und Weisungen nicht gebunden"** ist dem Artikel 21 WRV entnommen. Schon damals bedeutete sie nach fast einhelliger Ansicht, daß der Abgeordnete in voller Unabhängigkeit gegenüber seiner Partei, Interessengruppen, Gesell-   6

---

9 Hans Peter Schneider, Das parlamentarische System, in: Hdb. d. Verfassungsrechts, Bd. I, 239 (254); ders. in: AK-GG, RdNr. 34 zu Art. 38.
10 Klein, Status des Abgeordneten, in: Hdb. d. Staatsrechts, Bd. II, 367 (371 f.); Geiger, Der Abgeordnete und sein Beruf, ZParl 1978, 522 (525); Rebe, Landtag und Gesetzgebung, in: Korte/Rebe, 141 (175); Jörn Ipsen, 89; Badura (Fn. 2), RdNr. 72 zu Art. 38; ders., Die Stellung des Abgeordneten nach dem Grundgesetz und den Abgeordnetengesetzen in Bund und Ländern, in: Schneider/Zeh, 489 (491 f.); Achterberg/Schulte, in: v. Mangoldt/Klein, RdNr. 38 zu Art. 38 Abs. 1; Steiger, 201; Grimm, Parlament und Parteien, in: Schneider/Zeh 199 (206); ders., Die politischen Parteien, in: Hdb. d. Verfassungsrechts, Bd. I, 317 (354); Stern, Bd. I, 1073; Hesse, Abgeordneter, in: Ev. Staatslexikon, Bd. I, Sp. 11 (14).
11 BVerfGE 7, 63 (73).
12 RdNr. 6 zu Art. 8 NV.
13 Achterberg/Schulte (Fn. 10), RdNr. 39 zu Art. 38; Neumann, RdNr. 5 zu Art. 83 Bremische Verfassung; Maunz, in: Maunz/Dürig/Herzog, RdNr. 2 zu Art. 38.
14 Maunz (Fn. 13), RdNr. 2 zu Art. 38; Demmler, 74.
15 BVerfGE 2, 1 (72); Braun, RdNr. 32 zu Art. 27.
16 Demmler, 74 f.; Kissler, Parlamentsöffentlichkeit, Transparenz und Artikulation, in: Schneider/Zeh, 993 (998).

schaftsklassen und seinen Wählern sein Amt auszuüben hat[17]. An diesem Begriffsinhalt hat sich trotz Art. 21 Abs. 1 Satz 1 GG – „Die Parteien wirken bei der politischen Willensbildung des Volkes mit" – im Grundsatz nichts geändert. Die Klausel **„nur ihrem Gewissen unterworfen"** erfaßt alle Tätigkeiten des parlamentarischen Berufs[18]. Es werden damit nicht nur moralische oder ethische Ausnahmefälle erfaßt[19]. Es ist das politische Gewissen eines Amtsinhabers. Die Bindung an dieses Amtsgewissen enthält an sich die Selbstverständlichkeit eines Gehorsams gegenüber der Verfassung, den Gesetzen und den Entscheidungen der Gerichte[20]. Auch wenn weder Aufträge noch Weisungen vorliegen, ist der Abgeordnete gehalten, der eigenen Vorstellung vom Gemeinwohl zu folgen[21]. Dabei ist es keine Untreue gegenüber der eigenen Fraktion, wenn er im konkreten Falle gegen die Fraktionsmehrheit stimmt[22]. Bei einem Konflikt zwischen seinem politischen Gewissen und der **Fraktionsmehrheit** kann er sich der Stimme enthalten oder der Abstimmung fernbleiben[23]. Die Mitgliedschaft in seiner Fraktion gebietet es jedoch, den Fraktionsvorstand frühzeitig zu informieren und die politischen Folgen seiner Entscheidung in der Fraktionsberatung zu vertreten. Der Abgeordnete verstößt nicht gegen die Gewissensunterworfenheit, wenn er sich nachträglich der Fraktionsmehrheit aus wohlerwogenen Gründen anschließt[24].

7 Im Schrifttum werden Aufträge und Weisungen an den Abgeordneten als rechtlich unzulässig gewertet[25]. Unzulässig sind demgemäß Umgehungsgeschäfte über Mandatsverlust und Vereinbarungen von Vertragsstrafen[26] sowie Rechts- und Verwaltungsvorschriften der öffentlichen Hand, die Aufträge und Weisungen mit Bindungswirkung enthalten[27]. Schließlich darf der Gesetzgeber nicht die Möglichkeit eines **imperativen Mandats** fördern[28].

8 Wegen der zahlreichen **Auswirkungen der Mandatsfreiheit auf den Status des Abgeordneten,** das Fraktionsrecht und das parlamentarische Geschäftsordnungsrecht wird auf das Schrifttum verwiesen[29].

---

17 Anschütz, RdNr. 2, Gebhard, RdNr. 3, Giese, RdNr. 2 und Poetzsch-Heffter, RdNr. 4, jeweils zu Art. 21 WRV.
18 Anschütz, Fn. 17; Dicke/Stoll, Freies Mandat, Mandatsverzicht der Abgeordneten und das Rotationsprinzip der Grünen, ZParl, 1985, 451 (455).
19 Dicke/Stoll, Fn. 18; Starck, in: v. Mangoldt/Klein, RdNr. 35 zu Art. 4; Abmeier, 53; Seuffert, BVerfGE 40, 330 (336); Heyen, Über Gewissen und Vertrauen des Abgeordneten, Der Staat, 1986, 35 (49); Steiger, 201; Klein (Fn. 10), 369; Demmler, 129 f.
20 Abmeier, 54; Demmler, 129; Hans-Peter Schneider (Fn. 9), RdNr. 30 zu Art. 38; Achterberg/Schulte (Fn. 10), RdNr. 39 zu Art. 38.
21 Demmler, 127.
22 So StGH Bremen, E. v. 13. 5. 1952 – St 2/1952, DVBl., 1953, 437 = StGH Bremen 1, 34.
23 StGH Bremen, Fn. 22.
24 Beispiele bei Demmler, 110, 132 f.; v. Münch, in: v. Münch/Kunig, RdNr. 77 zu Art. 38; Claus Arndt, Fraktion und Abgeordneter, in: Schneider/Zeh, 643 (657).
25 v. Münch (Fn. 24), RdNr. 75 zu Art. 38; Achterberg, 218; Badura (Fn. 2), RdNr. 51 zu Art. 38; Maunz (Fn. 13), RdNr. 15 zu Art. 38.
26 Bethge, Abgeordneter, in: Staatslexikon, Bd. I, Sp. 9 (11).
27 Demmler, 98; Badura, Die Stellung des Abgeordneten (Fn. 10), 498.
28 BVerfGE 2, 1 (74).
29 v. Münch, in: v. Münch/Kunig zu Art. 38 (1995); Badura, in: Bonner Kommentar, zu Art. 38 (1966); ders. in: Schneider/Zeh, Parlamentsrecht und Parlamentspraxis (1989); Hans-Peter

(Fortsetzung der Fußnote auf S. 117)

Rechtsstellung der Mitglieder des Landtages   Art. 12

Prüfungsmaßstab für Pflichten und Rechte der Abgeordneten ist der   9
Grundsatz der Mandatsfreiheit. Das Bundesverfassungsgericht hat hierzu bereits bei folgenden Sachgebieten auf diesen Grundsatz verwiesen:
- Abgeordnetenruhegehalt (BVerfGE 32, 157),
- Abgeordnetenentschädigung (BVerfGE 40, 296 (334)),
- Aufwandsentschädigung (BVerfGE 40, 296 (328)),
- Ausschußmitarbeit (BVerfGE 80, 188 (222)),
- Ausschußrückruf (BVerfGE 80, 188 (233)),
- Beratervertrag (BVerfGE 40, 296 (319)),
- Berufsbild des Abgeordneten (BVerfGE 76, 256 (341)),
- Chancengleichheit der Parteien ohne Einfluß auf den Status des Abgeordneten (BVerfGE 84, 304 (324)),
- Dienstschuld, keine – des Abgeordneten (BVerfGE 76, 256 (341)),
- Ersatzleute, keine Anwendung des Grundsatzes der Mandatsfreiheit (BVerfGE 7, 63 (73)),
- Fraktionsbildung durch die Abgeordneten (BVerfGE 80, 188 (189); 84, 286 (322)),
- fraktionslose Abgeordnete (BVerfGE 80, 188 (218, 220)),
- Geheimhaltung und Repräsentation im Ausschuß (BVerfGE 70, 369f.),
- Geschäftsordnung, Beachtung der formalen Gleichheit der Abgeordneten (BVerfGE 80, 188 (221, 225); 84, 304 (322)),
- Gruppe, Bildung der parlamentarischen – (BVerfGE 84, 304)),
- Haushaltsentwurf, eigenes Recht an Beurteilung des – (BVerfGE 70, 324 (356)),
- Homogenitätsgebot für Landesverfassungen (BVerfGE 40, 29 (334)),
- imperatives Mandat, Verbot (BVerfGE 2, 1 (74)),
- Informationsanspruch des Abgeordneten (BVerfGE 70, 324 (355)),
- Leistungen, Beurteilungen der – des Abgeordneten (BVerfGE 40, 296 (335)),
- Minderheit, Abgeordneter der – (BVerfGE 80, 188 (220)),
- Parlamentsauflösung (BVerfGE 62, 1 (63)),
- Parteibindung und Mandatsfreiheit (BVerfGE 5, 85 (233); 7, 63 (72); 76, 256 (341)),
- Parteienstaat, seine Abwehr (BVerfGE 62, 1 (63)),
- Redefreiheit (BVerfGE 80, 188 (218); 60, 374 (380); 10, 4 (12)),
- Spenden an Abgeordnete (BVerfGE 85, 264 (325)),
- Steuerprivilegien, Ausschluß von – (BVerfGE 40, 296 (328)),

(Fortsetzung der Fußnote von S. 116)
Schneider, in: AK-GG zu Art. 38 (1989); Achterberg/Schulte, in: v. Mangoldt/Klein zu Art. 38 (1985); Abmeier, Die parlamentarischen Befugnisse des Abgeordneten des Deutschen Bundestages nach dem Grundgesetz (1984); Maunz, in: Maunz/Dürig/Herzog, zu Art. 38 (1991); Stern, Das Staatsrecht der Bundesrepublik Deutschland, Bd. I, 1069f. (1984); Meder, Die Verfassung des Freistaates Bayern, zu Art. 13 (1992); Braun, Kommentar zur Verfassung des Landes Baden-Württemberg, zu Art. 27 (1984); Linck, in: Linck/Jutzi/Hopfe, Die Verfassung des Freistaates Thüringen, zu Art. 53 (1994); David, Verfassung der Freien und Hansestadt Hamburg, zu Art. 7 (1994); Achterberg, Parlamentsrecht, 216f. (1984); Steiger, Organisatorische Grundlagen des parlamentarischen Regierungssystems, 184f. (1973); Henke, in: Bonner Kommentar, zu Art. 21, RdNr. 136f. (1991); Klein, Status des Abgeordneten, in: Hdb. d. Staatsrechts, Bd. II, 368f. (1987); Neumann, Verfassung der Freien Hansestadt Bremen, zu Art. 83 (1995).

- Stimmrecht (BVerfGE 10, 4 (12)) und
- verfassungsrechtlicher Status des Abgeordneten (BVerfGE 80, 188).

Von der Zitierung des zu diesen Entscheidungen bestehenden Schrifttums wird aus Raumgründen abgesehen.

10 Der Nieders. Staatsgerichtshof stellt fest, daß die Mandatsfreiheit dem Abgeordneten das Recht gebe, grundsätzlich jederzeit ohne Angabe von Gründen auf seinen **Sitz im Landtag zu verzichten.** Die Verzichtserklärung müsse freiwillig abgegeben werden. Eine bindende Weisung einer Partei oder Fraktion stehe im Widerspruch zum Grundsatz des freien Mandats. Dem Abgeordneten stehe es vielmehr von Rechts wegen frei, ob er den Parteibeschlüssen folge. Das freie Mandat sei verfassungsrechtlich mit der Parteibindung und der Fraktionsloyalität vereinbar. Das planmäßige Auswechseln von Abgeordneten während der Wahlperiode sei mit der Vorläufigen Niedersächsischen Verfassung vereinbar. Ein Mandatsverzicht zum Zweck der **Rotation** sei unwirksam, wenn dadurch die verfassungsmäßige Ordnung erheblich beeinträchtigt werde[30]. Diese Relativierung der Mandatsfreiheit ist im Schrifttum auf heftige Kritik gestoßen[31]. Eine Rotation wird man solange als unbedenklich werten können, als sie von der Fraktion oder der Partei nur empfohlen wird[32].

11 Die Mandatsfreiheit ist **kein Grundrecht**[33]. Als **Rechtsweg** kommt bei Organbeziehungen der Mandatsfreiheit nur das Organstreitverfahren zum Staatsgerichtshof in Betracht[34]. Eine Verfassungsbeschwerde zum Bundesverfassungsgericht ist abzulehnen. Sie ist kein geeignetes Mittel, Meinungsverschiedenheiten zwischen Staatsorganen zu entscheiden[35].

Artikel 13
Bewerbung, Mandatsausübung, Entschädigung

(1) Wer sich um ein Mandat im Landtag bewirbt, hat Anspruch auf den zur Vorbereitung seiner Wahl erforderlichen Urlaub.

(2) Niemand darf gehindert werden, ein Landtagsmandat zu übernehmen und auszuüben. Die Kündigung eines Beschäftigungsverhältnisses aus diesem Grunde ist unzulässig.

(3) Die Mitglieder des Landtages haben Anspruch auf eine angemessene, ihre Unabhängigkeit sichernde Entschädigung. Das Nähere bestimmt ein Gesetz.

---

30 U. v. 5. 6. 1985 – StGH 3/84, Fundstellen siehe Art. 54 NV.
31 Rebe, Die erlaubte verfassungswidrige Rotation, ZParl, 1985, 468; ders., in: Korte/Rebe, Landtag und Gesetzgebung, 141 (183); Versteyl, Rotation, abstrakt verboten – konkret erlaubt, ZParl, 1985, 465; Achterberg und Kasten, Anmerkung, DVBl., 1985, 1066 f.
32 Schneider (Fn. 9), RdNr. 31 a zu Art. 38; Achterberg/Schulte (Fn. 10), RdNr. 22 zu Art. 39.
33 Abmeier, 248.
34 RdNr. 7 zu Art. 54; BVerfGE 84, 304 (318); 80, 188 (217); 70, 324 (350); 62, 1 (31).
35 BVerfGE 43, 142 (148).

Bewerbung, Mandatsausübung, Entschädigung   **Art. 13**

Übersicht

	RdNr.
Das vorrechtliche Bild	1
Der Kandidat in der Demokratie	2
Der Urlaubsanspruch des Wahlbewerbers	3
Der „erforderliche" Urlaub	4
Kein Gehaltsanspruch bei einer Beurlaubung	5
Das Verfahren	6
Die Rechtswege beim Urlaubsanspruch	7
Geltung für Bundesbeamte?	8
Der Inhalt des Behinderungsverbots (Art. 13 Abs. 2 NV)	9
Der Kündigungsschutz im „Beschäftigungsverhältnis"	10
Das Homogenitätsgebot beim Alimentationsanspruch	11
Die Angemessenheit	12
Der formalisierte Gleichheitsgrundsatz im „Diätenurteil"	13
Die Entschädigung der Präsidenten	14
Keine Pflicht zur eigenständigen Altersversorgung	15
Kosten des Büropersonals	16
Die Beraterverträge	17
Die Sonderbeiträge an Fraktionen und Parteien	18
Die Rechtswege bei der Alimentation	19
Ein qualifizierter Gesetzgebungsvorbehalt	20
Plebiszitäre Gesetzgebung	21
Die Pauschalierung der Aufwandsentschädigung	22
„Das Nähere"	23

Die Vorschrift konkretisiert mit den beiden ersten Absätzen die Mandatsfreiheit des Abgeordneten. Der letzte Absatz regelt die Alimentation, die heute nicht mehr als „Diät" bezeichnet wird. Das **vorrechtliche Bild zur Entschädigung der Abgeordneten** hat durch das „Diätenurteil" des Bundesverfassungsgerichts[1] viel an Bedeutung verloren. Da jedoch durch diese Entscheidung, insbesondere die rigorose Nivellierung der Höhe der Alimentation, die Funktionsfähigkeit der Landesparlamente gelitten hat, ist mit einer Fortentwicklung der Rechtsprechung zu rechnen. Ein kurzer Rückblick erscheint daher zweckdienlich. Die Reichsverfassung von 1871 bestimmte in Art. 32 ursprünglich, „die Mitglieder des Reichstages dürfen als solche keine Besoldung oder Entschädigung beziehen". **Bismarck** war ein Gegner einer berufsmäßigen Volksvertretung. Er betrachtete Berufsparlamentarier als eine „Art von Beamten", die für die Arbeit der Gesetzgebung zwar sehr nützlich seien, aber doch nicht die lebende Vertretung aller Berufsklassen. Durch Reichsgesetz vom 21. Mai 1906 wurden die Worte „oder Entschädigung" gestrichen und hinzugefügt: „Sie erhalten eine Entschädigung nach Maßgabe des Gesetzes". Die Weimarer Reichsverfassung übernahm mit Art. 40 den Inhalt dieser Klausel. Diese Entschädigung sollte kein Gehalt, sondern eine pauschalierte Aufwandsentschädigung sein (Reichsgesetz vom 15. Dezember 1930 – RGBl. II, S. 1370). Daneben gab es noch Tagegelder von 1/30 der Aufwandsentschädigung. Die ersten Landesverfassungen nach dem Kriege geboten eine „Aufwandsentschädigung" (Bayern, Bremen), „Sitzungsgelder"

1

---

[1] BVerfGE 40, 296.

(Hessen) und „Entschädigung" (Rheinland-Pfalz). Der Grundgesetzgeber übernahm die Beschränkung auf eine „Entschädigung" und fügte als Normzweck die Sicherung der Unabhängigkeit hinzu (Art. 48 Abs. 3 Satz 1 GG). Der Verfassungsgeber der Vorläufigen Niedersächsischen Verfassung wählte wörtlich den Text des Grundgesetzes (Art. 17 VNV). Das **Institut des Urlaubsanspruchs** (Art. 13 Abs. 1 NV) ist verhältnismäßig alt. Art. 78 Abs. 2 Preußische Verfassung von 1850 und Art. 21 Abs. 1 Reichsverfassung 1871 stellten fest, daß Beamte „als Abgeordnete keines Urlaubs bedürfen". Die Weimarer Reichsverfassung bestimmte, daß Beamte und Angehörige der Wehrmacht als Bewerber der zur Vorbereitung der Wahl erforderliche Urlaub zu gewähren sei und sie zur Ausübung ihres Amtes als Mitglieder des Reichstages oder eines Landtages keines Urlaubs bedürfen (Art. 39 WRV). Das Gehalt wurde ihnen weitergezahl. Das **Behinderungsverbot** (Art. 13 Abs. 2 NV) übernahm der Verfassungsgeber der Vorläufigen Niedersächsischen Verfassung mit Art. 17 Abs. 2 dem Grundgesetz (Art. 48 Abs. 2). Einen Kündigungsschutz bei Gesellschaftsverhältnissen, der von den Koalitionsfraktionen vorgeschlagen wurde, gewissermaßen eine **Lex Holtfort**, lehnte der Verfassungsgeber ab[2].

2 Die Freiheit des Staatsbürgers, für **das Amt eines Abgeordneten zu kandidieren**, gehört zu den grundlegenden **Bestandteilen der repräsentativen Demokratie**[3]. Dabei ist der Urlaubsanspruch ein demokratischer Minimalgrundsatz[4].

3 **Der Wahlbewerber kann** innerhalb eines Wahlkampfes mehrmals **Wahlurlaub beanspruchen**[5]. Die Aufnahme in den Wahlvorschlag einer Partei reicht zur Glaubhaftmachung aus, ist aber keine notwendige Bedingung für den **Urlaubsanspruch**[6]. Der Bewerber muß glaubhaft machen, daß er konkrete Chancen habe, von einer Partei als Kandidat aufgestellt zu werden oder als Einzelbewerber die notwendige Unterstützung zu erhalten[7].

4 Die **Erforderlichkeit** richtet sich nach den Wahlvorbereitungen des Bewerbers. Nur seine eigenen Interessen können berücksichtigt werden, nicht die des Arbeitgebers oder Dienstherrn[8]. Die Höchstdauer aller Beurlaubungen wird grundsätzlich zwei Monate betragen[9].

5 Für diesen Urlaub besteht **kein Gehaltsanspruch** oder Anspruch auf eine Lohnfortzahlung[10]. Das schließt aber freiwillige Leistungen aufgrund eines

---

2 Schriftlicher Bericht, 13. Zur Problematik siehe nachfolgende RdNr. 10. Dr. Werner Holtfort(†), Rechtsanwalt und Notar in Hannover, hatte einen erfolglosen Musterprozeß wegen der Kündigung des Sozietätsvertrages geführt.
3 Hans-Peter Schneider, in: AK-GG, RdNr. 2 zu Art. 48; v. Arnim, in: Bonner Kommentar, RdNr. 12 zu Art. 48; StGH Bremen, E. v. 15. 1. 1975 – StGHE Bremen, 2, 77 (86) – DVBl., 1975, 446 = NJW 1975, 636.
4 v. Arnim, Fn. 3.
5 Achterberg/Schule, in: v. Mangoldt/Klein, RdNr. 12 zu Art. 48.
6 Schneider (Fn. 3), RdNr. 3 zu Art. 48; Achterberg/Schulte (Fn. 5), RdNr. 1 zu Art. 48.
7 Schneider, Fn. 6.
8 Braun, RdNr. 7 zu Art. 29; Achterberg/Schulte, Fn. 5.
9 Achterberg/Schulte (Fn. 5), RdNr. 13 zu Art. 48.
10 Maunz, in: Maunz/Dürig/Herzog, RdNr. 4 zu Art. 48; Trute, in: v. Münch/Kunig, RdNr. 8 zu Art. 48; Achterberg/Schulte (Fn. 5), RdNr. 17 zu Art. 48; v. Arnim (Fn. 3), RdNr. 26 zu Art. 48; Schneider (Fn. 3), RdNr. 5 zu Art. 48.

Tarifvertrages nicht aus[11]. Der Landesgesetzgeber regelt den Wahlvorbereitungsurlaub einfachgesetzlich[12].

Der Kandidat muß einen **Urlaubsantrag einreichen** und die Bewilligung des Urlaubs abwarten[13]. 6

Wird der beantragte Urlaub abgelehnt oder nur mit Einschränkungen gewährt, so ist je nach dem Arbeits- oder Dienstverhältnis der **Rechtsweg** zum Arbeits-, Verwaltungs- oder Truppendienstgericht gegeben[14]. In der Regel wird dabei der Antrag auf eine einstweilige Verfügung bei dem Arbeitsgericht oder auf eine einstweilige Anordnung beim Verwaltungsgericht oder beim Truppendienstgericht in Betracht kommen. 7

Umstritten ist die Frage, ob das landesverfassungsrechtliche Urlaubsrecht auch für **Bundesbeamte** gilt. Im Schrifttum wird die ausschließliche Gesetzkompetenz des Landes bejaht, weil es sich um die Regelung von Statusrecht der Abgeordneten handele[15]. Das Bundesverwaltungsgericht meint bei einem Landtagsabgeordneten ohne Begründung, daß „allein die bundesrechtliche Regelung maßgebend" sei[16]. Das Bundesverfassungsgericht hat diese Frage bisher nicht entschieden. 8

Der zweite Absatz regelt das **Behinderungsverbot**. Damit wird den Abgeordneten und den Bewerbern um ein Mandat ein Statusrecht mit grundrechtsähnlichem Charakter verliehen. Der Schutz wirkt für jeden und gegenüber jedem. Auch dem Mitgliede einer Gesellschaft des privaten Rechts steht er zu[17]. Die Vorschrift verbietet weder die strafrechtliche oder disziplinarrechtliche Verfolgung noch die sogenannten sozialadäquaten Behinderungen[18]. Das Hindern setzt die „Intention", die Absicht, eines Verhaltens voraus, das die Übernahme oder die Ausübung eines Mandats erschwert oder unmöglich macht[19]. Diese **„Absichtsformel"** wird im Schrifttum als zu eng abgelehnt[20]. Sie ist unpraktikabel. Denn der Kläger wird die innere Absicht der Behinderung selten nachweisen können. Der Schutz läuft daher leer[21]. 9

Der Verfassungsgeber wählte statt „Dienst- und Arbeitsverhältnis" des Art. 17 Abs. 2 Satz 2 VNV den Oberbegriff **„Beschäftigungsverhältnis"** ohne inhaltliche Änderung[22]. Einen Kündigungsschutz für Mitglieder von Gesellschaften lehnte er ab[23]. Abgeordnete in **freien Berufen**, die in gesellschafts- 10

---

11 Schneider, Fn. 10.
12 § 3 Abgeordnetengesetz, § 105 Nieders. Beamtengesetz.
13 Braun, RdNr. 7 zu Art. 29; Dickersbach, in: Geller/Kleinrahm, RdNr. 3 zu Art. 46.
14 Achterberg/Schulte (Fn. 5), RdNr. 41 zu Art. 48.
15 Braun, RdNr. 3 zu Art. 29; Meder, RdNr. 1 zu Art. 30; Konow, in: Zinn/Stein, RdNr. 4d zu Art. 76.
16 B. v. 21. 11. 1989, DVBl., 1990, 261 (263).
17 BGH, U. v. 2. 5. 1985, DVBl., 1985, 1374 (1375) MdL Dr. Holtfort, Hannover.
18 BVerfGE 42, 312 (328f.).
19 BVerfGE 42, 312 (329).
20 Kühne, Kündigung freiberuflich beschäftigter Mandatsbewerber, ZParl. 1986, (347); 1986, 347 (357); v. Arnim (Fn. 3), RdNr. 38 zu Art. 48; Vorauflage, RdNr. 7 zu Art. 17; Schneider (Fn. 3), RdNr. 6 zu Art. 48; Trute (Fn. 10), RdNr. 12 zu Art. 48.
21 Schneider, Fn. 20.
22 Schriftlicher Bericht, 13.
23 Fn. 22.

Art. 13

rechtlich organisierten Praxen arbeiten, sind somit schutzlos[24]. Das ist zu bedauern. Man kann nicht mangelhafte Präsenz von freien Berufen im Parlament beklagen, wenn man sie nicht schützt[25]. Eine **Lex Holtfort** hätte Signalwirkung gehabt.

11 Der Entschädigungsanspruch des Abgeordneten (Art. 13 Abs. 3 NV) wird durch die Grundsätze des Art. 48 Abs. 3 Satz 1 GG überlagert. Das Bundesverfassungsgericht hat im Diätenurteil[26] die Regelung für Landtagsabgeordnete über das **Homogenitätsgebot** unmittelbar an Art. 48 Abs. 3 GG gemessen[27]. Demgemäß sind die von ihm in dieser Entscheidung entwickelten Grundsätze unmittelbar anzuwenden. Regelungen des Landesgesetzgebers, die davon abweichen, sind nichtig[28]. An ihre Stelle tritt dann unmittelbar Art. 48 Abs. 3 GG[29].

12 Die Abgeordnetenentschädigung hat den Charakter einer **Alimentation** des Staates für den Abgeordneten und seine Familie. Ein absoluter Maßstab dafür, in welcher Höhe die Entschädigung zu gewähren sei, läßt sich nicht aus dem Grundgesetz und der Rechtsprechung des Bundesverfassungsgerichts entnehmen. Es fehlen hinreichend genaue Kriterien zur Beurteilung[30]. Der Landesgesetzgeber hat einen weiten Spielraum[31]. Die Entschädigung hat nichts mit einem Beamtengehalt zu tun. Sie verträgt deshalb auch keine Annäherung an den überkommenen Aufbau eines Beamtengehalts[32]. Ihre Höhe ist daher auch eine politische Frage, die der Landtag zu verantworten hat[33]. Dabei kann er die wirtschaftliche und haushaltsmäßige Lage des Landes berücksichtigen[34]. Die Gesetzgeber der Flächenstaaten, die keine **Feierabendparlamente** haben, haben die Höhe der Grundentschädigung des Bundesgesetzgebers für die Bundestagsabgeordneten als obere Grenze behandelt. Der Landtag wird berücksichtigen können, daß eine wirksame parlamentarische Kontrolle der Exekutive bei zunehmender Komplexität der Sachverhalte Spitzenkräfte aus allen Berufen benötigt und diese nicht mit einer Durchschnittsalimentation zu erhalten sind. Wenn der Bundesgesetzgeber eine Entschädigung in Höhe des Gehaltes eines Richters an einem obersten Bundesgericht für erforderlich hält, so wäre in jedem Falle das Gehalt eines obersten Landesrichters angemessen.

13 Der **formalisierte Gleichheitsgrundsatz** gebietet nach Ansicht des Bundesverfassungsgerichtes, jedem Abgeordneten eine gleich hohe Entschädigung zu zahlen. Hierbei sei es unerheblich, ob eine parlamentarische Arbeit ihn mehr oder weniger beschäftigt oder seine finanziellen Aufwendungen oder

---
24 Kühne, Fn. 20.
25 Kühne, Fn. 20.
26 Fn. 1.
27 BVerfGE 40, 296 (319).
28 v. Arnim, Entschädigung und Amtsausstattung, in: Schneider/Zeh, 523 (529).
29 v. Arnim, Fn. 28.
30 v. Arnim (Fn. 3), RdNr. 95 zu Art. 48; Scheu, Die Rechtsstellung des Abgeordneten, FAZ v. 6. 10. 1995, S. 10 f.
31 v. Arnim (Fn. 28), 536; Achterberg/Schulte (Fn. 5), RdNr. 53 zu Art. 48.
32 BVerfGE 40, 296 (316); 76, 256 (342).
33 Seuffert, in: BVerfGE 40, 330 (339).
34 BayVerfGH, E. v. 15. 12. 1982, DVBl., 1983, 706 (709).

sein sonstiges Einkommen höher oder geringer seien. Diese egalisierende Entschädigung schließt zugleich alle weiteren finanziellen Leistungen mit öffentlichen Mitteln aus, die nicht einen Ausgleich für sachlich begründete, besondere, mit dem Mandat verbundene finanzielle Aufwendungen darstellen[35]. Höhere Diäten für Schriftführer, Fraktionsvorsitzende und Ausschußvorsitzende seien danach unzulässig[36].

Ein Ausnahme ist nach Ansicht des Senats allein für den **Parlamentspräsidenten** und seine Stellvertreter, **die Vizepräsidenten,** anzuerkennen, weil sie „an der Spitze eines obersten Verfassungsorgans des Landes stehen"[37]. In den meisten Landesparlamenten erhalten die Präsidenten die doppelte und die Vizepräsidenten die eineinhalbfache Entschädigung. 14

Der Landesgesetzgeber ist nicht verpflichtet, den Abgeordneten eine dem Beamtenrecht nachgebildete **Altersversorgung** zu gewähren. Er kann sich damit begnügen, Versicherungsbeiträge für die Sozialversicherung vorzusehen[38]. Eine eigenständige Altersversorgung ist jedoch vorzuziehen. Sie ist ein Annex seiner „Besoldung"[39]. Soweit ersichtlich, haben alle Landesparlamente eine eigenständige Versorgung erlassen[40]. Der Landesgesetzgeber ist befugt, das Einkommen eines Landtagsabgeordneten aus einer Verwendung im öffentlichen Dienst auf das **Übergangsgeld** als Abgeordneter voll anzurechnen[41]. 15

Zuschüsse für die Schreib- und Bürokräfte zur Unterstützung der Mandatsarbeit müssen durch Landesgesetz materiell geregelt werden. Eine Verweisung auf den Haushaltsplan genügt hierbei nicht[42]. Der Landesgesetzgeber erfüllt dieses Transparenzgebot in seinem Abgeordnetengesetz (§ 7 Abs. 2). 16

Es ist unzulässig, Abgeordneten Bezüge aus einem Arbeitsverhältnis ohne eine Gegenleistung zu zahlen, um die Interessen des Arbeitgebers im Parlament zu vertreten[43]. Der Landesgesetzgeber konkretisiert dieses **Verbot der Beraterverträge** im Abgeordnetengesetz (§ 27 Abs. 2). Rechtsgeschäfte, die gegen das Verbot der Beraterverträge verstoßen, sind nichtig[44]. 17

Nach einer weitverbreiteten Praxis verlangen die **Beitragsordnungen der Parteien** von Abgeordneten zusätzliche Mitgliedsbeiträge, in der Tagespresse „Parteisteuer" genannt. Diese Beiträge sind nach dem Diätenurteil unzulässig[45]. Das Abgeordnetengesetz berücksichtigt dies (§ 27 Abs. 2). 18

---

35 BVerfGE 40, 296 (318).
36 BVerfGE 40, 296 (318); a. A.: Seuffert, in: BVerfGE 40, 340; v. Arnim (Fn. 3), RdNr. 123 zu Art. 48; Linck, Zur Zulässigkeit parlamentarischer Funktionszulagen, ZParl., 1976, 54.
37 BVerfGE 40, 296 (318).
38 v. Arnim (Fn. 3), RdNr. 129 zu Art. 48.
39 BVerfGE 32, 157 (165); 40, 296 (311).
40 v. Arnim (Fn. 28), 539.
41 BayVerfGH, E. v. 28. 2. 1992 – ZBR 1992, 252; BVerwG, B. v. 21. 3. 1991 – NVwZ 1992, 173.
42 v. Arnim (Fn. 28), 548; Neumann, RdNr. 17 zu Art. 82 Bremische Verfassung.
43 BVerfGE 40, 296 (319).
44 Rebe, in: Korte/Rebe, Landtag und Gesetzgebung, 141 (191); v. Arnim (Fn. 3), RdNr. 152 zu Art. 48.
45 BVerfGE 40, 296; FAZ v. 18. 11. 1995, „Parteisteuer".

Art. 13 Zweiter Abschnitt Der Landtag

19 Meint der Abgeordnete, seine Alimentation sei unzureichend, so kann er den Staatsgerichtshof im Organstreit nach Art. 54 Nr. 1 NV anrufen[46]. Ist er aus dem Amt ausgeschieden, so entfällt dieser **Rechtsweg**. Wegen der öffentlich-rechtlichen Geld- und Sachleistungen, die der Landesgesetzgeber bereits konkretisiert hat, gibt es den Weg zu den Verwaltungsgerichten[47].

20 Das Bundesverfassungsgericht verlangt für die Festsetzungen der Leistungen aus der Alimentation, daß Kriterien beachtet werden, die man als **qualifizierten Gesetzgebungsvorbehalt** bezeichnen kann. Dabei ist zu beachten:
- Die Entschädigung der Abgeordneten darf nicht mit anderen gesetzlichen Leistungen gekoppelt werden[48],
- Der Landtag muß im Plenum in öffentlicher Sitzung über die finanziellen Leistungen verhandeln und entscheiden[49].

Leistungen dürfen daher nicht im Haushaltsplan versteckt werden. Denn dies widerspricht dem Transparenzgebot[50]. Auch ist eine Koppelung an einen Index unzulässig.

21 Der **plebiszitäre Gesetzgeber** ist für die finanziellen Leistungen an Abgeordnete nach Art. 48 Abs. 1 Satz 1 NV zuständig. Denn Abgeordnete erhalten keine „Dienstbezüge" nach Art. 48 Abs. 1 Satz 2 NV. Sie schulden dem Lande Niedersachsen rechtlich keine „Dienste". Ihr Berufsbild unterscheidet sich von dem des Beamten grundlegend[51]. „Dienstbezüge" sind nur die Besoldung der Beamten, Richter und Mitglieder der Landesregierung[52].

22 Die Entschädigung der niedersächsischen Abgeordneten hat den Charakter einer vollen Alimentation[53]. Sie ist Einkommen, das nach Grundsätzen, die für alle gleich sind, zu besteuern ist[54]. Steuerfrei dürfen nur Geld- und Sachleistungen des Landes sein, die folgende Kriterien für **besondere Aufwendungen** erfüllen:
- sie müssen wirklich entstanden sein,
- sachlich angemessen und
- mit dem Mandat verbunden sein[55].

Diese Aufwendungen kann der Landesgesetzgeber pauschalieren. Dabei muß er sich am tatsächlichen Aufwand orientieren[56]. Die **steuerfreie pauschalierte Aufwandsentschädigung** darf nicht die Höhe der steuerpflichtigen Entschädigung erreichen[57]. Die **Pauschalierung** richtet sich nach den

---

46 BVerfGE 64, 301 (318).
47 BVerwG, U. v. 11. 7. 1985, DÖV 1986, 244; Trute (Fn. 10), RdNr. 35 zu Art. 48.
48 BVerfGE 40, 296 (316).
49 BVerfGE 40, 296 (327).
50 v. Arnim, Zur Wesentlichkeitstheorie des Bundesverfassungsgerichts, DVBl., 1987, 1241 (1246); ders., Bemerkung, DVBl., 1983, 712 (713).
51 BVerfGE 76, 256 (341 f.).
52 v. Arnim (Fn. 28), 530; Braun, RdNr. 40 zu Art. 59; Neumann, RdNr. 17 zu Art. 70 Bremische Verfassung.
53 BVerfGE 76, 256 (343); 40, 296 (328).
54 BVerfGE 40, 296 (328).
55 BVerfG, Fn. 54.
56 BVerfG, Fn. 54.
57 Geiger, Der Abgeordnete und sein Beruf, ZParl., 1978, 522 (527).

strengen Grundsätzen des Steuerrechts, nicht nach Parlaments- oder Landesverfassungsrecht. Überschreitet der Landesgesetzgeber seine Kompetenz, so ist die Pauschale verfassungswidrig[58]. Der Landesgesetzgeber muß sich daher nach der Rechtsprechung des Bundesverfassungsgerichts zum Einkommensteuerrecht und seiner Pauschalen richten. Eine Einheitspauschale für alle Abgeordneten wird im Schrifttum abgelehnt[59]. Eine Rechtsprechung des Bundesverfassungsgerichts hat sich hierzu noch nicht gebildet.

Nur für die Entschädigung sieht Art. 13 Abs. 3 Satz 2 NV ein Ausführungsgesetz vor: „**Das Nähere**". Der Landesgesetzgeber gewährt mit dem Niedersächsischen Abgeordnetengesetz[60] eine umfassende Voll-Alimentation, die sich weitgehend an die Struktur des öffentlichen Dienstrechtes anlehnt. 23

Artikel 14

Indemnität

Ein Mitglied des Landtages darf zu keiner Zeit wegen seiner Abstimmung oder wegen einer Äußerung, die er im Landtage, in einem Ausschuß oder in einer Fraktion getan hat, gerichtlich oder dienstlich verfolgt oder anderweitig außerhalb des Landtages zur Verantwortung gezogen werden. Dies gilt nicht für verleumderische Beleidigungen.

Übersicht

	RdNr.
Das vorrechtliche Bild	1
Kein einheitliches deutsches Indemnitätsrecht	2
Die Kompetenz des Landesverfassungsgebers	3
Strafrechtliche Indemnitätsvorschrift des Bundes	4
Der Zweck der Norm	5
Die Normadressaten	6
„Ein Mitglied des Landtages"	7
Die „Abstimmung"	8
Die „Äußerung"	9
„im Landtage"	10
„in einem Ausschuß"	11
„in einer Fraktion"	12
Der Minister-Abgeordnete	13
Die gerichtliche Verfolgung	14
„anderweitig außerhalb des Landtages zur Verantwortung"	15
Die privaten Nachteile	16
Die „verleumderische Beleidigung"	17
Kein Verzicht des Abgeordneten	18
Parlamentarier anderer Bundesländer	19
Der Rechtsweg gegen Äußerungen	20

---

58 Geiger, Fn. 57; v. Arnim (Fn. 3), RdNr. 186 zu Art. 48 für Niedersachsen.
59 v. Arnim (Fn. 3), RdNr. 181 zu Art. 48; Trute (Fn. 10), RdNr. 34 zu Art. 48.
60 V. 3. 2. 1978, z. Zt. i. d. F. v. 15. 7. 1999 – Nieders.GVBl. S. 156.

Art. 14

1 Das Institut der Indemnität gehört zu den ältesten Einrichtungen des Verfassungsrechts. Wegen seiner Entwicklungsgeschichte wird auf das Schrifttum verwiesen[1]. Nach dem Vorbilde der belgischen Verfassung schuf der preußische Verfassungsgeber 1850 das Wortprivileg für „die ausgesprochenen Meinungen innerhalb der Kammern" (Art. 84 Abs. 1). § 134 der Neuen Landschaftsordnung für das Herzogtum Braunschweig bestimmte, daß die Mitglieder der Landschaft das Recht haben, „ihre Meinung frei zu äußern". Der Landesverfassungsgeber folgt dem Grundgesetz bei der Formulierung der Indemnität (Art. 46 Abs. 1 GG) nur teilweise. Er gewährte in der Vorläufigen Niedersächsischen Verfassung zusätzlich den Schutz für Äußerungen und Abstimmungen in den Fraktionen (Art. 14 VNV). Ohne weitere Beratung übernahm der Verfassungsgeber den Inhalt des Art. 14 VNV[2].

2 Während Niedersachsen im wesentlichen den Inhalt der grundgesetzlichen Parallelvorschrift übernommen hat, schützen z. B. die Verfassungen der Länder Sachsen, Thüringen und Bremen neben der Tätigkeit im Landtage die berufliche Arbeit außerhalb des Parlaments[3]. Es gibt somit **kein einheitliches Indemnitätsrecht**. Die Länder können ihr Indemnitätsrecht abweichend bestimmen. Sie sind nicht verpflichtet, einen Konsens herbeizuführen.

3 Der Bundesgesetzgeber verfügt nicht über die Kompetenz, die Indemnität umfassend für die Länder zu regeln. Denn die Materie gehört zum **Kernbereich des materiellen Landesverfassungsrechts**[4]. Dem Landesverfassungsgeber steht es frei, mehr zu schützen als der Grundgesetzgeber.

4 Das Verhältnis landesverfassungsrechtlicher Indemnität zur **strafrechtlichen Indemnitätsvorschrift des Bundes** (§ 36 StGB) ist umstritten[5]. Das Bundesverfassungsgericht hat diese Frage bisher noch nicht entschieden.

5 **Normzweck** der Vorschrift ist die parlamentarische Rede- und Handlungsfreiheit des Abgeordneten[6]. Sie soll die parlamentarische Willensbildung sichern[7]. Sie dient damit der Funktionsfähigkeit des Landtages.

---

1 Röper, 66 f. mit zahlreichen Fundstellen aus der vorkonstitutionellen Zeit; Schweiger, in: Nawiasky, RdNr. 3 zu Art. 27; Magiera, in: Bonner Kommentar, RdNr. 6 f. zu Art. 46; Hans-Peter Schneider, in: AK-GG, RdNr. 1 zu Art. 46; Klein, Indemnität und Immunität, in: Schneider/Zeh, 555 (560 f.); Stern, Bd. I, 1059.
2 Schriftlicher Bericht, 14.
3 Neumann, RdNr. 8 zu Art. 94 Bremische Verfassung; Linck, in: Linck/Jutzi/Hopfe, RdNr. 8 zu Art. 85; Müller, RdNr. 2 zu Art. 55; Kunzmann u. a., RdNr. 3 zu Art. 55.
4 Magiera (Fn. 1), RdNr. 27 zu Art. 46; Rebe, Landtag und Gesetzgebung, in: Korte/Rebe, 141 (194); M. Schröder, Rechtsfragen des Indemnitätsschutzes, Der Staat, 1982, 25 (42); Kewenig/Magiera, Umfang und Regelung der Indemnität von Abgeordneten ..., ZParl., 1981, 223 (230); Klein (Fn. 1), 558; Neumann, RdNr. 3 zu Art. 94 Bremische Verfassung; ders., Vorauflage, RdNr. 2 zu Art. 14 VNV; Braun, RdNr. 4 zu Art. 37; David, RdNr. 8 zu Art. 14.
5 Nur eine Teilzuständigkeit des Bundesgesetzgebers nach Art. 74 Abs. 1 Nr. 1 GG: Rebe, Fn. 4; Pietzcker, Zuständigkeitsordnung und Kollisionsrecht im Bundesstaat, in: Hdb. d. Staatsrechts, Bd. IV, 693 (709); Trute, in: v. Münch/Kunig, RdNr. 5 zu Art. 46; Schweiger, in: Nawiasky, RdNr. 5 zu Art. 27; Reh, in: Zinn/Stein, RdNr. 1 zu Art. 95; Vorauflage, RdNr. 2 zu Art. 14; Magiera (Fn. 1), RdNr. 29 zu Art. 46; Schneider (Fn. 1), RdNr. 4 zu Art. 46; Kewenig/Magiera (Fn. 4), 232; David, RdNr. 18 zu Art. 14; Braun, RdNr. 4 zu Art. 37; Meder, RdNr. 2 zu Art. 27; Feuchte, in: Feuchte, RdNr. 5 zu Art. 37; Härth, in: Pfennig/Neumann, RdNr. 3 zu Art. 35; Röper, 74; M. Schröder, Rechtsfragen des Indemnitätsschutzes, Der Staat, 1982, 25 (50).
6 BVerfGE 60, 374 (380).
7 Bremischer StGH, E. v. 12. 7. 1967, StGHE 1, 145 (157).

Normadressaten sind die Träger öffentlicher Gewalt und ihre Organe außerhalb des Landtages. Die parlamentarische Ordnungsgewalt des amtierenden Präsidenten im Plenum (Art. 18 Abs. 2 NV) und der Vorsitzenden der Ausschüsse bleiben unberührt[8]. Auch Rechtsprechung und Verwaltung des Bundes werden gebunden.

6

„Mitglied des Landtages" ist der Abgeordnete von Beginn bis zum Ende der Wahlperiode (Art. 9 Abs. 1 NV). Zum Beginn siehe Art. 9 NV. Im Gegensatz zur Immunität nach Art. 15 NV ist der Schutz der Indemnität **nicht befristet**[9].

7

Der Begriff der **„Abstimmung"** betrifft alle Abstimmungen im Plenum, in den Ausschüssen, Kommissionen, Fraktionen, Gruppen und im Ältestenrat unabhängig vom Gegenstand[10].

8

Die **„Äußerung"** kann mündlich, schriftlich oder durch schlüssige Handlung geschehen[11]. Eine Ohrfeige ist keine Äußerung[12]. Die Äußerung kann Tatsachen oder Meinungen ausdrücken[13]. Sie muß sich auf die Ausübung des Mandats beziehen[14].

9

Die Abstimmung der Äußerung ist **„im Landtage getan"**, wenn dies innerhalb der Plenarsitzung geschieht[15]. Unerheblich ist es, ob eine öffentliche oder nichtöffentliche Sitzung stattfand[16].

10

„Ausschuß" im Sinne der Norm ist nicht nur der Ausschuß nach Art. 20 Abs. 1 NV, sondern auch der Ältestenrat (Art. 20 Abs. 3 NV) sowie Kommissionen, die dem Landtage organisationsrechtlich zuzuordnen sind[17].

11

Zum Begriff der **„Fraktion"** wird auf Art. 19 NV verwiesen. Aus dem Normzweck der Vorschrift folgt, daß die **parlamentarische Gruppe**[18] wie eine Fraktion zu werten ist.

12

Minister-Abgeordnete, die im Plenum oder in einem Ausschuß das Wort ergreifen, werden nur dann durch die Indemnität geschützt, wenn sie ausdrücklich in ihrer Eigenschaft als Abgeordneter aufgetreten sind[19]. Sie genießen bei der Beantwortung einer parlamentarischen Anfrage keinen Indemnitätsschutz[20].

13

Eine **„gerichtliche" Verfolgung** in einem Straf-, Ehren- oder Disziplinarverfahren ist ausgeschlossen. Entsprechendes gilt für Zivilverfahren aller

14

---

8 BVerfG, Fn. 6.
9 Rebe (Fn. 4), 195; Trute (Fn. 5), RdNr. 18 zu Art. 46.
10 Trute (Fn. 5), RdNr. 9 zu Art. 46; Achterberg/Schulte, in: v. Mangoldt/Klein, RdNr. 12 zu Art. 46; Magiera (Fn. 1), RdNr. 34 zu Art. 46.
11 Trute (Fn. 5), RdNr. 10 zu Art. 46.
12 Gebhard, RdNr. 8 zu Art. 36 WRV.
13 Achterberg/Schulte (Fn. 10), RdNr. 10 zu Art. 46.
14 Achterberg/Schulte, RdNr. 13.
15 Trute (Fn. 5), RdNr. 11 zu Art. 46.
16 Kewenig/Magiera (Fn. 4), 225.
17 Trute (Fn. 5); Achterberg/Schulte (Fn. 10), RdNr. 14 zu Art. 46.
18 Zum Begriff: RdNr. 14 zu Art. 19 NV.
19 Trute (Fn. 5), RdNr. 7 zu Art. 46.
20 OVG Münster, U. v. 4. 10. 1966, DVBl., 1966, 51.

Art, die an die geschützten Amtshandlungen des Abgeordneten anknüpfen[21].

15 Mit der Formel „anderweitig außerhalb des Landtages zur Verantwortung gezogen" werden hoheitliche Verfahren aller Art ausgeschlossen. Sie dürfen auch intern nicht eingeleitet werden. So z. B. die Anlage von Akten, die Speicherung in Karteien und Datenträgern oder Observierung[22].

16 Es gibt jedoch **keinen Schutz vor privaten Nachteilen**, soweit die öffentliche Hand nicht mitwirkt. Verträge können gekündigt werden, und eine Partei kann ihre Abgeordneten ausschließen[23]. Der öffentlichen Hand ist aber die amtliche Vollziehung und Vollstreckung privater Entscheidungen von Schiedsgerichten verwehrt[24].

17 Der Begriff der „**verleumderischen Beleidigung**" richtet sich nach dem jeweils geltenden Strafrecht des Bundes[25]. Die strafbare Verfolgung des Abgeordneten setzt voraus, daß seine Immunität aufgehoben wird[26].

18 Weder der Abgeordnete noch der Landtag können auf den Schutz der Indemnität **verzichten**[27].

19 Nach Art. 75 NV gilt Art. 14 NV auch für die **Mitglieder der anderen Landesparlamente**. Der Verfassungsgeber will damit andere deutsche Landtagsabgeordnete zusätzlich schützen. Offensichtlich geht er davon aus, daß die Hoheitsgewalt des Landesgesetzgebers sich nur auf sein eigenes Gebiet beschränkt[28]. Die Frage der **räumlichen Geltung landesrechtlichen Parlamentsrechtes** ist vom Bundesverfassungsgericht noch nicht entschieden worden. Das Bundesverfassungsgericht ging bisher von einer räumlich beschränkten Hoheitsgewalt des Landesgesetzgebers aus[29].

20 Die **Äußerung eines Abgeordneten in Ausübung seines Berufs** im Plenum und in den Unterorganisationen des Parlaments ist öffentlich-rechtlicher Natur. Denn sie hat ihre Wurzeln in der parlamentarischen Rede- und Handlungsfreiheit[30]. Demgemäß ist sie keine privatrechtliche Äußerung der Meinung. Entgegen der Auffassung des Bundesgerichtshofes kann sie damit nicht mehr in das Zivilrecht eingeordnet werden[31]. Es kommt daher nur der **Weg zu den Verwaltungsgerichten** in Betracht[32].

---

21 Trute (Fn. 5), RdNr. 16 zu Art. 46; Magiera (Fn. 1), RdNr. 43 zu Art. 46; Schröder (Fn. 4), 34.
22 Magiera (Fn. 1), RdNr. 45 zu Art. 46; Schneider (Fn. 1), RdNr. 8 zu Art. 46; David, RdNr. 19 zu Art. 14; Trute (Fn. 5), RdNr. 17 zu Art. 46.
23 Meder, RdNr. 1 zu Art. 27; Neumann, RdNr. 12 zu Art. 94 Bremische Verfassung.
24 Magiera, Fn. 22; Braun, RdNr. 7 zu Art. 37; Neumann, Fn. 23.
25 Trute (Fn. 5), RdNr. 20 zu Art. 46; Magiera (Fn. 1), RdNr. 50 zu Art. 46.
26 Trute, Fn. 25.
27 Rebe (Fn. 4), 195; Klein (Fn. 1), 570; Schneider (Fn. 1), RdNr. 3 zu Art. 46.
28 BVerfGE 11, 6 (19); Klein (Fn. 1), 573; a. A.: Finkelnburg, Die Verantwortlichkeit des Abgeordneten, in: Simon/Franke/Sachs, 193 (198).
29 BVerfG, Fn. 28.
30 BVerfGE 60, 374 (380). Vgl. auch BVerfG v. 19. 10. 1984 – 2 BvR 97/80; in dem nicht veröffentlichten Kammerbeschluß wird der Rechtsweg offengelassen.
31 Schröder (Fn. 4), 34 f.
32 Schröder, Fn. 31; Wild, Der Elefant im Porzellanladen: Parlamentarische Redebeiträge vor den Zivilgerichten, ZParl., 1998, 317 (319); Röper, 75. Zur Problematik des Verfahrensrechtes: Heintzen, Noch einmal: Parlamentarische Redebeiträge vor den Zivilgerichten, ZParl, 1998, 728 f.

Immunität   Art. 15

Artikel 15

Immunität

(1) Wegen einer mit Strafe bedrohten Handlung darf ein Mitglied des Landtages nur mit Genehmigung des Landtages zur Verantwortung gezogen oder verhaftet werden, es sei denn, daß es bei Begehung der Tat, spätestens bis zum Ablauf des folgenden Tages, festgenommen wird.

(2) Die Genehmigung des Landtages ist ferner bei jeder anderen Beschränkung der persönlichen Freiheit eines Mitglieds des Landtages oder zur Einleitung eines Verfahrens gegen ein Mitglied des Landtages gemäß Artikel 18 des Grundgesetzes für die Bundesrepublik Deutschland erforderlich.

(3) Jedes Strafverfahren und jedes Verfahren gemäß Artikel 18 des Grundgesetzes für die Bundesrepublik Deutschland gegen ein Mitglied des Landtages, jede Haft und jede sonstige Beschränkung seiner persönlichen Freiheit sind auf Verlangen des Landtages auszusetzen.

Übersicht

	RdNr.
Das vorrechtliche Bild	1
Landesparlamentsrecht	2
Der „Landtag"	3
Ein „Mitglied des Landtages"	4
Die „mit Strafe bedrohte Handlung"	5
Maßnahmen des Disziplinarrechts	6
„zur Verantwortung gezogen werden"	7
„verhaftet werden"	8
Der Ausnahmetatbestand („es sei denn, daß")	9
Jede „andere Beschränkung der persönlichen Freiheit"	10
„Die Genehmigung des Landtages"	11
Die „allgemeinen" Genehmigungen	12
Nebenbestimmungen der Genehmigung	13
Die sachliche Diskontinuität	14
Kein Verzicht des Abgeordneten	15
Das Stimmrecht des betroffenen Abgeordneten	16
„Verfahren gemäß Artikel 18 des Grundgesetzes"	17
Das Reklamationsverfahren (3. Absatz)	18
Die Aussetzung des Verfahrens	19
Rechtswege	20
Immunitätsgrundsätze	21

Seit Anfang des 19. Jahrhunderts gehört das Immunitätsrecht zum **klassischen Parlamentsrecht der deutschen Verfassungen.** Die Verfassungen der Länder Preußen, Hannover, Braunschweig, Oldenburg und Schaumburg-Lippe enthielten bereits Normen, die Art. 15 NV entsprachen. Die Weimarer Reichsverfassung brachte mit Art. 37 eine Regelung für die Mitglieder des Reichstages und der Landtage. Der Grundgesetzgeber übernahm mit Art. 46 Art. 2 bis 4 GG weitgehend den Text des Art. 37 WRV für die Bundestagsabgeordneten. Der Verfassungsgeber der Vorläufigen Niedersächsischen Verfas-

1

sung wählte Art. 37 WRV und Art. 46 GG als Vorbild[1]. Der Verfassungsgeber der neuen Norm änderte nicht den Inhalt des Art. 15 VNV[2].

2   Immunitätsrecht ist **überkommenes Parlamentsrecht**. Allein dem niedersächsischen Gesetzgeber steht die Kompetenz zur Regelung des Immunitätsrechtes seiner Abgeordneten zu[3]. Die Vorschrift des Art. 15 NV ist für das Strafverfahren nach § 152a StPO für den Bund und für alle anderen Bundesländer gültig. Sie gilt nach Art. 75 NV entsprechend für die Abgeordneten der Volksvertretungen anderer Bundesländer in Niedersachsen. Die zivilrechtlichen Vorschriften des Bundes, die auch bei Abgeordneten die Anordnung einer Haft vorsahen, greifen in die Kompetenz des Landes ein[4]. Das Bundesverfassungsgericht hat über die Zulässigkeit dieses Eingriffes noch nicht entschieden.

3   **Normadressat** ist der Landtag und damit sein Plenum. Das Plenum kann seine Kompetenz nicht auf einen Ausschuß übertragen. Ein Ausschuß kann nach Art. 20 Abs. 3 NV die Entscheidung des Plenums nur „vorbereiten". Eine Delegation ist somit unzulässig. Anders die Landesverfassungen von Bremen und Thüringen[5].

4   Die Immunität steht weder dem Kandidaten noch dem ehemaligen Abgeordneten zu. Sie ist an den **Status des Abgeordneten** gebunden[6]. Tatbeteiligte, die nicht den Status haben, genießen nicht den Schutz[7].

5   Die Formel „**mit Strafe bedrohte Handlung**" erfaßt
– Kriminalstrafen des Strafrechts und des Nebenstrafrechts,
– Maßnahmen der Sicherung und Besserung und
– die Verfolgung wegen Ordnungswidrigkeiten[8].

6   Der überkommene verfassungsrechtliche Begriff der „mit Strafe bedrohten Handlung" hatte sich Mitte des 19. Jahrhunderts gebildet. Seit jeher umfaßt er **Pflichtverletzungen des Disziplinarrechts**[9]. Die entgegengesetzte Ansicht eines Wehrdienstsenates des Bundesverwaltungsgerichts[10] dringt nicht zum „Kern der Problematik vor"[11]. Bundestag und Landtage sind nach wie

---

1 Korte, 135.
2 Schriftlicher Bericht, 14.
3 Braun, RdNr. 3 zur Art. 38; Neumann, RdNr. 3 zu Art. 95 Bremische Verfassung; Reh, in: Zinn/Stein, RdNr. 1b zu Art. 96; Dickersbach, in: Geller/Kleinrahm, RdNr. 2b zu Art. 48.
4 Dickersbach, Fn. 3.
5 Art. 105 Abs. 3 Bremische Verfassung, Art. 55 Abs. 4 Thüringische Verfassung.
6 Trute, in: v. Münch/Kunig, RdNr. 27 zu Art. 46; Maunz, in: Maunz/Dürig/Herzog, RdNr. 27 zu Art. 46; Meder, RdNr. 2 zu Art. 28.
7 Magiera, in: Bonner Kommentar, RdNr. 69 zu Art. 46.
8 Butzer, 171, 394; Trute (Fn. 6), RdNr. 24 zu Art. 46; Magiera (Fn. 7), RdNr. 62f. zu Art. 46; Hans-Peter Schneider, in: AK-GG, RdNr. 12 zu Art. 46.
9 Neumann, RdNr. 11 zu Art. 95 Bremische Verfassung; Trute (Fn. 6), RdNr. 25 zu Art. 46; BVerfGE 42, 312 (328); Wurbs, 31, 70f.; Schneider, Fn. 8; Magiera (Fn. 8), RdNr. 62 zu Art. 46; Maunz (Fn. 6), RdNr. 40 zu Art. 46; Klein, Status des Abgeordneten, in: Hdb. d. Staatsrechts, Bd. II, 341 (387); Achterberg/Schulte, in: v. Mangoldt/Klein, RdNr. 38 zu Art. 46; Linck, in: Linck/Jutzi/Hopfe, RdNr. 11 zu Art. 55.
10 BVerwGE 83, 1f.
11 Achterberg/Schulte, Fn. 9.

Immunität	Art. 15

vor der Ansicht, daß die Einleitung und Durchführung eines Disziplinarverfahrens einer parlamentarischen Genehmigung bedarf[12].

„Zur Verantwortung gezogen werden" bedeutet: Alle gerichtlichen, staatsanwaltschaftlichen, polizeilichen, disziplinargerichtlichen, berufsgerichtlichen und verwaltungsbehördlichen Ermittlungen, die dazu dienen, die Richtigkeit oder Unrichtigkeit des Verdachts einer nach dem Strafrecht, dem Disziplinarrecht, dem Recht der Berufsgerichtsbarkeit, dem Recht der Gefahrenabwehr vorwerfbaren Verhaltens zu ermitteln[13]. 7

Ein Abgeordneter wird „verhaftet" aufgrund eines Haftbefehls (§ 114 StPO), einer vorläufigen Festnahme (§ 127 StPO)[14] und der Unterbringung nach § 81 StPO[15]. 8

Keiner Zustimmung des Landtages („Genehmigung") bedarf es bei dem Ausnahmetatbestand der Festnahme „bei Begehung der Tat, spätestens bis zum Ablauf des folgenden Tages". Sie liegt nach den Materialien zu Art. 37 WRV nur dann vor, wenn der Abgeordnete auf frischer Tat ertappt und verfolgt wird und spätestens am nächsten Tage festgenommen worden ist[16]. Ein ergriffener, aber wieder entkommener oder freigelassener Abgeordneter darf daher nach diesem Fristablauf ohne Zustimmung des Landtages nicht erneut festgenommen werden[17]. Diese Ansicht wird weitgehend im Schrifttum geteilt[18]. Die Zeitbestimmung „spätestens" muß somit ebenfalls eine enge Beziehung zur Tat haben[19]. Eine Rechtsprechung der Verfassungsgerichte hat sich hierzu noch nicht gebildet. Liegt der seltene Ausnahmetatbestand vor, so ist das gesamte weitere Verfahren bis zur Verkündung des Urteils zustimmungsfrei. 9

„Jede andere Beschränkung der persönlichen Freiheit" ist die Einschränkung der körperlichen Bewegungsfreiheit[20]. Die Vorschrift ergänzt die Haft des ersten Absatzes[21]. 10

Die „Genehmigung des Landtages", ist eine vorherige Zustimmung und grundsätzlich eine Einzelfallentscheidung[22]. Der Geschäftsordnungsausschuß schlägt dem Plenum einen Beschluß vor. Das Plenum entscheidet nach Beratung[23]. 11

Die Parlamentspraxis des Landtages geht von „allgemeinen Genehmigungen" aus[24]. Diese werden dann als rechtlich unbedenklich betrachtet, wenn 12

---

12 Butzer, 185f.
13 Butzer, 205 mit weiteren Nachweisen; Magiera (Fn. 7), RdNr. 65 zu Art. 46; Schneider, Fn. 8.
14 Butzer, 211; Maunz (Fn. 6), RdNr. 50 zu Art. 46.
15 David, RdNr. 13 zu Art. 15.
16 Gebhard, RdNr. 9a zu Art. 37 WRV.
17 Gebhard, Fn. 16.
18 Rebe, Landtag und Gesetzgebung, in: Korte/Rebe, 141 (196); Butzer, 224; David, RdNr. 16 zu Art. 15; Braun, RdNr. 12 zu Art. 38; Schneider (Fn. 8), RdNr. 13 zu Art. 46; Maunz (Fn. 6), RdNr. 53 zu Art. 46.
19 Neumann, RdNr. 13 zu Art. 95 Bremische Verfassung.
20 Achterberg/Schulte (Fn. 9), RdNr. 57 zu Art. 46; Magiera (Fn. 7), RdNr. 78f. zu Art. 46.
21 Butzer, 234, 395.
22 Achterberg/Schulte (Fn. 9), RdNr. 47 zu Art. 46.
23 § 61 Abs. 1 Satz 3 GO Landtag.
24 § 61 Abs. 2 GO Landtag.

sie bei einem Ermittlungsverfahren an eine Mitteilungspflicht geknüpft werden. Der Landtag kann dann im Einzelfalle sein Reklamationsrecht geltend machen[25].

13 Es besteht Übereinstimmung, daß die Zustimmung („Genehmigung") für ein bestimmtes Verfahren oder eine bestimmte Maßnahme mit **Nebenbestimmungen** versehen werden kann[26].

14 Alle Genehmigungen des Landtages erlöschen nach dem **Prinzip der sachlichen Diskontinuität** mit dem Ablauf der Wahlperiode. Wird der Abgeordnete wiedergewählt, so muß erneut für das „mitgebrachte Verfahren" eine Genehmigung beantragt werden[27]. Bei seiner Entscheidung ist der Landtag nicht an den Beschluß des alten Parlaments gebunden. Er kann eine Genehmigung auch dann ablehnen, wenn sie in einer vorangegangenen Wahlperiode erteilt worden ist.

15 Der Abgeordnete kann auf seinen **Immunitätsschutz nicht wirksam verzichten**[28]. Auch kann er nicht vom Landtag die Aufhebung des ihm gewährten Immunitätsschutzes beanspruchen[29].

16 Bei der Beschlußfassung im Plenum hat der **betroffene Abgeordnete Stimmrecht**. Die Mandatsfreiheit (Art. 12 NV) gewährt ihm die Befugnis, sein „Stimmrecht frei auszuüben"[30]. Nur die Verfassung kann es einschränken oder ausschließen[31]. Die Bremische Verfassung regelt z. B. den Ausschluß des Stimmrechtes bei Betroffenheit in Art. 84 Abs. 1 Satz 1.

17 „**Ein Verfahren gegen ein Mitglied des Landtages gemäß Artikel 18 des Grundgesetzes**" ist „**eingeleitet**", wenn die Landesregierung durch förmlichen Beschluß als Kollegium entschieden hat, einen entsprechenden Antrag nach dem Bundesverfassungsgerichtsgesetz zu stellen[32].

18 Der dritte Absatz regelt das **Reklamationsverfahren**, das in allen Fällen der beiden ersten Absätze angewandt werden kann. Das „**Verlangen des Landtages**" setzt einen Beschluß des Plenums voraus. Der Beschluß ist für die laufende Wahlperiode ein zeitlich beschränktes Prozeß- oder Verfahrenshindernis[33]. Die Reklamation wirkt „ex nunc"[34]. Als Reklamationsfälle kommen z. B. in Betracht, wenn bei einem zustimmungsbedürftigen Verfahren die Einholung der Genehmigung übersehen worden ist oder der Landtag bei einem bereits genehmigten Verfahren eine Unterbrechung für geboten hält[35].

---

25 Butzer, 317; Ahrens, 127; Magiera (Fn. 7), RdNr. 92 zu Art. 46.
26 Magiera (Fn. 7), RdNr. 100 zu Art. 46; Maunz (Fn. 6), RdNr. 68 zu Art. 46.
27 Trossmann, 875; Maunz (Fn. 6), RdNr. 51 zu Art. 46; Magiera (Fn. 7), RdNr. 86 zu Art. 46.
28 Magiera (Fn. 7), RdNr. 107 zu Art. 46; Butzer, 100; Achterberg/Schulte (Fn. 8), RdNr. 32 zu Art. 46.
29 David, RdNr. 23 zu Art. 15.
30 BVerfGE 10, 4 (12); 70, 324 (355); 80, 188 (218).
31 Butzer, 324; Achterberg/Schulte (Fn. 8), RdNr. 59 zu Art. 46; Trute (Fn. 6), RdNr. 30 zu Art. 46.
32 Butzer, 379; Magiera (Fn. 7), RdNr. 83 zu Art. 46; Trute (Fn. 6), RdNr. 38 zu Art. 46.
33 Maunz (Fn. 6), RdNr. 75 zu Art. 46; Achterberg/Schulte (Fn. 8), RdNr. 60 zu Art. 46.
34 Magiera (Fn. 8), RdNr. 105 zu Art. 46; Achterberg/Schulte (Fn. 8), RdNr. 60 zu Art. 46; Maunz (Fn. 6), RdNr. 76 zu Art. 46.
35 Magiera (Fn. 7), RdNr. 104 zu Art. 46; Maunz (Fn. 6), RdNr. 74 zu Art. 46; Butzer, 281.

Immunität Art. 15

Der Landtag berücksichtigt bei seiner Entscheidung den **Verfassungsrang seiner Funktionsfähigkeit**[36]. Legitim ist es, eine Hauptverhandlung eines Strafgerichts durch Reklamation zu unterbrechen, wenn der Abgeordnete bei einer Abstimmung im Ausschuß oder im Plenum benötigt wird. Mit der Verkündung des Reklamationsbeschlusses durch den amtierenden Präsidenten erlischt die Zulässigkeit des betroffenen Verfahrens oder Prozesses. Dauern Ermittlungen zu lange, kann eine Reklamation geboten sein[37].

„**Aussetzen**" (Art. 15 Abs. 3, letztes Wort) ist ein unbestimmter Begriff des Verfassungsrechts. Parallelvorschriften haben dafür die Worte „unterbrechen", „aufheben"[38]. Da es keinen einheitlichen Begriff der Aussetzung für alle hier in Betracht kommenden Verfahren gibt, muß der Reklamationsbeschluß den jeweils für das Verfahren passenden Ausdruck wählen, damit kein Dissens entsteht[39]. 19

Die Fachgerichte sind nicht befugt, Immunitätsentscheidungen des Landtages auf ihre formelle und materielle Richtigkeit zu prüfen[40]. Der durch eine Immunitätsentscheidung betroffene Bürger kann Verfassungsbeschwerde zum Bundesverfassungsgericht (Art. 93 Abs. 1 Nr. 4a GG) einlegen[41]. Im Schrifttum wird ein Organstreitverfahren des Abgeordneten für zulässig gehalten[42]. Abgesehen vom Bayerischen Verfassungsgerichtshof[43] hat sich hierzu eine Rechtsprechung der Verfassungsgerichte noch nicht gebildet. 20

Die Geschäftsordnung des Landtages sieht nicht wie die des Bundestages[44] die Aufstellung von „**Grundsätzen über die Behandlung** von Ersuchen auf Aufhebung **der Immunität**" vor. Hierbei handelt es sich um Regeln, die der Ausschuß gibt und die ihn bei der Behandlung von Einzelfällen binden sollen[45]. Dadurch wird gewährleistet, daß gleichartige Immunitätsfälle gleich behandelt werden[46]. Werden die Grundsätze veröffentlicht[47], können sich Gerichte und die Exekutive des Bundes und der Länder über die Entscheidungspraxis informieren. Der Ausschuß interpretiert insoweit die Verfassung[48]. 21

---

36 Butzer, 283.
37 Praxis des Bundestages: Weser-Kurier v. 13. 9. 1997, „Bekommt Riedl Immunität zurück?".
38 Art. 37 Abs. 3 WRV: „aufgehoben"; Art. 95 Abs. 3 Bremische Verfassung: „unterbrechen"; Art. 46 Abs. 4 GG: „auszusetzen".
39 Neumann, RdNr. 16 zu Art. 95 Bremische Verfassung.
40 BayVerfGH, E. v. 14. 1. 1966, DVBl., 1966, 902 (904); David, RdNr. 25 zu Art. 15; Braun, RdNr. 16 zu Art. 38.
41 David, RdNr. 25 zu Art. 15; Neumann, RdNr. 18 zu Art. 95 Bremische Verfassung.
42 Moller, Immunität und Verfassungsgerichtsbarkeit, DVBl., 1966, 881 (884); Braun, Fn. 40; Maunz (Fn. 6), RdNr. 71 zu Art. 46; Neumann, Fn. 41; Magiera (Fn. 7), RdNr. 103 zu Art. 46; Schweiger, in: Nawiasky III, RdNr. 8 zu Art. 28; Butzer, 114; a. A.: Achterberg/Schulte (Fn. 8), RdNr. 51 zu Art. 46.
43 Fn. 40.
44 § 107 Abs. 2 GO Bundestag.
45 Trossmann, 876.
46 Butzer, Die Grundsätze in Immunitätsangelegenheiten im Rechtsquellenkanon des Parlamentsrechts, ZParl., 1993, 384 (391).
47 Butzer, Fn. 46.
48 Schulte/Zeh, Der Ausschuß für Wahlprüfung, Immunität und Geschäftsordnung, in: Schneider/Zeh, 1161 (1165).

Artikel 16
Zeugnisverweigerungsrecht

(1) Mitglieder des Landtages sind berechtigt, über Personen, die ihnen als Mitgliedern des Landtages oder denen sie in dieser Eigenschaft Tatsachen anvertraut haben, sowie über diese Tatsachen selbst das Zeugnis zu verweigern.

(2) Den Mitgliedern des Landtages stehen Personen gleich, die sie in Ausübung ihres Mandats zur Mitarbeit herangezogen haben. Über die Ausübung ihres Zeugnisverweigerungsrechts entscheidet das Mitglied des Landtages, es sei denn, daß seine Entscheidung in absehbarer Zeit nicht herbeigeführt werden kann.

(3) Soweit das Zeugnisverweigerungsrecht reicht, ist eine Beschlagnahme unzulässig.

Übersicht

	RdNr.
Rückblick	1
Eine Kompetenz des Landes	2
Schutz für Verfahren aller Art	3
Der Zweck der Norm	4
Ein höchstpersönliches Recht	5
Die Dauer des Rechts	6
Anwendungsfälle	7
Keine Pflicht zur Verweigerung	8
Kompetenz für die Entscheidung	9
Keine Entbindung durch den Informanten	10
Parlamentarisches Untersuchungsverfahren	11
Die Mitarbeiter bei der Ausübung des Mandats	12
Zeugnisverweigerung der Mitarbeiter	13
„in absehbarer Zeit" (Abs. 2 Satz 2)	14
Der Umfang des Beschlagnahmeverbotes	15
Rechtswege	16

1 Art. 16 Abs. 1 stimmt mit Art. 16 VNV weitgehend überein. Beim Beschlagnahmeverbot entfielen die „Schriftstücke", damit Datenträger aller Art erfaßt werden. Der Verfassungsgeber fügte jedoch den Text des subsidiären Zeugnisverweigerungsrechtes der Hilfspersonen nach § 53a Abs. 1 Satz 2 StPO ein.

Den Schutz des Berufsgeheimnisses des Abgeordneten, den es in Frankreich und Belgien bereits vorher gab, regelte in Deutschland erstmals die Weimarer Reichsverfassung für Abgeordnete des Reiches und der Länder (Art. 38 Abs. 1 WRV). Das schloß jedoch Parallelvorschriften durch den Landesgesetzgeber nicht aus, wie § 37 Abs. 2 der Bamberger Verfassung von 1919 zeigt.

2 Art. 16 NV ist Parlamentsrecht, das in die **ausschließliche Zuständigkeit des Landesgesetzgebers** fällt. Der Bundesgesetzgeber ist hierbei nur befugt,

Zeugnisverweigerungsrecht   Art. 16

dieses Recht für Zivil- und Strafverfahren zu ergänzen[1]. Zur Problematik des Eingriffs des Bundesgesetzgebers in das Parlamentsrecht der Länder wird auf RdNr. 2f. zu Art. 14 NV verwiesen.

Der Schutz der Norm gilt für **alle Verfahren der Gerichte und der Exeku-** 3
tive des Bundes und der Länder, welche die Kompetenz zur Vernehmung von Zeugen, zur Durchsuchung und Beschlagnahme haben[2]. Auch hier hat sich noch keine Rechtsprechung des Bundesverfassungsgerichts gebildet, ob und inwieweit der Bundesgesetzgeber in dieses Kerngebiet des Parlamentsrechtes der Länder eindringen darf.

Normzweck sind die Freiheit des Mandats (Art. 12 Satz 2 NV) und das Ver- 4
trauensverhältnis zwischen dem Bürger und seinem Abgeordneten[3]. Die Vorschrift soll das Berufsgeheimnis des Abgeordneten sichern[4]. Damit dient sie mittelbar der Funktionsfähigkeit des Landtages[5]. Am wichtigsten ist sie für die **Abgeordneten der Opposition,** die ohne vertrauensvolle umfassende Information ihre von der Verfassung zugewiesene Aufgabe nicht erfüllen können.

Nur dem Abgeordneten steht das öffentliche **subjektive höchstpersönliche** 5
Recht zu[6]. Weder der einfache Gesetzgeber noch die Fraktionen können es einschränken.

Das Recht entsteht mit dem Status des Abgeordneten, überdauert die Man- 6
datszeit und erlischt mit dem Tode[7].

Das Zeugnis kann verweigert werden: 7
– über Personen, denen der Abgeordnete in Ausübung seines Amtes Tatsachen mitgeteilt hat;
– über Tatsachen, die andere Personen, auch andere Abgeordnete dem Abgeordneten als Abgeordneten mitgeteilt haben;
– über Tatsachen, die der Abgeordnete als Abgeordneter anderen Personen mitgeteilt hat[8].

Es besteht **keine Pflicht zur Verweigerung**[9]. Unzulässig ist ein vorwegge- 8
nommener genereller Verzicht[10]. Ein Abgeordneter, der ohne Zustimmung seines Informanten verzichtet, muß jedoch damit rechnen, daß er nie mehr

---

1 Dickersbach, in: Geller/Kleinrahm, RdNr. 10 zu Art. 49; Reh, in: Zinn/Stein, RdNr. 1b zu Art. 97; Linck, in: Linck/Jutzi/Hopfe, RdNr. 2 zu Art. 56.
2 Feuchte, in: Feuchte, RdNr. 6 zu Art. 39.
3 Hans-Peter Schneider, in: AK-GG, RdNr. 2 zu Art. 47; Trute, in: v. Münch/Kunig, RdNr. 2 zu Art. 47; Achterberg/Schulte, in: v. Mangoldt/Klein, RdNr. 2 zu Art. 47; Umbach, in: Bonner Kommentar, RdNr. 4 zu Art. 47; Maunz, in: Maunz/Dürig/Herzog, RdNr. 2 zu Art. 47.
4 Klein, in: Schmidt-Bleibtreu/Klein, RdNr. 1 zu Art. 47.
5 Hans Hugo Klein, Status des Abgeordneten, in: Hdb. d. Staatsrechts, Bd. II, 367 (388).
6 Umbach (Fn. 3), RdNr. 4 zu Art. 47; Maunz (Fn. 3), RdNr. 5 zu Art. 47; Achterberg/Schulte (Fn. 3), RdNr. 3 zu Art. 47.
7 Neumann, RdNr. 6 zu Art. 96 Bremische Verfassung; Achterberg/Schulte (Fn. 3), RdNr. 9 zu Art. 47; Umbach (Fn. 3), RdNr. 9 zu Art. 47; Schneider (Fn. 3), RdNr. 4 zu Art. 47.
8 Neumann, RdNr. 4 zu Art. 96 Bremische Verfassung; Schneider (Fn. 3), RdNr. 4 zu Art. 47.
9 Maunz (Fn. 3), RdNr. 4 zu Art. 47; Umbach (Fn. 3), RdNr. 4 zu Art. 47.
10 Umbach, Fn. 9; Maunz, Fn. 4; Achterberg/Schulte (Fn. 3), RdNr. 3 zu Art. 47; Schneider (Fn. 3) RdNr. 4 zu Art. 47.

Art. 16 — Zweiter Abschnitt Der Landtag

Informationen mit vertraulichem Inhalt erhält. Denn im politischen Alltag gilt nun einmal der Grundsatz des absoluten Quellenschutzes.

9   Ob eine Zeugnisverweigerung zulässig ist, **entscheidet die zuständige Stelle.** Der Abgeordnete hat die Tatsachen, auf die er seine Weigerung stützt, glaubhaft zu machen. Er kann z. B. eine Versicherung an Eides statt vorlegen[11]. Allgemein wird man von der Erfahrungsregel ausgehen können, daß ein Bürger, der seinem Abgeordnete unter vier Augen Tatsachen mitteilt, davon ausgeht, daß sein Gespräch vertraulich behandelt wird[12].

10 Der Informant kann den Abgeordneten **nicht von der Vertraulichkeit entbinden**[13].

11 Das Statusprivileg des Zeugnisverweigerungsrechtes gilt auch im **parlamentarischen Untersuchungsverfahren**[14]. Auch in diesem Verfahren entscheidet der Abgeordnete, ob er vollständig, teilweise oder gar keine Auskunft geben will[15].

12 Art. 16 Abs. 2 Satz 1 NV dehnt den Schutz auf die „**Mitarbeiter**" bei der Ausübung des Mandats aus. Inhaltlich gleiche Vorschriften haben die Landesverfassungen von Sachsen-Anhalt, Sachsen und Thüringen. Die Strafprozeßordnung regelt in § 53a das Zeugnisverweigerungsrecht des „Berufshelfers" des Abgeordneten. Der Begriff des Mitarbeiters setzt kein Arbeitsverhältnis voraus. Der Mitarbeiter kann haupt- oder nebenberuflich mitarbeiten[16]. Mitarbeiter kann auch ein freiberuflicher Sachverständiger sein, den der Abgeordnete bei einer berufsbezogenen Information um ein Gutachten oder einen Rat gebeten hat[17].

13 Nur der Abgeordnete „**entscheidet**", ob und wie weit der Mitarbeiter aussagen darf. Diese Regelung entspricht der des Strafprozeßrechtes[18].

14 Eine Entscheidung des Abgeordneten kann nicht mehr „**in absehbarer Zeit herbeigeführt werden**", wenn der Abgeordnete gestorben oder sehr schwer erkrankt ist, so daß seine Entscheidung innerhalb eines Jahres nicht erwartet werden kann. Eine Aussage des Mitarbeiters entgegen der Weisung des Abgeordneten ist prozessual nicht verwertbar. Das **Verwertungsverbot** folgt dem Zweck der Norm, die ein Kernstück der parlamentarischen Demokratie schützt.

15 Das **Beschlagnahmeverbot** beschränkt sich nicht mehr auf „Schriftstücke" wie in Art. 16 VNV. Es umfaßt alle Aufzeichnungen von Informationsträgern, Datenträgern, Dateien, Tonträgern, Disketten, Lochstreifen, Bücher

---

11 Maunz (Fn. 3), RdNr. 13 zu Art. 47; Umbach (Fn. 3), RdNr. 17 zu Art. 47; Schneider (Fn. 3), RdNr. 5 zu Art. 47; Neumann, RdNr. 9 zu Art. 96 Bremische Verfassung.
12 Neumann, Fn. 11.
13 Umbach (Fn. 3), RdNr. 5, 15 zu Art. 47; Neumann, RdNr. 4 zu Art. 96 Bremische Verfassung; a. A.: Maunz (Fn. 3), RdNr. 6 zu Art. 47.
14 Umbach (Fn. 3), RdNr. 21 zu Art. 47; Schneider (Fn. 3), RdNr. 15 zu Art. 47.
15 Umbach, Fn. 14.
16 Reich, RdNr. 3 zu Art. 59; Müller, Anm. zu Art. 59; Linck (Fn. 1), RdNr. 4 zu Art. 56.
17 Röper, 108.
18 § 53a Abs. 1 Satz 2 i. V. m. § 53 Abs. 1 Nr. 4 StPO.

und Fotos[19]. Nach dem Grundsatz der Akzessorietät reicht das Beschlagnahmeverbot soweit, wie diese Unterlagen an die Stelle einer Zeugenvernehmung treten können[20].

Der staatsrechtliche Begriff der **Beschlagnahme** ist weit. Er umfaßt Nachforschung und zwangsweise Wegnahme im Sinne des Verfahrens- und Prozeßrechtes, so z. B. 16

- Erzwingung der Herausgabe von Urkunden,
- präventivpolizeiliche Sicherstellungen,
- Durchsuchung der Wohn- und Arbeitsräume des Abgeordneten und seiner Mitarbeiter,
- Beschlagnahme der Informationsträger[21].

Zu Durchsuchungen und Beschlagnahmen in den Räumen des Landtagsgebäudes siehe Art. 18 Abs. 2 NV.

Der Abgeordnete hat gegen Eingriffe in sein Privileg den **Rechtsweg** zum in Betracht kommenden **Fachgericht**[22]. Greift aber ein Verfassungsorgan in sein Recht ein, so kommt nur ein Organstreitverfahren nach Art. 54 Nr. 1 NV in Betracht. So z. B. bei Maßnahmen des Untersuchungsausschusses des Landtages[23]. 17

Artikel 17

Abgeordnetenanklage

(1) Der Landtag kann ein Mitglied des Landtages wegen gewinnsüchtigen Mißbrauchs seiner Stellung als Mitglied des Landtages vor dem Staatsgerichtshof anklagen.

(2) Der Antrag auf Erhebung der Anklage muß von mindestens einem Drittel der Mitglieder des Landtages gestellt werden. Der Beschluß auf Erhebung der Anklage bedarf der Zustimmung von zwei Dritteln der Mitglieder des Landtages.

(3) Erkennt der Staatsgerichtshof im Sinne der Anklage, so verliert das Mitglied des Landtages sein Mandat.

Übersicht

	RdNr.
Rückblick	1
Der Zweck der Norm	2
Das Opportunitätsprinzip	3

---

19 Umbach (Fn. 3), RdNr. 27 zu Art. 47.
20 Umbach (Fn. 3), RdNr. 25 zu Art. 47.
21 Röper, 106; Maunz (Fn. 3), RdNr. 16 zu Art. 47; Achterberg/Schulte (Fn. 3), RdNr. 10 zu Art. 47; Schneider (Fn. 3), RdNr. 6 zu Art. 47; Trute (Fn. 3), RdNr. 15 zu Art. 47.
22 Umbach (Fn. 3), RdNr. 19 zu Art. 47.
23 Umbach (Fn. 3) RdNr. 18 zu Art. 47; ders., Der „eigentliche" Verfassungsstreit vor dem Bundesverfassungsgericht, in: FS Zeidler, Bd. II, 1235 (1237); BVerfGE 64, 301 (313); RdNr. 6 zu Art. 54 NV.

Art. 17

Kein Einfluß des Statusverlustes 4
Der „gewinnsüchtige Mißbrauch" 5
Der Vorsatz 6
Verfahren im Landtag 7
Berechnung der Quoren (Art. 17 Abs. 2 NV) 8
Verfahren vor dem Staatsgerichtshof 9
Ein eigenständiges staatsgerichtliches Verfahren 10
Nichtgeregelte Verfahrenskonkurrenzen 11
Aussetzung des Verfahrens 12

1 Art. 17 NV hat denselben Inhalt wie Art. 13 VNV[1]. Es ist eine Parallelvorschrift zur Ministeranklage des Art. 40 NV, die auf ihn verweist. Die Abgeordnetenanklage ist ein Einrichtung des deutschen Verfassungsrechts. Das Institut geht auf **Robert v. Mohl** zurück[2]. Deutsche Länder führten sie bereits im 19. Jahrhundert ein[3]. Auch in der Weimarer Republik gab es in einigen Ländern die Abgeordnetenanklage[4].

2 **Normzweck** der Vorschrift ist der Schutz des Ansehens und der Arbeitsfähigkeit des Landtages[5].

3 Die Anklageerhebung steht im freien Ermessen des Plenums des Landtages („kann"). Es gilt das **Opportunitätsprinzip**.

4 Die Einleitung und die Durchführung des Verfahrens wird durch einen **nachträglichen Statusverlust** nicht berührt wie beispielsweise bei:
– Auflösung des Landtages, Ablauf der Wahlperiode,
– Ungültigkeit der Wahl des Abgeordneten und
– Verlust seiner Mitgliedschaft im Landtag[6].

5 Ein „**gewinnsüchtiger Mißbrauch der Stellung als Mitglied des Landtages**" ist ein ungewöhnlich sittlich anstößiges Maß des Erwerbstrebens des Abgeordneten[7]. Es muß eine Kausalität zwischen der Stellung des Abgeordneten und seiner Gewinnsucht bestehen[8].

6 Während die Ministeranklage ausdrücklich den **Vorsatz** („vorsätzlich") voraussetzt, hat Art. 17 NV keinen Tatbestand zur Schuld. Aus dem Begriff der Gewinnsucht folgt jedoch ein bewußter und gewollter Fehlgebrauch und damit ein Vorsatz[9].

---

1 Schriftlicher Bericht, 14.
2 Robert v. Mohl, geb. 17. 8. 1799 in Stuttgart, gest. 5. 11. 1875 in Berlin, Professor der Rechte und Politiker. Hier maßgebliche Schrift: Die Verantwortlichkeit der Minister in Einherrschaften mit Volksvertretung, 1837. Hoke, Verfassungsgerichtsbarkeit in den deutschen Ländern in der Tradition der deutschen Staatsgerichtsbarkeit, in: Starck/Stern, Bd. I, 25 (63).
3 Hoke, Fn. 2; Rhamm, 190 f.
4 Hoke (Fn. 2), 98.
5 Freund, Das Anklageverfahren vor dem Landesverfassungsgericht, in: Starck/Stern, Bd. II, 307 (337).
6 § 24 Abs. 1 Nr. 1, 2 StGHG.
7 StGH, Rechtsgutachten v. 13. 12. 1993, Fundstelle siehe Art. 54 NV.
8 Rebe, Landtag und Gesetzgebung, in: Korte/Rebe, 97 (208).
9 Freund, Fn. 5; Stiens, 97.

Wegen des **Verfahrens im Landtage** wird auf die Geschäftsordnung verwie- 7
sen. Der Geschäftsordnungsausschuß hat den beschuldigten Abgeordneten
zu hören[10]. Ein Beweiserhebungsrecht steht dem Landtage nicht zu[11].

Die im zweiten Absatz angeführten **Quoren – ein Drittel und zwei Drittel –** 8
richten sich nach der gesetzlichen Mitgliederzahl des Landtages nach
Art. 74 NV.

Das Staatsgerichtshofgesetz regelt einen Teil des **gerichtlichen Verfahrens** 9
und verweist auf die bundesgesetzlichen Vorschriften des Anklageverfahrens
gegen den Bundespräsidenten vor dem Bundesverfassungsgericht[12]. Demge-
mäß gliedert sich die mündliche Verhandlung vor dem Staatsgerichtshof wie
folgt:
– Vortrag des Beauftragten der Anklage des Landtages,
– Erklärung des beschuldigten Abgeordneten zur Anklage,
– Beweiserhebung vor dem Staatsgerichtshof,
– Antrag des Beauftragten der Anklage des Landtages,
– Antrag der Verteidigung des Abgeordneten,
– letztes Wort des Abgeordneten und
– Urteil.

Trotz dieser Anklänge an die Hauptverhandlung eines Strafverfahrens han- 10
delt es sich um ein **eigenständiges staatsgerichtliches Verfahren,** das dem
Schutz der Funktionsfähigkeit des Landtages dient[13]. Der Staatsgerichtshof
kann jetzt nach der Novelle zum Staatsgerichtshofgesetz nur noch feststellen, ob der Abgeordnete seine Stellung als Mitglied des Landtages gewinn-
süchtig mißbraucht hat[14]. Der Zusatz „Wird dies bejaht, so verliert er seinen
Sitz im Landtag" der alten Fassung des Verfahrensgesetzes wurde nicht
übernommen. Ein **Amtsverlust** tritt nur noch bei der Verurteilung eines
Mitgliedes der Landesregierung ein[15].

Die zivil- und strafgerichtliche Verantwortlichkeit des Abgeordneten bleibt 11
bestehen[16]. Andere Verfahren sind nicht ausgeschlossen. Unabhängig von
einem anhängigen Anklageverfahren nach Art. 17 NV können z. B. mangels ausdrücklicher Regelung einer **Verfahrenskonkurrenz** durchgeführt
werden:
– Einsetzung eines Untersuchungsausschusses über die Pflichtverletzung
  des Abgeordneten (Art. 17 NV),
– Ausschluß aus der Fraktion nach Maßgabe der Fraktionsgeschäftsordnung[17],

---

10 § 57 Satz 4 GO Landtag.
11 StGH, Fn. 7.
12 § 24 Abs. 2 StGHG i. V. m. § 55 BVerfGG.
13 Wolfrum, in: Bonner Kommentar, RdNr. 33 zu Art. 61; Hemmerich, in: v. Münch/Kunig,
   RdNr. 2 zu Art. 61; Jekewitz, in: AK-GG, RdNr. 3 zu Art. 61; Schlaich, Der Status des Bundespräsidenten, in: Hdb. d. Staatsrechts, Bd. II, 529 (536); Herzog, in: Maunz/Dürig/Herzog,
   RdNr. 9 zu Art. 61.
14 § 25 Abs. 1 StGHG.
15 § 25 Abs. 2 Satz 2 StGHG.
16 Wolfrum, Hemmerich, Jekewitz, Schlaich u. Herzog, Fn. 13.
17 Demmler, 247; Brem. StGH, E. v. 13. 7. 1970, StGHE 2,19.

Art. 18 Zweiter Abschnitt Der Landtag

– Ausschluß aus der Partei durch ein Parteigerichtsverfahren, „Parteischiedsgerichte"[18].

12 Der Staatsgerichtshof kann sein Verfahren nach § 12 Abs. 1 StGHG i. V. m. § 33 Abs. 1 BVerfGG bis zur Erledigung eines bei einem anderen Gericht anhängigen **Verfahrens aussetzen,** wenn für seine Entscheidung die Feststellungen oder die Entscheidung dieses anderen Gerichts von Bedeutung ist. Nur bei Offizialverfahren kommt eine solche Aussetzung in Betracht, so z. B. bei Strafverfahren, ausgenommen Strafbefehl- und Privatklageverfahren[19].

Artikel 18
Präsidium

(1) Der Landtag wählt seine Präsidentin oder seinen Präsidenten, deren oder dessen Stellvertreterin oder Stellvertreterinnen oder Stellvertreter und die Schriftführerinnen oder Schriftführer (Präsidium).

(2) Die Präsidentin oder der Präsident übt das Hausrecht und die Ordnungsgewalt in den Räumen des Landtages aus. Eine Durchsuchung oder Beschlagnahme in diesen Räumen bedarf ihrer oder seiner Einwilligung.

(3) Die Präsidentin oder der Präsident vertritt das Land in Angelegenheiten des Landtages, leitet dessen Verwaltung und übt die dienstrechtlichen Befugnisse aus. Sie oder er ist dabei nur an Gesetz und Recht gebunden. Wichtige Personalentscheidungen trifft sie oder er im Benehmen mit dem Präsidium.

(4) Der Landtag kann Mitglieder des Präsidiums auf Antrag der Mehrheit der Mitglieder des Landtages durch Beschluß abberufen. Der Beschluß bedarf der Zustimmung von zwei Dritteln der Mitglieder des Landtages.

Übersicht

	RdNr.
Die Organisationsgewalt des Landtages	1
Das Benennungsrecht	2
Die Wahl	3
Wahl der Stellvertreter und Schriftführer	4
Amtsverlust durch Fraktionsaustritt	5
Änderung der Fraktionsstärke	6
Die Abberufung der Präsidiumsmitglieder	7
Das „Präsidium"	8
Die Mitwirkung des Präsidiums	9
„Das Hausrecht in den Räumen des Landtages"	10
„Die Ordnungsgewalt"	11

---

18 Henke, in: Bonner Kommentar, RdNr. 308 zu Art. 21; v. Münch, in: v. Münch/Kunig, RdNr. 57 zu Art. 21.
19 Klein, in: Maunz/Schmidt-Bleibtreu/Klein/Ulshamer, Bundesverfassungsgerichtsgesetz, Loseblatt-Kommentar, RdNr. 9 zu § 33.

Präsidium Art. 18

Die „Durchsuchung oder Beschlagnahme" 12
Die „Einwilligung" des Präsidenten 13
Die institutionelle Garantie der Landtagsverwaltung 14
Die Vertretung des Landtages 15
Die Leitung der Verwaltung 16
Die „dienstrechtlichen Befugnisse" 17
Die „wichtigen Personalentscheidungen" 18
„im Benehmen mit dem Präsidium" 19
Die Bindung an „Gesetz und Recht" 20
Kein Mißtrauensantrag 21
Die Wahrung der Würde des Landtages 22
Singulare Doppelstellung des Präsidenten 23

Die ersten drei Absätze wiederholen ohne inhaltliche Änderungen, aber mit 1
Klarstellungen, den Art. 8 Abs. 1 Satz 1, Abs. 2 und 3 VNV. Die Abberufung
der Mitglieder des Präsidiums wurde neu hinzugefügt. Der Artikel verankert
die **Organisationsgewalt des Landtages,** seine **Parlamentsautonomie.**
Diese schützt den Landtag nach außen dahingehend, daß er seine Führung
und seine Leitungsorgane unabhängig von anderen Verfassungsorganen
wählt und seine Verwaltung unabhängig von anderen Verfassungsorganen ist.
Dabei hat der Landtag eine weitgehende Freiheit. Der Artikel setzt nur eine
äußerste Grenze. Die Vorschrift korrespondiert mit der Bildung von Fraktionen (Art. 19 Abs. 1 NV), Chancengleichheit der Opposition (Art. 19 Abs. 2
NV), Bildung von Ausschüssen (Art. 20 NV), Geschäftsordnungsautonomie
(Art. 21 Abs. 1 NV) und Verfahren bei Wahlen von Personen (Art. 21 Abs. 4
Satz 2 NV).

Nach Beginn einer neuen Wahlperiode schlägt die stärkste Fraktion den Kan- 2
didaten für das Amt des Präsidenten vor. Die Rechtsnatur dieses **Benennungs-**
aktes ist umstritten[1]. Eine Rechtsprechung hat sich hierzu noch nicht gebildet. Die Geschäftsordnung des Landtages berücksichtigt diesen Grundsatz[2].

Da die Verfassung nichts anderes bestimmt, **wählt der Landtag** mit der 3
Mehrheit der abgegebenen Stimmen (Art. 21 Abs. 4 Satz 1 NV). Er kann jedoch durch Gesetz oder Geschäftsordnung Abweichendes bestimmen
(Art. 21 Abs. 4 Satz 2 NV). Die Geschäftsordnung schreibt für die Wahl der
Mitglieder des Präsidiums Stimmzettel vor[3]. Wenn kein anwesender Abgeordneter widerspricht, kann durch Handzeichen gewählt werden[4]. Wird der
Kandidat nicht gewählt, so kann die vorschlagsberechtigte Fraktion einen
anderen Abgeordneten vorschlagen[5].

Im Gegensatz zur österreichischen Bundesverfassung bestimmt die Landes- 4
verfassung nicht die Zahl der **„Stellvertreter",** der **Vizepräsidenten**[6]. Die
Geschäftsordnung sieht zur Zeit drei Stellvertreter vor[7]. Bei der Wahl der

---
1 Schulze-Fielitz, 123 mit Beispielen.
2 § 5 Abs. 2 Satz 1 GO Landtag.
3 § 5 Abs. 3 Satz 1 GO Landtag.
4 § 5 Abs. 3 Satz 2 GO Landtag.
5 § 5 Abs. 4 Satz 2 GO Landtag.
6 Art. 30 Abs. 1 Bundes-Verfassungsgesetz.
7 § 5 Abs. 1 Satz 1 GO Landtag.

141

Art. 18

Vizepräsidenten und der Schriftführer ist der Fraktionsproporz üblich. Die Geschäftsordnung berücksichtigt dies[8].

5   **Mitglieder des Präsidiums verlieren ihr Amt,** wenn sie aus der Fraktion, die sie vorgeschlagen hat, ausscheiden[9]. Diese Koppelung an eine Mitgliedschaft in der Fraktion ist im Normalfalle unbedenklich[10]. Problematisch wird sie jedoch dann, wenn die Zahl der Fraktionslosen die Fraktionsstärke überschreitet.

6   Ändert sich im Laufe der Wahlperiode **die Fraktionsstärke** und wird eine andere Fraktion stärkste Fraktion, so hat diese keinen Anspruch auf eine Neuwahl des Landtagspräsidenten[11]. Entsprechendes gilt für die anderen Mitglieder des Präsidiums.

7   Die **Abberufung der Mitglieder des Präsidiums** gegen ihren Willen ist jetzt nur im Verfahren nach Absatz 4 möglich. Diese „**Lex-Brandes**"[12] schützt durch die hohen Quoren die Mitglieder des Präsidiums in ihrer Unabhängigkeit. Die Mehrheiten richten sich nach der gesetzlichen Mitgliederzahl des Art. 74 NV. Die zur Abberufung vorgeschlagenen Abgeordneten können die Sitzung während des Verfahrens nicht leiten, haben aber in eigener Sache Stimmrecht. Denn nur die Verfassung kann ihr Stimmrecht im Plenum aufheben oder beschränken. Hierzu siehe RdNr. 16 zu Art. 15 NV.

8   Das **Präsidium** ist mit der Annahme der Wahl durch den Präsidenten, seine Stellvertreter und die Schriftführer gebildet. Dies folgt aus der Zusammensetzung des Präsidiums in Art. 18 Abs. 1 NV[13].

9   Das Präsidium wird bei der **Personalführung beteiligt** („im Benehmen", Abs. 3 Satz 2). Die Geschäftsordnung spricht von einer Unterstützung des Präsidenten und einer Mitwirkung beim Entwurf des Haushaltsplanes für den Landtag, Verfügung über die Räume im Landtagsgebäude, Erlaß einer Hausordnung, Angelegenheiten der Bibliothek und bei der Verfügung über die Akten des Landtages[14]. Dieses Mit-Wirken ist jedoch kein Mit-Entscheiden. Denn die dem Präsidenten von der Verfassung zugewiesenen Kompetenzen der Landtagsverwaltung sind ausschließlicher Natur[15].

10 Das „**Hausrecht in den Räumen des Landtages**" umfaßt alle Befugnisse, die sich aus dem Eigentum und dem Besitz des Landes an Gebäuden und Grundstücksflächen ergeben. Hierzu gehören auch die den Fraktionen und Abgeordneten zugewiesenen Flächen und Räume[16].

---

8 § 5 Abs. 2 Satz 2 GO Landtag.
9 § 5 Abs. 5 GO Landtag.
10 Dach, in: Bonner Kommentar, RdNr. 118 zu Art. 40.
11 StGH, U. v. 13. 8. 1962 – StGH 1/62, Fundstellen siehe Art. 54 NV.
12 Zur Vorgeschichte: Rieger, 30; Rebe, in: Korte/Rebe, Landtag und Gesetzgebung, 141 (214).
13 § 5 Abs. 1 Satz 1 GO Landtag.
14 § 8 GO Landtag.
15 Linck, in: Linck/Jutzi/Hopfe, RdNr. 23 zu Art. 57.
16 Schriftlicher Bericht, 14; Achterberg/Schulte, in: v. Mangoldt/Klein, RdNr. 63 zu Art. 40; Versteyl, in: v. Münch/Kunig, RdNr. 23 zu Art. 40; Maunz, in: Maunz/Dürig/Herzog, RdNr. 24 zu Art. 40; Hans-Peter Schneider, in: AK-GG, RdNr. 13 zu Art. 40. Zur Grenze des Hausrechts bei Fraktionen: Verfassungsgericht Berlin, U. v. 22. 2. 1996 – VerfG 17/95.

Präsidium Art. 18

Die **„Ordnungsgewalt"** des Art. 18 Abs. 2 Satz 1 NV ist nicht die des Art. 23 **11**
Abs. 2 Satz 2 NV. Der Verfassungsgeber wählte statt des Begriffs „Polizeigewalt im Sitzungsgebäude" des Art. 8 Abs. 2 Satz 1 VNV den Begriff „Ordnungsgewalt"[17]. Die Ordnungsgewalt dieses Artikels umfaßt die materiellen Aufgaben der niedersächsischen Polizeibehörden. Sonstige Dienststellen des Bundes und des Landes können in den Räumen und Flächen der Landtagsverwaltung keine Ordnungsgewalt polizeilicher Natur ausüben[18]. Beide Ordnungsgewalten des Landtagspräsidenten schließen sich gegenseitig nicht aus. Sie können gegen Störer gleichzeitig eingesetzt werden[19]. Inhaber der Ordnungsgewalt dieses Artikels ist der amtierende Landtagspräsident. Die Befugnis kann nicht delegiert werden[20].

Die Formel **„Durchsuchung oder Beschlagnahme"** (Art. 18 Abs. 2 Satz 2 **12**
NV) umfaßt alle Hoheitsmaßnahmen des Bundes und des Landes Niedersachsen sowie die Entscheidungen der Gerichte des Bundes und der Länder[21].

Die **„Einwilligung"** des Präsidenten ist die **vorher** erteilte Zustimmung[22]. **13**
Das Plenum kann die Einwilligung weder aufheben noch ändern[23]. Ein betroffener Abgeordneter kann die Einwilligung nicht durch seine Zustimmung ersetzen[24]. Die Einwilligung steht im Ermessen des Präsidenten.

Art. 18 Abs. 3 NV gewährt der **Landtagsverwaltung** unter der Leitung ihres **14**
Präsidenten eine **institutionelle Garantie** ihrer Verwaltung als eine oberste Landesbehörde, die nur an Gesetz und Recht gebunden ist. Die Verwaltungskompetenzen müssen selbst wahrgenommen werden. Auch Teile dürfen nicht der Exekutive übertragen werden.

Die **Vertretung des Landes** „in Angelegenheiten des Landtages" weist den **15**
Präsidenten als gesetzlichen Vertreter des Landtages aus. Ihm obliegt der Verkehr des Landtages mit anderen obersten Verfassungsorganen. Das gilt auch für Ausschüsse, soweit das Gesetz, z. B. bei den Untersuchungsausschüssen, nichts anderes bestimmt[25]. Die Vertretung des Landes in „allen Angelegenheiten des Landtages" ist zugriffsfest und kann weder durch Landesgesetz noch durch die Geschäftsordnung eingeschränkt werden[26]. Als gesetzlicher Vertreter des Landtages nimmt der Präsident vor Gericht die Anliegen des Landtages als Gesamtheit, nicht als ein Anliegen der Mehrheit wahr[27].

---

17 Schriftlicher Bericht, 14.
18 Achterberg/Schulte (Fn. 16), RdNr. 64 zu Art. 40; Schneider (Fn. 16), RdNr. 14 zu Art. 40; Maunz, Fn. 16; Versteyl (Fn. 16), RdNr. 24 zu Art. 40.
19 Köhler, Die Polizeigewalt des Parlamentspräsidenten im deutschen Staatsrecht, DVBl., 1992, 1577 (1578).
20 Köhler (Fn. 19), 1584.
21 Köhler (Fn. 19), 1580; Versteyl (Fn. 16), RdNr. 29 zu Art. 40; Dach (Fn. 10), RdNr. 107 zu Art. 40.
22 Schriftlicher Bericht, 14.
23 Trossmann, 58.
24 Schneider (Fn. 16), RdNr. 16 zu Art. 40.
25 Trossmann, 44, 417.
26 Vorauflage, RdNr. 19 zu Art. 8.
27 BVerfGE 1, 115 (116).

Art. 18   Zweiter Abschnitt   Der Landtag

16   Die **Leitung der Verwaltung** umfaßt die typischen Befugnisse der Leitung einer obersten Landesbehörde:
- Eigenverantwortlichkeit für den Geschäftsbereich,
- Organisationsgewalt im Rahmen der Gesetze,
- Weisungs-, Selbstentscheidungs- und Kontrollrecht für die unterstellte Verwaltung,
- Personalhoheit über Beamte, Angestellte und Arbeiter,
- Erlaß von Verordnungen und Verwaltungsvorschriften.

Eine politische Verantwortung für diese Leitung besteht gegenüber dem Plenum des Landtages. Sie umfaßt eine Rechenschaftspflicht und eine sogenante **Einstands- oder Prästationspflicht.**

17   Unter „**dienstrechtlichen Befugnissen**" versteht man die Personalhoheit über Beamte, Angestellte und Arbeiter der Landtagsverwaltung. Der Landtagspräsident ist oberste Dienstbehörde (§ 200 Abs. 1 Satz 2 NBG). Er hat alle nach dem Beamtengesetz der Landesregierung zugewiesenen beamtenrechtlichen Befugnisse (§ 200 Abs. 2 NBG). Als gesetzlicher Vertreter nimmt er die arbeitsrechtlichen Befugnisse des Arbeitgebers Land Niedersachsen bei Angestellten und Arbeitern seiner Verwaltung wahr.

18   Der Verfassungsgeber erläutert nicht den Inhalt der „**wichtigen Personalentscheidungen**" (Art. 18 Abs. 3 Satz 3 NV). Der Begriff ist dem Landesbeamtengesetz entnommen. Es sind dies Befugnisse, die der Landesregierung als Kollegium zustehen (§ 200 Abs. 2 NBG), die Statusentscheidungen bei Beamten[28].

19   Eine Personalentscheidung ist „**im Benehmen mit dem Präsidium**" getroffen worden, wenn das Kollegium Präsidium rechtzeitig vorher gehört worden ist[29]. Eine fehlende Anhörung kann die beamtenrechtliche Entscheidung fehlerhaft machen.

20   Die Bindung des Landtagspräsidenten „**nur an Gesetz und Recht**" (Art. 18 Abs. 3 Satz 3 NV) schließt Weisungen der Landesregierung[30] und des Plenums oder Präsidiums aus. Insbesondere kann die Leitung der Landtagsverwaltung nicht in der Geschäftsordnung eingeschränkt oder modifiziert werden. Die Bindung an das Gesetz umfaßt materielles Recht der Europäischen Union, Verfassungsrecht, förmliche Gesetze, Rechtsverordnungen, autonome Satzungen und Gewohnheitsrecht[31]. Verliert das Gesetz seine Fähigkeit für eine gerechte Lösung, so ist der Landtagspräsident befugt und verpflichtet zu prüfen, was als „Recht" zu werten ist. Eine „**Verwerfungskompetenz**" steht ihm jedoch als Leiter einer obersten Landesbehörde grundsätzlich nicht zu[32]. **Verwaltungsvorschriften der Landesregierung** oder eines Landesministers können den Landtagspräsidenten somit nicht binden. Sollen

---
28 RdNr. 6 und 7 zu Art. 38 NV.
29 Vorauflage, RdNr. 20 zu Art. 8.
30 Schriftlicher Bericht, 14.
31 BVerfGE 78, 214 (227); 85, 191 (204).
32 Hederich, Müssen Gemeinden verfassungswidrige Gesetze befolgen?, NdsVBl., 1997, 269 (278).

sie auch für die Landtagsverwaltung gelten, so ist dazu ein gemeinsamer Akt der Inkraftsetzung erforderlich[33].

Ein **Mißtrauensantrag** gegen den Landtagspräsidenten ist unzulässig[34]. 21

Die Geschäftsordnung des Landtages stellt fest, daß der Präsident die **Würde** 22 **des Landtages wahrt**[35]. Inhaltlich gleiche Feststellungen enthalten die Geschäftsordnung des Bundestages und der Landesparlamente[36]. Grundlage dieser Kompetenz ist die Ordnungsgewalt des Art. 23 Abs. 2 Satz 2 NV. Eine anerkannte Begriffsbestimmung für die parlamentarische Würde gibt es nicht. Auch eine Legaldefinition fehlt[37]. Die Formel kann man wie folgt umschreiben: Der Präsident hat das dem Landtage als einem obersten Verfassungsorgan des Landes in der Öffentlichkeit gebührende hohe Ansehen nach innen und nach außen zu schützen. Als Maßnahmen kommen z. B. in Betracht:

– Ehrenerklärungen für Abgeordnete[38],
– Rügen von Ehrverletzungen eines Abgeordneten im Plenum,
– Beanstandung unkorrekter Kleidung im Plenarsaal,
– Rauchen, Essen und Trinken im Plenarsaal zu verhindern[39],
– Ehrenschutz von Abgeordneten gegenüber einem Angriff eines Regierungsmitgliedes in der Sitzung zu gewähren[40],
– Störungen der Zuschauer zu verhindern.

Eine übereinstimmende Rechtsprechung zu der Frage, ob **Parlamentspräsi-** 23 **denten als besondere Staats- und Verfassungsorgane** anzusehen oder nur ein Hilfsorgan des Parlaments sind, besteht nicht[41]. Für die Organstellung kommt es darauf an, welche Funktionen die Verfassung zuweist und welche Rechtsnatur diese Sachaufgaben haben[42]. Das ist in den Verfassungen des Bundes und der Länder sehr unterschiedlich. Der niedersächsische Landtagspräsident hat folgende Aufgaben:

– Hausrecht und Ordnungsgewalt in den Räumen des Landtages,
– gesetzlicher Vertreter des Landtages,
– Leiter der Landtagsverwaltung als oberste Landesbehörde,
– Recht zur Einberufung des Landtages und Ordnungsgewalt in den Sitzungen,
– Recht der Zustimmung zu gesetzesvertretenden Notverordnungen der Landesregierung,
– Recht der Ausfertigung von Gesetzen des Landtages und Ausfertigung der Notverordnungen mit dem Ministerpräsidenten.

---

33 Linck (Fn. 15), RdNr. 25 zu Art. 57.
34 Stern, Bd. II, 90; Schneider (Fn. 16), RdNr. 5 zu Art. 40; Trossmann, 13; Neumann, RdNr. 14 zu Art. 86 Bremische Verfassung; Dach (Fn. 10), RdNr. 87 zu Art. 40.
35 § 6 Abs. 1 GO Landtag.
36 Weng, Die Würde des Hauses, ZParl., 1986, 248 f.
37 Weng (Fn. 36), 249.
38 Trossmann, 52.
39 Weng (Fn. 36), 255 f.
40 RdNr. 16 zu Art. 23 NV.
41 Hans-Peter Schneider, Parlamentarische Wahlen und Parteien in der Rechtsprechung der Landesverfassungsgerichte, in: Starck/Stern, Bd. III, 91 (95 f.).
42 Schneider, Fn. 41.

Die ersten drei Kompetenzen umschreiben die eines Chefs einer obersten Landesbehörde[43]. Sie sind dabei umfassender noch als die der Ressortchefs der Landesregierung in Art. 37 Abs. 1 Satz 2 NV. Denn sie sind weder an die Richtlinienkompetenz gebunden (Art. 37 Abs. 1 Satz 1 NV) noch können die Kompetenzen wie bei den Landesministern durch Landesgesetz entzogen werden (Art. 37 Abs. 2 Nr. 1 NV). Das Recht der Zustimmung zu Notverordnungen ist originäre Gesetzgebung, da der Landtagspräsident hier als Ersatzparlament handelt[44]. Die **Ausfertigung von Gesetzen** ist seit jeher eine **staatsoberhauptliche Kompetenz** gewesen[45]. Der Landtagspräsident hat somit eine **singulare Doppelstellung**. Bei seinen Leitungsfunktionen für die parlamentarische Arbeit ist er Hilfsorgan des Landtages. Bei den übrigen Funktionen steht er als oberstes Verfassungsorgan neben und gleichberechtigt gegenüber dem Landtag.

Artikel 19
Fraktionen, Opposition

(1) Mitglieder des Landtages können sich nach Maßgabe der Geschäftsordnung des Landtages zu Fraktionen zusammenschließen.

(2) Die Fraktionen und die Mitglieder des Landtages, die die Landesregierung nicht stützen, haben das Recht auf Chancengleichheit in Parlament und Öffentlichkeit. Sie haben Anspruch auf die zur Erfüllung ihrer besonderen Aufgaben erforderliche Ausstattung; das Nähere regelt ein Gesetz.

Übersicht

	RdNr.
Der Begriffsinhalt der Fraktionen	1
Umschreibung des Bundesverfassungsgerichts	2
Die Rechtsstellung	3
„nach Maßgabe der Geschäftsordnung"	4
Die Bildung einer Fraktion	5
Statusverlust der Fraktion	6
Die Rechtsnachfolge	7
Vergabe von Ausschußvorsitzen	8
Die Fraktionsmindeststärke	9
Die Mitgliedschaft	10
Eigenständige politische Willensbildung	11
Der Anspruch auf eine „Ausstattung"	12
Die Fraktionsgeschäftsordnung	13
Die Bildung von Gruppen	14
Keine Institutionalisierung der Opposition	15
Kein Aufgabenkatalog	16

---

43 Stern, Bd. II, 90.
44 Vorauflage, RdNr. 13 zu Art. 8 und RdNr. 11 zu Art. 44 NV.
45 Laband, 88; Anschütz, RdNr. 2 zu Art. 70; Ramsauer, in: AK-GG, RdNr. 2 zu Art. 82; Maurer, in: Bonner Kommentar, RdNr. 18 zu Art. 82.

Grundgesetzliche Vorgaben 17
Umschreibung der Opposition (Art. 19 Abs. 2 Satz 1 NV) 18
Die „Chancengleichheit im Parlament" 19
Die „Chancengleichheit" in der „Öffentlichkeit" 20
„Ausstattung" der opponierenden Fraktionen und Abgeordneten 21
„Das Nähere" 22
Arbeitskreise der Fraktionen 23

Der **Begriff der Fraktion** bildete sich im Laufe des 19. Jahrhunderts[1]. In 1
Österreich spricht man von Klubs[2]. Aus den Landesverfassungen der letzten
Jahre kann man folgende Definition bilden:

Fraktionen sind selbständige und unabhängige Gliederungen der Parlamente mit einer vom Verfassungsgeber oder der Geschäftsordnung bestimmten Mindestgröße, die mit eigenen Rechten und Pflichten bei der parlamentarischen Willensbildung mitwirken, von Abgeordneten der gleichen Partei oder Liste gebildet werden und einen Anspruch gegen den Staat auf eine angemessene Ausstattung haben[3].

Die Landesverfassungsgeber folgten damit weitgehend der **Rechtsprechung** 2
des Bundesverfassungsgerichts, das eine Fraktion wie folgt umschreibt:

„Fraktionen sind das **politische Gliederungsprinzip für die Arbeit des**
Parlaments, notwendige Einrichtungen des Verfassungsgebers und
maßgebliche Faktoren der parlamentarischen Meinungs- und Willensbildung[4]. Die Abgeordneten bilden sie aufgrund ihres freien Mandats[5].
Das Parlament bestimmt im Rahmen seiner Geschäftsordnungsautonomie die Fraktionsmindeststärke. Hierbei ist es nicht an die wahlrechtliche Sperrklausel gebunden[6]. Als Gliederungen des Parlaments sind sie
in die organisierte Staatlichkeit eingefügt[7]. Deshalb können ihnen
staatliche zweckgebundene Zuschüsse gewährt werden, die sich nur
nach ihren eigenen, in der Verfassung und Geschäftsordnung bestimmten Aufgaben, richten[8]. Sie sind im Organstreit berechtigt, eigene in der
Verfassung verankerte Rechte wahrzunehmen und die Verletzung oder
unmittelbare Gefährdung von Rechten des gesamten Parlaments geltend zu machen[9]."

Soweit der Staatsgerichtshof sich mit der Natur der Fraktionen befaßt hat,
weicht er von dieser Rechtsprechung nicht ab[10]. Er ging davon aus, daß der

---
1 Kühne, Volksvertretungen im monarchistischen Konstitutionalismus (1814–1918), in: Schneider/Zeh, 49 (98 f.).
2 Walter, 280; Adamovich/Funk, 200.
3 Art. 67 Abs. 1 Satz 1 u. 2 Brandenburg; Art. 47 Abs. 1 Satz 1 u. Abs. 2 Satz 1 u. 2 Sachsen-Anhalt; Art. 58 Thüringen; Art. 25 Abs. 1 Satz 1 u. Abs. 2, Satz 1–3 Mecklenburg-Vorpommern.
4 BVerfGE 84, 304 (322, 324); 80, 188 (219); 70, 324 (350).
5 BVerfGE 84, 304 (324); 93, 195 (203).
6 BVerfGE 84, 304 (325 f.).
7 BVerfGE 70, 324 (350); 20, 56 (104); 62, 194 (202).
8 BVerfGE 80, 188 (231); 62, 194 (202).
9 BVerfGE 70, 324 (351); 67, 100 (125).
10 U. v. 19. 1. 1963 – StGH 3/62, Fundstelle siehe Art. 54 NV.

Art. 19   Zweiter Abschnitt Der Landtag

Begriff der „Fraktion" nach der damaligen Niedersächsischen Verfassung kein verfassungsrechtlicher Begriff sei[11].

3 Verfassungsgeber und Rechtsprechung der Verfassungsgerichte haben bisher die **Rechtsnatur der Fraktionen,** mit der sie im Rechtsleben teilnehmen, nicht bestimmt. Das Schrifttum hat sich zu einer herrschenden Meinung nicht durchringen können. Keine Institution des Parlamentsrechtes wird so unterschiedlich bewertet. Eine Aufzählung der verschiedenen Ansichten hat keinen praktischen Sinn. Es wird daher auf das Schrifttum verwiesen[12].

4 Mit den Worten „**nach Maßgabe der Geschäftsordnung des Landtages**" schränkt der Verfassungsgeber das **Fraktionsbildungsrecht** der Abgeordneten ein, das ein Teil ihrer Mandatsfreiheit ist[13]. Hierbei kann der Landtag nur die Art und Weise der Ausübung regeln[14]. Er darf dieses Recht einschränken, aber grundsätzlich nicht entziehen[15].

5 Die Abgeordneten haben eine **Fraktion** durch einen Organisationsakt des öffentlichen Rechts **gebildet,** wenn sie die Gründung mit der erforderlichen Mitgliederzahl beschlossen haben[16]. Die in der Geschäftsordnung vorgeschriebene Mitteilung an den Landtagspräsidenten[17] hat keine konstitutive Bedeutung[18].

6 Die **Fraktion verliert ihren Status** durch
 – Ablauf der Wahlperiode (Art. 9 Abs. 1 NV),
 – Auflösung des Landtages (Art. 10 Abs. 1, Art. 30 Abs. 1 NV),
 – Auflösungsbeschluß der Fraktionsmitglieder,
 – Verlust der Mindeststärke an Mitgliedern ohne eine Neubesetzung[19].

7 Ob nach einem Beginn der Wahlperiode die neugebildete Fraktion durch einen Beschluß oder durch eine schlüssige Handlung ihrer Mitglieder die **Rechtsnachfolge der alten Fraktion** antreten kann, ist nicht ausdrücklich geregelt. Das Abgeordnetengesetz beschränkt sich auf die Feststellung, daß Fraktionen „am allgemeinen Rechtsverkehr teilnehmen"[20]. Eine höchstrichterliche Rechtsprechung liegt noch nicht vor.

8 Im Rahmen der Geschäftsordnungsautonomie des Landtages kann die **Vergabe von Ausschußvorsitzen** an die Vertreter der Fraktionen beschränkt werden[21].

---

11 StGH, Fn. 10.
12 Badura, in: Bonner Kommentar, RdNr. 74 zu Art. 38; Demmler, 195 f.; Steiger, 114; Bethge, Fraktion, in: Staatslexikon, Bd. II, Sp. 660 (661); Pietzner, Bundestag, in: Ev. Staatslexikon, Bd. I, Sp. 328 (346); Stern, Bd. I, 1026 f.; Hans-Peter Schneider, in: AK-GG, RdNr. 35 b zu Art. 38; Henke, in: Bonner Kommentar, RdNr. 121 zu Art. 21; Achterberg/Schulte, in: v. Mangoldt/Klein, RdNr. 94 zu Art. 38; Jekewitz, Politische Bedeutung, Rechtsstellung und Verfahren im Bundestag, in: Schneider/Zeh, 1021 (1045 f.); Stiens, 133; Braun, RdNr. 30 zu Art. 34.
13 RdNr. 9 zu Art. 12 NV.
14 BVerfGE 80, 188 (219).
15 BVerfG, Fn. 14.
16 Rebe, Landtag und Gesetzgebung, in: Korte/Rebe, 141 (220); Demmler, 161.
17 § 2 Abs. 3 Satz 1 GO Landtag.
18 Achterberg, 281.
19 StGH, E. v. 19. 1. 1963, Fn. 10; Achterberg/Schulte (Fn. 12), RdNr. 95 zu Art. 38; Jekewitz (Fn. 12), 1039 f.
20 § 30 Abs. 3 Nieders.Abgeordnetengesetz v. 3. 2. 1978 i. d. F. v. 15. 7. 1999 Nieders.GVBl. S. 156.
21 BVerfGE 84, 304 (328).

Fraktionen, Opposition **Art. 19**

Der Landtag kann die **Fraktionsmindeststärke** in seiner Geschäftsordnung 9
festsetzen. Dabei sind drei Abgeordnete die unterste Grenze[22]. Die Geschäftsordnung hat die Fünf-Prozent-Klausel des Wahlrechts übernommen[23]. Es besteht keine Pflicht, die Sperrklausel als obere Grenze der zulässigen Fraktionsmindeststärke zu betrachten[24]. Etwa 10% der gesetzlichen Mitgliederzahl des Landtages dürfte die obere Grenze sein[25].

Die **Mitgliedschaft** in der Partei und **in der Fraktion** sind nicht deckungsgleich. Ein Abgeordneter kann von seiner Partei im Parteiordnungsverfahren 10
ausgeschlossen werden. Über den Ausschluß aus der Fraktion entscheidet nur die Fraktion. Die Partei kann einen Abgeordneten nicht zwingen, sich der in Betracht kommenden Fraktion anzuschließen. Hierüber entscheidet er allein[26]. Auch kann eine Partei nicht „ihre" Fraktion anweisen, ein Parteimitglied als Abgeordneten aufzunehmen[27].

Eine Fraktion ist kein ausführendes Vollzugsorgan einer Partei. Die Mandatsfreiheit ihrer Abgeordneten (Art. 12 NV) legitimiert sie zu einer **eigenständigen politischen Willensbildung**[28]. Die Nichtbeachtung einer politischen Entscheidung des Parteivorstandes ist daher keine „Unkameradschaftlichkeit" gegenüber der Partei. Sie kann zur Pflicht werden, wenn gravierende Interessen des Landes von den Abgeordneten zu verteidigen sind. 11

Fraktionen haben einen Anspruch auf **staatliche Zuschüsse**. Sie sind an 12
die Aufgaben gebunden, die ihnen nach Verfassung, Gesetz und Geschäftsordnung obliegen[29]. Das Abgeordnetengesetz des Landes berücksichtigt dies[30].

Das von den Fraktionen zu bildende innere Fraktionsrecht, die **Fraktionsgeschäftsordnung**, regelt die Bildung von Organen, Verfahren der Willensbildung und die Fraktionsgeschäftsführung[31]. Der Landtag muß diese „Intimsphäre" seiner Fraktionen respektieren. 13

Art. 19 Abs. 1 NV schließt die Bildung von parlamentarischen **Gruppen** 14
nicht aus. Sie sind ein Zusammenschluß von mindestens drei Abgeordneten gleicher politischer Richtung, welcher die Fraktionsmindeststärke nicht erreicht[32]. Auch für Gruppen gilt bei der Besetzung von Ausschüssen das **Prinzip der Spiegelbildlichkeit**. Sie haben einen Anspruch auf eine angemessene Ausstattung mit sachlichen und personellen Mitteln[33]. Der Verfassungsgeber ging von der Zulässigkeit der Bildung von Gruppen aus[34].

---
22 StGH, Fn. 10.
23 § 2 Abs. 1 GO Landtag.
24 BVerfGE 84, 304 (328).
25 Demmler, 243 mit weiteren Nachweisen.
26 Demmler, 186; StGH Bremen, E. v. 13. Juli 1970, StGHE 2, 19 (22).
27 Demmler, 187 mit einem Beispiel aus dem Bundestage.
28 Demmler, 191; BVerfGE 80, 188 (219); a. A.: Hagebölling, RdNr. 2 zu Art. 12.
29 BVerfGE 80, 188 (231).
30 § 31 Abs. 3.
31 Jekewitz (Fn. 12), 1052f.
32 Ritzel/Bücker, RdNr. IV 1 zu § 10.
33 BVerfGE 84, 304.
34 Schriftlicher Bericht, 15.

Art. 19 Zweiter Abschnitt Der Landtag

15 Der zweite Absatz des Artikels regelt die **Chancengleichheit der Opposition**. Sie wird durch ihn **nicht institutionalisiert**. Es besteht kein Gebot, stets eine Opposition zu bilden[35]. Eine **Allparteienregierung** ist daher möglich. Sie kommt in Notzeiten des Landes durchaus in Betracht[36].

16 Weder im Schrifttum[37] noch in den Landesverfassungen[38] gibt es einen einheitlichen Begriff der parlamentarischen Opposition. Der niedersächsische Landesverfassungsgeber vermied es, der Opposition einen **Aufgabenkatalog** zuzuweisen[39].

17 Nach dem **Homogenitätsgebot** des Art. 28 Abs. 1 GG gilt die verfassungsmäßige Bildung und Ausübung einer Opposition als Bestandteil der freiheitlich demokratischen Grundordnung[40]. Sie hat folgende Eigenschaften nach der Rechtsprechung des Bundesverfassungsgerichts:
- Sie trägt den Staat mit der Regierungsmehrheit[41];
- die Parteien der Minderheit machen sie wirksam[42];
- sie muß bei jeder Wahl aufs neue die grundsätzlich gleichen Chancen im Wettbewerb um die Wählerstimmen haben[43];
- sie überwacht in erster Linie die Regierung und wird in der Regel von einer Minderheit wahrgenommen[44].

18 Mit der Formel des Art. 19 Abs. 2 Satz 1, 1. und 2. Halbsatz NV wird der Begriff der Opposition umschrieben. Eine Landesregierung wird von der Opposition „**nicht gestützt**", wenn mit Konstanz und Systematik Alternativen gegenüber der Politik der Regierungsmehrheit dargeboten werden. Es genügt nicht, von Fall zu Fall Opposition „zu spielen"[45]. Mit gelegentlichen Gegenanträgen gehört eine Fraktion oder ein Abgeordneter noch nicht zur Opposition.

19 Die „Chancengleichheit" der Fraktionen „im Parlament" ist streng formal und duldet keine Differenzierungen. Alle Fraktionen haben die gleichen parlamentarischen Rechte und müssen nach dem **Spiegelbildprinzip** entsprechend ihrer Stärke in sämtlichen Leitungsorganen und Ausschüssen des Landtages vertreten sein[46]. Zur Chancengleichheit der fraktionslosen Abgeordneten siehe RdNr. 13 zu Art. 20 NV.

---

35 Schriftlicher Bericht, 15.
36 Starck, Die Verfassungen der neuen Länder, in: Hdb. d. Staatsrechts, Bd. IX, 353 (369).
37 Hans-Peter Schneider, Verfassungsrechtliche Bedeutung und politische Praxis der parlamentarischen Opposition, in: Schneider/Zeh, 1055 (1070); ders., Das parlamentarische System, in: Hdb. d. Verfassungsrechts, Bd. I, 239 (276); Zeh, Gliederung und Organe des Bundestages, in: Hdb. d. Staatsrechts, Bd. II, 391 (400); Braun, RdNr. 38 f. zu Art. 27; Stiens, 130 f.; Schachtschneider, Das Hamburger Oppositionsprinzip, Der Staat, 1989, 172; Steiger, 84.
38 Starck, Fn. 36.
39 So z. B. Art. 23 a Hamburger Verfassung u. Art. 12 Schleswig-Holsteinische Verfassung.
40 BVerfGE 2, 1 (12 f.).
41 BVerfGE 14, 121 (135).
42 BVerfGE 20, 56 (101).
43 BVerfGE 44, 125 (145).
44 BVerfGE 49, 70 (86).
45 Hübner, in: v. Mutius/Wuttke/Hübner, RdNr. 5 zu Art. 12; Schachtschneider (Fn. 37), 176, jeweils mit Hinweis auf Carlo Schmid.
46 RdNr. 11 zu Art. 20.

Die **„Chancengleichheit in der Öffentlichkeit"** bezieht sich auf das Verhält- 20
nis von Landesregierung und den sie tragenden Fraktionen zur Opposition
in der Öffentlichkeitsarbeit[47]. Die Opposition muß entsprechend berücksichtigt werden, wenn der Landesregierung für ihre Öffentlichkeitsarbeit staatliche Mittel zur Verfügung gestellt werden[48]. Erhält die Landesregierung in
Pressegesetzen und **Rundfunkstaatsverträgen** für ihre Öffentlichkeitsarbeit
ein **Verlautbarungsrecht,** so muß dies auch der Opposition eingeräumt werden[49].

Daß Fraktionen in der Opposition **„die zur Erfüllung ihrer Aufgaben erfor-** 21
derliche Ausstattung" erhalten, wird allgemein anerkannt[50]. Die Ausstattung soll den Vorteil, den die Regierung tragende Fraktionen durch die Unterstützung ihrer Regierungsmitglieder haben, durch größere personelle und
sachliche Mittel ausgleichen[51]. Anders als die Parallelvorschriften von Sachsen-Anhalt und Thüringen[52] gewährt die Landesverfassung den einzelnen
„Mitgliedern des Landtages" einen Anspruch dem Grunde nach auf die zur
Erfüllung ihrer Oppositionsaufgabe erforderlichen Mittel. Denn der „Anspruch" bezieht sich unmittelbar auf „die Mitglieder des Landtages" im vorangegangenen Satz.

Die Ausstattung steht unter dem **Gesetzesvorbehalt – „das Nähere"** –. Der 22
Landesgesetzgeber hat bisher nicht geregelt, wann eine „Nicht-Stützung" beginnt und wann sie aufhört[53]. Genügt eine einmalige Unterstützung einer
Vorlage der die Landesregierung „tragenden" Mehrheit, um den **Opposi-**
tionszuschlag des Abgeordnetengesetzes zu entziehen?[54] Es fehlt eine gesetzliche Regelung, aus der Beginn und Ende der Leistungspflicht hinreichend berechenbar ersichtlich sind.

Bei den Fraktionen des Landtages bestehen Arbeitskreise, deren Aufgabe 23
sich nach einem Fachausschuß richtet[55]. Die Fraktionen stehen vor dem
Problem, sich schnell „für politische Auseinandersetzungen gebrauchsfertige
Ausarbeitungen" zu beschaffen[56]. Das geschieht durch Arbeitskreise, zu denen Abgeordnete einer Fraktion sich zusammenschließen. Diese Arbeitskreise können auch parteioffen sein und Nicht-Fraktionsmitglieder haben,
die Parteimitglieder und Experten des bearbeiteten Sachgebietes sind[57].
Dann können die Abgeordneten sich darauf verlassen, daß die Probleme

---

47 BVerfGE 44, 125 (150).
48 Schneider, Die parlamentarische Opposition (Fn. 37), 1072.
49 Schneider, Fn. 48; Carola Schulze, Der Landtag, in: Simon/Franke/Sachs, 181 (184).
50 Art. 59 Thüringische Verf. u. Art. 48 Verf. Sachsen-Anhalt; David, RdNr. 17 zu Art. 23a; Hübner (Fn. 45), RdNr. 12 zu Art. 12.
51 Neumann, RdNr. 12 zu Art. 78 Bremische Verfassung.
52 Fn. 50.
53 Starck, Fn. 36.
54 § 31 Abs. 1 Satz 3 Nieders. Abgeordnetengesetz. Zum Problem: Cancik, Oppositionszugehörig-
   keit als Anspruchsvoraussetzung: Das Definitionsproblem der neuen Oppositionsregelung,
   AöR, 1998, 623 f.; LVerfG Sachsen-Anhalt, U. v. 29. 5. 1997 – LVG 1/96, Besprechung: Plön,
   Der Oppositionsstatus der PDS nach dem Urteil des Landesverfassungsgerichts Sachsen-Anhalt, ZParl., 1997, 558.
55 Hagebölling, RdNr. 1 zu Art. 19 NV.
56 BVerfGE 80, 188 (232).
57 Welz, 429.

nicht nur von qualifizierten Sachverständigen bearbeitet, sondern auch von einem Standpunkt ihrer Partei bewertet worden sind, den Charakter von „gebrauchsfertigen Ausarbeitungen" im Sinne des Bundesverfassungsgerichts haben[58]. Die politische Bedeutung dieser Arbeitskreise richtet sich nach der Qualifikation ihrer Mitglieder. Der Kritik des Schrifttums gegen diese Arbeitskreise, der parlamentarische Entscheidungsprozeß verlöre durch sie an Transparenz[59], ist entgegenzuhalten, daß die Abgeordneten ohne diese Arbeitsteilung die Mitverantwortung für parlamentarische Aufgaben nicht erfüllen könnten[60].

Artikel 20
Ausschüsse, Ältestenrat

(1) Zur Vorbereitung seiner Beschlüsse setzt der Landtag Ausschüsse ein.

(2) In den Ausschüssen müssen die Fraktionen des Landtages ihrer Stärke entsprechend, mindestens jedoch durch ein Mitglied mit beratender Stimme, vertreten sein. Fraktionslose Mitglieder des Landtages sind angemessen zu berücksichtigen. Jedes Ausschußmitglied kann im Ausschuß Anträge stellen.

(3) Zur Unterstützung der Präsidentin oder des Präsidenten in parlamentarischen Angelegenheiten bildet der Landtag einen Ältestenrat. Absatz 2 gilt entsprechend.

Übersicht

RdNr.

I. Die Ausschüsse

Neues Parlamentsrecht	1
Die „Ausschüsse"	2
Die gesetzlichen Ausschüsse	3
Die ständigen Ausschüsse	4
Ein Plenarvorbehalt	5
Der Einsetzungsbeschluß	6
Errichtungsbeschluß bei gesetzlichen Ausschüssen	7
Die Mitgliederzahl	8
Das Benennungsrecht der Fraktionen	9
Die Abberufung	10
Das Spiegelbildprinzip	11
Die Aufhebung des Ausschusses	12
Der fraktionslose Abgeordnete	13
Das Antragsrecht der Ausschußmitglieder	14
Kein Selbstbefassungsrecht	15
Grenzen einer Delegation auf die Ausschüsse	16
Ergänzende Normen der Landesverfassung	17

---

58 Fn. 56.
59 Achterberg/Schulte (Fn. 12), RdNr. 21 zu Art. 40 Abs. 1; Sträter, Arbeitsgruppen des Innenausschusses des Deutschen Bundestages ..., ZParl., 1977, 27 (34); Achterberg, 144.
60 Demmler, 158.

II. Der Ältestenrat

Vom Seniorenkonvent zum Ältestenrat 18
Eine zweischichtige Organqualität 19
Die Mitgliedschaft 20
Keine Aufhebung 21
Die Abberufung seiner Mitglieder 22
„Zur Unterstützung des Präsidenten" 23

Wie im Grundgesetz waren auch in der Vorläufigen Niedersächsischen Verfassung die Ausschüsse nicht näher geregelt. Die **neuen Verfassungen** der Länder Berlin, Brandenburg, Mecklenburg-Vorpommern, Sachsen, Sachsen-Anhalt, Schleswig-Holstein und Thüringen haben dagegen Vorschriften über die Bildung und die Aufgaben der Ausschüsse[1]. 1

„**Ausschüsse**" sind ein engerer Kreis von Mitgliedern des Parlaments, denen bestimmte Aufgaben allgemein oder für den Einzelfall übertragen werden. Sie sind Teile des Parlaments und erfüllen Teile seiner Funktionen[2]. Sie arbeiten z. B. im Bundestag auf die endgültige Beschlußfassung durch das Plenum hin und sollen es entlasten[3]. Ein wesentlicher Teil der Informations-, Kontroll- und Untersuchungsaufgaben wird von Ausschüssen wahrgenommen, die auf diese Weise in die Repräsentation des Volkes durch das Parlament einbezogen sind. Grundsätzlich ist ein jeder Ausschuß ein verkleinertes Abbild des Plenums in seiner Zusammensetzung: **Grundsatz der Spiegelbildlichkeit**[4]. 2

Gesetzliche, obligatorische Ausschüsse sind Parlamentsausschüsse, welche die Verfassung oder ein Gesetz vorschreibt[5]. Die **Geschäftsordnungsautonomie des Landtages** (Art. 21 Abs. 1 NV) wird durch sie erheblich eingeschränkt. Hierzu gehören: 3
- Wahlprüfungsausschuß (Art. 23 Abs. 3 NV),
- Ausschuß zur Wahl der Mitglieder des Staatsgerichtshofes (Art. 23 Abs. 3),
- Ausschuß gemäß § 2 des Gesetzes zur Ausführung des Gesetzes zu Art. 10 Grundgesetz und
- Ausschuß für Angelegenheiten des Verfassungsschutzes (§§ 23, 24 Nieders. Verfassungsschutzgesetz).

Das Plenum teilt den **ständigen Ausschüssen** ihre Aufgaben nach fachlichen Gesichtspunkten zu. Sie werden daher auch **Fachausschüsse** genannt[6]. Allgemein ist es üblich, diese Ausschüsse zu Beginn der Wahlperiode durch die Geschäftsordnung zu bilden[7]. **Nichtständige Ausschüsse** werden vom 4

---

1 Berlin (Art. 32), Brandenburg (Art. 70), Mecklenburg-Vorpommern (Art. 53), Sachsen (Art. 52), Sachsen-Anhalt (Art. 46), Schleswig-Holstein (Art. 17), Thüringen (Art. 62).
2 BVerfGE 84, 304 (323); 80, 188 (221f.); 70, 324 (363); 44, 308 (319).
3 Ähnlich StGH, E. v. 12. 12. 1957 – StGH 1/55, Fundstelle s. Art. 54 NV.
4 BVerfGE 84, 304 (323).
5 Versteyl, in: v. Münch/Kunig, RdNr. 4 zu Art. 43.
6 Versteyl (Fn. 5), RdNr. 6 zu Art. 43; Achterberg/Schulte, in: v. Mangoldt/Klein, RdNr. 16 zu Art. 40; Zeh, Gliederung und Organe des Bundestages, in: Hdb. d. Staatsrechts, Bd. II, 391 (412).
7 Achterberg/Schulte (Fn. 6), RdNr. 7 zu Art. 45a; Braun, RdNr. 20 zu Art. 34; Neumann, RdNr. 4 zu Art. 105 Bremische Verfassung.

Plenum zur Vorbereitung eines bestimmten Gegenstandes eingesetzt[8]. Die Geschäftsordnung sieht zur Zeit 18 ständige Ausschüsse vor[9].

5 Die Bildung und Errichtung ständiger und nichtständiger Ausschüsse obliegt dem Plenum, **Plenarvorbehalt**. Es ist der jeweilige Landtag, der sich seine Ausschüsse selbst wählt[10].

6 Soweit nicht Verfassung, Gesetz oder Geschäftsordnung dies bereits geregelt haben, muß der **Einsetzungsbeschluß** zumindest die Aufgaben umschreiben und die Zahl der Mitglieder bestimmen[11]. Die Geschäftsordnung bestimmt für die ständigen Ausschüsse die Mitgliederzahl[12]. Der Fraktionsproporz kann angeführt werden[13].

7 Auch wenn ein Gesetz oder die Geschäftsordnung die Errichtung eines Ausschusses bereits vorschreiben, bedarf es eines **Errichtungsbeschlusses**[14].

8 Soweit nicht eine Norm die **Mitgliederzahl** bereits bestimmt, ist grundsätzlich eine so große Zahl von Mitgliedern zu wählen, daß alle „politischen Gruppierungen" bei der Verteilung der Sitze berücksichtigt werden können[15]. Nur bei Materien hoher Geheimhaltungsstufe kann nach einer umstrittenen Ansicht des Bundesverfassungsgerichts davon abgewichen werden[16].

9 Die Fraktionen haben für die Mitgliedschaft in den Ausschüssen ein **Benennungsrecht**[17]. Die Geschäftsordnung berücksichtigt dies[18].

10 Weder die Verfassung noch die Geschäftsordnung regeln die **Abberufung** eines einfachen Mitgliedes aus dem Ausschuß durch die Fraktion. Eine Rechtsprechung der Verfassungsgerichte des Bundes und der Länder hat sich hierzu noch nicht gebildet. Unproblematisch ist diese Abberufung,
– wenn die Fraktionsstärke sich verkleinert hat und damit die Zahl der für den Ausschuß zu benennenden Abgeordneten,
– wenn der Abgeordnete zustimmt,
– bei Verlust der Mitgliedschaft in der Fraktion,
– wenn dauernde Krankheit die Arbeitsfähigkeit beeinträchtigt und
– wenn gegen Geheimhaltungsvorschriften des Landtages verstoßen worden ist[19].

Problematisch ist dagegen die Abberufung eines Abgeordneten aus einem Ausschuß, wenn die Fraktion damit die **Fraktionsdisziplin** durchsetzen will[20].

---

8 § 10 Abs. 2 GO Landtag.
9 § 10 i. d. F. v. 2. 2. 1998 – Nieders. GVBl. S. 84.
10 So Nds.StGH, Fn. 3.
11 Steiger, 121.
12 § 11 Abs. 1 Satz 1 GO Landtag.
13 Vetter, 40.
14 Vetter, 44; Steiger, 121; Achterberg, 146 f.; Achterberg/Schulte (Fn. 6), RdNr. 8 zu Art. 45 a.
15 BVerfGE 80, 188 (189); 70, 324 (363).
16 BVerfGE 70, 324 (364); a. A.: Mahrenholz, BVerfGE 70, 366 und Böckenförde, BVerfGE 70, 380.
17 BVerfGE 80, 188 (323).
18 § 11 Abs. 2 i. V. m. § 3 Abs. 2 GO Landtag.
19 BVerfGE 80, 188 (233); Hölscheidt, Die Ausschußmitgliedschaft fraktionsloser Bundestagsabgeordneter, DVBl., 1989, 291 (295); Becker, Abberufung eines Abgeordneten aus dem Parlamentsausschuß, ZParl., 1984, 24 (28); Demmler, 115, 373; Vetter, 79, 85 f.
20 Röper, 43; Vetter, 88; Becker (Fn. 19), 28; Demmler, 371; Hölscheidt, Fn. 19.

Ausschüsse, Ältestenrat Art. 20

Die Geschäftsordnung gewährt dem **Vorsitzenden eines Ausschusses** einen hohen Schutz gegen eine Abberufung. Der Antrag bedarf der Mehrheit und die Abberufung durch das Plenum einer Mehrheit von zwei Dritteln der Mitglieder des Landtages[21]. Dieser Schutz entspricht dem der Mitglieder des Präsidiums (Art. 18 Abs. 4 NV).

Mit den Worten, daß „die Fraktionen des Landtages ihrer Stärke entspre- 11 chend, mindestens jedoch durch ein Mitglied mit beratender Stimme, vertreten" sein müssen, wird das **Spiegelbildprinzip** des Bundesverfassungsgerichts konkretisiert[22]. Jeder Ausschuß muß grundsätzlich ein verkleinertes Abbild des Plenums sein und in seiner Zusammensetzung das Bild des Plenums widerspiegeln[23]. Ändert sich während der Wahlperiode die Stärke der Fraktionen, so ist die Zusammensetzung der Ausschüsse zu prüfen. Ist die Änderung der Fraktionsstärke erheblich, so muß die Zusammensetzung der Ausschüsse geändert werden. Denn eine fehlerhafte Ausschußbesetzung kann die Verfassungswidrigkeit einer Plenarentscheidung verursachen.

Soweit nicht die Verfassung oder ein Gesetz einen Ausschuß vorschreiben, 12 kann das Plenum **jederzeit einen Ausschuß aufheben**[24]. Mit dem Ende der Wahlperiode enden alle Ausschüsse[25]. Soweit nicht gesetzlich bestimmt, kann das Plenum jederzeit die **Geschäftsbereiche der Ausschüsse ändern** und neu verteilen. „Erbhöfe" gibt es nicht[26].

Mit den Worten „**fraktionslose Abgeordnete sind angemessen zu berück-** 13 **sichtigen**", beachtet der Landesverfassungsgeber die Rechtsprechung des Bundesverfassungsgerichts[27]. Diese Rechtsprechung gebietet für den Fraktionslosen
- nur in einem Ausschuß Anspruch auf Mitgliedschaft,
- in diesem Ausschuß kein Stimmrecht,
- kein Anspruch auf einen bestimmten Ausschuß, aber Recht auf Gehör vor der Ausschußzuweisung,
- volle Gleichstellung mit fraktionsangehörigen Abgeordneten, wenn die Fraktionslosen sich zu einer Gruppe zusammengeschlossen haben, die so groß ist, daß sie bei der Anwendung des Proportionalverfahrens einen oder mehrere Sitze hätte[28].

Mit den Worten „**jedes Ausschußmitglied kann im Ausschuß Anträge stel-** 14 **len**", gewährt der Verfassungsgeber auch den nicht stimmberechtigten Fraktionslosen ein Antragsrecht. Hier weicht der Verfassungsgeber von der Praxis des Bundestages ab, die nichtstimmberechtigten Fraktionslosen ein Antragsrecht verweigert[29]. Das Antragsrecht der Fraktionslosen umfaßt Anträge zur Geschäftsordnung und zur Tagesordnung.

---

21 § 11 Abs. 4 Satz 1 u. 2 GO Landtag.
22 Schriftlicher Bericht, 16.
23 BVerfGE 84, 304 (323); 80, 188 (222).
24 Achterberg/Schulte (Fn. 6), RdNr. 32 zu Art. 40.
25 Achterberg/Schulte, Fn. 24; Steiger, 123.
26 Steiger, 123; Neumann, RdNr. 16 zu Art. 105 Bremische Verfassung.
27 Schriftlicher Bericht, 16.
28 BVerfGE 80, 188 (226); 84, 304 (323f.); Demmler, 369.
29 Trossmann/Roll, 159; Ritzel/Bücker, RdNr. II c zu § 71; Demmler, 367.

Art. 20 Zweiter Abschnitt Der Landtag

15 Der Verfassungsgeber lehnte eine Regelung der **Selbstbefassung der Ausschüsse** ab[30]. Die Landesverfassungen von Brandenburg, Mecklenburg-Vorpommern und Schleswig-Holstein gewähren den Ausschüssen ein Selbstbefassungsrecht. Andere Parlamente geben dieses Recht durch die Geschäftsordnung[31]. Die Geschäftsordnung des Landtages lehnt diese Befugnis ausdrücklich ab[32]. Das entspricht der ausdrücklichen Beschränkung in Art. 20 Abs. 1 NV („Zur Vorbereitung"). Ein sogenanntes „Mitregieren der Ausschüsse" entfällt somit[33].

16 Die Landesverfassung lehnt die **Delegation von Befugnissen des Plenums** auf Ausschüsse, wie z. B. Art. 105 Abs. 3 Bremische Verfassung, ab. Eine Delegation ist im übrigen dort ausgeschlossen, wo der Verfassungsgeber nach dem Normzweck bestimmt, daß das Plenum seine Kompetenz selbst als Kollegium wahrnimmt[34], wie z. B. bei der Wahl von Verfassungsorganen. Ferner kommt eine Delegation dann nicht in Betracht, wenn die Aufgabe die Erfüllung einer qualifizierten Mehrheit im Plenum voraussetzt[35]. Schließlich folgt aus dem „Diätenurteil" des Bundesverfassungsgerichts, daß Geld- und Sachleistungen an Abgeordnete nur vom Plenum zu entscheiden sind[36].

17 Zur **Öffentlichkeit in den Ausschüssen** siehe RdNr. 14 zu Art. 22 NV, zum Untersuchungsausschuß Art. 27 NV, zum „Petitionsausschuß" Art. 26 NV, zum Zitierrecht der Ausschüsse Art. 23 Abs. 1 NV und zum Ausschluß des Zutritts der Mitglieder der Landesregierung Art. 23 Abs. 3 NV sowie zu den Informationsrechten von Ausschüssen und ihrer Minderheiten Art. 24 NV. Diese **Normen ergänzen** Art. 20 NV.

18 Art. 20 Abs. 3 NV schreibt als gesetzlichen Ausschuß den „**Ältestenrat**" vor. Eine entsprechende Regelung hat die Landesverfassung von Schleswig-Holstein (Art. 14 Abs. 4 u. 5). Der **Seniorenkonvent** bildete sich in den sechziger Jahren des 19. Jahrhunderts aus den Fraktions- und Parteiführern des Preußischen Abgeordnetenhauses. Er hatte die Aufgabe, der Minderheit des Hauses bei der Besetzung der Kommissionen gerecht zu werden[37]. Über den Reichstag als Ältestenrat kam diese Einrichtung in die meisten deutschen Parlamente. Es besteht Übereinstimmung, daß der Ältestenrat ein hoch angesehenes zentrales Lenkungs-, Vermittlungs- und Integrationsorgan des Parlaments ist[38].

19 Der Ältestenrat hat in Niedersachsen eine **zweischichtige Organqualität**. Er unterscheidet sich daher grundlegend von den Ältestenräten des Bundes und der anderen Länder. Bei seiner Funktion der „**Unterstützung des Präsiden-**

---
30 Schriftlicher Bericht, 16.
31 Röper, 30f.; Haas, in: Kunzmann u. a., RdNr. 2 zu Art. 52.
32 § 12 Abs. 1 Satz 2 GO Landtag.
33 Steiger, 133.
34 Triepel, 113f.; Neumann, RdNr. 17 zu Art. 105 Bremische Verfassung.
35 Achterberg, 680f.; Dürig, in: Maunz/Dürig/Herzog, RdNr. 12 zu Art. 45c; Neumann, Fn. 34.
36 BVerfGE 40, 296 (327).
37 Jekewitz, Parlamentsausschüsse und Ausschußberichterstattung, Der Staat, 1986, 399 (412); Achterberg, 130.
38 Stern, Bd. II, 91; Pietzner, Bundestag, in: Ev. Staatslexikon, Bd. I, Sp. 328 (354); Achterberg/Schulte (Fn. 6), RdNr. 13 zu Art. 40; Schulze-Fielitz, Parlamentsbrauch, Gewohnheitsrecht, Observanz, in: Schneider/Zeh, 359 (379).

ten in parlamentarischen Angelegenheiten" (Art. 20 Abs. 3 Satz 1 NV) hat er die Stellung eines Unterorgans des Landtages[39]. Als Mit-Gesetzgeber im Notstandsfalle (Art. 44 Abs. 2 NV) ist er an die Stelle des Ständigen Ausschusses der Vorläufigen Niedersächsischen Verfassung (Art. 12 VNV) getreten, der ein Verfassungsorgan war[40]. Der Ältestenrat ist somit bei dieser Funktion Verfassungsorgan. Aufgrund dieser eigenständigen Stellung ist er sowohl Verfassungsorgan als auch Hilfs-(Unter-)organ des Landtages.

Gemäß Art. 20 Abs. 3 Satz 2 NV i. V. m. Abs. 2 dieser Vorschrift ist der Ältestenrat nach dem Spiegelbildprinzip zu bilden (RdNr. 11). Die Geschäftsordnung konkretisiert dies (§ 3 GO Landtag). Im Gegensatz zum Ältestenrat des Bundestages[41] gehören der Landtagspräsident, der die Funktion des Vorsitzenden hat, und die Vizepräsidenten dem Ältestenrat nur mit beratender Stimme an (§ 3 Abs. 3, 4 GO Landtag). 20

Da die Verfassung eine ständige Funktionsfähigkeit des Ältestenrats gebietet (Art. 44 Abs. 2 NV), kann er während der Wahlperiode nicht aufgehoben werden. 21

Die **Abberufung des Vorsitzenden,** des Landtagspräsidenten, vom Vorsitz ist nicht möglich, da der amtierende Präsident Mitglied kraft Amtes ist. Entsprechendes gilt für die Vizepräsidenten[42]. Die übrigen Mitglieder können von den Fraktionen nur abberufen werden, wenn zugleich ein Ersatz gestellt wird. Das Verfassungsorgan „Mitgesetzgeber im Notstandsfalle" duldet keine Vakanz. Bei einer Änderung der Fraktionsstärke ist das Spiegelbildprinzip zu beachten (RdNr. 11). 22

Die Aufgabe **„zur Unterstützung"** des Präsidenten ist dem Geschäftsordnungsrecht entnommen worden[43]. Dieses Unterstützen beschränkt sich nicht auf ein Zuarbeiten. Es umfaßt auch Funktionen, die nicht als Unterstützung des Präsidenten zu werten sind[44]. So hat der Ältestenrat den Charakter eines unabhängigen Gutachters, der die Entscheidung des Präsidenten rechtlich prüft und dem Plenum einen Beschlußvorschlag empfiehlt[45]. 23

Artikel 21

Geschäftsordnung, Einberufung, Beschlußfassung

(1) Der Landtag gibt sich eine Geschäftsordnung.

(2) Die Präsidentin oder der Präsident des Landtages beruft den Landtag ein und bestimmt, soweit der Landtag nicht darüber beschlossen hat, den Beginn und die Tagesordnung der Sitzungen. Der Landtag ist unverzüglich einzuberufen, wenn ein Viertel seiner Mitglieder oder die Landesregierung es unter Angabe des Beratungsgegenstandes verlangt.

---

39 Hans-Peter Schneider, in: AK-GG, RdNr. 7 zu Art. 40.
40 Vorauflage, RdNr. 2 zu Art. 12.
41 § 6 Abs. 1 Satz 1 GO Bundestag.
42 § 3 Abs. 3 GO Landtag.
43 § 6 Abs. 2 Satz 1 GO Bundestag.
44 Zeh (Fn. 6), 409.
45 § 88 Abs. 5 Satz 2 GO Landtag.

Art. 21

(3) Zu seiner ersten Sitzung wird der Landtag von der Präsidentin oder dem Präsidenten des bisherigen Landtages einberufen. Absatz 2 Satz 2 gilt entsprechend.

(4) Der Landtag beschließt mit der Mehrheit der abgegebenen Stimmen, sofern diese Verfassung nichts anderes bestimmt. Für Beschlüsse zum Verfahren des Landtages und für Wahlen kann auch durch die Geschäftsordnung oder durch Gesetz Abweichendes bestimmt werden. Die Beschlußfähigkeit wird durch die Geschäftsordnung geregelt.

Übersicht

RdNr.

I. Die Geschäftsordnung

Der Zweck der Norm	1
Eine autonome Satzung	2
Die Wahl des Normentyps	3
Das materielle Geschäftsordnungsrecht	4
Der Umfang der Bindung	5
Konkordanz der Funktionen	6
Keine Delegation	7
Die Auslegung	8
Kein Zwang zur Verkündung	9
Sachliche Diskontinuität	10
Folgen der Verletzung	11

II. Die Einberufung

Ein Teil der Parlamentsautonomie	12
Die Einberufung durch den Präsidenten	13
Die unverzügliche Einberufung	14
Die Antragsberechtigten	15
Der „Beratungsgegenstand"	16
Ranggleichheit der Anträge	17
Die Tagesordnung	18
Recht auf Gehör der Mitglieder der Landesregierung	19
Der „Präsident des bisherigen Landtages"	20
„Absatz 2 Satz 2 gilt entsprechend"	21

III. Die Beschlußfassung

Die „Mehrheit", ein Prinzip der Demokratie	22
Die Beschlüsse des Landtages	23
Die „Mehrheit der abgegebenen Stimmen"	24
Die „Verfassung bestimmt anders"	25
Die „Beschlüsse zum Verfahren des Landtages"	26
Die „Wahlen"	27
Keine „Abweichung" bei zwingendem Verfassungsrecht	28
Die Fiktion der Beschlußfähigkeit	29
Rechtsfolgen der festgestellten Beschlußunfähigkeit	30

1   Das parlamentarische Geschäftsordnungsrecht entwickelte sich im 18. Jahrhundert in England. Es war vor allem dazu bestimmt, die Selbständigkeit des Parlaments gegenüber der monarchischen Exekutive zu wah-

ren[1]. Nach Ansicht des Bundesverfassungsgerichts dient das Geschäftsordnungsrecht „primär dem Schutz des Parlaments vor Gängelungsversuchen der Regierung"[2]. **Normzweck** ist somit die **Geschäftsordnungsautonomie.**

Der Verfassungsgeber übernahm mit Art. 21 Abs. 1 NV wortwörtlich Art. 8 Abs. 1 Satz 2 VNV und damit den Text des Art. 40 Abs. 1 Satz 2 GG. Nach der Rechtsprechung des Bundesverfassungsgerichts ist die parlamentarische Geschäftsordnung eine **autonome Satzung,** die trotz großer Bedeutung für das materielle Verfassungsrecht der geschriebenen Verfassung und den Gesetzen im Range nachsteht und nur die Abgeordneten bindet. Im Schrifttum hat sich bisher eine einheitliche Wertung nicht gebildet[3]. Die Ansicht des Bundesverfassungsgerichts ist herrschende Lehre.

2

Der Landesverfassungsgeber hat das Problem der Regelung der Geschäftsordnungsmaterien durch einfaches Gesetz oder durch die Geschäftsordnung[4] etwas entschärft. Für Wahlen, für Beschlüsse zum Verfahren des Landtages (Art. 21 Abs. 4 Satz 2 NV) und für das Verfahren der Untersuchungsausschüsse (Art. 27 Abs. 6 Satz 1 NV) hat der Landtag die Freiheit, den Normtyp zu wählen. Für die übrigen Regelungsgegenstände, die herkömmlich als autonome Geschäftsordnungsangelegenheiten zu werten sind, besteht daher grundsätzlich die Pflicht, den **Normtyp Geschäftsordnung** zu wählen.[5]

3

Nach der Rechtsprechung des Bundesverfassungsgerichts fallen z. B. folgende Gebiete unter das **materielle Geschäftsordnungsrecht**[6]:
- Ablauf des Gesetzgebungsverfahrens,
- Aufgabe, Zusammensetzung und Arbeitsweise der Ausschüsse,
- Wahrnehmung von Initiativ-, Informations- und Kontrollrechten,
- gemeinschaftliche Wahrnehmung der Mitwirkung durch eine Fraktion, eine Gruppe oder ein Quorum von Abgeordneten,
- Rederecht und Fraktionsredezeiten sowie
- Geschäftsgang, Disziplin und Ordnungsgewalt.

4

Aus dem Charakter der autonomen Satzung (RdNr. 2) mit der **Beschränkung auf eine Innenwirkung** folgt, daß weder Rechte gegenüber Dritten begründet, noch Pflichten für andere Verfassungsorgane und sonstige Dritte geregelt werden können[7].

5

---

1 BVerfGE 70, 324 (361); Stern, Bd. II, 82; Meinhard Schröder, 201; Achterberg, 324; Kluxen, 96f.; Kretschmer, Geschäftsordnungen deutscher Volksvertretungen, in: Schneider/Zeh, 291 (293).
2 BVerfG, Fn. 1.
3 BVerfGE 1, 144 (148); Achterberg/Schulte, in: v. Mangoldt/Klein, RdNr. 34, Hans-Peter Schneider, in: AK-GG, RdNr. 10, Versteyl, in: v. Münch/Kunig, RdNr. 17; Dach, in: Bonner Kommentar, RdNr. 21, und Maunz, in: Maunz/Dürig/Herzog, RdNr. 21, jeweils zu Art. 40. Zum vorrechtlichen Bild, Böckenförde, Organisationsgewalt, 116f.; Magiera, in: Sachs, RdNr. 25, 26 zu Art. 40; Stern, Bd. II, 83f.; Jörn Ipsen, 77; Steiger, 41ff.
4 Mahrenholz und Böckenförde, in: BVerfGE 70, 366f. u. 380f.; Achterberg/Schulte (Fn. 3), RdNr. 44 zu Art. 40; Neumann, RdNr. 4 zu Art. 106 Bremische Verfassung.
5 Achterberg/Schulte und Neumann, jeweils Fn. 4.
6 BVerfGE 84, 304 (321); 80, 188 (219); 60, 374 (379); 44, 308 (314); 1, 144 (148).
7 Stern, Bd. II, 84; Wahl, 105; Neumann, RdNr. 7 zu Art. 106 Bremische Verfassung.

Art. 21

6 Bei der Regelung von Materien steht der Landtag als Geschäftsordnungsgeber vor der Aufgabe, natürliche Spannungsverhältnisse aufeinander abzustimmen. Es ist eine **Konkordanz der Funktionen** zu bilden. Hierbei kommen z. B. in Betracht:
- die Statusrechte der Abgeordneten[8],
- die Funktionsfähigkeit der Fraktionen (RdNr. 11 zu Art. 19 NV) und
- die des Plenums als Repräsentation des Landesvolkes[9].

7 Nur das Plenum ist **Inhaber der Geschäftsordnungsautonomie**[10]. Es kann sie nicht auf Ausschüsse delegieren, da sie Rechtsetzung ist[11].

8 **Bei der Auslegung** von Normen der Geschäftsordnung sind an die Form und an den Inhalt nicht dieselben Anforderungen wie an Gesetzestexte zu stellen. Die parlamentarische Tradition und die Praxis sind heranzuziehen, wie sie Geschichte und Politik geformt haben[12].

9 Vorschriften der Geschäftsordnung bedürfen **keiner Verkündung**[13]. Eine formlose Bekanntmachung genügt. Die Geschäftsordnung des Landtages wird im Nieders. Gesetz- und Verordnungsblatt bekanntgemacht[14].

10 Parlamentsgeschäftsordnungen unterliegen der **sachlichen Diskontinuität**. In der konstituierenden Sitzung des „neuen" Landtages kann die alte Geschäftsordnung ausdrücklich oder durch schlüssige Handlung des Plenums übernommen werden[15].

11 Bei der **Verletzung von Geschäftsordnungsrecht** ist zu unterscheiden: Im Außenverhältnis sind Verletzungen grundsätzlich unbeachtlich. Ein Gesetz wird dadurch nicht fehlerhaft[16]. Im Innenverhältnis kann es zugleich eine Verletzung von Bundes- oder Landesrecht sein[17]. Denn die Geschäftsordnung regelt die Art und Weise, wie die Rechte der Abgeordneten ausgeübt werden. Es begründet sie aber nicht. Geschäftsordnungsverstöße können daher zugleich in der Verfassung begründete Rechte verletzen.

12 Die Absätze 2 und 3 behandeln das **Selbstversammlungsrecht des Landtages** als ein wesentlicher Teil der Parlamentsautonomie[18]. Das Plenum des Landtages ist Inhaber des Selbstversammlungsrechtes. Diese primäre Kompetenz folgt aus Art. 21 Abs. 2 Satz 1, 2. Halbsatz NV („soweit der Landtag nicht darüber beschlossen hat"). Der Landtag kann diese Kompetenz delegieren. Nach der Geschäftsordnung kann der Präsident eine vom Plenum be-

---

8 BVerfGE 84, 304 (321).
9 BVerfGE 80, 188 (217); 44, 308 (316).
10 BVerfGE 80, 188 (220).
11 Vorauflage, RdNr. 8 zu Art. 8; Achterberg/Schulte (Fn. 3), RdNr. 54 zu Art. 40.
12 BVerfGE 1, 144 (148); Stern, Bd. II, 84.
13 Maunz (Fn. 3), RdNr. 19 zu Art. 40; Neumann, RdNr. 10 zu Art. 106 Bremische Verfassung.
14 Z. B.: v. 7. 12. 1994 – Nieders.GVBl. S. 9.
15 Achterberg/Schulte (Fn. 3), RdNr. 58 zu Art. 40; Versteyl (Fn. 3), RdNr. 20 zu Art. 40; Trossmann, 9.
16 Hess.StGH, E. v. 21. 9. 1966, DVBl. 1967, 83; Versteyl (Fn. 3), RdNr. 18 zu Art. 40.
17 BVerfGE 80, 188 (219); Böckenförde, Demokratie als Verfassungsprinzip, in: Böckenförde, Staat, Verfassung, Demokratie, 289 (331).
18 Röper, Begrenzungen der Parlamentsautonomie, ZParl., 1985, 109 (175); Achterberg/Schulte (Fn. 3), RdNr. 24, Schneider (Fn. 3), RdNr. 20 und Versteyl (Fn. 3), RdNr. 36, jeweils zu Art. 39.

schlossene Tagesordnung erweitern[19]. Er ist aber nicht befugt, vom Plenum beschlossene Tagesordnungen oder Sitzungen ohne einen Auftrag eigenmächtig aufzuheben[20].

Soweit der Landtag „nicht darüber beschlossen hat, **beruft ihn der Präsident ein**" (Art. 21 Abs. 2 Satz 1 NV). Diese subsidiäre Einberufungsbefugnis des Präsidenten ist nicht auf wichtige Fälle beschränkt. Ob der Präsident dabei als Organ des Landtages oder kraft eigenen Rechts handelt, ist ohne praktische Bedeutung.   13

Das Recht auf Einberufung verdichtet sich zur Pflicht („ist unverzüglich einzuberufen"), wenn ein Antrag nach Art. 21 Abs. 2 Satz 2 NV gestellt worden ist. Ein Einberufungsantrag ist unzulässig, wenn er während einer Sitzung gestellt wird[21]. Der Antrag gehört zu den **nichtablehnbaren Anträgen** („ist ... einzuberufen")[22]. Der Präsident hat nicht zu prüfen, ob ein hinreichender Grund zur Einberufung einer außerordentlichen Sitzung vorliegt.   14

Das Antragsrecht der Landesregierung kann man als Rudiment der früheren Einberufungsrechte des Staatsoberhauptes werten[23]. **Meinhard Schröder** bezeichnet es als Ausdruck der parlamentarischen Verantwortung der Exekutive[24]. Ein vergleichbares Recht hat der Landtag für eine unverzügliche Einberufung der Landesregierung nicht. Das Ingerenzrecht ist somit recht einseitig. Für den Antrag ist ein förmlicher Beschluß der Landesregierung als Kollegium erforderlich[25]. Dem Antrage ist der „**Beratungsgegenstand**" beizufügen (Art. 21 Abs. 2 Satz 2 NV). Das Quorum „**ein Viertel seiner Mitglieder**" richtet sich nach der gesetzlichen Mitgliederzahl des Art. 74 NV.   15

Die „**Beratungsgegenstände**" beschränken sich auf Materien, für die der Landtag zuständig ist. Hierzu Art. 7 Satz 2 NV.   16

Alle Einberufungsanträge zu einer außerordentlichen Sitzung haben **gleichen Rang**. Ein Einberufungsantrag ist auch dann noch zulässig, wenn ein anderer ihn schon vorher gestellt hat[26]. Die Vorschrift gibt nicht das Recht, eine von einem anderen Berechtigten herbeigeführte Einberufung des Plenums wieder zurückzuziehen[27]. Jeder Berechtigte kann nur seinen eigenen Antrag zurücknehmen.   17

Der Beratungsgegenstand bindet das Plenum bei der Beschlußfassung über die **Tagesordnung**. Er schließt aber nicht aus, daß weitere Punkte durch einen Mehrheitsbeschluß auf die Tagesordnung gesetzt werden[28].   18

---

19 § 63 Abs. 2 Satz 2 GO Landtag.
20 Schneider (Fn. 3), RdNr. 21 zu Art. 39.
21 Kretschmer, in: Bonner Kommentar, RdNr. 49 zu Art. 39; Versteyl (Fn· 3), RdNr. 38 zu Art. 39.
22 Neumann, RdNr. 5 zu Art. 88 Bremische Verfassung.
23 Röper, Fn. 18.
24 Schröder, Aufgaben der Bundesregierung, in: Hdb d. Staatsrechts, Bd. II, 585 (594).
25 Neumann, RdNr. 6 zu Art. 88 Bremische Verfassung.
26 Trossmann, 133; Neumann, RdNr. 12 zu Art. 88 Bremische Verfassung.
27 David, RdNr. 8 zu Art. 22.
28 Ritzel/Bücker, RdNr. II cc) d zu § 21; Kretschmer (Fn. 21), RdNr. 53 zu Art. 39.

19 Auch bei einer außerordentlichen Sitzung haben die Mitglieder der Landesregierung und ihre Beauftragten das **Recht auf Gehör** (Art. 23 Abs. 2 Satz 2 NV). Der Ministerpräsident kann somit nach einer Einberufung des Landtages sofort das Wort verlangen[29].

20 Der **„Präsident des bisherigen Landtages"** hat das Einberufungsrecht zur „ersten Sitzung", weil er bis zum Zusammentritt zur konstituierenden Sitzung seinen Status noch nicht verloren hat (Art. 9 Abs. 1 Satz 2 NV). Die Vorschrift ergänzt somit Art. 9 Abs. 1 Satz 2 NV[30].

21 **„Absatz 2 Satz 2 gilt entsprechend"** ist zu lesen: Ein Viertel der „neugewählten Abgeordneten" kann unter Angabe des Beratungsgegenstandes die unverzügliche Einberufung der ersten Sitzung des Landtages beantragen. Die Vorschrift gewährt ihnen damit ein Statusrecht, obgleich sie noch nicht Abgeordnete sind[31].

22 Art. 21 Abs. 4 Satz 1 NV konkretisiert das **Mehrheitsprinzip**. Es gehört zu den **fundamentalen Grundsätzen der Demokratie**[32]. Grundlegende staatliche Entscheidungen müssen nach diesem Grundsatz getroffen werden[33]. Die Vorschrift sagt, wie ein Beschluß des Landtages zustandekommt[34].

23 Der 4. Absatz bezieht sich auf die Beschlüsse des Plenums. Das sind alle rechtlich erheblichen Entscheidungen des Landtages, soweit die Landesverfassung nicht selbst eine Sonderregelung trifft. Ferner solche, die aufgrund eines Gesetzes, einer Geschäftsordnung oder sonstigen Rechtsvorschrift ergehen[35]. Umstritten ist, ob **schlichte Parlamentsbeschlüsse**, Entscheidungen ohne eine rechtliche Wirkung, unter den Beschlußbegriff fallen[36]. Aus Praktikabilitätsgründen ist davon auszugehen, daß der Landtag solche Beschlüsse nach dieser Vorschrift fassen kann.

24 **„Mehrheit der abgegebenen Stimmen"** bedeutet nach heute einhelliger Ansicht:
    – mindestens eine Stimme mehr Ja- als Neinstimmen,
    – ungültige Stimmen und Stimmenthaltung zählen nicht und
    – bei einer Stimmengleichheit ist der Antrag oder die Frage abgelehnt worden[37].

25 **„Diese Verfassung bestimmt anders"** in nachfolgenden Artikeln: 10 Abs. 2 Satz 2, 17 Abs. 2 Satz 2, 18 Abs. 4 Satz 2, 22 Abs. 1 Satz 2, 29 Abs. 1, 30

---

[29] Trossmann, 133; Vorauflage, RdNr. 10 zu Art. 6.
[30] RdNr. 7 zu Art. 9 NV.
[31] Schriftlicher Bericht, 17.
[32] BVerfGE 29, 154 (165); Differenzierend: Stern, Bd. I, 611; Böckenförde, Demokratie als Verfassungsprinzip, in: Hdb. d. Staatsrechts, Bd. I, 887 (921 f.); Badura, Die parlamentarische Demokratie, in: Hdb. d. Staatsrechts, Bd. I, 953 (971); Hofmann/Dreier, Repräsentation, Mehrheitsprinzip und Minderheitenschutz, in: Schneider/Zeh, 165 (186 f.); Achterberg/Schulte (Fn. 3), RdNr. 25 zu Art. 42; Jäger, Mehrheit, Mehrheitsprinzip, in: Staatslexikon, Bd. III, Sp. 1082; Herzog, Mehrheitsprinzip, in: Ev. Staatslexikon, Bd. I, Sp. 2108.
[33] BVerfGE 44, 125 (141).
[34] BVerfGE 2, 143 (161); Achterberg/Schulte (Fn. 3), RdNr. 29 zu Art. 42.
[35] Achterberg/Schulte (Fn. 3), RdNr. 30 zu Art. 42; Versteyl (Fn. 3), RdNr. 16 zu Art. 42.
[36] Neumann, RdNr. 5 zu Art. 90 Bremische Verfassung m. w. N.
[37] David, RdNr. 4 zu Art. 19; Linck, in: Linck/Jutzi/Hopfe, RdNr. 5 zu Art. 61; Neumann, RdNr. 6 zu Art. 90 Bremische Verfassung.

Öffentlichkeit   Art. 22

Abs. 1 Satz 2, 32 Abs. 3, 40 Abs. 1 Satz 2 i. V. m. 17 Abs. 2, 46 Abs. 3 Satz 1, 52 Abs. 1 Satz 3, 55 Abs. 2 Satz 1, 62 Abs. 2 und 70 Abs. 2 Satz 1 NV.

„Beschlüsse zum Verfahren des Landtages" (Art. 21 Abs. 4 Satz 2 NV) sollen nach Ansicht des Verfassungsgebers verfahrensrechtlich einen Minderheitenschutz ermöglichen[38]. 26

„Wahlen" im Sinne der Norm sind Wahlen von Personen[39]. Umstritten und noch nicht entschieden ist die Frage, ob die Entscheidung über den Sitz einer Behörde eine Wahl im Sinne der Norm ist[40]. 27

Bei zwingendem Verfassungsrecht kann „Abweichendes" weder durch die Geschäftsordnung noch durch Gesetz bestimmt werden[41]. 28

Gemäß Art. 21 Satz 3 NV kann der Landtag die „Beschlußfähigkeit" durch seine Geschäftsordnung regeln. Die Geschäftsordnung sieht die Fiktion der Beschlußfähigkeit vor, solange nicht ein Abgeordneter vor einer Abstimmung oder Wahl die vorher vom Präsidenten festgestellte Beschlußfähigkeit „bezweifelt"[42]. Diese Fiktion ist zulässig[43]. Sie gilt aber nicht, wenn die Verfassung ein höheres Quorum vorschreibt[44]. 29

Rechtsfolge einer festgestellten Beschlußunfähigkeit ist die Pflicht des amtierenden Präsidenten, die Sitzung sofort zu schließen[45]. Das Plenum ist nicht mehr beratungsfähig. Das Wort darf nicht mehr erteilt werden[46]. Das gilt auch für Mitglieder der Landesregierung und ihre Beauftragten (Art. 23 Abs. 2 Satz 2 NV)[47]. 30

Artikel 22
Öffentlichkeit

(1) Der Landtag verhandelt öffentlich. Auf Antrag eines Zehntels seiner Mitglieder oder auf Antrag der Landesregierung kann die Öffentlichkeit mit Zustimmung von zwei Dritteln der anwesenden Mitglieder des Landtages ausgeschlossen werden. Über den Antrag wird in nichtöffentlicher Sitzung entschieden.

(2) Wahrheitsgetreue Berichte über die öffentlichen Sitzungen des Landtages und seiner Ausschüsse bleiben von jeder Verantwortlichkeit frei.

---

38 Schriftlicher Bericht, 17. Zur Zulässigkeit geheimer Abstimmungen: Röper, 130ff.
39 Achterberg/Schulte (Fn. 3), RdNr. 44 zu Art. 42; Maunz (Fn. 3), RdNr. 27 zu Art. 42; Schneider (Fn. 3), RdNr. 15 zu Art. 42.
40 Achterberg/Schulte, Maunz und Schneider, Fn. 39.
41 Schneider, Fn. 39; Versteyl (Fn. 3), RdNr. 26 zu Art. 42.
42 § 79 Abs. 2 Satz 1 GO Landtag.
43 BVerfGE 44, 308 (320).
44 Neumann, RdNr. 5 zu Art. 89 Bremische Verfassung; David, RdNr. 9 zu Art. 20.
45 § 79 Abs. 4 Satz 1 GO Landtag.
46 Trossmann, 325.
47 Trossmann, 306.

Art. 22

Übersicht

RdNr.

I. Das Öffentlichkeitsprinzip

Das vorrechtliche Bild 1
Der Zweck der Norm 2
Der „Landtag" 3
„verhandelt" 4
„öffentlich" 5
Medien und Öffentlichkeit 6
„Auf Antrag" 7
„eines Zehntels seiner Mitglieder" 8
Der „Antrag der Landesregierung" 9
Die „anwesenden Mitglieder des Landtages" 10
Voraussetzungen der Nichtöffentlichkeit 11
Entscheidung in „nichtöffentlicher Sitzung" 12
Die Folgen der Nichtöffentlichkeit 13
Ausschüsse des Landtages 14

II. Die Parlamentsberichterstattung

Rückblick 15
Der Normzweck 16
„Wahrheitsgetreu" 17
Die „Berichte" 18
„von jeder Verantwortung frei" 19
Ein Schutz für jedermann 20
Ein unbefristetes Recht 21

1 Das **Prinzip der Öffentlichkeit** der Parlamentsdebatten hat sich im Laufe des 19. Jahrhunderts in Deutschland durchgesetzt. Hannovers König Ernst August hielt öffentliche Sitzungen für gefährlich. Als 1847 die Stände ihre Bitte um Öffentlichkeit wiederholten, erhielten sie die königliche Antwort, die Öffentlichkeit werde nur unerreichbare Wünsche wecken, die Massen aufregen und verblenden[1]. Die Paulskirchenverfassung von 1849, die Preußische Verfassung von 1850, die Bismarcksche Reichsverfassung von 1871 und die Weimarer Reichsverfassung übernahmen diesen Grundsatz. Das Grundgesetz bestimmt in Art. 42 Abs. 1, daß der Bundestag öffentlich verhandelt. Der Verfassungsgeber der Vorläufigen Niedersächsischen Verfassung übernahm mit Art. 9 Abs. 1 weitgehend die Formulierung des Art. 42 Abs. 1 GG. Der Verfassungsgeber wählte ohne Änderungen des Inhalts den Text des Art. 9 Abs. 1 VNV[2].

2 Das Bundesverfassungsgericht wertet das Prinzip der öffentlichen Verhandlung als **wesentliches Element des demokratischen Parlamentarismus**. Es folgt damit **Carl Schmitt**: „Die Öffentlichkeit der Verhandlungen ist der Kern des ganzen Systems"[3]. Das Landesvolk soll wissen, was seine Repräsentanten tun.

---

1 v. Treitschke, Bd. IV, 162 und Bd. V, 655.
2 Schriftlicher Bericht, 17.
3 BVerfGE 84, 304 (329); Schmitt C., 316.

"Der Landtag" ist nur das Plenum[4]. 3

Der Inhalt des Begriffes „verhandelt" ist weit. Er umfaßt z. B. Debattenbeiträge, Besprechung von Antworten, Große Anfragen, Aussprachen zu Mündlichen Anfragen[5]. 4

"Öffentlichkeit" ist kostenloser Zugang für jedermann, unabhängig von Alter und Beruf, nach Maßgabe der im Sitzungssaal vorhandenen Plätze für die Zuschauer[6]. Das Prinzip der Öffentlichkeit schließt geheime Wahlen und Abstimmungen nicht aus. Geheim bleibt nur die Entscheidung des einzelnen Abgeordneten[7]. Das Gebot der Öffentlichkeit schränkt das Hausrecht und die Polizeigewalt (Ordnungsgewalt) des Landtagspräsidenten nicht ein[8]. 5

Hörfunk, Fernsehen und Presse verschaffen dem Staatsbürger die erforderliche umfassende Information über die Entwicklungen des Staates[9]. Hierbei hat die Beschaffung der Information den Charakter eines Grundrechtes[10]. Das gibt den **Medien einen Anspruch auf Zutritt** zu den öffentlichen Sitzungen des Plenums nach Maßgabe der vorhandenen Plätze. Technische Einrichtungen, welche die Würde des Hauses beeinträchtigen könnten, lassen sich durch landeseigene vermeiden[11]. Die Massenmedien haben keinen Anspruch darauf, eigene Geräte im Plenarsaal aufzustellen[12]. Der Landtagspräsident kann Direktübertragungen der Medien untersagen[13], wenn er einen sachlichen Grund dazu hat. 6

Der „Antrag" bedarf in öffentlicher Sitzung keiner Begründung[14]. Eine mündliche Begründung kann in der nichtöffentlichen Sitzung zweckmäßig sein. 7

Das Quorum „eines Zehntels seiner Mitglieder" richtet sich nach der gesetzlichen Mitgliederzahl im Sinne des Art. 74 NV. 8

Der „Antrag der Landesregierung" setzt einen förmlichen Kollegialbeschluß der Landesregierung voraus[15]. 9

Ein Mitglied des Landtages ist „anwesend", wenn es sich im Sitzungssaal aufhält. Unerheblich ist, ob es sich an einer Abstimmung beteiligt[16]. 10

---

4 BVerfGE 1, 144 (152); Versteyl, in: v. Münch/Kunig, RdNr. 3 zu Art. 42; Hans-Peter Schneider, in: AK-GG, RdNr. 4 zu Art. 42; Linck, in: Linck/Jutzi/Hopfe, RdNr. 10 zu Art. 60; StGH, U. v. 14. 12. 1979 – StGH 2/77, Fundestelle siehe Art. 54 NV.
5 Versteyl (Fn. 4), RdNr. 6 zu Art. 42; Linck, Die Parlamentsöffentlichkeit, ZParl., 1992, 673 (682).
6 Braun, RdNr. 6 zu Art. 33; David, RdNr. 8 zu Art. 21; Linck (Fn. 4), RdNr. 3 zu Art. 60; Neumann, RdNr. 4 zu Art. 91 Bremische Verfassung; Achterberg/Schulte, in: v. Mangoldt/Klein, RdNr. 3 zu Art. 42.
7 Röper, Zulässigkeit geheimer Abstimmungen im Parlament, ZParl., 1980, 503 (509); ders., Parlamentarier und Parlament, 133; Braun, RdNr. 13 zu Art. 33; Linck (Fn. 4), RdNr. 11 zu Art. 60.
8 Schneider (Fn. 4), RdNr. 6 zu Art. 42.
9 BVerfGE 35, 202 (222).
10 BVerfGE 77, 346 (354).
11 Binder, Die Öffentlichkeit nach Art. 42 Abs. 1 GG ..., DVBl., 1985, 1112 (1116).
12 Schneider (Fn. 4), RdNr. 7 zu Art. 42; a. A.: Binder, Fn. 11.
13 Braun, RdNr. 6 zu Art. 33.
14 Braun, RdNr. 16 zu Art. 33; Versteyl (Fn. 4), RdNr. 10 zu Art. 42; Achterberg/Schulte (Fn. 6), RdNr. 18 zu Art. 42.
15 Versteyl (Fn. 4), RdNr. 12 zu Art. 42; Achterberg/Schulte (Fn. 6), RdNr. 18 zu Art. 42.
16 Vorauflage, RdNr. 6 zu Art. 9; Trossmann, 319.

11 Das Plenum darf von dem Gebot der öffentlichen Sitzung nur abweichen, wenn dies zum Schutze anderer Rechtsgüter notwendig ist, die verfassungsrechtlichen Rang haben. Hierbei kommen nur Werte des Verfassungsrechts in Betracht, die ein überwiegendes **Geheimhaltungsinteresse** rechtfertigen[17].

12 „Über den Antrag wird in nichtöffentlicher Sitzung entschieden". Eine Aussprache ist notwendig, um zu einer praktischen Konkordanz zu kommen. Der Beschluß über den Ausschluß der Öffentlichkeit bedarf keiner Begründung[18].

13 Der Beschluß der **einfachen Nichtöffentlichkeit** hat zur **Folge:** Zuschauer, Diplomaten und Medienvertreter müssen den Sitzungssaal verlassen, Übertragung der Sitzung in andere Räume ist unzulässig. Um die Funktionsfähigkeit des Landtages aufrecht zu erhalten, ist es geboten, Angehörige der Landtagsverwaltung und der Verwaltung der Fraktionen und Gruppen von dem Ausschluß auszunehmen[19]. Das Anwesenheitsrecht der Mitglieder der Landesregierung und ihrer Beauftragten folgt aus Art. 23 Abs. 2 Satz 1 NV. Hat das Plenum zugleich über die Geheimheit beschlossen, so wird die **parlamentarische Verschwiegenheitspflicht** zusätzlich durch das Strafrecht geschützt[20].

14 Die Verfassung gestattet es, daß **Verhandlungen in den Ausschüssen** nichtöffentlich sind[21]. Die Geschäftsordnung bestimmt die Nichtöffentlichkeit, läßt aber Ausnahmen zu[22]. Die Öffentlichkeit bei den Untersuchungsausschüssen regelt Art. 27 Abs. 3 NV. Im Schrifttum wird die Auffassung vertreten, daß Ausschüsse, die stellvertretend für das Parlament entscheiden, dem Öffentlichkeitsgebot unterliegen[23]. Die Frage ist hier nicht akut, da die Landesverfassung vorbereitende Ausschüsse vorsieht (Art. 20 Abs. 1 NV).

15 Das Institut der **Parlamentsberichterstattung** entstammt dem englischen Parlamentsrecht. Die Reichsverfassung von 1871 und die Weimarer Reichsverfassung enthalten es[24]. Das Grundgesetz regelt es nur für den Bundestag (Art. 42 Abs. 3 GG). Die Vorläufige Niedersächsische Verfassung übernahm diesen Text (Art. 9 Abs. 3 VNV), der ohne inhaltliche Änderungen Eingang in die Landesverfassung fand.

16 **Normzweck** des Schutzes der Parlamentsberichterstattung ist seit jeher das Öffentlichkeitsprinzip[25].

---

17 Linck (Fn. 5), 688; Braun, RdNr. 22 zu Art. 33; Neumann, RdNr. 11 zu Art. 91 Bremische Verfassung; Kloepfer, Öffentliche Meinung, Massenmedien, in: Hdb. d. Staatsrechts, Bd. II, 171 (201).
18 Achterberg/Schulte (Fn. 6), RdNr. 19 zu Art. 42.
19 Versteyl (Fn. 4), RdNr. 14 zu Art. 42.
20 BVerfGE 67, 100 (135).
21 StGH, Fn. 4.
22 § 93 GO Landtag.
23 Linck (Fn. 5), 681 m. w. N.
24 Art. 22 Abs. 2 Reichsverfassung 1871, Art. 30 WRV.
25 Schmitt C., Fn. 3; Schneider (Fn. 4), RdNr. 16 zu Art. 42; Achterberg/Schulte (Fn. 6), RdNr. 56 zu Art. 42.

"**Wahrheitsgetreu**" ist der Bericht, wenn ein Geschehen oder ein in sich abgeschlossener Teil richtig und vollständig wiedergegeben wird[26]. Der Sachverhalt darf gekürzt sein, wenn der Inhalt dadurch nicht entstellt wird[27]. 17

"**Bericht**" ist eine erzählende Darstellung eines historischen Vorganges in seinem wesentlichen Verlauf[28]. Das Schrifttum folgt dieser Ansicht[29]. 18

"**Frei von jeder Verantwortung**" schützt vor allem Formen einer rechtlichen Verantwortlichkeit: Strafverfahren, Zivilverfahren, Leistungsklage im Verwaltungsstreitverfahren, Bescheid einer Verwaltung, disziplinarrechtliche und presserechtliche Verfahren[30]. 19

Jedermann wird geschützt: Abgeordnete, Journalisten, Zuhörer, Politiker[31]. 20

Der Schutz der Parlamentsberichterstattung ist unbefristet[32]. 21

Artikel 23
Anwesenheit der Landesregierung

(1) Der Landtag und seine Ausschüsse können die Anwesenheit eines jeden Mitglieds der Landesregierung verlangen.

(2) Die Mitglieder der Landesregierung und ihre Beauftragten haben zu den Sitzungen des Landtages und seiner Ausschüsse Zutritt. Sie müssen jederzeit gehört werden. Sie unterstehen der Ordnungsgewalt der Präsidentin oder des Präsidenten oder der Vorsitzenden oder des Vorsitzenden.

(3) Absatz 2 Satz 1 und 2 gilt nicht nur für die Sitzungen der Untersuchungsausschüsse, des Wahlprüfungsausschusses und des Ausschusses zur Vorbereitung der Wahl der Mitglieder des Staatsgerichtshofs.

Übersicht

	RdNr.
Das vorrechtliche Bild	1
Der Zweck der Norm	2
"Der Landtag"	3
Die "Ausschüsse"	4
Die Enquete-Kommission	5
"können ... verlangen"	6
"jeden Mitglieds der Landesregierung"	7
Die Antragstellung	8

---

26 Achterberg/Schulte (Fn. 6), RdNr. 52 zu Art. 42.
27 Fn. 26.
28 So Reichsgericht, RGSt 18, 207 (210).
29 Maunz, in: Maunz/Dürig/Herzog, RdNr. 29 zu Art. 42; Versteyl (Fn. 4) RdNr. 29 zu Art. 42 mit Einschränkungen; Meder, RdNr. 2 zu Art. 22.
30 Achterberg/Schulte (Fn. 6), RdNr. 53 zu Art. 42; Maunz (Fn. 29), RdNr. 36 zu Art. 42; Neumann, RdNr. 10 zu Art. 93 Bremische Verfassung.
31 Braun, RdNr. 45 zu Art. 33; Achterberg/Schulte, Fn. 30; Neumann, RdNr. 6 zu Art. 93 Bremische Verfassung.
32 Schneider (Fn. 4), RdNr. 19 zu Art. 42; Maunz (Fn. 29), RdNr. 36 zu Art. 42; Achterberg/Schulte (Fn. 6), RdNr. 53 zu Art. 42.

Art. 23

Ein „echter" Landtagsbeschluß 9
Die Pflicht zur Antwort 10
Die Grenzen der Antwortspflicht 11
Die Inhaber des Zutrittsrechts 12
Die „Sitzungen" 13
„jederzeit gehört werden" 14
Geschäftsordnungsanträge 15
Die „Ordnungsgewalt" 16
Der Ausschluß des Zutrittsrechts (Art. 23 Abs. 3 NV) 17

1   Die Vorschrift korrespondiert mit Art. 24 NV. Dabei ist das Zitierrecht des Art. 23 Abs. 1 NV als Mehrheitsrecht und das des Art. 24 NV als Minderheitsrecht ausgebildet worden. Bereits die ersten deutschen Verfassungen hatten Zitier- und Zutrittsrechte. Nach Art. 60 Preußische Verfassung von 1850 sollten die Minister die Möglichkeit haben, „zu jeder Zeit gehört zu werden". Das Parlament, die Kammer, konnte die Gegenwart der Minister verlangen. Dabei war die Auskunftspflicht beschränkt[1]. Die Weimarer Reichsverfassung übernahm das Institut mit Art. 33. Einige Länder hatten in ihrer Landesverfassung ähnliche Regelungen[2]. Der Grundgesetzgeber übernahm das Zitierrecht und das Zutrittsrecht mit Art. 43 GG ohne die Ordnungsgewalt des Vorsitzenden (Art. 33 Abs. 4 WRV). Der Verfassungsgeber der Vorläufigen Niedersächsischen Verfassung wählte den Text des Grundgesetzes, fügte aber mit Art. 10 Abs. 2 Satz 3 VNV die Ordnungsgewalt des Präsidenten und des Vorsitzenden eines Ausschusses hinzu. Mit der Novelle von 1958 schränkte der Verfassungsgeber das Zutrittsrecht für einige, jetzt wieder angeführte Ausschüsse ein. Der Verfassungsgeber übernahm den Inhalt des Art. 10 VNV[3].

2   **Art. 23 NV soll sicherstellen, daß die Beratungen** des Landtages und seiner Ausschüsse **im wechselseitigen Zusammenwirken** von Parlament und Landesregierung **vor sich gehen**[4]. Die Vorschrift wird ergänzt durch Art. 24 NV, der die Grundlage des parlamentarischen Informationsrechtes der Minderheit darstellt.

3   „Der **Landtag**" ist das Plenum[5].

4   Zum Begriffsinhalt „**Ausschuß**" siehe Art. 20 NV. Die Befugnis gilt nur im Rahmen der Kompetenz, nur für die vom Plenum überwiesenen Gegenstände und nur zur „Vorbereitung" eines Beschlusses des Plenums (Art. 20 Abs. 1 NV)[6].

---

1   Arndt I, RdNr. 4 zu Art. 60; Adolf Arndt, Professor der Rechte in Königsberg in Preußen, geb. 20. 10. 1848 in Freienwalde in Pommern, gest. 22. 4. 1926 in Marburg, bedeutender Staatsrechtlicher jüdischer Herkunft, Großvater des Rechtspolitikers Adolf Arndt (1904–1974).
2   Z. B. Art. 24 Preußische Verfassung von 1920.
3   Schriftlicher Bericht, 17.
4   So StGH, U. v. 12. 12. 1957 – StGH 1/53, Fundstellen siehe Art. 54 NV.
5   Schröder, in: Bonner Kommentar, RdNr. 25; Achterberg/Schulte, in: v. Mangoldt/KLein, RdNr. 20; Maunz, in: Maunz/Dürig/Herzog, RdNr. 2 und Versteyl, in: v. Münch/Kunig, RdNr. 2, jeweils zu Art. 43 GG.
6   Schröder (Fn. 5), RdNr. 28 zu Art. 43.

Ob **Enquete-Kommissionen** ein Zitierrecht haben, ist umstritten[7]. Eine Rechtsprechung hat sich hierzu noch nicht gebildet. Da es keinen festen Begriffsinhalt für den Status einer Enquete-Kommission gibt, ist auf die Zusammensetzung der Kommission nach der Geschäftsordnung des Landtages abzustellen. Diese kann man als Ausschuß mit beratenden Sachverständigen werten. Die Abgeordneten müssen in ihm die Mehrheit haben, der Vorsitzende muß Abgeordneter sein und nur die Abgeordneten haben ein Stimmrecht (§ 18a GO Landtag). Das Zitierrecht ist daher zu bejahen.

5

Es „**kann**" grundsätzlich nur „**verlangt**" werden, daß das verantwortliche Mitglied der Landesregierung herbeigerufen wird. Das ist stets der Ministerpräsident oder im Vertretungsfalle sein Stellvertreter nach Art. 29 Abs. 2 NV als Inhaber der Richtlinienkompetenz (Art. 37 Abs. 1 Satz 1 NV). Ein völlig unzuständiger Landesminister kann sein Erscheinen verweigern[8]. Die Verantwortlichkeit beschränkt sich aber nicht auf die Ressortkompetenz (Art. 37 Abs. 1 Satz 2 NV). Es genügt, daß das Ressort mitgewirkt hat oder aber nach einer Vorschrift hätte mitwirken sollen, dieses aber unterlassen hat[9]. Es empfiehlt sich daher, die Gründe anzugeben, um den Anschein eines Rechtsmißbrauchs zu vermeiden.

6

„**Mitglieder der Landesregierung**" sind nur der Ministerpräsident und seine Minister (Art. 28 Abs. 2 NV).

7

Der Antrag auf eine „**Anwesenheit**" muß von einer Fraktion oder mindestens zehn Abgeordneten unterstützt werden[10]. Diese Beschränkung auf ein Gruppenrecht ist zulässig[11]. Der Antrag ist ein Geschäftsordnungsantrag, der die Beratung zur Sache der Tagesordnung unterbricht. Demgemäß ist über den Antrag die „Besprechung zu eröffnen" und abzustimmen[12].

8

Der mit einfacher Mehrheit der abgegebenen Stimmen zu fassende Beschluß des Plenums ist ein rechtlich verbindlicher „**echter**" **Landtagsbeschluß**[13]. Ob ein Nichterscheinen gerechtfertigt ist, kann der Staatsgerichtshof im Organstreitverfahren (Art. 54 Nr. 1 NV) prüfen[14]. Entsprechendes gilt für die Ausschüsse.

9

Das zitierte Mitglied der Landesregierung hat **Rede und Antwort** zu stehen[15]. Die Antwort erschöpft sich in der Regel in der Mitteilung von Tatsachen und dem Vortrag einer Meinung, die keine rechtliche Außenwirkung erzeugt[16].

10

---

7 Verneinend z. B.: Achterberg, 463; Achterberg/Schulte (Fn. 5), RdNr. 22 zu Art. 43; Steiger, 149; a. A.: Hans-Peter Schneider, in: AK-GG, RdNr. 4 zu Art. 43; Schröder (Fn. 5), RdNr. 30 zu Art. 43.
8 Versteyl (Fn. 5), RdNr. 23 zu Art. 43; Meder, RdNr. 1 zu Art. 24; Schröder (Fn. 5), RdNr. 33 zu Art. 43; a. A.: Maunz (Fn. 5), RdNr. 5 zu Art. 43.
9 Gebhard, RdNr. 3 zu Art. 33 WRV.
10 § 78 Abs. 1 Satz 1 GO Landtag.
11 Abmeier, 192.
12 § 78 Abs. 1 Satz 2 GO Landtag; Trossmann, 298.
13 Stern, Bd. II, 54; Versteyl (Fn. 5), RdNr. 26 zu Art. 43.
14 Achterberg/Schulte (Fn. 5), RdNr. 31 zu Art. 43; Stern, Fn. 13.
15 H. M.: Achterberg/Schulte (Fn. 5), RdNr. 13 zu Art. 43; Maunz (Fn. 5), RdNr. 8 zu Art. 43; Stern, Bd. II, 52; Braun, RdNr. 5 zu Art. 34.
16 BVerfGE 57, 1 (5).

Art. 23 Zweiter Abschnitt Der Landtag

11 Die Pflicht zur **Antwort ist rechtlich begrenzt.** Abgesehen von einer notwendigen Beschlußfassung der Landesregierung (Art. 37 Abs. 2 NV), kann die Antwort aus den in Art. 24 Abs. 3 NV angeführten Gründen verweigert werden.

12 Das **Zutrittsrecht** (Art. 23 Abs. 2 Satz 1 NV) beschränkt sich auf die „**Mitglieder der Landesregierung**" im Sinne des Art. 28 Abs. 2 NV und ihre „**Beauftragten**". Der politische Takt gebietet es, vor dem Plenum sowie bei Grundsatzfragen in den Ausschüssen nur Mitglieder der Landesregierung oder Staatssekretäre sprechen zu lassen. Ein Ministerium ist in einem Ausschuß nur dann hinreichend repräsentiert, wenn der Abteilungsleiter oder der für das Sachgebiet federführende Referatsleiter erschienen ist.

13 Die „**Sitzungen des Landtages und seiner Ausschüsse**" sind die öffentlichen, nichtöffentlichen und geheimen Sitzungen des Plenums und der Ausschüsse[17]. Bei geheimen Ausschußsitzungen ist die Zahl der Beauftragten zu beschränken[18]. Die im dritten Absatz angeführten Ausschüsse fallen nicht hierunter.

14 „**Jederzeit**" bedeutet: Das Regierungsmitglied erhält während der Rede eines Abgeordneten nicht das Wort. Es muß aber danach unter Durchbrechung der Rednerliste sprechen können. Es ist nicht an einen Beschluß oder eine Vorschrift der Geschäftsordnung „über die Gestaltung und Dauer der Aussprache gebunden"[19]. Das „jederzeitige" Rederecht ist ein Korrelat zur parlamentarischen Verantwortung der Landesregierung (Art. 7 Satz 2 NV).

15 Das Rederecht kann nicht durch einen **Geschäftsordnungsantrag** unterlaufen werden[20]. Der Antrag auf eine Erteilung des Wortes eines Regierungsmitgliedes kann eine bereits eröffnete Wahl oder Abstimmung nicht mehr unterbrechen[21].

16 Die Unterstellung unter die „**Ordnungsgewalt des Präsidenten oder des Vorsitzenden**" ist Art. 33 Abs. 4 WRV entnommen worden. Die Parallelvorschrift des Grundgesetzes enthält diese Kompetenz nicht. Man stimmte bereits in der Weimarer Zeit weitgehend überein, daß diese Ordnungsgewalt weder das Zutrittsrecht noch das Rederecht der Regierungsmitglieder und ihrer Beauftragten einschränken kann[22]. Unter Ordnungsgewalt versteht man die Kompetenz, einen ordnungsgemäßen Ablauf der parlamentarischen Verhandlung zu sichern[23]. Da aber Geschäftsordnungsrecht auch hier keine Außenwirkung hat, ist Rechtsgrundlage für Maßnahmen allein Art. 23 Abs. 2 Satz 3 NV[24]. Reicht die Ordnungsgewalt nicht aus, um die Würde des Hau-

---

17 Versteyl (Fn. 5), RdNr. 30 zu Art. 43; Schneider (Fn. 7), RdNr. 12 zu Art. 43.
18 BVerfGE 74, 7 (8).
19 BVerfGE 96, 264 (286); 10, 4 (17).
20 Achterberg/Schulte (Fn. 5), RdNr. 63 zu Art. 43; Schröder (Fn. 5), RdNr. 93 zu Art. 43.
21 Schröder, Fn. 20; Trossmann, 306.
22 Gebhard, RdNr. 8 zu Art. 33; Anschütz, RdNr. 4 zu Art. 33; Giese, RdNr. 3 zu Art. 33; Arndt II, Anm. zu Art. 24 Preuß. Verfassung, Stier-Somlo, RdNr. 2 C zu Art. 24 Preuß. Verfassung.
23 David, RdNr. 32 zu Art. 23.
24 David, Fn. 23; Stern, Bd. II, 84; Braun, RdNr. 22 zu Art. 32: Wahl, 105; Dach, in: Bonner Kommentar, RdNr. 33 zu Art. 40; Neumann, RdNr. 7 zu Art. 106 Bremische Verfassung.

ses zu schützen[25], so kann der Verhandlungsleiter einem Regierungsmitglied oder einem Beauftragten faktisch dadurch das Wort entziehen, daß er die Sitzung unterbricht, wenn eine störende Unruhe eingetreten ist[26].

Der Staatsgerichtshof entschied zur ursprünglichen Fassung des Art. 10 VNV, **Regierungsvertreter** hätten ein uneingeschränktes **Zugangsrecht** zu allen Sitzungen der **Landtagsausschüsse**[27]. Auf einen gemeinsamen Antrag der Fraktionen wurde das Recht auf Zugang durch das Gesetz zur Ergänzung der Vorläufigen Niedersächsischen Verfassung vom 23. Dezember 1958 für die genannten Ausschüsse ausgeschlossen[28]. Soweit Mitgliedern der Landesregierung und ihren Beauftragten im Einzelfalle von den drei Ausschüssen des letzten Absatzes Zugang gewährt wird, haben sie kein Recht auf eine Rede. Der Umfang der Worterteilung liegt im Ermessen des Vorsitzenden[29].

17

Artikel 24
Auskunft, Aktenvorlage und Zugang zu öffentlichen Einrichtungen

(1) Anfragen von Mitgliedern des Landtages hat die Landesregierung im Landtag und in seinen Ausschüssen nach bestem Wissen unverzüglich und vollständig zu beantworten.

(2) Die Landesregierung hat, wenn es mindestens ein Fünftel der Ausschußmitglieder verlangt, zum Gegenstand einer Ausschußsitzung Akten unverzüglich und vollständig vorzulegen und Zugang zu öffentlichen Einrichtungen zu gewähren. Für Akten und Einrichtungen, die nicht in der Hand des Landes sind, gilt dies, soweit das Land die Vorlage oder den Zugang verlangen kann.

(3) Die Landesregierung braucht dem Verlangen nicht zu entsprechen, soweit dadurch die Funktionsfähigkeit und Eigenverantwortung der Landesregierung wesentlich beeinträchtigt würden oder zu befürchten ist, daß durch das Bekanntwerden von Tatsachen dem Wohl des Landes oder des Bundes Nachteile zugefügt oder schutzwürdige Interessen Dritter verletzt werden. Die Entscheidung ist zu begründen.

(4) Näheres kann ein Gesetz regeln.

---

25 Weser Kurier v. 9. 11. 1990: „Der Abgeordnete sei ein kümmerlicher Denunziant".
26 Röper, Parlamentarische Ordnungsmaßnahmen gegenüber Regierungsmitgliedern, ZParl., 1991, 189 (192); ders., Parlamentarier und Parlament, 226f.
27 Fn. 4.
28 Groschupf, Die Entwicklung der Verfassung und Verwaltung in Niedersachsen von 1956 bis 1979, Jahrbuch des öffentlichen Rechts der Gegenwart, 1979, 381 (385); Rebe, Landtag und Gesetzgebung, in: Korte/Rebe, 141 (242).
29 Reich, RdNr. 5 zu Art. 52.

Art. 24

Übersicht

	RdNr.
Die Parallelen in der Landesverfassung	1
Der Normzweck	2
Die Institution des Interpellationsrechtes	3
Das „Mitglied des Landtages"	4
Die „Landesregierung"	5
Die Form der „Anfrage"	6
Der Umfang des Fragerechtes	7
„unverzüglich"	8
Die angemessene Frist	9
„vollständig"	10
Die Institution der Aktenvorlage	11
Verfahrenskonkurrenz der Informationsrechte	12
„Ein Fünftel der Ausschußmitglieder"	13
Das „Verlangen" der Ausschußmitglieder	14
Der „Gegenstand einer Ausschußsitzung"	15
Der materielle Aktenbegriff	16
„Akten, die nicht in der Hand des Landes sind"	17
Die „unverzügliche" und „vollständige" Vorlage	18
Der „Zugang zu öffentlichen Einrichtungen"	19
Der beliehene Unternehmer	20
Parallelvorschriften zu Art. 24 Abs. 3 NV	21
„Die Funktionsfähigkeit und Eigenverantwortung der Landesregierung"	22
„dem Wohl des Landes oder des Bundes Nachteile zugefügt"	23
Die „schutzwürdigen Interessen Dritter"	24
Die Begründungspflicht der Landesregierung	25
Das „Nähere"	26

1 Die Vorschrift regelt das Recht der Anfrage, auch Interpellationsrecht genannt, das Recht der Aktenvorlage und das sogenannte Inspektionsrecht. Innerhalb der Landesverfassung korrespondieren diese parlamentarischen Rechte mit dem Zitierrecht gegenüber den Mitgliedern der Landesregierung (Art. 23 Abs. 1 NV), der spontanen Informationspflicht der Landesregierung gegenüber dem Landtag bei größeren Maßnahmen (Art. 25 NV) und dem Beweiserhebungsrecht der Untersuchungsausschüsse des Landtages (Art. 27 Abs. 2 bis 4 NV).

2 **Normzweck** der in Art. 24 NV angeführten Rechte ist das Informationsbedürfnis des einzelnen Abgeordneten. Nach gefestigter Rechtsprechung des Bundesverfassungsgerichts bedürfen Abgeordnete „grundsätzlich einer umfassenden Information, um ihren Aufgaben genügen zu können"[1]. Zu den Aufgaben gehört auch die parlamentarische Kontrolle der Landesregierung[2].

3 Im Gegensatz zu den beiden anderen Rechten des Artikels gehört das **Interpellationsrecht** im engeren Sinne, das Recht der Anfrage einer Minderheit, zu den frühen Institutionen des Parlamentsrechts. Bereits die Französische Verfassung von 1791 hatte eine Regelung für eine formelle Anfrage. Das

---
1 BVerfGE 90, 130 (136); 70, 324 (355); VerfGH NRW, OVGE 43, 374 (376).
2 StGH Bremen, E. v. 1. 3. 1989 – DVBl., 1989, 453; Neumann, RdNr. 3 zu Art. 100, Bremische Verfassung; Schlußbericht, 39.

englische Parlamentsrecht kannte die Einrichtung ohne ausdrückliche Normierung. Der Reichstag regelte das Recht durch seine Geschäftsordnung. Es bestand für die Reichsregierung keine Pflicht zur Antwort[3]. Die bremische und die hamburgische Landesverfassung der Nachkriegszeit regelten es ausdrücklich[4]. Weder das Grundgesetz noch die älteren Landesverfassungen enthalten ausdrückliche Regelungen.

Im Gegensatz zum Fragerecht des Art. 23 Abs. 1 NV ist dieses Fragerecht nicht der Mehrheit des Landtages oder eines Ausschusses, sondern dem einzelnen Abgeordneten, dem **Mitglied des Landtages,** zugewiesen. Der Anspruch des Abgeordneten ist höchstpersönlich und kann nicht auf andere Personen übertragen werden[5]. Er ist ein Bestandteil des Abgeordnetenmandats, ein **Statusrecht,** das nicht vom Landtag vermittelt wird[6]. 4

Nur die **„Landesregierung"** als Kollegium ist zur Antwort verpflichtet, nicht das einzelne Mitglied des Kabinetts[7]. Die Landesregierung entscheidet als Kollegium, welches Mitglied die Frage beantwortet[8]. Einfache Schreiben oder mündliche Anfragen an Regierungsmitglieder fallen nicht unter Art. 24 NV[9]. 5

Die Vorschrift regelt nicht die **Form der Anfrage.** Aus der Verfahrensregelung folgt, daß der Abgeordnete die Anfrage grundsätzlich schriftlich an die Landesregierung richten muß, da sein Schreiben Entscheidungsgrundlage des Kabinetts ist. Die Geschäftsordnung des Landtages berücksichtigt dies[10]. Die Nichtbeachtung des „Dienstweges" über den Präsidenten des Landtages[11] macht die Anfrage nicht unzulässig. Denn die Verfassung gewährt dem Abgeordneten als Organ ein originäres, direktes Informationsrecht. Das Einreichen der Anfrage „beim Präsidenten" dient der Information des Landtages. 6

Art. 24 Abs. 1 NV enthält keine ausdrückliche Beschränkung des **Umfangs des Fragerechtes** auf „öffentliche Angelegenheiten"[12]. Aus dem Normzweck der parlamentarischen Kontrolle folgt, daß die Anfragen diesem Zweck dienen müssen. Das Bundesverfassungsgericht spricht beim Umfang der Information von „nötig", „erforderlich", um eine „sachverständige Beurteilung zu ermöglichen"[13]. Der Begriff der Anfrage schließt umfangreiche Feststellungen und Wertungen aus[14]. Anfragen, die Beleidigungen und Vorwürfe enthalten, sind unzulässig[15]. Dies berücksichtigt das Geschäftsordnungsrecht 7

---

3 Gebhard, RdNr. 2d zu Art. 56 WRV.
4 Neumann, RdNr. 2 zu Art. 100 Bremische Verfassung; David, RdNr. 1 zu Art. 24.
5 Breidenbach/Kneifel-Haverkamp, Informationsverfassung, in: Simon/Franke/Sachs, 313 (330).
6 David, RdNr. 6 zu Art. 24.
7 Neumann, RdNr. 5 zu Art. 100 Bremische Verfassung; David, RdNr. 9 zu Art. 24; Linck, in: Linck/Jutzi/Hopfe, RdNr. 12 zu Art. 67.
8 David, RdNr. 10 zu Art. 24; Neumann, Fn. 7.
9 Schriftlicher Bericht, 18.
10 § 46 Satz 1 GO Landtag.
11 § 46 Satz 2 GO Landtag.
12 Wie z. B. die Parallelvorschriften der Verfassungen von Hamburg u. Bremen.
13 BVerfGE 67, 100 (129); 57, 1 (5); 13, 97 (125).
14 Trossmann, 825; Trossmann/Roll, 265.
15 Trossmann, 825.

des Landtages[16]. **Norbert Achterberg** spricht von einem Mißbrauch, wenn eine Anfrage der Selbstdarstellung der Regierung dient[17]. Diese Auffassung ist abzulehnen. Die sogenannten „**bestellten Anfragen**" dienen dazu, Probleme der Öffentlichkeit verständlich zu machen. Im übrigen können auch die Abgeordneten einer Mehrheitsfraktion ein legitimes Interesse daran haben, ihre Ansicht in der Öffentlichkeit bei einer großen Anfrage darzulegen. Denn auch sie sind Inhaber der parlamentarischen Kontrolle[18].

8   „**Unverzüglich**" heißt ohne schuldhaftes Zögern[19].

9   Bei der Fristlänge ist der **Grundsatz der Organtreue** zu berücksichtigen[20]. Eine Frist ist angemessen, wenn sie die Arbeitskapazität der Landesregierung nicht übersteigt. Die Landesregierung ist ihrer Antwortpflicht ganz oder teilweise enthoben, wenn sie ihre übrigen Aufgaben in unvertretbarer Weise vernachlässigen müßte, ihre Funktionsfähigkeit beeinträchtigt werden könnte[21]. Bei einer großen Zahl von Anfragen wird die Landesregierung nach dem **Grundsatz der Chancengleichheit** (Art. 19 Abs. 2 NV) gehalten sein, Anfragen der Abgeordneten der **Opposition** vorweg zu beantworten.

10 Der Verfassungsgeber umschreibt die materielle Antwortpflicht mit „**vollständig**", „**nach bestem Wissen**". Der Adressat ist verpflichtet, sich um die Aufklärung des wahren Sachverhalts zu bemühen[22]. Ein Mitglied der Landesregierung handelt nicht pflichtwidrig, wenn es im Auftrage des Kabinetts eine objektiv unrichtige Antwort gibt, weil ihm der wahre Sachverhalt nicht bekannt war[23]. Entsprechendes gilt für die weisungsgebundenen Beauftragten der Landesregierung[24].

11 Das Recht der Minderheit auf **Aktenvorlage** ist eine sehr junge Institution des Parlamentsrechts. Sie gab es früher nur im Recht der parlamentarischen Untersuchungsausschüsse. Die neuen Verfassungen enthalten zusätzliche Vorschriften zur Aktenvorlage. So z. B. Bremen[25], Brandenburg[26], Schleswig-Holstein[27] und Hamburg[28]. Der Anspruch bedarf einer ausdrücklichen Regelung des Verfassungsgebers[29]. Art. 24 Abs. 2 NV kann daher nicht extensiv ausgelegt werden.

12 Das Recht der Aktenvorlage ist unabhängig von den beiden anderen Informationsrechten. Die Landesregierung kann nicht verlangen, daß die Minder-

---

16 § 46 Satz 2 i. V. m. § 45 Abs. 2 GO Landtag.
17 Achterberg, 475.
18 Steiger, 86.
19 RdNr. 8 zu Art. 30.
20 VerfGH NRW, OVGE 43, 274 (279).
21 Neumann, RdNr. 9 zu Art. 100 Bremische Verfassung.
22 Schriftlicher Bericht, 18.
23 Fn. 22.
24 Schriftlicher Bericht, 18.
25 Art. 105 Abs. 5 Satz 2.
26 Art. 56 Abs. 4 Satz 1.
27 Art. 23 Abs. 2.
28 Art. 32.
29 Schröder, in: Bonner Kommentar, RdNr. 19 zu Art. 43; Achterberg/Schulte, in: v. Mangoldt/Klein, RdNr. 18 zu Art. 43.

heit zuerst Rechte auf eine Anfrage oder Inspektion ausübt³⁰. Alle Informationsansprüche stehen verfahrensrechtlich selbständig nebeneinander.

„**Ein Fünftel der Ausschußmitglieder**" richtet sich bei Ausschüssen, deren Größe der Gesetzgeber bestimmt hat, nach der gesetzlichen Zahl. Bei den übrigen Ausschüssen ist die Mitgliederzahl, die durch die Geschäftsordnung des Landtages oder den Einsetzungsbeschluß des Plenums bestimmt wird, maßgebend³¹. 13

Das „**Verlangen**" bedarf aus den eingangs (RdNr. 6) angeführten Gründen in der Regel der Schriftform. Diese wird auch durch eine Protokollierung eines mündlichen Antrages in der Ausschußsitzung erfüllt. 14

Während Gegenstand einer Anfrage die breite Palette der parlamentarischen Kontrolle ist, beschränkt sich das Recht der Aktenvorlage auf den **Gegenstand einer** „Ausschußsitzung", einen Punkt der Tagesordnung³². 15

Bei der Aktenvorlage gilt der **materielle Aktenbegriff**. Das sind sämtliche Unterlagen, die den von der Ausschußminderheit vorgetragenen Sachverhalt betreffen. Nach herrschender Auffassung fallen auch elektronisch gespeicherte Sachverhalte unter diesen Aktenbegriff³³. Die Pflicht beschränkt sich auf Akten, die dem Land Niedersachsen gehören, die „**in der Hand des Landes sind**" (Art. 24 Abs. 2 Satz 1 NV). 16

„**Akten, die nicht in der Hand des Landes sind**", sind in der Regel Unterlagen von juristischen Personen des öffentlichen Rechts, bei denen das Land Aufsichtsbefugnisse wahrnimmt³⁴. Soweit die jeweils für den Umfang der staatlichen Aufsicht einschlägigen Rechtsvorschriften ein Recht der Aufsichtsbehörden auf Übersendung der Akten nicht ausdrücklich vorsehen, kann das „**Land die Vorlage**" nicht „**verlangen**"³⁵. In diesen Fällen verbleibt für eine parlamentarische Kontrolle nur der Weg zum Untersuchungsausschuß mit der Beweisaufnahme durch Beschlagnahme³⁶. Entsprechendes gilt für die Akten von privatrechtlichen Gesellschaften³⁷, bei denen das Land beteiligt ist. 17

Für die „**unverzügliche und vollständige**" Vorlage der Akten (Art. 24 Abs. 2 Satz 1 NV) gelten die oben (RdNr. 8 f.) angeführten Grundsätze entsprechend. 18

Das in Art. 24 Abs. 2 NV angeführte **Inspektionsrecht** soll „**Zugang zu öffentlichen Einrichtungen**" des Landes und Dritter gewähren. Dies ist eine neue parlamentarische Institution, die in einigen Verfassungen den Peti- 19

---

30 David, RdNr. 25 zu Art. 32.
31 Hübner, in: v. Mutius/Wuttke/Hübner, RdNr. 12 zu Art. 23.
32 StGH, B. v. 15. 6. 1996, Fundstelle siehe Art. 54 NV.
33 Neumann, RdNr. 49 zu Art. 105 Bremische Verfassung; Breidenbach/Kneifel-Haverkamp (Fn. 5), 330; Hübner (Fn. 31), RdNr. 11 zu Art. 23; Hernekamp, in: v. Münch/Kunig, RdNr. 14 zu Art. 45 c; Achterberg/Schulte (Fn. 29), RdNr. 58 zu Art. 45 c.
34 Schriftlicher Bericht, 18.
35 Achterberg/Schulte (Fn. 29), RdNr. 74 zu Art. 45 c.
36 Zur Beschlagnahme: BVerfGE 74, 7; 77, 1.
37 BVerfG, Fn. 36; Schriftlicher Bericht, 18.

tionsausschüssen zugewiesen ist[38]. Der „Zugang" setzt voraus, daß eine Ortsbesichtigung für einen Punkt der Tagesordnung des Ausschusses dienlich erscheint[39] und in der Tagesordnung auch aufgeführt worden ist. Den Antragstellern ist dabei ein weites Beurteilungsermessen über die Notwendigkeit des Zuganges einzuräumen[40]. Während der Inspektion können auch vorher beantragte Akten eingesehen werden[41].

20 Öffentliche Einrichtungen des Landes sind auch Einrichtungen sogenannter **beliehener Unternehmer,** die unter der staatlichen Aufsicht des Landes stehen[42].

21 Der dritte Absatz des Artikels regelt, in welchen Fällen die Landesregierung einen Antrag ablehnen kann oder muß. Die Vorschrift berücksichtigt die Rechtsprechung des Bundesverfassungsgerichts. Dieser Absatz ist bei der **spontanen Informationspflicht** der Landesregierung (Art. 25 Abs. 2 NV), der Antwortpflicht im Rahmen des **Zitierrechtes** (Art. 23 Abs. 1 NV) und im **parlamentarischen Untersuchungsverfahren** entsprechend anzuwenden (Art. 27 Abs. 4 NV). Ähnliche Bestimmungen enthalten neue Landesverfassungen[43].

22 Die Formel der Beeinträchtigung der **„Funktionsfähigkeit und Eigenverantwortung"** einer Regierung ist vom Bundesverfassungsgericht zum für die Länder verbindlichen Fundamentalgrundsatz der Gewaltenteilung mit der **Kernbereichslehre** entwickelt worden[44]. Dazu hat das Bundesverfassungsgericht auch für die Länder als bindend[45] erkannt:
 – Die Funktionsfähigkeit einer Landesregierung zur Erfüllung der verfassungsmäßigen Aufgaben ist zwingendes Gebot der Verfassung.
 – Das Parlament darf nicht in den Kernbereich exekutivischer Eigenverantwortung der Regierung eingreifen; er ist unveränderbar[46].
 – Die Kontrollkompetenz des Parlaments beschränkt sich grundsätzlich nur „auf bereits abgeschlossene Vorgänge". Aber auch bei abgeschlossenen Vorgängen sind Fälle möglich, in denen die Regierung aus dem Kernbereich exekutivischer Eigenverantwortung nicht verpflichtet ist, geheim zu haltende Tatsachen dem Parlament mitzuteilen.
 – Zum nichtausforschbaren Initiativ-, Beratungs- und Handlungsbereich gehören die Willensbildung innerhalb der Regierung, im Kabinett, und die Vorbereitung der Kabinetts- und Ressortentscheidungen[47].

---

38 Art. 45c i. V. m. Gesetz über die Befugnis des Petitionsausschusses – BGBl. I, 1975, S. 1921; David, RdNr. 21 zu Art. 25a; Neumann, RdNr. 50 zu Art. 105 Bremische Verfassung.
39 David, RdNr. 31 zu Art. 25a; Würtenberger, in: Bonner Kommentar, RdNr. 155 zu Art. 45c; Dürig, in: Maunz/Dürig/Herzog, RdNr. 26 zu Art. 45c.
40 David, Fn. 38.
41 David, RdNr. 32 zu Art. 25a; Neumann, Fn. 38; Dürig, Fn. 39.
42 Neumann, Fn. 38.
43 Art. 39 Abs. 2 u. Art. 40 Abs. 3 Mecklenburg-Vorpommern; Art. 51 Abs. 2 Sachsen; Art. 53 Abs. 4 Sachsen-Anhalt; Art. 23 Abs. 3 Satz 1 Schleswig-Holstein; Art. 67 Abs. 1015 Thüringen.
44 Schmidt-Aßmann, Der Rechtsstaat, in: Hdb. d. Staatsrechts, Bd. I, 987 (1015f.); Stern, Bd. I, 795 u. Bd. II, 541; Schnapp, in: v. Münch/Kunig, RdNr. 34 zu Art. 20.
45 Stern, Bd. II, 541f.
46 BVerfGE 9, 268 (280); 34, 52 (59); B. v. 17.7.1996 – BvF 2/93, DVBl., 1997, 42 (43).
47 BVerfGE 67, 100 (139); 68, 1 (87).

Verfassunggerichte anderer Bundesländer haben diese Rechtsprechung übernommen[48]. Der Staatsgerichtshof ist ihr zu Art. 24 Abs. 3 NV gefolgt[49].

Mit den Worten „**dem Wohl des Landes oder des Bundes Nachteile zugefügt**" wird die Notwendigkeit der Geheimhaltung umschrieben. Hierbei ist zu beachten, daß Landtag und Landesregierung das „Wohl" gemeinsam anvertraut ist[50]. Die Landesregierung ist nicht verpflichtet, **Verschlußsachen** dem Landtag vorzulegen oder **geheimhaltungsbedürftige Tatsachen** vortragen zu lassen, wenn der Landtag nicht den von ihr für notwendig gehaltenen Geheimschutz hinreichend gewährleistet[51]. Im übrigen wird zur Problematik des Geheimschutzes bei einer parlamentarischen Kontrolle auf das Schrifttum verwiesen[52].

23

Die Landesregierung muß den Grundrechtschutz beachten. Der Landesverfassungsgeber umschreibt dies mit den Worten „**schutzwürdige Interessen Dritter verletzt werden**". Dieses Gebot berücksichtigt die Rechtsprechung des Bundesverfassungsgerichts, daß auch parlamentarische Informationsrechte den grundrechtlichen Schutz der Bürger und der juristischen Personen des Privatrechts beachten müssen[53]. Bei Sachverhalten streng persönlichen Charakters darf dem Verlangen der Antragsteller nicht stattgegeben werden[54].

24

Eine **Begründungspflicht** (Art. 24 Abs. 3 Satz 2 NV) besteht auch bei einer Teilstattgabe der Landesregierung. Die Antragsteller können ihren Informationsanspruch beim Staatsgerichtshof im Wege des Organstreitverfahrens (Art. 55 Nr. 1 NV) geltend machen[55].

25

Es liegt im freien Ermessen des Landesgesetzgebers, ob er ein **Ausführungsgesetz** erläßt („kann"). Bei den unbestimmten Rechtsbegriffen des Verfassungsrechts des dritten Absatzes, die bisher von den Verfassungsgerichten nur teilweise hinreichend bestimmt worden sind, ist es legitim, die Ergebnisse erst einmal abzuwarten.

26

---

48 Hamb. Verfassungsgericht, Hamb. Justizverwaltungsblatt 1972–1973, 282; VerfGH NRW, DVBl., 1994, 48 (50); BayVerfGH, DVBl., 1986, 233 (234).
49 B. v. 15. 6. 1996 – StGH 12/95, Fundstelle siehe Art. 54 NV; zur Kritik: Kühne, Vom isolierten zum strangulierten Aktenvorlagerecht, NdsVBl., 1997, 1.
50 BVerfGE 67, 100 (136).
51 BVerfGE 67, 100 (137); 77, 1 (56).
52 Weis, Parlamentarisches Fragerecht und Antwortpflicht der Regierung, DVBl., 1988, 268; Burkholz, Müssen Abgeordnete alles wissen dürfen?, VA 1993, 203; Jahn/Engels, in: Schneider/Zeh, Geheimschutzordnung des Bundestages, 619; Achterberg, 572f., 626; Trossmann, 101; David, RdNr. 111 zu Art. 25.
53 BVerfGE 67, 100 (133); 65, 1 (43); 77, 1 (46); Weis (Fn. 52), 272; Magiera, in: Schneider/Zeh, Rechte des Bundestages und seiner Mitglieder gegenüber der Regierung, 1421 (1442). Zu den Betriebs- und Geschäftsgeheimnissen der öffentlichen Unternehmen: David, RdNr. 86f. zu Art. 25.
54 BVerfGE 76, 363 (388); 67, 100 (144); 65, 1 (46).
55 StGH, Fn. 49.

Artikel 25

Unterrichtungspflicht der Landesregierung

(1) Die Landesregierung ist verpflichtet, den Landtag über die Vorbereitung von Gesetzen sowie über Grundsatzfragen der Landesplanung, der Standortplanung und Durchführung von Großvorhaben frühzeitig und vollständig zu unterrichten. Das gleiche gilt, soweit es um Gegenstände von grundsätzlicher Bedeutung geht, für die Vorbereitung von Verordnungen, für die Mitwirkung im Bundesrat sowie für die Zusammenarbeit mit dem Bund, den Ländern, anderen Staaten, der Europäischen Gemeinschaft und deren Organen.

(2) Artikel 24 Abs. 3 Satz 1 gilt entsprechend.

(3) Näheres kann ein Gesetz regeln.

Übersicht

	RdNr.
Neues Verfassungsrecht	1
Der Zweck der Norm	2
„Die Landesregierung"	3
„verpflichtet"	4
Eine Klausur der Sachgebiete	5
Der „Landtag"	6
Die Form der Information	7
Die „Vorbereitung der Gesetze"	8
Die „Grundsatzfragen"	9
Die „Gegenstände von grundsätzlicher Bedeutung"	10
Die „Verordnung"	11
Die „Mitwirkung im Bundesrat"	12
Die „Zusammenarbeit mit dem Bund,	13
– den Ländern,	14
– anderen Staaten,	15
– der Europäischen Gemeinschaft"	16
„frühzeitig"	17
„vollständig"	18
Grundgesetzliche Schranken der Informationspflicht	19
Das „Nähere"	20
Prüfung im Organstreitverfahren	21

1 Die Vorschrift soll das Phänomen des **parlamentarischen Terrainverlustes**[1] mindern. Seit Jahrzehnten verlieren die Landesparlamente an politischer Kompetenz: Hochzonung von Gesetzgebungszuständigkeiten, rigorose Ausschöpfung der Rahmenvorschriften des Grundgesetzes durch den Bundesgesetzgeber, Übertragung von Gesetzgebungskompetenzen auf die Europäische Union mit Kompetenzzunahme der Landesregierungen durch die **gouvernementale Bundesstaatlichkeit**,[2] **Exekutivföderalismus**[3]. Die Landesparla-

---

1 Zum Begriff: Stern, Bd. I, 755.
2 Stern, Fn. 1.
3 Heyen, Der Bundesrat – ein Rat der autonomen Kabinette?, Der Staat, 1982, 191.

mente bemühten sich, durch bessere Informationen über staatsleitende Entscheidungen von den Landesregierungen diesen Machtverlust auszugleichen. Sie wurden vom Schrifttum unterstützt[4].

Der Art. 25 NV hat den **Zweck**, den Landtag über staatsleitende Entscheidungen der Landesregierung und ihrer Mitglieder ohne Eingriffe in den exekutiven Kernbereich so früh und vollständig wie möglich zu informieren[5]. 2

Nur das Kollegium „**Landesregierung**" ist Adressat der Informationspflicht. Die Landesverfassung folgt damit den Verfassungen der Länder Brandenburg, Bremen, Mecklenburg-Vorpommern, Sachsen, Sachsen-Anhalt, Schleswig-Holstein und Thüringen[6]. Das Kollegium muß über die Information einen Beschluß fassen. Es kann ein Mitglied beauftragen, im Namen der Landesregierung den Landtag zu unterrichten. 3

Die Informationspflicht ist eine **Bringschuld** („ist verpflichtet"). Die Landesregierung muß spontan bei einer Informationsreife den Sachverhalt mitteilen[7]. 4

Im Gegensatz zur bremischen Regelung besteht eine **Klausur der Sachgebiete**. Die Informationspflicht beschränkt sich auf die in Art. 25 Abs. 1 NV ausdrücklich aufgeführten Sachgebiete[8]. Dies schließt freiwillige Unterrichtungen auf anderen Gebieten aber nicht aus[9]. 5

Die Informationspflicht besteht nur gegenüber dem „**Landtag**". Eine zusätzliche Pflicht zur Unterrichtung der Fachausschüsse[10] besteht nicht. 6

Die Informationspflicht ist an keine besondere **Form** gebunden. Sie kann daher auch durch ein Mitglied der Landesregierung in ihrem Auftrage mündlich geschehen[11]. Bei Normentwürfen kommt nach der Natur der Sache nur ein vollständiger Text in Betracht. 7

Bei der „**Vorbereitung von Gesetzen**" entsteht die Pflicht, bevor die Landesregierung im Rahmen der Anhörung von Gemeinden, Fachverbänden und öffentlich-rechtlichen Kammern in die Öffentlichkeit geht[12]. 8

„**Grundsatzfragen der Landesplanung, der Standortplanung und Durchführung von Großvorhaben**" fallen in die staatsleitenden Entscheidungen, 9

---

4 Hoffmann-Riem, 123; Eicher, 111; Entschließung der Landtagspräsidenten v. 14. 1. 1983, ZParl., 1983, 357 (359); Schumann, Die Beteiligung der Länder an der EG-Politik des Bundes, ZParl., 1983, 362; Liesegang, Die Beteiligung der Parlamente bei der Aufstellung von Plänen durch die Exekutive, ZParl., 1972, 162 f.; Thaysen, Sicherung der parlamentarischen Kontrolle über Regierungsplanung, ZParl., 1972, 176; ders., Sicherung der Ländereigenstaatlichkeit und Stärkung der Landesparlamente, ZParl., 1985, 179; Ossenbühl, Welche normativen Anforderungen stellt der Verfassungsgrundsatz des demokratischen Rechtsstaates an die planende staatliche Tätigkeit?, Gutachten 50. Deutscher Juristentag, 1974, B 65 f.; Hübner, in: v. Mutius/Wuttke/Hübner, RdNr. 1 zu Art. 22; Schlußbericht, 66; Linck, in: Linck/Jutzi/Hopfe, RdNr. 19 zu Art. 67.
5 Schlußbericht, 67.
6 Art. 94, 79, 39, 50, 62 und 67 i. d. Reihenfolge der genannten Verfassungen.
7 Linck (Fn. 4), RdNr. 21 zu Art. 67; Neumann, RdNr. 4 zu Art. 79; Schriftlicher Bericht, 19.
8 Hübner (Fn. 4), RdNr. 2 zu Art. 22.
9 Hübner, Fn. 8.
10 Z. B. Art. 79 Satz 1 Bremische Verfassung.
11 Neumann, RdNr. 5 zu Art. 79; Blumenwitz, in: Bonner Kommentar, RdNr. 15, 16 zu Art. 53.
12 Neumann, RdNr. 7 zu Art. 79; Schlußbericht, 68; Breidenbach/Kneifel-Haverkamp, in: Simon/Franke/Sachs, Informationsverfassung, 313 (334); Hübner (Fn. 4), RdNr. 9 zu Art. 22.

die dem Landtage und der Landesregierung gewissermaßen zur gesamten Hand anvertraut sind. Daher muß der Landtag schon im Stadium der Vorbereitung der Entscheidung informiert werden[13]. Die Vorschrift gibt dem Landtage keine zusätzliche Entscheidungskompetenz[14]. Das Nieders. Gesetz über Raumordnung und Landesplanung[15] sieht bereits die Beteiligung des Landtages vor einem Beschluß des Landes-Raumordnungsprogramms vor[16].

10 Bei der zweiten Kategorie der Sachgebiete (Art. 25 Abs. 1 Satz 2 NV) „geht es um Gegenstände von grundsätzlicher Bedeutung". Ein Gegenstand ist z. B. von grundsätzlicher Bedeutung, wenn er nach dem Stande der Rechtsprechung des Bundesverfassungsgerichts unter den **Parlamentsvorbehalt** fällt[17]. Da der Landtag die Pflicht hat, Wesentliches im Rahmen seiner grundgesetzlichen Kompetenz selbst zu regeln[18], muß die Landesregierung ihn hinreichend informieren.

11 Eine „**Verordnung**" ist von grundsätzlicher Bedeutung, wenn erst durch sie ein Landesgesetz vollziehbar wird, erst die Verordnung den Betroffenen die „Juckpunkte" zeigt, wie z. B. im **Recht der Technik** und im **Umweltrecht**[19]. Ferner ist eine Verordnung von grundsätzlicher Bedeutung, wenn der Landtag nach Art. 80 Abs. 4 GG befugt ist, an die Stelle der durch Bundesgesetz oder auf Grund von Bundesgesetzen ermächtigten Landesregierung selbst als Landesgesetzgeber zu handeln. Denn Normzweck dieser Neuauffassung des Art. 80 GG ist es, den Kompetenzverlust der Landesparlamente auszugleichen. Wegen der Möglichkeit des Landtages, auf den Inhalt von Verordnungen Einfluß zu nehmen, siehe RdNr. 21 f. zu Art. 43 NV; wegen der Gesetzgebung beim Recht der Technik RdNr. 9 zu Art. 41 NV.

12 Die Informationspflicht über die „**Mitwirkung im Bundesrat**" hat den größten politischen Gehalt. Die Landesvoten im Bundesrat, die in der Hand der Mitglieder der Landesregierung liegen, nehmen an Bedeutung zu[20]. Bei der Kompetenzwahrnehmung im Bundesrat ist nicht der Gliedstaat Niedersachsen Mitglied des Bundesorgans Bundesrat, sondern allein die nach Art. 51 Abs. 1 GG bestellten Mitglieder der Landesregierung als Organglieder[21]. Landesvolk und Landtag sind daher von der Bestellung der Landesrepräsentanten im Bundesrat ausgeschlossen[22]. Ihnen gegenüber hat der Landtag kein Weisungsrecht. Er kann sie aber im Rahmen der parlamentarischen Verantwortlichkeit zur Rechenschaft ziehen[23]. Es besteht im Schrifttum Übereinstimmung, daß das Landesparlament seinen Mitgliedern der Lan-

---

13 Hübner (Fn. 4), RdNr. 3 zu Art. 22; Schlußbericht, 68; Neumann, RdNr. 8 zu Art. 79.
14 Hübner (Fn. 4), RdNr. 12 zu Art. 22.
15 I. d. F. v. 19. 9. 1989 – Nieders.GVBl. S. 345.
16 § 5 Abs. 5 Satz 2.
17 Bremische Bürgerschaft (Landtag), Drucksache 13/897, S. 4.
18 RdNr. 2 und 3 zu Art. 41 NV.
19 Hoffmann-Riem, 125.
20 Rieger, 15.
21 Herzog, Zusammensetzung und Verfahren des Bundesrates, in: Hdb. d. Staatsrechts, Bd. II, 505 (506); Hendrich, in: v. Münch, RdNr. 3 zu Art. 51; Scholl, 48, 52; Maunz, Die Rechtsstellung der Mandatsträger im Bundesrat, in: Bundesrat, 192 (197).
22 Jekewitz, in: AK-GG, RdNr. 1 zu Art. 51.
23 BVerfGE 8, 104 (121).

desregierung im Bundesrat nur Empfehlungen geben kann[24]. Die Landesregierung ist gehalten, bei ihrer Politik im Bundesrat die Interessen des Landes zu berücksichtigen. Die Fraktionen des Landtages müssen so frühzeitig in Bundesratssachen informiert werden, daß sie den Mitgliedern der Landesregierung im Vorfeld der Bundesratsberatungen noch landespolitische Anregungen mit auf den Weg geben können[25].

Die „Zusammenarbeit mit dem Bund" geschieht in zahlreichen Gremien. Damit der Landtag bei der späteren parlamentarischen Umsetzung der von der Exekutive vereinbarten Lösungen nicht zum „beurkundenden Notar" degradiert wird, ist seine frühzeitige Information geboten. Beispielhaft werden hier die Gemeinschaftsaufgaben Ausbau und Neubau von Hochschulen, Verbesserung der regionalen Wirtschaftsstruktur, Agrarstruktur und Küstenschutz (Art. 91a GG) sowie Bildungsplanung und Forschungsförderung (Art. 91b GG) erwähnt. Hier muß der Landtag frühzeitig wegen seiner Haushaltshoheit unterrichtet werden[26]. 13

Die „Zusammenarbeit mit den Ländern" vollzieht sich in vielen Organisationsformen der „gouvernementalen Bundesstaatlichkeit", der „gouvernementalen Kooperation". Hierzu wird auf das Schrifttum verwiesen[27]. Die Beschlußergebnisse dieser Gremien sind in der Regel rechtlich unverbindlich, jedoch für die Verfassungspraxis erheblich. Das gilt besonders für politische Versprechen und sogenannte „Mustergesetzentwürfe". Dadurch wird der Landtag in eine einflußlose Randlage verdrängt[28]. Die Länder haben bisher versäumt, dieses umfangreiche Gebiet des kooperativen Föderalismus durch Staatsverträge hinreichend transparent zu machen. 14

Wegen der „Zusammenarbeit mit anderen Staaten" wird auf RdNr. 21 zu Art. 35 NV verwiesen. Staatsverträge und Verwaltungsabkommen müssen nach der Paraphierung der Verträge dem Landtag übersandt werden. 15

Eine unmittelbare „Zusammenarbeit mit der Europäischen Gemeinschaft" gibt es nicht. Denn Niedersachsen ist nicht Mitglied der Europäischen Union. Nur der Bund ist Mitglied dieses „Staatenverbundes"[29]. Das Land 16

---

24 Hoffmann-Riem, 126; Eicher, 88; Bismark, Atomwaffenfreie Bundesländer?, DVBl., 1983, 829 (833); Kisker, Die Beziehungen des Bundesrates zu den Ländern, in: Der Bundesrat, 151 (167); Hübner (Fn. 4), RdNr. 17 zu Art. 22; Maunz, in: Maunz/Dürig/Herzog, RdNr. 18 zu Art. 51; Blumenwitz (Fn. 11), RdNr. 17 zu Art. 51; Stern, Bd. II, 158f.; Neumann, RdNr. 12 zu Art. 79 Bremische Verfassung; Heyen (Fn. 3), 195; Scholl, 65.
25 Bismark (Fn. 24), 834.
26 Liesegang, in: v. Münch, RdNr. 21 zu Art. 91b u. RdNr. 42 zu Art. 91a; Vogel, Die bundesstaatliche Ordnung des Grundgesetzes, in: Hdb. d. Verfassungsrechts, Bd. II, 809 (855).
27 Eicher, 96; Stern, Bd. I, 755; Kimminich, Der Bundesstaat, in: Hdb. d. Staatsrechts, Bd. I, 1113 (1145); Isensee, Idee und Gestalt des Föderalismus im Grundgesetz, in: Hdb. d. Staatsrechts, Bd. IV, 517 (616f.); Blümel, Verwaltungszuständigkeit, in: Hdb. d. Staatsrechts, Bd. IV, 857 (959); Scharpf, Der Bundesrat und die Kooperation auf der „dritten Ebene" in: Vierzig Jahre Bundesrat, 121; Ossenbühl, Föderalismus nach 40 Jahren Grundgesetz, DVBl., 1989, 1230 (1234); Vogel (Fn. 26), 854.
28 Neumann, RdNr. 13 zu Art. 79 Bremische Verfassung; Klatt, Interföderale Beziehungen im kooperativen Bundesstaat, VA, 1987, 186 (197); Eicher, 94, 96; Schulz-Fielitz, 61f.
29 BVerfGE 89, 155 (189); Neumann, RdNr. 15 zu Art. 79 u. RdNr. 7 zu Art. 64 Bremische Verfassung.

Art. 25   Zweiter Abschnitt   Der Landtag

hat aber durch die Neufassung des Art. 23 GG[30] eine erheblich größere **mittelbare** Einflußnahme bei Rechtsetzungsakten der **Europäischen Union** über seine Mitglieder im Bundesrat. Richtlinien der Europäischen Union können nach Ablauf der in ihnen enthaltenen Frist zur „Umsetzung" in deutsches Recht unmittelbare rechtliche Wirkung für das Landesrecht und den niedersächsischen Bürger haben[31]. Eine frühe Information ist daher für den Landtag als Gesetzgeber und Inhaber der Haushaltshoheit geboten[32].

17   Eine allgemeine Regel, wann über den Sachverhalt zu informieren ist, gibt es nicht. In jedem Falle entsteht die Informationspflicht einige Arbeitstage vor der Unterrichtung der Öffentlichkeit und der Presse, damit die Abgeordneten noch ihre politische Entscheidung treffen können[33]. Der schleswigholsteinische Verfassungsgeber ging davon aus, daß es unmöglich sei, den optimalen Zeitpunkt exakt zu normieren. Daher begnügte er sich mit dem Begriff „**frühzeitig**"[34].

18   Da der Normzweck nur durch eine „**vollständige**" Information erreicht wird, steht der Landesregierung kein Beurteilungsspielraum über den Umfang zu[35]. Die Vorschrift gewährt der Landesregierung keine zusätzliche Frist zur Bildung einer abschließenden Meinung. Liegen die Leistungsvoraussetzungen vor, so hat das Kollegium durch Abstimmung im Kabinett eine Meinung zu bilden[36].

19   Durch Art. 25 Abs. 2 NV i. V. m. Art. 24 Abs. 3 NV wird die Informationspflicht eingeschränkt. Eine solche Einschränkung ist üblich[37]. Im übrigen wird auf die Erläuterungen zu Art. 24 Abs. 3 NV verwiesen.

20   Bei der Konkretisierung des „**Näheren**" kann der Landesgesetzgeber versuchen, unbestimmte Rechtsbegriffe des Verfassungsrechts zu umreißen und durch Beispieldefinitionen zu erläutern. Er kann aber auch die Rechtsprechung der Verfassungsgerichte abwarten, um spätere Nachbesserungen zu vermeiden.

21   Der Landtag und seine Fraktionen können das Informationsrecht des Landtages beim Staatsgerichtshof im Wege des **Organstreitverfahrens** (Art. 54 Nr. 1 NV) geltend machen. Die ordnungsgemäße Erfüllung eines Informationsrechtes kann Streitgegenstand sein[38].

---

30 Bundesgesetz v. 21. 12. 1992 – BGBl. I, 2086; Seidel, Zu den Rechten der Länder beim Abschluß völkerrechtlicher Vereinbarungen im Anwendungsbereich von Art. 23 und 32 des Grundgesetzes, in: Simon/Franke/Sachs, 305 (309); Rojahn, in: v. Münch/Kunig, RdNr. 57, 73 zu Art. 23; Scholz, in: Maunz/Dürig/Herzog, RdNr. 120f. zu Art. 23; Oschatz/Risse, Die Bundesregierung an der Kette der Länder?, DÖV 1995, 437 (441).
31 BVerfGE 75, 223 (235); 85, 191 (203f.).
32 Klatt (Fn. 28), 197.
33 Schlußbericht, 68; Neumann, RdNr. 9 zu Art. 79 Bremische Verfassung; Hübner (Fn. 4), RdNr. 6 zu Art. 22; Linck (Fn. 4), RdNr. 22 zu Art. 67.
34 Schlußbericht, 70.
35 Schlußbericht, 70; Neumann, Fn. 33.
36 Neumann, Fn. 33.
37 RdNr. 22 zu Art. 24 NV.
38 Nds.StGH, B. v. 15. 6. 1999 – StGH 12/95 – Fundstelle s. Art. 54 NV; David, RdNr. 68 zu Art. 24.

Artikel 26
Behandlung von Eingaben

Die Behandlung an den Landtag gerichteter Bitten und Beschwerden obliegt dem Landtag, der sich zur Vorbereitung des nach der Geschäftsordnung zuständigen Ausschusses bedient.

Übersicht

	RdNr.
Parlamentsrecht	1
„obliegt dem Landtag"	2
Bindung an die Kompetenz des Landtages	3
„Die Behandlung"	4
Die „Bitten und Beschwerden"	5
Der „zuständige Ausschuß"	6
Keine zusätzlichen Informationsrechte	7
Keine Begründungspflicht der Bescheide	8
Persönliche Übergabe bei Sammelpetitionen?	9
Keine sachliche Diskontinuität	10
Das Petitionsüberweisungsrecht	11
Verfahrenskonkurrenzen	12

Das Grundgesetz gewährt dem Landtag mit Art. 17 GG als „Volksvertretung" die Kompetenz für die Entscheidung über die Petitionen[1]. Art. 26 NV bestimmt hierzu den Plenarvorbehalt und ergänzt somit Art. 20 Abs. 1 NV. Wegen des materiellen Inhalts des Landesgrundrechtes auf Eingaben von Petitionen (Art. 3 Abs. 2 NV i. V. m. Art. 17 GG) wird auf das Schrifttum zu Art. 17 GG verwiesen[2]. Durch das Petitionsüberweisungsrecht wird das Recht der parlamentarischen Kontrolle nach Art. 7 NV zugleich konkretisiert. Die Vorschrift ist somit **Parlamentsrecht** mit Verfassungsrang. Der Verfassungsgeber übernahm den Inhalt der alten Vorschrift[3]. 1

Daß die Behandlung von Petitionen **„dem Landtag obliegt"**, folgt bereits aus seinem Status als Volksvertretung im Sinne des Art. 17 GG[4]. 2

Diese Kompetenzzuweisung entbindet den Landtag nicht von der horizontalen und vertikalen Gewaltenteilung[5]. Der Landtag darf Petitionen sachlich nur „behandeln", soweit seine Zuständigkeiten reichen. 3

---

[1] Rauball, in: v. Münch/Kunig, RdNr. 12 zu Art. 17.
[2] Dagtoglou, in: Bonner Kommentar, RdNr. 1 f. zu Art. 17; Rauball, Fn. 1; Burmeister, Das Petitionsrecht, in: Hdb. d. Staatsrechts, Bd. II, 73 f.; Achterberg, 453 f.; Dürig, in: Maunz/Dürig/Herzog, RdNr. 1 zu Art. 17; Stein, in: AK-GG, RdNr. 1 f. zu Art. 17. Zum Petitionsrecht bei Eingriffen der Verwaltung in privatrechtlicher Form: Röper, 177 f.; ders., Parlamentarische Kontrolle privatisierter öffentlicher Daseinsvorsorge, Der Staat, 1998, 249 (255 f.), Krüger, in: Sachs, RdNr. 9 f. zu Art. 17.
[3] Schriftlicher Bericht, 20.
[4] Einhellige Meinung, Rauball, Fn. 1.
[5] Dürig (Fn. 2), RdNr. 71 zu Art. 17; Dagtoglou (Fn. 2), RdNr. 122 zu Art. 17; Trossmann, 851; Burmeister (Fn. 2), 95; Achterberg/Schulte, in: v. Mangoldt/Klein, RdNr. 18 zu Art. 45 c.

4 Die „**Behandlung**" ist das Petitionsverfahren vom Eingang der Petition beim Landtag bis zum Plenarbeschluß des Landtages[6].

5 Die Formel „**Bitten und Beschwerden**", von der Weimarer Reichsverfassung übernommen (Art. 126), soll den Umfang des Petitionsrechtes umschreiben. Hierbei ist die äußere Form „Bitte" oder „Beschwerde" nicht maßgeblich[7]. Wesentlich ist es vielmehr, daß der Inhalt der Petition auf ein Tätigwerden gerichtet ist[8].

6 Die Verfassung schreibt keinen besonderen Petitionsausschuß vor, wie z. B. das Grundgesetz (Art. 45 c). Sie überläßt es der Geschäftsordnung, ob die Vorbereitung, wie seit vielen Jahren, nach dem Gegenstand der Eingabe von einem Fachausschuß oder für alle Eingaben durch einen besonderen Petitionsausschuß geschieht[9]. „**Zuständiger Ausschuß**" ist somit der nach der Geschäftsordnung des Landtages hierfür angeführte Ausschuß.

7 Die Verfassung gewährt in Petitionsfällen **keine besonderen Informationsrechte**, wie z. B. Art. 19 Abs. 2 der Landesverfassung von Schleswig-Holstein. Es sind vielmehr die allen Ausschüssen zustehenden Informationsrechte anzuwenden[10]. Es sind dies:
- das Zitierrecht (Art. 23 Abs. 1 NV),
- das Fragerecht (Art. 24 Abs. 1 NV),
- das Aktenvorlagerecht (Art. 24 Abs. 2 NV) und
- das Inspektionsrecht (Art. 24 Abs. 2 NV).

Das Begehren der zulässigen Petition bestimmt den Umfang dieser Informationsrechte[11].

8 Nach ständiger Rechtsprechung des Bundesverfassungsgerichts bedarf der Bescheid an den Petenten **keiner Begründung**[12]. Das Bundesverwaltungsgericht teilt diese Ansicht[13]. Ob eine Begründung gegeben wird, ist eine Frage des **politischen Stils**. Im Einzelfalle kann auch eine lange Begründung vertretbar sein. Eine kurze, verständliche Begründung hilft oft, Prozesse zu vermeiden. Der Landtag kann die Form durch Geschäftsordnungsrecht regeln.

9 Der Verfassungsgeber hat eine besondere Regelung für **Sammelpetitionen** abgelehnt[14]. Sie gewähren keinen Anspruch auf eine **persönliche Übergabe** der Petitionsschrift im Landtage[15]. Es bleibt der Geschäftsordnungsautonomie überlassen, ob die medienwirksame Übergabe einer Massenpetition besonders geregelt wird.

---

6 Achterberg/Schulte (Fn. 5), RdNr. 13 zu Art. 45 c.
7 Burmeister (Fn. 2), 97 dortige Fn. 105.
8 Rauball (Fn. 1), RdNr. 10 zu Art. 17.
9 Schriftlicher Bericht, 20.
10 Schriftlicher Bericht, 20.
11 Dürig (Fn. 2), RdNr. 23 zu Art. 45 c.
12 BVerfGE 2, 225 (230); B. v. 15. 5. 1992 – NJW 1992, 3033.
13 BVerfGE 13, 90; B. v. 13. 11. 1990 – NJW 1991, 936.
14 Schriftlicher Bericht, 20.
15 Würtenberger, Massenpetitionen als Ausdruck politischer Diskrepanzen zwischen Repräsentation und Repräsentierten, ZParl., 1987, 383 (390).

Nach einhelliger Auffassung unterfällt das Petitionsrecht des Bürgers **nicht** 10
der sachlichen Diskontinuität[16].
Wie weit der Landtag eine Petition des Petenten unterstützt, drückt er durch 11
die Form seiner Überweisung aus. Das aus dem belgischen Verfassungsrecht
übernommene **Petitionsüberweisungsrecht**[17] war in den Preußischen Verfassungen von 1850[18] und 1920[19] ausdrücklich geregelt. Es wurde als Konkretisierung der **Ministerverantwortlichkeit** betrachtet[20]. Es ist weder im Grundgesetz noch in der Landesverfassung ausdrücklich geregelt. Hinreichende
Rechtsgrundlage dieses verfassungskräftigen Rechts ist die **parlamentarische
Kontrolle**[21]. Der Überweisungsbeschluß ist ein **schlichter Parlamentsbeschluß**. Niemand wird durch ihn rechtlich verpflichtet[22]. Wie weit der Landtag das Anliegen eines Petenten unterstützt, folgt aus dem Text der Überweisung. Die einzelnen Stufen führt die Geschäftsordnung des Landtags an[23].
Bei einer Überweisung der Petition „zur Berücksichtigung" oder „zur Erwägung" ist die Exekutive gehalten, den Landtag über die von ihr getroffene
Entscheidung zu informieren.

Petitionsschutz und **gerichtlicher Rechtsschutz** können zur gleichen Zeit in 12
Anspruch genommen werden[24]. Die Verwaltung darf entscheidungsreife Verwaltungsverfahren wegen einer Petition ohne eine Zustimmung aller Verfahrensbeteiligter nicht ruhen lassen oder aussetzen[25]. Weder der die Petition
behandelnde Fachausschuß noch das Plenum dürfen in Gerichts- oder Verwaltungsverfahren eingreifen. Das gilt auch für Verfahren der Landtagsverwaltung. Dem zuständigen Gesetzgeber bleibt es aber unbenommen, **Verfahrenskonkurrenzen** zu regeln[26]. Petitionen können auch bei anhängigen Gerichts- oder Verwaltungsverfahren sinnvoll sein. Sie können Anlaß sein, den
Landtag auf die Notwendigkeit einer Änderung von Gesetzen, Verwaltungsvorschriften oder einer Verwaltungspraxis hinzuweisen.

---

16 Achterberg/Schulte (Fn. 5), RdNr. 38 zu Art. 45 c; Braun, RdNr. 14 zu Art. 35 a; Graf
   Vitzthum/März, Der Petitionsausschuß, in: Schneider/Zeh, 1221 (1233); Hernekamp, in:
   v. Münch/Kunig, RdNr. 18 zu Art. 45 c.
17 Dagtoglou (Fn. 2), RdNr. 113 zu Art. 17.
18 Art. 81 Abs. 3.
19 Art. 27.
20 Stier-Somlo, RdNr. 2 B zu Art. 27.
21 Burmeister (Fn. 2), 97; Dagtoglou (Fn. 2), RdNr. 113 zu Art. 17; Achterberg/Schulte (Fn. 5),
   RdNr. 54 zu Art. 45 c; Graf Vitzthum/März (Fn. 16), 1239; Neumann, RdNr. 55 zu Art. 105
   Bremische Verfassung; a. A.: Würtenberger, in: Bonner Kommentar, RdNr. 102 zu Art. 45 c als
   parlamentarisches Annexrecht zu Art. 17 GG.
22 Neumann, Fn. 21 mit weiteren Nachweisen; Hederich, Petitionen und gerichtliche Verfahren,
   NdsVBl., 1997, 225 (227).
23 § 52 GO Landtag.
24 Graf Vitzthum/März (Fn. 16), 1241.
25 Feuchte, in: Feuchte, RdNr. 23 zu Art. 35 a; Graf Vitzthum/März, Fn. 24.
26 Würtenberger, Rechtsgutachten für den Deutschen Bundestag zu den Kompetenzen des Petitionsausschusses im Bereich des Ausländer- und Asylrechtes, Februar 1997; ders. (Fn. 21),
   RdNr. 55 zu Art. 45 c; Achterberg/Schulte (Fn. 5), RdNr. 47 zu Art. 45 c.

Artikel 27

Untersuchungsausschüsse

(1) Der Landtag hat das Recht und auf Antrag von mindestens einem Fünftel seiner Mitglieder die Pflicht, Untersuchungsausschüsse einzusetzen, um Sachverhalte im öffentlichen Interesse aufzuklären. Gegen den Willen der Antragstellerinnen oder Antragsteller darf der Untersuchungsauftrag nur ausgedehnt werden, wenn dessen Kern gewahrt bleibt und keine wesentliche Verzögerung zu erwarten ist.

(2) Die Ausschüsse erheben die erforderlichen Beweise. Hält ein Fünftel der Ausschußmitglieder einen bestimmten Beweis für erforderlich, so hat der Ausschuß ihn zu erheben.

(3) Die Beweisaufnahme ist öffentlich. Die Beratungen sind nicht öffentlich. Der Ausschluß der Öffentlichkeit bei der Beweiserhebung und die Herstellung der Öffentlichkeit bei der Beratung bedürfen einer Mehrheit von zwei Dritteln der Ausschußmitglieder. Über den Ausschluß der Öffentlichkeit wird in nichtöffentlicher Sitzung entschieden.

(4) Gerichte und Verwaltungsbehörden haben Rechts- und Amtshilfe zu leisten und ihren Bediensteten die Aussage vor den Ausschüssen zu genehmigen. Dies gilt nicht, soweit Gründe nach Artikel 24 Abs. 3 entgegenstehen.

(5) Die Ausschüsse berichten über ihre Untersuchungen. Ausschußmitglieder, die einen Bericht für unzutreffend halten, können ihre Auffassung in einem Zusatz zu dem Bericht darstellen.

(6) Der Landtag kann das Verfahren der Ausschüsse durch Gesetz oder Geschäftsordnung näher regeln. Soweit er nichts anderes bestimmt, sind auf die Erhebungen der Ausschüsse und der von ihnen ersuchten Gerichte und Behörden die Vorschriften über den Strafprozeß sinngemäß anzuwenden. Das Brief-, Post- und Fernmeldegeheimnis bleibt unberührt.

(7) Hält ein Gericht die einem Ausschuß aufgegebene Untersuchung für verfassungswidrig und ist dies für seine Entscheidung erheblich, so hat es das Verfahren auszusetzen und die Entscheidung des Staatsgerichtshofs einzuholen.

(8) Die Berichte der Ausschüsse sind der richterlichen Erörterung entzogen. In der Würdigung und Beurteilung des der Untersuchung zugrundeliegenden Sachverhalts sind die Gerichte frei.

Übersicht

	RdNr.
Das vorrechtliche Bild	1
Der Normzweck	2
„Der Landtag"	3
Ein Hilfsorgan des Landtages	4
Untersuchungsausschuß der Mehrheit	5
Ein „Fünftel seiner Mitglieder"	6
Ein Pflichtbeschluß	7
„Sachverhalte im öffentlichen Interesse"	8

Das Verbot des „Aufsattelns" 9
Die Prüfungspflicht des Plenums 10
Der Einsetzungsbeschluß 11
Der Einfluß der Wahlperiode 12
Die Abberufung des Vorsitzenden 13
Das Beweiserzwingungsrecht der Minderheit 14
Die „Öffentlichkeit" 15
Die „Rechts- und Amtshilfe" 16
Die Pflicht zur Aussagegenehmigung 17
Verweigerung von Rechts- und Amtshilfe 18
Der „Bericht über die Untersuchungen" 19
Die Regelungsermächtigung für das Verfahren ... 20
Die sinngemäße Anwendung der Strafprozeßvorschriften 21
Der Schutz des Brief-, Post- und Fernmeldegeheimnisses 22
Das Vorlageverfahren zum Staatsgerichtshof 23
Die Gerichtsfreiheit des Abschlußberichtes 24
Der Betroffene 25
Die Zeugnispflicht für Bürger anderer Bundesländer 26
Ranggleichheit mit dem Strafverfahren 27
Verfahrenskonkurrenz mit einem Parallelverfahren des Bundestages .. 28

Die Einrichtung des parlamentarischen Untersuchungsausschusses stammt aus dem englischen Recht[1]. Die Preußische Verfassung übernahm das Institut aus der belgischen Verfassung[2]. Die Weimarer Reichsverfassung bildete es als Minderheitsrecht aus[3]. Der Grundgesetzgeber lehnte sich bei Art. 44 GG weitgehend an Art. 34 WRV an[4]; desgleichen der Verfassungsgeber der Vorläufigen Niedersächsischen Verfassung. Als wesentliche Neuerung brachte der Verfassungsgeber das Beweiserzwingungsrecht der Ausschußminderheit, die Pflicht zur Erteilung der Aussagegenehmigung für „die Bediensteten" der Gerichte und Verwaltungsbehörden, das Recht der Minderheitsvoten zum Bericht des Untersuchungsausschusses und das Prüfungsmonopol des Staatsgerichtshofes für die Verfassungsmäßigkeit eines Untersuchungsauftrages. Art. 27 NV korrespondiert mit Art. 23 Abs. 3 NV, der das Zutrittsrecht der Mitglieder der Landesregierung und ihrer Beauftragten zu den Sitzungen des Untersuchungsausschusses ausschließt. 1

Normzweck des parlamentarischen Untersuchungsverfahrens ist es, dem Landtag die Möglichkeit zu geben, die parlamentarische Kontrolle der Landesregierung, ihrer Mitglieder, der Exekutive und der Judikative unabhängig von Regierung, Behörden und Gerichten mit hoheitlichen Mitteln alle Sachverhalte festzustellen, die er für aufklärungsbedürftig hält[5]. Mißstände im Bereich privater Unternehmen und Einrichtungen, die in erheblichem Umfange aus Mitteln des Landes gefördert oder steuerlich begünstigt werden, werden von diesem Zweck miterfaßt[6]. 2

---

1 Vorauflage, RdNr. 1 zu Art. 11; Brunner, 247; Kluxen, 52.
2 Stier-Somlo, RdNr. 1 zu Art. 25 Preuß. Verfassung.
3 Anschütz, RdNr. 1 zu Art. 34 WRV.
4 Rechenberg, in: Bonner Kommentar, RdNr. 1 zu Art. 44.
5 BVerfGE 49, 70 (85); 77, 1 (43).
6 BVerfGE 77, 1 (43 f.).

Art. 27

3 **„Der Landtag"** ist das Plenum[7].

4 Der Untersuchungsausschuß ist ein **Hilfsorgan des Landtages**[8]. Der Landtag überträgt mit seinem Einsetzungsbeschluß an sein Hilfsorgan eine Kompetenz, die er selbst aber nicht hat[9], deren Ausführung er selbst nicht durch Beschlüsse des Plenums steuern kann[10]. Das Plenum entscheidet über das „Was", nicht aber über das „Wie".

5 Die Mehrheit des Landtages kann selbst einen Untersuchungsausschuß beschließen (Art. 71 Abs. 1 Satz 1, 1. Alternative NV). Diese **Mehrheitsenquete** unterscheidet sich von der Minderheitsenquete darin, daß das Plenum den Einsetzungsbeschluß ändern, ergänzen und aufheben kann[11].

6 Das Quorum **„ein Fünftel seiner Mitglieder"** richtet sich nach der gesetzlichen Zahl der Mitglieder im Sinne des Art. 74 NV. Dieses Quorum muß als **Zulässigkeitsvoraussetzung** bereits bei der Stellung des Antrages vorhanden sein[12].

7 Die **„Pflicht"** einen Untersuchungsausschuß einzusetzen, einen **Pflichtbeschluß** zu fassen, zwingt die Mehrheit, auch wenn sie es politisch nicht will, über den Antrag der Minderheit positiv abzustimmen und den Ausschuß einzusetzen[13]. Wird die Pflicht nicht erfüllt, so kann die antragstellende Minderheit im Wege der Organklage (Art. 54 Nr. 1 NV) die Pflichtverletzung vom Staatsgerichtshof feststellen lassen[14].

8 Eine Begriffsbestimmung des **„Sachverhaltes im öffentlichen Interesse"** hat die Rechtsprechung noch nicht gebildet. Die Parallelnorm des Art. 44 GG enthält keine Zweckbestimmung im Text. Das Bundesverfassungsgericht verlangt ein öffentliches Interesse „von hinreichendem Gewicht"[15], das für die „politische Parlamentskontrolle" benötigt wird[16]. Einen allgemein anerkannten Begriffsinhalt gibt es noch nicht[17]. Zumindest ist ein öffentliches Interesse dann zu bejahen, wenn die Antragsteller den Sachverhalt für eine Maßnahme der politischen Kontrolle benötigen. Hierbei ist ihnen ein weiter Beurteilungsspielraum zu gewähren[18].

9 Mit Art. 27 Abs. 1 Satz 2 NV verbietet der Verfassungsgeber das **Aufsatteln**. Der **„Kern des Untersuchungsauftrages bleibt gewahrt"**, wenn die Mehrheit nicht neue Tatbestände zur Untersuchung stellt[19]. Eine Verzögerung durch einen zusätzlichen Untersuchungsauftrag ist bei einer Minderheits-

---

[7] Versteyl, in: v. Münch/Kunig, RdNr. 12 zu Art. 44.
[8] BVerfGE 77, 1 (41).
[9] BVerfGE 77, 1 (43).
[10] StGH, U. v. 16. 1. 1986 – StGH 1/85, Fundstelle s. Art. 54 NV.
[11] Hans-Peter Schneider, in: AK-GG, RdNr. 4 zu Art. 44.
[12] Vorauflage, RdNr. 2 zu Art. 11; Schneider (Fn. 11), RdNr. 12 zu Art. 44.
[13] Röper, 169; Feuchte, in: Feuchte, RdNr. 17 zu Art. 35.
[14] Feuchte, Fn. 13.
[15] BVerfGE 77, 1 (44).
[16] BVerfGE 67, 100 (140).
[17] Versteyl (Fn. 7), RdNr. 21 zu Art. 44; Schneider (Fn. 11), RdNr. 11 zu Art. 44; Achterberg/Schulte, in: v. Mangoldt/Klein, RdNr. 28 zu Art. 44; Köhler, 223; Masing, Parlamentarische Untersuchungen gegenüber Privaten?, Der Staat, 1988, 273 (278f.).
[18] Köhler, 223.
[19] OVG Lüneburg, U. v. 26. 4. 1954, OVGE 7, 489 (498) als damals zuständiger Staatsgerichtshof.

enquete **"wesentlich"**, wenn die hierbei erforderliche zusätzliche Beweisaufnahme das Verfahren voraussichtlich verlängern wird. Zum Schluß der Wahlperiode muß die Arbeit so schnell wie möglich erledigt werden[20]. Das strikte **Verbot des Aufsattelns** schließt es nicht aus, daß die Mehrheit einen eigenen Untersuchungsausschuß einsetzt, wenn sie Fragen für politisch aufklärungsbedürftig hält[21]. Auch wird durch einen zusätzlichen Minderheitsantrag ein konkurrierender anderer, zweiter Minderheitsantrag nicht unzulässig. Jede **Opposition** hat die Chancengleichheit, einen Sachverhalt nach eigenen Zielen aufzuklären, wenn sie das hierfür erforderliche Quorum stellen kann (Art. 19 Abs. 2 NV).

Der Landtag hat ein **Prüfungsrecht** über die Zulässigkeit eines Minderheitsantrages[22]. Bei einer teilweisen Zulässigkeit kann eine Teilstattgabe in Betracht kommen[23]. Das Plenum hat einen ablehnenden Beschluß zu begründen, damit die Minderheit erkennen kann, warum ihr Antrag abgelehnt worden ist[24]. 10

Das Plenum beschließt bei der Einsetzung über die Stärke und die Geschäftsordnung des Untersuchungsausschusses[25]. Für die Besetzung gilt nach Art. 20 Abs. 2 Satz 1 NV das **"Spiegelbildprinzip"**. Das Plenum muß im Einsetzungsbeschluß die Mitglieder nennen. Eine Benennung durch die Fraktionen reicht hier nicht aus[26]. Der Landtag kann die Vergabe des **Amtes des Vorsitzenden** und seines Stellvertreters auf die Vertreter der Fraktionen beschränken[27]. 11

Der Untersuchungsausschuß **endet mit der Wahlperiode**[28]. Wenn mit einem Teilergebnis zu rechnen ist und das Plenum sich damit noch befassen kann, kann ein Untersuchungsausschuß einige Monate vor dem Ablauf der Wahlperiode eingesetzt werden[29]. Ist ein solches Ergebnis aber nicht mehr zu erwarten, so kann der Antrag als unzulässig abgelehnt werden[30]. 12

Der Vorsitzende kann auf einen Antrag der Mehrheit der Mitglieder des Landtages von zwei Dritteln der Mitglieder **abberufen werden**[31]. Er genießt somit eine große Unabhängigkeit. 13

Art. 27 Abs. 2 Satz 2 NV regelt das **Beweiserzwingungsrecht**. Zum Quorum können auch Mitglieder der Mehrheitsfraktionen gehören[32]. Das Quorum 14

---

20 BVerfGE 49, 70 (86).
21 BVerfGE 49, 70 (87).
22 BVerfGE 83, 175 (180); Trossmann,, 434; Achterberg/Schulte (Fn. 17), RdNr. 89 zu Art. 44; Neumann, RdNr. 20 zu Art. 105 Bremische Verfassung.
23 BayVerfGH, E. v. 27. 11. 1985 – DVBl., 1986, 233; Köhler, 208; Neumann, RdNr. 21 zu Art. 105 Bremische Verfassung; a. A.: Achterberg/Schulte (Fn. 17), RdNr. 92 zu Art. 44.
24 BayVerfGH, Fn. 23.
25 § 18 GO Landtag.
26 BVerfGE 77, 1 (41).
27 BVerfGE 88, 63 (69); 84, 304 (328).
28 BVerfGE 49, 70 (86).
29 Achterberg/Schulte (Fn. 17), RdNr. 101 zu Art. 44.
30 Feuchte (Fn. 13), RdNr. 16 zu Art. 35; Röper, 169.
31 § 11 Abs. 4 Satz 1 u. 2 GO Landtag. Dagegen im Bundestag: Achterberg/Schulte (Fn. 17), RdNr. 96 zu Art. 44.
32 Schriftlicher Bericht, 21.

richtet sich nach der vom Einsetzungsbeschluß bestimmten Größe des Ausschusses. Der Beweisantrag kann von der Mehrheit des Ausschusses als unzulässig abgelehnt werden, wenn das beantragte Beweisthema offensichtlich nicht in den Untersuchungsauftrag fällt oder ein unzulässiges Beweismittel angeboten wird. Im Streitfalle entscheidet der Staatsgerichtshof im Organstreitverfahren (Art. 54 Nr. 1 NV).

15 Der 3. Absatz enthält die **Öffentlichkeit bei der Beweisaufnahme und der Beratung.** Zur Bedeutung der Öffentlichkeit im Parlamentsrecht siehe Art. 22 Abs. 1 NV. Durch die Regelung des Verfassungsgebers sind die Bestimmungen des Strafprozesses über die Beschränkung der Öffentlichkeit ausgeschlossen[33]. Der Schutz der Grundrechte der Bürger und juristischen Personen des Privatrechts kann den Ausschluß der Öffentlichkeit gebieten[34].

16 Art. 27 Abs. 4 Satz 1 NV, wonach Gerichte und Behörden **Rechts- und Amtshilfe** zu leisten haben, bedeutet, daß die Untersuchungsausschüsse gegenüber niedersächsischen Behörden und Gerichten als Behörden zu werten sind[35]. Normadressaten sind alle niedersächsischen Behörden und Gerichte sowie alle juristischen Personen des öffentlichen Rechts, die der Aufsicht der Landesregierung unterstehen[36]. Gegenüber Bundesbehörden, Gerichten des Bundes, Behörden und Gerichten anderer Bundesländer kommt nur Art. 35 GG in Betracht[37]. Problematisch hierbei ist, daß die Behördeneigenschaft von Untersuchungsausschüssen umstritten ist[38]. Eine Ergänzung des Grundgesetzes würde das Problem lösen. Gerichte und Behörden der Kirchen werden nicht erfaßt[39].

17 Gerichte und Verwaltungsbehörden haben „**ihren Bediensteten die Aussage vor den Ausschüssen zu genehmigen**", wobei das Staatswohl zu beachten ist (Art. 24 Abs. 3 NV). Die Vorschrift ähnelt weitgehend § 39 Beamtenrechtsrahmengesetz. Die Genehmigungspflicht richtet sich an die Leiter der Behörden und Gerichte des Landes sowie an die juristischen Personen des öffentlichen Rechts, die zum nachgeordneten Bereich der Landesregierung gehören[40].

18 Neben dem Recht zur Verweigerung von Rechts- und Amtshilfe sowie Aussagegenehmigung nach Maßgabe des Art. 24 Abs. 3 NV (Art. 27 Abs. 4 Satz 2 NV) kommen auch höherrangige **Geheimhaltungspflichten** des Bundesrechts in Betracht[41].

---

[33] Achterberg/Schulte (Fn. 17), RdNr. 110 zu Art. 44.
[34] BVerfGE 77, 1 (46f.); 67, 100 (101); Linck, in: Linck/Jutzi/Hopfe, RdNr. 20 zu Art. 64; Stern, Bd. III/1, 1289f.; Rüfner, Grundrechtsadressaten, in: Hdb. d. Staatsrechts, Bd. V, 525 (535).
[35] Schneider (Fn. 11), RdNr. 16 zu Art. 44.
[36] David, RdNr. 154 zu Art. 25; Linck (Fn. 134), RdNr. 23 zu Art. 64; Neumann, Zur Zeugeneinvernahme durch einen Untersuchungsausschuß des Nieders. Landtages, ZParl., 1985, 513 (517).
[37] Linck und Neumann, jeweils Fn. 36.
[38] Verneinend: OVG Lüneburg, U. v. 28. 1. 1986, DVBl., 1986, 476; a. A.: David, RdNr. 152 zu Art. 25.
[39] Gubelt, in: v. Münch/Kunig, RdNr. 3 zu Art. 35; Lorenz, Amts- und Rechtshilfe, in: Staatslexikon, Bd. I, Sp. 132 (133); Ehlers, Rechts- und Amtshilfe, in: Hdb. d. Staatskirchenrechts, 2. Aufl., Bd. II, 1117 (1121).
[40] Zum nachgeordneten Bereich s. RdNr. 6 u. 12 zu Art. 56 NV.
[41] Feuke Steinbömer, Amtshilfe und Geheimhaltungspflichten, DVBl., 1981, 340; BVerfGE 67, 100 (144); 65, 1 (46); zu Betriebs- und Geschäftsgeheimnissen: David, RdNr. 86f. zu Art. 25.

Der „Bericht" über die Untersuchungen ist der „Beschluß" im Sinne des 19
Art. 44 Abs. 4 GG, auch Abschlußbericht oder Schlußbericht, genannt. Mit
ihm werden im Rahmen des im Einsetzungsbeschlusse genannten Beweisthemas die ermittelten Tatsachen festgestellt und gewürdigt. Die Würdigung
kann rechtliche Wertungen[42] sowie sonstige fachliche Beurteilungen enthalten. Der „Zusatz" der abweichenden Ansicht eines Mitgliedes des Untersuchungsausschusses kann sich auf eine abweichende Feststellung der Tatsachen oder eine andere Würdigung der im Bericht der Ausschußmehrheit
festgestellten Tatsachen beschränken[43].

Der 6. Absatz ermächtigt den Landesgesetzgeber, das Verfahren **durch Gesetz**" und den Landtag durch seine **„Geschäftsordnung näher zu regeln"**. 20
Normzweck dieser Vorschrift ist es u. a., die allgemein im Schrifttum beanstandete Unzulänglichkeit der Verweisung auf die Vorschriften des Strafprozesses zu vermeiden[44]. Mehrere Länder haben bereits Verfahrensgesetze erlassen. Zum Charakter des Normtyps „Geschäftsordnung" siehe Art. 21
Abs. 1 NV.

Die Verweisung, **„die Vorschriften über den Strafprozeß sinngemäß anzuwenden"**, ist eine dynamische Verweisung, die auch Ladungen, Zustellungen 21
und Zeugniszwang umfaßt[45]. Es sind nicht nur die befugnisbegründenden,
sondern auch die befugnisbegrenzenden Normen der Strafprozeßordnung
sinngemäß anzuwenden[46]. Grundrechte können das Beweiserhebungsrecht
erheblich einschränken[47].

Wenn **„das Brief-, Post- und Fernmeldegeheimnis unberührt bleibt"**, so 22
wird mit dieser Ausnahmevorschrift die sinngemäße Anwendung der §§ 99
bis 101 Strafprozeßordnung ausgeschlossen[48]. Demgemäß darf der Ausschuß
nicht die Beschlagnahme von Postsendungen anordnen oder anordnen lassen oder die Herausgabe von Akten der Justiz- oder Verwaltungsbehörden
verlangen, in denen Beweisergebnisse unter Einschränkung dieser Grundrechte enthalten sind[49]. Ferner dürfen Zeugen nicht über diese Geheimnisse
vernommen werden. Dabei umfaßt das Fernmeldegeheimnis den gesamten
privaten und öffentlichen Fernmeldeverkehr in jeder technischen Form[50]. Es
ist z. B. unzulässig, Protokolle und Akten des G-10-Verfahrens von der
G-10-Kommission des Landtages oder der Exekutive anzufordern.

---

42 Schneider (Fn. 11), RdNr. 17 zu Art. 44.
43 Schriftlicher Bericht, 21.
44 Schleich, 20f.; Achterberg/Schulte (Fn. 17), RdNr. 121 zu Art. 44; David, RdNr. 57 zu Art. 25; Meinhard Schröder, Empfiehlt sich eine gesetzliche Neuordnung der Rechte und Pflichten parlamentarischer Untersuchungsausschüsse? Deutscher Juristentag, 1988, E 42 f.; Versteyl (Fn. 7), RdNr. 28 zu Art. 44; Buchholz, 86 f.
45 StGH Bremen, E. v. 17. 4. 1970, StGHE 2,1 = DVBl., 1970, 510.
46 BVerfGE 76, 363 (387); 67, 100 (133); StGH, U. v. 16. 1. 1986, StGH 2/85, Fundstelle s. Art. 54 NV.
47 BVerfGE 76, 363 (387); 67, 100 (142); Köhler, 196 f.; Buchholz, 78 f.
48 Versteyl (Fn. 7), RdNr. 34 zu Art. 44; Schleich, 39; Neumann, RdNr. 27 zu Art. 105 Bremische Verfassung.
49 Neumann, Fn. 48 m. w. N.; Bäumler/Gundermann, Zur Unzulässigkeit von Stasi-Abhörprotokollen vor Parlamentarischen Untersuchungsausschüssen, ZParl., 1997, 236 (241 f.).
50 Badura, in: Bonner Kommentar, RdNr. 43 zu Art. 44; Löwer, in: v. Münch/Kunig, RdNr. 12 zu Art. 10.

23 „Gericht" im Sinne des 7. Absatzes sind nur die Gerichte des Landes. Wird das Gericht für eine Untersuchungsmaßnahme in Anspruch genommen, so kann es die rechtlichen Voraussetzungen prüfen, die für die Wirksamkeit des Untersuchungsantrages und die Zulässigkeit der beabsichtigten Beweiserhebung bedeutsam sind[51]. Die Vorlagepflicht des Fachgerichtes besteht nur für die Gültigkeit des Untersuchungsauftrages im Einsetzungsbeschluß des Plenums[52]. Das Verfahren richtet sich nach dem Staatsgerichtshofgesetz (§§ 27 ff.).

24 Der letzte Absatz des Artikels soll die sogenannte „**Gerichtsfreiheit**" des Abschlußberichts, den Schutz vor der Kritik des Richters, schaffen. Der grundgesetzliche Anspruch auf Justizgewähr nach Art. 19 Abs. 4 GG soll durch Art. 27 Abs. 8 NV eingeschränkt werden. Der Landesverfassungsgeber ist jedoch grundsätzlich hierfür nicht kompetent[53]. Eine Rechtsprechung des Bundesverfassungsgerichts hierüber hat sich noch nicht gebildet.

25 Die Verfassungsgerichte haben noch nicht entschieden, ob den sogenannten „**Betroffenen**" bei der Beweisaufnahme eine Sonderstellung einzuräumen ist, ob z. B. die Vorschriften der Strafprozeßordnung über den Beschuldigten entsprechend anzuwenden seien. Hierzu wird auf das Schrifttum verwiesen[54].

26 Ob eine **Zeugnispflicht für Bürger eines anderen Bundeslandes** besteht, ist vom Bundesverfassungsgericht noch nicht entschieden worden. Hierzu RdNr. 5 zu Art. 1 NV. Der Mangel kann durch Staatsverträge der Länder behoben werden. Der Verfassungsgeber ist davon ausgegangen, daß er rechtliche Zweifel nicht beheben könne[55].

27 Auf der Ebene des Verfassungsrechts haben parlamentarische **Untersuchungsverfahren und Strafverfahren gleichen Rang**[56]. Beide Verfahren sind daher so zu leiten, daß sie so weit wie möglich ihre Wirkungen entfalten[57].

28 Bei einem gleichen Sachverhalt können **Untersuchungsausschüsse des Bundes und der Länder** unabhängig voneinander im Rahmen ihrer Zuständigkeit ermitteln[58]. Die Gemengelage ist durch eine Zusammenarbeit zu lösen[59].

---

51 BVerfGE 77, 1 (39).
52 Berlit, Der Nieders. Staatsgerichtshof, NdsVBl., 1995, 97 (105).
53 Verneinend: Bickel, Referat 57, DJT, These Nr. 20; Wuttke, in: v. Mutius/Wuttke/Hübner, RdNr. 30 zu Art. 18; a. A.: David, RdNr. 134 zu Art. 25.
54 Schleich, 46 f.; Buchholz, 69 f.; Beckedorf, Die Rechtsstellung des Betroffenen im parlamentarischen Untersuchungsverfahren, ZParl., 1989, 35 f.; Steffani, Betroffener als Verfahrensobjekt? Der Fall Orgaß in Hamburg, ZParl., 1989, 54 f.; Versteyl (Fn. 7), RdNr. 47 zu Art. 44; Thaysen, Ein Mustergesetz zu Einsetzung und Verfahren von parlamentarischen Untersuchungsausschüssen, ZParl. 1989, 5 (24 f.).
55 Schriftlicher Bericht, 22.
56 Vetter, Rechtsfragen der Parallelität von Strafverfahren und parlamentarischen Untersuchungsverfahren, ZParl., 1989, 345 (347); BVerfGE 67, 100 (143 f.); Achterberg/Schulte (Fn. 17), RdNr. 18 zu Art. 44.
57 BVerfGE 67, 100 (143 f.).
58 Köhler, 193.
59 M. Schröder, Untersuchungsausschüsse, in: Schneider/Zeh, 1245 (1250).

DRITTER ABSCHNITT
Die Landesregierung

Artikel 28
Aufgabe und Zusammensetzung

(1) Die Landesregierung übt die vollziehende Gewalt aus.

(2) Die Landesregierung besteht aus der Ministerpräsidentin oder dem Ministerpräsidenten und den Ministerinnen und Ministern.

(3) Mitglieder des Bundestages, des Europäischen Parlaments und der Volksvertretungen anderer Länder dürfen der Landesregierung nicht angehören.

Übersicht

	RdNr.
Der Begriff „Landesregierung"	1
Ein oberstes Verfassungsorgan	2
Die Pflicht zur Wahrnehmung der Kompetenzen	3
Die Parteifähigkeit	4
Das Gravitationszentrum der politischen Gestaltung	5
Die „vollziehende Gewalt"	6
Numerus clausus der Regierungsmitglieder	7
Die Begründung der Mitgliedschaft im Bundesrat	8
Der Verlust dieser Mitgliedschaft	9
Keine Abgeordnetenprivilegien für Bundesratsmitglieder	10
Die Mitgliedschaft im „Bundestage"	11
– im „Europäischen Parlament",	12
– in „Volksvertretungen anderer Länder"	13
– und in anderen Landesregierungen	14

Der Artikel enthält drei Regelungen: Die Hauptkompetenz der Landesregierung im ersten Absatz, die Zusammensetzung der Landesregierung als Kollegium im zweiten und einen Teil der bestehenden Unvereinbarkeiten mit der Mitgliedschaft in der Landesregierung (Absatz 3). Soweit in der Landesverfassung der Begriff **„Landesregierung"** auftritt, ist damit das Kollegium im Sinne des Art. 28 Abs. 2 NV gemeint. So z. B. in: 1

- Unterrichtungspflicht gegenüber dem Landtage (Art. 25 NV),
- Regierungsbildung (Art. 29 NV),
- vereinfachte Regierungsbildung (Art. 30 NV),
- Bekenntnis und Amtseid (Art. 31 NV),
- Rücktrittsrecht (Art. 33 Abs. 1 NV),
- Pflicht zur Geschäftsführung (Art. 33 Abs. 4 NV),
- Status der Mitglieder der Landesregierung (Art. 34 Abs. 1 NV),
- Unvereinbarkeit von Berufen und Leitung von Unternehmen (Art. 34 Abs. 2 NV),
- Ressortprinzip (Art. 37 Abs. 1 NV),
- Aufzählung von Kabinettskompetenzen (Art. 37 Abs. 2 NV),

Art. 28

- Organisationsgewalt (Art. 38 Abs. 1 NV),
- Personalhoheit (Art. 38 Abs. 2 u. 3 NV),
- Kabinettsleitung (Art. 39 Abs. 1 NV),
- Beschlußfassung der Landesregierung (Art. 39 Abs. 2 NV),
- Ministeranklage (Art. 40 Abs. 1 u. 2 NV),
- „Reinigungsverfahren" der Kabinettsmitglieder (Art. 40 Abs. 3 NV),
- Vetorecht der Landesregierung (Art. 42 Abs. 2 NV),
- Gesetzesinitiative (Art. 42 Abs. 3 NV),
- Verordnungsermächtigungen (Art. 43 Abs. 1 NV),
- Kompetenz für Notverordnungen (Art. 44 Abs. 1 NV),
- Prüfung von Volksbegehren (Art. 48 Abs. 2 NV),
- Stellungnahme zu plebiszitären Gesetzentwürfen (Art. 48 Abs. 3 NV),
- Aktivlegitimation beim Staatsgerichtshof
  - für Organstreitigkeiten (Art. 54 Nr. 1 NV),
  - plebiszitäre Verfahren (Art. 54 Nr. 2 NV),
  - und Normenkontrolle (Art. 54 Nr. 3 NV),
- Unvereinbarkeit der Mitgliedschaft beim Staatsgerichtshof (Art. 55 Abs. 2 NV),
- Leitung der Landesverwaltung (Art. 56 Abs. 1 NV),
- Wahlvorschlag für den Landesbeauftragten für den Datenschutz (Art. 62 Abs. 2 NV),
- Vorläufige Haushaltsführung (Art. 66 Abs. 1 NV),
- Wahlvorschlag für den Präsidenten des Landesrechnungshofes (Art. 70 Abs. 2 NV) und
- Ernennungsrecht bei Mitgliedern des Landesrechnungshofes (Art. 70 Abs. 2).

2 Die Einrichtung der Landesregierung als kollegial gebildetes Verfassungsorgan bedeutet nicht, daß jedes Mitglied gleichen Status und gleiche Rechte hat[1]. Die kollegiale Organschaft hindert nicht, daß der Ministerpräsident und die Minister selbst Verfassungsorgane sind, wenn ihnen die Landesverfassung Kompetenzen zuordnet[2]. Aus den oben angeführten Zuständigkeiten der Landesregierung folgt, daß sie kein weisungsabhängiger Parlamentsausschuß ist, sondern eines der **obersten Verfassungsorgane** mit eigenen Zuständigkeiten[3].

3 Die Landesregierung muß als Kollegium die ihr von der Verfassung zugewiesenen **Kompetenzen wahrnehmen.** Ihre Entscheidungen müssen ihren Briefkopf haben[4]. Soweit die Verfassung eine Übertragung nicht vorsieht, kann die Kompetenz nicht auf Mitglieder der Landesregierung delegiert werden[5]. Verletzungen einer Kompetenz machen einen Regierungsakt rechtswidrig[6].

---

[1] Stern, Bd. II, 274.
[2] Stern, Fn. 1.
[3] Stern, Fn. 1.
[4] BVerfGE 26, 338 (395); 11, 77 (86); Dauster, 304; Herzog in: Maunz/Dürig/Herzog, RdNr. 9 zu Art. 62.
[5] Dauster, 305.
[6] Herzog (Fn. 4), RdNr. 6 zu Art. 62.

Aufgabe und Zusammensetzung   Art. 28

Die Landesregierung ist als Verfassungsorgan in Verfahren vor dem Staatsge- 4
richtshof (z. B. Art. 54 Nr. 1–3 NV) und dem Bundesverfassungsgericht **parteifähig**[7].

Das Grundgesetz gebietet eine funktionsfähige und verantwortliche Landes- 5
regierung. Verfassungsgeber und einfacher Gesetzgeber sind daher gehalten,
ihr diejenigen Befugnisse zuzuweisen, die erforderlich sind, damit sie selbständig und in eigener Verantwortung ihre „Regierungsfunktion erfüllen
kann"[8]. Der Landesregierung muß daher ein **Kernbereich der exekutiven
Eigenverantwortung** erhalten bleiben. Rechtsprechung des Bundesverfassungsgerichts und Schrifttum haben folgende Kernbereiche genannt, auf die
Dritte, auch das Parlament, grundsätzlich nicht einwirken können:
- Personalhoheit über Richter und Beamte sowie über Angestellte, die Hoheitsbefugnisse wahrnehmen[9],
- Außen- und Handelspolitik[10],
- Kommunalaufsicht[11],
- „Bereich der politischen Gestaltung"[12],
- Maßnahmen der öffentlichen Sicherheit im Innern, polizeiliche Kommandoakte und Katastrophenabwehr[13],
- Stimmabgabe im Bundesrat[14],
- Gnadenakte[15],
- in der Landesverfassung angeführte Kompetenzen[16]
- Maßnahmen der Ausweisung[17].

„Die Organisation der grundgesetzlichen **Demokratie** beruht indes nicht
darauf, alle Handlungen und Entscheidungen, die aus sich oder in ihren
Folgen von politisch weittragender Bedeutung sind, dem Parlament zuzuweisen ... Besonders die Regierung ist als politische Gewalt ausgestaltet und
nicht etwa von vornherein auf politisch weniger bedeutsame Entscheidungen
beschränkt"[18]. Die Landesregierung ist weitgehend die **„Initiativgewalt des
Staates"**, sie gibt der gesamten Staatstätigkeit die Richtung[19]. Sie ist das
Gravitationszentrum der politischen Gestaltung.

Weder der Rechtsprechung noch der Wissenschaft gelang es bisher, den Be- 6
griff der **„vollziehenden Gewalt"** umfassend zu beschreiben. Man kann jedoch vereinfacht sagen: Vollziehende Gewalt ist die politische Staatsführung
(Regierung) und die Erfüllung staatlicher Aufgaben in Bindung an rechtli-

---
7 Z. B. Art. 93 Abs. 1 Nr. 2 GG.
8 BVerfGE 9, 268 (281).
9 BVerfG, Fn. 8.
10 BVerfGE 1, 372 (394).
11 BVerfGE 8, 122 (141).
12 BVerfGE 22, 106 (113).
13 Stern, Bd. II, 686; Stadtstaatenkommission, 1988, S. 184.
14 Art. 37 Abs. 2 Nr. 2 NV; Dronsch, Die Landesregierung, in: Korte/Rebe, 246f.
15 Art. 36 Abs. 1 NV; Dronsch, Fn. 14; Stern, Fn. 13.
16 Stern, Fn. 13.
17 Stern, Fn. 13.
18 BVerfGE 68, 1 (89).
19 Stern, Bd. I, 968; BVerfGE 9, 268 (281).

che Normen[20]. Zu ihr gehören alle staatlichen und sonstigen öffentlich-rechtlichen Kompetenzträger, die zu Regelungen, Maßnahmen und Eingriffen ermächtigt sind[21]. Es sind Maßnahmen, die funktionell weder als Gesetzgebung noch als Rechtsprechung zu werten sind[22]. Die Landesregierung ist aber nicht allein Inhaber der vollziehenden Gewalt. Die Landesverfassung sieht folgende Ausnahmen vor:
- Verwaltung des Landtages (Art. 18 Abs. 2 u. 3 NV),
- Selbstverwaltung der Gemeinden und Landkreise und der sonstigen niedersächsischen öffentlich-rechtlichen Körperschaften (Art. 57 NV),
- Verwaltung des Landesrechnungshofes (Art. 70 Abs. 2 Satz 3 i. V. m. § 1 Abs. 1 Landesrechnungshofgesetz) und
- Verwaltung des Staatsgerichtshofes (Art. 55 Abs. 4 NV i. V. m. § 1 Staatsgerichtshofgesetz).

7   Aus Art. 28 Abs. 2 NV folgt, daß zur Landesregierung nur der Ministerpräsident und seine Minister gehören. Hier unterscheidet sich die Landesverfassung von entsprechenden Normen der Länder Bayern[23], Baden-Württemberg[24] und Sachsen[25], die ausdrücklich als weitere Mitglieder **Staatssekretäre** vorsehen. Sowohl das Grundgesetz (Art. 62) als auch die Parallelvorschriften der übrigen Bundesländer beschränken die Mitgliedschaft auf Kabinettschef und Minister (Senatoren). Nach Rechtsprechung und einhelliger Auffassung bezieht sich die Mitgliedschaft in einer Regierung nur auf die Personen und nicht auf die Ministerien als oberste Behörden[26]. Diese strenge Klausur der Mitgliedschaft schließt die Übertragung des **Stimmrechts auf Staatssekretäre** aus. Beschlüsse der Landesregierung, die unter Verletzung dieser Verfassungsnorm getroffen worden sind, sind unwirksam[27]. Dieser Mangel kann im fachgerichtlichen Verfahren festgestellt werden[28]. Die Geschäftsordnung der Landesregierung in der Fassung vom 7. Februar 1995[29] berücksichtigt dies nicht. Sie wertet bei der Beschlußfähigkeit und der Stimmabgabe Staatssekretäre wie Mitglieder der Landesregierung[30].

8   Nur Mitglieder der Landesregierung können nach Art. 51 Abs. 1 Satz 1 GG **Mitglied im Bundesrat** werden. Der Status wird durch konstitutiven Be-

---

20 Hesse, 216.
21 Kunig, in: v. Münch, 4. Aufl., RdNr. 35 zu Art. 1; Starck, in: v. Mangoldt/Klein, RdNr. 142 zu Art. 1.
22 Denninger, in: AK-GG, RdNr. 27 zu Art. 1; Beispiele bei Dürig, in: Maunz/Dürig/Herzog, RdNr. 107 zu Art. 1 Abs. 3.
23 Art. 43 Abs. 2 Bay. Verfassung.
24 Art. 45 Abs. 2 Satz 2 Verfassung von Baden-Württemberg.
25 Art. 59 Abs. 2 Satz 2 Sächs. Verfassung.
26 Hess. Finanzgericht, U. v. 14. 12. 1984 – DVBl., 1985, 348 (349); Stern, Bd. II, 271; Schenk, in: Bonner Kommentar, RdNr. 55 zu Art. 64; Wahl, 212f.; Liesegang, in: v. Münch, RdNr. 9 zu Art. 62; Badura, Regierung, in: Ev. Staatslexikon, Bd. II, Sp. 2951 (2953); Herzog (Fn. 4), RdNr. 40 zu Art. 62; Dickersbach, in: Geller/Kleinrahm, RdNr. 10 zu Art. 51; Gross, in: Zinn/Stein, RdNr. 5 zu Art. 100; David, RdNr. 33 zu Art. 33; Neumann, RdNr. 5 zu Art. 107; Vorauflage RdNr. 3 zu Art. 19; Linck, in: Linck/Jutzi/Hopfe, RdNr. 9 zu Art. 70.
27 Hess. Finanzgericht (Fn. 26), 350.
28 Hess. Finanzgericht, Fn. 27.
29 Nieders. GVBl. S. 45.
30 § 16 Abs. 1 Satz 1 GO Landesregierung.

schluß der Landesregierung erworben[31]. Entsprechendes gilt für die **stellvertretenden Mitglieder im Bundesrat**[32].

Mitglieder und ihre Stellvertreter verlieren ihr Amt im Bundesrat durch den 9
Verlust ihrer Mitgliedschaft in der Landesregierung oder durch eine Abberufung des Kabinetts[33]. Der Status eines **geschäftsführenden Ministers** (Art. 33 Abs. 4 NV) oder des Mitgliedes einer **geschäftsführenden Landesregierung** (Art. 33 Abs. 2, 3 NV) hat keinen Einfluß auf das Amt eines Mitgliedes im Bundesrat[34]. Jedes Mitglied der Landesregierung kann isoliert ohne Ausscheiden aus der Landesregierung auf seine Mitgliedschaft im Bundesrat, einem Bundesamt, verzichten[35]. Mitglieder des Bundesrates haben somit eine organschaftliche Doppelstellung zum Bund und zum Lande Niedersachsen[36]. Zur Informationspflicht gegenüber dem Landtag siehe Art. 25 NV, zum Fehlen eines Weisungsrechtes des Landtages Art. 35 NV.

Die Mitglieder im Bundesrat genießen nicht die typischen **Abgeordneten-** 10
privilegien wie Indemnität (Art. 46 Abs. 1 GG), Immunität (Art. 46 Abs. 2 GG) und Zeugnisverweigerungsrecht (Art. 47 GG)[37]. Diese Rechte können sich aber aus einer Mitgliedschaft im Landtag ergeben[38].

Die **Aufzählung von Unvereinbarkeiten** in Art. 28 Abs. 3 NV korrespondiert 11
mit den Unvereinbarkeiten für Mitglieder der Landesregierung in Art. 34 Abs. 2 NV und in Art. 55 Abs. 3 Satz 1 NV. Es wäre übersichtlicher, alle Unvereinbarkeiten in einem Artikel zusammenzufassen. Die Unvereinbarkeit mit der **Mitgliedschaft im Bundestag** verhindert Interessenkollisionen. Denn als Mitglied des Bundesrates müßte das Mitglied aufgrund des **imperativen Mandats**[39] gegen Beschlüsse stimmen, für die es als Bundestagsabgeordneter vorher eingetreten ist. Diese Unvereinbarkeit ist bereits ungeschriebenes Verfassungsrecht[40]. Die Landesverfassung hat dies mit Art. 28 Abs. 3 NV konkretisiert. Ist ein Mitglied des Bundestages zum Mitglied der Landesregierung berufen worden, so kann die Statusänderung erst eintreten, wenn das Bundestagsmandat niedergelegt worden ist. Nimmt ein Mitglied der Landesregierung ein Bundestagsmandat an, so erklärt er damit durch schlüssige Handlung seinen Rücktritt als Kabinettsmitglied.

---

31 Stern, Bd. II, 135; Hendrichs, in: v. Münch, RdNr. 6 zu Art. 51; Herzog, Zusammensetzung und Verfahren des Bundesrates, in: Hdb. d. Staatsrechts, Bd. II, 505 (509); Maunz, in: Maunz/Dürig/Herzog, RdNr. 10 zu Art. 51; ders., Die Rechtsstellung der Mandatsträger im Bundesrat, in: Bundesrat als Verfassungsorgan, 195 (197f.); Blumenwitz, in: Bonner Kommentar, RdNr. 10 zu Art. 51; Jekewitz, in: AK-GG, RdNr. 3 zu Art. 51.
32 Scholl, 52; Blumenwitz (Fn. 31), RdNr. 11 zu Art. 51; Jekewitz, Fn. 31.
33 Krebs, in: v. Münch/Kunig, RdNr. 4 zu Art. 51; Scholl, 63; Stern, Bd. II, 135.
34 Blumenwitz (Fn. 31), RdNr. 13 zu Art. 51; Maunz (Fn. 31), RdNr. 11 zu Art. 51.
35 Blumenwitz (Fn. 34); Maunz (Fn. 31), Die Rechtsstellung d. Mandatsträger, 199.
36 Blumenwitz (Fn. 31), RdNr. 8 zu Art. 51.
37 Blumenwitz (Fn. 31), RdNr. 19 zu Art. 51; Maunz (Fn. 31), RdNr. 20f. zu Art. 51; Stern, Bd. I, 162.
38 Stern, Fn. 37.
39 Blumenwitz (Fn. 31), RdNr. 29 zu Art. 51; Scholl, 50; Stern, Bd. I, 733.
40 Maunz (Fn. 31), RdNr. 19 zu Art. 51; Scholl, 86; Weis, 36f.; Jekewitz (Fn. 31), RdNr. 6 zu Art. 51; Herzog (Fn. 31), 510; Dronsch (Fn. 14), 260; Achterberg, 237.

12 Die Unvereinbarkeit einer Mitgliedschaft in der Landesregierung mit einem Mandat des „Europäischen Parlaments" verhindert Interessenkollisionen. Das Wahlrecht zum Europäischen Parlament hat eine entsprechende Vorschrift[41].

13 „**Volksvertretungen anderer Länder**" sind die Landtage der Länder, das Abgeordnetenhaus in Berlin[42], die Bürgerschaft (Landtag) in Bremen[43] und die Bürgerschaft in Hamburg[44]. Der Bayerische Senat war zwar eine Repräsentation des Volkes[45], aber eine Vertretung der sozialen, wirtschaftlichen und kulturellen Körperschaften des Landes[46]. Er war keine Volksvertretung[47].

14 Die Landesverfassung enthält kein Verbot einer **Personalunion Niedersachsens mit einem Nachbarlande**. Eine Personalunion ist die gemeinsame Regierung von Staaten bei gegenseitiger rechtlicher Unabhängigkeit. Erfahrungsgemäß ist sie der Anfang einer rechtlichen Vereinigung von Staaten[48]. Eine Personalunion der Mitglieder von zwei Landesregierungen würde beide Länder einer gemeinsamen Regierung unterstellen und damit die Stufe einer Neugliederung erreichen. Eine Neugliederung ist jedoch ausschließlich dem Bunde vorbehalten[49]. Eine Doppelmitgliedschaft in den Landesregierungen zweier Länder ist somit schon nach Bundesverfassungsrecht unzulässig[50].

Artikel 29

Regierungsbildung

(1) Die Ministerpräsidentin oder der Ministerpräsident wird vom Landtag mit der Mehrheit seiner Mitglieder ohne Aussprache in geheimer Abstimmung gewählt.

(2) Die Ministerpräsidentin oder der Ministerpräsident beruft die übrigen Mitglieder der Landesregierung und bestimmt ein Mitglied, das sie oder ihn vertritt.

(3) Die Landesregierung bedarf zur Amtsübernahme der Bestätigung durch den Landtag.

(4) Die Berufung und Entlasung eines Mitglieds der Landesregierung durch die Ministerpräsidentin oder den Ministerpräsidenten nach der Bestätigung bedarf der Zustimmung des Landtages.

(5) Wird die Bestätigung versagt, so kann das Verfahren nach den Absätzen 1 bis 3 wiederholt werden.

---

41 Europawahlgesetz des Bundes v. 16. 6. 1978 – BGBl. I, 709; Weis, 39.
42 Art. 25 Verfassung v. Berlin.
43 Art. 75 Bremische Verfassung.
44 Art. 6. Abs. 1 Hamburgische Verfassung.
45 Meder, RdNr. 1 zu Art. 34.
46 Art. 34 Bayerische Verfassung.
47 Schweiger, in: Nawiasky, RdNr. 2 zu Art. 34.
48 Jellinek, 750 f.
49 Isensee, Idee und Gestalt des Föderalismus im Grundgesetz, in: Hdb. d. Staatsrechts, Bd. IV, 517 (530); Evers, in: Bonner Kommentar, RdNr. 27 zu Art. 29.
50 Weis, 38 f.

Übersicht

	RdNr.
Das Herzstück des parlamentarischen Regierungssystems	1
Die Verfahren zur Regierungsbildung	2
„vom Landtag"	3
Das Vorschlagsrecht	4
Die Wählbarkeit zum Ministerpräsidenten	5
„ohne Aussprache"	6
Die „geheime Abstimmung"	7
Die „Mehrheit seiner Mitglieder"	8
Die Feststellung des Wahlergebnisses	9
Die Wiederholung der Wahl	10
Höchst- und Mindestgröße der Landesregierung	11
Institutionell garantierte Geschäftsbereiche	12
Flächendeckende Ressortverteilung	13
Die Verteilung der Geschäftsbereiche	14
Die „Projektminister"	15
Der Minister ohne Aufgabenbereich	16
Die Ressortverteilung	17
Die Wählbarkeit zum Minister	18
Das Berufungsrecht des Ministerpräsidenten	19
Der Stellvertreter des Ministerpräsidenten	20
Die Form der Bestätigung	21
Keine Teilbestätigung	22
Die Ablehnung der Bestätigung	23
Die Rechtsfolgen der Bestätigung	24
Die Kabinettsumbildung ohne Entlassung eines Ministers	25

Die Wahl des Ministerpräsidenten ist das **Herzstück des parlamentarischen** **1** **Regierungssystems** deutscher Prägung[1]. Das Grundgesetz verlangt vom Lande Niedersachsen eine jederzeit funktionsfähige, verantwortliche Landesregierung[2]. Das **Homogenitätsgebot** fordert dabei nicht, daß dieses System dem des Grundgesetzes entspräche. Es überläßt den Ländern Spielraum, will weder Konformität noch Uniformität, sondern nur eine gewisse Homogenität durch eine Bindung an leitende Prinzipien der Bundesverfassung[3].

Die Artikel 29 bis 33 der Landesverfassung behandeln die Regierungsbildung, die nach Hans-Peter Schneider „ein äußerst kompliziertes Verfahren" ist.[4] Man kann vier Grundfälle unterscheiden: **2**

1. das „Schnellverfahren" (Art. 29 Abs. 1–3 NV):
   Der Landtag wählt bereits im ersten Wahlgang mit qualifizierter Mehrheit den Ministerpräsidenten, der die Minister „beruft", seinen Stellver-

---

[1] Peine, Parlamentsneuwahl und Beendigung des Amtes des Regierungschefs, Der Staat, 1982, 335 (342), dort Fn. 19; Schröder, Bildung, Bestand und parlamentarische Verantwortung der Bundesregierung, in: Hdb. d. Staatsrechts, Bd. II, 603 (605).
[2] Maunz, Verfassungshomogenität von Bund und Ländern, in: Hdb. d. Staatsrechts, Bd. IV, 443 (447).
[3] BVerfGE 27, 44 (56); 9, 268 (279).
[4] Hans-Peter Schneider, Verfassungsrecht, in: Faber/Schneider, 44 (83).

treter ernennt. Der Landtag bestätigt sofort die neue Landesregierung, und der Landtagspräsident vereidigt die Mitglieder der Landesregierung. So lief es im Juni 1986.

2. die „**Regierungsbildung auf Stottern**" (Art. 29 Abs. 1–3 NV):
Der Landtag wählt nach vergeblichen Anläufen den Ministerpräsidenten mit qualifizierter Mehrheit und bestätigt auf Anhieb die vom neugewählten Ministerpräsidenten berufenen Minister.
Oder:
Der Landtag wählt bereits mit der ersten Wahl den Ministerpräsidenten. Die berufenen Minister werden aber erst nach wiederholten Abstimmungen bestätigt.
Oder:
Der Ministerpräsident wird nicht auf Anhieb gewählt, und seine Minister werden nicht sofort bestätigt.

3. **Bildung einer Minderheitsregierung** (Art. 30 Abs. 2 i. V. m. Art. 29 Abs. 2 NV):
Nach 21 Tagen vergeblicher Versuche, eine qualifizierte Mehrheit für einen Kandidaten zu erreichen, lehnt der Landtag seine Selbstauflösung ab und wählt mit einfacher Mehrheit der anwesenden Abgeordneten einen Ministerpräsidenten, der seine Minister beruft und seinen Stellvertreter ernennt.

4. **Bildung einer Landesregierung durch Wahl mit Mißtrauensvotum** (Art. 32 Abs. 3 i. V. m. Art. 29 Abs. 1–3 NV):
Mindestens ein Drittel der Landtagsabgeordneten beantragt schriftlich, dem Ministerpräsidenten das Mißtrauen auszusprechen und zugleich einen namentlich genannten Kandidaten zu wählen. Nach Einhaltung der Überlegungsfrist wählt der Landtag mit qualifizierter Mehrheit einen neuen Ministerpräsidenten; die von ihm berufenen Minister und der von ihm ernannte Stellvertreter des Ministerpräsidenten werden vom Plenum bestätigt; danach folgt die Vereidigung der Minister der Landesregierung.

3 Art. 29 Abs. 1 NV weist dem **Landtag,** dem Plenum, eine nicht übertragbare Kompetenz zu. Dabei besteht für den Landtag eine Pflicht zur Wahl des Ministerpräsidenten[5]. Hiervon geht die Geschäftsordnung des Landtages aus (§ 41 Abs. 1 u. 2 GO Landtag).

4 Die Landesverfassung regelt nicht das **Vorschlagsrecht.** Da die Verfassung eine Aussprache über den Wahlvorschlag ausschließt, ist es vornehmste Aufgabe der **Fraktionen** als „die hierfür geeignetsten Organe des Parlaments"[6], Wahlvorschläge zu machen. Diese müssen der Geschäftsordnung des Landtages genügen[7]. Da die Verfassung die Vorschlagsmodalitäten nicht selbst regelt, sind Stimmen, die für eine nicht vorgeschlagene Person abgegeben werden, gültig.

---

5 Schenke, in: Bonner Kommentar, RdNr. 63 zu Art. 63.
6 BVerfGE 27, 44 (51).
7 BVerfG, Fn. 6.

Es besteht weitgehend Übereinstimmung, daß, soweit nicht die Verfassung besondere Qualifikationen ausdrücklich vorschreibt, die Kandidaten folgende Voraussetzungen für die Wählbarkeit erfüllen müssen: 5
- deutsche Staatsangehörigkeit,
- Fähigkeit zum Bekleiden öffentlicher Ämter,
- kein Zweifel über die Verfassungstreue und
- Mindestalter für das passive Wahlrecht zum Parlament[8].

Da die Verfassung keine „Inzuchtklausel" hat[9], sind auch Deutsche aus anderen Bundesländern wählbar[10]. Es dient nicht dem Lande, die Möglichkeit der Auswahl politischer Führer zu verringern. Die Ablehnung eines in Bonn oder Berlin wohnenden Niedersachsen ist somit unzulässig. Sie würde eine Wahlanfechtung provozieren. Wegen der Unvereinbarkeiten siehe Art. 28 Abs. 3 und Art. 34 Abs. 2 NV.

Eine **Personaldebatte** über die Kandidaten ist ausgeschlossen („ohne Aussprache"). Eine Verletzung dieses Gebots macht die Wahl nicht fehlerhaft[11]. Eine Geschäftsordnungsdebatte ist dagegen zulässig[12]. 6

Die „**geheime Abstimmung**" ist unverzichtbar. Die Verletzung dieses Gebotes macht die Wahl ungültig. Die Norm dient der Freiheit des Mandats (Art. 12 NV)[13]. Der Kandidat kann sich selbst wählen[14]. 7

Zur „**Mehrheit der Abgeordneten**" siehe Art. 74 NV. Das ist die absolute Mehrheit, mehr als die Hälfte der zur Zeit der Abstimmung vorhandenen gesetzlichen Mitgliederzahl[15]. Stimmenthaltungen und ungültige Stimmen wirken daher wie Nein-Stimmen[16]. Die besondere Mehrheit soll die Bedeutung der Wahl berücksichtigen[17]. 8

Der **Landtagspräsident** stellt nach der Auszählung der Stimmen fest, welcher Kandidat die meisten Stimmen erhalten hat. Erreicht ein Kandidat die vorgeschriebene Mehrheit, so fragt er ihn, ob er die Wahl annehme. Bejaht dies der Kandidat, dann verkündet der amtierende Präsident die Wahl des Kandidaten. Denn erst die Annahme der Wahl beendet das Wahlverfahren[18]. Lehnt der Gewählte die Annahme der Wahl ab, so gilt die Wahl als gescheitert[19]. 9

---

8 Braun, RdNr. 26 zu Art. 46; Steiger, 239; Schenke (Fn. 5), RdNr. 58 zu Art. 63; Stern, Bd. II, 274; Meyn, in: v. Münch/Kunig, RdNr. 6 zu Art. 63; Schröder (Fn. 1), 608; Gross, in: Zinn/Stein, RdNr. 2 c zu Art. 101.
9 Art. 107 Abs. 4 a. F. Bremische Verfassung. Bremen hat die „Inzuchtklausel" wieder abgeschafft. Vgl. Neumann, RdNr. 15 zu Art. 107 Brem. Verfassung.
10 Gross, Fn. 8; a. A.: Busse, 36, unter Hinweis auf die Verfassungspraxis.
11 Schenke, Fn. 5; Hans-Peter Schneider, in: AK-GG, RdNr. 9 zu Art. 63; Schröder (Fn. 1), 609; Katz, in: Feuchte, RdNr. 6 zu Art. 46; Braun, RdNr. 14 zu Art. 46; Dickersbach, in: Geller/Kleinrahm, RdNr. 2 zu Art. 52; Gross (Fn. 8), RdNr. 2 b zu Art. 101. Zur Problematik: Busse, 25.
12 Trossmann, 22; Schenke, Fn. 11; Schneider, Fn. 11.
13 Braun, RdNr. 15 zu Art. 46; Dickersbach (Fn. 11), RdNr. 2 zu Art. 52; Weis, 27. Zur Zulässigkeit geheimer Abstimmungen insbesondere: Röper, 114 ff.
14 Achterberg, 513; Schenke (Fn. 5), RdNr. 69 zu Art. 63.
15 RdNr. 2 u. 3 zu Art. 74 NV.
16 Herzog, in: Maunz/Dürig/Herzog, RdNr. 29 zu Art. 63.
17 Busse, 33 unter Hinweis auf die Referentenbegründung.
18 Busse, 37; Achterberg, 513; Dickersbach, Fn. 11.
19 Dickersbach, Fn. 11; Braun, RdNr. 16 zu Art. 63; Achterberg, 513.

10 Aus dem Normzweck des Art. 30 Abs. 1 Satz 1 NV folgt, daß **die Wahl** innerhalb der Frist von 21 Tagen **wiederholt werden** soll. Demgemäß bleibt die Wahl und die Bestätigung der Landesregierung innerhalb dieser Frist Gegenstand der Tagesordnung für alle Sitzungen, bis sie zustandegekommen sind (§ 41 Abs. 2 GO Landtag). Bis zur Bestätigung der Landesregierung gibt es den amtierenden Ministerpräsidenten, der die Geschäfte der Landesregierung führt, und den „designierten", den „neugewählten Ministerpräsidenten", der noch nicht den Status eines Ministerpräsidenten hat. Bis zur förmlichen Bestätigung kann der „neugewählte Ministerpräsident" nur diejenigen Funktionen wahrnehmen, die ihm die Verfassung zur Bildung der Landesregierung ausdrücklich zuweist[20].

11 Die Landesverfassung von Berlin beschränkt die Zahl der Regierungsmitglieder (Art. 40 Abs. 2). Die Verfassungen von Bremen und Hamburg überlassen es ihren Parlamenten, die Zahl der Senatoren zu bestimmen[21]. Die Bestimmung der **Zahl der Geschäftsbereiche** ist ein wesentlicher Teil des Kabinettsbildungsrechtes[22], das dem Ministerpräsidenten zusteht[23]. Diese Kompetenz ist zugriffsfest[24]. Der einfache Gesetzgeber kann sie nicht einschränken. Die Kompetenz hat jedoch nicht den Umfang wie die des Bundeskanzlers. Denn es bedarf der parlamentarischen Bestätigung. Der Ministerpräsident wird daher das Einvernehmen mit den ihn tragenden Fraktionen suchen, um eine Ablehnung der von ihm vorgestellten Landesregierung zu vermeiden. Die **Mindestgröße des Kabinetts** beträgt nach Art. 51 Abs. 2 GG sechs Mitglieder, da Niedersachsen verpflichtet ist, insgesamt sechs Regierungsmitglieder in den Bundesrat zu senden[25]. Anerkannte Grundsätze über die Größe des Kabinetts vergleichbarer Flächenstaaten haben sich nicht gebildet. Doch wird man davon ausgehen können, daß die eingangs erwähnte **Funktionsfähigkeit der Landesregierung** (RdNr. 1) eine Versammlung von 20 Mitgliedern ausschließt.

12 Das materielle Kabinettsbildungsrecht wird durch **institutionelle Garantien** eingeschränkt. In jedem Falle muß ein **Finanzminister**[26] und ein **Justizminister**[27] berufen werden[28]. Hier garantiert Bundes- und Landesverfassungsrecht die Zuweisung eines Kernbestandes überkommener Aufgaben[29] und überläßt dem Ministerpräsidenten nur die „Feinabstimmung"[30]. Weder kann dem Finanzminister der überkommene Umfang der Haushaltswirtschaft noch dem Justizminister die Personalführung über die Richter entzogen werden.

---

20 Katz (Fn. 11), RdNr. 8 zu Art. 46; Busse, 37; Weis, 29; Braun, RdNr. 16 zu Art. 46.
21 Neumann, RdNr. 7 zu Art. 107 Bremische Verfassung; David, RdNr. 34 zu Art. 33.
22 Oldiges, 247; Böckenförde, Organisationsgewalt, 139f.
23 Busse, 46; Hagebölling, RdNr. 3 zu Art. 29.
24 Gross (Fn. 8), RdNr. 5 zu Art. 101.
25 Busse, 40; Blumenwitz, in: Bonner Kommentar, RdNr. 10 zu Art. 51; Maunz, in: Maunz/Dürig/Herzog, RdNr. 14 zu Art. 51; Scholl, 42; Krebs, in: v. Münch/Kunig, RdNr. 4 zu Art. 51.
26 Art. 67 Abs. 1 Satz 1 NV.
27 Art. 98 Abs. 4 GG i. V. m. Art. 51 Abs. 3 NV.
28 Dauster, 112; Gross (Fn. 8), RdNr. 6 zu Art. 101; Schenke (Fn. 5), RdNr. 50 zu Art. 64; Schröder (Fn. 1), 613.
29 Schenke, Fn. 28.
30 Schröder, Fn. 28.

Die Ressortverteilung muß „flächendeckend" sein. Alle Aufgaben der Landesregierung sind auf die Ministerien und die Staatskanzlei des Ministerpräsidenten aufzuteilen[31]. Zu den **ministerialfreien Räumen** siehe RdNr. 14 zu Art. 37 NV. Ministerialfreie Räume können nur **Ressortfreiheit** erhalten, wenn es die Landesverfassung zuläßt.

13

Bei der **Verteilung der Geschäftsbereiche**, Ressorts, ist zu berücksichtigen, daß sie Gegenstand des **förmlichen Bestätigungsverfahrens** werden. Der Landtag, der bei der Kabinettsbildung insoweit ein Mitwirkungsrecht hat, bestätigt nicht nur die berufenen Mitglieder der Landesregierung, sondern die ihnen zugewiesenen Geschäftsbereiche. Die Bestätigung beschränkt sich nicht auf die Statusverleihung, sondern umfaßt auch Funktionen wie die Bestimmung des Stellvertreters des Ministerpräsidenten nach Art. 29 Abs. 2 – letzter Halbsatz – NV[32].

14

Minister für ein besonderes Projekt mit besonderen Aufgaben sind zulässig, wenn ihnen keine punktuellen Weisungsbefugnisse gegenüber anderen Mitgliedern der Landesregierung übertragen werden[33].

15

Besonders bei der Bildung von Koalitionsregierungen kann es zweckmäßig sein, **Minister ohne Geschäftsbereich** zu berufen. Im Schrifttum wird die Zulässigkeit dieses Amtes bejaht[34].

16

Nur ausnahmsweise und vorübergehend soll ein **Kabinettschef einen Geschäftsbereich** zusätzlich übernehmen. So z. B., wenn ein in Aussicht genommenes Mitglied der Landesregierung nicht sofort sein Amt übernehmen kann. Aus den zahlreichen Aufgaben, die die Landesverfassung dem Ministerpräsidenten zuweist, folgt, daß die zusätzliche Leitung eines Geschäftsbereiches nur im Notfalle in Betracht kommen kann[35]. Übernimmt er aber einen Geschäftsbereich, so hat er insoweit die vollen Befugnisse eines Ministers[36].

17

Bei der Berufung der Mitglieder der Landesregierung gelten die gleichen **Qualifikationsanforderungen** wie beim Ministerpräsidenten[37]. Ein Kriterium für die Qualifikation muß auch heute noch die private Lebensführung sein, wenn sie die Amtsautorität gefährdet[38].

18

Nur dem Ministerpräsidenten steht nach Art. 29 Abs. 2 NV das **Berufungsrecht** für die Mitglieder der Landesregierung zu. Gegen seinen Willen kann ihm kein Regierungsmitglied aufgezwungen werden[39]. Die Verfassung bindet ihn nicht an Zusagen, Koalitionsverträge und sonstige Vereinbarungen[40]. Hält er sich aber nicht an einen **Koalitionsvertrag**, so muß er damit rechnen, daß ihm die Bestätigung seiner Landesregierung versagt wird[41].

19

---

31 Schenke (Fn. 5), RdNr. 49 zu Art. 64; Böckenförde, Organisationsgewalt, 197.
32 Busse, 47 f.; Schneider (Fn. 4), 82; a. A.: Weis, 54.
33 Schenke (Fn. 5), RdNr. 51 zu Art. 64.
34 Weis, 40; Busse, 48; Schenke (Fn. 5), RdNr. 52 zu Art. 64; Stern, Bd. II, 283.
35 Herzog (Fn. 16), RdNr. 8 zu Art. 64.
36 Herzog, Fn. 35.
37 Gross (Fn. 8), RdNr. 3 zu Art. 101.
38 Eschenburg, Öffentliches Amt und private Moral, in: Eschenburg, 57 (60).
39 Katz (Fn. 11), RdNr. 9 zu Art. 46.
40 Katz, Fn. 39.
41 Busse, 41 f.

20 Nur einen „**Stellvertreter**" muß der Ministerpräsident „**ernennen**". Hierbei ist es unerheblich, ob der Stellvertreter einen Geschäftsbereich hat[42]. Wegen der Befugnisse des Stellvertreters im Vertretungsfalle siehe RdNr. 5 zu Art. 37 und RdNr. 9 zu Art. 39. Die Bestimmung des Stellvertreters ist nach dem klaren Wortlaut des Art. 29 Abs. 2 NV eine Voraussetzung für die Bestätigung der Landesregierung[43]. Der Ministerpräsident ist daher verpflichtet, einen Stellvertreter mit der **Vorstellung seiner Landesregierung** zu benennen[44]. Die Benennung kann für die gesamte Amtszeit als auch für eine kürzere Frist geschehen[45]. Bei einer Koalitionsregierung kann ein Wechsel der Stellvertretung in Betracht kommen.

21 Der Landtag spricht die **Bestätigung der Landesregierung** durch Beschluß aus. Hierfür ist nur die einfache Mehrheit erforderlich[46]. Die Bestätigung kann daher auch von einer Landtagsminderheit erreicht werden.

22 Die **Bestätigung** kann **nicht auf Teile einer Landesregierung** beschränkt werden[47]. Eine „Teilbestätigung" ist als Ablehnung zu werten.

23 Mit der **Ablehnung der Bestätigung** wird die Wahl des neuen Ministerpräsidenten nicht hinfällig[48]. Der „designierte Ministerpräsident" kann bis zum Fristablauf von 21 Tagen (Art. 30 Abs. 1 Satz 1 NV) nach Art. 29 Abs. 5 NV immer wieder versuchen, eine Bestätigung für seine Regierung zu erlangen[49]. Er kann nach Verhandlungen mit den für ihn in Betracht kommenden Fraktionen dieselbe Zusammensetzung wieder vorschlagen oder Personal- oder Funktionsänderungen vornehmen. Die Berufung eines Ministers (Art. 29 Abs. 2 NV) wird nach einer abgelehnten Bestätigung gegenstandslos[50].

24 Beschließt dagegen das Plenum des Landtages die **Bestätigung,** so wird sie mit der Verkündung durch den Landtagspräsidenten wirksam. Es treten folgende Wirkungen ein:
    – Die Mitglieder der alten Landesregierung verlieren ihre Ämter;
    – der designierte Ministerpräsident erhält den Status eines Ministerpräsidenten[51];
    – die bisher von ihm berufenen Minister erhalten den Status eines Ministers;
    – der designierte Stellvertreter erhält zusätzlich die Funktion Stellvertreter des Ministerpräsidenten[52];
    – alle Mitglieder der Landesregierung sind verpflichtet, den Amtseid zu leisten und das Bekenntnis (Art. 31 NV) abzulegen[53].

---

42 Schneider (Fn. 11), RdNr. 2 zu Art. 69.
43 Busse, 56; Dauster, 104.
44 Dickersbach (Fn. 11), RdNr. 4a zu Art. 52; Katz (Fn. 11), RdNr. 11 zu Art. 46.
45 Katz (Fn. 11), RdNr. 11 zu Art. 46.
46 Schneider, Fn. 42.
47 Art. 29 Abs. 3 i. V. m. Art. 21 Abs. 4 Satz 1 NV.
48 Busse, 43; Süsterhenn/Schäfer, RdNr. 3c zu Art. 98; Dauster, 73; Braun, RdNr. 29 zu Art. 46.
49 Busse, 61; Süsterhenn/Schäfer, Fn. 48; Schneider (Fn. 4), 82; Braun, RdNr. 10 zu Art. 47.
50 Wies, 59; Busse, 61; Schneider (Fn. 4), 83.
51 Busse, 61; Süsterhenn/Schäfer, Fn. 48; Gross (Fn. 8), RdNr. 11 zu Art. 101.
52 Busse, 41.
53 Busse, 58.

Auflösung des Landtages, vereinfachte Regierungsbildung Art. 30

Das Ministergesetz[54] sieht in § 3 Satz 1 vor, daß das Amtsverhältnis eines Ministers erst mit der Aushändigung der Ernennungsurkunde beginnt. Diese einfachgesetzliche Regelung kann die gemeinsame Statusverleihung der gesamten Landesregierung kraft Verfassungsrechts nicht ändern[55]. Die Aushändigung der Ernennungsurkunden für die Mitglieder der Landesregierung hat daher nur einen deklaratorischen Charakter. Die Vereidigung hat keine konstitutive Wirkung (RdNr. 2 zu Art. 31 NV).

Anders als bei dem Ministerpräsidenten einer Minderheitsregierung (RdNr. 15 zu Art. 30 NV) bedarf der Kabinettschef bei der Entlassung eines Mitgliedes seiner Landesregierung der „**Zustimmung des Landtages**" nach Art. 29 Abs. 4 NV. Der Ministerpräsident muß jederzeit die Möglichkeit haben, einen Minister, den er für ungeeignet hält, zu entlassen. Denn für seine Fehler trägt der Ministerpräsident die politische Verantwortung (Art. 32 Abs. 1 NV). Der Landtag kann die Zustimmung verweigern und damit dem Ministerpräsidenten gegen seinen Willen einen Minister aufzwingen[56]. Eine Zustimmungsverweigerung geschah 1970[57]. Zu den Lösungsmöglichkeiten dieser Krise wird auf das Schrifttum verwiesen[58].

Die Verfassung regelt nicht ausdrücklich das Verfahren einer **Regierungsumbildung**, die sich auf einen Wechsel der Funktionen beschränkt. Aus dem Zustimmungsrecht des Landtages folgt, daß jeder **Ressortwechsel** zustimmungspflichtig ist[59]. Eine solche Umbildung gibt der Landesregierung ein neues politisches Gesicht. Das materielle Mitwirkungsrecht des Parlaments bei der Kabinettsbildung würde seiner Substanz beraubt werden, wenn der Ministerpräsident seine vom Landtag förmlich bestätigte Zusammensetzung der Landesregierung allein wieder umbilden könnte.[60] Der **Opposition** verbleibt in solchen Fällen die Möglichkeit, die Zulässigkeit der Umbildung im Organstreitverfahren vom Staatsgerichtshof prüfen zu lassen (Art. 54 Nr. 1 NV).

Artikel 30
Auflösung des Landtages,
vereinfachte Regierungsbildung

(1) Kommt die Regierungsbildung und -bestätigung auf Grund des Artikels 29 innerhalb von 21 Tagen nach dem Zusammentritt des neugewählten Landtages oder dem Rücktritt einer Landesregierung nicht zustande, so beschließt der Landtag innerhalb von weiteren 14 Tagen über seine Auflösung. Der Beschluß bedarf der Mehrheit der Mitglieder des Landtages.

---

54 Braun, RdNr. 30 zu Art. 46; Busse, 37.
55 Z. Zt. i. d. F. v. 21. 1. 1999 – Nieders.GVBl. S. 10.
56 A. A.: Busse, 41.
57 Weis, 48; Busse, 91f.
58 Busse, 93.
59 Busse, 95; Dauster, 69.
60 Siehe oben RdNr. 14 u. 20; Busse, 95; Weis, 43; a. A.: Dronsch, Die Landesregierung, in: Korte/Rebe, 246 (256).

Art. 30 Dritter Abschnitt Die Landesregierung

(2) Wird die Auflösung nicht beschlossen, so findet unverzüglich eine neue Wahl der Ministerpräsidentin oder des Ministerpräsidenten statt. Gewählt ist, wer die meisten Stimmen erhält. Die weitere Regierungsbildung vollzieht sich nach Artikel 29 Abs. 2. Artikel 29 Abs. 3 findet keine Anwendung.

Übersicht

	RdNr.
Eine spezielle Landtagsauflösung	1
Die Frist von 21 Tagen	2
„Die Mehrheit der Mitglieder des Landtages"	3
Keine bedingte Auflösung	4
Keine Wiederholung der Abstimmung	5
„unverzüglich"	6
Die Aussprache über die Kandidaten	7
Die Beschlußfähigkeit bei der Wahl	8
Die Geheimheit der Wahl	9
Die „meisten Stimmen"	10
Stimmengleichheit	11
Die Annahme der Wahl	12
Regierungsumbildung, Berufungen und Entlassungen	13

1 Der Verfassungsgeber übernahm die Vorschriften der Regierungsbildung der Vorläufigen Niedersächsischen Verfassung, ohne sie im Inhalt zu ändern (Art. 20, 21 VNV). Die Auflösung des Landtages nach Art. 30 Abs. 1 NV ist eine **Spezialvorschrift gegenüber** der allgemeinen Bestimmung über die **Auflösung nach Art. 10 NV**. Während die Auflösung nach Art. 10 NV keine besonderen Kriterien verlangt (RdNr. 3 zu Art. 10 NV), setzt Art. 30 Abs. 1 Satz 1 NV voraus, daß eine neue Landesregierung nicht nach Art. 29 Abs. 1 bis 3 NV innerhalb von 21 Tagen gebildet werden konnte. Der Verfassungsgeber legt die Bewältigung der Krise allein in die Hand des Parlaments. Es entscheidet allein, ob es sich auflösen will oder einen Minderheits-Ministerpräsidenten wählt, der sein Kabinett alleine ohne eine Mitwirkung des Landtages bildet.

2 Bei der Berechnung der **Frist von 21 Tagen** zählt der Tag des „**Zusammentritts des neugewählten Landtages**" oder des „**Rücktritts einer Landesregierung**" (RdNr. 3 zu Art. 33 NV) nicht mit[1]. Der Landtagspräsident stellt fest, ob die Voraussetzungen vorliegen[2]. Danach ist die Auflösung des Landtages Gegenstand der Tagesordnung[3]. Der Landtagspräsident hat bis spätestens zum 14. Tage nach Ablauf der 21-Tagefrist den Landtag einzuberufen. Hierbei sind die Beschlußfassung über die Auflösung und, falls das Plenum die Auflösung ablehnen sollte, die erneute Wahl eines Ministerpräsidenten Tagesordnungspunkte[4].

---

1 Achterberg, 514; Busse, 72; Steiger, 245.
2 § 42 Abs. 1 GO Landtag.
3 Fn. 2.
4 § 42 Abs. 2 u. 3 GO Landtag.

Auflösung des Landtages, vereinfachte Regierungsbildung **Art. 30**

Die „**Mehrheit der Mitglieder des Landtages**" ist die gesetzliche Mehrheit. Sie richtet sich nach Art. 74 NV. Diese qualifizierte Mehrheit zeigt, daß auch bei einer fehlgeschlagenen Regierungsbildung die Auflösung des Landtages nicht leicht gemacht werden soll[5].   3

Da die Ablehnung der Selbstauflösung die Pflicht zur „unverzüglichen neuen Wahl" auslöst, ist sie **bedingungsfeindlich**. Eine bedingte oder aufschiebend bedingte Selbstauflösung ist unzulässig[6].   4

Über die Auflösung kann das Plenum nur einmal abstimmen. Dies folgt aus dem Kontext des Art. 30 Abs. 2 Satz 1 NV. Eine **Wiederholung der Abstimmung** ist daher **ausgeschlossen**[7].   5

„**Unverzüglich**" heißt: Die Wahl des neuen Ministerpräsidenten ist ohne ein schuldhaftes Zögern möglichst noch in derselben Sitzung durchzuführen[8]. Die Geschäftsordnung des Landtages berücksichtigt dies (§ 42 Abs. 3).   6

Eine Aussprache findet auch vor dieser Wahl nicht statt[9].   7

Das Plenum ist **kraft Verfassungsrechts beschlußfähig**, da die relative Mehrheit (Art. 30 Abs. 2 Satz 1 – letzter Halbsatz – NV) genügt und der Normzweck eine schnelle Entscheidung gebietet[10]. Einfachgesetzliche Vorschriften oder Geschäftsordnungsrecht können dies nicht ändern.   8

Anders als bei Art. 29 Abs. 1 NV ist die **Geheimheit der Wahl** nicht vorgeschrieben. Sie kann durch Gesetz oder Geschäftsordnungsrecht geregelt werden (Art. 21 Abs. 3 Satz 2 NV). Die geheime Wahl schützt das freie Mandat bei einem wichtigen Wahlakt[11]. Die Praxis ging bisher von der Geheimheit der Wahl aus[12].   9

„**Die meisten Stimmen**" sind die Mehrheit der abgegebenen Stimmen (Art. 21 Abs. 4 Satz 1 NV). Es ist die einfache oder relative Mehrheit. Sie ist erreicht, wenn ein Kandidat mehr Stimmen als jeder seiner Mitbewerber hat[13].   10

Bei **Stimmengleichheit** ist die Wahl solange zu wiederholen, bis ein Kandidat eine Mehrheit erhält. Eine Wahl durch das Los wird der großen politischen Bedeutung des Amtes nicht gerecht[14].   11

---

5 Busse, 74.
6 Schweizer, in: Nawiasky, RdNr. 3 zu Art. 18.
7 Busse, 76.
8 Schenke, in: Bonner Kommentar, RdNr. 87 zu Art. 63; Herzog, in: Maunz/Dürig/Herzog, RdNr. 38 zu Art. 63; Schröder, Bildung, Bestand und parlamentarische Verantwortung der Bundesregierung, in: Hdb. d. Staatsrechts, Bd. II, 603 (611); Trossmann, 28.
9 Hagebölling, RdNr. 1 zu Art. 30; Vorauflage, RdNr. 5 zu Art. 21; zur Parallelvorschrift des Grundgesetzes: Herzog (Fn. 8), RdNr. 28 zu Art. 63; Trossmann, 22; Schenke (Fn. 8), RdNr. 63 zu Art. 63; Oldiges, in: Sachs, RdNr. 22 zu Art. 63.
10 Trossmann, 28; Schenke (Fn. 8), RdNr. 89 zu Art. 63; Schneider, in: AK-GG, RdNr. 8 zu Art. 63.
11 Stern, Bd. I, 983; Weis, 26 f.
12 Busse, 80.
13 Steiger, 46; Stern, Bd. I, 981; Schenke (Fn. 8), RdNr. 89 zu Art. 63.
14 Steiger, 246; Trossmann, 27; Achterberg, 514; Busse, 81; Schenke (Fn. 8), RdNr. 91 zu Art. 63; Schneider (Fn. 10), RdNr. 8 zu Art. 63; Herzog (Fn. 8), RdNr. 45 zu Art. 63.

Art. 31   Dritter Abschnitt Die Landesregierung

12   Mit der **Annahme der Wahl** erlangt der Kandidat den Status des Ministerpräsidenten[15]. Einer Bestätigung der von ihm berufenen Minister bedarf es nicht[16]. Eine Bestätigung der Landesregierung kommt auch dann nicht in Betracht, wenn sich nach der Wahl herausgestellt hat, daß der Kandidat eine qualifizierte Mehrheit im Sinne des Art. 29 Abs. 1 NV erreicht hat[17]. Die Verfassungspraxis hat dies bisher berücksichtigt[18]. Art. 30 Abs. 2 Satz 3 u. 4 NV ist daher zu lesen:

> Zur weiteren Regierungsbildung beruft der neue Ministerpräsident seine Minister und bestimmt seinen Stellvertreter. Einer Bestätigung des Landtages bedarf es nicht.

13   Bei der Minderheitsregierung hat der Ministerpräsident den Vorteil, daß er ohne Mitwirkung des Landtages seine **Regierung jederzeit umbilden** sowie Minister berufen und entlassen kann[19]. Auch diese Minderheitsregierung genießt den Schutz der qualifizierten Mehrheit beim konstruktiven Mißtrauensvotum nach Art. 32 Abs. 3 NV[20]. Sie ist damit relativ stabil[21].

Artikel 31
Bekenntnis und Amtseid

Die Mitglieder der Landesregierung haben sich bei der Amtsübernahme vor dem Landtag zu den Grundsätzen eines freiheitlichen, republikanischen, demokratischen, sozialen und dem Schutz der natürlichen Lebensgrundlagen verpflichteten Rechtsstaates zu bekennen und folgenden Eid zu leisten:

„Ich schwöre, daß ich meine Kraft dem Volke und dem Lande widmen, das Grundgesetz für die Bundesrepublik Deutschland und die Niedersächsische Verfassung sowie die Gesetze wahren und verteidigen, meine Pflichten gewissenhaft erfüllen und Gerechtigkeit gegenüber allen Menschen üben werde."

Der Eid kann mit der Beteuerung „So wahr mit Gott helfe" oder ohne sie geleistet werden.

Übersicht

	RdNr.
Das vorrechtliche Bild	1
Die Repräsentation des Staates	2
Das Bekenntnis zum Rechtsstaat	3
Keine konstitutive Wirkung	4
Amtshandlungen vor der Eidesleistung	5

---

15 Busse, 78; Vorauflage, RdNr. 6 h zu Art. 21.
16 Busse, 78; Weis, 29.
17 Busse, 88.
18 Rieger, 82; Dronsch, Die Landesregierung, in: Korte/Rebe, 246 (259).
19 Dauster, 88.
20 Weis, 122.
21 Busse, 231; Dauster, 87.

„vor dem Landtag" 6
Die Pflicht zur Eidesleistung 7
Keine Kompetenznorm 8
Eid bei einer Wiederwahl oder Wiederberufung 9
Ressortwechsel 10
Die Wahl der Beteuerung 11
Kritik der Eidespflicht 12

Der Verfassungsgeber übernahm mit dem Amtseid eine im Grundgesetz und 1
den Landesverfassungen übliche Regelung und fügte noch das Bekenntnis
hinzu. Die Institution des Amtseides hat sich aus dem Lehnseid entwickelt.
Der Inhalt der Eidesformel lehnt sich an das Reichsministergesetz vom
27. März 1930 (RGBL. I, 96) an, das in der Weimarer Zeit zugleich eine
Rahmenvorschrift für die Länder enthielt (§ 26 i. V. m. § 3 Abs. 2 u. 3). Soweit der Gesetzgeber schon früher Beteuerungsformeln für Mitglieder von
Sekten zugelassen hatte, konnten diese verwandt werden (§ 3 Abs. 3 Reichsministergesetz). Das Deutsche Beamtengesetz 1937 übernahm diese Sonderregelung auch für Minister (§ 157 Abs. 2 i. V. m. § 4 Abs. 2 DBG). Das
Grundgesetz gebietet für Bundesminister ausnahmslos den Amtseid (Art. 64
Abs. 2 i. V. m. Art. 56 GG). Die Vorläufige Niedersächsische Verfassung folgt
mit Art. 22 fast wortwörtlich dem grundgesetzlichen Text. Der Verfassungsgeber ergänzte den Katalog der Staatsgrundsätze beim Bekenntnis, formulierte die religiöse Eidesformel und faßte das Wahlrecht der Form neu.

Der Staat ist auch ein geistiges Gebilde. Seine Existenz entspricht dem Bewußtsein seiner Bürger. Daher muß sich der Staat um die Motivation seiner 2
Bürger zum Willen zur Staatlichkeit kümmern. In seinem Handeln muß der
Staat immer sichtbar sein[1]. Die Vereidigung der Mitglieder der Landesregierung ist daher die **wichtigste integrative Feier des Landes**. Ihre hohe politische Bedeutung ist nicht mit juristischen und politischen Kategorien zu
messen. Es gehört nun einmal zur Pflicht eines republikanisch-demokratischen Staates, sich um des Staatsvolkes willen immer wieder in feierlicher
Form darzustellen[2].

Diese Pflicht zur Selbstdarstellung des niedersächsischen Gliedstaates gebietet es, Wahl und Vereidigung der Mitglieder der Landesregierung durch
die Medien dem **Landesvolk** zugänglich zu machen. Ein Staatsbewußtsein
in einem Bundeslande entsteht nicht von selbst. Es muß täglich gepflegt und
gefördert werden. Daß die Vertreter der Medien im Sitzungssaal des Landtages die hierfür gebotene Form wahren, bedarf keiner Ausführungen.

Das **Bekenntnis** (Art. 31 Abs. 1 Satz 1 NV) ist eine Rechtspflicht („haben ... 3
zu bekennen"). Das Mitglied ist nicht berechtigt, den Text zu kürzen oder
zu ergänzen. Im Organstreitverfahren kann ein unzulässiges Bekenntnis geprüft werden. Das Bekenntnis wiederholt den Text des Art. 1 Abs. 2 NV teilweise.

---

1 Isensee, Staat und Verfassung, in: Hdb. d. Staatsrechts, Bd. I, 591 (635); Hartmann, 20, 21.
2 Herzog, in: Maunz/Dürig/Herzog, RdNr. 32 zu Art. 64; Neumann, RdNr. 3 zu Art. 109 Bremische Verfassung.

Art. 31   Dritter Abschnitt   Die Landesregierung

4 „Nach einhelliger Ansicht folgt aus der Formel ‚bei der Amtsübernahme‘, daß der Eid nicht Voraussetzung oder ein Teil der Statusbegründung ist." Er hat **keine konstitutive Wirkung**[3]. Die Eidesleistung ist nur dort ein Teil der Statusbegründung, wo der Gesetzgeber dies ausdrücklich vorgeschrieben hat[4]. So z. B. im Freistaat Bayern.

5 Hieraus folgt, daß eilbedürftige **Amtshandlungen** auch vor der Eidesleistung gültig sind[5].

6 Der Eid ist mit dem Bekenntnis „**vor dem Landtag**", vor den Abgeordneten, in einer öffentlichen Sitzung zu leisten. Dabei muß weder eine bestimmte Zahl von Abgeordneten anwesend sein noch muß die **Beschlußfähigkeit** vorliegen. Denn die Abgeordneten sind hier nur passiv beteiligt[6].

7 Aud den Worten „**haben ... folgenden Eid zu leisten**" folgt die Pflicht zur Eidesleistung. Wird der Eid aus religiösen Gründen verweigert, so z. B. bei **Herrnhutern** oder **Mennoniten, Quäkern** und **Zeugen Jehovas**[7], so kann nach Ansicht des Bundesverfassungsgerichts das Mitglied der Regierung sich nicht auf sein **Grundrecht der Religionsfreiheit** berufen. Der Staat kann „grundsätzlich die vollkommene Identifizierung der Gewählten mit den in der Verfassung niedergelegten Werten voraussetzen"[8]. Zur Kritik siehe nachfolgend RdNr. 12.

8 Einhelligkeit besteht darin, daß Eidesformeln des Amtseides eines Verfassungsorgans **nicht zusätzliche Kompetenzen** begründen, die andere Stellen der Verfassung nicht enthalten[9].

9 Die herrschende Meinung geht zutreffend davon aus, daß bei einer **Wiederwahl** von Mitgliedern eines Verfassungsorgans eine Vereidigung geboten ist. Denn die Verfassungsorgane erhalten neue Ämter im statusrechtlichen Sinne[10]. Die mit dem Eide bekräftigte parlamentarische Verantwortung muß dem neuen Landtag, dem neuen Kontrolleur, geleistet werden[11].

10 Werden bei einer Kabinettsumbildung nur die **Geschäftsbereiche ausgewechselt,** so entfällt eine neue Vereidigung[12].

---

3 Katz, in: Feuchte, RdNr. 3 zu Art. 48; Braun, RdNr. 2 zu Art. 48; Gross, in: Zinn/Stein, RdNr. 2 zu Art. 111; Dickersbach, in: Geller/Kleinrahm, RdNr. 3a zu Art. 53; Wuttke, in: v. Mutius/ Wuttke/Hübner, RdNr. 1 zu Art. 29; Neumann, RdNr. 4 zu Art. 109 Bremische Verfassung; Herzog (Fn. 2), RdNr. 36 zu Art. 56; Weis, 30; Meyn, in: v. Münch/Kunig, RdNr. 16 zu Art. 64.
4 Ringhofer, Anm. zu Art. 72; Schweiger, in: Nawiasky, RdNr. 3 zu Art. 56; David, RdNr. 1 zu Art. 38.
5 Hans-Peter Schneider, in: AK-GG, RdNr. 7 zu Art. 64; Herzog (Fn. 3), RdNr. 37 zu Art. 64; Gross (Fn. 3), RdNr. 2 zu Art. 111; Braun, RdNr. 2 zu Art. 48; Weis, 30.
6 Braun, RdNr. 1b zu Art. 48; Katz (Fn. 3), RdNr. 4 zu Art. 48; Herzog (Fn. 3) RdNr. 34 zu Art. 64.
7 Gründel, Eid, in: Staatslexikon, Bd. II, Sp. 160.
8 So BVerfGE 33, 23 (31) und 79, 69 (77).
9 Stern, Bd. II, 208; Herzog (Fn. 3), RdNr. 5 zu Art. 56; Jekewitz in: AK-GG, RdNr. 7 zu Art. 64; Dickersbach (Fn. 3), RdNr. 4 zu Art. 53; Schleich, Der Status des Bundespräsidenten, in: Hdb. d. Staatsrechts, Bd. II, 529 (532).
10 Dickersbach (Fn. 3), RdNr. 5 zu Art. 53; Herzog (Fn. 3), RdNr. 18 zu Art. 56; Schenke, in: Bonner Kommentar, RdNr. 68 zu Art. 64; Schneider (Fn. 5), RdNr. 9 zu Art. 64; Katz (Fn. 3), RdNr. 4 zu Art. 48; Neumann, RdNr. 7 zu Art. 109 Bremische Verfassung.
11 Neumann, Fn. 10.
12 Neumann, Fn. 10; Katz (Fn. 3), RdNr. 4 zu Art. 48; Schneider, Fn. 10.

Ob der Amtseid mit oder ohne eine **religiöse Beteuerung** geleistet wird („So 11
wahr mir Gott helfe"), ist eine persönliche Frage des Gewissens. Der ohne
religiöse Beteuerung geleistete Eid soll nach Ansicht des Bundesverfassungsgerichts keinen religiösen oder „transzendenten Bezug" haben[13]. Unzulässig
ist es, die Eidesformel zu kürzen oder zu ergänzen[14]. Werden die Worte „Ich
schwöre" weggelassen, so ist der Amtseid verweigert[15].

Auffallend ist, daß das Bundesverfassungsgericht sich nicht mit der toleran- 12
ten Gesetzgebung der Weimarer Zeit auseinandersetzt. Auch das nationalsozialistische Ministerrecht gestattete, Beteuerungsformeln von Sekten zu
wählen, wenn dies vom Gesetzgeber bereits einmal anerkannt worden war.
So z. B. bei den **Mennoniten** und **Philipponen**[16]. Der Reichsgesetzgeber bestätigte damit alte Toleranznormen des Preußischen Staates[17]. In Anbetracht
der Kritik an der Rechtsprechung des Bundesverfassungsgerichts zum Amtseid von Verfassungsorganen[18] drängt sich die Frage auf, ob man 1999 weniger religiöse Toleranz üben soll als 1937.

Artikel 32

Mißtrauensvotum

(1) Der Landtag kann der Ministerpräsidentin oder dem Ministerpräsidenten das Vertrauen entziehen.

(2) Der Antrag kann nur von mindestens einem Drittel der Mitglieder
des Landtages gestellt werden. Über den Antrag darf frühestens 21 Tage
nach Schluß der Besprechung abgestimmt werden.

(3) Das Vertrauen kann nur dadurch entzogen werden, daß der Landtag
mit der Mehrheit seiner Mitglieder eine Nachfolgerin oder einen Nachfolger wählt.

Übersicht

	RdNr.
Das vorrechtliche Bild	1
Der Normzweck	2
„Der Landtag"	3
Der „Ministerpräsident"	4
„das Vertrauen entziehen"	5
„mindestens einem Drittel der Mitglieder des Landtages"	6
Die Form des „Antrages"	7
Eine einzige Beschlußfassung	8

---

13 BVerfGE 33, 23, Leitsatz Nr. 1.
14 Herzog (Fn. 3), RdNr. 24 zu Art. 56; Stern, Bd. II, 206.
15 Herzog u. Stern, jeweils Fn. 14; Katz (Fn. 3), RdNr. 5 zu Art. 48.
16 Nadler/Wittland/Ruppert, Deutsches Beamtengesetz, 1938, RdNr. 6 zu § 4; Brand, Das Deutsche Beamtengesetz, 3. Aufl., RdNr. 1 zu § 4.
17 Mennoniten, VO v. 11. 3. 1827 – Preußische Gesetzessammlung, 1827, 28; Phillipponen, Kabinettsorder v. 19. 11. 1836, zit. nach Graf Hue de Grais, 497, Fn. 2.
18 Hemmrich, in: v. Münch/Kunig, RdNr. 9 zu Art. 56.

Art. 32   Dritter Abschnitt   Die Landesregierung

Konkurrenz der Anträge	9
Antrag auf Übergang zur Tagesordnung	10
Die Vertrauensfrage des Ministerpräsidenten	11
Die „Besprechung"	12
Geheimheit der Wahl	13
Die „Mehrheit seiner Mitglieder"	14
Die Annahme der Wahl	15
Die erfolglose Wahl	16
Volle demokratische Legitimation	17
Rechtswirkungen der erfolgreichen Wahl	18
Die Bestätigung	19
Die Ablehnung der Bestätigung	20
Eine Legitimationsbasis der Opposition	21
Schlichte Mißbilligungsbeschlüsse	22

1   Der Artikel enthält das sogenannte **konstruktive Mißtrauensvotum,** auch „indirektes, qualifiziertes, gekoppeltes und positives Mißtrauensvotum" genannt[1]. Diese zentrale Vorschrift des parlamentarischen Regierungssystems wird durch das **vorrechtliche Bild** verständlich. Die Weimarer Reichsverfassung bestimmte in Art. 54, daß der Reichskanzler und die Reichsminister des Vertrauens des Reichstages bedürfen. Jeder von ihnen müsse zurücktreten, wenn ihm der Reichstag durch ausdrücklichen Beschluß das Vertrauen entziehe. Art. 54 WRV geht auf das Reichsgesetz vom 28. Oktober 1918 zurück, das auf den Druck Wilsons das parlamentarische Regierungssystem für die damalige monarchische Reichsverfassung von 1871 erstmals einführte[2]. Links- und rechtsradikale Fraktionen im Reichstage bildeten Mehrheiten, um die Reichsregierung zu stürzen, obwohl sie weder fähig noch willens waren, eine von ihnen gestürzte Regierung durch eine neue Reichsregierung zu ersetzen[3]. **Heinrich Herrfahrdt** wies bereits 1927 darauf hin, es läge in der „Theorie des Parlamentarismus", daß bei einem Mißtrauensvotum das neue Kabinett zum Regierungsantritt bereitzustehen habe[4]. **Carl Schmitt** folgte ihm 1928[5]. In der Verfassungspraxis konnte sich jedoch diese Ansicht nicht durchsetzen[6]. Nach dem Kriege wurde dieser Gedanke bereits in den ersten Landesverfassungen aufgegriffen und in verschiedenen Verfahren realisiert[7]. Der Grundgesetzgeber übernahm das Prinzip mit Art. 67 GG. Im übrigen wird auf das Schrifttum verwiesen[8]. Die Vorläufige Niedersächsische Verfassung regelte die Institution mit Art. 23 VNV. Der Verfassungsgeber übernahm den Inhalt der Vorschrift ohne Änderungen.

---

1 Giese, RdNr. 2 zu Art. 67 GG.
2 Hartung, 189.
3 Fromme, 79; Anschütz, RdNr. 5 zu Art. 54.
4 Herrfahrdt, Die Kabinettsbildung nach der Weimarer Reichsverfassung unter dem Einfluß der politischen Praxis, 1927, S. 50. Heinrich Herrfahrdt, geb. 22. 2. 1890 in Genthin, gest. 12. 9. 1969 in Marburg, Privatdozent in Greifswald, ord. Professor in Marburg a. d. Lahn, Mitverfasser des Bonner Kommentars.
5 Schmitt C., Verfassungslehre, 345.
6 Stern, Bd. I, 990; Fromme, 93.
7 Übersicht bei Meder, in: Bonner Kommentar, RdNr. 3 zu Art. 67, erste Bearbeitung.
8 Fromme, 89 f.; Birke, Das konstruktive Mißtrauensvotum in den Verfassungsverhandlungen der Länder und des Bundes, ZParl. 1977, 77 (80 f.); Stern, Bd. I, 990 f.; Steiger, 266 f.; Weis, 158 f.

Das konstruktive Mißtrauensvotum verwirklicht nach Ansicht des Bundesverfassungsgerichts das dem parlamentarischen Regierungssystem immanente Prinzip der Abhängigkeit der Regierung vom Parlament[9]. **Normzweck** ist der Schutz der Landesregierung vor einem Sturz, solange der Landtag nicht gleichzeitig einen neuen Ministerpräsidenten wählt[10]. Eine Opposition, die sich nur im Negativen, in der Ablehnung der Regierung und ihrer Politik einig ist, soll sie nicht stürzen dürfen[11]. 2

Nur der „**Landtag**", das Plenum, ist zuständig. Diese Kompetenz kann nicht delegiert werden[12]. Dies folgt bereits aus der Koppelung des Votums mit der Wahl. 3

Allein dem amtierenden „**Ministerpräsidenten**" kann das Vertrauen entzogen werden. Er ist Adressat. Ein Antrag, einem Minister das Vertrauen zu entziehen, ist daher unzulässig[12]. Ein einzelner Minister kann nicht „herausgeschossen" werden. Der Ministerpräsident einer **geschäftsführenden Regierung** (Art. 33 Abs. 4 NV) kann nicht Adressat sein[13]. Er führt sein Amt nach Art. 33 Abs. 4 NV weiter. 4

Das „**Vertrauen entziehen**" enthält keinen Vorwurf mangelnder Pflichterfüllung. Es sagt nur, daß die Mehrheit der Abgeordneten nicht mehr gewillt ist, den Regierungschef oder sein Programm weiterhin parlamentarisch zu unterstützen oder wenigstens zu dulden[14]. Einer Begründung bedarf es hierbei nicht[15]. 5

Der Antrag setzt ein Quorum von „**mindestens einem Drittel der Mitglieder des Landtages**" im Sinne des Sollbestandes der stimmberechtigten Mandatsträger voraus. Hierzu siehe RdNr. 2 und 3 zu Art. 74 NV. 6

Der Antrag bedarf nach der Geschäftsordnung des Landtages der **Schriftform** und ist beim Präsidenten einzureichen[16]. Nach Verteilung des Antrages beginnt die Beratung frühestens nach drei Tagen[17]. 7

Das Vertrauen kann „**nur dadurch entzogen werden**", daß Vertrauensentzug und Wahl in einem einzigen Akt durch eine einzige Beschlußfassung durchgeführt werden[18]. Der Antrag kann somit lauten: 8

„Wir beantragen, den Abgeordneten X zum neuen Ministerpräsidenten zu wählen und dadurch Ministerpräsident Y das Vertrauen zu entziehen."

---

9 BVerfGE 27, 44 (56).
10 Kröger, 153.
11 Rinck, abweichende Meinung, in: BVerfGE 62, 70 (73).
12 Dauster, 266; Busse, 118.
13 Braun, RdNr. 8 zu Art. 54; Gross, in: Zinn/Stein, RdNr. 7 zu Art. 114.
14 BVerfGE 62, 1 (38).
15 Weis, 128.
16 § 43 Abs. 1 Satz 1 GO Landtag.
17 § 43 Abs. 1 Satz 2 GO Landtag.
18 Busse, 143; Weis, 149; Schriftlicher Bericht, 23; Dauster, 270; Hans-Peter Schneider, in: AK-GG, RdNr. 4 zu Art. 67; Vorauflage, RdNr. 3 zu Art. 23; Liesegang, in: v. Münch, RdNr. 4 zu Art. 67; Mager, in: v. Münch/Kunig, RdNr. 4 zu Art. 67; Herzog, in: Maunz/Dürig/Herzog, RdNr. 21 zu Art. 67.

So inhaltlich im November 1988[19]. Oder:

„Der Landtag möge beschließen: Ministerpräsident X wird das Vertrauen entzogen und der Abgeordnete Y zum Ministerpräsidenten gewählt"[20].

Anträge über den Entzug des Vertrauens ohne Nennung eines Wahlvorschlages sind verfassungswidrig und damit unzulässig[21]. Sie sind auf eine von der Verfassung nicht zugelassene Rechtsfolge gerichtet[22]. Deshalb sind sie nicht auf die Tagesordnung zu setzen[23].

9 **Konkurrieren mehrere Anträge** in der Weise, daß jeweils ein anderer Kandidat vorgeschlagen wird, so liegt es im Rahmen der Geschäftsautonomie des Landtages, hierfür eine einzige Debatte im Plenum zu bestimmen, wenn Hindernisse der Verfassung oder Geschäftsordnung nicht entgegenstehen[24].

10 Grundsätzlich kann ein konstruktiver Mißtrauensantrag nicht durch einen **Geschäftsordnungsbeschluß** von der Tagesordnung abgesetzt werden. Wird das Quorum für einen zulässigen Antrag erreicht, so ist er nach Ansicht des Verfassungsgebers einer Entscheidung würdig. Ein Geschäftsordnungsbeschluß auf Absetzung von der Tagesordnung mißachtet die Wertung der Verfassung[25]. Änderungsanträge scheiden bei der Strenge des Verfahrens aus.

11 Anders als das Grundgesetz (Art. 68 GG) kennt die Landesverfassung nicht die **Institution der Vertrauensfrage**. Die Geschäftsordnung erwähnt sie nicht. Da die Landesverfassung sie nicht ausdrücklich verbietet, wird man eine nicht förmliche Vertrauensfrage für statthaft halten können[26]. Ein Beschluß hat jedoch nur eine politische Wirkung. Wird der förmliche Mißtrauensantrag und die nichtförmliche Vertrauensfrage zur gleichen Zeit gestellt, so ist getrennt zu entscheiden. Der von der Landesverfassung ausdrücklich gewählte Weg des Mißtrauensantrages nach Art. 32 NV geht dabei vor[27].

12 Im Gegensatz zu Art. 29 Abs. 1 NV sieht Art. 32 Abs. 2 NV die **Aussprache** ausdrücklich vor („nach Schluß der Besprechung")[28]. Da die Verfassung eine Frist von „21 Tagen" vorschreibt, können die Fraktionen sie nicht durch Vereinbarung kürzen[29].

13 Man stimmte bisher überein, daß auch die Wahl beim konstruktiven Mißtrauensvotum geheim sei[30]. Der Landtag kann die Geheimheit durch Ge-

---

19 Busse, 135.
20 Schneider (Fn. 18), RdNr. 3 zu Art. 67.
21 Steiger, 270; Dickersbach, in: Geller/Kleinrahm, RdNr. 4 zu Art. 61; Weis, 119.
22 Busse, 142.
23 Weis, 120.
24 Trossmann, 749; Busse, 152.
25 Weis, 126 f.; Trossmann, 752; Neumann, RdNr. 11 zu Art. 110 Bremische Verfassung.
26 Weis, 150 f.; Achterberg, 484; Busse, 208.
27 Eine Rechtsprechung hat sich hierzu noch nicht gebildet. Im Rahmen der Geschäftsautonomie kann der Landtag diese Frage selbst regeln.
28 Weis, 127.
29 Schneider (Fn. 18), RdNr. 6 zu Art. 67.
30 Weis, 125; Busse, 145.

Mißtrauensvotum Art. 32

schäftsordnung oder Gesetz bestimmen (Art. 21 Abs. 4 Satz 2 NV). Die Geheimheit der Wahl dient der Mandatsfreiheit (Art. 12 Satz 2 NV).
Wegen der „Mehrheit seiner Mitglieder" wird auf Art. 74 NV verwiesen. 14
Mit der Annahme der Wahl ist der Wahlakt beendet. Hierzu RdNr. 10 zu 15
Art. 29 NV. Obgleich Art. 32 Abs. 2 Satz 2 NV von einer Abstimmung („abgestimmt") spricht, handelt es sich hier um ein Wahlverfahren[31].

War die Wahl erfolglos, so kann sie **nicht sogleich wiederholt** werden, so wie 16
es für die Wahl nach Art. 29 NV vorgesehen ist. Das Mißtrauensvotum ist
abgelehnt[32]. Hiervon geht auch die Geschäftsordnung des Landtages aus[33].

Auch der nach Art. 32 NV gewählte Ministerpräsident besitzt wegen der Verfassungsmäßigkeit seiner Wahl die volle **demokratische Legitimität**. Es ist 17
unzulässig, verfassungsgemäße Verfahren mit der Behauptung abzuwerten,
sie erfordern daneben eine weitere Legitimation[34]. Denn verfassungsmäßige
Legalität ist demokratische Legitimität.

Die erfolgreiche Wahl des neuen Ministerpräsidenten hat zur Folge: 18
– der Neugewählte hat den Status eines designierten Ministerpräsidenten[35],
– er muß seine Minister berufen und sie vom Landtag bestätigen lassen[36],
– der amtierende Ministerpräsident gilt kraft Fiktion als zurückgetreten[37],
– die amtierende Landesregierung hat den Status einer geschäftsführenden Regierung[38].

Der nach Art. 32 NV gewählte Ministerpräsident muß die von ihm berufenen Minister vom Landtag bestätigen lassen[39]. Der Schriftliche Bericht zum 19
Entwurf einer Nieders. Verfassung[40] enthält zu der „inhaltlich unverändert
übernommenen Vorschrift" des Art. 23 VNV[41] den Zusatz: „Es soll nicht wie
in der baden-württembergischen Verfassung (Art. 54 Abs. 1) zusätzlich vorausgesetzt werden, daß der Landtag die neue Regierung – in offener Abstimmung – bestätigt". Aufgrund seiner Geschäftsordnungsautonomie kann
der Landtag eine geheime **Bestätigung** vorschreiben. Das Bestätigungsverfahren kann wiederholt werden[42].

Scheitert die Regierungsbildung an der Bestätigung, so ist weder über eine 20
Auflösung des Landtages zu beschließen noch findet eine Wahl eines **Minderheits-Ministerpräsidenten** statt[43]. Der kraft Verfassungsrechts ausgelöste
fiktive Rücktritt des amtierenden Ministerpräsidenten bleibt wirksam

---

31 Busse, 145; Weis, 125; Schriftlicher Bericht, 23.
32 Trossmann, 752.
33 § 43 Abs. 2 Satz 2 GO Landtag.
34 BVerfGE 62, 1 (43); Stern, Bd. I, 992; Schröder, Bildung, Bestand und parlamentarische Verantwortung der Bundesregierung, in: Hdb. d. Staatsrechts, Bd. II, 603 (618).
35 Dauster, 270; RdNr. 10 zu Art. 29 NV.
36 Busse, 145 f.
37 Art. 33 Abs. 2 NV; RdNr. 8 zu Art. 33 NV; Dauster, 271.
38 Vgl. RdNr. 11–16 zu Art. 33 NV.
39 Weis, 131; Busse, 146 f., 169.
40 Drucksache 12/5841 v. 23. 12. 1993.
41 Schriftlicher Bericht, 23.
42 Busse, 147, 149.
43 Busse, 149.

(Art. 33 Abs. 2 – letzter Halbsatz – NV). Er regiert mit einer geschäftsführenden Landesregierung weiter[44]. Das Ergebnis befriedigt nicht. Es muß dem Verfassungsgeber überlassen bleiben, dieses Ergebnis zu korrigieren.

21 Vorschriften über das konstruktive Mißtrauensvotum werden als Legitimationsbasis der **parlamentarischen Opposition** betrachtet[45].

22 Von der formalisierten Vertrauensfrage ist der rechtlich unverbindliche **schlichte Mißbilligungsbeschluß** des Parlaments zu unterscheiden. Mißbilligungs- und Tadelsbeschlüsse sind auch dann zulässig, wenn ein Verfassungstext sie nicht ausdrücklich vorsieht[46]. Mißtrauensvoten gegen einzelne Mitglieder der Landesregierung, etwa eine Rüge oder eine Mißbilligung sind nach Ansicht des Staatsgerichtshofes zulässig, haben aber für das Ministeramt keine rechtlichen Folgen[47].

Artikel 33

Rücktritt

(1) Die Mitglieder der Landesregierung können jederzeit zurücktreten.

(2) Die Ministerpräsidentin oder der Ministerpräsident gilt als zurückgetreten, sobald ein neugewählter Landtag zusammentritt oder sobald der Landtag ihr oder ihm das Vertrauen entzieht.

(3) Scheidet die Ministerpräsidentin oder der Ministerpräsident aus oder tritt sie oder er zurück, so gilt die Landesregierung als zurückgetreten.

(4) Die Mitglieder der Landesregierung sind im Falle ihres Rücktritts verpflichtet, die Geschäfte bis zu deren Übernahme durch ihre Nachfolgerinnen oder Nachfolger weiterzuführen.

Übersicht

	RdNr.
Das vorrechtliche Bild	1
Der freiwillige Rücktritt	2
„Mitglieder der Landesregierung"	3
Adressat der Rücktrittserklärung	4
Keine Begründungspflicht	5
Die Wirksamkeit	6
Das Angebot eines Rücktritts	7
Zusammentritt des Landtages und Entzug des Vertrauens	8
Fiktion des Rücktritts	9
Einheit der Landesregierung (Art. 33 Abs. 3 NV)	10
Der „ausgeschiedene" Ministerpräsident	11

---

44 Busse, 151.
45 Liesegang (Fn. 18), RdNr. 3 zu Art. 67; Schröder (Fn. 34), 617; Schneider (Fn. 18), RdNr. 2 zu Art. 67.
46 Braun, RdNr. 17 zu Art. 54; Neumann, RdNr. 18 zu Art. 110 Bremische Verfassung; Weis, 150; Busse, 170 f.; Dauster, 281.
47 Nds.StGH, Rechtsgutachten v. 13. 12. 1993 – StGH 1/93, Fundstelle s. Art. 54 NV.

Rücktritt   Art. 33

Kompetenzen einer Vollregierung 12
Parlamentarische Kontrolle 13
Grenzen einer Kabinettsumbildung 14
Kein Davonlaufen 15
Kabinettsführung nach Ausscheiden des Ministerpräsidenten 16

Das **ministerielle Rücktrittsrecht** ist eine verhältnismäßig junge Einrichtung 1
des Staatsrechts. Die Preußische Verfassung von 1920 gewährte jedem
Staatsminister das Recht, jederzeit von seinem Amt zurückzutreten und
stellte fest, daß bei einem Rücktritt der Landesregierung (Staatsministerium)
die zurückgetretenen Minister die laufenden Geschäfte bis zur Übernahme
durch die neuen Minister weiterzuführen haben (Art. 59). Das Reichsministergesetz vom 27. März 1930 (RGBl. I, S. 96) übernahm diese Gedanken
(§§ 11, 12) und ermächtigte die Länder, entsprechende Vorschriften zu erlassen (§ 26). Der Art. 113 Hessische Verfassung von 1946 war Vorbild für
Art. 24 VNV. Der Art. 33 NV entspricht Art. 24 VNV. Statt einer Pflicht zum
Rücktritt des Ministerpräsidenten schuf der Verfassungsgeber jedoch eine
Fiktion des Rücktritts, um eine ausdrückliche Erklärung zu vermeiden. Eine
entsprechende Vorschrift hat z. B. die Verfassung des Freistaates Sachsen
(Art. 68). Das Grundgesetz regelt nur das Prinzip der Einheit der Regierung
(Art. 69 Abs. 2 GG) und die Pflicht zur Weiterführung der Geschäfte
(Art. 69 Abs. 3 GG).

Ebensowenig wie ein Mitglied der Landesregierung sein Amt annehmen 2
muß, kann es gezwungen werden, es gegen seinen Willen auszuüben. Dieses
subjektive Rücktrittsrecht gewährt Art. 33 Abs. 1 NV. Das Rücktrittsrecht
kann als Statusrecht im Organstreitverfahren beim Staatsgerichtshof einge-
klagt werden.

„**Mitglieder der Landesregierung**" sind nur der Ministerpräsident und seine 3
Minister. Hierzu RdNr. 7 zu Art. 28 NV. Staatssekretäre gehören hierzu
nicht.

Adressat der Rücktrittserklärung ist das Verfassungsorgan, das für die Beru- 4
fung der Mitglieder der Landesregierung zuständig ist[1]. Der Ministerpräsident muß daher seinen Rücktritt an den Präsidenten des Landtages, ein
Minister an den Ministerpräsidenten richten. Das wird in der Praxis auch so
gehandhabt[2]. Der Ministerpräsident unterrichtet den Landtagspräsidenten
über den Rücktritt eines Ministers und die Wahrnehmung der Geschäfte.

Die Rücktrittserklärung braucht **keine Begründung**[3].   5

Als eine bedingungsfeindliche öffentlich-rechtliche Willenserklärung bedarf 6
sie keiner ausdrücklichen Annahme durch den Adressaten. Sie kann daher
nicht abgelehnt werden. Mit dem Zugang an den zuständigen Adressaten ist

---
1 Gebel, in: Barschel/Gebel, RdNr. C V 1 zu Art. 21; Gross, in: Zinn/Stein, RdNr. 2 zu Art. 113;
  Dickersbach, in: Geller/Kleinrahm, RdNr. 3 a zu Art. 62; Katz, in: Feuchte, RdNr. 4 zu Art. 55;
  Busch, Regierungsrücktritt und Geschäftsregierung in Schleswig-Holstein, DVBl., 1987, 1255
  (1256).
2 Für Schleswig-Holstein: Busch, Fn. 1; für Niedersachsen: Busse, 95.
3 Gross, Fn. 1; Dickersbach, Fn. 1; Katz, Fn. 1.

Art. 33   Dritter Abschnitt   Die Landesregierung

sie **wirksam**[4]. Die Aushändigung der Entlassungsurkunde kann hier nur eine deklaratorische Wirkung haben[5].

7   Dagegen löst das **Angebot eines Rücktritts** keine Rechtsfolge aus. Der Adressat kann sich darauf beschränken, sie zur Kenntnis zu nehmen, wenn er eine weitere Zusammenarbeit wünscht[6].

8   Zum „**Zusammentritt des neugewählten Landtages**" siehe RdNr. 7 zu Art. 9 NV und zum **Entzug des Vertrauens durch den Landtag** RdNr. 19 zu Art. 32 NV.

9   Mit dem Eintritt der genannten Voraussetzungen besteht **kraft Fiktion ein Rücktritt des Ministerpräsidenten** („gilt"). Durch die Fiktion der Verfassungsnorm ist eine ausdrückliche Rücktrittserklärung überflüssig geworden. Die Fiktion bleibt bei einem konstruktiven Mißtrauensvotum auch dann bestehen, wenn es dem neugewählten Ministerpräsidenten nicht gelingt, seine von ihm berufenen Minister vom Landtag bestätigen zu lassen. Hierzu RdNr. 20 zu Art. 32 NV. Sinn des Rücktritts ist es, den Grundsatz der politischen Einheitlichkeit zwischen Parlament und Regierung zu fördern[7].

10   Der 3. Absatz spricht die Selbstverständlichkeit aus, daß nach dem Ausscheiden oder dem Rücktritt des Ministerpräsidenten das Kabinett kraft Fiktion als zurückgetreten gilt. Alle Ämter sind nach dem Grundsatz der **Einheit der Regierung** an die Amtszeit des Ministerpräsidenten gekoppelt. Zusätzliche Rücktrittserklärungen der Minister lösen keine Rechtsfolge aus[8]. Die kraft Fiktion („gilt") zurückgetretene Landesregierung wird zugleich **geschäftsführende Landesregierung**[9].

11   Die Landesverfassung erläutert nicht, wann ein Ministerpräsident als „**ausgeschieden**" im Sinne des Art. 33 Abs. 3 NV gilt. Eine Rechtsprechung zu den Parallelvorschriften hat sich hierzu nicht gebildet. Im Schrifttum wird als Ausscheiden eines Regierungschefs gewertet:
- Amtsverlust durch Strafurteil,
- Amtsverlust durch Urteil des Strafgerichtshofs,
- Tod,
- Verlust des passiven Wahlrechts[10].

12   Eine geschäftsführende Regierung hat grundsätzlich die **Kompetenzen einer „Vollregierung"**, es sei denn, daß der Verfassungsgeber sie ausdrücklich beschränkt[11]. Sie kann zumindest folgende Befugnisse wahrnehmen:

---

4 Gross und Katz, jeweils Fn. 1; Weis, 161; Busse, 98 f.
5 Busse, 98.
6 Vorauflage, RdNr. 2 zu Art. 24; Busse, 100; Katz, Fn. 1; Braun, RdNr. 8 zu Art. 55.
7 Dickersbach (Fn. 1), RdNr. 4 zu Art. 62.
8 Stern, Bd. II, 294; Weis, 103, 166; Schweiger, in: Nawiasky, RdNr. 6 zu Art. 44.
9 Busse, 215.
10 Busse, 216; Weis, 163.
11 Einhellige Ansicht: Gross (Fn. 1), RdNr. 4 zu Art. 113; Stern, Bd. II, 297; Busse, 220 f.; Busch (Fn. 1), 1258; Schröder, Bildung, Bestand und parlamentarische Verantwortung der Bundesregierung, in: Hdb. d. Staatsrechts, Bd. II, 603 (621); Hans-Peter Schneider, in: AK-GG, RdNr. 11 zu Art. 69; Braun, RdNr. 18 zu Art. 55; Herzog, in: Maunz/Dürig/Herzog, RdNr. 60 zu Art. 69; Liesegang, in: v. Münch, RdNr. 20 zu Art. 69; Neumann, RdNr. 23 zu Art. 107 Bremische Verfassung; David, RdNr. 17 zu Art. 37; Linck, in: Linck/Jutzi/Hopfe, RdNr. 7 zu Art. 75.

Rücktritt   Art. 33

- Volle Personalhoheit, Ernennung von Beamten, Richtern und Angestellten,
- Abschluß von Staatsverträgen und Verwaltungsabkommen,
- Organisationsentscheidungen aller Art,
- Haushaltsinitiative,
- Notverordnungen und Verordnungen,
- Gesetzesinitiative und
- das Stimmrecht im Bundesrat[12].

Die geschäftsführende Landesregierung unterliegt der **parlamentarischen** 13
Kontrolle. Der Landtag hat ihr gegenüber alle Kontrollrechte, ausgenommen das Recht des konstruktiven Mißtrauensvotums[13]. Art. 32 NV kann daher nicht angewandt werden.

Der Ministerpräsident kann bei einer geschäftsführenden Landesregierung 14 keine neuen Minister berufen. Es gilt das **Prinzip der Versteinerung** oder **Erstarrung** der Regierung[14]. Eine Berufung zum geschäftsführenden Minister kennt die Landesverfassung nicht.

Die im 4. Absatz enthaltene **Pflicht zur Weiterführung der Geschäfte** soll 15 ein **Davonlaufen** verhindern und damit die volle Funktionsfähigkeit des Verfassungsorgans erhalten. Von der Pflicht, bis zur Übernahme der Geschäfte durch den Nachfolger im Amt zu bleiben, kann[15] grundsätzlich nicht entbunden werden[16]. Die Erfüllung der Pflicht entfällt bei Amtsunfähigkeit[17] oder durch Verlust des Ansehens durch eine Straftat[18]. In seltenen Fällen wird auch „Unzumutbarkeit" in Betracht kommen.

Ist der Ministerpräsident ausgeschieden, dann nimmt der **Stellvertreter des** 16 **Ministerpräsidenten** (Art. 29 Abs. 2 NV) als **Ersatzvertreter (Gesamtvertreter)** kraft Verfassung alle Befugnisse, alle Funktionen, auch die Richtlinienkompetenz, wahr[19]. Der Stellvertreter des Ministerpräsidenten hat somit beim Ausscheiden des Ministerpräsidenten die **Funktion** eines **geschäftsführenden Ministerpräsidenten**. Er firmiert dann als „Amtierender Ministerpräsident". Scheidet auch er aus, so hat die geschäftsführende Landesregierung die Notkompetenz, einem ihrer Mitglieder die komissarische Leitung aller Funktionen des Ministerpräsidenten durch Beschluß zu übertragen. Die förmliche Wahl eines „geschäftsführenden Ministerpräsidenten" durch den Landtag[20] ist abzulehnen. Ihr steht das in Art. 33 Abs. 4 NV konkretisierte Versteinerungsprinzip entgegen. Eine geschäftsführende Regierung soll nicht künstlich am Leben gehalten werden.

---

12 Weis, 175; Busse, 221; David, RdNr. 19f. zu Art. 37; Stern, Bd. II,125; Blumenwitz, in: Bonner Kommentar, RdNr. 8 zu Art. 51; Maunz, in: Maunz/Dürig/Herzog, RdNr. 11 zu Art. 51; Busch (Fn. 1) 1258.
13 Stern, Bd. II, 297; Braun, RdNr. 18 zu Art. 55; Katz (Fn. 1), RdNr. 9 zu Art. 55; Gross (Fn. 1) RdNr. 4 zu Art. 113; Herzog (Fn. 11), RdNr. 61 zu Art. 69; Busch (Fn. 1), 1258; Busse, 229.
14 Busch (Fn. 1), 1258; Katz (Fn. 1), RdNr. 9 zu Art. 55; Dickersbach (Fn. 1), RdNr. 5 zu Art. 62; Wuttke, in: v. Mutius/Wuttke/Hübner, RdNr. 10 zu Art. 27.
15 Weis, 177; Busse, 225.
16 Katz (Fn. 1), RdNr. 8 zu Art. 55; Busch (Fn. 1), 1257; Weis, 173; Braun, RdNr. 17 zu Art. 55.
17 Dickersbach (Fn. 1), RdNr. 5 zu Art. 62.
18 Busse, 219.
19 Wahl, 182; Maunz (Fn. 12), RdNr. 20 zu Art. 69.
20 Bejahend Braun, RdNr. 18 zu Art. 55.

Artikel 34
Rechtsstellung der Regierungsmitglieder

(1) Die Mitglieder der Landesregierung sind keine Beamte. Ihre Bezüge regelt ein Gesetz.

(2) Die Mitglieder der Landesregierung dürfen kein anderes besoldetes Amt, kein Gewerbe und keinen Beruf ausüben und weder der Leitung noch dem Aufsichtsrat eines auf Erwerb gerichteten Unternehmens angehören. Die Landesregierung kann Ausnahmen zulassen, insbesondere für die Entsendung in Organe von Unternehmen, an denen die öffentliche Hand beteiligt ist. Jede Ausnahme ist dem Landtag mitzuteilen.

Übersicht

	RdNr.
Der Status der Regierungsmitglieder	1
Die „Bezüge"	2
Das vorrechtliche Bild der Unvereinbarkeiten	3
Das „andere besoldete Amt"	4
Abgeordnetenmandat und Ministeramt	5
„Beruf" und „Gewerbe"	6
Die Ausübung	7
„Leitung" und „Aufsichtsrat eines auf Erwerb gerichteten Unternehmens"	8
Öffentliche Ehrenämter	9
Der Ausnahmebeschluß der Landesregierung	10
„insbesondere"	11
Unternehmen ohne fiskalische Beteiligung des Landes	12
Die Mitteilung an den Landtag	13
Nachträgliche Aufhebung des Ausnahmebeschlusses	14
Die Dauer des Ausnahmebeschlusses	15
Ausschlußtatbestände des Verwaltungsverfahrensrechtes	16
Verletzung der Verbotsvorschrift (Art. 34 Abs. 2 Satz 1 NV)	17
Keine bürgerlich-rechtlichen Wirkungen	18
Private Beteiligung an Unternehmen	19
Informale Unvereinbarkeiten	20
„Beurlaubung" eines Landesministers?	21

1 Die Vorschrift übernimmt den Inhalt des Art. 25 VNV. Die Mitglieder der Landesregierung haben ein öffentlich-rechtliches Amt ohne den Status eines Beamten im Sinne des Beamtenrechts. Strafrechtlich und zivilrechtlich werden sie aber wie Beamte behandelt[1]. Die wesentlichen Regelungen für ihre Ernennung und Entlassung sowie alle ihren Status regelnden Normen enthält die Landesverfassung. Der einfache Landesgesetzgeber hat hier nur ergänzende Befugnisse konkretisierender und deklaratorischer Natur[2].

2 Der Landesverfassungsgeber überträgt die Festsetzung der **„Bezüge"** dem einfachen Landesgesetzgeber. Andere Landesverfassungen enthalten ähnliche Bestimmungen. Die Alimentation der Mitglieder der Landesregierung steht nicht zur freien Disposition des Gesetzgebers. Insbesondere ist ein

---
1 Stern, Bd. II, 276.
2 Katz, in: Feuchte, RdNr. 3 zu Art. 53; Vorauflage, RdNr. 1 zu Art. 25.

Streichen der Bezüge wegen des Anspruches aus der Landesverfassung kein zulässiges Mittel der parlamentarischen Kontrolle[3]. Der Anspruch der Mitglieder der Landesregierung für sich und ihre Angehörigen auf eine amtsangemessene Alimentation folgt aus der von der Landesverfassung vorgeschriebenen Leistungspflicht (Art. 34 Abs. 2 Satz 1 NV). Zwar regelt die Landesverfassung nicht unmittelbar die Höhe der Bezüge, jedoch folgt aus den vergleichbaren Regierungsämtern anderer Bundesländer und der Höhe der Dienstbezüge der Staatssekretäre eine gewisse Bandbreite, die der Landesgesetzgeber nicht unterschreiten kann. Der Landesgesetzgeber hat daher nur einen geringen Spielraum[4]. Der Begriff der „Bezüge" umfaßt die Amtsbezüge, Dienstaufwandsentschädigung, Reisekostenentschädigung, Beihilfen in entsprechender Anwendung der beamtenrechtlichen Vorschriften, Ruhegehalt, Übergangsgehalt und Hinterbliebenenversorgung[5].

Das Reichsministergesetz vom 27. März 1930 (RGBl. I, S. 96) verbot mit § 7 Abs. 1 eine leitende Tätigkeit in einem auf „Erwerb gerichteten Unternehmen" sowie jede „berufsmäßige Beschäftigung". Das Motiv des Reichsgesetzgebers soll die Furcht vor Korruption gewesen sein[6]. Das Kabinett konnte Ausnahmen zulassen, wenn amtliche Rücksichten nicht entgegenstanden und Interessenkonflikte zwischen den amtlichen und privaten Tätigkeiten nicht zu befürchten waren[7]. Das Deutsche Beamtengesetz übernahm 1937 den Inhalt dieser Vorschrift. Die ersten Nachkriegsverfassungen der Länder knüpften an die für Minister im Deutschen Beamtengesetz enthaltenen Bestimmungen an. 3

„Andere besoldete Ämter" sind alle Tätigkeiten im öffentlichen Dienst einschließlich anderer Verfassungsämter[8]. Nicht besoldete **Kirchenämter** fallen nicht hierunter[9]. 4

Umstritten ist die Frage, ob ein Mitglied des Kabinetts zugleich den **Beruf des Abgeordneten** ausüben könne. Herrschende Lehre und Verfassungspraxis bejahen dies[10]. Als informale Unvereinbarkeiten für einen Minister haben sich folgende Funktionen in der Parlamentspraxis gebildet: 5
– Mitgliedschaft im Präsidium des Parlaments,
– Vorsitz oder Mitgliedschaft in einem Parlamentsausschuß und
– Mitgliedschaft im Fraktionsvorstand[11].

Der Begriff des „**Berufes**" umfaßt jede sinnvolle erlaubte Tätigkeit, auch die sogenannten „untypischen Berufsbilder"[12]. Das Ausüben eines „**Gewerbes**" ist davon nur eine Form. 6

---

3 Busse, 129.
4 Gross, in: Zinn/Stein, RdNr. 3 zu Art. 105.
5 Ministergesetz i. d. F. v. 21. 1. 1999 – Nieders. GVBl. S. 10.
6 Tsatsos, Die erwerbswirtschaftliche Tätigkeit von Regierungsmitgliedern, VA, 1967, 360 (363).
7 § 7 Abs. 1 Satz 2 Reichsministergesetz.
8 Hans-Peter Schneider, in: AK-GG, RdNr. 6 zu Art. 66; Herzog, in: Maunz/Dürig/Herzog, RdNr. 16 zu Art. 66; Meyn, in: v. Münch/Kunig, RdNr. 4 zu Art. 66.
9 Herzog (Fn. 8), RdNr. 18 zu Art. 66.
10 Weis, 34; Dronsch, Die Landesregierung, in: Korte/Rebe, 246 (260f.); Meyn (Fn. 8), RdNr. 8 zu Art. 66; Schneider (Fn. 8) RdNr. 4 zu Art. 66; Herzog (Fn. 8), RdNr. 33 f. zu Art. 66.
11 Schule-Fielitz, 70.
12 BVerfGE 7, 377 (397); 78, 179, (193).

7 Das Verbot des **Ausübens** eines Berufes oder Gewerbes hat zur Folge, daß die Mitglieder der Landesregierung ein bestehendes Dienst-, Arbeitsverhältnis oder Gewerbe ruhen lassen müssen[13].

8 Mit den Worten **„weder der Leitung noch dem Aufsichtsrat eines auf Erwerb gerichteten Unternehmens angehören"** werden Funktionen von Führungspositionen mit Direktionsbefugnis in privatrechtlichen oder öffentlich-rechtlichen Unternehmen aller Art umschrieben[14]. Im Gegensatz zur Ausübung eines Berufes oder eines Gewerbes genügt hier ein Ruhen nicht. Das Regierungsmitglied darf nicht Inhaber sein[15].

9 Nach § 5 Abs. 2 Ministergesetz[16] sollen Mitglieder der Landesregierung während ihrer Amtszeit kein **öffentliches Ehrenamt** bekleiden. Aus der Entwicklung der Norm folgt, daß damit zeitaufwendige Ämter gemeint sind, wie z. B. das des ehrenamtlichen Richters[17]. Diese Vorschrift hält sich im Rahmen des Normzweckes des Art. 34 NV.

10 Art. 34 Abs. 2 Satz 2 NV ist eine Ausnahmevorschrift, die sich allein auf den ersten Satz des Absatzes bezieht. Die frühere Stellung als besonderer Absatz (Art. 25 Abs. 3 VNV) entsprach nicht den Grundsätzen der Gesetzgebungstechnik und ist daher vom Verfassungsgeber korrigiert worden. Die **„Landesregierung"** als Kollegium muß hierüber einen förmlichen Beschluß fassen. Nach allgemeinen Grundsätzen wirkt dabei das betroffene Mitglied nicht mit[18].

11 Die Beispielsdefinition des Art. 34 Abs. 2 Satz 2 NV („insbesondere") geht von der Praxis aus, daß die **fiskalischen Beteiligungen** des Landes es zweckmäßig erscheinen lassen, ein Kabinettsmitglied in den Aufsichtsrat eines Unternehmens zu senden.

12 Wenn ein Unternehmen es wünscht und die Landesregierung im Interesse des Landes es für zweckmäßig hält, kann das Kabinett ebenfalls eine Ausnahme für **Unternehmen ohne fiskalische Beteiligung** beschließen[19]. Ein ausschließlich privates Interesse eines Mitgliedes der Landesregierung darf nach dem Normzweck der Vorschrift jedoch nicht berücksichtigt werden[20].

13 Die Landesregierung ist verpflichtet, jeden Ausnahmebeschluß **„dem Landtag mitzuteilen"** (Art. 34 Abs. 2 Satz 3 NV). Die Anzeigepflicht dient der parlamentarischen Kontrolle[21]. Allein die Möglichkeit einer öffentlichen Debatte im Plenum über Fragen der Verfassungskultur der Landesregierung hat zur Folge, daß Ausnahmebeschlüsse weniger eine Rechts- als eine Stilfrage sind.

---

13 Schneider, Fn. 8; Katz (Fn. 1), RdNr. 6 zu Art. 53; Neumann, RdNr. 6 zu Art. 113 Bremische Verfassung.
14 Tsatsos (Fn. 6), 366; Meyn (Fn. 8), RdNr. 11 zu Art. 66; Veen, 97.
15 Katz, Fn. 13; Herzog (Fn. 8), RdNr. 11, 46 zu Art. 66; Veen, 83; Tsatsos (Fn. 6), 368.
16 Zur Zeit i. d. F. v. 15. 4. 1994 – Nieders. GVBl. S. 203.
17 Brand, Anm. zu § 158 DBG.
18 Zum Stimmrecht bei der Beschlußfassung siehe RdNr. 7 zu Art. 28 NV.
19 Veen, 184.
20 Veen, 185.
21 Vorauflage, RdNr. 8 zu Art. 25.

Die Landesregierung kann ihren Ausnahmebeschluß jederzeit aus rechtlichen oder politischen Gründen **aufheben**[22]. 14

Die Wirkung des Ausnahmebeschlusses beschränkt sich auf **die Dauer der Wahlperiode**[23]. 15

Bei einem Ausnahmebeschluß kann die Landesregierung berücksichtigen, 16
daß Verfahrensgesetze des Bundes und des Landes Befangenheits- und Ausschlußtatbestände enthalten, die die Mitwirkung eines Mitgliedes der Landesregierung bei Verwaltungsentscheidungen ausschließen[24].

Eine **Verletzung der Verbotsvorschrift** des Art. 34 Abs. 2 Satz 1 NV ist eine 17
erhebliche Pflichtenverletzung des Regierungsmitgliedes[25], die aber keine unmittelbare Wirkung auf das Kabinettsamt hat[26].

Bürgerlich-rechtliche Willenserklärungen von Regierungsmitgliedern bleiben 18
bei einer Verbotsverletzung unberührt[27].

Weder die Landesverfassung noch Vorschriften des Bundes verbieten Regierungsmitgliedern 19
die **private Beteiligung** an wirtschaftlichen Unternehmen[28]. Bei der Kabinettsbildung kann jedoch berücksichtigt werden, daß eine private Beteiligung an Unternehmen, die in Niedersachsen große Betriebe oder ihren Sitz haben, schwerwiegende Folgen im Verwaltungsverfahrensrecht haben können (RdNr. 16 oben).

Soweit Rechtsnormen nicht greifen, werden die Mitglieder der Landesregierung 20
im Interesse des Ansehens **informale Unvereinbarkeiten** beachten. Die Landesverfassung enthält nur das ethische Minimum. Die Gemeinwohlfunktion einer Landesregierung verflüchtet sich, wenn Tatsachen bekannt werden, daß ein hohes Regierungsamt „nur eine abhängige Variable privater Interessen" ist[29].

Der Ministerpräsident kann seine Minister **nicht beurlauben**. Denn er hat 21
als Verfassungsorgan gegenüber seinen Kabinettsmitgliedern nur Ingerenzrechte, die die Landesverfassung für das Interorganverhältnis ausdrücklich einräumt[30]. Wenn der Kabinettschef einen Landesminister politisch nicht mehr für tragbar hält, so kann er seine Entlassung verfügen und hierzu die Zustimmung des Landtages einholen (Art. 29 Abs. 4 NV). Auch kann ein Landesminister sein Amt nicht von sich aus **ruhen lassen**. Denn die Landes-

---

[22] Veen, 208.
[23] Veen, 208; Braun, RdNr. 9 zu Art. 53.
[24] Braun, RdNr. 11 zu Art. 53; Vorauflage, RdNr. 7 zu Art. 25; VGH München, B. v. 18. 12. 1981 – NVwZ 1982, 508; Scheuing, Der Amtskonflikt als Ausschlußgrund im Verwaltungsverfahren, NVwZ, 1982, 487; Veen, 223, 245.
[25] Herzog (Fn. 8), RdNr. 14 zu Art. 66; Klein, in: Schmidt-Bleibtreu/Klein, RdNr. 5 zu Art. 66; Neumann, RdNr. 17 zu Art. 113 Bremische Verfassung.
[26] Dickersbach, in: Geller/Kleinrahm, RdNr. 6 d zu Art. 64; Braun, RdNr. 10 zu Art. 53; Schweiger, in: Nawiasky, RdNr. 5 zu Art. 57; Veen, 209; Meyn (Fn. 8), RdNr. 3 zu Art. 66.
[27] Neumann, Fn. 25; Schweiger, Fn. 26; Hans-Peter Ipsen, 285 dortige Fn. 5.
[28] Herzog (Fn. 8), RdNr. 53 zu Art. 66; Vorauflage RdNr. 7 zu Art. 25; Neumann, RdNr. 14 zu Art. 113 Bremische Verfassung.
[29] Schulze-Fielitz, 75; Neumann, RdNr. 15 zu Art. 113 Bremische Verfassung.
[30] Eschenbach, Der Landesminister in Urlaub, NdsVBl., 1995, 193; F. K. Fromme, In einem langwierigen Urlaub, FAZ 1995, Nr. 76 v. 30. 2. 1995.

verfassung sieht ein solches Institut nicht vor. Sie geht vielmehr von einer Pflicht zur Amtsausübung aus (Art. 33 Abs. 4, Art. 34 Abs. 2 Satz 1 NV)[31]. Ein Ministerpräsident kann aber einen Minister bitten, seinen gesetzlichen Erholungsurlaub zu nehmen[32]. Eine Rechtsprechung über die Frage der **Beschlußfähigkeit eines Kabinetts** bei einem zu Unrecht „beurlaubten" Mitglied hat sich noch nicht gebildet.

Artikel 35
Vertretung des Landes, Staatsverträge

(1) Die Ministerpräsidentin oder der Ministerpräsident vertritt das Land nach außen.

(2) Verträge des Landes, die sich auf Gegenstände der Gesetzgebung beziehen, bedürfen der Zustimmung des Landtages.

Übersicht

RdNr.

I. Die Vertretung des Landes nach außen

Das vorrechtliche Bild 1
Die Vertretung „nach außen" 2
Die völkerrechtliche Vertretung 3
Das Ressort Außenpolitik 4
Bundesrat 5
Das Land als partielles Völkerrechtssubjekt 6
Die völkerrechtliche Praxis 7
Die Kooperation der Bundesländer 8

II. Die Staatsverträge

Die „Gegenstände der Gesetzgebung" 9
Verträge mit dem Bund 10
Verträge mit anderen Bundesländern 11
Verträge mit auswärtigen Staaten 12
Innerdeutsche Verwaltungsabkommen 13
Verwaltungsabkommen mit auswärtigen Staaten 14
Fiskalische Verträge mit auswärtigen Staaten 15
Verträge mit juristischen Personen des öffentlichen Rechts auswärtiger Staaten 16
Konkordate mit dem Heiligen Stuhl 17
Territoriale Radizierung der Staatskirchenverträge 18
Konkordatsrecht in Niedersachsen 19
Staatskirchenverträge mit evangelischen Kirchen 20
Kompetenzverteilung bei Zustimmungsgesetzen 21
Die Ratifikation 22

---

31 Eschenbach und Fromme, jeweils Fn. 30.
32 Eschenbach (Fn. 30), 196.

Vertretung des Landes, Staatsverträge   Art. 35

In den Landesverfassungen des 19. Jahrhunderts war der Monarch, bei Stadt- 1
staaten der Senat derjenige, der den Staat „nach außen" vertrat. Diese Kompetenz umfaßte sowohl die staatsrechtliche als auch die völkerrechtliche Seite[1]. Die Preußische Verfassung von 1920 wies dem Kabinett die Vertretung „nach außen" zu. Auch sie enthielt die völkerrechtliche Vertretung im engen Rahmen der Reichsverfassung und die staatsrechtliche Vertretung gegenüber den anderen Ländern und dem Reich[2], jedoch nicht die privatrechtliche Vertretung des Freistaates Preußen[3]. Der niedersächsische Landesverfassungsgeber übernahm diese Formel „nach außen" mit Art. 26 Abs. 1 VNV. Art. 35 NV stimmt mit Art. 26 VNV inhaltlich überein[4]. Die Formel „nach außen" ist auch von anderen Verfassungsgebern der deutschen Länder gewählt worden.

Der Ministerpräsident **vertritt das Land völkerrechtlich und staatsrecht-** 2
lich. Die Vorschrift enthält nach ihrem überkommenen Begriffsinhalt nicht die verwaltungsrechtliche und privatrechtliche Vertretung. Es handelt sich hier um einen Kurzausdruck des Staatsrechts, der geschichtlich gewachsene staats- und völkerrechtliche Befugnisse umfaßt.

Durch die **formelle Repräsentation des** Gliedstaates Niedersachsen tritt der Mi- 3
nisterpräsident im völkerrechtlichen Verkehr, den das Land als Völkerrechtssubjekt pflegt, als **Staatsoberhaupt des Landes** auf, soweit nicht die Bundesverfassung dies ausdrücklich einschränkt[5]. Art. 32 Abs. 1 GG begrenzt dabei eine „**Nebenaußenpolitik des Landes**", schließt sie aber nicht völlig aus[6].

Kraft Kompetenzzuweisung der Landesverfassung ist der Ministerpräsident 4
Inhaber des Ressorts Außenpolitik, das weder der Landesgesetzgeber noch die Landesregierung noch er selbst einem Dritten übertragen kann[7]. Die Kompetenz ist somit zugriffsfest. Eine Bevollmächtigung für den Einzelfall ist zulässig[8].

Die Vertretung nach außen gilt nicht für die **Vertretung im Bundesrat.** 5
Denn nicht der Gliedstaat Niedersachsen, sondern die nach Art. 51 Abs. 1 GG bestellten Mitglieder der Landesregierung sind hierfür zuständig[9].

Das Völkerrecht wertet Gliedstaaten dann als **partielle Völkerrechtssub-** 6
jekte, wenn ihr Bundesstaat dies vorsieht. Die Verfassung des Bundesstaates bestimmt somit den Umfang der völkerrechtlichen Kompetenzen[10]. Diese Möglichkeit ergreift der Grundgesetzgeber mit Art. 32 Abs. 3 GG. Die Praxis hat jedoch die enge Grenze des Grundgesetzes bereits überschritten.

---

1 Rhamm, 98.
2 Stier-Somlo, Anm. zu Art. 49; Giese/Volkmann, RdNr. 3 zu Art. 49.
3 Giese/Volkmann, RdNr. 2 zu Art. 49.
4 Schriftlicher Bericht, 24.
5 Rojahn, in: v. Münch, RdNr. 23 zu Art. 32; Zuleeg, in: AK-GG, RdNr. 16, 23 zu Art. 32.
6 Grewe, Auswärtige Gewalt, in: Hdb. d. Staatsrechts, Bd. III, 921 (961).
7 Braun, RdNr. 4 zu Art. 50.
8 Braun, Fn. 7; Linck, in: Linck/Jutzi/Hopfe, RdNr. 4 zu Art. 77.
9 Hierzu RdNr. 8 zu Art. 28 NV.
10 Siedl-Hohenveldern, 171; Gloria/Epping, in: Knut Ipsen, Der Staat als Normalperson des Völkerrechts, 1071 (1086); Verdross/Simma, 234, 437 soweit nicht die Vertragsfähigkeit eines Gliedstaates völkerrechtlich verankert worden ist.

Art. 35   Dritter Abschnitt Die Landesregierung

7   Der „Arbeitsgemeinschaft Alpenländer" (Arge Alp) gehören seit Jahrzehnten Bayern, einige österreichische Bundesländer, italienische Provinzen und ein Kanton der Schweiz an. Mit dieser „Arbeitsgemeinschaft" betreibt der Bayerische Gliedstaat seit Jahrzehnten eine auf konkrete praktische Lösungen orientierte **Koordinations- und Außenpolitik** im Alpenraum[11]. Das Gesetz über die Zusammenarbeit von Bund und Ländern in Angelegenheiten der Europäischen Union[12] gewährt den Ländern die **Unterhaltung von Länderbüros** als „ständige Verbindungen" ohne einen diplomatischen Status. Der 1992 zusätzlich eingefügte Art. 24 Abs. 1 Buchst. a GG ermächtigt erstmals das Land, Hoheitsrechte auf grenznachbarschaftliche Einrichtungen mit Zustimmung der Bundesregierung zu übertragen.

8   Eine enge **Zusammenarbeit der Landesregierungen** in Sachfragen ist verfassungsrechtlich unbedenklich. Die Ordnung des Grundgesetzes berechtigt die Länder zur **„Selbstkoordination"**[13], auch **„Kooperation"** genannt[14]. Bei einer Zusammenarbeit der Länder in den zahlreichen Gremien und Ausschüssen, die nicht immer eine vertragliche oder gesetzliche Grundlage haben[15], ist ein Überstimmen der Partner untersagt. **Die Länder stehen einzeln und gleichberechtigt nebeneinander.** Es gilt der Grundsatz der Einstimmigkeit. Gleichgültig, welche Motive die Landesregierungen leiten, rechtfertigen sie keine Zuständigkeit des Bundes. Für den Bundesstaat ist es ein entscheidender Unterschied, ob sich die Länder einigen, oder ob der Bund eine Angelegenheit auch gegen den Willen der Länder oder einzelner Länder durch Gesetz regelt[16]. Problematisch bei dieser **„gouvernementalen Koordination"**[17] ist die damit verbundene Minderung der **parlamentarischen Kontrolle**[18]. Wegen der umfangreichen Zusammenarbeit wird auf das Schrifttum verwiesen[19]. Zur spontanen Informationspflicht der Landesregierung bei dieser Zusammenarbeit siehe Art. 25 NV.

9   Das gemeindeutsche Verfassungsrecht gebietet, daß Verträge, die sich auf **Gegenstände der Gesetzgebung beziehen,** der Zustimmung des Parlaments bedürfen[20]. Als Gegenstände der Gesetzgebung kommen z. B. in Betracht:
– Regelungen, die eine Pflicht des Landes zur förmlichen Gesetzgebung enthalten;

---

11 Grewe (Fn. 6), 960; Rojahn, in: v. Münch/Kunig, RdNr. 57 zu Art. 32.
12 V. 12. 3. 1993 – BGBl. I, 313.
13 Zum Begriff: Jörn Ipsen, 220.
14 Zum Begriff: Hoffmann, Die Entwicklung des Grundgesetzes nach 1949, in: Hdb. d. Staatsrechts, Bd. I, 259 (307).
15 Schulze-Fielitz, 57 f.
16 BVerfGE 12, 205 (252).
17 Zum Begriff: Stern, Bd. I, 759.
18 Stern, Fn. 17.
19 Stern, Bd. I, 758; Jörn Ipsen, 220 f.; Schulze-Fielitz, 57 f.; Kimminich, Der Bundesstaat, in: Hdb. d. Staatsrechts, Bd. I, 1113 (1145 f.); Isensee, Idee und Gestalt des Föderalismus im Grundgesetz, in: Hdb. d. Staatsrechts, Bd. IV, 517 (616 f.); Blümel, Verwaltungszuständigkeit, in: Hdb. d. Staatsrechts, Bd. IV, 857 (959 f.); Scharpf, Der Bundesrat und die Kooperation auf der dritten Ebene, in: Vierzig Jahre Bundesrat, 121; Ossenbühl, Föderalismus nach 40 Jahren Grundgesetz, DVBl., 1989, 1230 (1234 f.); Ellwein, Gesetzgebung, Regierung, Verwaltung, in: Hdb. d. Verfassungsrechts, Bd. I, 1093 (1117 f.); Rudolf, Kooperation im Bundesstaat, in: Hdb. d. Staatsrechts, Bd. IV, 1091 (1106 f.).
20 BVerfGE 4, 250 (276).

Vertretung des Landes, Staatsverträge   Art. 35

- Übertragung von Hoheitsrechten auf andere Gliedstaaten oder auf Völkerrechtssubjekte;
- vertragliche Änderung eines mit Zustimmung des Landtages geschlossenen Staatsvertrages;
- Regelungen, die finanzielle Pflichten vorsehen, für die im Haushaltsplan noch keine Mittel vorhanden sind;
- Vereinbarungen, die finanzielle Pflichten in künftigen Haushaltsjahren begründen.

Das Parlament soll davor geschützt werden, daß sein Kontrollrecht dadurch unterlaufen wird, daß ein Vertrag Bindungswirkung erlangt, die später nicht mehr beseitigt werden kann[21]. Soweit eine Zustimmungsbedürftigkeit nicht in Betracht kommt, sind der Ministerpräsident und die Landesregierung frei. Auch die Exekutive ist eine politische Gewalt. Nur sie verfügt in hinreichendem Maße über die personellen und organisatorischen Möglichkeiten, um auswärtige Angelegenheiten wahrzunehmen[22].

Das Land kann **Staatsverträge** und **Verwaltungsabkommen mit dem Bund** 10 abschließen. Dabei dürfen jedoch die Kompetenzzuweisungen des Grundgesetzes nicht ausgehöhlt oder beeinträchtigt werden[23].

Weder das Grundgesetz noch die Landesverfassungen regeln das **Recht der** 11 **Gliedstaatsverträge,** der Staatsverträge und Verwaltungsabkommen der Länder untereinander. Anders das österreichische Bundesverfassungsrecht (Art. 15a Bundes-Verfassungsgesetz). Zum Recht der Gliedstaatsverträge hat das Bundesverfassungsgericht erkannt:

- Stets stehen die Länder im Bundesstaat in einem verfassungsrechtlichen Grundverhältnis zueinander[24].
- Dieses Grundverhältnis kann bereits verfassungsrechtliche Ansprüche gewähren[25].
- Im Rahmen dieses Grundverhältnisses ist Völkerrecht nicht anzuwenden[26].
- Soweit nicht Bundesverfassungsrecht und der Grundsatz des bundesfreundlichen Verhaltens das Verhältnis der Länder zueinander regeln, kommen Ansprüche in Betracht, die in einem engeren Rechtsverhältnis wurzeln. In einem solchen Falle bestimmt das engere Rechtsverhältnis die Rechtsnatur des geltend gemachten Vertrages[27].
- Somit können Staatsverträge verfassungsrechtlichen, bürgerlichrechtlichen oder verwaltungsrechtlichen Charakter haben[28].
- Im Rahmen dieser Vorgaben kann bei einem Staatsvertrag die entspre-

---

21 BVerfGE 90, 286 (357).
22 BVerfGE 68, 1 (87).
23 Loeser, 48; BVerfGE 63, 1 (39); 32, 145 (156); Blümel (Fn. 19), 935; Isensee (Fn. 19), 571.
24 BVerfGE 42, 103 (113).
25 BVerfGE, Fn. 24.
26 BVerfGE 34, 216 (231).
27 BVerfGE, Fn. 24.
28 BVerfGE (Fn. 24), 112.

Art. 35 Dritter Abschnitt Die Landesregierung

chende Anwendung der Wiener Vertragskonvention als Regel des Völkerrechts in Betracht kommen[29].

12 Das Land kann **Verträge mit auswärtigen Staaten** abschließen, soweit ihm die ausschließliche oder konkurrierende Gesetzgebung eingeräumt worden ist[30]. Im Bereich der konkurrierenden Gesetzgebung darf der Bundesgesetzgeber seine Kompetenz nicht ausgeschöpft haben[31]. Das Land kann einen Vertrag auf dem Gebiet der Landesgesetzgebung selbst da abschließen, wenn sein Inhalt politische Folgen für den Bund hat[32]. Der Bund kann aber seine Zustimmung verweigern[33]. Wieweit hierbei das politische Ermessen der Bundesregierung im Rahmen ihrer präventiven Bundesaufsicht geht, ist vom Bundesverfassungsgericht noch nicht entschieden worden[34]. Die Kompetenz des Landes nach Art. 32 Abs. 3 GG umfaßt ferner die Vertragsverhandlungen und Einrichtungen, die der Vertragserfüllung dienen, z. B. gemeinsame Kommissionen und Schiedsgerichte[35].

13 Unter einem **Verwaltungsabkommen** versteht man einen Vertrag des Staatsrechts, der nicht Gegenstände der Gesetzgebung enthält. Hierbei ist es unerheblich, wie der Vertrag bezeichnet worden ist, maßgeblich ist nur sein sachlicher Inhalt[36]. Auch Verwaltungsabkommen werden vom Ministerpräsidenten abgeschlossen, der sich durch einen Minister vertreten lassen kann. Ein Verwaltungsabkommen, das der Sache nach als Staatsvertrag zu werten ist, ist ohne eine Zustimmung des Landtages grundsätzlich rechtswidrig. Im Interesse der Rechtssicherheit empfiehlt es sich daher, Verwaltungsabkommen von erheblicher politischer Bedeutung als zustimmungsbedürftige Staatsverträge zu behandeln. Hier ist es Aufgabe der **Opposition**, Verwaltungsabkommen, die nach der Rechtsprechung des Bundesverfassungsgerichts oder des Staatsgerichtshofes der Materie nach unter den Gesetzesvorbehalt fallen, auf ihre parlamentarische Zustimmungsbedürftigkeit zu überprüfen.

14 Das Land kann **Verwaltungsabkommen mit auswärtigen Staaten** abschließen. Hierbei muß es sich im Rahmen seiner grundgesetzlichen Zuständigkeit halten[37]. Das Verwaltungsabkommen bedarf der Zustimmung der Bundesregierung[38]. Die Zustimmung macht es nicht zu einem Vertrage des Bundes[39]. Sie ersetzt auch nicht eine etwa erforderliche Zustimmung des Landesgesetzgebers[40]. Soweit das Land Bundesgesetze ausführt, sind Verwaltungsabkommen unzulässig[41].

---

29 BVerfGE 36, 1 (24). Wiener Übereinkommen über das Recht der Verträge v. 23. 5. 1969 – BGBl. II 1985, 926.
30 Rojahn (Fn. 5), RdNr. 29 zu Art. 32; Bernhardt, Verfassungsrecht und völkerrechtliche Verträge, in: Hdb. d. Staatsrechts, Bd. VII, 571 (585).
31 Zuleeg (Fn. 5), RdNr. 13 zu Art. 32; Maunz, in: Maunz/Dürig/Herzog, RdNr. 48 zu Art. 32.
32 Rojahn (Fn. 5), RdNr. 33 zu Art. 32.
33 Rojahn (Fn. 5), RdNr. 32, 36 zu Art. 32.
34 BVerfGE 2, 347 (370).
35 Zuleeg (Fn. 5), RdNr. 16 zu Art. 32.
36 BVerwG, U. v. 28. 5. 1980 – DVBl., 1980, 845.
37 BVerfGE 2, 347, Leitsatz Nr. 1.
38 BVerfGE 2, 347 (370).
39 BVerfGE 2, 347 (371).
40 Gloria/Epping (Fn. 10), 1096; Zuleeg (Fn. 5), RdNr. 14 zu Art. 32.
41 Zuleeg, Fn. 40.

Vertretung des Landes, Staatsverträge   Art. 35

Rein fiskalische Verträge mit auswärtigen Staaten bedürfen keiner Zustimmung der Bundesregierung nach Art. 32 Abs. 3 GG[42]. Wenn jedoch ein solcher Vertrag politisch bedeutsam ist, wird eine Information der Bundesregierung nach dem Grundsatz der Bundestreue geboten sein.   15

Verträge mit „fremden öffentlich-rechtlichen Gebilden", die nicht Rechtssubjekte des Völkerrechts sind, benötigen ebenfalls nicht die Zustimmung der Bundesregierung[43]. Hierunter fallen in erster Linie Körperschaften und Anstalten des öffentlichen Rechts auswärtiger Staaten.   16

Bei Konkordaten mit dem Heiligen Stuhl behandelt das Bundesverfassungsgericht den Vatikan, der souveränes Völkerrechtssubjekt ist[44], nicht als auswärtigen Staat. Sie fallen nicht unter die Regelung der Art. 32 und 59 GG[45]. Ohne Eingriffe des Bundes kann das Land im Bereich seiner ausschließlichen Gesetzgebungszuständigkeiten seine konkordatären Beziehungen regeln[46]. Konkordate mit dem Heiligen Stuhl sind völkerrechtliche Verträge[47]. Verträge des Landes mit den in seinem Staatsgebiet liegenden katholischen Bistümern fallen nicht unter den Begriff des Konkordats[48].   17

Gebietsänderungen der Bundesländer ändern nicht die Vertragsverhältnisse der Partner eines Konkordates oder Staatskirchenvertrages. Der neue Gliedstaat folgt nach dem Prinzip der territorialen Radizierung mit allen Rechten und Pflichten[49]. Niedersachsen wird damit durch Vereinbarungen der früher auf seinem Staatsgebiet zuständigen Gliedstaaten und Staaten gebunden.   18

Die Rechtslage der Katholischen Kirche in Niedersachsen ergibt sich insbesondere aus dem Abschluß des Niedersachsen-Konkordats mit dem Heiligen Stuhl vom 26. Februar 1965[50]. Die Vertragspartner bestätigten den Weiterbestand der Diözesanzirkumskription[51]. Die dabei von ihnen erwähnten Zirkumskriptionsbullen erlangten bereits mit der staatlichen Verkündung im 19. Jahrhundert Gesetzeskraft[52]. Sie hatten bereits den Charakter einer konkordatären Regelung[53].   19

Staatskirchenverträge mit den evangelischen Kirchen und Sekten haben keinen völkerrechtlichen Charakter, weil es keine Völkerrechtssubjekte   20

---

42 Rojahn (Fn. 5), RdNr. 18, 30 zu Art. 32.
43 BVerfGE 2, 347 (375).
44 Frh. v. Campenhausen, in: v. Mangoldt/Klein, RdNr. 54 zu Art. 140; Seidl-Hohenveldern, 178f.; Verdross/Simma, 249; Epping, in: Knut Ipsen, Sonstige Völkerrechtssubjekte, 81 (82).
45 BVerfGE 6, 309 (362).
46 BVerfGE, Fn. 45.
47 BVerfGE 6, 309 (353).
48 Frh. v. Campenhausen (Fn. 44), RdNr. 47 zu Art. 140.
49 Hollerbach, Die vertragsrechtlichen Grundlagen des Staatskirchenrechts, in: Hdb. d. Staatskirchenrechts, 2. Aufl., 253 (264).
50 Nebst Anlage und abschließendem Sitzungsprotokoll, Zustimmungsgesetz v. 1. 7. 1965 – Nieders. GVBl. S. 191, geändert durch Vertrag v. 8. 5. 1989 – Nieders. GVBl. S. 268 und v. 20. 5. 1973 – Nieders.GVBl. S. 375.
51 Art. 2 Abs. 1 Niedersachsenkonkordat.
52 Scheuner, Die internationalen Beziehungen der Kirchen, in: Hdb. d. Staatskirchenrechts, 1. Aufl., 299 (319); Graf Hue de Grais, 486, dort. Fn. 5; Regierungsbegründung zum preußischen Konkordat, in: Weber, Bd. I, 79; Schlief, Die Organisationsstruktur der katholischen Kirche, in: Hdb. d. Staatskirchenrechts, 2. Aufl., 347 (359).
53 Hollerbach, Konkordat, in: Staatslexikon, Bd. III, Sp. 620 (621).

sind[54]. Ein sonstiger Wesens- und Rangunterschied zu den Konkordaten besteht nicht[55]. Das Land hat mit den Evangelisch-lutherischen Landeskirchen den „Loccumer-Vertrag" abgeschlossen, der im deutschen Staatskirchenrecht eine außerordentliche Pilotfunktion hatte[56]. Dieser Vertrag[57] hat einen wesentlichen Einfluß auf das Recht der Staatskirchenverträge erlangt.

21 Die Zuständigkeit für das **Zustimmungsgesetz** gewährt dem Gesetzgeber eine Sachkompetenz, die in formeller und sachlicher Hinsicht beschränkt ist:
 - Der Ministerpräsident führt kraft eigener Kompetenz die Verhandlungen[58];
 - Der Gesetzgeber kann Verhandlungen weder verhindern noch erzwingen;
 - Die Landesregierung hat ein Initiativrecht[59];
 - Der Gesetzgeber kann, sofern der Staatsvertrag ihm nicht Entscheidungsspielräume überläßt, nur insgesamt zustimmen oder ablehnen[60];
 - Stimmt der Gesetzgeber zu, so ist dies nur eine Ermächtigung an die Exekutive[61];
 - Der Ministerpräsident kann einen mit Zustimmungsgesetz vereinbarten Staatsvertrag ohne Zustimmung des Gesetzgebers kündigen[62];
 - Informationsansprüche des Landtages können frühestens nach der **Paraphierung des Staatsvertrages** entstehen, wenn die Vertragspartner von einem vorläufigen Charakter der vertraglichen Einigung ausgehen[63];
 - Durch Verkündung des Zustimmungsgesetzes wird der Inhalt des Staatsvertrages Landesrecht[64].

22 Bei völkerrechtlichen Verträgen ist die **Ratifikation** ein Formalakt des Staatsoberhauptes, der mit der Unterzeichnung der Ratifikationsurkunde sinngemäß erklärt, sein Staat ist gewillt, den Vertrag einzuhalten, er fühlt sich völkerrechtlich daran gebunden[65]. Die Verbindlichkeit tritt mit der Hinterlegung (Deponierung) oder dem Austausch der Ratifikationsurkunden ein[66]. Innerstaatlich anwendungsfähig wird der auf völkerrechtlicher Ebene zustandegekommene Vertrag mit der Verkündung im Nieders. Gesetz- und Verordnungsblatt[67]. Das Recht der Gliedstaatsverträge hat hierzu keine abweichenden Grundsätze entwickelt[68].

---

54 Frh. v. Campenhausen (Fn. 44), RdNr. 50 zu Art. 140.
55 Hollerbach (Fn. 49), 273.
56 Hollerbach (Fn. 49), 258.
57 V. 18. 3. 1955 mit Zustimmungsgesetz v. 18. 4. 1955 – Nieders.GVBl. S. 159; Zusatzvereinbarung v. 19. 3. 1955 – Nieders.GVBl. S. 438.
58 BVerfGE 90, 286 (358); 68, 1 (85).
59 BVerfGE 90, 286 (358).
60 Fn. 59.
61 BVerfGE 90, 286 (358).
62 BVerfGE 68, 1 (85).
63 Graf Vitzthum, Begriff, Geschichte und Quellen des Völkerrechts, in: Graf Vitzthum, 1 (75); Seidl-Hohenveldern, 75; Heintschel-von Heinegg, Abschluß, Inkrafttreten und Geltungsgrund völkerrechtlicher Verträge, in: Knut Ipsen, 104 (112).
64 BVerfGE 30, 172 (284); Meder, RdNr. 7 zu Art. 72.
65 Seidl-Hohenveldern, 77; Heintschel-von Heinegg (Fn. 63), 113.
66 Verdross/Simma, 458.
67 BVerfGE 63, 343 (354).
68 BVerfGE 36, 1 (24); Stern, Bd. I, 756f.; Bd. II, 785f.; Schweiger, in: Nawiasky, RdNr. 6a zu Art. 72.

Artikel 36
Begnadigungsrecht, Amnestie

(1) Die Ministerpräsidentin oder der Ministerpräsident übt im Einzelfall das Begnadigungsrecht aus. Sie oder er kann ihre oder seine Befugnisse auf andere Stellen übertragen.

(2) Allgemeine Straferlasse und die Niederschlagung von Strafsachen bedürfen eines Gesetzes.

Übersicht

	RdNr.
Der „historisch überkommene Sinn der Gnade"	1
Die Kompetenz des Ministerpräsidenten	2
Die „anderen Stellen"	3
Die Gnadenfähigkeit	4
Das Verfahren in Gnadensachen	5
Rechte Dritter	6
Staatsschutzsachen	7
Der Rechtsweg in Gnadensachen	8
Petitionsfähigkeit der Gnadensachen	9
Der „Allgemeine Straferlaß"	10
Die „Niederschlagung von Strafsachen"	11
Beschränkte Kompetenz des Landesgesetzgebers	12

Das Bundesverfassungsgericht erkannte, daß die Landesverfassungen das Gnadenrecht „in seinem historisch überkommenen Sinn" übernommen haben[1]. Diese Feststellung gebietet einen kurzen Rückblick auf das Recht der Gnade. Es war auf das engste mit der Person des Landesherrn verbunden. Daher haben die Verfassungen der deutschen Staaten des 19. Jahrhunderts es als Prärogative der Monarchen und der Senate der freien Städte anerkannt[2]. Die Weimarer Reichsverfassung (Art. 49 Abs. 1 WRV) übernahm das Gnadenrecht, ohne es näher zu umschreiben. Es erfüllte jedoch nur noch die Funktion, Härten des Gesetzes, Irrtümer der Rechtsprechung und Unbilligkeiten bei nachträglich veränderten Verhältnissen als Korrektur der Strafe auszugleichen[3]. 1

Nur der **Ministerpräsident** ist Inhaber des Gnadenrechts, das als staatsoberhauptliche Kompetenz bezeichnet wird[4]. Seine Zuständigkeit unterliegt nicht dem Vorbehalt des Gesetzes. Der einfache Gesetzgeber kann sie nicht einschränken[5]. Die sogenannten **Gnadenordnungen** können daher nur als Verwaltungsvorschriften der Exekutive erlassen werden[6]. 2

---

1 BVerfGE 25, 352 (358).
2 BVerfG, Fn. 1.
3 BVerfG, Fn. 1. Zur Praxis des Auslandes: Quaritsch, Über Bürgerkriegs- und Feindamnestien, Der Staat, 1992, 389f.
4 Katz, in: Feuchte, RdNr. 2 zu Art. 52; BVerfG, Fn. 1.
5 BVerfG (Fn. 1), 361; Braun, RdNr. 10 zu Art. 52; Meder, RdNr. 5 zu Art. 47; Dickersbach, in: Geller/Kleinrahm, RdNr. 8 zu Art. 59.
6 BVerfG, Fn. 5.

Art. 36

3 **„Andere Stellen"** können Mitglieder der Landesregierung und der Landesregierung nachgeordnete Behörden sein. Die Delegation kann jederzeit widerrufen werden[7]. Eine Delegation und ihr Widerruf liegen im freien Ermessen des Ministerpräsidenten[8]. Der Ministerpräsident hat dies z. B. durch Erlaß vom 2. September 1952 i. d. F. v. 23. April 1971 – Nds.MBl. S. 494 – getan.

4 Durch eine Begnadigung werden **rechtskräftige** Entscheidungen in Strafgerichtsverfahren, Berufsgerichtsverfahren, Disziplinarverfahren und Bußgeldverfahren betroffen[9]. Die Gnade kann durch Erlaß, Ermäßigung, Umwandlung der Strafe oder Maßnahme, Aussetzung der Vollstreckung geschehen[10]. **Gnadenfähig** sind rechtskräftige Entscheidungen aller niedersächsischen Gerichte, ausgenommen Staatsschutzsachen (RdNr. 7). Das Korrektiv der Gnade kommt nach dem Subsidiaritätsprinzip erst dann in Betracht, wenn die gesetzlich vorgesehenen Rechtswohltaten voll ausgeschöpft worden sind[11]. Der Gnadenweg ist nachrangig.

5 Die Rechtsnatur der Gnade prägt das **Verfahrensrecht**. Gnadenakte sind nicht antragsbedürftig und können auch gegen den Willen des Betroffenen erlassen werden[12]. Nach der herrschenden Praxis besteht kein Anspruch auf rechtliches Gehör, Akteneinsicht und Stellungnahme zum Akteninhalt[13]. Das schließt es aber nicht aus, diese Rechtswohltaten im Einzelfalle zu gewähren. Die Gnadenentscheidung oder ihre Ablehnung muß nicht begründet werden[14]. Eine Selbstbindung durch Veröffentlichung der Voraussetzungen, Zwecke und Motive in Richtlinien oder Gnadenordnungen widerspricht dem Normzweck der Gnade[15].

6 Die Gnadenentscheidung darf nicht in **Rechte Dritter** eingreifen. Die öffentliche Bekanntmachung eines Urteils kann daher im Gnadenweg nicht aufgehoben werden[16].

7 Nach § 452 StPO steht das **Begnadigungsrecht dem Bund** in allen **Staatsschutzsachen** zu, in denen die Oberlandesgerichte auf Anklage des Generalbundesanwalts im ersten Rechtszuge entschieden haben. Im übrigen ist der Ministerpräsident zuständig bei Entscheidungen niedersächsischer Strafgerichte. Bei Gesamtstrafen, die sich aus Einzelstrafen von Gerichten des Bundes oder anderer Länder und des Landes Niedersachsen zusammensetzen, ist der Staat zuständig, dessen Gericht nach § 440 StPO die Gesamtstrafe gebildet hat. Sie tritt an die Stelle der früheren Entscheidungen[17].

---

7 Dickersbach (Fn. 5), RdNr. 9 zu Art. 59; Katz (Fn. 4), RdNr. 10 zu Art. 52.
8 Hemmrich, in: v. Münch, RdNr. 26 zu Art. 60.
9 David, RdNr. 6 zu Art. 44; Braun, RdNr. 1 zu Art. 52.
10 Dickersbach (Fn. 5), RdNr. 2 zu Art. 59.
11 Neumann, RdNr. 5 zu Art. 121 Bremische Verfassung; Gross, in: Zinn/Stein, RdNr. 5 zu Art. 109.
12 BVerfG (Fn. 1), 363 f.
13 Wimmer, Die Wahrung des Grundsatzes des rechtlichen Gehörs?, DVBl., 1985, 773 (777).
14 BVerwG, U. v. 27. 5. 1982 – DVBl., 1982, 1147 (1149).
15 BVerwG, Fn. 14; Braun, RdNr. 11 zu Art. 52.
16 Gross (Fn. 11), RdNr. 5 zu Art. 109.
17 Kleinknecht/Meyer, RdNr. 9 zu § 460.

Das Bundesverfassungsgericht hat bisher den **Rechtsweg** gegen ablehnende 8
Gnadenentscheidungen verneint[18]. Wie weit im Schrifttum diese Ansicht geteilt wird[19], kann für die Praxis dahingestellt bleiben. Denn auch das Bundesverwaltungsgericht verneint den Rechtsweg[20]. Dagegen bejaht das Bundesverfassungsgericht den Rechtsweg gegen den Widerruf eines Gnadenaktes[21]. Einige Landesverfassungsgerichte haben den Rechtsweg zugelassen[22]. Bei offen erkennbarer Willkür wird man den Rechtsweg wohl öffnen müssen[23].

Einzelne Gnadenentscheidungen werden als nicht **petitionsfähig** bewertet[24]. 9
Der Landtag kann keine bestimmte Handhabung des Gnadenrechts im Einzelfalle begehren. Im Rahmen seiner **parlamentarischen Kontrolle** kann er jedoch Auskunft über die allgemeine Gnadenpraxis verlangen[25].

Mit einem „**Allgemeinen Straferlaß**", einer Amnestie, verzichtet der Gesetz- 10
geber für eine Vielzahl tatbestandlich gleicher Fälle auf die Vollstreckung rechtskräftiger Entscheidungen[26]. Eine bereits ergangene Entscheidung bleibt bestehen, sie darf jedoch nicht mehr vollstreckt werden[27].

Mit einer **allgemeinen „Niederschlagung"** von Strafsachen (Abolition) un- 11
terbindet der Gesetzgeber die Verfolgung von noch nicht rechtskräftig abgeschlossenen Verfahren mit einem Strafverfolgungshindernis für die Strafjustiz[28].

Die **Kompetenz des Landesgesetzgebers** für einen Allgemeinen Straferlaß 12
oder eine Allgemeine Niederschlagung ist unbedeutend. Er kann sie nur dann anwenden, solange und soweit der Bundesgesetzgeber von seiner konkurrierenden Gesetzgebung keinen Gebrauch gemacht hat[29]. Der Landesgesetzgeber darf mit einem eigenen Straffreiheitsgesetz bundesgesetzliche Straftatbestände nicht aushöhlen[30]. Bei Blankettstrafgesetzen des Bundes, die auf Landesrecht verweisen, kann der Landesgesetzgeber durch rückwirkende Aufhebung des Landestatbestandes eine Straffreiheit erreichen[31].

---

18 BVerfGE 25, 352 (362); 30, 108 (112); 45, 187 (242); 66, 337 (363).
19 BVerwG (Fn. 14), 1148; Schenke, in: Bonner Kommentar, RdNr. 232 zu Art. 19 Abs. 4; Stern, Bd. III/1, 1375; Schmid-Aßmann, in: Maunz/Dürig/Herzog, RdNr. 80 zu Art. 19 Abs. 4; Huba, Gnade im Rechtsstaat, Der Staat, 1990, 117 f.
20 Fn. 14.
21 BVerfGE 30, 108 (111).
22 Stern, Fn. 19.
23 Stern, Fn. 19.
24 Katz (Fn. 4), RdNr. 7 zu Art. 52; Pfennig, in: Pfennig/Neumann, RdNr. 9 zu Art. 68; a. A.: Dickersbach (Fn. 5), RdNr. 7 zu Art. 59.
25 Z. B. Landtag Baden-Württemberg, Drucksache 11/6058 v. 16. 6. 1995.
26 David, RdNr. 20 zu Art. 44; BVerfGE 2, 213 (219).
27 Braun, RdNr. 2 zu Art. 52.
28 BVerfGE 2, 213 (221); David, RdNr. 24 zu Art. 44; Braun, Fn. 27.
29 BVerfGE 10, 234 (238); 2, 213 (221); Braun, RdNr. 5 zu Art. 52.
30 Rengeling, Gesetzgebungszuständigkeit, in: Hdb. d. Staatsrechts, Bd. IV, 723 (780); Maunz, in: Maunz/Dürig/Herzog, RdNr. 71 zu Art. 74; Neumann, RdNr. 13 zu Art. 122 Bremische Verfassung; BVerfGE 98, 83 (97).
31 Pestalozza, in: v. Mangoldt/Klein, RdNr. 75 zu Art. 74.

Artikel 37
Richtlinien der Politik, Ressortprinzip, Zuständigkeit der Landesregierung

(1) Die Ministerpräsidentin oder der Ministerpräsident bestimmt die Richtlinien der Politik und trägt dafür die Verantwortung. Innerhalb dieser Richtlinien leitet jedes Mitglied der Landesregierung seinen Geschäftsbereich selbständig und unter eigener Verantwortung.

(2) Die Landesregierung beschließt
1. über alle Angelegenheiten, die der Landesregierung gesetzlich übertragen sind,
2. über die Bestellung der Vertreterinnen oder Vertreter im Bundesrat und deren Stimmabgabe,
3. über die Abgrenzung der Geschäftsbereiche,
4. über Fragen, die mehrere Geschäftsbereiche berühren, wenn die beteiligten Mitglieder der Landesregierung sich nicht verständigen,
5. über Gesetzentwürfe, die sie beim Landtag einbringt,
6. über Verordnungen, soweit gesetzlich nichts anderes bestimmt ist.

Übersicht

RdNr.

I. Die Richtlinien der Politik

Das vorrechtliche Bild	1
Der Zweck der Norm	2
Die Rechtsnatur	3
„Die Ministerpräsidentin oder der Ministerpräsident"	4
Der Vertreter	5
Die Adressaten	6
Freie Wahl der Zeit	7
Die Formfreiheit	8
Einzelentscheidungen	9
Kabinettssachen	10
Der Rechtsweg gegen eine Richtlinie	11

II. Die Leitung des Geschäftsbereichs

Das Ressortprinzip	12
Der Geschäftsbereich	13
Der ministerialfreie Raum	14
Die „eigene Verantwortung"	15

III. Zuständigkeiten der Landesregierung

Die anderen Kompetenzen nach der Landesverfassung	16
Grenzen für den einfachen Landesgesetzgeber	17
Die „Bestellung der Vertreterinnen oder Vertreter", ihre Abberufung	18
Die „Stimmabgabe" im Bundesrat	19
Die „Abgrenzung der Geschäftsbereiche"	20
„Fragen, die mehrere Geschäftsbereiche berühren"	21
Die „Gesetzentwürfe, die sie beim Landtag einbringt"	22
„Verordnungen"	23

Der Artikel konkretisiert drei Grundsätze: Das **Ministerpräsidentenprinzip** 1
(Kanzlerprinzip) mit der Richtlinienkompetenz (Art. 37 Abs. 1 Satz 1 NV),
das **Ressortprinzip** (Art. 37 Abs. 1 Satz 2 NV) und das **Kollegialprinzip**,
auch **Kabinettsprinzip** genannt (Art. 37 Abs. 2 NV). Die Vorschrift übernimmt den Inhalt des Art. 28 VNV mit Änderungen im Ausdruck. Statt
„Landesministerium" steht „Landesregierung". Zum Verständnis der Richtlinienkompetenz muß man auf die **Verfassungsgeschichte** zurückgreifen. Der
König von Preußen erließ 1852 eine nicht veröffentlichte Kabinettsorder, die
den Ministerpräsidenten Informations-, Kontroll- und Leitungsbefugnisse
für alle Verwaltungsmaßnahmen von Wichtigkeit gewährte[1]. Da diese Vorschrift nicht die Machtfülle gab, die der Premierminister in London gegenüber seinen Ministern besaß[2], um die Einheitlichkeit der Gesamtpolitik des
Kabinetts zu gewährleisten, entwarf **Hugo Preuß**[3] die Texte der Art. 56 WRV
und Art. 46 Preußische Verfassung, deren Inhalt der Grundgesetzgeber mit
Art. 65 Satz 1 GG übernahm. Der niedersächsische Verfassungsgeber wiederholte diesen Text mit Art. 28 Abs. 1 Satz 1 VNV.

Normzweck des Art. 37 Abs. 1 Satz 1 NV ist entsprechend dem überkomme- 2
nen Norminhalt, die Geschlossenheit der Politik der Landesregierung zu sichern und die Verantwortlichkeit des Ministerpräsidenten für den politischen Kurs der Landesregierung zu bestimmen[4].

Bei den „**Richtlinien der Politik**" handelt es sich um einen unbestimmten 3
Begriff des Verfassungsrechts. Sie sind **Regierungsakte**[5]. Sie binden rechtlich die Minister („innerhalb der Richtlinien"). Koalitionsverträge binden
den Ministerpräsidenten nur politisch, aber nicht rechtlich, auch wenn er sie
selbst unterzeichnet hat[6]. Auch der „eigenen" **Fraktion** stehen hier keine Ingerenzrechte zu[7]. Daß der Kabinettschef nicht durch Beschlüsse des Bundesvorstandes seiner Partei gebunden wird, ist selbstverständlich.

Allein der **Ministerpräsident** bestimmt die Richtlinien der Politik. Dieses 4
Recht ist gleichzeitig Pflicht, wie § 1 Abs. 2 Geschäftsordnung Landesregierung[8] zutreffend ausführt. Weder der Landtag noch eine Fraktion noch ein
Minister sind zur Mitwirkung befugt[9]. Dieser **Ministerpräsidentenvorbehalt**
steht auch dem **Geschäftsführenden Ministerpräsidenten** zu[10].

---

1 Freih. v. Eppstein-Bornhak, 128 f.
2 Fn. 1, 130.
3 Geb. 28. 10. 1860, gest. 9. 10. 1925. Hochschullehrer, Abgeordneter, Reichsminister, Schöpfer der Weimarer Verfassung und der Preußischen Verfassung von 1920, deutscher Jurist jüdischer Herkunft.
4 Knöpfle, Inhalt und Grenzen der „Richtlinien der Politik" des Regierungschefs, DVBl., 1965, 857 (858); Herzog, in: Maunz/Dürig/Herzog, RdNr. 3 zu Art. 65; Kröger; Stern, Bd. II, 305.
5 Hans-Peter Schneider, in AK-GG, RdNr. 4 zu Art. 65.
6 Meder, RdNr. 3 zu Art. 47; Gross, in: Zinn/Stein, RdNr. 3 zu Art. 102.
7 Zur Verfassungspraxis unter Ministerpräsident Braun (SPD): Eschenburg, Die Richtlinien der Politik in Verfassungsrecht und in der Verfassungswirklichkeit, in: Eschenburg, 241 (257).
8 Zur Zeit i. d. F. v. 7. 2. 1995 – Nds. MBl. S. 45.
9 Meder, Fn. 6; Liesegang, in: v. Münch, RdNr. 5 zu Art. 65; Braun, RdNr. 4 zu Art. 49; Schneider (Fn. 5), RdNr. 3 zu Art. 65; Achterberg, Innere Ordnung der Bundesregierung, in: Hdb. d. Staatsrechts, Bd. II, 629 (640).
10 Steiger, 301; Achterberg, Fn. 9.

Art. 37 Dritter Abschnitt Die Landesregierung

5 Ist der Ministerpräsident verhindert und wird er durch den **Stellvertreter des Ministerpräsidenten** (Art. 29 Abs. 2 NV) vertreten, so ist der Stellvertreter als Ersatzvertreter verpflichtet, alle Befugnisse des Kabinettschefs wahrzunehmen[11]. Hierbei kommt es nicht auf die zu erwartende Dauer der Vertretung an. Denn die umfassende Handlungsfähigkeit des amtierenden Regierungschefs muß jederzeit gewährleistet sein[12]. Ob der Stellvertreter eine Richtlinie des Ministerpräsidenten „konterkarieren" darf, ist eine Frage des politischen Stils. Als amtierender Ministerpräsident hat der Stellvertreter die Pflicht, aus seiner Sicht jederzeit die **volle Funktionsfähigkeit** und **Geschlossenheit der Landesregierung** zu gewährleisten. Dafür trägt er dann auch die uneingeschränkte **politische Verantwortung** gegenüber dem Landtag.

6 Nur die Minister sind **Adressaten** einer Richtlinie[13]. Die „Weisung" eines Ministerpräsidenten an einen Behördenleiter im nachgeordneten Bereich eines Ministers ist rechtlich unverbindlich[14]. Sie löst für den Behördenleiter die Pflicht aus, seinem Minister sofort zu berichten.

7 Eine Richtlinie muß nicht innerhalb einer bestimmten Frist erlassen werden. Allein der Ministerpräsident entscheidet nach seinem politischen Ermessen über die **Wahl des Zeitpunktes**.

8 Der Erlaß einer Richtlinie ist an **keine Form** gebunden[15]. Wegen der rechtlichen Bindungswirkung kann die Schriftform manchmal zweckmäßig sein[16].

9 Eine politische Richtlinie schließt eine **Einzelentscheidung** nicht aus. Dies ist dann der Fall, wenn das Grundsätzliche seinen Sitz im konkreten Einzelfall hat[17]. Die Zulässigkeit für den Einzelfall wird jetzt allgemein anerkannt[18].

10 Schrifttum und Verfassungspraxis gehen davon aus, daß die Richtlinienkompetenz in die **Beschlußfassung des Kabinetts** eingreift[19]. Nach der Stellung der Vorschrift innerhalb des Artikels bezieht sich die Richtlinienkompetenz nur auf die Ressortkompetenz. Nur sie wird ausdrücklich eingeschränkt („innerhalb dieser Richtlinien ..."). Das kann dazu führen, daß der Ministerpräsident im Kabinett überstimmt wird[20]. Die Problematik ist vom Staatsgerichtshof noch nicht behandelt worden. Sie läßt sich mildern, indem Kabinettsvorlagen, die einer Richtlinie nicht entsprechen, vom Ministerpräsidenten nicht auf die Tagesordnung gesetzt werden[21].

---

11 Wahl, 182.
12 Fn. 11.
13 Böckenförde, Organisationsgewalt, 205; Herzog (Fn. 4), RdNr. 18 zu Art. 65; Braun, RdNr. 9 zu Art. 49; Dronsch, Die Landesregierung, in: Korte/Rebe, 246 (272).
14 Dronsch, Fn. 13; Oldiges, 458; Achterberg (Fn. 9) 641.
15 Liesegang (Fn. 9), RdNr. 9 zu Art. 65; Braun, RdNr. 7 zu Art. 49; Katz, in: Feuchte, RdNr. 5 zu Art. 49; Schneider (Fn. 5), RdNr. 3 zu Art. 65; Achterberg (Fn. 9), 638; Dauster, 123.
16 Schneider, Fn. 15.
17 Stern, Bd. II, 303; Böckenförde (Fn. 1.3), 207.
18 Liesegang (Fn. 9), RdNr. 7 zu Art. 65; Herzog (Fn. 4), RdNr. 7 zu Art. 65; Braun, RdNr. 5 zu Art. 49; Gross (Fn. 6), RdNr. 4 zu Art. 102; Dronsch (Fn. 13), 272; Oldiges, 456; Schneider (Fn. 5), RdNr. 3 zu Art. 65; Achterberg (Fn. 9), 637; Dauster, 122; Jörn Ipsen, 118; Oebbecke, 41.
19 Herzog (Fn. 4), RdNr. 79 zu Art. 65; Stern, Bd. II, 305; Braun, RdNr. 19 zu Art. 49; Dauster, 126.
20 Oldiges, 462.
21 Kröger, 57; Oldiges, 466.

Da der Ministerpräsident sich von einem Minister in der Regel jederzeit 11
trennen kann, ist nicht zu erwarten, daß Fragen der Richtlinienkompetenz
vom Staatsgerichtshof entschieden werden. Ein solcher Prozeß wäre an sich
im Wege des **Organstreitverfahrens** möglich[22]. Ein Regierungschef, der einen klagenden Minister in seinem Kabinett dulden würde, hätte jedoch
„sein Gesicht verloren"[23].

Art. 37 Abs. 1 Satz 2 NV konkretisiert das sogenannte **Ressortprinzip**. Dieser Grundsatz enthält: 12
- Eigenverantwortlichkeit des Ministers für seinen **Geschäftsbereich**[24];
- Kompetenz zur Ressortorganisation (Organisationsgewalt);
- Formulierung der Ressortpolitik;
- Weisungs-, Selbstentscheidungs- und Kontrollrechte für den gesamten Geschäftsbereich[25];
- Personalhoheit, soweit nicht dem Kabinett zugewiesen;
- Erlaß von Verwaltungsvorschriften[26].

Ein „**Geschäftsbereich**" im Sinne des Art. 37 Abs. 1 Satz 2 NV ist die der 13
Leitung eines Ministers unterstellte Pyramide von Behörden, Ämtern,
Dienststellen und Gerichten, die bestimmte Aufgaben wahrzunehmen haben[27].

Ministerialfreie Räume sind Sachgebiete, die der Gesetzgeber von ministerieller Weisungsgewalt freigestellt hat. Sie dürfen nur für politisch bedeutungslose Sachgebiete eingeführt werden[28]. Das Schrifttum nennt Möglichkeiten, auf die verwiesen wird[29]. Ein ministerialfreier Raum genießt keine
Ressortfreiheit. Nur die Kontrolldichte der Aufsicht ist gemindert[30]. Insoweit verringert sich die parlamentarische Verantwortung des Ministers. 14

Die „**Verantwortung**" eines Ministers besteht in Niedersachsen sowohl gegenüber dem Ministerpräsidenten als auch dem Landtage[31]. Denn ihre Berufung bedarf der Bestätigung des Landtages (Art. 29 Abs. 4 NV). Die Verantwortung ist eine politische, weder eine strafrechtliche noch eine bürgerlich-rechtliche[32]. Sie umfaßt eine **Rechenschaftspflicht** und eine **Einstands-** oder **Prästationspflicht**[33]. Schränkt der Gesetzgeber die Handlungsfreiheit eines Ministers durch Beteiligung von Beiräten und Ausschüssen so
stark ein, daß wichtige gesetzliche Aufgaben nicht mehr zeitgerecht erfüllt 15

---
22 Achterberg (Fn. 9), 638; Braun, RdNr. 10 zu Art. 49; Herzog (Fn. 4), RdNr. 12 zu Art. 65.
23 Herzog, Fn. 22.
24 Braun, RdNr. 11 zu Art. 49; Dronsch (Fn. 13), 274.
25 Schröder, Aufgaben der Bundesregierung, in: Hdb. d. Staatsrechts, Bd. II, 585 (595); Dronsch, Fn. 24; Hans-Peter Schneider, Verfassungsrecht, in: Faber/Schneider, 44 (81).
26 Oldiges, 219; BVerfGE 26, 338 (397).
27 Oldiges, 219.
28 BVerfGE 83, 130 (150); 9, 268 (281).
29 Oebbecke, 169f.; Krebs, Verwaltungsorganisation, in: Hdb. d. Staatsrechts, Bd. III, 567 (617); Meder, RdNr. 2 zu Art. 51; Kirchhof, Mittel staatlichen Handelns, in: Hdb. d. Staatsrechts, Bd. III, 121 (165); Maunz, in: Maunz/Dürig/Herzog, RdNr. 18 zu Art. 88.
30 Oebbecke, 123.
31 Weis, 156; Dronsch (Fn. 13), 274; Schneider (Fn. 25), 81.
32 Katz (Fn. 5), RdNr. 12 zu Art. 49.
33 Schneider (Fn. 5), RdNr. 8 zu Art. 65; Kröger, 22.

Art. 37 Dritter Abschnitt Die Landesregierung

werden können, so ist er auch nicht mehr imstande, die volle **Verantwortung vor dem Parlament** für diesen Teil seines Geschäftsbereichs zu übernehmen[34].

16 Der zweite Absatz zählt **Kompetenzen** auf, die dem **Kollegium Landesregierung** zugewiesen werden. Daneben weist die Verfassung ausdrücklich der Landesregierung als kollegiales Verfassungsorgan zu:
 – Antwortpflicht (Art. 24 Abs. 1 NV),
 – Aktenvorlagepflicht (Art. 24 Abs. 2 NV),
 – Entscheidung über Zugang von Abgeordneten zu Einrichtungen des Landes (Art. 24 Abs. 2 NV),
 – spontane Informationspflicht gegenüber dem Landtag (Art. 25 NV),
 – Ausnahmegenehmigung für Nebentätigkeiten der Minister (Art. 34 Abs. 2 Satz 2 NV),
 – Organisationsgewalt und Personalhoheit (Art. 38 NV),
 – Erlaß einer Geschäftsordnung (Art. 39 Abs. 1 NV),
 – Zustimmung zu „Reinigungsverfahren" von Mitgliedern der Landesregierung (Art. 40 Abs. 3 NV),
 – Vetorecht im Gesetzgebungsverfahren des Landtages (Art. 42 Abs. 2 NV),
 – Adressat für Verordnungsermächtigungen (Art. 43 Abs. 1 NV),
 – Erlaß von Notverordnungen (Art. 44 Abs. 1 NV),
 – Prüfungskompetenz zur Zulässigkeit von Volksbegehren (Art. 48 Abs. 2 NV),
 – Stellungnahme zu plebiszitären Gesetzentwürfen (Art. 48 Abs. 3 Satz 2 NV),
 – Wahlvorschlagsrecht für den Landesbeauftragten für den Datenschutz (Art. 62 Abs. 2 NV),
 – Vorläufige Haushaltsführung (Art. 66 NV),
 – Adressat des Entlastungsverfahrens (Art. 69 Satz 2 NV),
 – Wahlvorschlag für die Präsidenten des Landesrechnungshofes (Art. 70 Abs. 2 Satz 1 NV),
 – Ernennungsrecht für die weiteren Mitglieder des Landesrechnungshofes (Art. 70 Abs. 2 Satz 2 NV).

Zum Beschlußverfahren in diesen Kollegialsachen wird auf Art. 39 NV verwiesen[35].

17 Der Landesgesetzgeber kann nach Art. 37 Abs. 2 Nr. 1 NV durch einfaches **Gesetz** weitere **„Angelegenheiten"** der Landesregierung übertragen. Eine **Kompetenzverschiebung zu Lasten** der Zuständigkeiten **der Minister** ist jedoch nicht grenzenlos. Ein Kernbestand an eigenverantwortlich zu erfüllenden Funktionen muß ihnen belassen bleiben[36]. Der einfache Gesetzgeber darf die Minister politisch nicht zu höher bezahlten Staatssekretären degradieren. Die „eigene Verantwortung" darf nicht eine leere Hülse werden.

18 Die Kompetenz der Landesregierung zur „**Bestellung der Vertreter im Bundesrat"** und deren Stimmabgabe ergänzt grundgesetzliches Organisations-

---
34 Kröger, 18, 20.
35 RdNr. 8 f. zu Art. 39 NV.
36 Vorauflage, RdNr. 15 zu Art. 28; Oldiges, 376.

Richtlinien der Politik, Ressortprinzip, Zuständigkeit der Landesregierung **Art. 37**

recht. „Der Bundesrat besteht aus Mitgliedern der Regierungen der Länder, die sie bestellen und abberufen. Sie können durch andere Mitglieder ihrer Regierungen vertreten werden" (Art. 51 Abs. 1 GG). Die Bestellung ist eine bundesstaatliche Pflicht. Sie hat konstitutive Wirkung[37]. Entsprechendes gilt für die **stellvertretenden Bundesratsmitglieder**[38]. Die Landesregierung ist zugleich für die **Abberufung der Bundesratsmitglieder** und ihrer Stellvertreter zuständig (Art. 51 Abs. 1 Satz 1 GG). Die Auswahl des Kreises der möglichen Bundesratsmitglieder der Landesregierung und das Bestellungsverfahren weist der Grundgesetzgeber dem Lande zu[39]. Die Regelung der Landesverfassung hält sich in diesem Rahmen.

Mit Art. 37 Abs. 2 Nr. 2 NV, wonach die Landesregierung über die „**Stimm-** 19 **abgabe" im Bundesrat** beschließt, berücksichtigt der Landesverfassungsgeber, daß Art. 51 Abs. 3 Satz 2 GG nur eine einheitliche Stimmabgabe – Ja oder Nein oder Stimmenthaltung – zuläßt. Ein Verstoß gegen das Gebot der Einheitlichkeit macht alle Stimmen des Landes ungültig[40]. Der Landesverfassungsgeber hat die Entscheidung über die Einheitlichkeit der Stimmabgabe dem Kollegialorgan Landesregierung zugewiesen. Das ist üblich und zulässig[41]. Ändert sich die Sach- oder Rechtslage nach dem Kabinettsbeschluß, so ist den Bundesratsmitgliedern gestattet, sich den gegebenen Verhältnissen bei der Stimmabgabe anzupassen[42]. Der Landtag ist nicht befugt, der Landesregierung Weisungen für die Stimmabgabe zu erteilen[43]. Im übrigen kann er im Rahmen seiner **parlamentarischen Kontrolle** das Verhalten der Regierungsmitglieder im Bundesrat beanstanden[44]. Zur Informationspflicht in Bundesratssachen siehe Art. 25 Abs. 1 Satz 2 NV.

---

37 Stern, Bd. II, 135; Krebs, in: v. Münch, 3. Aufl., RdNr. 4 zu Art. 51; Blumenwitz, in: Bonner Kommentar, RdNr. 10 zu Art. 51.
38 Stern, Bd. II, 135. Blumenwitz (Fn. 37), RdNr. 11 zu Art. 51; Scholl, 52; Krebs (Fn. 37), RdNr. 6 zu Art. 51; Reuter, Der Bundesrat als Parlament der Länderregierungen, in: Schneider/Zeh, 1523 (1528).
39 Jekewitz, in: AK-GG, RdNr. 3 zu Art. 51; Maunz, Die Rechtsstellung der Mandatsträger im Bundesrat, in: Bundesrat, 193 (198).
40 Krebs (Fn. 37), RdNr. 13 zu Art. 51; Blumenwitz (Fn. 37), RdNr. 29 zu Art. 51; Maunz, in: Maunz/Dürig/Herzog, RdNr. 27 zu Art. 51; Jekewitz (Fn. 39), RdNr. 10 zu Art. 51; Reuter (Fn. 38), 1531 f.
41 Blumenwitz (Fn. 37), RdNr. 16 zu Art. 51; Maunz (Fn. 39), 204; BVerfGE 8, 104 (120).
42 Linck, in: Linck/Jutzi/Hopfe, RdNr. 12 zu Art. 76; Maunz (Fn. 39), 205; Reuter (Fn. 38), 1539.
43 BVerfGE 8, 104 (120).
  Fast einhellig bestätigt das Schrifttum die Unzulässigkeit einer Weisung des Landesparlaments: Robbers, in: Sachs, RdNr. 11 zu Art. 51; Blumenwitz, in: Bonner Kommentar, RdNr. 17 zu Art. 51; Herzog, Zusammensetzung und Verfahren des Bundesrates, in: Hdb. d. Staatsrechts, Bd. II, 505 (510f.); Franz Klein, in: Schmidt-Bleibtreu/Klein, RdNr. 5 zu Art. 51; Hans H. Klein, Die Legitimation des Bundesrates und sein Verhältnis zu Landesparlamenten, in: Bundesrat, Vierzig Jahre Bundesrat, 1989, S. 95 (107); Kisker, Die Beziehungen des Bundesrats zu den Ländern, in: Der Bundesrat, 152 (170); Maunz, Die Rechtsstellung der Mandatsträger im Bundesrat, in: Der Bundesrat, 194 (206); derselbe, in: Maunz/Dürig/Herzog, RdNr. 18 zu Art. 51; Scholl, 63; Hendrichs, in: v. Münch, RdNr. 19 zu Art. 51; Stern, Bd. II, 138f.; Bernzen, Einwirkungsmöglichkeiten des Landesparlaments auf das Verhalten der Landesregierung im Bundesrat, ZParl., 1973, 92 (93); Friedrich, Bundesrat und Landesparlamente, ZParl., 1975, 48 (56); a. A.: Heyen, Der Bundesrat – ein Rat der autonomen Kabinette?, Der Staat, 1982, 191 (200f.).
44 BVerfGE 8, 104 (121); Scholl 64f.; Maunz (Fn. 39), 206.

20 Die Landesregierung entscheidet nach Art. 37 Abs. 2 Nr. 3 NV über die „Abgrenzung der Geschäftsbereiche". Zum Begriff „Geschäftsbereich" siehe oben RdNr. 13. Die Kompetenz beschränkt sich auf die Zuständigkeit der Minister. Sie schränkt die **Organisationsgewalt des Ministerpräsidenten bei der Regierungsbildung** nicht ein.

21 Die Kompetenz zur Schlichtung von **Meinungsverschiedenheiten** zwischen den Ministern (Art. 37 Abs. 2 Nr. 4 NV) bezieht sich auf ressortübergreifende Maßnahmen, unabhängig davon, wieviele Minister betroffen werden[45]. Meinungsverschiedenheiten zwischen dem Ministerpräsidenten und einem Minister über den Umfang der Richtlinienkompetenz fallen nicht hierunter[46]. Die Geschäftsordnung der Landesregierung[47] ergänzt dieses Verfahren[48]. Diese kollegiale Streitschlichtung kann die Richtlinienbindung der Minister nicht unterlaufen[49].

22 Die **Kompetenz der Gesetzesinitiative** (Art. 37 Abs. 2 Nr. 5 NV) wiederholt Art. 42 Abs. 3 NV. Sie betont, daß das Kollegialorgan Landesregierung Inhaber des Initiativrechtes ist. Hierzu RdNr. 35 zu Art. 42 NV. Ohne eine Kabinettsmehrheit kann ein Gesetzentwurf nicht als Regierungsvorlage beim Landtag eingebracht werden[50]. Der Gesetzentwurf des zuständigen Geschäftsbereichs steht im vollen Umfange zur Disposition des Kabinetts. Es kann ihn ändern oder dem Minister aufgeben, einen geänderten Entwurf vorzulegen[51].

23 Die Kompetenz des Kabinetts zum Erlaß von „**Verordnungen, soweit gesetzlich nichts anderes bestimmt ist**", ist eine Auffangnorm[52]. Zur Beschlußfassung der Landesregierung bei Verordnungen siehe RdNr. 6 und zum Eintrittsrecht des Landtages bei Verordnungsermächtigungen des Bundes RdNr. 33 zu Art. 43 NV.

Artikel 38

Verwaltungsorganisation,
dienstrechtliche Befugnisse

(1) Die Landesregierung beschließt über die Organisation der öffentlichen Verwaltung, soweit nicht Gesetze die Organisation regeln.

(2) Die Landesregierung ernennt und entläßt die Berufsrichterinnen, Berufsrichter, Beamtinnen und Beamten.

(3) Die Landesregierung kann diese Befugnisse auf einzelne Mitglieder der Landesregierung oder auf andere Stellen übertragen.

---

45 Reich, RdNr. 7 zu Art. 68.
46 Oldiges, 465; Böckenförde (Fn. 13), 206.
47 Zur Zeit i. d. F. v. 7. 2. 1995 – Nds. MBl. S. 45.
48 § 10 GO – Landesregierung entspricht § 17 GO – Bundesregierung i. d. F. v. 17. 7. 1987 – GMBl. S. 382.
49 Oldiges, 465; Schneider (Fn. 5), RdNr. 10 zu Art. 65; Achterberg (Fn. 9), 653.
50 Oldiges, 161.
51 Oldiges, 167f.
52 Reich, RdNr. 9 zu Art. 68.

Verwaltungsorganisation, dienstrechtliche Befugnisse   Art. 38

Übersicht

                                                              RdNr.
Korrespondierende Normen der Landesverfassung 1
Grundgesetzliche Vorgaben 2
„Die Landesregierung" 3
Die Organisationsgewalt 4
„soweit nicht Gesetze" 5
Die Personalhoheit der Landesregierung 6
Die Personalhoheit der Ressortchefs 7
Richtlinienkompetenz 8
Personalhoheit und Staatsverträge 9
Die Übertragung „auf andere Stellen" 10

Die Vorschrift des Art. 38 Abs. 1 NV über die **Organisationsgewalt** korre- 1
spondiert mit den Artikeln 56 Abs. 2 NV (Aufbau der Landesverwaltung)
und Art. 72 NV (Schutz heimatgebundener Einrichtungen). Die Bestimmung über die Personalhoheit der Landesregierung (Art. 38 Abs. 2 NV) wird
begrenzt durch
– Personalhoheit des Landtagspräsidenten (Art. 18 Abs. 3 NV),
– Personalhoheit der Ressortchefs (Art. 37 Abs. 1 Satz 2 NV),
– Institution des Berufsrichters (Art. 51 Abs. 2 NV),
– Personalhoheit der Kommunen und sonstigen öffentlich-rechtlichen Körperschaften (Art. 57 Abs. 1 NV),
– Funktionsvorbehalt für den öffentlichen Dienst (Art. 60 Satz 1 NV),
– Wahl des Landesbeauftragten für den Datenschutz (Art. 62 Abs. 2 NV),
– richterliche Unabhängigkeit der Mitglieder des Landesrechnungshofes
  (Art. 70 Art. 1 Satz 1 NV),
– Wahl der Präsidenten und Ernennung der weiteren Mitglieder des Landesrechnungshofes (Art. 70 Abs. 2 NV).

Zu dem unantastbaren Hausgut der Länder gehört nach dem Grundgesetz 2
das Recht auf **Eigenorganisation, Ämterhoheit** und **Personalhoheit.** Das
Land muß seinen politischen Willen autochthon bilden und in ein staatliches Handeln mit eigenen Kräften umsetzen können. Es muß nach dem
Grundsatz der **eigenverantwortlichen Aufgabenerfüllung** die ihm kompetenzrechtlich zugewiesenen Aufgaben verantwortlich wahrnehmen können[1].
Soweit dem Bund Kompetenzen zur Gesetzgebung zustehen, ist er durch die
Pflicht zum bundesfreundlichen Verhalten gebunden. Dabei muß er den
Ländern die Möglichkeit offenlassen, für Reformen und strukturelle Änderungen ihrer Organisation Ämter mit neuem Amtsinhalt in eigener Verantwortung zu schaffen[2]. Andererseits sind die Länder gehalten, aufgrund ihrer
umfassenden Verwaltungszuständigkeit zur Ausführung von Bundesgesetzen
in eigener Verantwortung tätig zu werden. Sie müssen ihre Verwaltung nach
Art, Umfang und Leistungsvermögen so einrichten, daß die aus den Bundes-

---
1 Isensee, Idee und Gestaltung des Föderalismus im Grundgesetz, in: Hdb. d. Staatsrechts, Bd. IV,
   517 (580, 670).
2 BVerfGE 34, 9 (21); Isensee, Fn. 1; Rengeling, Gesetzgebungszuständigkeiten, in: Hdb. d.
   Staatsrechts, Bd. IV, 723 (827).

gesetzen folgenden Aufgaben sachgerecht erledigt werden können. Diese Aufteilung ist zugleich ein Element **funktionaler Gewaltenteilung**[3].

3 Nur den Mitgliedern der **Landesregierung** (Art. 28 Abs. 2 NV) stehen die Rechte aus Art. 38 NV als Kollegium Landesregierung zu, nicht dem Ministerpräsidenten und nicht den einzelnen Ministern[4]. Es sei denn, die Landesregierung hat sie nach Art. 38 Abs. 3 NV delegiert.

4 Nach **Klaus Stern** versteht man unter **Organisationsgewalt** das Recht zur Bildung, Einrichtung, Änderung, Aufhebung juristischer Personen des öffentlichen Rechts sowie Organen und Dienststellen des Staates durch die Bestimmung ihrer Zuständigkeiten, ihrer inneren Ordnung, ihrer persönlichen und sachlichen Ausstattung sowie ihrer Beziehungen zueinander[5]. Diese Definition wird im Schrifttum geteilt[6]. Unter die Organisationsgewalt fällt außerdem die laufende organisatorische Führung durch Aufsicht und Ergänzen der Vorschriften[7]. Wie aus den Materialien ersichtlich, hat der frühere niedersächsische Verfassungsgeber seinerzeit bewußt einen wesentlichen Teil der Organisationsgewalt der Exekutive als Hausgut zugewiesen[8]. Hieran hat der Verfassungsgeber 1993 nichts geändert. Die Verfassungspraxis hat sich bisher an diese Vorgabe gehalten.

5 Mit den Worten „**soweit nicht Gesetze die Organisation regeln**" wird klargestellt, daß der Gesetzgeber zu einer gesetzlichen Regelung der Verwaltungsorganisation nicht nur in den Fällen befugt ist, in denen die Verfassung eine Normsetzung gebietet[9]. Hierbei ist jedoch zu beachten, daß nach dem System der Kompetenzaufteilung in Niedersachsen zwischen Legislative und Exekutive der Landesregierung noch eine hinreichende Kompetenz zu lassen ist. Die Gewichte dürfen nicht wesentlich verschoben werden. Das Grundgesetz verlangt nicht vom Gesetzgeber, Behördenorganisationen stets bis in alle Einzelheiten zu regeln[10].

6 Der zweite Absatz regelt die **Personalhoheit**, soweit sie der Landesregierung als Kollegium zugewiesen worden ist. Unter Personalhoheit versteht man die Befugnis, die Personalverwaltung im Rahmen der hier maßgeblichen Rechtsvorschriften zu leiten und in Eigenverantwortung über Personalangelegenheiten zu entscheiden[11]. Die Personalhoheit hat hier auch materiellen Gehalt. Die Landesregierung muß entscheidenden Einfluß auf die **Auslese der Richter und Beamten des Landes** haben. Sie trägt gegenüber dem Parlament die Verantwortung dafür, daß diese Auslese eine sachliche Personalauslese ist[12]. Diese Kompetenz ist zugriffsfest. Der einfache Gesetzgeber

---
3 BVerfGE, 55, 274 (318).
4 Dickersbach, in: Geller/Kleinrahm, RdNr. 4 zu Art. 58.
5 Stern, Bd. I, 824 f.; Bd. II, 793.
6 Böckenförde, Organisationsgewalt, 47 f.; Meder, RdNr. 3 zu Art. 77; Braun, RdNr. 6 zu Art. 70; Elster, Die Verwaltung, in: Korte/Rebe, 288 (317).
7 Oldiges, 225.
8 Dronsch, Die Landesregierung, in: Korte/Rebe, 246 (281); Nedden, Verwaltungsorganisation, in: Faber/Schneider, 105 (121).
9 Schriftlicher Bericht, 25.
10 BVerfGE, 40, 237 (250); 78, 214 (227).
11 Oldiges, 390.
12 VerfGH Nordrhein-Westfalen, U. v. 23. 2. 1963, OVGE 18, 316 (318).

kann sie nicht anderen Stellen übertragen. Die Personalhoheit der Landesregierung beschränkt sich aber auf **Statusentscheidungen** für Beamte und Berufsrichter. Dies folgt aus den Worten „ernennt und entläßt"[13]. Aus Art. 37 Abs. 1 Satz 2 NV, dem institutionalisierten Ressortprinzip, folgt, daß jeder **Ressortminister oberste Personaldienststelle** für seinen Geschäftsbereich ist[14]. Nur bei ihm muß das Schwergewicht der Personalverwaltung liegen[15]. Ohne Verfassungsänderung ist somit die Bildung eines Landespersonalamtes als oberste Personaldienststelle für alle Geschäftsbereiche unzulässig. Die **Personalentscheidungen** für die **Angestellten und Arbeiter** fallen ohne Rücksicht auf die Höhe ihrer Bezüge und ihrer Funktion allein in die Zuständigkeit der Ressortminister. Denn Art. 38 Abs. 2 NV beschränkt sich auf Berufsrichter und Beamte[16]. Bei **Hochschullehrern** hat die Hochschule lediglich eine durch Art. 5 Abs. 3 Satz 1 GG geschützte Beurteilungskompetenz über die Qualifikation eines Bewerbers, die in der Regel der staatlichen Bestimmung verschlossen ist[17]. 7

Die institutionell gesicherte Personalhoheit der Ressortchefs kann weder durch die **Richtlinienkompetenz** des Ministerpräsidenten noch durch das Kabinett in ihrem Kern verdrängt werden[18]. Der Ministerpräsident kann nur in einzelnen, richtlinienerheblichen Fällen auf die Personalpolitik eines Ministers Einfluß nehmen. Er darf sich nicht die Personalverwaltung eines Ressorts unterstellen[19]. 8

Ob durch **Staatsvertrag** die Personalhoheit von Teilen der Landesverwaltung auf ein anderes Bundesland übertragen werden kann, ist von den Verfassungsgerichten bisher nicht entschieden worden. Die Verfassungspraxis hat bei der **Einrichtung gemeinschaftlicher Behörden und Gerichte** diese Übertragung bejaht, wenn eine wesentliche Mitentscheidung übrigbleibt[20]. Man wird davon ausgehen können, daß diese Praxis rechtens ist. Unzulässig wäre es, einen vom Vertragspartner des Staatsvertrages vorgeschlagenen Bewerber kritiklos zu akzeptieren. Denn die Landesregierung trägt für die uneingeschränkte Eignung des Bewerbers für die ausgeschriebene Stelle die volle **politische Verantwortung**. Sie kann sich nicht hinter dem Vorschlag des Vertragspartners „verstecken". 9

Der dritte Absatz entspricht Art. 29 Abs. 2 Satz 2 VNV. Da die Vorschrift jetzt einen selbständigen Absatz bildet, wird klargestellt, daß die Landesregierung auch ihre Organisationsgewalt delegieren kann[20]. In der Verfassungspraxis war dies schon geschehen. Nur die Landesregierung hat die Kompe- 10

---

13 Wuttke, in: v. Mutius/Wuttke/Hübner, RdNr. 4 zu Art. 31; Linck, in: Linck/Jutzi/Hopfe, RdNr. 2 zu Art. 78; Herzog, in: Maunz/Dürig/Herzog, RdNr. 15 zu Art. 60; Dickersbach (Fn. 4), RdNr. 3c zu Art. 58; Meder, RdNr. 21 zu Art. 55; Katz, in: Feuchte, RdNr. 4 zu Art. 51; Gross, in: Zinn/Stein, RdNr. 3 zu Art. 108; a. A.: Dronsch (Fn. 8), 282 für eine enge Auslegung.
14 RdNr. 12 zu Art. 37 NV.
15 Lecheler, Der öffentliche Dienst, in: Hdb. d. Staatsrechts, Bd. III, 717 (747).
16 Braun, RdNr. 3 zu Art. 51; Katz (Fn. 13), RdNr. 3 zu Art. 51.
17 BVerwG, U. v. 9. 5. 1985 – DVBl., 1985, 1233 (1236).
18 Oldiges, 390.
19 Oldiges, 390, dortige Fn. 73.
20 A. A.: Dickersbach (Fn. 4), RdNr. 5b)dd) zu Art. 58.

tenz, Teile ihrer Personalhoheit und Organisationsgewalt „auf andere Stellen" zu „übertragen". Sie ist zugriffsfest[21]. „Andere Stellen" sind solche, die der Landesregierung weisungsgebunden unterstehen. Dies folgt bei der Personalhoheit aus dem Über- und Unterordnungsverhältnis, in dem das Land als Dienstherr und der Beamte oder Berufsrichter zueinander stehen. Sie kann nur als Einheit verstanden werden[22]. Personalhoheit als wesentlicher Teil der Regierungsgewalt kann weder durch den einfachen Gesetzgeber noch durch die Landesregierung auf „Nebensouveräne" übertragen werden. Der öffentliche Dienst darf nicht durch Mitentscheidung nichtweisungsgebundener Stellen „refeudalisiert" werden[23]. Die Landesregierung überträgt Befugnisse durch im Niedersächsischen Ministerialblatt veröffentlichte **Organisationsbeschlüsse, die Regierungsakte sind**. Sie bedürfen keiner förmlichen Verkündung im Gesetzblatt[24]. Eine Weiterübertragung, Subdelegation, bedarf der ausdrücklichen Ermächtigung[25]. Die Übertragung kann widerrufen werden[26].

Artikel 39
Sitzungen der Landesregierung

(1) In der Landesregierung führt die Ministerpräsidentin oder der Ministerpräsident den Vorsitz und leitet die Geschäfte nach einer von der Landesregierung zu beschließenden Geschäftsordnung. Die Geschäftsordnung ist zu veröffentlichen.

(2) Die Landesregierung faßt ihre Beschlüsse mit Stimmenmehrheit. Kein Mitglied darf sich der Stimme enthalten. Bei Stimmengleichheit entscheidet die Stimme der Ministerpräsidentin oder des Ministerpräsidenten. Die Beschlußfähigkeit der Landesregierung und die Stellvertretung der Ministerinnen oder Minister werden durch die Geschäftsordnung geregelt.

(3) Für die Beratung des Entwurfs des Haushaltsplans sowie für die Beschlußfassung über Ausgaben außerhalb des Haushaltsplans kann die Geschäftsordnung eine von Absatz 2 Satz 1 abweichende Regelung treffen.

Übersicht

	RdNr.
Die überkommenen Präsidialrechte beim Vorsitz	1
„leitet die Geschäfte"	2
„Die Geschäftsordnung"	3

---

[21] Schriftlicher Bericht, 25.
[22] Beschluß v. 31. 3. 1953 – Nds. MBl. S. 165.
[23] VerfGH Nordrhein-Westfalen (Fn. 12), 319.
[24] Beschlüsse der Landesregierung v. 7. 6. 1994 – Nds. MBl. S. 995 – u. 30. 8. 1994 – Nds. MBl. S. 1290. Für die Bekanntmachung aus rechtsstaatlichen Gründen: Böckenförde, Organisationsgewalt, 284. Kein Akt der Rechtsetzung: BVerwG (Fn. 17), 1235.
[25] Triepel, 126.
[26] Dickersbach, in: Geller/Kleinrahm, RdNr. 6 zu Art. 58.

Sitzungen der Landesregierung					Art. 39

Zugriffsfestes Sachgebiet 4
Bindung an die Organisationsstruktur der Landesverfassung 5
Verstöße gegen Geschäftsordnungsrecht 6
Keine Diskontinuität 7
Das Gebot der Veröffentlichung 8
Die „Stimmenmehrheit" 9
Stimmenthaltung im Umlaufverfahren 10
Die Stichentscheidung des Ministerpräsidenten 11
„Die Beschlußfähigkeit der Landesregierung" 12
„Stellvertretung der Ministerinnen oder Minister" 13
Frist zur Stimmabgabe im Umlaufverfahren 14
Richtlinienkompetenz und Kabinettsbeschluß 15
Das Vetorecht des Finanzministers bei Finanzvorlagen 16
Die Beschlußfähigkeit im Spannungs- oder Verteidigungsfall 17

Art. 39 NV entspricht inhaltlich dem Art. 30 VNV. Der Verfassungsgeber   1
fügte zur Klarstellung im 3. Absatz „des Entwurfs" (des Haushaltsplanes)
hinzu. Die Vorschrift regelt die innere Ordnung bei der Beschlußfassung der
Landesregierung. Zu den herkömmlichen Aufgaben des Vorsitzes beim Kollegialorgan Regierung, des Kabinettschefs, gehören folgende **Präsidialrechte:**
– Terminierung der Kabinettssitzungen,
– Einberufung zu den Sitzungen,
– Bestimmen der Tagesordnung,
– Leitung der Sitzung mit den üblichen Präsidialbefugnissen wie Worterteilung, Leitung der Verhandlung, der Abstimmungen, Feststellung der Beschlüsse,
– Ausfertigung der Sitzungsprotokolle[1].

Die Leitung der **„Geschäfte"** ist mehr als der Vorsitz im Kabinett. Sie um-   2
faßt z. B.
– die Ergebniskontrolle der Kabinettsbeschlüsse,
– den Geschäftsverkehr der Landesregierung mit Verfassungsorganen des Landes,
– die Koordination der Regierungspolitik, soweit nicht schon die Richtlinienkompetenz greift,
– die Wahrnehmung der Zuständigkeiten der Landesregierung[2].

Die **Geschäftsordnung** einer Landesregierung ist als **Innenrechtsnorm au-**   3
tonomes Recht. Soweit Nichtmitglieder zu den Kabinettssitzungen zugelassen werden, müssen sie zur Beachtung der Geschäftsordnung verpflichtet werden[3]. Zu den überkommenen Grundsätzen, denen man schon den Charakter von **Verfassungsgewohnheitsrecht** zubilligen kann, gehören bei der Regelung der Geschäftsordnung eines Kabinetts:

---
1 Dickersbach, in: Geller/Kleinrahm, RdNr. 2a zu Art. 54; Schweiger, in: Nawiasky, RdNr. 3 zu Art. 47; Achterberg, Innere Ordnung der Bundesregierung, in: Hdb. d. Staatsrechts, Bd. II, 629 (658); Dauster, 150.
2 Dauster, 154; Dickersbach (Fn. 1), RdNr. 3 zu Art. 54; Stern, Bd. II, 305; Kröger, 54.
3 Achterberg (Fn. 1), 660; Meder, RdNr. 3 zu Art. 20; Neumann, RdNr. 9 zu Art. 117 Bremische Verfassung.

245

Art. 39 Dritter Abschnitt Die Landesregierung

- Grundsatz der Geschlossenheit der Kabinettspolitik nach außen,
- Fiktion eines gemeinsamen Willens, überstimmte Mitglieder sind an die Beschlüsse des Kollegiums gebunden,
- Geheimhaltung der Abstimmung und der abweichenden Voten der Regierungsmitglieder und
- das **Prinzip der Kabinettssolidarität:** Angriffe gegen andere Mitglieder der Landesregierung wegen politischer Äußerungen und Entscheidungen sind zurückzuweisen[4].

4   Gegenüber dem einfachen Landesgesetzgeber ist das **Sachgebiet „Geschäftsordnungsrecht Landesregierung"** zugriffsfest. Der Landesgesetzgeber darf nicht Sachgebiete regeln, die herkömmlich zum Geschäftsordnungsrecht einer deutschen Landesregierung gehören[5].

5   Die Geschäftsordnung ist an die vorgegebene **Struktur der Organisation der Landesregierung in der Landesverfassung** gebunden. Sie darf die Kompetenzen im Kollegialorgan Landesregierung weder ändern noch die Gewichte verschieben[6]. So z. B. beim Stimmrecht. Hierzu RdNr. 7 zu Art. 28 NV.

6   Grundsätzlich führen **Verstöße gegen Geschäftsordnungsrecht** eines Verfassungsorgans nicht zur Fehlerhaftigkeit des Beschlusses. Das gilt jedoch nicht, wenn das Geschäftsordnungsrecht materielles Verfassungsrecht oder Verfassungsgewohnheitsrecht wiederholt. Dann führen evidente Verfahrensfehler zur Nichtigkeit des Kabinettsbeschlusses[7].

7   Eine Geschäftsordnung der Landesregierung unterliegt nicht dem **Grundsatz der Diskontinuität,** da er sich nur auf Parlamente bezieht[8].

8   Das **Gebot der Veröffentlichung der Geschäftsordnung** (Art. 39 Abs. 1 Satz 2 NV) wird im Nieders.Gesetz- und Verordnungsblatt erfüllt[9].

9   Wenn die Landesregierung ihre Beschlüsse mit **„Stimmenmehrheit"** faßt, so muß die Zahl der Ja-Stimmen größer als die der Nein-Stimmen sein. Der Beschluß setzt eine vorangegangene Meinungs- und Willensbildung voraus. Sie muß im Regelfalle für das Sachgebiet „ausreichend" sein[10].

10 Das **Verbot der Stimmenthaltung** (Art. 39 Abs. 2 Satz 2 NV) schließt im **Umlaufverfahren** die Fiktion der Ja-Stimme, wenn kein Widerspruch eingelegt worden ist, aus. Denn bei einem fehlenden Widerspruch ist eine Stimmenthaltung von den anderen Entscheidungsmöglichkeiten nicht zu unterscheiden[11].

11 Die Entscheidung des Ministerpräsidenten bei **„Stimmengleichheit"** (Art. 39 Abs. 2 Satz 3 NV) dient der vollen Funktionsfähigkeit der Landesre-

---

4 Oldiges, 444; Braun, RdNr. 16 zu Art. 49; Neumann, RdNr. 10 zu Art. 117 Bremische Verfassung.
5 Oldiges, 397; Braun, RdNr. 27 zu Art. 57; Neumann, RdNr. 10 zu Art. 117 Bremische Verfassung.
6 Hans-Peter Schneider, in: AK-GG, RdNr. 12 zu Art. 65; Oldiges, 405.
7 Stern, Bd. II, 307; Braun, RdNr. 27 zu Art. 49; Hess. Finanzgericht, U. v. 14. 12. 1984, DVBl., 1985, 348 (350); BVerfGE 91, 148 (175).
8 BVerfGE 91, 148 (167).
9 Zur Zeit v. 5. 2. 1995 – Nds.MBl. S. 45.
10 BVerfGE 91, 148 (172).
11 BVerfGE 91, 148 (171).

gierung. Der **Stichentscheid** steht nach dem Zweck der Norm dem amtierenden Präsidenten zu. Auch hier gilt der allgemeine Grundsatz der Vertretung, daß bei einer Ersatzvertretung der Vertreter alle Befugnisse des Vertretenen ohne Einschränkung wahrnimmt[12].

Die „**Beschlußfähigkeit**" kann die Geschäftsordnung nur im Rahmen der Landesverfassung regeln. Sie setzt voraus: 12
- Sämtliche Mitglieder der Landesregierung waren rechtzeitig von der Sitzung und dem Gegenstand der Tagesordnung informiert worden und
- das Quorum der Beteiligung der Mitglieder der Landesregierung ist so groß, daß von einem Handeln des Kollegiums noch gesprochen werden kann[13].

Die Geschäftsordnung der Landesregierung beachtet dieses Gebot nur teilweise. Sie geht zutreffend davon aus, daß die Landesregierung beschlußfähig ist, wenn die Hälfte ihrer Mitglieder anwesend ist[14]. Sie wertet jedoch die nicht stimmberechtigten **Staatssekretäre** als Regierungsmitglieder[15]. Hierzu RdNr. 7 zu Art. 28 NV.

Die „**Stellvertretung der Ministerinnen oder Minister**" kann nur durch Mitglieder der Landesregierung geschehen. Hier überschreitet die Landesregierung mit der Übertragung des **Stimmrechts** auf Nichtmitglieder (Staatssekretäre) ihre Kompetenz für die Gestaltung ihrer Geschäftsordnung[16]. 13

Die Geschäftsordnung läßt bei einer Eilbedürftigkeit das **Umlaufverfahren** zur Beschlußfassung zu[17]. Die Frist zur Stimmabgabe der Mitglieder der Landesregierung in diesem Verfahren[18] muß für das Sachgebiet so **ausreichend** sein, daß das Korrektiv einer gemeinsamen Beratung im Kollegium entfällt[19]. Bei der Bemessung der Fristlänge können nur volle Arbeitstage berücksichtigt werden[20]. 14

Zur **Richtlinienkompetenz des Ministerpräsidenten** bei der Beschlußfassung im Kabinett siehe RdNr. 10 zu Art. 37 NV. 15

Art. 39 Abs. 3 NV berücksichtigt die verfassungsrechtliche Sonderstellung des **Finanzministers** im Kabinett als Inhaber der besonderen haushaltsrechtlichen Verantwortung[21]. Die Landesverfassung konkretisiert seine Verantwortung mit den Artikeln 67 und 69. Geschäftsordnungsrechtlich wird diese Sonderstellung durch ein Vetorecht im Kabinett geregelt[22]. Ein **Beharrungsbeschluß der Landesregierung** gegen den Widerspruch des Finanzministers bedarf einer doppelten Qualifikation: 16

---

12 Wahl, 182; Herzog, in: Maunz/Dürig/Herzog, RdNr. 20 zu Art. 49; Neumann, RdNr. 7 zu Art. 117 Bremische Verfassung.
13 BVerfGE 91, 148 (166).
14 § 16 Abs. 1 Satz 1 1. Alternative GO Landesregierung.
15 § 16 Abs. 1 Satz 1 GO Landesregierung.
16 § 16 Abs. 1 Satz 2 GO Landesregierung.
17 § 11 Abs. 2 i. V. m. §§ 16, 17 GO Landesregierung.
18 § 11 Abs. 2 Satz 3 GO Landesregierung.
19 BVerfGE 91, 148 (172).
20 BVerfGE 91, 148 (173).
21 Achterberg (Fn. 1), 648; Kröger, 119; Oldiges, 303.
22 § 17 GO Landesregierung.

– Mehrheit sämtlicher Minister der Landesregierung und
– Zustimmung des Ministerpräsidenten.

Diese Verfahrensregelung ist unbedenklich. Sie berücksichtigt, daß die Landesregierung bestimmenes Organ im Haushalt ist. Hierzu wird auf die Erläuterungen zu Art. 65 NV verwiesen. Soweit der Finanzminister für das **Notbewilligungsrecht** (Art. 67 NV) zuständig ist, kann er vom Kabinett nicht überstimmt werden. Hierzu RdNr. 7 zu Art. 67 NV.

17 Nach einem nichtveröffentlichten Kabinettsbeschluß vom 21. November 1961 soll die Landesregierung für den „**Notstandsfall**" bereits dann beschlußfähig sein, wenn der Ministerpräsident oder sein Stellvertreter und mindestens zwei Staatssekretäre anwesend sind[23]. Weder das Grundgesetz noch die Landesverfassung sehen jedoch die Möglichkeit vor, die **Beschlußfähigkeit der Landesregierung** den besonderen Verhältnissen im **Spannungsfall** oder im **Verteidigungsfall** anzupassen. Landesregierungen sind auch in diesen Zeiten nach dem Grundgesetz entscheidende Kollegialorgane der Länder[24]. Ein Ministerpräsident kann die Kompetenz der Landesregierung in diesen Zeiten nur dann wahrnehmen, wenn das Landesverfassungsrecht entsprechend geändert worden ist[25].

Artikel 40
Anklage von Regierungsmitgliedern

(1) Der Landtag kann Mitglieder der Landesregierung vor dem Staatsgerichtshof anklagen, daß sie in Ausübung des Amtes vorsätzlich die Verfassung oder ein Gesetz verletzt haben. Artikel 17 Abs. 2 gilt entsprechend.

(2) Erkennt der Staatsgerichtshof im Sinne der Anklage, so kann er das Mitglied der Landesregierung des Amtes für verlustig erklären. Die Anklage wird durch den vor oder nach ihrer Erhebung erfolgten Rücktritt des Mitglieds der Landesregierung nicht berührt.

(3) Jedes Mitglied der Landesregierung kann mit Zustimmung der Landesregierung die Entscheidung des Staatsgerichtshofs über einen gegen das Mitglied in der Öffentlichkeit erhobenen Vorwurf nach Absatz 1 Satz 1 beantragen. Für das weitere Verfahren gelten die Vorschriften des Absatzes 2.

Übersicht

	RdNr.
Ein staatsrechtliches Relikt	1
Der Zweck der Norm	2
„in Ausübung des Amtes"	3
Der Vorsatz	4
Die „Verfassung"	5

---

23 Dronsch, Die Landesregierung, in: Korte/Rebe, 246 (284), dortige Fn. 182.
24 Versteyl, in: v. Münch, RdNr. 12 zu Art. 115 c; Herzog (Fn. 12), RdNr. 18 zu Art. 115 c: Rauschning, in: Bonner Kommentar, RdNr. 12 zu Art. 115 c.
25 Rauschning, Fn. 24; Frank, in: AK-GG, RdNr. 101 zu Art. 115 c.

Ein „Gesetz"	6
Die Beschlußfassung des Landtages	7
Das Verfahren zur Klageerhebung	8
Andere Verfahren nach der Landesverfassung	9
Konkurrierende Straf- und Zivilverfahren	10
Das Reinigungsverfahren eines Kabinettsmitgliedes	11
Folgen des Amtsverlustes	12

Im Mittelalter entwickelte sich in England die Ministeranklage (Impeachment), die von den Commons gegen Räte und Mitarbeiter des Königs vor dem Oberhaus wegen Straftaten oder politischen Fehlverhaltens erhoben werden konnte[1]. Das englische und amerikanische System des Impeachments war das Vorbild für entsprechende Gesetze auf dem Kontinent. Ihr praktischer Wert war nach **Georg Jellinek**[2] seit jeher in den parlamentarisch regierten Staaten gering, in denen Kabinette durch Mißtrauensvoten leicht entfernt werden konnten. Der größte Teil der deutschen Staaten übernahm in der ersten Hälfte des 19. Jahrhunderts das Institut der Ministeranklage[3]. Der Weimarer Verfassungsgeber wollte die Einrichtung mit Art. 59 WRV wieder zum Leben erwecken. Sein Wiederbelebungsversuch war erfolglos[4]. Heute besteht weitgehend Übereinstimmung darin, daß die Ministeranklage in einer parlamentarischen Demokratie überholt ist. Denn die Minderheit eines Parlaments hat die Möglichkeit der Organklage, durch das Landesverfassungsgericht (Staatsgerichtshof) Rechtsverfehlungen eines Ministers feststellen zu lassen. Die Parlamentsmehrheit kann darüber hinaus durch ein konstruktives Mißtrauensvotum unmittelbar oder mittelbar die Entlassung eines schuldigen Ministers erzwingen[5]. 1

Das Verfahren hat den **Zweck,** dem Landtag die Möglichkeit zu gewähren, die vorsätzliche Verletzung staatsrechtlicher Pflichten bei der Amtsausübung durch ein Mitglied der Landesregierung durch Urteil feststellen zu lassen[6]. Es dient dem Schutz der verfassungsmäßigen Ordnung[7]. 2

Ein privates Fehlverhalten wird nicht erfaßt. Dies folgt aus den Worten „in Ausübung des Amtes". Auch **fiskalisches Handeln** ist Amtsausübung. 3

Der **Vorsatz** verlangt ein auf die Verletzung der Norm gerichtetes Verhalten, d. h. die Kenntnis davon, daß durch das Verhalten eine Norm verletzt wird. Das Mitglied der Landesregierung kann bei schriftlichen Entscheidungen prüfen, ob die ihm zur Unterzeichnung vorgelegten Unterlagen von Fachju- 4

---

1 Brunner, 113.
2 Jellinek, 793. Georg Jellinek, geb. 16. 6. 1851, gest. 12. 1. 1911, Professor für Staatsrecht, jüdischer Herkunft.
3 Freund, Das Anklageverfahren vor den Landesverfassungsgerichten, in: Starck/Stern, Bd. II, 307 (323); Hoke, Verfassungsgerichtsbarkeit ... in der Tradition der deutschen Staatsgerichtsbarkeit, in: Starck/Stern, Bd. I, 25 (59f.).
4 Gebhard, RdNr. 2a zu Art. 59.
5 Katz, in: Feuchte, RdNr. 1 zu Art. 57; Hans-Peter Schneider, Die Ministeranklage im parlamentarischen Regierungssystem, ZParl., 1985, 495 (504f.); Braun, RdNr. 4 zu Art. 57; Meder, RdNr. 1 zu Art. 59; Dickersbach, in: Geller/Kleinrahm, RdNr. 2 zu Art. 63; Gross, in: Zinn/Stein, RdNr. 2 zu Art. 115; Dauster, 291; Weis, 184; Kröger, 161.
6 Braun, RdNr. 6 zu Art. 57.
7 Wolfrum, in: Bonner Kommentar, RdNr. 3 zu Art. 61; Jekewitz, in: AK-GG, RdNr. 3 zu Art. 61.

Art. 40   Dritter Abschnitt Die Landesregierung

risten seines Geschäftsbereichs geprüft, „mitgezeichnet", worden sind. Ist eine Rechtsfrage vom zuständigen Verfassungsgericht oder obersten Fachgericht noch nicht entschieden worden, so ist das Mitglied nicht gehalten, sich der herrschenden Lehre oder der Rechtsprechung der Verfassungsgerichte anderer Bundesländer anzuschließen[8].

5   Bei den nach dem Inkrafttreten des Grundgesetzes erlassenen Landesverfassungen wird die Ansicht vertreten, daß der Begriff **„Verfassung"** bei der Ministeranklage nicht nur den Text der Landesverfassung, sondern auch die grundgesetzlichen Vorschriften einbezieht[9]. Dieser Auffassung ist insoweit zuzustimmen, als grundgesetzliche Vorschriften in die Landesverfassung einwirken, materieller Bestandteil der Landesverfassung sind. Hierzu RdNr. 9 zu Art. 54 NV. Eine **Verletzung** setzt einen erheblichen Verstoß voraus. Er muß so groß sein, daß die politische Tragbarkeit verlorengegangen ist[10]. Ein Landtag, der ein Regierungsmitglied vor dem Staatsgerichtshof wegen einer Bagatelle anklagt, verletzt das Prinzip der Verhältnismäßigkeit[11].

6   Während der Grundgesetzgeber sich auf die Verletzung eines „Bundesgesetzes" beschränkt (Art. 61 Abs. 1 Satz 1 GG), hat der Landesgesetzgeber den weiten Begriff des **„Gesetzes"** gewählt. Er umfaßt formelle Gesetze des Bundes und des Landes[12].

7   Es besteht für den Landtag keine Pflicht zur Anklageerhebung („kann"). Das Parlament kann berücksichtigen, daß die Landesverfassung noch andere Möglichkeiten zur staatsrechtlichen Kontrolle im Rahmen der parlamentarischen Kontrolle bietet und es sich hier um ein historisches Relikt handelt.

8   Wegen der Voraussetzungen für die Einbringung und **Beschlußfassung** über den Antrag auf Erhebung der Klage vor dem Staatsgerichtshof wird auf die Erläuterungen zu Art. 17 Abs. 2 NV verwiesen.

9   Die Erhebung der Klage schließt andere Verfahren nach der Landesverfassung nicht aus. Unabhängig von einem anhängigen Anklageverfahren vor dem Staatsgerichtshof können durchgeführt werden:
- Einsetzung eines Untersuchungsausschusses (Art. 27 NV),
- Organstreit vor dem Staatsgerichtshof (Art. 54 Nr. 1 NV)[13],
- Entlassung eines Mitgliedes der Landesregierung (Art. 29 Abs. 4 NV),
- Rücktritt eines Mitgliedes der Landesregierung (Art. 33 Abs. 1 NV) und
- positives Mißtrauensvotum gegen den Ministerpräsidenten (Art. 33 Abs. 2 NV).

Der einfache Landesgesetzgeber kann die **Konkurrenz dieser Verfahren** nicht ausschließen.

---

8 Neumann, RdNr. 5 zu Art. 111 Bremische Verfassung.
9 Weis, 179; Katz (Fn. 5), RdNr. 4 zu Art. 57; Braun, RdNr. 8 zu Art. 57; Dronsch, Die Landesregierung, in: Korte/Rebe, 246 (285).
10 Dickersbach (Fn. 5), RdNr. 4 zu Art. 63; Katz (Fn. 5), RdNr. 4 zu Art. 57; Hemmrich, in: v. Münch/Kunig, RdNr. 5 zu Art. 61; a. A.: Busse, 107.
11 Herzog, in: Maunz/Dürig/Herzog, RdNr. 20 zu Art. 61; Neumann, RdNr. 6 zu Art. 111 Bremische Verfassung.
12 Weis, 179; Braun, RdNr. 9 zu Art. 57; a. A.: Busse, 105.
13 Braun, RdNr. 4 zu Art. 57; Busse, 112.

Es besteht seit jeher Übereinstimmung, daß **Straf- und Zivilverfahren** durch ein anhängiges staatsrechtliches Verfahren nach Art. 40 NV nicht ausgeschlossen werden[14]. Entsprechendes gilt für Verfahren der Verwaltungs-, Finanz- und Sozialgerichte. Es bleibt dem **Staatsgerichtshof** unbenommen, widersprechende Entscheidungen durch eine Aussetzung des Verfahrens zu vermeiden. Ob Fachgerichte aussetzen, richtet sich nach ihrem Verfahrensrecht. Eine **Verfahrenskonzentration** wie bei der österreichischen Ministeranklage, mit der zugleich ein strafbares Verhalten geprüft und der Wiener Verfassungsgerichtshof allein zuständiges Strafgericht ist[15], kennt das deutsche Staats- und Strafrecht nicht.

10

Im Gegensatz zur Ministeranklage ist das in Art. 40 Abs. 3 NV enthaltene Verfahren, für das es in anderen Bundesländern Parallelnormen gibt[16], zweckmäßig. Das Recht, sich gegen einen Vorwurf der Normenverletzung durch Einleitung eines Verfahrens zu wehren, ist dem **Reinigungsverfahren** des Beamtendisziplinarrechts entnommen. Das Mitglied der Landesregierung soll seine Ehre selbst schützen können. Die Zulässigkeit des Antrages bedarf der Zustimmung der Landesregierung (Art. 40 Abs. 3 Satz 1 NV). Das Kollegium Landesregierung wird seine Zustimmung z. B. dann erteilen, wenn ein mehrinstanzliches Fachgerichtsverfahren vermieden werden kann. Die Zulässigkeit eines Reinigungsverfahrens ist zu verneinen, wenn bereits ein Fachgericht rechtskräftig entschieden hat, daß das Mitglied der Landesregierung vorsätzlich eine Amtspflicht verletzt hat.

11

Der Staatsgerichtshof hat in dem Verfahren die Möglichkeit, mit Urteil den Antrag des Landtages zurückzuweisen oder das Mitglied der Landesregierung seines Amtes „**für verlustig**" zu erklären (Art. 40 Abs. 2 Satz 1 NV). Erklärt der Staatsgerichtshof den Amtsverlust, so tritt dies sofort mit der Verkündung des Urteils ein[17]. Die Regelung im Ministergesetz[18], wonach das Amtsverhältnis eines Ministers mit der Aushändigung einer vom Ministerpräsidenten vollzogenen Urkunde endet, ist somit nur für den Normalfall einer Entlassung zutreffend. Ein Verlust der Versorgung ist weder im Ministergesetz noch im Staatsgerichtshofgesetz ausdrücklich geregelt worden, obgleich Regelungsbedürftigkeit besteht[19]. Mit der Urteilsverkündung eines **Amtsverlustes des Ministerpräsidenten** ist er „ausgeschieden"[20] mit der Folge, daß kraft Fiktion die **Landesregierung als „zurückgetreten gilt"**[21] und der Stellvertreter des Ministerpräsidenten **Amtierender Ministerpräsident der geschäftsführenden Landesregierung ist**[22].

12

---

14 Anschütz, RdNr. 3 zu Art. 59; Gebhard, RdNr. 11 zu Art. 59; Schweiger, in: Nawiasky, RdNr. 2 zu Art. 59; Katz (Fn. 5), RdNr. 2 zu Art. 57; Dronsch (Fn. 9), 285.
15 Adamovich/Funk, 349; Ringhofer, Anm. zu Art. 143 Bundesverfassungsgesetz.
16 Art. 57 Abs. 4 Verfassung von Baden-Württemberg und Art. 61 Abs. 4 Satz 2 Bayerische Verfassung.
17 § 25 Abs. 2 Satz 2 StGHG v. 1. 7. 1996 – Nieders. GVBl. S. 342.
18 § 3 Satz 2 i. d. F. v. 21. 1. 1999 – Nieders. GVBl. S. 10.
19 Herzog (Fn. 11) RdNr. 64 zu Art. 61; § 40 Abs. 2 Gesetz über den Verfassungsgerichtshof in Nordrhein-Westfalen v. 4. 3. 1952 GV NW 1952, S. 35.
20 RdNr. 11 zu Art. 33 NV.
21 RdNr. 9 zu Art. 33 NV.
22 RdNr. 15 zu Art. 33 NV.

VIERTER ABSCHNITT
Die Gesetzgebung

Artikel 41
Erfordernis der Gesetzesform

Allgemein verbindliche Vorschriften der Staatsgewalt, durch die Rechte oder Pflichten begründet, geändert oder aufgehoben werden, bedürfen der Form des Gesetzes.

Übersicht

	RdNr.
Das vorrechtliche Bild	1
Der Gesetzesvorbehalt	2
Der Parlamentsvorbehalt	3
Die „Allgemein verbindlichen Vorschriften"	4
Die Bindung des plebiszitären Gesetzgebers	5

1 Der Artikel enthält einen **allgemeinen Gesetzesvorbehalt**. Vergleichbare Vorschriften haben z. B. die Landesverfassungen von Baden-Württemberg (Art. 58), Bayern (Art. 70 Abs. 1) und Berlin (Art. 45 Abs. 1). Die Institution des Gesetzesvorbehaltes bildete sich bereits in der ersten Hälfte des 19. Jahrhunderts für Grundrechtseingriffe des Staates. Die Neue Landschafts-Ordnung für das Herzogtum Braunschweig vom 12. Oktober 1892 sah den Schutz der Grundrechte im Rahmen der Gesetze vor[1]. Solche Vorschriften waren geeignet, das Parlament vor einer Usurpation der Exekutive zu schützen[2]. Der Grundgesetzgeber schuf keinen allgemeinen Gesetzesvorbehalt. Die Vorläufige Niedersächsische Verfassung enthielt in Art. 32 einen allgemeinen Gesetzesvorbehalt. Nach der Begründung des Regierungsentwurfs war der Erlaß von allgemeinen Rechtssätzen prinzipiell dem Landtag vorbehalten[3]. Der Verfassungsgeber übernahm mit Art. 41 NV den Inhalt des Art. 32 VNV. Nur der Begriff „Anordnungen" wurde durch „Vorschriften" ersetzt, um deutlich zu machen, daß hier nicht Anordnungen für den Einzelfall, sondern Rechtssätze gemeint sind[4].

2 Das Staatsrecht unterscheidet zwischen einem **Gesetzesvorbehalt** und einem **Parlamentsvorbehalt**. Unter einem Gesetzesvorbehalt versteht man:

> Die Pflicht des Gesetzgebers, alle wesentlichen Entscheidungen im Verhältnis des Staates zum Bürger selbst zu bestimmen und dies nicht dem Handeln und der Entscheidungsmacht der Exekutive zu überlassen[5].

Wie weit dabei der Gesetzgeber die Leitlinie selbst bestimmen muß, richtet sich nach dem Grundrechtsbezug[6]. Er muß dabei auch grundrechtsfreundli-

---

1 § 30 f.
2 Ossenbühl, Vorrang und Vorbehalt des Gesetzes, in: Hdb. d. Staatsrechts, Bd. III, 315 (335).
3 Materialien, Bd. II, 11; Vorauflage, RdNr. 1 zu Art. 32.
4 Schriftlicher Bericht, 26; Korte, 184.
5 BVerfGE 49, 89 (127); 80, 137 (161); 83, 130 (142); 84, 212 (226).
6 BVerfGE 83, 130 (142); 80, 137 (161).

che **Verfahrensordnungen** schaffen, die geeignet sind, die betroffenen Grundrechte zu verwirklichen[7] und eine geeignete **Verwaltungsorganisation** bilden[8].

Der **Parlamentsvorbehalt** ist ein Teil des Gesetzesvorbehalts. Der Gesetzgeber darf dabei seine Gewalt nicht anderen überlassen oder übertragen (Delegationsverbot), und er hat eine verstärkte Regelungsdichte zu beachten[9]. Der Parlamentsvorbehalt als höhere Stufe des Gesetzesvorbehaltes greift z. B. ein,
- wenn grundrechtliche Freiheiten eingeschränkt werden[10],
- wenn ein Ausgleich zwischen kollidierenden Grundrechten zu schaffen ist[11],
- bei grundrechtsrelevanten Vorschriften die Voraussetzungen staatlicher Maßnahmen sind[12].

3

Das Grundgesetz gebietet jedoch keinen allgemeinen Parlaments- und Gesetzesvorbehalt, keinen Totalvorbehalt[13]. Vielmehr sind Staatsfunktionen so zu verteilen, daß sie von solchen Organen getroffen werden, die nach ihrer Besetzung, Struktur und Arbeitsweise für die Aufgabe besonders geeignet sind[14]. Der Kernbereich der **exekutiven Eigenverantwortung** muß erhalten bleiben. Hierzu RdNr. 5 zu Art. 28.

Die Klausel „**Allgemeinverbindliche Vorschriften**" schließt **Individualgesetze** des Landesgesetzgebers nicht aus, wenn der Sachverhalt so beschaffen ist, daß es nur einen Fall dieser Art gibt und sachliche Gründe eine Regelung tragen[15].

4

Der Begriff des Parlamentsvorbehaltes ist nicht wortwörtlich zu nehmen. Bei der plebiszitären Gesetzgebung ist er entsprechend anzuwenden. Die **plebiszitäre Gesetzgebung** muß die verstärkte Regelungsdichte beachten, wenn sie Sachgebiete normiert, die unter den Begriff des Parlamentsvorbehaltes fallen. Denn sie ist ebenfalls an die gesamte Verfassung und ihre Grundsätze gebunden[16].

5

Artikel 42

Gesetzgebungsverfahren

(1) Die Gesetze werden vom Landtag oder durch Volksentscheid beschlossen.

---

7 BVerfGE 83, 130 (152).
8 RdNr. 12 zu Art. 56 NV; BVerfGE 65, 1 (49); 69, 315 (355).
9 BVerfGE 47, 46 (78); 58, 257 (268); Ossenbühl (Fn. 2), 337; Erichssen, Die sogenannten unbestimmten Rechtsbegriffe ..., DVBl., 1985, 22 (27); Staupe, 133; Stern, Bd. I, 812; ders., Bd. II, 574.
10 BVerfGE 85, 386 (403).
11 BVerfG, Fn. 10.
12 BVerfGE 62, 169 (182); Erichsen, Fn. 9.
13 Stern, Bd. I, 808; ders., Bd. II, 575.
14 BVerfGE 68, 1 (87); Ossenbühl (Fn. 2), 341.
15 BVerfGE 85, 360 (374); 25, 371 (399).
16 StGH Bremen, E. v. 9. 6. 1986 – St 2/85, StGHE Bremen (1980–1987), 96 (105).

Art. 42 Vierter Abschnitt Die Gesetzgebung

(2) Vor dem Beschluß des Landtages kann die Landesregierung verlangen, daß die Abstimmung bis zu 30 Tagen ausgesetzt wird.

(3) Gesetzentwürfe werden beim Landtag aus seiner Mitte, von der Landesregierung, durch Volksinitiative oder Volksbegehren eingebracht.

Übersicht

RdNr.

I. Die Landesgesetzgeber

Die politische Funktion des Gesetzes 1
Das Ermessen des Gesetzgebers 2
Die Hochzonung von Gesetzeskompetenzen 3
Der Gesetzgebungsbeschluß 4
Die Zahl der Lesungen (Beratungen) 5
Willensmängel bei der Abstimmung 6
Mängel im parlamentarischen Gesetzgebungsverfahren 7
Das Unverrückbarkeitsprinzip 8
Ranggleichheit von parlamentarischen und plebiszitären Gesetzen .. 9

II. Das Aussetzungsrecht der Landesregierung

Die Rechtsnatur des Aussetzungsantrages 10
„Vor dem Beschluß des Landtages" 11
Die „Landesregierung" 12
Das Verlangen auf Aussetzung der Abstimmung 13
Formfreiheit 14
Der Teilantrag 15
Die Zurücknahme des Antrages 16
Der Beratungsgegenstand im Plenum 17
Der Beschluß des Plenums 18
Der Ablauf der Wahlperiode 19

III. Die Gesetzesinitiative

Die Klausur der Initianten 20
Nicht-Initiativberechtigte 21
Die Ranggleichheit 22
Der „Gesetzentwurf" 23
„eingebracht" 24
Die Zurücknahme 25
Keine Wiederholungssperre 26
Der Ablauf der Wahlperiode 27
Gegenstandslose Gesetzentwürfe 28
Parlamentarische Ausschüsse 29
Die Befassungspflicht 30
Initiativmonopol für den Entwurf des Haushaltsgesetzes 31
Zustimmungsgesetze zu Staatsverträgen 32
Aus der „Mitte des Landtages" 33
Fraktionen als Initianten 34
Die „Landesregierung" 35
„Volksinitiative oder Volksbegehren" 36

1 Die Vorschrift entspricht dem Art. 33 VNV. Sie wurde durch die neueingefügten Verfahren der Volksinitiative (Art. 47 NV), des Volksbegehrens

(Art. 48 NV) und des Volksentscheides (Art. 49 NV) ergänzt. Der erste Absatz gibt dem Landtag und dem Landesvolk mit dem Volksentscheid die Kompetenz zur Gesetzgebung. Sie steht beim Landtag bereits in Art. 7 Satz 2 NV und wird für den Volksentscheid in Art. 49 NV nachfolgend wiederholt. Der Landtag muß jetzt einen wesentlichen Teil seiner Gesetzgebungskompetenz mit dem Landesvolk teilen[1]. Früher war es Aufgabe der Gesetzgebung, Grundsätze und Wertvorstellungen der Gemeinschaft durch eine Kodifikation zu tragenden und bleibenden Fundamenten der Rechtsordnung zu machen[2]. Der steigende Normbedarf einer Industriegesellschaft in einem sozialen Rechtsstaat hat die ursprüngliche Aufgabe weitgehend verdrängt. Das Gesetz ist zwar noch bleibender Ausdruck sozialethischer und bleibender Werte, es soll sagen, was für den Einzelnen Recht und Unrecht ist[3], aber es wird immer mehr ein Instrument, um politische Ziele der siegreichen Partei durchzusetzen. Dem parlamentarischen Gesetzgeber bleibt dabei keine andere Wahl, als das Tempo der Normenproduktion anzupassen[4]. Zwangsläufig büßt das Gesetz dabei seine Qualität als langfristig wirkender Ordnungsfaktor ein[5]. Im hohem Umfange wird es **„Gruppen-, Plan-, Struktur-, Lenkungs- und Maßnahmegesetz"**[6]. Oftmals überläßt dabei der Gesetzgeber das Anpassen des neuen Gesetzes an die bestehende Rechtsordnung dem Richter der Fachgerichte, um „fristgerecht" dem Wähler sein Gesetz zu präsentieren[7]. Die Harmonisierung dieser „Discount-Gesetze" obliegt in einem Bundeslande den **oberen Landesgerichten.** Der Nachteil dieser Gesetzespraxis liegt in der Tatsache, daß ein neues Gesetz beim Sieg der bisherigen Opposition wieder zur Disposition steht[8].

In der Regel liegt eine Gesetzesinitiative im Ermessen der Abgeordneten des Landtages und der Mitglieder der Landesregierung. Eine **Pflicht zur Gesetzgebung** kann aber z. B. bestehen
– zur Ausführung von Bundesrecht und Recht der Europäischen Union,
– aufgrund einer Entscheidung des Bundesverfassungsgerichts oder des Staatsgerichtshofes,
– aufgrund einer staatsvertraglichen Verpflichtung,
– zur Ausführung eines Auftrages der Landesverfassung,
– bei fehlerhaften Prognosen des Landesgesetzgebers im grundrechtserheblichen Bereich[9].

Koalitionsvereinbarungen sowie Beschlüsse von **Organen der Parteien** können keine rechtliche Pflicht erzeugen.

Durch die fortlaufende **Hochzonung von Gesetzgebungskompetenzen** auf

2

3

---

1 Zum Begriff des Landesvolkes; RdNr. 1 zu Art. 7 NV.
2 Ossenbühl, Gesetz und Recht, in: Hdb. d. Staatsrechts, Bd. III, 281 (291).
3 BVerfGE 39, 1 (59).
4 Klein, Aufgaben des Bundestages, in: Hdb. d. Staatsrechts, Bd. II, 341 (351); Ossenbühl, Fn. 2.
5 Stern, Bd. I, 827.
6 Stern, Bd. I, 826.
7 Ossenbühl (Fn. 2), 300.
8 Hans Meyer, Die Stellung der Parlamente in der Verfassungsordnung des Grundgesetzes, in: Schneider/Zeh, 117 (141).
9 BVerfGE 77, 84 (109); 65, 1 (55); 56, 54 (78); 53, 30 (58); Stern, Bd. II, 617; Braun, RdNr. 5f. zu Art. 59; David, RdNr. 19 zu Art. 48.

Art. 42   Vierter Abschnitt   Die Gesetzgebung

den Bundesgesetzgeber und die **Europäische Union** wird die Staatlichkeit des Landes bedroht. Für die Staatlichkeit des Gliedstaates Niedersachsen ist es wesentlich, daß der Landesgesetzgeber nicht nur untergeordnete und lückenfüllende Gesetze erlassen darf. Es müssen auch Gesetze sein, die für das staatliche und gesellschaftliche Leben Gewicht haben[10]. **Mitglieder der Landesregierung im Bundesrat** können weiteren Hochzonungen entgegenwirken oder die Rückgabe einer auf den Bundesgesetzgeber übertragenen Gesetzeskompetenz als Ausgleich fordern.

4   Die Kompetenz, Gesetzgebungsentscheidungen zu fassen, kommt nur dem Landtag und dem Volksentscheid zu. Als Ausnahme hiervon sieht die Landesverfassung nur das Notverordnungsrecht (Art. 44 NV) vor. **Der Beschluß** bedarf bei Gesetzen des Landtages „der Mehrheit der abgegebenen Stimmen, soweit die Verfassung nichts anderes bestimmt" (Art. 21 Abs. 4 Satz 1 NV). Beim Volksentscheid sind die Voraussetzungen der Entscheidung in Art. 49 Abs. 2 NV geregelt. Der Gesetzesbeschluß stellt fest, was Gesetz ist, und spricht durch die sogenannte Sanktion aus, daß der festgestellte Text Gesetz sein soll.

5   Anders als in einigen Landesverfassungen schreibt die Landesverfassung die **Zahl der Lesungen, Beratungen,** nicht vor. Es gibt kein gemeindeutsches Gewohnheitsrecht, das drei Lesungen gebietet[11]. Die Landesverfassung überläßt den Ablauf des Gesetzgebungsverfahrens weitgehend der **Geschäftsordnungsautonomie des Landtages**[12]. Die Geschäftsordnung des Landtages bestimmt zwei Beratungen (Lesungen) als Regel[13].

6   **Willensmängel bei der Abstimmung im Plenum,** wie Täuschung und Irrtum, sind für den Bestand des Gesetzesbeschlusses unerheblich[14].

7   Wesentliche **Mängel des Gesetzgebungsverfahrens** sind Verstöße gegen zwingendes Verfassungsrecht. Ein auf einen solchen Verstoß beruhender Gesetzesbeschluß macht das Gesetz ungültig[15]. Zu diesen Mängeln gehören z. B. zu kurze Beratungszeiten oder die Verhinderung einer Debatte im Plenum[16].

8   Mit der Schlußabstimmung über die Gesetzesvorlage wird der Gesetzesbeschluß unverrückbar. Er kann nicht mehr zurückgenommen werden. Diese **Unverrückbarkeit** setzt voraus, daß der amtierende Präsident des Landtages das Ergebnis der Abstimmung verkündet hat. Bis dahin kann von einem unverrückbaren Beschluß noch nicht gesprochen werden[17]. Der Grundsatz der Unverrückbarkeit gilt nicht, wenn sich zwei Gesetzesbeschlüsse widersprechen[18]. Ein Gesetzesbeschluß kann nur durch ein neues Gesetz im ordentli-

---

10 Stern, Bd. II, 668; Eicher, 76 f.; Ellwein, Gesetzgebung, Regierung, Verwaltung, in: Hdb. d. Verfassungsrechts, Bd. II, 1093 (1118); Martin, Möglichkeiten, dem Bedeutungsverlust der Landesparlamente entgegenzuwirken, ZParl., 1984, 278; BVerfGE 89, 155 (186).
11 BVerfGE 1, 144 (151).
12 Nds.StGH, U. v. 14. 2. 1979 – StH 2/77, Fundstelle siehe Art. 54 NV.
13 § 24 Abs. 1 GO Landtag i. d. F. v. 2. 2. 1998 – Nieders. GVBl. S. 84.
14 BVerfGE 16, 82 (88); David, RdNr. 23 zu Art. 48; Vorauflage, RdNr. 2 zu Art. 33.
15 BVerfGE 44, 308 (313); David, RdNr. 24 zu Art. 48.
16 Nds. StGH, Fn. 12; David, Fn. 15; Schmidt-Jortzig, Die Steuerungskraft der Verfassungsvorschriften über das Gesetzgebungsverfahren, ZParl., 1992, 582 (597 f.).
17 Trossmann, 364; Schonebohm, in: Zinn/Stein, RdNr. 6 zu Art. 116; Achterberg, 358.
18 Trossmann, 365.

chen Gesetzgebungsverfahren geändert werden[19]. Hat der Landtag einen Gesetzentwurf in der Schlußabstimmung abgelehnt, so ist der Entwurf gescheitert. Nur aufgrund einer neuen Gesetzesvorlage kann ein inhaltlich gleicher Text erneut beraten werden[20]. Zur Berichtigung von Gesetzesbeschlüssen siehe RdNr. 13 zu Art. 45 NV.

Parlamentarische und plebiszitäre Gesetze haben **gleichen Rang.** Der Landtag kann ein durch einen Volksentscheid beschlossenes Gesetz umgehend wieder aufheben oder ändern. Hierzu RdNr. 18 zu Art. 49 NV. 9

Das von der SPD-Fraktion seinerzeit eingebrachte Institut der Aussetzung der Gesetzgebung in der Vorläufigen Niedersächsischen Verfassung sollte ermöglichen, daß Fehler übereilter Abstimmungen oder sogenannte „Dummheitsbeschlüsse" berichtigt werden können[21]. Es handelt sich hier um kein echtes Vetorecht, da das **„Verlangen der Landesregierung"** nur eine aufschiebende Wirkung hat[22]. 10

„Vor dem Beschluß des Landtages" bedeutet vor der letzten Lesung (Beratung)[23]. Ist dieser Antrag beim Landtag fristgerecht eingegangen, so ist nach der Geschäftsordnung die Besprechung wieder zu eröffnen (§ 32 Abs. 4 GO Landtag). 11

Nur die **„Landesregierung"** als Kollegium kann durch förmlichen Beschluß das Verlangen auf eine Aussetzung beschließen. Dieser Antrag ist ein Teil des Gesetzgebungsverfahrens[24]. 12

Das **„Verlangen"** beschränkt sich nach dem überkommenen Begriffsinhalt des Instituts nicht auf die Rechtmäßigkeit des Landtagsbeschlusses. Die Landesregierung kann ihre Bedenken mit beliebigen rechtlichen, sachlichen oder politischen Motiven begründen[25]. 13

Das Verlangen der Landesregierung ist an **keine Schriftform** gebunden. Wenn das Kabinett einen entsprechenden Beschluß gefaßt hat, kann ein Mitglied der Landesregierung im Plenum den Antrag auf Aussetzung mündlich stellen[26]. Die Beurkundung durch die Schriftführer ist hinreichende Entscheidungsgrundlage. 14

Der Antrag der Landesregierung kann sich auf einen **Teil des Gesetzesbeschlusses** beschränken[27]. 15

Die Landesregierung kann ihren Antrag bis zur Eröffnung der Abstimmung des Plenums zurücknehmen[28]. Auch für den **Rücknahmeantrag** besteht Formfreiheit. 16

---

19 Trossmann, 364.
20 Trossmann, 364.
21 Abgeordneter Böhme (SPD) in: Materialien, Bd. I, 401 zur VNV; Vorauflage, RdNr. 7 zu Art. 33; Korte, 185.
22 Vorauflage, RdNr. 7 zu Art. 33.
23 Vorauflage, Fn. 22.
24 Schonebohm (Fn. 17), RdNr. 2 zu Art. 119.
25 Vorauflage, Fn. 22; StGH Bremen, E. v. 23. 10. 1954 – St 2/1954, StGH Bremen, 139 (62).
26 Dickersbach, in: Geller/Kleinrahm, RdNr. 4 zu Art. 67; Giese/Volkmann, RdNr. 4 zu Art. 42.
27 Dickersbach (Fn. 26), RdNr. 6 zu Art. 67; Giese/Volkmann, RdNr. 2 zu Art. 42; Schonebohm (Fn. 17), RdNr. 6 zu Art. 119.
28 Dickersbach (Fn. 26), RdNr. 3 zu Art. 67; Gebhard, RdNr. 7c zu Art. 74.

Art. 42

17   Der Eingang des Antrages der Landesregierung verpflichtet den Landtag zur Beratung. Gegenstand der Beratung ist das Verlangen, der Antrag der Landesregierung. Wenn der Antrag nur einzelne Bestimmungen des Gesetzesbeschlusses erfaßt, sind nur diese **Beratungsgegenstand**[29]. Bei einem Teilantrag der Landesregierung kann somit nicht das gesamte bereits abgeschlossene Verfahren aufgerollt werden[30]. Ein Geschäftsordnungsantrag, über den Antrag der Landesregierung „**zur Tagesordnung überzugehen**", ist unzulässig[31].

18   Das Verfahren nach Art. 42 Abs. 2 NV wird durch den **Beschluß** des Plenums beendet. Hierbei ist es gleichgültig, ob dem Antrage stattgegeben oder er abgelehnt worden ist[32]. Der Gesetzesbeschluß ist vom Landtagspräsidenten auszufertigen und vom Ministerpräsidenten zu verkünden (Art. 45 Abs. 1 Satz 1 NV).

19   Der **Ablauf der Wahlperiode** beendet durch **sachliche Diskontinuität** das Verfahren. Sowohl das Verlangen der Landesregierung als auch der noch nicht verkündete Gesetzesbeschluß erledigen sich[33]. Das suspensive Veto verwandelt sich in ein absolutes Veto.

20   Der 3. Absatz führt die Initianten eines Gesetzes abschließend auf. Es besteht eine absolute **Klausur der Initianten**. Dies hat zur Folge, daß der einfache Gesetzgeber anderen Stellen, Gruppen oder Behörden das Recht der Gesetzesinitiative nicht verleihen kann[34].

21   Ein von einem **Nicht-Initiativberechtigten** unterbreiteter Gesetzesentwurf führt zu einem nichtigen Gesetzesbeschluß, der nicht mehr heilbar ist[35].

22   Alle Gesetzesvorlagen der Initianten sind gleichwertig und haben **gleichen Rang**[36]. Die Geschäftsordnung des Landtages kann diese Gleichwertigkeit nicht einschränken[37]. Die Gleichwertigkeit hat zur Folge, daß jeder Initiativberechtigte auch dann noch Gesetzentwürfe einbringen kann, wenn andere Initianten auf demselben Sachgebiet bereits ihre Vorlage eingebracht haben. Es gibt keine Sperrwirkung[38]. Es liegt im Ermessen des Landtages, die Reihenfolge der Beratung und Beschlußfassung zu bestimmen[39].

23   Ein „Gesetzentwurf" ist ein vollständig ausformulierter Gesetzestext, der den Initianten erkennen läßt[40]. Dies gilt nicht für Volksinitiativen nach

---

29 Schonebohm, Fn. 27.
30 Dickersbach, Fn. 27.
31 Dickersbach, Fn. 27.
32 Giese/Volkmann, RdNr. 10 zu Art. 42; Dickersbach, Fn. 27.
33 Meder, RdNr. 3 zu Art. 41; Schonebohm (Fn. 17), RdNr. 9 zu Art. 119; Schweiger, in: Nawiasky, RdNr. 6 zu Art. 41.
34 David, RdNr. 16, 17 zu Art. 48; Linck, in: Linck/Jutzi/Hopfe, RdNr. 6b zu Art. 81; Neumann, RdNr. 2 zu Art. 123 Bremische Verfassung.
35 Nds. StGH, E. v. 14. 2. 1979 StGH 2/77, Fundestelle s. Art. 54 NV; Braun, RdNr. 16 zu Art. 59; David, RdNr. 24 zu Art. 48; Neumann, RdNr. 3 zu Art. 123 Bremische Verfassung.
36 Braun, RdNr. 10 zu Art. 59; David, RdNr. 20 zu Art. 48; Stern, Bd. II, 619.
37 BVerfGE 1, 144 (161).
38 Achterberg, 350; Schmidt-Jortzig/Schürmann, in: Bonner Kommentar, RdNr. 137 zu Art. 76.
39 Neumann, RdNr. 4 zu Art. 123.
40 David, RdNr. 14 zu Art. 48; Achterberg, 349; Stern, Bd. II, 618; Schmidt-Jortzig/Schürmann (Fn. 38), RdNr. 176 zu Art. 76; Neumann, RdNr. 5 zu Art. 123 Bremische Verfassung.

Art. 47 NV. Hierzu RdNr. 7 zu Art. 47 NV. Bei Volksbegehren muß dieser noch zusätzlich „mit Gründen" versehen sein. Siehe RdNr. 9 zu Art. 48 NV. Das politische Ziel einer Vorlage soll aus dem Text ersichtlich sein.

„**Eingebracht**" ist ein Gesetzentwurf, wenn er dem Präsidenten des Landtages zugegangen ist[41]. Bei Volksinitiativen und Volksbegehren genügt der Eingang beim Landtag (Art. 47, Art. 48 Abs. 3 Satz 2 NV). 24

Der Initiator kann seinen Gesetzentwurf bis zu Beginn der Schlußabstimmung im Plenum jederzeit zurücknehmen[42]. Der Landtag kann das **Recht auf Rücknahme einer Gesetzesvorlage** nicht durch Geschäftsordnungsrecht einschränken. Bei einer Volksinitiative wird die Rücknahme durch die Vertreter erklärt[43]. Beim Volksbegehren ist die Rücknahme einfachgesetzlich geregelt[44]. 25

Da die Landesverfassung eine **Wiederholung der Einbringung** nicht ausdrücklich ausschließt, kann der Initiativberechtigte zum gleichen Gegenstand erneut einen Gesetzentwurf einbringen, der dem gescheiterten Entwurf wortwörtlich oder inhaltlich entspricht, es sei denn, daß offensichtlich ein Mißbrauch vorliegt[45]. Eine Wiederholungssperre kann einfachgesetzlich nicht eingeführt werden[46]. 26

Gesetzesvorlagen „**aus der Mitte**" des Landtages und der Landesregierung erledigen sich mit **Ablauf der Wahlperiode** nach dem Grundsatz der **sachlichen Diskontinuität**, der nach nahezu einhelliger Ansicht den Rang von **Verfassungsgewohnheitsrecht** hat[47]. Durchbrechungen dieses Grundsatzes bedürfen daher einer Ergänzung der Landesverfassung. Plebiszitäre Gesetzentwürfe werden von der Diskontinuität nicht erfaßt[48]. Diese Vorlagen sind nach dem ersten Zusammentritt des neuen Landtages unverzüglich zu behandeln. Der Umfang der Befassungspflicht ändert sich bei ihnen nicht. 27

Im übrigen werden **Gesetzentwürfe gegenstandslos** durch: 28
- Zugang der Rücknahmeerklärung beim Landtagspräsidenten,
- Verkündung der Beschlußfassung des Gesetzes mit oder ohne Änderungen gegenüber der Vorlage[49],
- Ablehnung durch den Plenarbeschluß,
- Verlust eines durch die Geschäftsordnung vorgeschriebenen Quorums für eine Einbringung[50].

---

41 § 22 Abs. 2 GO Landtag; Schmidt-Jortzig/Schürmann (Fn. 38), RdNr. 184 zu Art. 76; Achterberg, 349; Neumann, RdNr. 6 zu Art. 123 Bremische Verfassung.
42 RdNr. 12 zu Art. 47 NV.
43 Fn. 42.
44 § 21 Abs. 2 u. 3 Nieders. Volksabstimmungsgesetz v. 23. 6. 1994 – Nieders. GVBl. S. 270.
45 Schmidt-Jortzig/Schürmann (Fn. 38), RdNr. 103 zu Art. 76; Neumann, RdNr. 8 zu Art. 123 Bremische Verfassung.
46 Ausdrücklich geregelt in Art. 70 Abs. 2 Satz 2 Bremische Verfassung.
47 Meder, RdNr. 3 zu Art. 16; Braun, RdNr. 17, 18 zu Art. 30; David, RdNr. 16 zu Art. 10; Linck (Fn. 34), RdNr. 10 zu Art. 50; Neumann, RdNr. 13 zu Art. 123 Bremische Verfassung mit weiteren Nachweisen.
48 Brandenburgisches Verfassungsgericht, U. v. 15. 9. 1994 – 2/93; Braun, RdNr. 49 zu Art. 59.
49 Schmidt-Jortzig/Schürmann (Fn. 38), RdNr. 78 zu Art. 76.
50 Schmidt-Jortzig/Schürmann (Fn. 38), RdNr. 189a, 330 zu Art. 76.

Art. 42   Vierter Abschnitt   Die Gesetzgebung

29   Im Gesetzgebungsverfahren haben **parlamentarische Ausschüsse** kein Recht, Gesetzentwürfe einzubringen[51]. Sie dürfen sie umformulieren und abändern, dürfen dabei aber die „Materie nicht verlassen"[52]. Das Plenum kann einem Ausschuß den Auftrag erteilen, einen Gesetzentwurf auszuarbeiten. Damit wird ihm aber noch kein Initiativrecht übertragen[53]. Denn das Plenum selbst hat kein eigenes Initiativrecht[54]. Es kann also keines übertragen. Ob der von einem Ausschuß beschlossene Text eines Entwurfs eingebracht wird, ist allein Sache der Abgeordneten „aus der Mitte des Landtages". Sie sind nicht gehindert, den Text zu ändern und ihn dann förmlich einzubringen[55].

30   Der Initiant kann verlangen, daß der Landtag seinen Gesetzentwurf „behandelt, sich mit ihm beschäftigt"[56]. Zu dieser sogenannten **Befassungspflicht** gehört:
   - Aufnahme auf die Tagesordnung in angemessener Frist,
   - Beratung in allgemeiner Aussprache in öffentlicher Sitzung des Plenums
   - und Beschlußfassung des Plenums[57].

Das „Begraben" einer Vorlage in einem Fachausschuß ist unzulässig[58]. Bei plebiszitären Vorlagen haben die Vertreter im federführenden Ausschuß ein Anhörungsrecht[59].

31   Die Landesregierung hat das **Initiativmonopol für den Entwurf des Haushaltsgesetzes**. Hierzu RdNr. 16 zu Art. 65 NV.

32   Die Landesregierung hat das **Initiativrecht für ein Zustimmungsgesetz** nach Art. 35 Abs. 2 i. V. m. Art. 37 Abs. 2 Nr. 5 NV. Die Exekutive bestimmt gegenüber dem Landesgesetzgeber den Vertragsinhalt der von ihr abzuschließenden **Staatsverträge**. Ein Zustimmungsgesetz des Landtages enthält nur eine Ermächtigung. Der Ministerpräsident entscheidet, ob er abschließt und nach dem Abschluß des Staatsvertrages ihn aufrechterhält[60]. Daher ist grundsätzlich die Landesregierung allein Inhaber des Initiativrechtes für die Zustimmungsgesetze.

33   „**Aus der Mitte**" **des Landtages** bedeutet, daß nicht das Plenum, sondern eine zahlenmäßig bestimmte Gruppe von Abgeordneten zuständig ist[61]. Der Landtag kann dieses Recht gruppenrechtlich in seiner Geschäftsordnung regeln[62]. Er ist berechtigt, die Mindestgröße der Gruppe zu bestimmen. Die nach dem Schrifttum vertretbare Mindestgröße liegt bei 5 % der gesetzlichen Mitglieder-

---

51 Braun, RdNr. 3 zu Art. 59; David, RdNr. 17 zu Art. 48.
52 So Nds. StGH, Fn. 35.
53 Trossmann, 424.
54 David, Fn. 51.
55 Trossmann, 424.
56 BVerfGE 84, 304 (329); 2, 143 (173); 1, 144 (151f.).
57 BVerfGE 84, 304 (329).
58 Braun, RdNr. 11 zu Art. 59; Bryde, in: v. Münch/Kunig, RdNr. 4 zu Art. 76.
59 Neumann, RdNr. 10 zu Art. 123 Bremische Verfassung; § 11 Abs. 2 Nieders. Volksabstimmungsgesetz.
60 RdNr. 21 zu Art. 35 NV.
61 BVerfGE 1, 144 (153); 84, 304 (321).
62 Abmeier, 135; Jekewitz, in: AK-GG, RdNr. 15 zu Art. 76; BVerfGE, 1, 144 (153).

Verordnungen Art. 43

zahl der Abgeordneten[63]. Die Geschäftsordnung des Landtages gewährt zur Zeit der Gruppe von zehn Abgeordneten das Initiativrecht (§ 22 Abs. 1).

Im Rahmen dieser Geschäftsordnungsautonomie gibt der Landtag den Fraktionen die Gesetzesinitiative (§ 22 Abs. 1 GO Landtag). Verliert eine Fraktion aber nachträglich ihren Status, darf der von ihr eingebrachte Gesetzentwurf nicht mehr weiter behandelt werden[64]. 34

Die „Landesregierung" kann eine Gesetzesvorlage nach Art. 37 Abs. 2 Nr. 5 NV nur als Kollegium beschließen. Nach dem **Grundsatz der Kabinettssolidarität** sind alle Mitglieder der Landesregierung verpflichtet, während des Gesetzgebungsverfahrens das Konzept der beschlossenen Vorlage selbst dann in der Öffentlichkeit und in den Ausschüssen zu vertreten, wenn sie im Kabinett nicht zugestimmt haben. Hierzu RdNr. 3 zu Art. 39 NV. Wenn nachträglich der Gesetzentwurf geändert oder zurückgenommen werden soll, so ist zur Wirksamkeit ein Kabinettsbeschluß erforderlich[65]. Die **Geschäftsführende Landesregierung** hat das volle Initiativrecht. Hierzu RdNr. 12 zu Art. 33 NV. 35

Zum Initiativrecht der **Volksinitiative** siehe RdNr. 7 zu Art. 47 NV. Beim Volksbegehren (Art. 48 NV) leitet die Landesregierung den zustandegekommenen Gesetzentwurf unverzüglich nach Art. 48 Abs. 3 Satz 2 NV an den Präsidenten des Landtages weiter. Hierzu RdNr. 17 zu Art. 48 NV. 36

Artikel 43

Verordnungen

(1) Gesetze können die Landesregierung, Ministerien und andere Behörden ermächtigen, Vorschriften im Sinne des Artikels 41 als Verordnungen zu erlassen. Die Gesetze müssen Inhalt, Zweck und Ausmaß der Ermächtigung bestimmen.

(2) In der Verordnung ist die Rechtsgrundlage anzugeben. Die Ermächtigung zum Erlaß einer Verordnung darf nur, wenn das Gesetz dies zuläßt, und nur durch Verordnung weiter übertragen werden.

Übersicht

	RdNr.
Ergänzende Artikel der Landesverfassung	1
Zuständigkeit des Landesgesetzgebers bei bundesrechtlichen Ermächtigungen	2
Grundgesetzliche Vorgabe zum Bestimmtheitsgebot	3
„Vorschriften im Sinne des Artikels 41"	4
Die Ermächtigung als unechte Delegation	5
Kassations- und Zustimmungsvorbehalte	6

---

63 Stern, Bd. I, 1028; Trossmann, 67; Schmidt-Jortzig/Schürmann (Fn. 38), RdNr. 328 zu Art. 76.
64 Schmidt-Jortzig/Schürmann (Fn. 38), RdNr. 330 zu Art. 76; RdNr. 6 zu Art. 19 NV.
65 Schmidt-Jortzig/Schürmann (Fn. 38), RdNr. 189 zu Art. 76; Neumann, RdNr. 16 zu Art. 123 Bremische Verfassung.

Art. 43 Vierter Abschnitt Die Gesetzgebung

„Inhalt, Zweck und Ausmaß"	7
„Die Landesregierung"	8
Die „Ministerien"	9
Die „anderen Behörden"	10
Das Zitiergebot der „Rechtsgrundlage"	11
Die Weiterübertragung	12
Die Ausfertigung	13
Die Verkündung	14
Nachträglicher Fortfall der gesetzlichen Ermächtigung	15
Anhörung der kommunalen Spitzenverbände	16

1   Die **Vorschrift wird ergänzt** durch Art. 45 Abs. 1 Satz 2 und Abs. 3 NV, der die Ausfertigung, Verkündung und Inkrafttreten von Verordnungen regelt, sowie durch Art. 57 Abs. 6 NV, der die Anhörung der kommunalen Spitzenverbände vor dem Erlaß einer Verordnung vorschreibt.

2   Art. 80 Abs. 4 GG, eingefügt durch das Bundesgesetz vom 27. Oktober 1994 (BGBl. I, 3146) und in Kraft seit dem 15. November 1994, gibt dem Landesgesetzgeber die Möglichkeit, bei **bundesrechtlichen Ermächtigungen** zum Erlaß von Rechtsverordnungen selbst die Materie durch Gesetz zu regeln. Die Vorschrift soll den Landesgesetzgeber für die zunehmende **Kompetenzwanderung zum Bund und der Europäischen Union** entschädigen[1]. Die vom Landesgesetzgeber aufgrund dieser Ermächtigung erlassenen Gesetze sind Landesrecht[2].

3   Art. 43 NV entspricht Art. 34 VNV. Der Verfassungsgeber stellte nur klar, daß hier die Voraussetzungen für die Rechtsetzung durch die Exekutive bestimmt werden[3]. Inhaltlich lehnt sich der Art. 43 Abs. 1 NV an Art. 80 Abs. 1 Satz 1 und 2 GG und der zweite Absatz des Art. 43 NV an Art. 80 Abs. 1 Satz 3 GG an. Art. 80 Abs. 1 GG ist „nicht unmittelbar" vom Landesgesetzgeber anzuwenden. Der darin enthaltene **Grundsatz der Bestimmtheit nach „Inhalt, Zweck und Ausmaß"** wird jedoch vom Bundesverfassungsgericht für die Landesgesetzgebung für **„verbindlich"** gehalten[4]. Daher gibt es keine Unterschiede in dieser Frage zwischen bundesrechtlichen und landesrechtlichen Verordnungen[5]. Da der Verfassungsgeber die grundgesetzliche Bestimmtheitsklausel übernommen hat, können Probleme hier nicht auftreten[6].

4   Mit der **Verweisung auf „Artikel 41"** wird der Begriffsinhalt umschrieben. Der Text ist daher zu lesen: Gesetze können die Landesregierung, Ministerien und andere Behörden ermächtigen, allgemeinverbindliche Vorschriften der Staatsgewalt als Verordnung zu erlassen.

5   Die **„Ermächtigung"** enthält in der Regel keine Pflicht zum Erlaß einer Verordnung[7]. Eine Pflicht besteht aber dann, wenn das ermächtigende Gesetz

---

1 Bryde, in: v. Münch/Kunig, RdNr. 34 zu Art. 80.
2 Für Verordnungen der Landesregierungen aufgrund des Art. 80 Abs. 1 GG: Bryde (Fn. 1), RdNr. 15 zu Art. 80; BVerfGE 18, 407 (414).
3 Schriftlicher Bericht, 26.
4 BVerfGE 58, 257 (277).
5 Bryde (Fn. 1), RdNr. 2a zu Art. 80; Ramsauer, in: AK-GG, RdNr. 23 zu Art. 80.
6 David, RdNr. 7 zu Art. 53.
7 Maunz, in: Maunz/Dürig/Herzog, RdNr. 19 zu Art. 80.

Verordnungen   **Art. 43**

ohne eine Verordnung nicht praktikabel wäre. Mit der Ermächtigung behält der Landesgesetzgeber seine Zuständigkeit. Denn es handelt sich hier um eine unechte oder **konservierende Delegation**[8]. Der Landesgesetzgeber kann jederzeit die Verordnung durch Gesetz ändern oder aufheben.

Der Landesgesetzgeber kann die Ermächtigung mit **Kassations- oder Zustimmungsvorbehalten** koppeln. Wegen der zahlreichen Möglichkeiten wird auf das Schrifttum verwiesen[9]. Der Gesetzgeber ist hierbei aber nicht völlig frei, es muß ein „legitimes Interesse" dafür bestehen[10].   6

„**Inhalt, Zweck und Ausmaß der Ermächtigung**" richten sich nach der   7
Eigenart der zu ordnenden Sachverhalte. Dabei ist der Zweck der Norm zu berücksichtigen[11]. Bei der Auslegung der Ermächtigung können die allgemeinen Auslegungsregeln herangezogen werden[12]. Ist jedoch ein Straftatbestand in der Verordnung enthalten, so müssen die Voraussetzungen der Strafbarkeit und der Art der Strafe schon aufgrund des Landesgesetzes ersichtlich sein[13].

Ist die „**Landesregierung**" Adressat der Ermächtigung, so muß das Kolle-   8
gium allen Ministern hinreichend Gelegenheit zur Mitwirkung gewähren. Ein **Umlaufverfahren** kommt nicht in Betracht[14].

Bei den „**Ministerien**" ist Adressat der Ermächtigung nicht der Landesmini-   9
ster, sondern die von ihm geleitete oberste Landesbehörde, das Ministerium. Ist der Minister verhindert, kann sein Staatssekretär die Verordnung erlassen[15].

Als „**andere Behörden**" kommen nur Behörden des nachgeordneten Be-   10
reichs (Art. 56 Abs. 1 NV) und der Kommunen (Art. 57 Abs. 1 NV) sowie der öffentlich-rechtlichen Körperschaften des Landes (Art. 57 Abs. 1 NV) in Betracht.

Bei der Angabe der „Rechtsgrundlage" (Art. 43 Abs. 2 Satz 1 NV) ist bei   11
mehreren Ermächtigungen eine Spezifizierung der einzelnen Ermächtigungen nicht erforderlich[16]. Das **Zitiergebot** ist erfüllt, wenn die Ermächtigungen angeführt werden. Die Verletzung des Zitiergebotes macht die Verordnung nichtig[17]. Bei Verordnungen aufgrund einer Subdelegation, Unterermächtigung, muß zusätzlich noch die Übertragungsverordnung angeführt werden[18].

---

8 Triepel, 54; Raumsauer (Fn. 5), RdNr. 40 zu Art. 80; Bryde (Fn. 1), RdNr. 5 zu Art. 80.
9 Bryde, Fn. 8; David, RdNr. 15 zu Art. 53; Trossmann, 728 f.; Linck, in: Linck/Jutzi/Hopfe, RdNr. 9 zu Art. 84; Ritzel/Bücker, Anm. zu § 92; Ramsauer (Fn. 5), RdNr. 49 zu Art. 80; Maunz (Fn. 7), RdNr. 60 f. zu Art. 80; Ossenbühl, Rechtsverordnung, in: Hdb. d. Staatsrechts, Bd. III, 387 (411).
10 BVerfGE 8, 274 (321).
11 BVerfGE 89, 69 (84); 85, 97 (105); 80, 11 (20); 58, 257 (277).
12 BVerfGE 85, 97 (105).
13 BVerfGE 78, 374 (382); Meder, RdNr. 12 zu Art. 55.
14 BVerfGE 91, 148 (165 f.); RdNr. 10 u. 12 zu Art. 39 NV.
15 BVerwG, B. v. 10. 1. 1973 – NJW 1973, 863 = DVBl., 1973, 575.
16 BVerfGE 20, 283 (292).
17 Ossenbühl (Fn. 9), 417; Stern, Bd. II, 671; Ramsauer (Fn. 5), RdNr. 73 zu Art. 80; Bryde (Fn. 1), RdNr. 24 zu Art. 80.
18 David, RdNr. 27 zu Art. 53.

Art. 44   Vierter Abschnitt   Die Gesetzgebung

12   Die **Weiterübertragung**, Subdelegation, beschränkt sich auf Behörden des nachgeordneten Bereichs. Sogenannte **Beliehene** sind ausgeschlossen[19]. Auch die Weiterübertragung führt nicht zum Kompetenzverlust des gesetzlich ermächtigten Übertragenden (Erstdelegatar)[20]. Die Subdelegation kann jederzeit durch Verordnung geändert oder aufgehoben werden[21].

13   Verordnungen werden von der Stelle, die sie erläßt, **ausgefertigt** (Art. 45 Abs. 1 Satz 2 NV). Wegen des Begriffsinhalts der Ausfertigung siehe RdNr. 3 und 4 zu Art. 45 NV. Am Tage der Ausfertigung muß der Ermächtigte zuständig sein[22].

14   Grundsätzlich werden Verordnungen im **Gesetz- und Verordnungsblatt** verkündet (Art. 45 Abs. 1 Satz 2 NV). Eine „**anderweitige gesetzliche Regelung**" ist z. B. das Gesetz über die Verkündung, den Zeitpunkt des Inkrafttretens und die Aufhebung von Verordnungen[23].

15   Grundsätzlich berührt der **nachträgliche Fortfall der gesetzlichen Grundlage** der Ermächtigung nicht die Gültigkeit der Verordnung[24]. Das gilt aber nicht, wenn die Verordnung nur mit dem ermächtigenden Gesetz praktikabel und verständlich ist[25].

16   Art. 57 Abs. 6 NV gebietet, daß der Verordnungsgeber die **kommunalen Spitzenverbände** vor dem Erlaß einer Verordnung anhört, wenn sie die Gemeinden oder Landkreise berührt. Wegen der allgemeinen kommunalen Spitzenverbände und des Inhalts der Vorschrift siehe RdNr. 20 zu Art. 57 NV. Die fehlende Anhörung führt zur Nichtigkeit der Verordnung[26].

Artikel 44

Notverordnungen

(1) Ist der Landtag durch höhere Gewalt daran gehindert, sich frei zu versammeln, und wird dies durch die Präsidentin oder den Präsidenten des Landtages festgestellt, so kann die Landesregierung zur Aufrechterhaltung der öffentlichen Sicherheit und Ordnung oder zur Beseitigung eines Notstandes Verordnungen mit Gesetzeskraft, die der Verfassung nicht widersprechen, erlassen.

(2) Diese Verordnungen bedürfen der Zustimmung des Ältestenrates des Landtages.

(3) Ist auch der Ältestenrat durch höhere Gewalt gehindert, sich frei zu versammeln, und wird dies durch die Präsidentin oder den Präsidenten

---

19 Ossenbühl (Fn. 9), 401; Stern, Bd. II, 669.
20 Ossenbühl (Fn. 9), 402; Raumsauer (Fn. 5), RdNr. 47 zu Art. 80.
21 Maunz (Fn. 7), RdNr. 43 zu Art. 80.
22 Ossenbühl (Fn. 9), 420; BVerfGE 34, 9 (23); David, RdNr. 23 zu Art. 53.
23 Vom 23. 4. 1955 i. d. F. v. 1. 4. 1996 – Nieders. GVBl. S. 82, 116.
24 BVerfGE 9, 3 (12); 12, 341 (347); 14, 245 (249); 44, 216 (226).
25 David, RdNr. 25 zu Art. 53; Meder, RdNr. 15 zu Art. 55; weitere Beispiele bei Ramsauer (Fn. 5), RdNr. 78 zu Art. 80.
26 BVerfGE 10, 221 (227); RdNr. 20 zu Art. 57 NV.

des Landtages festgestellt, so bedürfen die Verordnungen der Zustimmung der Präsidentin oder des Präsidenten des Landtages.
(4) Die Verordnungen sind dem Landtag unverzüglich vorzulegen. Er kann sie aufheben.

Übersicht

	RdNr.
Die Parlamentarisierung des Notverordnungsrechtes	1
Der „Landtag"	2
„durch höhere Gewalt ... gehindert"	3
Die konstitutive Wirkung der Feststellung	4
Die „Landesregierung"	5
Der Umfang der Kompetenz	6
Rechtspflicht zum Handeln	7
„Verordnungen mit Gesetzeskraft"	8
„der Verfassung nicht widersprechen"	9
Die Zustimmung des Ältestenrates	10
Die Verhinderung des Ältestenrates	11
Die Ausfertigung zur gesamten Hand	12
Die Aufhebung einer Notverordnung	13
Erlöschen der Feststellung des Landtagspräsidenten	14
Entscheidungen nach Aufhebung der Notverordnung	15
Haushaltsrecht	16
Zustimmung zu Staatsverträgen durch Notverordnung	17
Der Rechtsweg zum Staatsgerichtshof	18

Für das Recht des alten Reiches galt der Grundsatz, daß dem Kaiser oder dem Landesherrn in besonderen Notlagen für den Staat ein „äußerstes Recht" zustand. Seit Beginn des 19. Jahrhunderts entwickelte sich eine **Parlamentarisierung der Notstandsbefugnisse**[1]. Die Preußische Verfassung von 1850 sah ein Notverordnungsrecht der Landesregierung vor, wenn die Kammern nicht versammelt sind. Verordnungen, die „der Verfassung nicht zuwiderlaufen", konnten mit Gesetzeskraft erlassen werden. Sie waren den Kammern bei ihrem nächsten Zusammentritt zur Genehmigung sofort vorzulegen und standen dem einfachen Gesetz gleich[2]. Sie konnten die Verfassung weder ändern noch aufheben[3]. Die Preußische Verfassung von 1920 übernahm diese Institution und verstärkte den Einfluß des Landtages durch ein Zustimmungsrecht des Ständigen Ausschusses[4]. Nach dem Kriege führten die Landesverfassungen von Bremen, Hessen, Nordrhein-Westfalen und Rheinland-Pfalz ein Notverordnungsrecht der Landesregierung ein. Der Verfassungsgeber der Vorläufigen Niedersächsischen Verfassung knüpfte an Art. 55 Preußische Verfassung von 1920 an[5]. Der Verfassungsgeber übernahm diese Regelung mit Art. 44 NV und gewährte dem Landtag ein unmittelbares Recht der „Aufhebung" (Art. 44 Abs. 4 Satz 2 NV).

1 Stern, Bd. II, 1303 f.
2 Art. 63 Preußische Verfassung 1850.
3 Arndt I, RdNr. 3 zu Art. 63.
4 Art. 55 Satz 1 Preußische Verfassung 1920.
5 Korte, 193 f.

Art. 44 Vierter Abschnitt Die Gesetzgebung

2 Das Plenum des „Landtages" muß gehindert sein, sich frei zu versammeln. Es muß zu erwarten sein, daß eine beschlußfähige Mehrheit der Abgeordneten nicht zusammenkommen kann[6]. Nach der Geschäftsordnung des Landtages gehören hierzu mehr als die Hälfte der Mitglieder des Landtages[7].

3 „Höhere Gewalt" muß den Zusammentritt der Abgeordneten verhindern. Zu dieser sogenannten technischen Verhinderung zählen Unwetterkatastrophen, Überschwemmungen, Seuchen, innere Unruhen, Bedrohung der Abgeordneten durch Terroristen und Kampfhandlungen, Kernkraftwerksunfall[8].

Eine nur wenige Tage zu erwartende Verhinderung reicht nur dann aus, wenn innerhalb dieser Frist der Landesgesetzgeber handeln muß[9]. Das freie Versammlungsrecht ist erst dann eingeschränkt, wenn das Plenum des Landtages in Niedersachsen keinen Ort mehr findet. Eine Verhinderung in der Landeshauptstadt Hannover genügt somit nicht, da die Landesverfassung eine Versammlung außerhalb der Landeshauptstadt nicht ausschließt[10]. Eine Behinderung der Versammlungsfreiheit in einzelnen Landesgebieten wird erst dann erheblich, wenn dadurch die Beschlußfähigkeit des Plenums in Frage gestellt wird. Eine höhere Gewalt liegt dagegen nicht vor, wenn die Landesregierung bei inneren Unruhen durch Untätigkeit den Zusammentritt der Abgeordneten verhindert[11].

4 Der amtierende Landtagspräsident „stellt" den Verlust der Versammlungsfreiheit „fest". Damit seine Feststellung wirksam wird, ist sie von ihm formlos in den Medien bekannt zu machen[12]. Er hat bei dieser Feststellung einen Beurteilungsspielraum. Die Feststellung kann nur darauf geprüft werden, ob sie aus der Sicht des Landtagspräsidenten im Zeitpunkt seiner Entscheidung vertretbar war[13]. Die **Feststellung hat konstitutive Wirkung.** Sie überträgt die Kompetenz der Gesetzgebung auf die Landesregierung und entbindet sie zugleich von einer eigenen Prüfung dieser Feststellung[14].

5 „Landesregierung" im Sinne der Norm ist nur das beschlußfähige Kollegium nach Art. 28 Abs. 2 NV. Das Kollegium beschließt nach Art. 37 Nr. 1 i. V. m. Art. 39 Abs. 2 NV. Staatssekretäre sind in Niedersachsen nicht stimmberechtigt[15]. Da die Landesverfassung eine Delegation nicht vorsieht, kann die Landesregierung ihre Kompetenz nicht auf einen oder mehrere Landesminister übertragen. Auch die **geschäftsführende Landesregierung** kann Kompetenzinhaber sein[16].

---

6 Braun, RdNr. 28 zu Art. 62; Feuchte, in: Feuchte, RdNr. 5 zu Art. 62.
7 § 79 Abs. 1 Satz 1 GO Landtag.
8 Dickersbach, in: Geller/Kleinrahm, RdNr. 3a aa) zu Art. 60; Braun, RdNr. 27 zu Art. 62; Feuchte (Fn. 6), RdNr. 4 zu Art. 62; Giese/Volkmann, RdNr. 3 zu Art. 55; Stier-Somlo, RdNr. 1c zu Art. 55.
9 Rebe, Entstehung und Grundentscheidungen der Vorläufigen Niedersächsischen Verfassung, in: Korte/Rebe, 97 (126).
10 Gross, in: Zinn/Stein, RdNr. 4 zu Art. 110; Dickersbach, Fn. 8.
11 Dickersbach, Fn. 8.
12 Braun, RdNr. 34, 39 zu Art. 62.
13 Vorauflage, RdNr. 4 zu Art. 35.
14 Dickersbach (Fn. 8), RdNr. 4a zu Art. 60; Rebe (Fn. 9), 127.
15 RdNr. 7 zu Art. 28 und RdNr. 13 zu Art. 39 NV.
16 Dickersbach (Fn. 8), RdNr. 4c zu Art. 60; RdNr. 12 zu Art. 33 NV.

Der **Umfang der Rechtsetzungskompetenz** wird durch die beiden Normzwecke 6
- „Aufrechterhaltung der öffentlichen Sicherheit und Ordnung"
- „zur Beseitigung eines Notstandes"

begrenzt. Die Notverordnung muß aus der Sicht der Landesregierung im Zeitpunkt ihrer Beschlußfassung geeignet und erforderlich sein, eines dieser beiden Ziele zu erreichen. Die Landesregierung hat hierbei einen Beurteilungsspielraum, der dem des einfachen Landesgesetzgebers, an dessen Stelle sie tritt, entspricht. Es können Regelungen getroffen werden, um die bereits erheblich gestörte Sicherheit wieder herzustellen oder um einen unmittelbar drohenden Notstand zu verhindern oder zu begrenzen[17].

Es ist selbstverständlich, daß bei schweren Beeinträchtigungen der Bürger an 7
Gesundheit oder Eigentum eine **Rechtsetzungspflicht der Landesregierung** entsteht, wenn die bestehenden Landesgesetze nicht mehr ausreichen. Auch für die Landesregierung als Notgesetzgeber besteht eine **Nachbesserungspflicht**, wenn eine neue, im Zeitpunkt des Gesetzesbeschlusses des Landtages noch nicht abzusehende Entwickelung eingetreten ist, die wesentliche Gefahrenursache ist[18]. Das „Ob" der Rechtsetzung liegt somit nicht immer im freien politischen Ermessen. Das „**Kann**" (Art. 44 Abs. 1 Satz 1 NV) ist somit lediglich eine Kompetenzzuordnung.

Eine „**Verordnung mit Gesetzeskraft**" ist eine gesetzesvertretende Verord- 8
nung. Sie hat den Rang eines förmlichen Gesetzes, hat Teil am Vorrang eines Gesetzes und kann somit förmliche Gesetze aufheben, auslegen und ändern. Andererseits kann sie nicht durch eine „einfache" Verordnung aufgehoben, verbindlich ausgelegt oder geändert werden[19]. Für Notverordnungen ist dies seit je her anerkannt worden[20]. Aus Rang und Wirkung eines förmliches Gesetzes folgt, daß Grundrechte insoweit eingeschränkt werden können, als auch der Landtag hierzu berechtigt ist[21]. Durch Notverordnung aufgehobene Gesetze leben mit der Aufhebung der Notverordnung nicht wieder auf[22].

Eine Notverordnung „**widerspricht nicht der Verfassung**", wenn sich die 9
Landesregierung an den Kompetenzumfang des Landtages als einfacher Gesetzgeber hält und den Normzweck des Art. 44 Abs. 1 NV beachtet[23]. Ausnahmen siehe nachfolgend RdNr. 17 und 18.

Die „**Zustimmung des Ältestenrates**" ist an die Stelle der des Ständigen 10
Ausschusses (Art. 35 Abs. 2 i. V. m. Art. 12 VNV) getreten, weil es diesen Ausschuß nicht mehr gibt[24]. Der Ältestenrat ist ein selbständiges, subsidiäres Verfassungsorgan und gesetzlicher Pflichtausschuß des Landtages

---

17 Giese/Volkmann, RdNr. 4 zu Art. 55.
18 BVerfGE 56, 54 (79).
19 BVerfGE 22, 1 (10 f.).
20 Giese/Volkmann, RdNr. 10 zu Art. 55; Süsterhenn/Schäfer, RdNr. 4 zu Art. 111; Vorauflage, RdNr. 6 zu Art. 35; Dickersbach (Fn. 8), RdNr. 5a zu Art. 60; Gross (Fn. 10) RdNr. 6 zu Art. 110; Neumann, RdNr. 17 zu Art. 101 Bremische Verfassung.
21 Giese/Volkmann, Süsterhenn/Schäfer, Dickersbach und Gross, jeweils Fn. 20.
22 Dickersbach und Gross, jeweils Fn. 20.
23 Gross, Fn. 20; Dickersbach (Fn. 8), RdNr. 5 b) bb) zu Art. 60.
24 Schriftlicher Bericht, 27.

Art. 44

nach Art. 20 Abs. 3 NV. Die Beteiligung des Ältestenrates als Ersatzparlament verhindert einen Mißbrauch des Notverordnungsrechtes. Wenn der Ältestenrat nicht zustimmt, kann die Notverordnung nicht erlassen werden. Eine Beschränkung der Zustimmung auf Teile der Notverordnung ist eine Ablehnung des gesamten Entwurfstextes.

11 Für die Feststellung des Präsidenten des Landtages bei der **Verhinderung des Ältestenrates** (Art. 44 Abs. 3 1. u. 2. Halbsatz NV) gelten die angeführten Grundsätze entsprechend. Erst nach der öffentlichen Bekanntmachung seiner konstitutiven Feststellung auch dieser Verhinderung hat der amtierende Präsident des Landtages die Funktion des „Ersatzparlamentes". Seine Funktion erlischt, wenn die Mitglieder des Ältestenrates wieder innerhalb Niedersachsens zusammentreten können.

12 Die Funktion der **Ausfertigung der Notverordnung** haben zur gesamten Hand der Ministerpräsident und der amtierende Landtagspräsident (Art. 45 Abs. 2 NV). Zur Verkündung siehe Art. 45 Abs. 2 NV.

13 Der 4. Absatz regelt die **Aufhebung einer Notverordnung**. Da diese Norm einen besonderen Absatz bildet, gilt sie sowohl für die Notverordnungen mit Zustimmung des Ältestenrates als auch für die, welche mit Zustimmung des amtierenden Präsidenten des Landtages ergangen sind[25]. Das Aufhebungsverfahren wurde wesentlich geändert. Während Art. 35 Abs. 4 VNV einen Beschluß des Landtages voraussetzte, der die Landesregierung, damals Landesministerium genannt, verpflichtete, ihre Notverordnung aufzuheben[26], kann der Landtag sie jetzt selbst aufheben („Er kann sie aufheben"). Hierbei genügt ein einfacher Beschluß des Plenums. Der Beschluß ist förmlich zu verkünden, da er Recht im Range eines Landesgesetzes aufhebt. Will der Landtag eine Notverordnung rückwirkend aufheben, so bedarf es eines förmlichen Gesetzes[27]. Entsprechendes gilt, wenn der Landtag nur einzelne Teile einer Notverordnung ändern will[28]. Wird die Notverordnung nicht aufgehoben, so gilt sie weiter[29].

14 Die **konstitutive Feststellung** des **Landtagspräsidenten** (RdNr. 4 und 11) hat **keine Dauerwirkung**. Sie erlischt spätestens mit Wiederherstellung der Funktionsfähigkeit, wenn die Verhinderten sich wieder versammeln können[30].

15 Auf einer Notverordnung beruhende Entscheidungen der Verwaltungen und Gerichte behalten nach der Aufhebung der Notverordnung ihre **Wirksamkeit**[31]. Durch die Notverordnung aufgehobene Landesgesetze oder Verordnungen sind endgültig aufgehoben. Sie leben nach einer Aufhebung der Notverordnung nicht wieder auf[32].

---

25 Fn. 24.
26 Vorauflage, RdNr. 8 zu Art. 35.
27 Neumann, RdNr. 25 zu Art. 101 Bremische Verfassung; Gross (Fn. 10), RdNr. 7 zu Art. 110; Dickersbach (Fn. 8), RdNr. 7 zu Art. 60.
28 Neumann, RdNr. 22 zu Art. 101 Bremische Verfassung; Anschütz, RdNr. 18d zu Art. 48.
29 Rebe, Fn. 14.
30 Fn. 29.
31 Giese/Volkmann, RdNr. 14 zu Art. 55.
32 Gross (Fn. 10), RdNr. 6 zu Art. 110.

Ausfertigung, Verkündung, Inkrafttreten   Art. 45

Aus der Zweckbindung des Art. 44 Abs. 1 NV folgt, daß die Rechtsetzungs- 16
kompetenz nicht den Erlaß eines Haushaltsgesetzes umfaßt[33]. Werden zur
Bekämpfung einer aktuellen Notlage im Sinne des Art. 44 Abs. 1 NV über-
und außerplanmäßige Haushaltsmittel erforderlich, so können sie im Wege
des **Notbewilligungsrechtes** (Art. 67 Abs. 1 NV) beschafft werden. Mit der
gleichen Zweckbindung kann durch eine Notverordnung die **Zustimmung
zur Kreditaufnahme** oder Gewährleistung (Art. 71 NV) erteilt werden[34].

Bei Notstandsfällen im Grenzgebiet des Landes kann der schnelle Abschluß 17
eines **Staatsvertrages** mit einem Nachbarlande erforderlich werden[35]. Der
Inhalt des Vertrages muß das Recht der parlamentarischen Aufhebung berücksichtigen.

Eine **Normenkontrolle** beim Nieders. Oberverwaltungsgericht nach § 47 18
VwGO kommt nicht in Betracht. Denn eine Notverordnung der Landesregierung steht nicht „im Rang unter dem Landesgesetz". Als gesetzesvertretende Verordnung ist sie wie ein formelles Landesgesetz zu behandeln[36]. Der
Staatsgerichtshof ist hierfür nach Art. 54 Nr. 3 oder 4 NV zuständig.

Artikel 45
Ausfertigung, Verkündung, Inkrafttreten

**(1) Die verfassungsmäßig beschlossenen Gesetze sind unverzüglich von
der Präsidentin oder dem Präsidenten des Landtages auszufertigen und
von der Ministerpräsidentin oder dem Ministerpräsidenten im Gesetz-
und Verordnungsblatt zu verkünden. Verordnungen werden von der Stelle,
die sie erläßt, ausgefertigt und vorbehaltlich anderweitiger gesetzlicher
Regelung im Gesetz- und Verordnungsblatt verkündet.**

**(2) Verordnungen, die auf Grund des Artikels 44 beschlossen sind, wer-
den von der Präsidentin oder dem Präsidenten des Landtages gemeinsam
mit der Ministerpräsidentin oder dem Ministerpräsidenten ausgefertigt
und, falls eine Verkündung im Gesetz- und Verordnungsblatt nicht möglich ist, öffentlich bekanntgemacht.**

**(3) Jedes Gesetz und jede Verordnung soll den Tag des Inkrafttretens be-
stimmen. Fehlt eine solche Bestimmung, so treten sie mit dem 14. Tage
nach Ablauf des Tages in Kraft, an dem das Gesetz- und Verordnungsblatt
ausgegeben worden ist.**

Übersicht

RdNr.

I. Die Ausfertigung

Das vorrechtliche Bild 1
Eine zulässige Selbstkontrolle 2

---
33 Dickersbach (Fn. 8), RdNr. 5 b) cc) zu Art. 60; Gross (Fn. 10), RdNr. 6 zu Art. 110.
34 Anschütz, RdNr. 14 zu Art. 48; RdNr. 10 zu Art. 71 NV.
35 Dickersbach, Fn. 33.
36 BVerfGE 52, 1 (16 f.); 22, 1 (11).

Ein Teil materieller Gesetzgebung ... 3
„Die verfassungsmäßig beschlossenen Gesetze" ... 4
Der Umfang der materiellen Prüfung ... 5
Der maßgebliche Zeitpunkt ... 6
Keine Ausfertigungspflicht bei Verfassungswidrigkeit ... 7
Keine Teilausfertigung ... 8
Kein Widerruf ... 9
Die Frist ... 10
Die Form ... 11
Die Vertretung des Landtagspräsidenten ... 12
Die Berichtigung ... 13

II. Die Verkündung

Ein Teil förmlicher Rechtsetzung ... 14
Das Vollständigkeitsprinzip ... 15
„Der Ministerpräsident" ... 16
„Gesetz- und Verordnungsblatt" ... 17
Die Wirksamkeit ... 18
Die Bekanntmachung ... 19

III. Das Inkrafttreten

Der Begriffsinhalt ... 20
Keine Delegation an Dritte ... 21
Die Möglichkeiten ... 22

IV. Die Verordnungen

Ausfertigung und Verkündung ... 23
Die Notverordnungen ... 24

1 Der Verfassungsgeber wich 1993 von der in Deutschland bisher herrschenden Praxis, der Spitze der Exekutive die staatsoberhauptliche Kompetenz der **Ausfertigung** zuzuweisen, ab und übertrug sie dem **Landtagspräsidenten**. Eine entsprechende Regelung gab es in den Verfassungen von Berlin (Art. 46 Abs. 2), Brandenburg (Art. 81 Abs. 1), Sachsen-Anhalt (Art. 82 Abs. 1), Sachsen (Art. 76 Abs. 1) und Thüringen (Art. 85 Abs. 1). Diese neue Regelung widerspricht zwar der Verfassungstradition, die materielle Gesetzgebung von der Ausfertigung zu trennen[1], soll aber praktikabel sein[2]. Diese Parlamentarisierung der Ausfertigung wurde von den Fraktionen der SPD und den Grünen vorgeschlagen[3]. Der Sonderausschuß „Niedersächsische Verfassung" war der Meinung, daß der Landtagspräsident hierbei nur ein formelles Prüfungsrecht habe[4].

2 Das Bundesverfassungsgericht hat bisher die Frage, ob ein Parlamentspräsident ein von ihm mitbeschlossenes Gesetz ausfertigen dürfe, noch nicht entschieden. Da der Begriff der Ausfertigung auch eine materielle Prüfungspflicht umfaßt[5], konzentriert sich das Problem auf die Frage, ob ein Verfas-

---

[1] Maurer, in: Bonner Kommentar, RdNr. 24 zu Art. 82.
[2] Bericht Landtag Rheinland-Pfalz v. 24. 10. 1994, 74.
[3] Nieders. Landtag, Drucksache 12/3350, 96.
[4] Schriftlicher Bericht, 27.
[5] BVerfGE 34, 9 (23).

sungsorgan sich **selbst kontrollieren** darf. Weniger problematisch wäre eine Ausfertigung durch den Parlamentspräsidenten, wenn er sich bei Gesetzesbeschlüssen der Stimme enthielte. Es muß der Praxis überlassen bleiben, ob die Selbstkontrolle sich bewährt.

Die Ausfertigung ist ein **Teil der Gesetzgebung.** Mit dem Akt der Ausfertigung steht der Inhalt des Gesetzes endgültig fest. Danach läuft nur noch eine technische Phase, die Verfügung des Ministerpräsidenten, in welche Nummer des Niedersächsischen Gesetz- und Verordnungsblattes das Gesetz aufgenommen werden soll, der Satz, die Korrektur der Druckfehler, der Druck des Gesetzes und die Auslieferung des Gesetzblattes[6]. 3

Mit der Formel „**die verfassungsmäßig beschlossenen Gesetze**" gebietet der Verfassungsgeber die Verfassungsmäßigkeit, die **Legalität des Gesetzes.** Nach dem angeführten Urteil des Bundesverfassungsgerichts hat der Ausfertigende zu prüfen, „ob der Gesetzgeber die Zuständigkeit zum Erlaß des Gesetzes besitzt". Er darf also kein Gesetz ausfertigen, für dessen Erlaß keine Zuständigkeit besteht[7]. Die Gesetzgebungszuständigkeit des Landes richtet sich nach höherrangigem Recht. Es sind dies: 4
- Verordnungen der **Europäischen Union,** der **Europäischen Gemeinschaften**[8],
- **Richtlinien der Europäischen Union**[9],
- Grundgesetz, allgemeine Regeln des Völkerrechts, Bundesgesetze und Rechtsverordnungen des Bundes[10],
- Landesverfassungsrecht.

Die kurze Frist für die Prüfung („unverzüglich") und die zunehmende Komplexität der höherrangigen Normen schließen eine umfassende rechtliche Prüfung aus. Die materielle Prüfung kann sich daher auf eindeutige, offenkundige Verletzungen höherrangigen Rechts beschränken[11]. Ein größerer **Prüfungsumfang** ist nicht praktikabel. Insbesondere können von den Verfassungsgerichten noch nicht entschiedene Fragen ungeprüft bleiben[12]. 5

Allein **maßgeblicher Zeitpunkt** für die Prüfung ist der Tag der Ausfertigung. Der Landtagspräsident muß zur Feststellung kommen können, daß „jetzt" das Land die Zuständigkeit zum Erlaß des Gesetzes besitzt. Erst nach dieser 6

---

6 BVerfG, Fn. 5.
7 BVerfG, Fn. 5; a. A.: Hederich, Zum Recht des Landtagspräsidenten, die Gesetzesausfertigung zu verweigern, NdsVBl., 1999, 77 (84).
8 BVerfGE 73, 339 (374); Ossenbühl, Rechtsverordnungen, in: Hdb. d. Staatsrechts, Bd. III, 387 (390); Hans Peter Ipsen, Deutschland in den Europäischen Gemeinschaften, in: Hdb. d. Staatsrechts, Bd. VII, 767 (792f.).
9 Ipsen (Fn. 8), 794; Neumann, RdNr. 6 zu Art. 148 Bremische Verfassung; BVerfGE 75, 223 (235); 85, 191 (203f.), Pernice, Deutschland in der Europäischen Union, in: Hdb. d. Staatsrechts, Bd. VIII, 225 (245).
10 Maurer (Fn. 1), RdNr. 53f. zu Art. 82; Feuchte, in: Feuchte, RdNr. 7 zu Art. 63; Schonebohm, in: Zinn/Stein, RdNr. 4 zu Art. 120; Schweiger, in: Nawiasky, RdNr. 3 zu Art. 76; David, RdNr. 11 zu Art. 52.
11 Linck, in: Linck/Jutzi/Hopfe, RdNr. 6 zu Art. 85; Schweiger (Fn. 10), RdNr. 3 zu Art. 76; Braun, RdNr. 10 zu Art. 63; Schonebohm, Fn. 10; Schlaich, Die Funktionen des Bundespräsidenten im Verfassungsgefüge, in: Hdb. d. Staatsrechts, Bd. II, 541 (558); Jörn Ipsen, 133; Rebe, Landtag und Gesetzgebung, in: Korte/Rebe, 141 (236).
12 Rebe, Fn. 11.

Art. 45   Vierter Abschnitt   Die Gesetzgebung

Feststellung darf er unterschreiben und damit das Ausfertigungsdatum, mit dem das Gesetz zitiert wird, bestimmen[13]. Es ist also möglich, daß ein zulässiger Gesetzesbeschluß des Plenums inzwischen unzulässig geworden ist und damit nicht mehr ausgefertigt werden darf. Das gilt auch bei **Volksentscheiden**. Denn das Recht des Landesvolkes besteht nur im Rahmen der dem Lande zugewiesenen Gesetzgebungsbefugnisse[14].

7   Kommt der Landtagspräsident zu dem Ergebnis, daß ein wesentlicher, zur Verfassungswidrigkeit führender Mangel vorliegt, so darf er das Gesetz grundsätzlich nicht ausfertigen[14]. Das gilt auch bei Volksentscheiden[15].

8   Der Landtagspräsident kann einen Gesetzesbeschluß nur insgesamt ausfertigen oder insgesamt ablehnen. Eine **Teil-Ausfertigung** sieht die Landesverfassung nicht vor[16].

9   Grundsätzlich kann der Präsident seine Ausfertigung **nicht widerrufen,** es sei denn, ein eindeutiger erheblicher Mangel ist nachträglich festgestellt worden und der Gesetzesbeschluß ist noch nicht als Gesetz verkündet worden[17].

10   Der Verfassungsgeber hat anstelle der früheren Frist von 30 Tagen (Art. 36 Abs. 1 Satz 1 VNV) „unverzüglich" gesetzt (Art. 45 Abs. 1 Satz 1 NV). Das bedeutet ohne schuldhaftes Zögern. Bei umfangreichen, erst nach dem Gesetzesbeschluß des Plenums eingetretenen Änderungen höherrangigen Rechts kann eine Monatsfrist noch zu kurz sein. Ein Verzögern aus politischen Gründen ist unzulässig[18].

11   Es ist selbstverständlich und folgt aus dem Charakter der Ausfertigung als **qualifizierte Beurkundung,** daß Unterschriftsstempel und Unterschriftsautomaten nicht zu benutzen sind. Der Familienname ist auszuschreiben. Die Urkunde muß Ort und Datum der Unterzeichnung enthalten[19]. Nach der Unterzeichnung der Gesetzesurschrift ist die Urkunde zu siegeln. Der Ort der Unterzeichnung ist nicht an das Staatsgebiet gebunden.

12   Ist der Landtagspräsident verhindert, so hat der amtierende Vizepräsident auszufertigen. In welcher Reihenfolge die **Vizepräsidenten als Vertreter** (Art. 18 Abs. 1 NV) auftreten, ist der Geschäftsordnungsautonomie des Landtages (Art. 21 Abs. 1 NV) überlassen. Nach § 7 S. 2 der zur Zeit geltenden Geschäftsordnung vereinbart der Präsident mit seinen Vizepräsidenten die Reihenfolge der Vertretung.

13   Grundsätzlich ist ein Gesetzesbeschluß mit der Schlußabstimmung unabänderlich. Der Landtag kann ihn daher nicht mehr durch Plenarbeschluß aufheben[20]. Dieser Grundsatz hat Verfassungsrang[21]. Nur die Berichtigung von

---

13 BVerfGE 34, 9 (23).
14 BVerfG, Fn. 13.
15 BVerfGE 60, 175 (206).
16 Ramsauer, in: AK-GG, RdNr. 22 zu Art. 82; Dickersbach, in: Geller/Kleinrahm, RdNr. 2 zu Art. 71.
17 Dickersbach (Fn. 16), RdNr. 2e zu Art. 71; Braun, RdNr. 2 zu Art. 63.
18 Maurer (Fn. 1), RdNr. 72 zu Art. 82.
19 Dickersbach (Fn. 16), RdNr. 3 zu Art. 71.
20 Maunz, in: Maunz/Dürig/Herzog, RdNr. 8 zu Art. 78; Ramsauer (Fn. 16), RdNr. 33 zu Art. 82; Trossmann, 364; Trossmann/Roll, 176; Schmidt-Bleibtreu, in: Schmidt-Bleibtreu/Klein, RdNr. 6 zu Art. 78.

Druckfehlern und anderen offenbaren Unrichtigkeiten ist in engen Grenzen insoweit noch zulässig, soweit der materielle Norminhalt nicht angetastet wird[22]. Sie ist z. B. die Änderung der Zeichensetzung ausgeschlossen, wenn sie den Gehalt der Norm ändert[23]. Die **Unverrückbarkeit eines Gesetzesbeschlusses** setzt voraus, daß der amtierende Präsident das Ergebnis der Abstimmung verkündet hat. Bis dahin kann von einem unverrückbaren Beschluß noch nicht gesprochen werden[24]. Hat das Plenum einen Gesetzesentwurf abgelehnt oder wurde bei einer Änderung der Landesverfassung die nach Art. 46 Abs. 3 NV erforderliche Mehrheit nicht erreicht, so ist der Gesetzentwurf gescheitert[25]. Die Geschäftsordnung des Landtages stellt eine Befugnis des Präsidenten fest, beim Ausfertigen der Gesetze **offenbare Unrichtigkeiten** zu beseitigen. Sie führt jedoch nicht die absoluten Grenzen der Unantastbarkeit des materiellen Inhalts an.

Die **Verkündung** ist ein wesentlicher Teil der förmlichen Rechtsetzung[26], sie ist Geltungsbedingung[27]. Das verkündete, aber noch nicht in Kraft getretene Gesetz besteht zwar rechtlich, gestaltet aber noch nicht das Rechtsleben. Erst das Inkrafttreten bestimmt den zeitlichen Geltungsbereich der Vorschrift[28]. Zweck der Verkündung ist es, den Inhalt der Normen den Betroffenen verständlich zur Kenntnis zu geben[29]. Der Gesetzgeber hat die Verkündung so zu regeln, daß sie ihre rechtsstaatliche Funktion auch erfüllt[30]. Auf die Kenntnisnahme der Öffentlichkeit muß dabei Verlaß sein[31]. Die Verkündung eines Gesetzes vor der Ausfertigung ist wirkungslos, eine spätere Ausfertigung heilt sie nicht mehr[32]. Die Verkündung wird unzulässig, wenn eine Ausfertigung vor der Ausführung der Verkündung zulässig widerrufen worden ist[33]. Ein ausdrücklicher „**Verkündungsbefehl**" ist überflüssig, weil die Pflicht zur Verkündung bereits aus der Landesverfassung folgt[34].   14

Nach dem **Vollständigkeitsprinzip** ist der gesamte Umfang eines Gesetzes zu verkünden. Hierzu gehören auch seine Anlagen[35]. Umfangreiche Haushaltspläne, Karten und Bebauungspläne können zur Einsicht für jedermann ausgelegt werden[36].   15

Art. 45 Abs. 1 Satz 1 NV weist die Kompetenz der Verkündung dem „**Ministerpräsidenten**" zu. Zur Vertretung siehe RdNr. 5 zu Art. 37 NV. Die Ver-   16

---

21 Trossmann/Roll, 176; Ritzel/Bücker, RdNr. 2 Anlage zu § 122.
22 BVerfGE 48, 1 (18f.); Achterberg, 647f.
23 BVerfG, Fn. 22.
24 Siehe RdNr. 8 zu Art. 42 NV.
25 Trossmann, 364; Vorauflage, RdNr. 6 zu Art. 33.
26 BVerfGE 42, 263 (283).
27 BVerfGE 7, 330 (337); 16, 6, (17); 42, 263 (283); 65, 283 (291); 72, 200 (241).
28 BVerfGE 42, 263 (283).
29 BVerfGE 65, 283 (291).
30 BVerfG, Fn. 29.
31 BVerfG, Fn. 29.
32 Ramsauer (Fn. 16), RdNr. 6 zu Art. 82.
33 Braun, RdNr. 16 zu Art. 63.
34 Maurer (Fn. 1), RdNr. 94 zu Art. 82.
35 Maurer (Fn. 1), RdNr. 101 zu Art. 82.
36 BVerfGE 20, 56 (93); Maurer (Fn. 1), RdNr. 101 zu Art. 82; Ramsauer (Fn. 16), RdNr. 27 zu Art. 82.

kündung ist als ein Teil der Gesetzgebung nicht delegationsfähig. Der Ministerpräsident entscheidet, ob der ausgefertigte Gesetzesbeschluß von der Staatskanzlei zu verkünden ist[37]. Er ist berechtigt, die Verkündung zu verweigern, wenn der ausgefertigte Gesetzesbeschluß an einem offensichtlichen Kompetenzmangel leidet und dem Lande dadurch erhebliche Nachteile entstehen können[38]. Er ist kein Weisungsempfänger des Landtagspräsidenten.

17   Die Verkündung muß nach Art. 45 Abs. 1 Satz 1 NV im „**Gesetz- und Verordnungsblatt**" geschehen. Eine andere Form der Verkündung ist nur bei Notverordnungen zulässig (Art. 45 Abs. 2 – letzter Halbsatz – NV).

18   Die Verkündung des Landesgesetzes wird mit der **Ausgabe** des Niedersächsischen Gesetz- und Verordnungsblattes wirksam[39]. Die amtliche Angabe der Ausgabe im Kopf des Gesetzblattes hat die Vermutung der Richtigkeit für sich[40]. Wer die Unrichtigkeit der Ausgabe behauptet, muß dies beweisen, Zweifel genügen nicht[41]. Das Bundesverfassungsgericht meint, eine Ausgabe liege bereits dann vor, wenn das erste Stück einer Nummer des Gesetzblattes aus der Verfügungsmacht des Verfassungsorgans in die Öffentlichkeit gelangt[42]. Das Schrifttum ist dagegen unter Hinweis auf den Normzweck der Ansicht, das Gesetzblatt müsse durch die Post an die Mehrheit der Bezieher ausgeliefert werden[43]. Der Ministerpräsident kann als Tag der Ausgabe den Tag wählen, an dem das Gesetzblatt die Grenzgebiete des Landes erreicht, damit die Verkündung ihre rechtsstaatliche Funktion voll erfüllt[44].

19   Eine **Bekanntmachung eines Gesetzes** ist kein konstitutiver Akt des Gesetzgebers. Sie soll nur den Gesetzestext ohne eine Änderung des Inhalts klarstellen und übersichtlich machen[45]. Auf das geltende Recht ist sie ohne Einfluß[46]. Sie sagt nichts über den Willen des Gesetzgebers[47]. Demgemäß sind die Gerichte nicht an sie gebunden[48]. Eine der Landesregierung oder einem Minister erteilte Ermächtigung zur Bekanntmachung begründet keine Befugnis zur Rechtsetzung[49]. Ein Auftrag, ein geändertes Gesetz mit neuer Überschrift oder neuen Daten zur Beseitigung von Unstimmigkeiten des Wortlautes bekanntzumachen, ist daher nur soweit zulässig, als der rechtlich erhebliche Inhalt nicht berührt wird[50]. Die Bekanntmachung ist eine amtli-

---

37 Schonebohm (Fn. 10), RdNr. 5b zu Art. 120.
38 Art. 2 Abs. 2 NV.
39 BVerfGE 65, 283 (291); 16, 6 (18f.).
40 BVerfGE 16, 6 (19).
41 BVerfGE 16, 6 (17).
42 BVerfGE 16, 6 (19).
43 Maurer (Fn. 1), RdNr. 98, 99 zu Art. 82; Bryde, in: v. Münch, 2. sowie 3. Aufl., jeweils RdNr. 12 zu Art. 82; Stern, Bd. II, 636; Achterberg, 379 dort. Fn. 142; Ramsauer (Fn. 16), RdNr. 30 zu Art. 82; Dickersbach (Fn. 16), RdNr. 4 zu Art. 71; Neumann, RdNr. 29 zu Art. 123 Bremische Verfassung.
44 BVerfGE 65, 283 (291).
45 BVerfGE 43, 108 (115); 64, 208 (221).
46 BVerfGE 64, 208 (221).
47 BVerfG, Fn. 46.
48 BVerfGE 42, 263 (289).
49 BVerfGE 18, 388 (391).
50 BVerfG, Fn. 49.

Ausfertigung, Verkündung, Inkrafttreten   Art. 45

che unverbindliche Fassung[51]. Sie kann weder selbständig mit der Verfassungsbeschwerde zum Bundesverfassungsgericht angegriffen[52] noch dem Staatsgerichtshof zur Normenkontrolle vorgelegt werden[53]. Eine Bekanntmachung heilt keine mangelhafte Verkündung.

Der Zeitpunkt des **Inkrafttretens** eines Gesetzes ist ein Teil seines Inhalts, nicht eine Stufe des Gesetzgebungsverfahrens. Ein Gesetz ist zwar mit seiner Verkündung erlassen, ihm fehlt aber noch die Kraft, das Rechtsleben zu gestalten. Erst das Inkrafttreten bestimmt seine zeitliche Geltung, den Tag, ab dem es anzuwenden ist[54]. Der Zeitpunkt des Inkrafttretens ist nur dann zu beanstanden, wenn der Gesetzgeber äußerste Grenzen überschritten hat, wenn „sachlich vertretbare Gründe für den gewählten Zeitpunkt nicht mehr zu erkennen sind"[55]. 20

Der Landesgesetzgeber muß das Inkrafttreten seiner Gesetze selbst bestimmen und darf es nicht an Dritte oder die Exekutive übertragen[56]. Insoweit besteht ein **Delegationsverbot**[57]. Das kann nicht durch eine Verordnungsermächtigung umgangen werden[58]. 21

Für das Inkrafttreten eines Landesgesetzes bedeuten: 22

„mit der Verkündung"	... zur Stunde der Ausgabe des Gesetzblattes[59];
„mit dem Tag der Verkündung"	... rückwirkend auf den Beginn des Tages der Ausgabe, null Uhr[60];
„mit dem auf die Verkündung folgenden Tag"	... null Uhr des Tages nach der Ausgabe[61];
„eine Woche oder einen Monat nach Verkündung"	... zu Beginn des Tages, der durch seine Zahl der Benennung des Gesetzblattes entspricht[62];
„mit Wirkung vom 1. Juli 1998"	... am 1. Juli 1998 null Uhr[63].

Fehlt es an einer ausdrücklichen Regelung, so greift die Vierzehntagefrist des Art. 45 Abs. 3 Satz 2 NV ein. Der Zeitpunkt des Inkrafttretens ist weit in die Zukunft zu legen, wenn die Verwaltung eine längere Vorbereitung benötigt oder der Bürger sich auf die veränderte Rechtslage erst einstellen muß[64]. Hierbei ist es zweckmäßig, die Ansicht der in Betracht kommenden Verbände und Kammern einzuholen.

---
51 Maurer (Fn. 1), RdNr. 114 zu Art. 82.
52 BVerfGE 17, 364 (369).
53 BVerfG, Fn. 49.
54 BVerfGE 87, 48 (60); 47, 85 (93); 45, 297 (326).
55 BVerfGE 47, 85 (93); zur Problematik: Maurer (Fn. 1), RdNr. 116 zu Art. 82.
56 Ramsauer (Fn. 16), RdNr. 37 zu Art. 82; BVerfGE 42, 263 (283); 45, 297 (326).
57 Neumann, RdNr. 2 zu Art. 126 Bremische Verfassung.
58 Maurer (Fn. 1), RdNr. 118 zu Art. 82; a. A.: Bryde (Fn. 43), RdNr. 16 zu Art. 82.
59 Maunz (Fn. 20), RdNr. 11 zu Art. 82; Neumann, RdNr. 3 zu Art. 126 Bremische Verfassung.
60 Dickersbach (Fn. 14), RdNr. 13 zu Art. 71; Neumann, Fn. 59.
61 Neumann, Fn. 59.
62 Achterberg, 379; Neumann, Fn. 59.
63 Dickersbach, Fn. 60; Neumann, Fn. 59.
64 Ossenbühl, Verfahren der Gesetzgebung, in: Hdb. d. Staatsrechts, Bd. III, 351 (381).

23 Die **Ausfertigung der Verordnungen** muß wie bei Landesgesetzen förmlich beurkundet werden[65].

24 „Verordnungen, die aufgrund des Artikels 44 beschlossen sind", sind Notverordnungen. Sie werden zur gesamten Hand vom Landtagspräsidenten und dem Ministerpräsidenten ausgefertigt. Keiner der beiden Verfassungsorgane kann allein oder mit der Zustimmung des anderen die Notverordnung ausfertigen. Fehlt eine Unterschrift, so liegt keine Ausfertigung vor. Auch hier ist die Ausfertigung eine förmliche Beurkundung[66]. Ist eine förmliche Verkündung wegen der Eilbedürftigkeit einer Notverordnung nicht angebracht, so ist die Form der „**öffentlichen Bekanntmachung**" zu wählen. Sie umfaßt alle Formen der Veröffentlichung in den Medien, Hörfunk, Fernsehen, Tagespresse[67]. Mit der ersten Bekanntmachung in einem dieser Medien ist die Bekanntmachung vollzogen.

Artikel 46
Verfassungsänderungen

(1) Diese Verfassung kann nur durch ein Gesetz geändert werden, das ihren Wortlaut ausdrücklich ändert oder ergänzt.

(2) Verfassungsänderungen, die den in Artikel 1 Abs. 2 und Artikel 2 niedergelegten Grundsätzen widersprechen, sind unzulässig.

(3) Ein verfassungsänderndes Gesetz bedarf der Zustimmung von zwei Dritteln der Mitglieder des Landtages. Für Verfassungsänderungen durch Volksentscheid gilt Artikel 49 Abs. 2.

Übersicht

	RdNr.
Kleine Änderungen gegenüber Art. 37, 38 VNV	1
Das vorrechtliche Bild	2
Art. 79 GG als Vorbild	3
Die Normzwecke	4
Die Verfassungsänderung	5
Das Verfassungsgewohnheitsrecht	6
Staatsverträge des Landes	7
Keine Änderungen durch eine Notverordnung	8
Der Verfassungswandel	9
Die Grundsätze der Ewigkeitsklauseln	10
Das Homogenitätsgebot des Grundgesetzes	11
Die qualifizierte Mehrheit	12
Verfassungsänderung durch einen Volksentscheid	13
Der Staatsgerichtshof prüft	14

1 Die Vorschrift wiederholt den Inhalt der Art. 37 und 38 Vorläufige Niedersächsische Verfassung. Es wurde aber der Katalog der nichtänderbaren Nor-

---

65 RdNr. 18 zu Art. 43 NV.
66 Fn. 65.
67 Vorauflage, RdNr. 12 zu Art. 36.

Verfassungsänderungen   **Art. 46**

men durch den Zusatz „Schutz der natürlichen Lebensgrundlagen" (Art. 1
Abs. 2 NV) erweitert und die qualifizierte Mehrheit des Art. 38 VNV auf
„zwei Drittel der Mitglieder des Landtages" verschärft. Schließlich wurde
noch die Alternative einer Verfassungsänderung durch einen Volksentscheid
beigefügt.

Die Praxis der alten Reichsverfassung von 1871 ging von der Zulässigkeit der 2
Verfassungsdurchbrechung aus, verfassungsrechtliche Normen in der Form
eines verfassungsändernden einfachen Reichsgesetzes zu durchbrechen. Dabei galt die durchbrochene Norm der Verfassung im übrigen unverändert
weiter. Sie wurde weder dauernd aufgehoben noch für eine Zeit außer Kraft
gesetzt. Der Reichsgesetzgeber übernahm nach 1918 diese Praxis. Das
Reichsgericht billigte sie[1]. Maßgebliche Staatsrechtler, unter ihnen *Hugo
Preuß*[2], traten dieser Praxis entgegen[3]. Schließlich waren die zahlreichen
Durchbrechungen nicht mehr zu übersehen. Der Text der Verfassung zeigte
nicht seinen Inhalt. Ferner meinte die damals herrschende Lehre, daß nach
dem Wortlaut des Art. 76 WRV jede materielle Verfassungsänderung denkbar sei[4]. Nur wenige Staatsrechtler widersprachen diesem **Parlamentsabsolutismus.** Hierzu wird auf *Friedrich Karl Fromme* verwiesen[5]. Der fehlende
Schutz für die Kernbestimmungen der Reichsverfassung bot **Hitler** die Möglichkeit, die **Fundamentalnormen** außer Kraft zu setzen. Die Reichsregierung konnte sich rühmen: „Die Bestimmungen der alten Verfassung wurden
Stück für Stück ... außer Kraft gesetzt und durch neue, der nationalsozialistischen Gedankenwelt entsprechende Verfassungsgrundsätze und Verfassungseinrichtungen ersetzt"[6].

Die Verfassungsgeber des Bundes und der meisten Länder haben vergleich- 3
bare Vorschriften erlassen. **Art. 46 Abs. 1 NV entspricht Art. 79 Abs. 1
Satz 1 GG.** Die Ewigkeitsklausel des Art. 46 Abs. 2 NV ist der von Art. 79
Abs. 3 GG nachgebildet worden. Die qualifizierte Mehrheit bei der parlamentarischen Verfassungsänderung findet man bei Art. 79 Abs. 2 GG. Der
Verfassungsgeber ging vom **Vorbild des Art. 79 GG** aus[7].

Normzweck des Textgebotes (Art. 46 Abs. 1 NV) ist die Rechtssicherheit. 4
Der Bürger soll selbst erkennen können, was seine Verfassung enthält[8].
Zweck der Ewigkeitsklausel (Art. 46 Abs. 2 NV) ist es, die geltende Verfas-

---

1 Anschütz, RdNr. 2 zu Art. 76; Giese, RdNr. 4 zu Art. 76; Gebhard, RdNr. 3a zu Art. 76; Huber, Verfassungsgeschichte, Bd. VI, 421; Schmitt C. 109f.; Thoma, Die juristische Bedeutung der grundrechtlichen Sätze der deutschen Reichsverfassung im allgemeinen, in: Nipperdey, Bd. I, 1 (38f.); Bushart, 33.
2 Geb. 28. 10. 1860 in Berlin, gest. 9. 10. 1923 in Berlin, Vater der Preußischen Verfassung und der Reichsverfassung, Jurist jüdischer Herkunft. Vgl. Schefold, Hugo Preuß, in: Heinrichs/Franzki/Schmalz/Stolleis, 428 f.
3 Hans Schneider, Die Reichsverfassung vom 11. August 1919, in: Hdb. d. Staatsrechts, Bd. I, 85 (131f.); Bushart, 33.
4 Thoma (Fn. 1), 38f.; Anschütz, RdNr. 3 zu Art. 76; Gebhard, RdNr. 3b zu Art. 76.
5 Fromme, 178f.
6 So Staatssekretär Stuckart, in: Stuckart/Schiedermair, Neues Staatsrecht I, 10f.
7 Schriftlicher Bericht, 28.
8 Badura, Verfassungsänderung, Verfassungswandel, Verfassungsgewohnheitsrecht, in: Hdb. d. Staatsrechts, Bd. VII, 57 (58); Bryde, in: v. Münch/Kunig, RdNr. 6 zu Art. 79; Neumann, RdNr. 4 zu Art. 125 Bremische Verfassung.

sungsordnung in ihrer Substanz zu erhalten. Es soll verhindert werden, daß auf „formal-legalistischem Wege" die Grundlagen der Landesverfassung (Art. 1 Abs. 2 und Art. 2 NV) zur Legalisierung eines totalitären Regimes mißbraucht werden[9].

5   Der Begriff „**Verfassungsänderung**" enthält nicht die Beseitigung oder Aufhebung der gesamten Verfassung. Zur totalen Aufhebung der Vorläufigen Niedersächsischen Verfassung durch den Landtag siehe RdNr. 3 zu Art. 78 NV. Eine Verfassung zu ändern bedeutet: Zusätze und Streichungen, Änderung von Form und Inhalt[10]. Zur Verfassung in diesem Sinne gehören auch die ungeschriebenen Bestandteile der Landesverfassung, so z. B. die vom Staatsgerichtshof entwickelten Grundsätze. Auch dieses **Verfassungsrichterrecht** kann nur durch eine förmliche Verfassungsänderung geändert oder aufgehoben werden[11].

6   Nur in den Lücken der Landesverfassung kann sich ein **Verfassungsgewohnheitsrecht** bilden[12]. Seine Änderung oder Aufhebung muß aus dem verfassungsändernden Gesetz ersichtlich sein[13].

7   Das Verbot der Verfassungsdurchbrechung – Wiederspruch einer Norm des Landesgesetzgebers gegenüber Landesverfassungsrecht[14] – gilt auch für **Staatsverträge des Landes,** die der Zustimmung des Landesgesetzgebers unterliegen. Eine Klarstellungsklausel wie im Grundgesetz (Art. 79 Abs. 1 Satz 2 GG) hat die Landesverfassung nicht.

8   **Keine Änderung durch** eine **Notverordnung.** Art. 44 Abs. 1, letzter Halbsatz NV bestimmt ausdrücklich, daß eine Notverordnung der Verfassung nicht „widersprechen" darf.

9   Ein **Verfassungswandel** ist eine Veränderung der Bedeutung einer Verfassungsnorm ohne eine Änderung des Textes durch die Staatspraxis, durch die Änderung sozialer, naturwissenschaftlicher oder technischer Tatsachen oder Ansichten[15]. Alle Grenzen eines solchen Bedeutungswandels können hier nicht aufgezeigt werden. Festzuhalten ist jedoch, daß **Kompetenznormen oberster Verfassungsorgane** einem Verfassungswandel nicht zugänglich sind[16].

10 Wegen des Inhalts der „**Grundsätze**" (Art. 46 Abs. 2 NV) wird auf Art. 1, Abs. 2 und Art. 2 NV verwiesen. Verfassungsändernde Gesetze, die gegen

---

9 BVerfGE 30, 1 (24).
10 Bryde (Fn. 7), RdNr. 13 zu Art. 79; Hoffmann, in: Bonner Kommentar, RdNr. 6 zu Art. 79; Neumann, RdNr. 3 zu Art. 125.
11 Hoffmann (Fn. 10), RdNr. 11, 15 zu Art. 79.
12 Bryde (Fn. 8), RdNr. 11a zu Art. 79; Schulze-Fielitz, 123; Hoffmann (Fn. 10), RdNr. 46 zu Art. 79; BVerfGE 61, 149 (150), Leitsatz Nr. 7: „Gewohnheitsrecht ist dem Kompetenzbereich zuzuordnen, den es durch seine Übung aktualisiert."
13 Hoffmann (Fn. 10), RdNr. 46 zu Art. 79.
14 Hoffmann (Fn. 10), RdNr. 9 zu Art. 79; Bryde (Fn. 8), RdNr. 5 zu Art. 79; Isensee, Verfassungsrecht als politisches Recht, in: Hdb. d. Staatsrechts, Bd. VII, 103 (126); Badura (Fn. 8), 68.
15 Stern, Bd. I, 161; Badura (Fn. 8), 63 f.; Kirchhof, Die Identität der Verfassung in ihren unabhängigen Inhalten, in: Hdb. d. Staatsrechts, Bd. I, 775 (794); Rossnagel, Verfassungsänderung und Verfassungswandel in der Verfassungspraxis, Der Staat, 1983, 551 (553); BVerfGE 2, 380 (401); 62, 1 (67).
16 Bryde (Fn. 8), RdNr. 11 zu Art. 79; Neumann, RdNr. 16 zu Art. 125 Bremische Verfassung.

diese „**Ewigkeitsklauseln**"[17] verstoßen, sind nichtig[18]. Nur eine neue Landesverfassung kann diese Vorschrift aufheben[19]. Die alte Ewigkeitsklausel konnte der Landtag nur in seiner damaligen Eigenschaft als **pouvoir constituant** aufheben. Hierzu Art. 78 Abs. 2 NV.

Jede Änderung der Landesverfassung muß das **Homogenitätsgebot des Grundgesetzes** beachten[20]. Wegen der zahlreichen „homogenitäts- und uniformitätsstiftenden Regelungen" des Grundgesetzes wird auf das Schrifttum verwiesen[21]. Die Verletzung des Gebotes kann zur Nichtigkeit der Norm führen. 11

Die **qualifizierte Mehrheit** (Art. 46 Abs. 3 Satz 1 NV) ist nur bei der Schlußabstimmung im Plenum erforderlich[22]. Zum Begriff der „**Mitglieder des Landtages**" siehe Art. 74 NV. 12

Art. 46 Abs. 3 Satz 2 NV verweist auf die plebiszitäre Verfassungsänderung durch einen Volksentscheid. Sie wird durch Art. 48 und 49 NV geregelt. Verfassungsändernde Gesetze des Landtages und des Landesvolkes haben gleichen Rang[23]. Der Landtag kann daher eine durch einen Volksentscheid beschlossene Verfassungsänderung sofort wieder aufheben. Höherrangiges Recht kann ihn dazu zwingen. Bei Sachgebieten Haushalt, öffentliche Abgaben, Dienst- und Versorgungsbezüge ist der plebiszitäre Gesetzgeber ausgeschlossen[24]. 13

Der **Staatsgerichtshof prüft** auf Antrag, ob eine Verfassungsänderung zulässig ist[25]. Bei einem Volksbegehren kann er nach Art. 48 Abs. 2 NV eine vorbeugende, präventive Normenkontrolle ausüben[26]. 14

---

17 Bryde (Fn. 8), RdNr. 26 zu Art. 79.
18 Bryde, Fn. 16; Stern, Bd. I, 167; Maunz/Dürig, in: Maunz/Dürig/Herzog, RdNr. 30 zu Art. 79; Evers, in: Bonner Kommentar, RdNr. 107 zu Art. 79 Abs. 3; Badura (Fn. 8), 71.
19 Bryde (Fn. 8), RdNr. 27 zu Art. 79.
20 BVerfGE 90, 60 (84); 36, 342 (361); 24, 367 (390).
21 Rozek, 40f., 107f.; Bartlsperger, Das Verfassungsrecht der Länder in der gesamtstaatlichen Verfassungsordnung, in: Hdb. d. Staatsrechts, Bd. IV, 457 (470); Stern, Bd. I, 704f.; ders., in: Bonner Kommentar, RdNr. 8f. zu Art. 28; Maunz, Verfassungshomogenität von Bund und Ländern, in: Hdb. d. Staatsrechts, Bd. IV, 443 (470f.); Löwer, in: v. Münch/Kunig, RdNr. 6 zu Art. 28; Storr, 174f.; Sachs, Das materielle Landesverfassungsrecht, in: FS Stern, 477f.
22 Rebe, Landtag und Gesetzgebung, in: Korte/Rebe, 141 (241).
23 RdNr. 18 zu Art. 49.
24 RdNr. 11 bis 15 zu Art. 47.
25 Bushart, 79; BVerfGE 30, 1 (17); 84, 90 (121).
26 RdNr. 17 zu Art. 48.

FÜNFTER ABSCHNITT
Volksinitiative, Volksbegehren und Volksentscheid

Artikel 47
Volksinitiative

70 000 Wahlberechtigte können schriftlich verlangen, daß sich der Landtag im Rahmen seiner verfassungsmäßigen Zuständigkeit mit bestimmten Gegenständen der politischen Willensbildung befaßt. Ihre Vertreterinnen oder Vertreter haben das Recht, angehört zu werden.

Übersicht

	RdNr.
Ein Gruppenrecht der Staatsbürger	1
Die „Wahlberechtigten"	2
„70 000"	3
Die Feststellung des Quorums	4
Die Befassungspflicht	5
„im Rahmen seiner verfassungsmäßigen Zuständigkeit"	6
Die „Gegenstände der politischen Willensbildung"	7
Kein Ausschluß finanzwirksamer Gesetze	8
Keine sachliche Diskontinuität	9
Ranggleich mit anderen Initiativen	10
Kein Vorverfahren zum Volksbegehren	11
Die Zurücknahme des Verlangens	12
Verfahren im Landtag	13
Rechtsweg zum Staatsgerichtshof	15

1 Die Volksinitiative ist ein sehr junges Institut des Verfassungsrechts. Sie ist **ein Gruppenrecht der Staatsbürger,** das mit den Parteien konkurriert. Sie unterscheidet sich vom Volksbegehren als Teil der plebiszitären Gesetzgebung dadurch, daß die Materie nicht auf die Landesgesetzgebung beschränkt ist, sondern die breite Palette der Willensbildung des Landtages umfaßt. Die niedersächsische Volksinitiative unterscheidet sich von der der Länder Brandenburg (Art. 76 Abs. 1) und Bremen (Art. 87 Abs. 2) darin, daß das Recht sich auf eine Gruppe von Staatsangehörigen des Landesvolkes beschränkt. Ausländer und Staatenlose können nicht mitwirken[1].

2 **„Wahlberechtigte"** sind nach Art. 8 Abs. 2 NV alle Deutschen, die das 18. Lebensjahr vollendet und im Lande Niedersachsen ihren Wohnsitz haben. Der einfache Gesetzgeber berücksichtigt dies im Nieders. Volksabstimmungsgesetz vom 23. Juni 1994[2].

3 **„70 000"** ist das Quorum, das einer Gruppe von Staatsbürgern erst eine Initiativfunktion im Verfassungsleben des Landes verleiht. Der einzelne

---
[1] Neumann, RdNr. 14 zu Art. 87 Bremische Verfassung; v. Brünneck/Epting, Politische Gestaltungsrechte und Volksabstimmungen, in: Simon/Franke/Sachs, 339 (349).
[2] In der Fassung v. 15. 7. 1999 – Nieders. GVBl. S. 157; §§ 2, 3 Nieders. Landeswahlgesetz.

Volksinitiative   Art. 47

Staatsbürger kann somit keinen Initiativantrag zu Gegenständen der politischen Willensbildung stellen[3]. Durch das verhältnismäßig niedrige Quorum haben außerparlamentarische Gruppen die Möglichkeit, auf die Willensbildung im Landtag einzuwirken.

Ob auf den von den Vertretern der Wahlberechtigten eingereichten Unterschriftsbögen **das Quorum von 70 000** Antragstellern **erreicht** worden ist, stellt der Landeswahlleiter durch Bestätigung fest[4]. Erst mit der Verkündung dieser Feststellung ist das Antragsrecht, die Organfunktion, gegeben[5]. 4

Die **Befassungspflicht des Landtages** („sich der Landtag ... befaßt") hat zur Folge, daß über das „Verlangen" im Plenum verhandelt und durch Beschluß entschieden wird[6]. 5

Mit den Worten „**im Rahmen seiner verfassungsmäßigen Zuständigkeit**" wird eine Selbstverständlichkeit ausgedrückt[7]. Die Zuständigkeit des Landtages richtet sich nach den in das Landesverfassungsrecht hineinwirkenden Normen und Grundsätzen des Grundgesetzes sowie nach den dem Landtag von der Landesverfassung zugewiesenen Kompetenzen. Der Landtag darf z. B. nicht in eine ausschließliche Gesetzgebungs-, Regierungs- und Verwaltungskompetenz des Bundes eingreifen[8]. 6

Die Formel „**mit bestimmten Gegenständen der politischen Willensbildung**" übernahm der Verfassungsgeber aus der Landesverfassung von Schleswig-Holstein[9]. Sie ist ein unbestimmter Rechtsbegriff des Verfassungsrechts. Als zulässiger Gegenstand ist z. B. gewertet worden: 7
- Gesetzentwürfe,
- Änderungen der Landesverfassung,
- Anregungen für einen Gesetzentwurf,
- Empfehlungen, die der Landtag durch schlichten Parlamentsbeschluß der Landesregierung für die Abstimmung im Bundesrat geben kann[10].

Der Gegenstand muß politisch „von Belang" sein[11].

Finanzwirksame Gesetze sind, anders als beim Volksbegehren (Art. 48 Abs. 1 Satz 3 NV), nicht ausgeschlossen[12]. 8

---

3 BVerfGE 95, 231 (238); 60, 175 (201).
4 § 9 Nieders. Volksabstimmungsgesetz.
5 BVerfGE 60, 175 (201).
6 Neumann, RdNr. 5 zu Art. 87 Bremische Verfassung; Hopfe, in: Linck/Jutzi/Hopfe, RdNr. 8 zu Art. 68; Kühne, Neuland für Niedersachsen: das Volksabstimmungsgesetz auf Grundlage des Art. 50 Abs. 2 NV, NdsVBl., 1995, 25 (26).
7 Siehe Art. 21 Abs. 1 NV.
8 BVerfGE 8, 104 (121); Krause, Verfassungsrechtliche Möglichkeiten unmittelbarer Demokratie, in: Hdb. d. Staatsrechts, Bd. II, 313 (328); Starck, Die Verfassungen der neuen Länder, in: Hdb. d. Staatsrechts, Bd. IX, 353 (375).
9 Schlußbericht, 127.
10 Hübner, in: v. Mutius/Wuttke/Hübner, RdNr. 5 zu Art. 41; Hopfe (Fn. 6), RdNr. 3 zu Art. 68.
11 Schriftlicher Bericht, 28.
12 Schriftlicher Bericht, 29.

9 Die Volksinitiative unterliegt nicht dem Grundsatz der **sachlichen Diskontinuität**[13].

10 Gegenüber anderen Initiativen ist sie **gleichrangig** (Art. 42 Abs. 3 NV)[14]. Ein zulässiger Antrag hat keine Sperrwirkung in der Weise, daß andere Initianten nur noch Änderungsanträge einbringen können. In welcher Weise sich der Landtag mit mehreren, inhaltlich gleichen oder ähnlichen Initiativen befaßt, liegt in seinem Ermessen. Bei einer Volksinitiative muß er nur die sechswöchige Frist beachten[15].

11 Die Volksinitiative ist **keine** zwingend vorgeschriebene **Vorstufe zum Volksbegehren**. Beide Verfahren können unabhängig voneinander betrieben werden[16].

12 Nach herrschender Auffassung kann eine Gesetzesinitiative **zurückgenommen werden**, solange das Parlament nicht bereits in die Schlußabstimmung eingetreten ist[17]. Dieses Rücknahmerecht ist ein Teil des von der Verfassung gewährten Initiativrechtes. Der einfache Gesetzgeber kann es daher nicht einschränken[18]. Diese Handlungsfreiheit gilt auch für Anträge außerhalb eines Gesetzgebungsverfahrens. Die Vertreter einer Volksinitiative können daher ihren Antrag bis zum Beginn der Schlußabstimmung im Landtag schriftlich zurücknehmen.

13 Ist eine Volksinitiative dem Landtag vom Landeswahlleiter vorgelegt worden, so entscheidet das Plenum, ob sie zulässig ist, eine Behandlung nicht in Betracht kommt[19]. Beschließt der Landtag die Befassung, so hört der für das Sachgebiet zuständige Ausschuß die Vertreter der Volksinitiative in öffentlicher Sitzung und beschließt den Entwurf für das Plenum[20]. Die Vertreter der Volksinitiative haben kein Rederecht im Plenum oder in diesem Ausschuß.

14 **Der Staatsgerichtshof ist** nach Art. 54 Nr. 2 NV für Streitigkeiten über die Durchführung einer Volksinitiative **zuständig**. Antragsteller im Sinne des Art. 54 Nr. 2 NV ist die Gruppe der Unterzeichner „in ihrer Gesamtheit", die durch ihre Vertreter handelt[21]. Diese Funktion entfällt, wenn Unterzeichner nachträglich ihre Unterschrift zurückziehen und das Quorum von 70 000 unterschritten wird[22].

---

13 Neumann, RdNr. 21 zu Art. 87 Bremische Verfassung; Landesverfassungsgericht Brandenburg, U. v. 15. 9. 1994 – Vfg Bbg 2/93.
14 Zur Gleichrangigkeit im Gesetzgebungsverfahren siehe RdNr. 22 zu Art. 42 NV.
15 § 11 Abs. 1 Nieders. Abstimmungsgesetz.
16 Kühne (Fn. 6), 29.
17 Bryde, in: v. Münch/Kunig, RdNr. 7 zu Art. 76; Stern, Bd. II, 617; Schmidt-Jortzig, in: Bonner Kommentar, RdNr. 186 zu Art. 76; Jekewitz, in: AK-GG, RdNr. 12 zu Art. 76; Maunz, in: Maunz/Dürig/Herzog, RdNr. 9 zu Art. 76.
18 Maunz, Fn. 17.
19 Nieders. Landtag, Drucksache 13/285; § 11 Abs. 1 Satz 1 Nieders. Volksabstimmungsgesetz.
20 § 11 Abs. 2 Nieders. Volksabstimmungsgesetz.
21 BVerfGE 60, 175 (201).
22 StGH, U. v. 16. 1. 1986 – 2/85, Fundstellen siehe Art. 54 NV.

Artikel 48
Volksbegehren

(1) Ein Volksbegehren kann darauf gerichtet werden, ein Gesetz im Rahmen der Gesetzgebungsbefugnis des Landes zu erlassen, zu ändern oder aufzuheben. Dem Volksbegehren muß ein ausgearbeiteter, mit Gründen versehener Gesetzentwurf zugrunde liegen. Gesetze über den Landeshaushalt, über öffentliche Abgaben sowie über Dienst- und Versorgungsbezüge können nicht Gegenstand eines Volksbegehrens sein.

(2) Die Landesregierung entscheidet, ob das Volksbegehren zulässig ist; gegen ihre Entscheidung kann der Staatsgerichtshof angerufen werden.

(3) Das Volksbegehren kommt zustande, wenn es von zehn vom Hundert der Wahlberechtigten unterstützt wird. Die Landesregierung leitet dann den Gesetzentwurf mit ihrer Stellungnahme unverzüglich an den Landtag weiter.

Übersicht

	RdNr.
Ergänzungsnormen zu Art. 48 NV	1
Die Unterschiede zur Volksinitiative (Art. 47 NV)	2
Das Homogenitätsgebot	3
„Der Rahmen der Gesetzgebungsbefugnis des Landes"	4
„zu erlassen, zu ändern oder aufzuheben"	5
Der „ausgearbeitete" Gesetzentwurf	6
Der „mit Gründen versehene Gesetzentwurf"	7
Der Zweck der Ausschlußtatbestände (Art. 48 Abs. 1 Satz 3 NV)	8
„Gesetze über den Landeshaushalt"	9
Die „öffentlichen Abgaben"	10
Die „Dienst- und Versorgungsbezüge"	11
„Die Landesregierung entscheidet"	12
Die Prüfung der Zulässigkeit	13
Die „Anrufung des Staatsgerichtshofes"	14
Die „Wahlberechtigten"	15
„zehn vom Hundert"	16
Die „Stellungnahme" der Landesregierung	17
Keine sachliche Diskontinuität	18
Ranggleichheit mit anderen Initianten	19
Verfahrenskonkurrenz mit der Volksinitiative	20

Das Volksbegehren wird durch nachfolgende Vorschriften der Landesverfassung **ergänzt**: 1
- Klausur der Gesetzesinitianten (Art. 42 Abs. 3 NV),
- Kostenerstattung (Art. 50 Abs. 1 NV),
- Ermächtigung für ein Ausführungsgesetz (Art. 50 Abs. 2 NV) und
- Deckungsgebot für Kosten und Mindereinnahmen (Art. 68 Abs. 1 NV).

Das Volksbegehren unterscheidet sich von der Volksinitiative (Art. 47 NV) 2
durch die Beschränkung auf Gesetzentwürfe, den Ausschluß finanzwirksamer Gesetzentwürfe, ein besonders formalisiertes Verfahren und den Anspruch auf Erstattung der notwendigen Kosten der Vertreter des Volksbegeh-

rens. Die Volksinitiative ist keine zwingende Vorstufe für das Volksbegehren (RdNr. 11 zu Art. 47 NV).

3   Die meisten Bundesländer haben das **Institut der plebiszitären Gesetzgebung**. Das Grundgesetz enthält es nicht. Dem steht das **Homogenitätsgebot** des Grundgesetzes nicht entgegen[1]. Inwieweit der parlamentarische Gesetzgeber gegenüber dem plebiszitären Gesetzgeber ein Übergewicht haben muß[2], ist vom Bundesverfassungsgericht aber noch nicht entschieden worden.

4   Der „**Rahmen der Gesetzgebungsbefugnis des Landes**" richtet sich nach der Kompetenzzuweisung des Grundgesetzes[3]. Darüber hinaus besteht eine Bindung an Gemeinschaftsrecht und an das Recht der Europäischen Union. Hierzu RdNr. 12 zu Art. 2 und RdNr. 8 zu Art. 3 NV.

5   Mit den Worten „**zu erlassen, zu ändern oder aufzuheben**" stellt der Verfassungsgeber klar, daß der plebiszitäre Gesetzgeber grundsätzlich dieselbe Kompetenz wie der parlamentarische Gesetzgeber hat. Die aus dem preußischen Verfassungsrecht übernommene Formel soll der Gemeinverständlichkeit dienen[4].

6   Ein Gesetzentwurf ist „**ausgearbeitet**", wenn er ohne eine Änderung des Textes als Gesetz beschlossen werden kann, mit einer Überschrift und mit einer Eingangsformel versehen worden ist[5]. Die einzelnen Tatbestände müssen verständlich und hinreichend bestimmt sein[6]. Rahmen- und Grundsatzgesetze sind zulässig[7].

7   Ein Gesetzentwurf ist „**mit Gründen versehen**", wenn das politische und rechtliche Ziel erkennbar und die Gründe mit dem Entwurf des Gesetzestextes übereinstimmen[8]. Die Begründung muß Ausführungen zum Deckungsgebot enthalten (Art. 68 Abs. 1 NV).

8   Art. 48 Abs. 1 Satz 3 NV schließt eine plebiszitäre Gesetzgebung über bestimmte **finanzwirksame Gesetze** aus. Die Vorschrift ist den Verfassungen der Freistaaten Bayern (1920) und Preußen (1919) nachgebildet worden. Die Weimarer Reichsverfassung sah Volksentscheide über finanzwirksame Gesetze nur nach einer Zulassung durch den Reichspräsidenten vor (Art. 73 Abs. 4 WRV). Zweck dieser Vorschriften war es, finanzwirksame Gesetze, die unmittelbar Grundlage für die Führung des Haushaltes sind, nicht dem Zufall einer Volksabstimmung und der „Selbstsucht" des Staatsbürgers zu überlassen[9].

---

1 Schnapp, in: v. Münch/Kunig, RdNr. 31 zu Art. 20; Herzog, in: Maunz/Dürig/Herzog, RdNr. 97 zu Art. 20 Abs. 2; Krause, Verfassungsrechtliche Möglichkeiten unmittelbarer Demokratie, in: Hdb. d. Staatsrechts, Bd. II, 313 (328 f.); Herdegen, Strukturen und Institute des Verfassungsrechts der Länder, in: Hdb. d. Staatsrechts, Bd. IV, 479 (484); BVerfGE 60, 175 (200 f.).
2 Herzog, Fn. 1; Neumann, RdNr. 3 zu Art. 70 Bremische Verfassung; Krause (Fn. 1), 333; Herdegen, Fn. 1.
3 BVerfGE 60, 175 (206).
4 Giese/Volkmann, RdNr. 3 zu Art. 6 Preußische Verfassung.
5 Neumann, RdNr. 5 zu Art. 71 Bremische Verfassung.
6 Bremischer StGH, E. v. 9. 6. 1986 – StGHE Bremen, 4, 96.
7 Schweiger, in: Nawiasky, RdNr. 4 zu Art. 74.
8 Feuchte, in: Feuchte, RdNr. 8 zu Art. 59; Stiens, 217; Schweiger (Fn. 7), RdNr. 4a zu Art. 74.
9 Gebhard, RdNr. 19a zu Art. 73 WRV; Neumann, RdNr. 15 zu Art. 70 Bremische Verfassung; Stier-Somlo, RdNr. II D b zu Art. 6 Preuß. Verfassung.

"**Landeshaushalt**" als Ausschlußtatbestand bedeutet nach den Materialien zu Art. 73 WRV: Nur Gesetze, die wesentlich die gesamte Ausgabenwirtschaft beeinträchtigen könnten, sollten ausgeschlossen sein[10]. Nur die „Manövriermasse" steht zur Verfügung[11]. 9

Der Begriff der „**öffentlichen Abgaben**" stimmt mit der staatsrechtlichen Abgabe[12] nicht überein. Er hat einen überkommenen weiten Begriffsinhalt. Es fallen alle öffentlich-rechtlichen Geldleistungen einschließlich Steuern, Gebühren, öffentlich-rechtliche Beiträge an das Land oder eine ihr nachgeordnete juristische Person des öffentlichen Rechts hierunter[13]. Ein Volksbegehren über Studiengebühren wäre somit unzulässig. 10

„**Dienst- und Versorgungsbezüge**" sind die Besoldung und die Ruhegehaltsbezüge der Mitglieder der Landesregierung, der Landesbeamten und der Landesrichter[14]. Die **Entschädigung der Abgeordneten** (Art. 13 Abs. 3 NV), früher Diäten genannt, sind keine Dienstbezüge. Abgeordnete dienen nicht. Ihr Berufsbild unterscheidet sich grundlegend von dem der Beamten[15]. Das Eigeninteresse der Staatsbürger wird hierbei nicht unmittelbar berührt. 11

„**Die Landesregierung**" entscheidet als Kollegium durch Beschluß (Art. 37 Abs. 2 Nr. 1 i. V. m. Art. 39 Abs. 2 NV). 12

Maßgeblicher Zeitpunkt zur **Beurteilung der Zulässigkeit** des Volksbegehrens ist der Tag der Abstimmung. Eine unzulässige Abstimmung soll vermieden werden[16]. Bei dieser vorbeugenden Rechtskontrolle hat die Landesregierung zu prüfen, ob höherrangiges Recht eine Sperrwirkung für den Landesgesetzgeber auslöst oder Anwendungsvorrang hat[17]. 13

Hält die Landesregierung den Gesetzentwurf ganz oder teilweise für unzulässig, so „**kann der Staatsgerichtshof angerufen werden**". Zur besseren Lesbarkeit hat der Verfassungsgeber den Inhalt des Art. 54 Nr. 2 NV hier erwähnt[18]. Diese **präventive Normenkontrolle** schließt es aus, über die Zweckmäßigkeit eines Gesetzentwurfs zu befinden. Ob die Regelungen des Entwurfs sachgerecht und praktikabel sind, gehört zur **Einschätzungsprärogative** des Volksbegehrens[19]. 14

Zum Begriff des „**Wahlberechtigten**" RdNr. 10f. zu Art. 8 NV. Sie werden im Nieders. Volksabstimmungsgesetz „Stimmberechtigte" genannt (§ 19). 15

---

10 Gebhard, RdNr. 20 zu Art. 73 WRV; Poetzsch-Heffter, RdNr. 21 zu Art. 73 WRV.
11 Burmeister, Verwaltungsorganisation ..., Die Verwaltung, 1996, 181 (209).
12 BVerfGE 82, 159 (180).
13 Gebhard, RdNr. 21 und Poetzsch-Heffter, RdNr. 22, jeweils zu Art. 73; Braun, RdNr. 40 zu Art. 59.
14 Neumann, RdNr. 17 zu Art. 70 Bremische Verfassung.
15 BVerfGE 76, 256 (341); Neumann, Fn. 14; Hopfe, in: Linck/Jutzi/Hopfe, RdNr. 9 zu Art. 82; Starck, Die Verfassungen der neuen Länder, in: Hdb. d. Staatsrechts, Bd. IX, 353 (376).
16 Schriftlicher Bericht, 30.
17 BVerfGE 60, 175 (206); 75, 223 (235); 85, 191 (203); Isensee, Vorrang des Europarechts und deutsche Verfassungsvorbehalte – offener Dissens, in: FS Stern, 1239 (1242); Hans Peter Ipsen, Die Bundesrepublik Deutschland in den Europäischen Gemeinschaften, in: Hdb. d. Staatsrechts, Bd. VII, 767 (792f.); Stern, Bd. I, 542f.
18 Schriftlicher Bericht, 30.
19 Rozek, 242 unter Hinweis auf die Rspr. d. Bay. Verfassungsgerichtshofes.

16 Das Volksbegehren bedarf zu seiner Gültigkeit der Stimmen von „**zehn vom Hundert der Wahlberechtigten**". Einfachgesetzlich ist bestimmt, daß sich die Zahl der Wahlberechtigten nach der letzten Landtagswahl richtet[20]. Bei einer Wahlperiode von fünf Jahren (Art. 9 Abs. 1 Satz 1 NV) besteht die Möglichkeit, daß zwischenzeitlich eine erhebliche Änderung der Zahl eingetreten ist. Als Stichtag kommt daher mangels einer ausdrücklichen Ermächtigung in Art. 50 Abs. 2 NV der letzte Tag der Eintragungsfrist in Betracht[21]. Der Landeswahlausschuß stellt das Ergebnis fest. Der Landeswahlleiter macht es bekannt und überreicht es der Landesregierung[22].

17 Die „**Stellungnahme**" der Landesregierung zum erfolgreichen Volksbegehren ist zwingend vorgeschrieben. Die Landesregierung darf nicht als „Briefträger" auftreten. Die Stellungnahme kann die Annahme oder Ablehnung des Entwurfs empfehlen oder Abänderungsvorschläge machen[23]. Die Stellungnahme ist nicht delegationsfähig. Hat sich die Sach- oder Rechtslage noch nach der Stellungnahme der Landesregierung wesentlich geändert, so besteht eine zusätzliche Prüfungspflicht. „**Unverzüglich**" bedeutet ohne ein schuldhaftes Zögern.

18 Ein Volksbegehren unterliegt nicht dem Grundsatz der **sachlichen Diskontinuität**[24]. Eine neue Landesregierung kann abweichende Ansichten gegenüber einer in der vorangegangenen Wahlperiode abgegebenen Stellungnahme vertreten.

19 Ein im Volksbegehren eingebrachter Gesetzentwurf hat **gleichen Rang** gegenüber den anderen Initiativen nach Art. 42 Abs. 3 NV[25]. Die Landesregierung kann einen Alternativentwurf beim Landtag einbringen. Das Volksbegehren hat keine Sperrwirkung.

20 **Volksinitiative und Volksbegehren schließen einander nicht aus.** Beide Verfahren können zum gleichen Thema gleichzeitig oder nacheinander betrieben werden[26].

Artikel 49

Volksentscheid

(1) Nimmt der Landtag einen Gesetzentwurf, der ihm auf Grund eines Volksbegehrens zugeleitet wird, nicht innerhalb von sechs Monaten im wesentlichen unverändert an, so findet spätestens sechs Monate nach Ablauf der Frist oder nach dem Beschluß des Landtages, den Entwurf nicht als Gesetz anzunehmen, ein Volksentscheid über den Gesetzentwurf statt. Der Landtag kann dem Volk einen eigenen Gesetzentwurf zum Gegenstand des Volksbegehrens zur Entscheidung mit vorlegen.

---

20 § 22 Abs. 2 Satz 2 Nieders. Volksabstimmungsgesetz.
21 Jürgens, 115; Dickersbach, in: Geller/Kleinrahm, RdNr. 2 c zu Art. 68.
22 §§ 22 Abs. 3, 23 Satz 1 Nieders. Volksabstimmungsgesetz.
23 Schönebohm, in: Zinn/Stein, RdNr. VII zu Art. 124; Dickersbach (Fn. 21), RdNr. 2 zu Art. 68.
24 RdNr. 3 zu Art. 47 NV, allgemeine Ansicht.
25 RdNr. 22 zu Art. 48 NV.
26 Kühne, Gesetzgeberisches Neuland für Niedersachsen: Das Volksabstimmungsgesetz auf Grundlage des Art. 50 Abs. 2 NV, NdsVBl., 1995, 25 (29).

(2) Ein Gesetz ist durch Volksentscheid beschlossen, wenn die Mehrheit derjenigen, die ihre Stimme abgegeben haben, jedoch mindestens ein Viertel der Wahlberechtigten, dem Entwurf zugestimmt hat. Die Verfassung kann durch Volksentscheid nur geändert werden, wenn mindestens die Hälfte der Wahlberechtigten zustimmt.

Übersicht

	RdNr.
Ergänzende Vorschriften der Landesverfassung	1
Das vorrechtliche Bild	2
Das grundgesetzliche Homogenitätsgebot	3
Die Bindung an die Landesverfassung	4
„im wesentlichen unverändert"	5
„Wesentliche" Änderung im parlamentarischen Entwurf	6
Ein „Volksentscheid findet statt"	7
Der Abstimmungstag	8
Die „Wahlberechtigten"	9
„Die Mehrheit derjenigen, die ihre Stimme abgegeben"	10
Der Normzweck des Quorums	11
Stimmengleichheit bei Parallelvorlagen	12
Ranggleichheit des plebiszitären Gesetzes	13
Die „Verfassungsänderung"	14
Streitigkeiten über die Durchführung von Volksentscheiden	15

Der Volksentscheid zur Gesetzgebung wird durch nachfolgende Vorschriften der Landesverfassung ergänzt: 1
- Klausur der Gesetzgeber (Art. 42 Abs. 1 NV),
- Verfassungsänderung durch Volksentscheid (Art. 46 Abs. 3 NV),
- Volksbegehren (Art. 48 NV),
- Ermächtigung für ein Ausführungsgesetz (Art. 50 Abs. 2 NV) und
- Ausfertigung und Verkündung des Gesetzes (Art. 45 Abs. 1 NV).

Erst die Weimarer Reichsverfassung brachte die Möglichkeit einer Volksgesetzgebung. Sie war eine neue Institution, die erst der Verfassungsausschuß eingefügt hatte. Man versprach sich damit eine gewaltenteilende Korrektur gegenüber dem befürchteten **Parlamentsabsolutismus**[1]. Die meisten Länder des Deutschen Reiches nahmen in ihre Verfassung plebiszitäre Elemente auf[2]. Nach dem Kriege haben fast alle Bundesländer das Institut der plebiszitären Gesetzgebung übernommen, die neuen Länder ausnahmslos[3]. 2

Zum **Homogenitätsgebot des Grundgesetzes** siehe Art. 48 NV[4]. Die plebiszitäre Gesetzgebung darf nicht in eine ausschließliche **Gesetzgebungs-, Regierungs- und Verwaltungskompetenz des Bundes** eingreifen[5]. Die in 3

---
[1] Huber, Verfassungsgeschichte, Bd. VI, 430.
[2] Krause, Verfassungsrechtliche Möglichkeiten unmittelbarer Demokratie, in: Hdb. d. Staatsrechts, Bd. II, 313 (319, dortige Fn. 24).
[3] Krause (Fn. 2), 329 f.; Starck, Die Verfassungen der neuen Länder, in: Hdb. d. Staatsrechts, Bd. IX, 353 (374 f., 400 f.).
[4] RdNr. 3 zu Art. 48 NV.
[5] BVerfGE 60, 175 (206); 8, 103 (121).

Art. 28 Abs. 1 Satz 2 GG enthaltenen Stimmrechtsgrundsätze gelten auch für den Volksentscheid[6].

4 Der plebiszitäre einfache Gesetzgeber muß bei seiner Gesetzgebung abschließende Regelungen der Landesverfassung beachten[7]. Auch das **Landesvolk** wird als Staatsorgan gebunden[8].

5 „Der Landtag nimmt einen Gesetzentwurf, der ihm auf Grund eines Volksbegehrens zugeleitet wird, ... im wesentlichen unverändert an", wenn er ihn ohne materiell-rechtliche Änderungen nur stilistisch ändert[9]. Eine Rechtsprechung der Verfassungsgerichte, welche Änderung hier als wesentlich zu werten sei, hat sich noch nicht gebildet.

6 Liegt eine wesentliche Änderung im parlamentarischen Entwurf vor, so ist er als Gesetzentwurf des Landtages zu behandeln. Der Landtag kann ihn nach eigenem Ermessen[10] dem Volksentscheid vorlegen[11]. Dabei ist er aber an das Thema des Volksbegehrens gebunden und muß mit seinem **akzessorischen Alternativentwurf** dasselbe Ziel verfolgen[12].

7 „Ein Volksentscheid über den Gesetzentwurf findet statt", wenn der Landtag den Entwurf nicht innerhalb der Frist von 6 Monaten angenommen hat oder ihn durch Beschluß abgelehnt hat (Art. 49 Abs. 1 Satz 1 NV). Da der Landtag zugleich seinen Entwurf, Alternativentwurf, zum Volksentscheid bringen kann, kann er damit den Entwurf des Volksbegehrens legal bekämpfen[13].

8 Die Landesregierung als Kollegium bestimmt den **Abstimmungstag**[14]. Das ist ein **staatsorganisatorischer Akt** mit Verfassungsfunktion[15], der im Nieders. Ministerialblatt bekannt zu machen ist[16]. Einfachgesetzlich ist bestimmt, daß diese Bekanntmachung eine „Stellungnahme" der Landesregierung enthalten kann[17]. Die Landesregierung unterliegt dabei dem Neutralitätsgebot, auch Sachlichkeits- oder Objektivitätsgebot genannt[18].

9 Zu den „**Wahlberechtigten**" siehe RdNr. 10f. zu Art. 8 NV. Der maßgebliche Stichtag zur Berechnung des „**Viertels der Wahlberechtigten**" richtet sich nach dem Landtagswahlrecht (§ 29 Abs. 3 Nds. Volksabstimmungsgesetz).

---

6 BVerfGE 28, 220 (224).
7 Art. 2 Abs. 2 NV; Herdegen, Strukturen und Institute des Verfassungsrechts der Länder, in: Hdb. d. Staatsrechts, Bd. IV, 479 (484).
8 Herdegen (Fn. 7), 485; Preuß, Das Landesvolk als Gesetzgeber, DVBl., 1985, 701 (711).
9 Neumann, RdNr. 12 zu Art. 70 Bremische Verfassung; Braun, RdNr. 8 zu Art. 60; Schonebohm, in: Zinn/Stein, RdNr. VII 2 b zu Art. 124; Kühne, Gesetzgeberisches Neuland für Niedersachsen: Das Volksabstimmungsgesetz auf Grundlage des Art. 50 Abs. 2 NV, NdsVBl., 1995, 25 (29); Giese/Kuhkmann, RdNr. 1 zu Art. 6.
10 Kühne, Fn. 9; § 24 Abs. 2 Satz 2 NVAbstG – Nieders. Volksabstimmungsgesetz v. 23. 6. 1994 – Nieders. GVBl. S. 270.
11 Art. 49 Abs. 1 Satz 3 NV.
12 Jürgens, 122; Hübner, in: v. Mutius/Wuttke/Hübner, RdNr. 12 zu Art. 42; Stiens, 210.
13 Jürgens, 123.
14 § 24 Abs. 3 NVAbstG.
15 BVerfGE 62, 1 (31).
16 § 25 NVAbstG.
17 § 25 Satz 3 NVAbstG.
18 Schweiger, in: Nawiasky, RdNr. 8 zu Art. 74.

Volksentscheid   Art. 49

„Die Mehrheit derjenigen, die ihre Stimme abgegeben haben", ist nach   10
einhelliger Ansicht:
– mindestens eine Stimme mehr Ja- als Neinstimmen,
– ungültige Stimmen und Stimmenthaltungen zählen nicht und
– bei einer Stimmengleichheit ist der Antrag abgelehnt worden[19].
Der Verfassungsgeber wählte einen feststehenden Begriff des Parlamentsrechtes.

„Mindestens ein Viertel der Wahlberechtigten" müssen Ja-Stimmen sein.   11
Damit soll erreicht werden, daß die parlamentarische Demokratie nicht durch eine Minderheit ausgehöhlt wird[20]. Dieses zusätzliche Quorum ermöglicht es, durch Stimmenthaltung den Erfolg des Volksbegehrens zu erschweren[21].

Die einfachgesetzliche Regelung, wonach bei gleicher Zahl der Ja-Stimmen   12
für mehrere Gesetzentwürfe derjenige als beschlossen gilt, der den größten Überschuß der Ja-Stimmen über die Nein-Stimmen bekommen hat, (§ 33 Abs. 2 Satz 2 Nds. Abstimmungsgesetz) widerspricht dem Verfassungstext. Nach Art. 49 Abs. 1 Satz 2 NV ist vielmehr bei einer Stimmengleichheit kein Gesetzentwurf angenommen. Diese Vorschrift ist kein Programmsatz, sondern eine unmittelbar verbindliche Norm. Dem einfachen Gesetzgeber fehlt die Befugnis, hiervon abzuweichen.

Plebiszitäre und parlamentarische Gesetze haben mangels einer ausdrücklichen Regelung der Landesverfassung **gleichen Rang.** Der Landtag ist daher   13
befugt, ein durch eine Volksabstimmung beschlossenes Gesetz noch in derselben Wahlperiode aufzuheben oder zu ändern. Das war bereits in der Weimarer Zeit die herrschende Meinung[21]. Sie blieb es[22]. Eine sofortige Änderung kann z. B. durch höherrangiges Recht geboten sein.

Zum Begriff der „**Verfassungsänderung**" siehe RdNr. 5 zu Art. 46 NV.   14

Der Volksentscheid kann durch Einspruch beim **Staatsgerichtshof** ange-   15
fochten werden[23]. Die Antragsberechtigten sind die Antragsteller des Volksbegehrens, die Landesregierung und ein Fünftel der Mitglieder des Landtages[24]. Für Streitigkeiten über die Erfüllung der Voraussetzungen einer Volksabstimmung ist der Verwaltungsrechtsweg nicht gegeben[25]. Das gilt auch, wenn der Staatsgerichtshof keinen Rechtsschutz geben kann[26]. Die Klausur der Antragsteller schließt eine Anfechtung einzelner Maßnahmen durch Dritte aus.

---

19 RdNr. 24 zu Art. 21 NV.
20 Schriftlicher Bericht, 31; Stiens, 210; Degenhart, Direkte Demokratie in den Ländern – Impulse für das Grundgesetz, Der Staat, 1992, 77 (96).
21 Gebhard, RdNr. 13, Anschütz, RdNr. 4, Giese, RdNr. 1, jeweils zu Art. 73 WRV; C. Schmitt, 98.
22 Braun, RdNr. 18 zu Art. 60; Schweiger (Fn. 18), RdNr. 3 zu Art. 74; Stern, Bd. II, 16; Hopfe, in: Linck/Jutzi/Hopfe, RdNr. 19 zu Art. 82; Hübner (Fn. 12), RdNr. 16 zu Art. 42; Neumann, RdNr. 14 zu Art. 70 Bremische Verfassung; Dickersbach, in: Geller/Kleinrahm, RdNr. 4c zu Art. 68; Schonebohm (Fn. 9), RdNr. IX zu Art. 124. Dagegen Feuchte, in: Feuchte, RdNr. 11 zu Art. 60 – Ausschluß einer Änderung in derselben Wahlperiode.
23 § 34 NVAbstG i. V. m. Art. 54 Nr. 2 NV.
24 § 31 Abs. 1 Staatsgerichtshofgesetz.
25 OVG Lüneburg, B. v. 21. 5. 1997, NdsVBl., 1977, 208.
26 OVG Lüneburg (Fn. 25), 209.

Art. 50 Fünfter Abschnitt Volksinitiative, Volksbegehren und Volksentscheid

Artikel 50

Kostenerstattung, Ausführungsgesetz

(1) Ist ein Volksbegehren zustande gekommen, haben die Vertreterinnen und Vertreter des Volksbegehrens Anspruch auf Erstattung der notwendigen Kosten einer angemessenen Information der Öffentlichkeit über die Ziele des Volksbegehrens.

(2) Das Nähere über Volksinitiative, Volksbegehren und Volksentscheid regelt ein Gesetz.

Übersicht

	RdNr.
Das „zustandegekommene Volksbegehren"	1
„Die Vertreterinnen und Vertreter des Volksbegehrens"	2
„Anspruch auf Erstattung der notwendigen Kosten"	3
„angemessene Information der Öffentlichkeit"	4
„Das Nähere"	5

1 Parallelen zu dieser Vorschrift stehen in den Landesverfassungen von Sachsen-Anhalt (Art. 81 Abs. 6) und Schleswig-Holstein (Art. 42 Abs. 3 Satz 2). Ein **„Volksbegehren ist zustande gekommen"**, wenn es das Quorum des Art. 48 Abs. 3 NV erreicht hat. Das stellt der Landeswahlleiter nach § 22 Abs. 3 Nieders. Volksabstimmungsgesetz[1] durch seine Bekanntmachung fest.

2 Nur die **„Vertreter"** haben einen Anspruch auf Kostenerstattung. Das sind die stimmberechtigten Personen, die auf den Unterschriftenbögen des Volksbegehrens benannt worden sind[2].

3 Die aus dem Wahlkampfkostenrecht übernommene Formel **„Erstattung der notwendigen Kosten"** bedeutet: Es kommt nicht darauf an, was die Vertreter des Volksbegehrens als eine angemessene Information der Öffentlichkeit über die Ziele ihres Volksbegehrens ansehen. Erstattungsfähig sind nur die Aufwendungen, die unmittelbar der Werbung für das Volksbegehren dienen. Die von den Vertretern üblicherweise unentgeltlich erbrachten geldwerten Leistungen gehören nicht dazu. Laufende Personalkosten fallen nicht hierunter[3].

4 Bei der **„angemessenen Information der Öffentlichkeit"** ist ein objektiver Maßstab anzulegen. Der Landesgesetzgeber kann die Höhe des Betrages pauschalieren[4]. Die Pauschalierung erlaubt eine rein rechnerische Erstattung und schließt eine Ermessensentscheidung aus[5]. Als Bemessungsgrundlage käme die Zahl der Unterzeichner in Betracht.

5 Der Landesgesetzgeber hat **„das Nähere"** im o. a. Nieders. Abstimmungsgesetz bereits geregelt[6]. Dieses Ausführungsgesetz füllt die Vorgaben der Landesverfassung aus[7].

---

1 Gesetz v. 23. 6. 1994 – Nieders. GVBl. S. 270.
2 § 14 Abs. 1 Nieders. Volksabstimmungsgesetz.
3 BVerfGE 73, 40 (95 f.); 20, 56 (115).
4 BVerfGE 24, 300 (336).
5 BVerfGE 73, 40 (96).
6 Kühne, Gesetzgeberisches Neuland für Niedersachsen: das Volksabstimmungsgesetz auf Grundlage des Art. 50 Abs. 2 NV, NdsVBl., 1995, 25 (26).
7 Nieders. OVG, B. v. 21. 5. 1997, NdsVBl., 1997, 208 (209).

SECHSTER ABSCHNITT
Die Rechtsprechung

Artikel 51
Gerichte, Richterinnen und Richter

(1) Die rechtsprechende Gewalt wird im Namen des Volkes durch die nach den Gesetzen bestellten Gerichte ausgeübt.

(2) Die Gerichte sind mit Berufsrichterinnen oder Berufsrichtern sowie in den durch Gesetz bestimmten Fällen mit ehrenamtlichen Richterinnen oder Richtern besetzt.

(3) Durch Gesetz kann bestimmt werden, daß bei der Anstellung von Berufsrichterinnen und Berufsrichtern ein Richterwahlausschuß mitwirkt.

(4) Die Richterinnen und Richter sind unabhängig und nur dem Gesetz unterworfen.

Übersicht

	RdNr.
Die „Rechtsprechung" des Sechsten Abschnittes	1
Die bundesrechtlichen Vorgaben der Organisation	2
Nur für Landesgerichte und ihre Richter	3
„Die rechtsprechende Gewalt"	4
„Die nach den Gesetzen bestellten Gerichte"	5
„Im Namen des Volkes"	6
Die kirchlichen Gerichte	7
Die Gerichte der politischen Parteien	8
„Berufsrichterinnen oder Berufsrichter"	9
„Ehrenamtliche Richterinnen oder Richter"	10
Die Möglichkeit des Richterwahlausschusses	11
Die sachliche Unabhängigkeit	12
Eingeschränkte parlamentarische Verantwortung	13
Schlichte Parlamentsbeschlüsse zur Rechtsprechung	14
Die Bindung „nur" an das Gesetz	15

Der Verfassungsgeber wechselte die Überschrift des Sechsten Abschnittes. „Rechtspflege" wurde durch **„Rechtsprechung"** ersetzt. Denn der Abschnitt befaßt sich nur mit der richterlichen Gewalt und nicht mit anderen Organen der Rechtspflege, wie z. B. Staatsanwälten und Rechtsanwälten[1]. 1

Der Schwerpunkt der maßgeblichen **Vorschriften für die Organisation der Rechtsprechung des Landes** liegt im Grundgesetz und in Bundesgesetzen. Hierzu wird auf die Übersichten des Schrifttums verwiesen[2]. Für den Landesgesetzgeber verbleiben aber als Regelungsmaterien von Gewicht: 2

---

1 Schriftlicher Bericht, 31.
2 Stern, Bd. I, 686; Blümel, Rechtsprechungszuständigkeit, in: Hdb. d. Staatsrechts, Bd. IV, 965 (966 f.); Bettermann, Die rechtsprechende Gewalt, in: Hdb. d. Staatsrechts, Bd. III, 775 f.; Barbey, Der Status des Richters, in: Hdb. d. Staatsrechts, Bd. III, 815; Degenhart, Gerichtsorganisation, in: Hdb. d. Staatsrechts, Bd. III, 859 (862 f.); Badura, 446 f.; Heyde, Die Rechtsprechung, in: Hdb. d. Verfassungsrechts, Bd. II, 1199 f.; Lessing, Die Rechtspflege, in: Korte/Rebe, 666 f.

- Errichtung und Aufhebung eines Gerichts[3],
- Änderung der Grenzen der Gerichtsbezirke,
- gemeinsame Gerichte mit einem benachbarten Bundesland[4].

Bei der Materie **Landesverfassungsgerichtsbarkeit** liegt die Kompetenz für die Errichtung und Einrichtung sowie den **Status** und die **Dienstbezüge oder Aufwandsentschädigung** der Richter ausschließlich beim Land[5]. Richtet der Landesgesetzgeber **Berufsgerichte** ein, so muß er Verfassung und Verfahren selbst regeln.[6]

3   Art. 51 NV gilt nur für die Gerichte und Richter des Landes[7].

4   Ob eine Aufgabe als „Rechtsprechung" anzusehen ist, hängt wesentlich von der verfassungsrechtlichen, traditionellen oder durch den Gesetzgeber vorgenommenen Qualifizierung ab. Soweit das Grundgesetz eine Aufgabe nicht einer anderen Gewalt vorbehält, kann der Gesetzgeber sie selbst dann dem Richter anvertrauen, wenn sie nicht ohne weiteres zu den regelmäßigen und typischen Aufgaben der Gerichte gehört[8]. „**Rechtsprechende Gewalt**" bedeutet, daß die Rechtsprechung nur durch die Gerichte und in den Gerichten nur durch die Richter ausgeübt werden darf[9].

5   „**Die nach den Gesetzen bestellten Gerichte**" müssen folgende Kriterien erfüllen:
- Staatliche Aufgaben,
- Mitwirkung des Staates bei der Berufung der Richter,
- organisatorische und personelle Trennung von den Verwaltungsbehörden und
- Eignung der Richter zum Richteramt[10].

6   Die Verkündungsformel „**im Namen des Volkes**" konkretisiert Art. 2 Abs. 1 NV, wonach alle Gewalt vom Volke ausgeht. Die Prozeßgesetze des Bundes sehen diese Formel für die Urteile vor. Die Vorschrift ist für die Gerichtsbarkeiten bedeutsam, deren Prozeßrecht der Landesgesetzgeber bestimmt.

7   **Religionsgemeinschaften** mit dem Status einer Körperschaft des öffentlichen Rechts können für ihre Angelegenheiten **eigene Gerichte** einrichten (Art. 140 GG i. V. m. Art. 137 Abs. 3 Satz 1 WRV)[11]. Hierbei gewährt das Land aufgrund von Kirchenverträgen Rechtshilfe[12].

---

3 BVerfGE 24, 155 (167).
4 Blümel (Fn. 2), 982; Rudolf, Kooperation im Bundesstaat, in: Hdb. d. Staatsrechts, Bd. IV, 1091 (1099).
5 Stern, Bd. I, 689; Pestalozza, in: v. Mangoldt/Klein, RdNr. 117 zu Art. 75 Abs. 1 Satz 1.
6 BVerfGE 22, 42 (47).
7 v. Mutius, in: v. Mutius/Wuttke/Hübner, RdNr. 10 zu Art. 43.
8 BVerfGE 76, 100 (106).
9 Bettermann (Fn. 2), 777.
10 BVerfGE 48, 300 (315); 26, 186 (195).
11 Listl, Die Religions- und Kirchenfreiheit in der neueren Rechtsprechung des Bundesverfassungsgerichts, in: FS Geiger, 539 (552f.); Frh. v. Campenhausen, in: v. Mangoldt/Klein, RdNr. 231 zu Art. 140; Art. 137 Abs. 8 WRV; May, Grundfragen kirchlicher Gerichtsbarkeit, in: Hdb. d. katholischen Kirchenrechts, 953 (956); Krämer, Probleme kirchlicher Gerichtsbarkeit, DVBl., 1981, 1 (3); Voll, 51; Rüffner, Zuständigkeit staatlicher Gerichte in kirchlichen Angelegenheiten, in: Hdb. d. Staatskirchenrechts, 2. Aufl., 1081 (1109); Ruppel, 367f.
12 Sperling, Das Staatskirchenrecht, in: Korte/Rebe, 706 (722).

Bundesgesetzlich sind **Parteigerichte** vorgeschrieben, auch irreführend Parteischiedsgerichte genannt[13]. Sie entscheiden über den Verlust von Parteimitgliedschaft und Parteiämtern sowie über organisationsrechtliche Streitigkeiten innerhalb der Partei. Inwieweit Gerichte des Staates Entscheidungen der Parteigerichte überprüfen können, ist umstritten[14]. Das Bundesverfassungsgericht hat hier noch nicht entschieden. Die staatstragenden Parteien besetzen die zweite und dritte Instanz ihrer Parteigerichte in der Regel mit hochqualifizierten Juristen, so daß der Rechtsschutz der staatlichen Gerichte nicht zusätzlich in Anspruch genommen wird. Die Parteien geben hierüber keine Entscheidungssammlungen heraus.

8

„**Berufsrichter**" sind Richter mit der Befähigung zum Richteramt im Dienste des Landes, die den Beruf des Richters auf Lebenszeit, auf Zeit, als Richter kraft Auftrags, als Richter auf Probe oder als Richter im Nebenamt ausüben. Der Verfassungsgeber ersetzte die Bezeichnung „hauptamtlich berufene Richter" in Art. 39 Abs. 2 VNV durch „Berufsrichter", weil es auch Berufsrichter im Nebenamt gibt[15]. Das Grundgesetz geht von rechtsgelehrten, rechtswissenschaftlich besonders vorgebildeten und ausgebildeten Berufsrichtern aus[16]. Es gebietet jedoch kein Juristenmonopol. Die zunehmende **Bedeutung von Technik und Wirtschaft** kann im Interesse der Funktionsfähigkeit der Rechtsprechung gebieten, Richter mit einer fachbezogen wissenschaftlichen Vorbildung anzustellen[17]. Der Rechtspfleger ist kein Richter[18].

9

Das Grundgesetz überläßt es dem Ermessen des Gesetzgebers „**ehrenamtliche Richter**" zu bestellen[18]. Der Bundesgesetzgeber hat einen allgemeinen persönlichen Status des ehrenamtlichen Richters noch nicht gebildet[19]. Die Verfahrensordnungen des Bundes setzen u. a. gemeinsam voraus, daß sie Deutsche sind. Da sie Staatsgewalt ausüben, müssen sie Deutsche im Sinne des Art. 116 Abs. 1 GG sein. Der Landesgesetzgeber war hieran gebunden[20]. Ehrenamtlichen Richtern ist die sachliche und persönliche Unabhängigkeit zu gewähren[21]. Vor Ablauf ihrer Amtszeit dürfen sie nur unter den gesetzlich bestimmten Voraussetzungen und gegen ihren Willen nur durch eine richterliche Entscheidung abberufen werden[22].

10

Art. 51 Abs. 3 NV kann die Personalhoheit der Landesregierung (Art. 38 Abs. 2 NV) einschränken. Nach Art. 98 Abs. 4 GG kann das Land nach seinem Ermessen bestimmen, daß der Landesjustizminister gemeinsam mit ei-

11

---

13 § 14 Parteiengesetz, z. Zt. i. d. F. v. 31. 1. 1994 – BGBl. I, 150.
14 Kunig, Parteien, in: Hdb. d. Staatsrechts, Bd. II, 103 (142 f.); Bettermann (Fn. 2), 812; Henke, in: Bonner Kommentar, RdNr. 310 zu Art. 21.
15 Schriftlicher Bericht, 32.
16 Stern, Bd. II, 903; Herzog, in: Maunz/Dürig/Herzog, RdNr. 77 zu Art. 92; Wassermann, in: AK-GG, RdNr. 41 zu Art. 92; Achterberg, in: Bonner Kommentar, RdNr. 278 zu Art. 92.
17 Herzog (Fn. 16), RdNr. 85 zu Art. 92.
18 BVerfGE 30, 170 (171).
19 BVerfGE 42, 206 (208); 83, 37 (53).
20 Barbey (Fn. 2), 821, 852; a. A.: Röper, Anspruch der Unionsbürger auf das Amt d. ehrenamtlichen Richters, DRiZ, 1998, 195 f.
21 BVerfGE 42, 206 (209).
22 BVerfGE 26, 186 (199).

nem **Richterwahlausschuß** über die Anstellung der Richter entscheidet[23]. Mit der gemeinsamen Entscheidung von Ausschuß und Landesjustizminister berücksichtigt Art. 98 Abs. 4 GG den Grundsatz der Personalhoheit der Exekutive für die Richteranstellungen[24]. Das Grundgesetz bestimmt nicht die Zusammensetzung des Richterwahlausschusses[25]. Es beschränkt sich auf eine Mitentscheidung des Landesjustizministers. Auch ein einstimmiger Beschluß des Richterwahlausschusses kann den **Justizminister** nicht zwingen, einen Bewerber zur Ernennung durch die Landesregierung vorzuschlagen, den er aus sachlichen Gründen für nicht geeignet hält[26].

12 Die Art. 97 Abs. 1 GG entnommene Formel „**Die Richter sind unabhängig und nur dem Gesetz unterworfen**" soll die sachliche Unabhängigkeit aller Richter gegen die Exekutive und Legislative schützen. Hierzu wird auf die Rechtsprechung des Bundesverfassungsgerichts verwiesen[27]. Zum natürlichen Spannungsverhältnis zwischen der Dienstaufsicht und der sachlichen Unabhängigkeit siehe **Rudolf Wassermann**[28].

13 Die sachliche Unabhängigkeit schränkt die Dienstaufsicht über die richterliche Tätigkeit ein[29]. Dadurch reduziert sich die **parlamentarische Verantwortung** des die Dienstaufsicht führenden Justizministers[30].

14 **Schlichte Parlamentsbeschlüsse des Landtages** zur Anwendung des Rechts binden nicht den Richter[31]. Ein schlichter Parlamentsbeschluß kann ein Verstoß gegen zwingendes Verfassungsrecht sein, wenn er eine bestimmte Entscheidung im Einzelfalle erreichen soll[32].

15 Die Bindung des Richters an das Gesetz – „**nur dem Gesetz unterworfen**" – umfaßt das Recht der **Europäischen Gemeinschaften, das Unionsrecht,** Verfassungsrecht, Gesetze, Rechtsverordnungen, autonome Satzungen und Gewohnheitsrecht[33]. Der Vorrang des Unionsrechtes gilt jedoch nur, soweit es durch das Zustimmungsgesetz des Bundestages gedeckt ist. Wird diese Grenze überschritten, so schulden deutsche Staatsorgane keinen Gehorsam[34]. **Verwaltungsvorschriften** mit materiell-rechtlichem Inhalt sind nur Gegenstand, nicht jedoch Maßstab der Bindung an das Gesetz[35]. Der Rich-

---

23 Holtkotten, in: Bonner Kommentar, Anm. B 1 zu Art. 98 Abs. 4.
24 Stern, Bd. II, 406.
25 Herzog (Fn. 16), RdNr. 41 zu Art. 98; Wassermann (Fn. 16), RdNr. 30, 33 zu Art. 98; Stern, Fn. 25.
26 BVerwG, U. v. 15. 12. 1984, DVBl., 1985, 452 (453); Badura, 453; David, RdNr. 14 zu Art. 63.
27 BVerfGE 31, 137 (140); 27, 312 (322); 26, 79 (93); 21, 139 (145); 14, 56 (69); 4, 331 (344).
28 Wassermann (Fn. 16), RdNr. 25 zu Art. 97. Wassermann war Präsident des Oberlandesgerichts Braunschweig.
29 Wassermann (Fn. 16), RdNr. 25 zu Art. 97.
30 Wassermann (Fn. 16), RdNr. 34 zu Art. 97.
31 Herzog (Fn. 16), RdNr. 22 zu Art. 97.
32 BVerfGE 78, 214 (227).
33 BVerfGE 85, 191 (204); 78, 214 (227); Isensee, Vorrang des Europarechts und deutsche Verfassungsvorbehalte – offener Dissens – in: FS Stern, 1240, BVerfGE 89, 155 (188f.); 75, 223 (234); Kirchhof, Der deutsche Staat im Prozeß der europäischen Integration, in: Hdb. d. Staatsrechts, Bd. VII, 855 (885); Jarass, Konflikte zwischen EG-Recht und nationalem Recht vor den Gerichten der Mitgliedstaaten, DVBl., 1995, 954f.
34 BVerfGE 78, 214 (227).
35 BVerfGE 78, 214 (227).

ter ist zusätzlich auch an das **Recht gebunden**. Das „nur" im vierten Absatz des Artikels ist irreführend. Hierzu RdNr. 14 zu Art. 2 NV.

Artikel 52
Richteranklage

(1) Verstößt eine Berufsrichterin oder ein Berufsrichter im Amt oder außerhalb des Amtes gegen die Grundsätze des Grundgesetzes für die Bundesrepublik Deutschland oder dieser Verfassung, so kann das Bundesverfassungsgericht mit Zweidrittelmehrheit auf Antrag des Landtages anordnen, daß die Richterin oder der Richter in ein anderes Amt oder in den Ruhestand zu versetzen ist. Im Falle eines vorsätzlichen Verstoßes kann auf Entlassung erkannt werden. Der Antrag des Landtages kann nur mit der Mehrheit seiner Mitglieder beschlossen werden.

(2) Unter den Voraussetzungen des Absatzes 1 kann das Bundesverfassungsgericht die Bestellung von ehrenamtlichen Richterinnen oder Richtern zurücknehmen.

Übersicht

	RdNr.
Die Bindung an Art. 98 Grundgesetz	1
„eine Berufsrichterin oder ein Berufsrichter"	2
Die „Grundsätze des Grundgesetzes"	3
Die Grundsätze „dieser Verfassung"	4
Die Treuepflicht des Berufsrichters	5
Die Antragsfrist	6
Das Antragsverfahren	7
Die „Mehrheit seiner Mitglieder"	8
Die „Anordnung" des Bundesverfassungsgerichts	9
Das Ermessen des Bundesverfassungsgerichts	10
Die Beschlußfassung des Senats	11
Entscheidungsmöglichkeiten	12
Die Vollziehung des Urteils	13
Die Schuld	14
Verfahrenskonkurrenzen	15
Die Wiederaufnahme des Verfahrens	16
Die „ehrenamtlichen Richterinnen oder Richter"	17

Art. 52 Abs. 1 NV wiederholt den Text des Art. 40 VNV. Er beruht auf der bundesrechtlichen Ermächtigung des Art. 98 Abs. 5 und 2 GG. Danach können die Länder die Anklage für Landesrichter entsprechend der für Bundesrichter regeln. Dabei handelt es sich um ein **Entscheidungsmonopol des Bundesverfassungsgerichts,** das auch bei ausschließlicher Verletzung von Landesverfassungsrecht zuständig ist[1].

Das Land ist an die Voraussetzungen dieser Ermächtigung gebunden. Es kann nur eine dem Bund „entsprechende" Regelung schaffen, eine vom Bun-

---

[1] Meyer, in: v. Münch/Kunig, RdNr. 9 zu Art. 98; Stern, Bd. II, 1010; Wassermann, in: AK-GG, RdNr. 47 zu Art. 98.

Art. 52 Sechster Abschnitt Die Rechtsprechung

desrecht nicht abweichende Norm[2]. Die Vorschrift ist bisher von Bund und Ländern nicht angewandt worden. Dennoch ist sie nicht überflüssig. Denn abweichend vom Richterdisziplinarrecht gibt sie die Möglichkeit, Richter, die ihre politische Treuepflicht erheblich verletzen, auch ohne Schuldvorwurf in ein anderes Amt oder in den Ruhestand zu versetzen. Die Richteranklage konkretisiert die „**streitbare Demokratie**"[3]. Sie gebietet, daß Richter dienstlich und außerdienstlich die verfassungsmäßige Ordnung achten[4].

2 „**Berufsrichterin**" oder „**Berufsrichter**" sind nur die „angestellten" Richter auf Zeit oder auf Lebenszeit[5]. Richter auf Probe fallen nicht unter den Begriff[6].

3 Die „**Grundsätze des Grundgesetzes**" sind verletzt, wenn der Richter seine **politische Treuepflicht** im Sinne des Beschlusses des Bundesverfassungsgerichts vom 22. Mai 1975[7] in der Sache des geprüften Rechtskandidaten S. wegen Übernahme in den Referendar-Vorbereitungsdienst nicht erfüllt hat[8].

4 Die zu beachtenden „**Grundsätze dieser Verfassung**" sind dieselben wie die vom Bundesverfassungsgericht in dem genannten Beschluß angeführten Prinzipien. Es kommen somit nur die Prinzipien des Landesverfassungsrechts in Betracht, die die vom Bundesverfassungsgericht angeführten Grundsätze wiederholen oder konkretisieren[9].

5 Die **Treuepflicht des Berufsrichters** erfaßt auch sein Verhalten „**im Amt**"[10]. Der Richter ist für seine Entscheidungen, Urteile und Beschlüsse verantwortlich[11].

6 Die **Zulässigkeit der Richteranklage** setzt voraus, daß die in § 58 Abs. 2 und 3 BVerfGG vorgesehenen Fristen eingehalten werden. Danach ist die Anklage unzulässig,
- bei Vorwürfen, die innerhalb eines gerichtlichen Verfahrens begangen sein sollen, nach Ablauf von sechs Monaten nach rechtskräftiger Beendigung des Verfahrens und
- bei sonstigen Vorwürfen, wenn seit dem Verstoß zwei Jahre vergangen sind.

7 Der Antrag über die Beschlußfassung des Landtages kann von der **Landesregierung**, von einer **Fraktion** oder von mindestens zehn **Abgeordneten** eingebracht werden[12]. Der Antrag ist am Schluß der ersten Beratung an den Aus-

---

2 Stern, Fn. 1.
3 BVerfGE 28, 36 (48 f.); Becker, Die wehrhafte Demokratie des Grundgesetzes, in: Hdb. d. Staatsrechts, Bd. VII, 309 (324).
4 Becker (Fn. 3), 346; Battis, Der Verfassungsverstoß und seine Rechtsfolgen, in: Hdb. d. Staatsrechts, Bd. VII, 231 (239).
5 Herzog, in: Maunz/Dürig/Herzog, RdNr. 19 zu Art. 98; Neumann, RdNr. 4 zu Art. 138 Bremische Verfassung; Jutzi, in: Linck/Jutzi/Hopfe, RdNr. 18 zu Art. 89.
6 Herzog, Neumann und Jutzi, jeweils Fn. 5.
7 BVerfGE 39, 334.
8 Vorauflage, RdNr. 3 zu Art. 40; David, RdNr. 39 zu Art. 63; Löwer, Zuständigkeiten und Verfahren des Bundesverfassungsgerichts, in: Hdb. d. Staatsrechts, Bd. II, 737 (821); Roellecke, Aufgabe und Stellung des Bundesverfassungsgerichts in der Gerichtsbarkeit, in: Hdb. d. Staatsrechts, Bd. II, 683 (688).
9 Wassermann (Fn. 1), RdNr. 38 zu Art. 98.
10 Art. 98 Abs. 2 Satz 1 GG: „im Amte" ... „verstößt".
11 Wassermann (Fn. 1), RdNr. 43 zu Art. 98; Herzog (Fn. 5), RdNr. 28 zu Art. 98; David, Fn. 8.
12 §§ 59, 38 Abs. 1 GO Landtag.

schuß für Rechts- und Verfassungsfragen zu überweisen[13]. Dieser Ausschuß prüft die Sach- und Rechtslage und erstattet dem Plenum einen Bericht. Das Plenum entscheidet beim Vorliegen des Tatbestandes über den Antragsbeschluß.

Die **"Mehrheit seiner Mitglieder"** ist die Mehrheit der abgegebenen Stimmen im Sinne des Art. 21 Abs. 4 Satz 1 NV. 8

Die **"Anordnung"** des Bundesverfassungsgerichts ist sein Urteil. Dies folgt aus dem Bundesverfassungsgerichtsgesetz[14]. 9

Stellt das Bundesverfassungsgericht nach Hauptverhandlung und Beweisaufnahme fest, daß der Tatbestand vorliegt, so ist es dennoch nicht verpflichtet, den Berufsrichter des Landes zu verurteilen („kann")[15]. 10

Die **Beschlußfassung des Senats** setzt nach Art. 98 Abs. 2 Satz 4 GG eine Zweidrittelmehrheit voraus. 11

Will das Bundesverfassungsgericht eine Sanktion aussprechen, so kann es nach Art. 98 Abs. 2 Satz 1 GG nur wählen zwischen der „Versetzung in ein anderes Amt", der „Versetzung in den Ruhestand" oder der „Entlassung" aus dem Dienst[16]. Andere Möglichkeiten gibt es bei der Verurteilung nicht. 12

Die Entlassung aus dem Dienst tritt mit der Verkündung ein. Die übrigen **Entscheidungen** sind von der Landesjustizverwaltung zu **vollziehen**[17]. 13

Nur für eine Entlassung aus dem Dienst ist eine **Schuld** des Berufsrichters erforderlich. Es muß ein vorsätzlicher Verstoß festgestellt werden (Art. 98 Abs. 2 Satz 2 GG). 14

Verfahrenskonkurrenz zwischen dem Richteranklageverfahren und einem Disziplinarverfahren regelt das Bundesverfassungsgerichtsgesetz (§ 60). Das Disziplinarverfahren ist nachrangig. 15

Der Verurteilte, nach seinem Tode sein Ehegatte oder einer seiner „Abkömmlinge" können eine **Wiederaufnahme des Verfahrens** betreiben. Verfahrensvorschriften der Strafprozeßordnung sind entsprechend anzuwenden (§ 61 BVerfGG). 16

Nach Art. 52 Abs. 2 NV kann das Bundesverfassungsgericht „**die Bestellung von ehrenamtlichen Richterinnen oder Richtern zurücknehmen**". Das Land ist über den Rahmen des Art. 98 Abs. 2 GG nicht befugt, dem Bundesverfassungsgericht eine zusätzliche Kompetenz zuzuweisen. Die Ermächtigung des Grundgesetzes beschränkt sich auf die Richter, die in ein anderes Amt oder in den Ruhestand versetzt werden können. Das sind nur Berufsrichter[18]. Ehrenamtliche Richter können nur aufgrund des für sie in Betracht kommenden Gerichtsverfassungsrechts entlassen werden[19]. Da Art. 52 Abs. 2 NV Art. 98 Abs. 2 GG widerspricht, ist er verfassungswidrig[20]. 17

---

13 § 59 Satz 2 GO Landtag.
14 §§ 58 Abs. 1, 59 BVerfGG.
15 Herzog (Fn. 5), RdNr. 33 zu Art. 98.
16 Herzog (Fn. 5), RdNr. 31 zu Art. 98; Wassermann (Fn. 1), RdNr. 48 zu Art. 98.
17 Wassermann, Fn. 16; David, RdNr. 41 zu Art. 63.
18 Herzog (Fn. 5), RdNr. 19 zu Art. 98.
19 Jutzi (Fn. 5), RdNr. 18 zu Art. 89.
20 Umbach/Clemens, Bundesverfassungsgerichtsgesetz, Mitarbeiterkommentar und Handbuch, 1992, RdNr. 5 zu § 62.

Artikel 53

Gewährleistung des Rechtsweges

Wird eine Person durch die öffentliche Gewalt in ihren Rechten verletzt, so steht ihr der Rechtsweg offen.

Übersicht

	RdNr.
Ein formelles Hauptgrundrecht	1
Der Zweck des Rechtsweges	2
Einschränkungen in der Landesverfassung	3
Institutionelle Garantie	4
Handlungspflichten des Landesgesetzgebers	5
Kürzung des Instanzenzuges	6
Die Verbandsklage	7
„eine Person"	8
„die öffentliche Gewalt"	9
„in ihren Rechten verletzt"	10
Der „offene Rechtsweg"	11
Der subsidiäre „ordentliche Rechtsweg"	12

1 Art. 53 NV verstößt nicht gegen Bundesverfassungsrecht. Er entspricht Art. 19 Abs. 4 **Satz 1** GG. Mit Art. 53 NV, der inhaltlich Art. 41 Abs. 1 VNV wiederholt, schuf der niedersächsische Verfassungsgeber ein **formelles Hauptgrundrecht**, das neben dem Bundesgrundrecht des Art. 19 Abs. 4 Satz 1 GG eine eigenständige, unmittelbare Rechtswirkung hat[1]. Wichtigste Rechtsfolge des Landesgrundrechtes ist, daß der Staatsgerichtshof es in seinen Entscheidungen zugrunde legen kann. Soweit der Landesgesetzgeber für Prozeßrecht zuständig ist, nämlich für

- die Landesverfassungsgerichtsbarkeit,
- die Disziplinargerichtsbarkeit,
- die akademische Disziplinargerichtsbarkeit,
- die Schiedsgerichtsbarkeit bei Vermögensauseinandersetzungen öffentlich-rechtlicher Verbände und
- die Berufsgerichte[2],

ist Art. 53 NV bedeutsam. Wegen der Konkurrenz von Bundes- und Landesgrundrechten mit gleichem Textinhalt siehe Art. 3 NV. Für die Auslegung wird auf das Schrifttum zu Art. 19 Abs. 4 Satz 1 GG verwiesen[3].

---

1 Schenke, in: Bonner Kommentar, RdNr. 30 zu Art. 19 Abs. 4; Stern, Bd. III/1, 1440; Schmidt-Aßmann, in: Maunz/Dürig/Herzog, RdNr. 21 zu Art. 19 Abs. IV; Braun, RdNr. 3 zu Art. 67; David, RdNr. 3 zu Art. 61; Neumann, RdNr. 3 zu Art. 141 Bremische Verfassung.
2 BVerfGE 29, 125 (138f.).
3 Siehe Fn. 1. Ferner: Wassermann, in: AK-GG, zu Art. 19 Abs. 4 GG; Krebs, in: v. Münch, 4. Aufl., RdNr. 47f. zu Art. 19; Jutzi, in: Linck/Jutzi/Hopfe, RdNr. 60f. zu Art. 42; Papier, Rechtsschutzgarantie gegen die öffentliche Gewalt, in: Hdb. d. Staatsrechts, Bd. VI, 1233f.; Feuchte, in: Feuchte, RdNr. 1f. zu Art. 67; Rüfner, Grundrechtsträger, in: Hdb. d. Staatsrechts, Bd. V, 485f.; Isensee, Anwendung der Grundrechte auf juristische Personen, in: Hdb. d. Staatsrechts, Bd. V, 563f.

Gewährleistung des Rechtsweges   Art. 53

Die Gestaltung des Rechtsweges muß dem **Schutzzweck** der Landesgrund- 2
rechte genügen. Die gerichtliche Kontrolle muß tatsächlich wirksam sein.
Sie muß das Ziel eines wirkungsvollen Rechtsschutzes innerhalb angemessener Zeit verfolgen und hierfür zweckgerichtet, geeignet, angemessen und für den Rechtswegsuchenden zumutbar sein[4].

Die Landesverfassung enthält **Einschränkungen des Rechtsweges** bei Ver- 3
letzungen durch die öffentliche Gewalt bei der Wahlprüfung (Art. 11 Abs. 2
und 4 NV), bei der Indemnität und Immunität der Mitglieder des Landtages
(Art. 14, 15 NV), den Berichten der Untersuchungsausschüsse des Landtages
(Art. 27 Abs. 8 NV) und den Gnadenakten (Art. 36 Abs. 1 NV). Wegen der
Einzelheiten wird auf die Erläuterungen zu diesen Artikeln verwiesen.

Art. 53 NV ist eine **institutionelle Garantie** für die Wirksamkeit des Rechts- 4
schutzes in einer für den Kläger angemessenen Frist[5]. Sie wird auch als
Funktionsgarantie bezeichnet[6]. Danach ist der Landesgesetzgeber gehalten,
daß im Normalfalle ein Gerichtsverfahren innerhalb angemessener Frist beendet werden kann[7].

Für den Landesgesetzgeber folgt daraus, daß er seine Gerichte mit Personal, 5
Räumen und Sachmitteln hinreichend auszugestalten hat. Diese Funktionsfähigkeit hat somit Verfassungsrang[8]. Der Landesgesetzgeber ist z. B. verpflichtet,
– die Zahl der Planstellen nach dem Geschäftsanfall zu bemessen,
– bei Haushaltsmitteln der Gerichtsbüchereien Geschäftsanfall und Preissteigerungen zu berücksichtigen.

Sind die im Haushalt hierfür bereitgestellten Mittel „evident" unzureichend, so verletzt der **Gesetzgeber seine Handlungspflicht**[9]. Ist das Land
aus finanziellen Gründen hierzu außerstande, so muß es im Rahmen seiner
Kompetenz Gerichtsverfahren vereinfachen[10].

Eine Vereinfachung des Verfahrens ist z. B. möglich durch die **Kürzung des** 6
Instanzenzuges auf eine Instanz[11]. Das Bundesverfassungsgericht hält dies
für zulässig[12]. Der Landesgesetzgeber könnte z. B. das beamtenrechtliche
Disziplinarverfahren auf eine für ganz Niedersachsen zuständige Instanz beschränken. Es gibt keinen Anspruch auf „Instanzenseligkeit".

Eine Entlastung der Verwaltungsgerichte ist durch den Fortfall der an sich 7
zulässigen **Verbandsklage** möglich. Der Richter ist bei der Terminierung
nicht völlig frei. Sofern der Arbeitsanfall eine Terminierung aller entscheidungsreifen Sachen nicht zuläßt, muß er zwangsläufig eine zeitliche Reihen-

---

4 BVerfGE 60, 253 (269); 84, 34 (49).
5 Papier (Fn. 3), 1234; Krebs (Fn. 3), RdNr. 49 zu Art. 19; Schmidt-Aßmann (Fn. 1), RdNr. 14 zu Art. 19 Abs. 4; Stern (Fn. 3), 1442.
6 Wassermann (Fn. 3), RdNr. 54 zu Art. 19 Abs. 4.
7 Wassermann, Fn. 6.
8 Wassermann (Fn. 6), RdNr. 55 zu Art. 19 Abs. 4.
9 Schenke (Fn. 3), RdNr. 423 zu Art. 19 Abs. 4; BVerfGE 33, 303 (333).
10 Wassermann, Fn. 8.
11 Papier (Fn. 3), 1267; Schenke (Fn. 1), RdNr. 54f. zu Art. 19 Abs. 4; David, RdNr. 9 zu Art. 61; Lessing, Die Rechtspflege, in: Korte/Rebe, 666 (694).
12 BVerfGE 92, 365 (410); 89, 381 (390); 87, 48 (61); st. Rspr.

folge festlegen. Dabei hat er das angeführte Gebot des wirksamen Rechtsschutzes zu beachten[13]. Verbandsklagen genießen diesen grundgesetzlichen Individualrechtsschutz aber nicht. Sie dürfen daher den grundgesetzlichen Anspruch der einzelnen Bürger nicht beeinträchtigen[14]. Solange entscheidungsreife **Verfahren von Grundrechtsinhabern** vorliegen, darf die Verbandsklage bei der Terminierung nicht vorgezogen werden.

8 Inhaber des Landesgrundrechtes ist die **„Person"**. Dieser weite Begriff ermöglicht es, die Rechtsprechung des Bundesverfassungsgerichts zum „jemand" in Art. 19 Abs. 4 Satz 1 GG heranzuziehen. Demgemäß sind „Personen"
- alle Inländer,
- Staatenlose,
- Ausländer,
- inländische juristische Personen des Privatrechts,
- inländische juristische Personen des öffentlichen Rechts, die dem Bürger zur Verwirklichung individueller Grundrechte dienen und als eigenständige Einrichtungen bestehen[15],
- nichtrechtsfähige Vereinigungen, die grundrechtsfähig sind[16] und
- nach h. M. auch ausländische juristische Personen[17].

9 Unter den Begriff der **„öffentlichen Gewalt"** fallen
- Entscheidungen der Hoheits- und Leistungsverwaltung,
- Tätigkeiten des Rechtspflegers[18],
- hoheitliche Maßnahmen sogenannter beliehener Unternehmer[19] und der
- Kirchen als beliehene Unternehmer[20].

Dabei beschränkt sich der Schutz der Grundrechte nicht auf eine Auswirkung im Inland[21]. Nicht unter den Begriff fallen
- Akte der Rechtsprechung[22],
- sogenannte „innerkirchliche Maßnahmen" der Kirchen und Religionsgemeinschaften, die Körperschaften des öffentlichen Rechts sind[23],
- die parlamentarische Gesetzgebung[24],
- Maßnahmen zwischenstaatlicher Einrichtungen[25].

---

13 BVerfGE 55, 349 (369).
14 Krebs (Fn. 3), RdNr. 58 zu Art. 19; Schenke (Fn. 1), RdNr. 155 zu Art. 19 Abs. 4; Schmidt-Aßmann (Fn. 1), RdNr. 271 zu Art. 19 Abs. 4.
15 BVerfGE 61, 82 (101, 104); Krebs (Fn. 3), RdNr. 31, 32 zu Art. 19; Rüfner (Fn. 3), 511.
16 Krebs (Fn. 3), RdNr. 51 zu Art. 19.
17 Papier (Fn. 3), 1242; Wassermann (Fn. 3), RdNr. 22 zu Art. 19; Schmidt-Aßmann (Fn. 3), RdNr. 40 zu Art. 19 Abs. 4.
18 BVerfGE 49, 220 (241).
19 Krebs (Fn. 3), RdNr. 55 zu Art. 19.
20 BVerfGE 30, 415 (421).
21 BVerfGE 57, 9 (23).
22 BVerfGE 73, 339 (372); 76, 93 (98).
23 BVerfGE 18, 3 (85); 42, 312 (334); Jutzi (Fn. 3), RdNr. 68 zu Art. 42; Schmidt-Aßmann (Fn. 1), RdNr. 115 zu Art. 19 Abs. 4; Papier (Fn. 3) 1245; Schenke (Fn. 1), RdNr. 178 zu Art. 19 Abs. 4; Wassermann (Fn. 3), RdNr. 45 zu Art. 19; Rüfner, Zuständigkeit staatlicher Gerichte in kirchlichen Angelegenheiten, in: Hdb. d. Staatskirchenrechts, 2. Aufl., Bd. II, 1081 (1083); Krämer, Verfassungsrechtliche und staatskirchenrechtliche Probleme kirchlicher Gerichtsbarkeit, DVBl., 1981, 1.
24 BVerfGE 45, 227 (334); 75, 108 (165).
25 BVerfGE 59, 63 (86).

Die Formel „in ihren Rechten verletzt" setzt nach st. Rspr. des Bundesver- 10
fassungsgerichts (BVerfGE 78, 214, 226) subjektive Rechte voraus, begründet
sie aber nicht. Die Rechtssphäre des Einzelnen soll geschützt werden[26].

„Rechtsweg" ist jede normierte Möglichkeit, ein staatliches Gericht anzuru- 11
fen[27]. Zum Begriff des Gerichts siehe RdNr. 5 zu Art. 51 NV. Nicht Art. 53
NV hält den Rechtsweg „offen", sondern die prozessualen Vorschriften. So
z. B. § 13 GVG, § 40 VwGO, § 51 SGG und § 33 Abs. 1 FGO[28].

Gemäß Art. 3 Abs. 2 Satz 1 NV i. V. m. Art. 19 Abs. 4 **Satz 2 GG** wird 12
Art. 53 NV noch durch nachfolgenden Text des Landesgrundrechtes ergänzt:
„**Soweit eine andere Zuständigkeit nicht begründet ist, ist der ordentliche Rechtsweg gegeben**". Art. 41 Abs. 2 VNV sah als **Auffangnorm** die subsidiäre Zuständigkeit der Verwaltungsgerichte vor. Der Verfassungsgeber übernahm diese Klausel nicht mehr. Die Auffangklausel (Art. 3 Abs. 2 Satz 1 NV i. V. m. Art. 19 Abs. 4 Satz 2 GG) ist ein wesentlicher Teil des formellen Hauptgrundrechtes, der negative Kompetenzkonflikte der Fachgerichte löst[29]. „Andere Zuständigkeit" ist nicht der **Staatsgerichtshof**[30]. Zum „ordentlichen Rechtsweg" gehören die Zivil- und die Strafgerichte sowie die freiwillige Gerichtsbarkeit[31]. Der Prüfungsumfang und die Effektivität des Rechtsschutzes richten sich nach Art. 53 NV. Es dürfte zweckmäßig sein, die Auffangnorm bei Art. 53 NV als zweiten Absatz anzufügen.

Artikel 54
Zuständigkeit des Staatsgerichtshofs

Der Staatsgerichtshof entscheidet

1. **über die Auslegung dieser Verfassung bei Streitigkeiten über den Umfang der Rechte und Pflichten eines obersten Landesorgans oder anderer Beteiligter, die durch diese Verfassung oder in der Geschäftsordnung des Landtages oder der Landesregierung mit eigenen Rechten ausgestattet sind, auf Antrag des obersten Landesorgans oder anderer Beteiligter;**

2. **bei Streitigkeiten über die Durchführung von Volksinitiativen, Volksbegehren oder Volksentscheiden auf Antrag der Antragstellerinnen und Antragsteller, der Landesregierung oder eines Fünftels der Mitglieder des Landtages;**

3. **bei Meinungsverschiedenheiten oder Zweifeln über die förmliche oder sachliche Vereinbarkeit von Landesrecht mit dieser Verfassung auf An-**

---

26 BVerfGE 61, 82 (110); 78, 214 (228); 84, 34 (49). Zum Schutz der Rechtssphäre des Einzelnen: BVerfGE 67, 43 (58); 54, 39 (41).
27 BVerfGE 67, 157 (170).
28 Krebs (Fn. 3), RdNr. 67 zu Art. 19; Schenke (Fn. 1), RdNr. 51 zu Art. 19.
29 Wassermann (Fn. 3), RdNr. 61 zu Art. 19; Schenke (Fn. 1), RdNr. 63 zu Art. 19.
30 BVerfGE 1, 332 (344).
31 Papier (Fn. 3), 1268; Schmidt-Aßmann (Fn. 3), RdNr. 295 zu Art. 19 Abs. 4.

trag der Landesregierung oder eines Fünftels der Mitglieder des Landtages;
4. über die Vereinbarkeit eines Landesgesetzes mit dieser Verfassung auf Vorlage eines Gerichts gemäß Artikel 100 Abs. 1 des Grundgesetzes für die Bundesrepublik Deutschland;
5. über Verfassungsbeschwerden von Gemeinden und Gemeindeverbänden wegen Verletzung des Rechts auf Selbstverwahrung durch ein Landesgesetz;
6. in den übrigen ihm durch diese Verfassung oder durch Gesetz zugewiesenen Fällen.

Übersicht

	RdNr.
„Der Staatsgerichtshof entscheidet"	1
I. Die Organklage	
Der „Umfang der Rechte und Pflichten"	2
Die „obersten Landesorgane"	3
„Diese Verfassung"	4
Keine prolongierte Beteiligungsfähigkeit	5
Entscheidung durch Feststellungsurteil	6
II. Die plebiszitären Verfahren	
Die „Durchführung"	7
III. Die abstrakte Normenkontrolle	
„Meinungsverschiedenheiten oder Zweifel"	8
Das „Landesrecht"	9
Das Parallelverfahren beim Bundesverfassungsgericht	10
Nichtigkeit und Unvereinbarkeit	11
IV. Die konkrete Normenkontrolle	
„Gemäß Artikel 100 Abs. 1 des Grundgesetzes"	12
Die Vereinbarkeit mit „dieser Verfassung"	13
Die Entscheidungserheblichkeit	14
Das bereits aufgehobene Gesetz	15
Ein Zwischenverfahren	16
V. Die kommunale Verfassungsbeschwerde	
Rückblick	17
Die Kompetenzen des Bundesverfassungsgerichts	18
Verordnungen des Landes	19
Der Prüfungsmaßstab	20
„Gemeinden und Gemeindeverbände"	21
Die Jahresfrist	22
VI. „Durch diese Verfassung oder durch Gesetz zugewiesen"	
Weitere Kompetenzen in der Verfassung	23
Die Grenzen einfachgesetzlicher Zuweisung	24
VII. Die Entscheidungen des Staatsgerichtshofes	25

Art. 54

„Der Staatsgerichtshof entscheidet". Der Verfassungsgeber wählte keine 1
verfassungsrechtliche Generalklausel. Die Zuständigkeit des Gerichts kann
einfachgesetzlich erweitert werden. Der Verfassungsgeber folgte bei der Formulierung weitgehend dem Zuständigkeitskatalog in Art. 42 VNV. Er fügte
nachfolgende Verfahren hinzu:
- Vorlageverfahren zur Prüfung des Untersuchungsauftrages (Art. 27 Abs. 7 NV),
- Streitigkeiten bei der Durchführung von Plebisziten (Art. 54 Nr. 2 NV),
- Kommunalverfassungsbeschwerde gegen Landesgesetze (Art. 54 Nr. 5 NV).

Er lehnte es aber ab, das Institut der Landesverfassungsbeschwerde gegen
Verletzungen von Landesgrundrechten einzuführen[1].

Die Formel **„Umfang der Rechte und Pflichten"** ersetzt die „Zuständigkei- 2
ten" des Art. 42 Abs. 1 Nr. 1 VNV. Der Verfassungsgeber wählte damit den
Text des Art. 93 Abs. 1 Nr. 1 GG. Diese Rechte und Pflichten müssen zu einem **verfassungsrechtlichen** Rechtsverhältnis des Landes Niedersachsen gehören und zwischen Antragsteller und Antragsgegner streitig sein[2]. Die beanstandeten Maßnahmen oder das Unterlassen müssen die eigenen Rechte
verletzen oder unmittelbar gefährden[3].

Der Begriff der **„obersten Landesorgane"** wird weder von der Landesverfas- 3
sung noch vom Staatsgerichtshofgesetz[4] erläutert. Oberste Landesorgane haben folgende Eigenschaften:
- Das Verfassungsrecht bestimmt ihren Status und ihre wesentlichen Zuständigkeiten;
- sie sind keinem anderen Verfassungsorgan untergeordnet,
- in ihrer inneren Organisation frei und
- haben an der obersten Staatsleitung einen Anteil[5].

Mit eigenen Rechten in der Landesverfassung sind nachfolgende Organe
oder Teileinheiten dieser Organe ausgestattet:
- Landtag (§ 7 NV),
- Landesregierung (Art. 28 NV),
- Landtagspräsident (Art. 18 Abs. 3, 44 Abs. 3 und 45 Abs. 1 u. 2 NV),
- Landtagsfraktionen (Art. 18 Abs. 2 NV),
- Präsidium des Landtages (Art. 18 Abs. 1 NV),
- Ältestenrat (Art. 20 Abs. 3, 44 Abs. 2 NV),
- Ministerpräsident (Art. 28 Abs. 2, 35 Abs. 1, 36 Abs. 1, 37 Abs. 1 Satz 1, 39 Abs. 1 Satz 1, 45 Abs. 1 NV),
- Minister (Art. 28 Abs. 2, 37 Abs. 1 Satz 2 NV),
- Finanzminister (Art. 67 Abs. 1, 69 Satz 1 NV),
- Stellvertreter des Ministerpräsidenten (Art. 29 Abs. 2 NV),

---

1 Schriftlicher Bericht, 32 f. Nachdem das BVerfG seine Rspr. zur Verfassungsbeschwerde bei einem Verstoß gegen Wahlgrundsätze geändert hat, „empfiehlt" es dem Lande Niedersachsen, sie einzuführen, BVerfGE 99, 1 (18 f.).
2 BVerfGE 84, 290 (297); 73, 1 (30).
3 BVerfGE 90, 286 (342).
4 Vom 1. 7. 1996 Nieders. GVBl. S. 342.
5 Stern, Bd. II, 344; ders. in: Bonner Kommentar, RdNr. 92 zu Art. 93.

- Landtagsabgeordnete[6],
- Landesrechnungshof (Art. 70 NV).

Das Bundesverfassungsgericht hat als beteiligungsfähig im Organstreitverfahren anerkannt:
- Landesverbände der politischen Parteien, wenn sie sich nicht auf Kommunalwahlen beschränken[7] und
- vom Geschäftsordnungsrecht anerkannte Gruppen von Abgeordneten[8].

Der Staatsgerichtshof ist zwar eines der obersten Landesorgane, kann jedoch nicht Beteiligter in einem Organstreitverfahren sein, über das er entscheidet[9].

4   Prüfungsmaßstab ist „diese" Verfassung, weder das einfache Gesetzesrecht noch die Geschäftsordnungen von Verfassungsorganen[10]. Zur Landesverfassung gehören aber auch Teile des Grundgesetzes, die in die Landesverfassung unmittelbar verpflichtend hineinwirken[11].

5   Der Verfassungsgeber hat die **prolongierte Beteiligungsfähigkeit** des Art. 42 Abs. 1 – letzter Satz – VNV nicht mehr übernommen[12]. Im Einzelfalle kann jedoch ein allgemeines öffentliches Bedürfnis bestehen, eine auf das Verfahren beschränkte Parteifähigkeit anzunehmen[13]. Sie kann einfachgesetzlich geregelt werden.

6   Der Staatsgerichtshof entscheidet durch **Feststellungsurteil** (§ 30 StGHG i. V. m. § 67 BVerfGG), ob die beanstandete Maßnahme oder Unterlassung des Antragsgegners gegen Verfassungsrecht verstößt. Dabei kann er in diesem Verfahren nicht zugleich über die Gültigkeit einer Norm entscheiden[14]. Es obliegt dann dem Landesgesetzgeber, den festgestellten verfassungswidrigen Zustand zu beenden.

7   Für **„Streitigkeiten über die Durchführung von Volksinitiativen, Volksbegehren oder Volksentscheiden"** ist noch kein allgemein anerkannter Begriff gebildet worden. Der unbestimmte Rechtsbegriff des Verfassungsrechts der „Durchführung" erfaßt die Streitigkeiten über die Zulässigkeit und die Begründetheit eines Antrages[15]. Das Staatsgerichtshofgesetz regelt Antragsbefugnis und Fristen[16]. Bei der Prüfung von Volksbegehren sind die allgemeinen Grundsätze des Wahlprüfungsrechts anzuwenden[17]. Zu den Begriffen

---

6   Art. 12 NV; Abmeier, 244; Umbach, Der eigentliche Verfassungsstreit vor dem Bundesverfassungsgericht: Abgeordnete und Fraktionen als Antragsteller, in: FS Zeidler, Bd. II, 1235 (1240); BVerfGE 80, 188 (217f.).
7   BVerfGE 84, 290 (298).
8   BVerfGE 84, 304 (318).
9   Stern (Fn. 5), RdNr. 95 zu Art. 93; Neumann, RdNr. 17 zu Art. 140 Bremische Verfassung.
10 Schriftlicher Bericht, 33.
11 BVerfGE 66, 107 (114); Rozek, 170f.; Bethge, Organstreitigkeiten des Landesverfassungsrechts, in: Starck/Stern, Bd. II, 17 (28f.).
12 Schriftlicher Bericht, 32.
13 VerfGH Nordrhein-Westfalen, U. v. 29. 4. 1997 – DVBl., 1997, 824.
14 BVerfGE 85, 264 (326).
15 Nds.OVG, B. v. 21. 5. 1997 – NdsVBl., 1997, 208 (209); Schriftlicher Bericht, 33.
16 § 31 Staatsgerichtshofgesetz.
17 VerfGH Nordrhein-Westfalen, U. v. 26. 4. 1995 – OVGE 30, 288 (298); B. v. 19. 2. 1994 – OVGE 29, 318 (320).

Volksbegehren, Volksinitiative, Volksentscheid wird auf die Art. 47 bis 49 NV verwiesen.

Das Begriffspaar „**Meinungsverschiedenheiten oder Zweifel**" wurde bereits von der Weimarer Reichsverfassung verwandt. Es bestand damals Übereinstimmung, daß der Tatbestand keinen konkreten Rechtsstreit zwischen Parteien voraussetzt. Es mußten aber zumindest Zweifel bei Parlamenten, bei den Gerichten oder in der Exekutive über die Gültigkeit oder den Inhalt einer Norm vorliegen[18]. Das Bundesverfassungsgericht begnügt sich mit einem „besonderen objektiven Interesse" an der Klarstellung der Geltung oder des Inhalts einer Norm (BVerfGE 52, 63 (80)). Das Schrifttum teilt diese Ansicht[19]. 8

Prüfungsgegenstand der abstrakten Normenkontrolle ist das „**Landesrecht**". Hierunter fallen: 9
- Bestimmungen der Landesverfassung selbst[20],
- förmliche Landesgesetze,
- Gesetze im formellen Sinne, Haushaltsgesetze und Zustimmungsgesetze zu Staatsverträgen[21],
- Notverordnungen (Art. 44 NV),
- Verordnungen der Landesregierung und ihrer Mitglieder[22],
- Satzungen sowie Geschäftsordnungen von Verfassungsorganen[23],
- Gewohnheitsrecht[24].

Die Landesregierung kann nach Art. 93 Abs. 1 Nr. 2 GG **Landesrecht auf seine Vereinbarkeit mit Bundesrecht** vom Bundesverfassungsgericht im Rahmen der abstrakten Normenkontrolle prüfen lassen. Beide Verfahren schließen einander nicht aus[25], da verschiedene Maßstabsnormen anzuwenden sind[26]. 10

Grundsätzlich ist Landesrecht, das mit der Verfassung nicht übereinstimmt, für **nichtig zu erklären**. Der Landesgesetzgeber berücksichtigt dies mit § 34 Abs. 1 Staatsgerichtshofgesetz. Hiervon kann ausnahmsweise abgesehen werden, wenn dies zu einem Ergebnis führt, welches mit der Verfassungsordnung nicht zu vereinbaren ist. Dann wird nur die **Unvereinbarkeit festgestellt**[27]. 11

Die **konkrete Normenkontrolle** hat sich aus dem richterlichen Prüfungsrecht entwickelt. Hierzu wird auf das Schrifttum verwiesen[28]. Der Verfas- 12

---

18 Gebhard, RdNr. 4, Giese, RdNr. 3 und Poetzsch-Hefftcr, RdNr. 3, jeweils zu Art. 13 WRV; weitergehend Anschütz, RdNr. 4 zu Art. 13, der Wissenschaft und Öffentlichkeit einbezieht.
19 Rinken, in: AK-GG, RdNr. 23 zu Art. 93; Meyer, in: v. Münch/Kunig, RdNr. 35 zu Art. 93; Stern (Fn. 5), RdNr. 216 zu Art. 93; ders., Staatsrecht, Bd. II, 986; David, RdNr. 49 zu Art. 65; Maurer, in: Feuchte, RdNr. 45 zu Art. 68.
20 Stern (Fn. 5), RdNr. 222 zu Art. 93.
21 Stern (Fn. 5), RdNr. 226, 227 zu Art. 93.
22 Stern (Fn. 5), RdNr. 228 zu Art. 93.
23 Stern (Fn. 5), RdNr. 229 zu Art. 93; Löwer, Zuständigkeiten und Verfahren des Bundesverfassungsgerichts, in: Hdb. d. Staatsrechts, Bd. II, 737 (776).
24 Löwer, Fn. 23; Stern (Fn. 5), RdNr. 230 zu Art. 93.
25 BVerfGE 83, 37 (49).
26 Stern (Fn. 5), RdNr. 326 zu Art. 93.
27 BVerfGE 83, 130 (154); Löwer (Fn. 23), 804 f.
28 Schmitt C., 117 f.; Anschütz, RdNr. 3 zu Art. 70; Fromme, 191; Huber, Verfassungsgeschichte, Bd. VI, 560 ff.; Lehmann, Artikel 151 Absatz 1: Ordnung des Wirtschaftslebens, in: Nipperdey, Bd. III, 124 (132 f.).

sungsgeber wiederholt mit Art. 54 Nr. 4 NV den Inhalt des Art. 42 Abs. 1 Nr. 3 VNV[29]. Unter Berücksichtigung der in ihm enthaltenen Verweisung auf Art. 100 Abs. 1 GG ist der Text wie folgt zu lesen:

> Der Staatsgerichtshof entscheidet über die Vereinbarkeit eines Landesgesetzes mit der Verfassung auf Vorlage eines Gerichts, wenn dies das Landesgesetz, auf dessen Gültigkeit es bei der Entscheidung ankommt, für verfassungswidrig hält. Das Verfahren ist auszusetzen und die Entscheidung des Staatsgerichtshofes einzuholen.

Der durch diese statische Verweisung inkorporierte Text des Grundgesetzes wird Landesverfassungsrecht[30].

13 Die Vereinbarkeit mit „dieser Verfassung" ist der Prüfungsmaßstab. Vor dem 1. Juni 1993, dem Tage des Inkrafttretens der Landesverfassung, verkündete Landesgesetze sind **vorkonstitutionelle Landesgesetze** im Sinne der Norm. Sie fallen grundsätzlich nicht unter die Vorlagepflicht[31]. Dies gilt aber nicht, wenn der Landesgesetzgeber sie nach dem Stichtage in „seinen Willen aufgenommen hat"[32].

14 „**Bei der Entscheidung kommt es darauf an**", ob das vorlegende Gericht im Falle der Gültigkeit der Norm zu einem anderen Ergebnis käme als im Falle der Ungültigkeit[33].

15 Ein bereits **aufgehobenes Gesetz** kann dennoch Gegenstand der konkreten Normenkontrolle sein, wenn nach Ansicht des vorlegenden Gerichts die Gültigkeit der Norm in der maßgeblichen Zeit entscheidungserheblich ist[34].

16 Das Verfahren der konkreten Normenkontrolle ist ein **Zwischenverfahren**. Es ist verselbständigt und in die ausschließliche Zuständigkeit des Staatsgerichtshofs gelegt[35]. Die Entscheidungserheblichkeit muß auch im Zeitpunkt der Entscheidung des Staatsgerichtshofs vorliegen. Erledigt sich aus tatsächlichen oder rechtlichen Gründen das Verfahren der Hauptsache beim Fachgericht, so wird das Vorlageverfahren unzulässig. Das Fachgericht muß seinen Vorlagebeschluß aufheben[36].

17 Die **kommunale Verfassungsbeschwerde** ist ein junges Rechtsinstitut, das in Landesverfassungen 1947 eingeführt wurde[37]. Dem Grundgesetz wurde die kommunale Verfassungsbeschwerde als Nr. 4b. des Art. 93 durch das 19. Änderungsgesetz vom 29. Januar 1969 (BGBl. I, 97) eingefügt. Die Vorläufige Niedersächsische Verfassung hatte sie nicht. Dies hatte zur Folge, daß niedersächsische Kommunen nach Karlsruhe gingen[38]. Der Verfassungs-

---

29 Schriftlicher Bericht, 34.
30 Zum Begriff: Ossenbühl, DVBl., 1967, 401 (402).
31 Löwer (Fn. 23), 787; BVerfGE 70, 126 (129).
32 BVerfGE, Fn. 31.
33 BVerfGE 94, 315 (323).
34 Löwer (Fn. 23), 788; BVerfGE 68, 155 (169).
35 BVerfGE 49, 217 (219).
36 BVerfGE 51, 161 (163 f.).
37 Z. B. Art. 130 Abs. 1 Verfassung von Rheinland-Pfalz v. 18. 5. 1947 u. Art. 140 Verfassung d. Freien Hansestadt Bremen v. 21. 10. 1947.
38 BVerfGE 86, 90.

geber schuf die kommunale Verfassungsbeschwerde wegen Verletzung durch ein Landesgesetz, damit das Bundesverfassungsgericht nicht mehr angerufen werden könne[39].

Nach **Art. 93 Abs. 1 Nr. 4 Buchst. b GG entscheidet das Bundesverfassungsgericht** über Verfassungsbeschwerden von Gemeinden und Gemeindeverbänden wegen Verletzung des Rechts auf Selbstverwaltung nach Art. 28 GG durch Gesetz, bei Landesgesetzen jedoch nur, soweit nicht Beschwerde beim Landesverfassungsgericht erhoben werden kann. Mit der neuen Kompetenz des Staatsgerichtshofes ab 1. Juni 1993 ist die subsidiäre Zuständigkeit des Bundesverfassungsgerichts für Landes**gesetze** entfallen[40]. Bei Gesetzen und Rechtsverordnungen des Bundes verbleibt die Kompetenz des Bundesverfassungsgerichts[41]. 18

Bei Verletzungen durch **Verordnungen des Landes** bleibt die Zuständigkeit des Bundesverfassungsgerichts jedoch erhalten. Das Bundesverfassungsgericht hat in ständiger Rechtsprechung seine Zuständigkeit für Rechtsverordnungen bejaht[42]. Der Landesverfassungsgeber hat in Kenntnis dieser langjährigen Rechtsprechung die neue Kompetenz des Staatsgerichtshofes ausdrücklich auf „**ein Landesgesetz**" beschränkt[43]. Es muß dem Landesgesetzgeber überlassen bleiben, diese halbe Lösung zu korrigieren. 19

Prüfungsmaßstab des Staatsgerichtshofes sind die Art. 57, 58 und 59 der Landesverfassung, welche die Selbstverwaltungsgarantie des Grundgesetzes verwirklichen[44]. Die staatsgerichtliche Rechtsprechung berücksichtigt, daß Art. 28 GG sich an den Landesverfassungsgeber wendet und nur einen Minimalstandard gewährleistet. Die Landesverfassung kann daher mehr geben[45]. 20

Parteifähig sind nur „**Gemeinden und Gemeindeverbände**". Gemeindeverbände sind die Landkreise[46]. **Samtgemeinden** werden als Gemeindeverbände gewertet[47]. Zweckverbände sind nicht parteifähig[48]. Bei aufgelösten Gemeinden und Gemeindeverbänden, die sich gegen eine Auflösung durch ein Landesgesetz wenden, wird ihr Fortbestand zur Prozeßführung fingiert[49]. Die Regelung ihrer Vertretung ist eine Aufgabe des einfachen Gesetzgebers. 21

Die Verfassungsbeschwerde ist nur **innerhalb eines Jahres** seit dem Inkraft- 22

---

39 Schriftlicher Bericht, 34.
40 Jörn Ipsen, Die kommunale Verfassungsbeschwerde nach Art. 54 Ziff. 5 der Nieders. Verfassung, NdsVBl., 1994, 9 (10).
41 Stern (Fn. 5), RdNr. 819 zu Art. 93; Jutzi, in: Linck/Jutzi/Hopfe, RdNr. 14 zu Art. 80.
42 BVerfGE 76, 107 (114); 71, 25 (33); 56, 298 (309).
43 Ipsen (Fn. 40), 11; Berlit, Der Nieders. Staatsgerichtshof, NdsVBl., 1995, 97 (103).
44 StGH, B. v. 15. 8. 1995 – StGH 2 ua/93; U. v. 13. 3. 1996 – StGH 1 ua/94 und v. 25. 11. 1997 – StGH 14/95 ua, Fundstellen nachfolgende RdNr.
45 Löwer, in: v. Münch/Kunig, RdNr. 34 f. zu Art. 28.
46 StGH, B. v. 15. 8. 1995 – StGH 2 ua/93, Fundstelle nachfolgende RdNr.
47 StGH, U. v. 13. 3. 1996 – StGH 1 ua/94, Fundstelle nachfolgende RdNr.
48 Löwer (Fn. 45), RdNr. 83 zu Art. 28; Ipsen (Fn. 40), 11.
49 BVerfGE 42, 345 (355); Meder, RdNr. 5 zu Art. 11; Braun, RdNr. 5 zu Art. 76; Jutzi (Fn. 41), RdNr. 13 zu Art. 80.

treten des angefochtenen Landesgesetzes zulässig[50]. Die Kommunen können sich durch Bedienstete vertreten lassen, welche die Befähigung zum Richteramt haben[51].

23 Die **übrigen durch diese Verfassung „zugewiesenen Fälle"** sind:
- Wahlprüfungsverfahren (Art. 11 Abs. 4 NV i. V. m. § 22 StGHG),
- Abgeordnetenanklage (Art. 17 NV i. V. m. §§ 23 f. StGHG),
- Ministeranklage (Art. 40 Abs. 1 u. 2 NV i. V. m. §§ 23 f. StGHG),
- „Reinigungsverfahren" der Mitglieder der Landesregierung (Art. 40 Abs. 3 NV i. V. m. § 26 StGHG),
- Prüfung eines Untersuchungsauftrages eines Untersuchungsausschusses (Art. 27 Abs. 7 NV i. V. m. §§ 27 f. StGHG) und
- vorbeugende, präventive Normenkontrolle beim Gesetzentwurf eines Volksbegehrens (Art. 48 Abs. 2 NV i. V. m. §§ 31 f. StGHG)[52].

24 Bei der **Übertragung weiterer „Fälle"**, Sachgebiete, durch einfaches Gesetz muß die Materie entscheidend vom Verfassungsrecht geprägt sein und müssen Rechtsbeziehungen zwischen den Beteiligten zum Verfassungsrecht bestehen[53]. Auch dürfen die Fälle nicht den grundgesetzlich vorgeschriebenen Prinzipien des Richteramtsrechtes widersprechen. **Zulässig ist die** Einführung der **Landesverfassungsbeschwerde** wegen Verletzung eines **Landesgrundrechtes**. Es genügt eine einfachgesetzliche Regelung[54]. Auch die dann voraussichtlich notwendige Einführung des hauptamtlichen Mitgliedes des Staatsgerichtshofes[55] verlangt keine Änderung der Landesverfassung[56]. Der Effekt einer Landesverfassungsbeschwerde wäre jedoch bei den zusätzlichen Personalkosten bescheiden. Denn das Bundesverfassungsgericht hat für die Zulässigkeit einer Landesverfassungsbeschwerde Hürden aufgebaut[57], die erheblich sind:

Der durch Verfahrensordnungen des Bundes eröffnete Rechtsweg muß ordnungsgemäß ausgeschöpft werden.

Statthafte Rechtsmittel müssen eingelegt werden und dürfen nicht als unzulässig verworfen worden sein[58].

Die Landesverfassungsbeschwerde kommt nicht in Betracht, soweit eine Entscheidung des Landesgerichts durch ein Bundesgericht ganz oder teilweise bestätigt worden ist oder das Landesgericht nach einer Zurückweisung unter Bindung an die Maßstäbe des Bundesgerichts entschieden hat[59].

---

50 § 36 Abs. 2 StGHG.
51 § 36 Abs. 1 Satz 2 StGHG.
52 Rozek, 272 f.
53 Rozek, Fn. 52.
54 Burmeister, Chancen und Risiken einer niedersächsischen Landesverfassungsbeschwerde..., NdsVBl., 1998, 53 (58); Jörn Ipsen, Eine Verfassungsbeschwerde für Niedersachsen!, NdsVBl., 1998, 129 (134).
55 Das Bundesverfassungsgericht hatte 1996 ca. 5000 Verfassungsbeschwerden, s. Ipsen (Fn. 54), 122.
56 Ipsen, Fn. 54.
57 BVerfGE 96, 345.
58 BVerfGE 96, 345 (371 f.).
59 BVerfG, Fn. 58.

Zuständigkeit des Staatsgerichtshofs   Art. 54

Entscheidungen des Staatsgerichtshofes: 25

Organstreitigkeiten (Art. 54 Nr. 1 NV):

		Nds.VBl.	OVGE	Nds.StGHE
U. v. 12. 12. 57 – StGH	1/55	–	12, 470	1, 1
U. v. 26. 5. 61	2/60	–	16, 508	1, 62
U. v. 13. 8. 62	1/62	–	17, 499	1, 75
U. v. 19. 1. 63	3/62	–	17, 508	1, 90
U. v. 13. 7. 72	1/71	–	17, 504	1, 83
U. v. 16. 1. 86	1/85	–	28, 483	1, 120
U. v. 16. 1. 86	2/85	–	39, 503	3, 70
B. v. 15. 5. 96	12/95	1996, 189	–	3, 251
B. v. 17. 2. 97	11/95	1997, 132	–	3, 270
B. v. 18. 5. 98	27/94	1998, 212	–	–
B. v. 25. 11. 97	1/97	–	–	–
B. v. 1. 11. 98	1/98	1999, 38	–	3, 322

Plebiszitäre Verfahren (Art. 54 Nr. 2 NV):

	Nds.VBl.	OVGE	Nds.StGHE
–	–	–	–

Abstrakte Normenkontrolle (Art. 54 Nr. 3 NV):

		Nds.VBl.	OVGE	Nds.StGHE
U. v. 19. 6. 58	2/55	–	12, 490	1, 24
U. v. 20. 12. 72	1/72	–	28, 500	1, 144
Zwischenurteil				
v. 15. 2. 73	2/72	–	29, 496	1, 163
	u. 3/72			
U. v. 23. 1. 74	2/72	–	29, 504 (60)	1, 174
U. v. 23. 1. 74	3/72	–	29, 512 (61)	1, 198
U. v. 4. 5. 74	1/73	–	29, 512	1, 229
B. v. 28. 7. 77	2/77	–	33, 489	1, 307
U. v. 20. 9. 77	1/77	–	32, 485	1, 335
U. v. 14. 2. 79	2/77	–	33, 497	2, 1
U. v. 3. 6. 80	2/79	–	34, 500	3, 1
U. v. 8. 5. 96	3/94	1996, 184	–	3, 221
U. v. 10. 7. 97	10/95	1997, 227	–	3, 279

Konkrete Normenkontrolle (Art. 54 Nr. 4 NV):

		NdsVBl.	OVGE	Nds.StGHE
B. v. 11. 3. 66	1/65	–	–	1, 100
B. v. 18. 7. 69	1/68	–	24, 499	1, 107
B. v. 15. 11. 74	1/68	–	30, 477	1, 256
B. v. 10. 4. 85	2/84	–	–	3, 34
B. v. 31. 10. 96	4/96	1997, 37	–	3, 257

Art. 54   Sechster Abschnitt Die Rechtsprechung

Kommunale Verfassungsbeschwerden (Art. 54 Nr. 5 NV):

		Nds.VBl.	OVGE	Nds.StGHE
B. v. 22. 6. 94	5/94	1994, 36	43, 505	3, 128
U. v. 13. 3. 96	1/94	1996, 87	45, 503	3, 199
B. v. 15. 8. 95	2/93	1995, 225	–	3, 136
B. v. 25. 1. 96	13/95	1996, 109	–	3, 194
B. v. 26. 3. 97	1/95	1997, 155	–	3, 275
U. v. 25. 11. 97	14/95	1998, 43	–	3, 299

Wahlprüfungssachen (Art. 11 NV):

		Nds.VBl.	OVGE	Nds.StGHE
B. v. 28. 3. 58	1/57	–	12, 490	1, 34
U. v. 18. 3. 60	1/57	–	14, 509	1, 53
B. v. 14. 12. 60	1/60	–	–	1, 60
B. v. 20. 2. 73	1/74	–	30, 489	1, 270
B. v. 18. 4. 75	1/75	–	30, 510	1, 283
B. v. 18. 4. 75	2/75	–	30, 498	1, 287
B. v. 26. 5. 83	1/83	–	37, 510	3, 26
U. v. 5. 6. 85	3/84	–	38, 503	3, 42
B. v. 15. 8. 95	4/95	–	–	3, 167
B. v. 15. 8. 95	5/95	–	–	3, 170
B. v. 15. 8. 95	6/95	–	–	3, 174
B. v. 15. 8. 95	7/95	-	–	3, 178
B. v. 15. 8. 95	9/95	–	–	3, 181
B. v. 24. 8. 95	8/95	–	–	3, 191

Mitgliedschaft im Nieders. Staatsgerichtshof (§ 11 StGHG):

		Nds.VBl.	OVGE	Nds.StGHE
B. v. 27. 3. 87	1/87	–	–	3, 81

Rechtsgutachten

		Nds.VBl.	OVGE	Nds.StGHE
V. 13. 12. 93	1/93	–	43, 181	3, 104

Sonstiges

		Nds.VBl.	OVGE	Nds.StGHE
B. v. 18. 5. 98 Unzulässigkeit einer Verfassungsbeschwerde	27/94	98, 212		

Artikel 55
Verfassung und Verfahren des Staatsgerichtshofs

(1) Der Staatsgerichtshof besteht aus neun Mitgliedern und neun stellvertretenden Mitgliedern, die jeweils ein Mitglied persönlich vertreten.

(2) Die Mitglieder und stellvertretenden Mitglieder des Staatsgerichtshofs werden vom Landtag ohne Aussprache mit einer Mehrheit von zwei Dritteln der anwesenden Mitglieder des Landtages, mindestens aber mit der Mehrheit seiner Mitglieder, auf sieben Jahre gewählt. Eine Wiederwahl ist nur einmal zulässig.

(3) Die Mitglieder des Staatsgerichtshofs dürfen während ihrer Amtszeit weder dem Landtag noch der Landesregierung oder einem entsprechenden Organ des Bundes oder eines anderen Landes oder der Europäischen Gemeinschaft angehören. Sie dürfen beruflich weder im Dienst des Landes noch einer Körperschaft, Anstalt oder Stiftung des öffentlichen Rechts unter der Aufsicht des Landes stehen. Ausgenommen ist der Dienst als Berufsrichterin oder Berufsrichter und als Hochschullehrerin oder Hochschullehrer.

(4) Ein Gesetz regelt das Nähere über die Verfassung und das Verfahren des Staatsgerichtshofs und bestimmt, in welchen Fällen seine Entscheidungen Gesetzeskraft haben.

(5) Der Staatsgerichtshof hat seinen Sitz in Bückeburg.

Übersicht

	RdNr.
Das vorrechtliche Bild im Lande	1
Grundgesetzliche Vorgaben	2
Ein oberstes Verfassungsorgan	3
Der Präsident des Staatsgerichtshofes	4
Das Plenarprinzip	5
Die Wahlvorschläge	6
Kriterien der Wählbarkeit	7
Die „stellvertretenden Mitglieder"	8
Eine Wahl „ohne Aussprache"	9
Geheime Wahl	10
Die „anwesenden Mitglieder des Landtages"	11
Die „Mehrheit seiner Mitglieder"	12
Wahl „auf sieben Jahre"	13
Eine „nur einmal zulässige Wiederwahl"	14
Die Ernennung der Mitglieder	15
Ein Ehrenamt sui generis	16
Die Entlassung eines Mitgliedes	17
Die Unvereinbarkeiten (Art. 55 Abs. 3 Satz 2 NV)	18
„Das Nähere über die Verfassung und das Verfahren"	19
Die „Gesetzeskraft" der Entscheidungen	20
„Sitz in Bückeburg"	21

1 Gerichte, die Funktionen einer Staatsgerichtsbarkeit wahrnahmen, hat es im Raume des Landes Niedersachsen bereits im 19. Jahrhundert gegeben[1]. Zur Entwicklung der verschiedenen Verfahrensarten wird auf Art. 54 NV verwiesen. Das Oberverwaltungsgericht Lüneburg erhielt durch die Militärregierungs-Verordnung Nr. 165 die Zuständigkeit für Verfassungsstreitigkeiten des Landes Niedersachsen[2]. Die Vorläufige Niedersächsische Verfassung bestimmte die Errichtung eines Staatsgerichtshofes (Art. 42 VNV), der sich am 16. Januar 1957 bildete[3].

2 Das **Grundgesetz** gibt mit Art. 99 GG dem Land die Möglichkeit, durch Landesgesetz dem Bundesverfassungsgericht die Entscheidung über Verfassungsstreitigkeiten ganz oder teilweise zu übertragen[4]. Es geht jedoch davon aus, daß die Verfassungsbereiche des Bundes und der Länder grundsätzlich nebeneinander stehen und dies auch für die Verfassungsgerichtsbarkeit des Bundes und der Länder gilt[5]. Jedem **Verfassungsgericht** kommt in „seinem" Rechtskreis die Funktion als **oberster Hüter des Rechts** und dessen letztverbindliche Auslegung zu[6]. Der Staatsgerichtshof ist innerhalb der Verfassungsordnung des Landes ebenso ein oberstes Verfassungsorgan wie das Bundesverfassungsgericht innerhalb der Verfassungsordnung Deutschlands[7]. Das Land kann seine Verfassungsgerichtsbarkeit nach eigenem Ermessen ordnen. Es hat hierbei eine Errichtungs- und Einrichtungskompetenz[8]. Die Errichtung eines eigenen Staatsgerichtshofes fördert das Bewußtsein der Landesstaatlichkeit[9].

3 Das Bundesverfassungsgericht stellt fest, daß ein Staatsgerichtshof (Landesverfassungsgericht) ein **oberstes Verfassungsorgan des Landes** ist[10]. Das Schrifttum teilt diese Ansicht[11]. Bei dieser grundgesetzlichen Vorgabe ist es unverständlich, daß der Verfassungsgeber dem Staatsgerichtshof keinen eigenen Abschnitt in der Landesverfassung gewidmet hat. Die meisten Landesverfassungen berücksichtigen dies[12]. Der Status steht nur dem Staatsge-

---

1 Vorauflage, RdNr. 1 zu Art. 42; Rhamm, 335; Grefe, Hannovers Recht, 3. Aufl., Bd. I, 28; Hoke, Verfassungsgerichtsbarkeit in den deutschen Ländern in der Tradition der deutschen Staatsgerichtsbarkeit, in: Starck/Stern, Bd. I, 25 (59f.); Simon, Verfassungsgerichtsbarkeit, in: Hdb. d. Verfassungsrechts, Bd. II, 1253 (1255); Huber, Verfassungsgeschichte, Bd. VI, 548 f.
2 BVerfGE 3, 261; OVG Lüneburg, OVGE 4, 489 (494).
3 Lessing, Die Rechtspflege, in: Korte/Rebe, 666 (699).
4 Meyer, in: v. Münch/Kunig, RdNr. 3 zu Art. 99; Maunz, in: Maunz/Dürig/Herzog, RdNr. 17 zu Art. 99; Stern, in: Bonner Kommentar, RdNr. 23 zu Art. 99.
5 BVerfGE 96, 231 (242); 96, 345 (368f.).
6 BVerfGE 69, 112 (117).
7 BVerfGE 36, 342 (357).
8 BVerfGE 4, 178 (189); Blümel, Rechtsprechungszuständigkeit, in: Hdb. d. Staatsrechts, Bd. IV, 965 (979).
9 Starck, Die Verfassungen der neuen Länder, in: Hdb. d. Staatsrechts, Bd. IX, 353 (377).
10 So BVerfGE 36, 342 (357).
11 Z. B.: Blümel, Fn. 8; Starck, Der verfassungsgerichtliche Status der Landesverfassungsgerichte, in: Starck/Stern, Bd. I, 155 (158f.); Meder, RdNr. 2 Vorbem. vor Art. 60; Jutzi, in: LInck/Jutzi/Hopfe, RdNr. 3 zu Art. 79; David, RdNr. 3 zu Art. 65; Neumann, RdNr. 3 zu Art. 139 Bremische Verfassung.
12 Stiens, 160; Starck, Die neue Niedersächsische Verfassung von 1993, NdsVBl., 1994, 2 (6); Berlit, Der Niedersächsische Staatsgerichtshof, NdsVBl., 1995, 97 (98).

Verfassung und Verfahren des Staatsgerichtshofs Art. 55

richtshof, nicht seinen Mitgliedern zu[13]. Der Status eines Verfassungsorgans hat zur Folge:
- Gleichstellung mit anderen Verfassungsorganen,
- keine Zugehörigkeit zum Geschäftsbereich eines Mitgliedes der Landesregierung,
- eigenständige Haushaltsplanung und Haushaltswirtschaft,
- die innere Organisation ist der Kompetenz der Exekutive entzogen und obliegt den Mitgliedern des Staatsgerichtshofes,
- das allgemeine Richterdienstrecht kann auf seine Mitglieder nicht angewandt werden,
- Selbstverwaltung und
- Personalhoheit über die eigenen Hilfskräfte[14].

Der **Präsident des Staatsgerichtshofes** gehört als Vorsitzender eines obersten Verfassungsorgans zu den drei obersten Repräsentanten Niedersachsens. Er rangiert protokollarisch hinter dem Ministerpräsidenten und Landtagspräsidenten vor den Landesministern und Landtagsabgeordneten[15]. Protokollfragen sind keine Äußerlichkeiten, sie dokumentieren die zugewiesene Funktion innerhalb des Staates. 4

Mit Art. 55 Abs. 1 NV wird das **Plenarprinzip** bestimmt. Das Kollegium von neun Mitgliedern ist das gesamte Gericht, das nicht in Senate aufgeteilt werden kann[16]. 5

Weder die Landesverfassung noch das Gesetz über den Staatsgerichtshof – StGHG –[17] regeln die **Wahlvorschläge für die Wahl der Mitglieder.** Grundsätzlich ist es eine Aufgabe der Fraktionen, Wahlvorschläge für die Wahl von Personen durch das Parlament einzureichen[18]. Die Geschäftsordnung des Landtages sieht Wahlvorschläge aus der „Mitte des Ausschusses Wahlen für den Staatsgerichtshof", von der Landesregierung und von den Fraktionen vor (§ 55 Abs. 1 Satz 2 GO Landtag). 6

Das Staatsgerichtshofgesetz sieht als Voraussetzungen der **Wählbarkeit** vor: Vollendung des 35. Lebensjahres, wählbar zum Landtage und Erfahrungen im öffentlichen Leben sowie für den Präsidenten und den Vizepräsidenten die Befähigung zum Richteramt[19]. Aus der Funktion des Staatsgerichtshofes folgt die Notwendigkeit, folgende Kriterien zu berücksichtigen: 7
- Erfahrungen im politischen Leben,
- langjährige Tätigkeit als Berufsrichter,
- wissenschaftliche Qualifikation und
- die Fähigkeit zum Ausgleich[20].

---

13 Berlit, Fn. 12; Vorauflage RdNr. 5 zu Art. 42.
14 Stern, Bd. II, 346; Starck (Fn. 9), 165 f.; Roellecke, Aufgaben und Stellung des Bundesverfassungsgerichts, in: Hdb. d. Staatsrechts, Bd. II, 665 (669); Neumann, Fn. 11.
15 Starck (Fn. 11), 176; Vorauflage, RdNr. 5 zu Art. 42.
16 Korte, 220.
17 V. 1. 7. 1996 – Nieders. GVBl. S. 342.
18 BVerfGE 27, 44 (51).
19 §§ 2, 3 Abs. 1 StGHG.
20 Hans S. Klein, Gedanken zur Verfassungsgerichtsbarkeit, in: FS Stern, 1135 (1152).

Die zunehmende Komplexität des Rechts gebietet es, möglichst mehrere Fachrichtungen von Juristen zu berücksichtigen.

8   Die neun „**stellvertretenden Mitglieder**" müssen die gleichen Qualifikationen erfüllen. Denn sie müssen im Vertretungsfalle eine gleichbleibende Funktionsfähigkeit des Staatsgerichtshofes gewährleisten[21].

9   Art. 55 Abs. 2 Satz 1 NV schließt eine „**Aussprache**" im Plenum vor der Wahl aus. Hierzu RdNr. 6 zu Art. 29 NV.

10 Einfachgesetzlich ist eine **geheime Wahl** vorgeschrieben[22].

11 Die „**anwesenden Mitglieder des Landtages**" sind die Abgeordneten, die sich im Zeitpunkt des Aufrufs des Tagesordnungspunktes „Wahl" im Sitzungssaal des Plenums aufhalten. Ob sie sich an der Wahl beteiligen, ist hierfür unerheblich[23].

12 Die „**Mehrheit seiner Mitglieder**" richtet sich nach Art. 74 NV. Die doppelte Qualifizierung in Art. 55 Abs. 2 Satz 1 NV gibt eine breite Legitimationsbasis und schließt eine „Besetzung" des Staatsgerichtshofes durch eine Partei aus[24].

13 Die Wahl „**auf sieben Jahre**" ist eine Mittellösung. In einigen Bundesländern ist die Wahlzeit an die wesentlich kürzere Wahlperiode des Landtages gekoppelt[25]. Die Unabhängigkeit der Richter wird durch diese Wahlzeit nicht gefährdet[26].

14 Die „**nur einmal zulässige Wiederwahl**" bezieht sich auf den Status, der nach dem Inkrafttreten der Landesverfassung erlangt worden ist[27]. Ein Stellvertreter kann noch einmal zum Stellvertreter und danach zweimal zum Mitglied gewählt werden.

15 Der Wahlakt ist mit der Annahme der Wahl durch den erfolgreichen Kandidaten vollzogen. Die **Landesregierung** „**ernennt**" die Gewählten[28]. Diese Aufteilung der Statusbegründung in parlamentarischen Wahlakt und Ernennung durch die Spitze der Exekutive ist der Regelung für die Bundesverfassungsrichter nachgebildet worden[29]. Die Prüfungskompetenz der Landesregierung ist durch den Wahlakt des Landtages beschränkt. Sie reduziert sich auf die rechtlichen Voraussetzungen der Ernennung[30]. Alle rechtlichen Voraussetzungen müssen am Tage der Aushändigung der Ernennungsurkunde erfüllt sein. Liegt eine zwingende Qualifikation nicht mehr vor, darf die Urkunde dem Gewählten nicht ausgehändigt werden.

---

21 Wahl, 24 (31); Neumann, RdNr. 8 zu Art. 139 Bremische Verfassung.
22 § 3 Abs. 1 Satz 1 StGHG.
23 Trossmann, 319; Achterberg, 587.
24 Berlit (Fn. 12), 98.
25 Knöpfle, Richterbestellung und Richterbank bei den Landesverfassungsgerichten, in: Starck/Stern, Bd. I, 231 (261).
26 BVerfGE 18, 241 (255).
27 Schriftlicher Bericht, 34.
28 § 4 Abs. 1 StGHG.
29 Art. 94 Abs. 1 GG i. V. m. § 10 BVerfGG.
30 Stern, Bd. II, 366; ders. in: Bonner Kommentar, RdNr. 42 zu Art. 94; Geck, Wahl und Status der Bundesverfassungsrichter, in: Hdb. d. Staatsrechts, Bd. II, 697 (705).

Die Ämter des Mitgliedes und des Stellvertreters sind **Ehrenämter sui generis**. Sie gehen jeder anderen beruflichen Tätigkeit vor[31]. Soweit dieser einfachgesetzliche Vorrang des Richteramtes mangels Gesetzgebungskompetenz des Landes nicht greift, muß durch eine Vereinbarung mit dem Arbeitgeber oder Dienstherren die Priorität sichergestellt werden. Denn die Funktionsfähigkeit des Staatsgerichtshofes muß stets gewährleistet sein.

16

Der Staatsgerichtshof entscheidet über die **Entlassung eines Mitgliedes** im Entlassungsverfahren durch Beschluß, der der Mehrheit von zwei Dritteln der Mitglieder bedarf. An Stelle des Betroffenen wirkt sein Stellvertreter mit. Die Tatbestände für eine Entlassung – Verlust der Wählbarkeit, dauernde Dienstunfähigkeit, Freiheitsstrafe und grobe Pflichtverletzung – entsprechen allgemeinen Grundsätzen des Dienstrechtes des öffentlichen Dienstes[32]. Der Staatsgerichtshof kann nach der Einleitung des Verfahrens durch eine einstweilige Anordnung bestimmen, daß der Betroffene an der Ausübung seines Amtes verhindert ist[33].

17

Mit Art. 55 Abs. 3 NV wird die Gewaltenteilung konkretisiert[34]. Wenn Art. 55 Abs. 3 Satz 1 NV bestimmt „**Die Mitglieder des Staatsgerichtshofes dürfen während ihrer Amtszeit** weder ... einem Organ des Bundes oder eines anderen Landes oder der **Europäischen Gemeinschaft angehören**", so überschreitet der Landesverfassungsgeber seine Kompetenz. Denn er hat selbstverständlich nicht die Befugnis, die Mitgliedschaft in diesen Organen zu untersagen. Gemeint ist, daß die Mitglieder dieser fremden Organe nicht zugleich Mitglied des Staatsgerichtshofes sein dürfen[35]. Aus dem Normzweck der Unvereinbarkeiten folgt, daß der Kandidat spätestens vor der Aushändigung der Ernennungsurkunde durch die Landesregierung nicht mehr Mitglied eines dieser Organe ist[36]. Um die Wahl im Plenum nicht zu gefährden, dürfte eine Zusicherung der Aufgabe der Mitgliedschaft schon vorher zweckmäßig sein. Zum Begriff des „**Berufsrichters**" siehe Art. 51 Abs. 2 NV. Der Status des „Hochschullehrers" richtet sich nach Landesrecht.

18

„**Das Nähere über die Verfassung**" des Staatsgerichtshofes umfaßt z. B. folgende Materien:
– Rechtsstellung des Staatsgerichtshofes im Staatsaufbau,
– Organisation,
– Richterberufung und Richterabberufung,
– Rechtsstellung der Richter einschließlich Aufwandsentschädigung und Reisekosten[37].

19

Zum „**Verfahren**" kann man rechnen:
– Normen für das Erkenntnis- und Vollstreckungsverfahren,
– Prozeßvoraussagen und Hindernisse,

---

31 § 5 Abs. 1 Satz 1 und Abs. 2 StGHG.
32 § 6 Abs. 2 u. 3 StGHG.
33 § 6 Abs. 3 Satz 3 StGHG i. V. m. § 53 BVerfGG.
34 David, RdNr. 21 zu Art. 65; Stern (Fn. 30), RdNr. 97 zu Art. 94.
35 David, Fn. 34.
36 § 3 Abs. 3 Satz 2 BVerfGG; Stern, Bd. II, 205; Hemmrich, in: v. Münch/Kunig, RdNr. 5 zu Art. 55.
37 Stern (Fn. 30), RdNr. 112 zu Art. 94; Meyer (Fn. 4), RdNr. 4 zu Art. 94; Rozek, 44.

Art. 55   Sechster Abschnitt   Die Rechtsprechung

- Beschlußfähigkeit,
- Regeln für die Vertretung der Beteiligten und die Postulationsfähigkeit,
- Beratung und Abstimmung sowie
- Rechts- und Amtshilfe[38].

Die **konkurrierende Gesetzgebungskompetenz des Bundes** kommt für die Gerichtsverfassung des Staatsgerichtshofes nicht in Betracht[39].

20   Die „**Gesetzeskraft**" einer Entscheidung des Staatsgerichtshofes ist die Bindung gegenüber jedermann, die Allgemeinverbindlichkeit im Range eines einfachen Landesgesetzes ohne dabei selbst Landesgesetz zu sein[40]. Demgemäß ist der Landesgesetzgeber nicht gehindert, eine inhaltsgleiche oder inhaltsähnliche Neuregelung zu beschließen[41]. Der Landesgesetzgeber hat die Gesetzeskraft auf die Fälle der abstrakten und konkreten Normenkontrolle sowie der Kommunalverfassungsbeschwerde beschränkt[42].

21   Bisher war der Sitz des Staatsgerichtshofes in Bückeburg einfachgesetzlich bestimmt. Die Übernahme in die Landesverfassung soll dokumentieren, daß **Schaumburg-Lippe** eines der vier Länder ist, aus denen Niedersachsen hervorgegangen ist[43]. Die Aufgaben der Geschäftsstelle nimmt das Landgericht Bückeburg wahr[44]. Der Präsident des Staatsgerichtshofes kann die Beflaggung für Sitzungstage anordnen[45].

---

38 Stern (Fn. 30), RdNr. 115 f. zu Art. 94.
39 BVerfGE 96, 345 (368); Rozek, 44.
40 Meyer (Fn. 4), RdNr. 21 zu Art. 94; Maunz, in: Maunz/Dürig/Herzog, RdNr. 20 zu Art. 94.
41 BVerfGE 77, 84.
42 §§ 19, 8 Nr. 8–10 StGHG.
43 Schriftlicher Bericht, 35.
44 § 11 StGHG.
45 § 9 Geschäftsordnung d. Staatsgerichtshofes v. 5. 12. 1996 – Nieders. GVBl. S. 48.

SIEBENTER ABSCHNITT
Die Verwaltung

Artikel 56
Landesverwaltung

(1) Das Land übt seine Verwaltung durch die Landesregierung und die ihr nachgeordneten Behörden aus.

(2) Der allgemeine Aufbau und die räumliche Gliederung der allgemeinen Landesverwaltung bedürfen eines Gesetzes.

Übersicht

	RdNr.
Das vorrechtliche Bild	1
Grundgesetzliche Vorgaben	2
Korrespondierende Verfassungsnormen	3
„seine Verwaltung"	4
Die „Landesregierung"	5
Die „nachgeordneten Behörden"	6
Die Justiz	7
Die Aufteilung der Organisationsgewalt	8
Die Organisation der Ministerien	9
Der Gesetzesvorbehalt	10
Grundrechtliche Schutzgüter	11
Der Beliehene	12

Der Verfassungsgeber übernahm mit Art. 56 NV den Inhalt des Art. 43 VNV[1]. Art. 43 Abs. 2 VNV har Art. 77 der Verfassung von Nordrhein-Westfalen zum Vorbild[2]. Der dortige Verfassungsgeber wählte den Inhalt des Art. 77 Abs. 1 Bayerische Verfassung[3]. Der sächsische und der thüringische Verfassungsgeber teilten ebenfalls die Organisationsgewalt über die Landesverwaltung zwischen Legislative und Exekutive auf[4].   1

Das Grundgesetz weist durch die Zuständigkeitsvermutung des Art. 30 GG die Verwaltungshoheit den Ländern zu. Ferner führen die Länder die Bundesgesetze nach Art. 83 GG als eigene Angelegenheit aus. Diese Kompetenzverteilung gilt nicht, soweit das Grundgesetz es ausdrücklich anders bestimmt oder Ausnahmen zuläßt (Art. 30 und 83 – jeweils letzter Halbsatz – GG). Mit hoheitlichen, schlicht hoheitlichen und verwaltungsprivatrechtlichen Tätigkeiten darf sich die Verwaltung des Bundes daher nur dann befassen, wenn die Zuständigkeit durch das Grundgesetz wenigstens zugelassen worden ist. Art. 30 GG erfaßt schlechthin jede staatliche Tätigkeit[5]. Bei der   2

---
1 Schriftlicher Bericht, 35.
2 Dronsch, Die Landesregierung, in: Korte/Rebe, 246 (281).
3 Fleck, in: Geller/Kleinrahm/Fleck, RdNr. 3 zu Art. 77.
4 Art. 83 Abs. 1 u. 2 Sächsische Verfassung und Art. 90 Satz 3 u. 3 Thüringische Verfassung.
5 BVerfGE 12, 205 (244); 22, 180 (216f.); Blümel, Verwaltungszuständigkeit, in: Hdb. d. Staatsrechts, Bd. IV, 857 (862).

Art. 56

Ausführung von Bundesgesetzen sind die Verwaltungen der Länder der Bundesverwaltung nicht nachgeordnet[6]. Der Bund kann z. B. nicht Sitz und Bezirk der Landesgerichte konkret bestimmen[7]. Zur Übersicht über die Kompetenzverteilung zwischen Bund und Ländern auf dem Gebiet der Verwaltung wird auf das Schrifttum verwiesen[8].

3 Nachfolgende **Vorschriften der Landesverfassung** sind für **die Organisation der Verwaltung** bedeutsam:
 – Institutionelle Garantie für die Hochschulen (Art. 5 Abs. 2 NV),
 – Selbstverwaltung der Hochschulen (Art. 5 Abs. 3 NV),
 – Selbstverwaltung des Landtages (Art. 18 NV),
 – staats- und völkerrechtliche Vertretung des Landes durch den Ministerpräsidenten (Art. 35 Abs. 1 NV),
 – Gnadenrecht des Ministerpräsidenten (Art. 36 Abs. 1 NV),
 – Ressortkompetenz der Minister mit Ausschluß ministerialfreier Räume (Art. 37 Abs. 1 Satz 2, RdNr. 14 zu Art. 37),
 – Organisationsgewalt der Landesregierung (Art. 38 Abs. 1 NV),
 – Selbstverwaltung des Staatsgerichtshofes als Verfassungsorgan[9],
 – Selbstverwaltung der Gemeinden und Landkreise (Art. 57 Abs. 1–4 NV),
 – Selbstverwaltung der sonstigen Körperschaften (Art. 57 Abs. 1 NV),
 – Funktionsvorbehalt für den öffentlichen Dienst (Art. 60 Satz 1 NV),
 – Teilung der Personalhoheit beim Landesbeauftragten für den Datenschutz (Art. 62 Abs. 2 u. 4 NV),
 – Teilung der Personalhoheit bei Mitgliedern des Landesrechnungshofes (Art. 70 Abs. 2 NV),
 – Selbstverwaltung des Landesrechnungshofes (Art. 70 NV),
 – Relativer Bestandsschutz der heimatgebundenen Einrichtungen (Art. 72 Abs. 2 NV).

4 „Seine Verwaltung" ist die staatliche Verwaltung, wie es in Art. 43 Abs. 1 VNV hieß. Der Verfassungsgeber wollte den Inhalt nicht ändern[10].

5 „**Die Landesregierung**" ist selbst ein Teil der staatlichen Landesverwaltung. Daneben bedeutet Art. 56 Abs. 1 NV eine zusätzliche institutionelle Garantie für die staatsleitende Funktion der Leitung der Landesverwaltung durch die Landesregierung. Die Vorschrift ergänzt Art. 28 Abs. 1 NV, wonach die Landesregierung die vollziehende Gewalt ausübt und Art. 37 Abs. 1 Satz 2 NV, wonach jedes Mitglied der Landesregierung die Verwaltung seines Geschäftsbereichs unter eigener Verantwortung leitet, soweit dem Kabinett als Kollegium nicht durch Art. 37 Abs. 2 NV eine Kompetenz vorbehalten ist.

6 Die „**nachgeordneten Behörden**" sind die „unterstellten Behörden" des Art. 43 Abs. 1 VNV. Allein aus sprachlichen Gründen wurden die Worte ge-

---
6 BVerfGE 20, 338 (397).
7 BVerfGE 24, 155 (167).
8 Stern, Bd. II, 726 f.; Berg, 106 f.; Blümel, Fn. 3; Krebs, Verwaltungsorganisation, in: Hdb. d. Staatsrechts, Bd. III, 567 f.; Badura, 411 f.; Vogel, Die bundesstaatliche Ordnung des Grundgesetzes, in: Hdb. d. Verfassungsrechts, Bd. II, 809.
9 Siehe Art. 55 NV.
10 RdNr. 1.

Landesverwaltung   **Art. 56**

ändert[11]. Die „Nachordnung" bestätigt die bereits im Ressortprinzip (Art. 37 Abs. 1 Satz 2 NV) enthaltene Weisungsbefugnis des Ministers und die Gehorsamspflicht des nachgeordneten Bereichs. Der Begriff „Behörde" ist als gewachsener Begriff des Verfassungsrechts weit zu verstehen. Sein Inhalt deckt sich nicht mit dem Behördenbegriff des Verwaltungsrechts. Hierunter fallen alle Organisationsstellen, die im funktionalen Sinne Landesverwaltung ausüben: hoheitliche, schlicht-hoheitliche und fiskalische Verwaltung[12].

Wegen des Gesetzesvorbehaltes bei der Organisation der Gerichte wird auf Art. 51 NV verwiesen. Bei den übrigen **Dienststellen der Justiz** gelten die allgemeinen Grundsätze des Organisationsrechtes sowie Art. 56 NV. 7

Art. 56 Abs. 2 NV verteilt die **Organisationsgewalt auf Landesgesetzgeber und Landesregierung.** Der Landesgesetzgeber bestimmt den Behördentyp und den Behördenzug, die Landesregierung beschließt alle übrigen Organisationsmaßnahmen auch zur Frage, wann und wo die Behörden geschaffen werden[13]. Diese Aufteilung erleichtert es, sich wechselnden Verhältnissen schnell anzupassen[14]. Die Funktionsfähigkeit der Verwaltung, die einen hohen Verfassungsrang hat, wird dadurch gefördert. 8

Die **Organisation der Ministerien und der Staatskanzlei** wird von dieser Aufteilung nicht erfaßt. Sie richtet sich ausschließlich nach den speziellen Vorschriften des „Dritten Abschnittes"[15]. 9

Grundsätzlich wird der Landesgesetzgeber seine Organisationsgewalt durch ein **förmliches Gesetz** ausüben. Dabei ist die Regelungsdichte beschränkt, da die Kompetenz einen Vorbehalt für die Organisationsgewalt der Landesregierung enthält. Der Landesgesetzgeber kann Einzelbereiche seiner Kompetenz durch Verordnungsermächtigung (Art. 43 NV) auf die Landesregierung übertragen. Sie übt dann eine abgeleitete Organisationsgewalt aus[16]. 10

Grundrechte bedürfen nicht nur in weitem Umfange der Organisation einer Verwaltung, sie wirken auch unmittelbar auf das Organisationsrecht des Landes ein[17]. Besonders auf Gebieten, bei denen das Land ein rechtliches oder tatsächliches „Monopol" besitzt – Universitäten, Schulen und Polizei – ist durch eine geeignete Organisation dafür zu sorgen, daß das grundrechtliche Schutzgut beachtet wird[18]. Bei einer **Zusammenlegung von Schulen** ergibt sich z. B. die Frage, ob die Gesundheit der Schüler durch überlange Schulwege leidet. Bei einer Aufhebung von Polizeirevieren ist zu prüfen, ob 11

---

11 Schriftlicher Bericht, 35.
12 Braun, RdNr. 5, 13 zu Art. 69.
13 Vorauflage, RdNr. 4 zu Art. 43; Dronsch, Fn. 2; Nedden, Verwaltungsorganisation, in: Faber/Schneider, 105 (121); OVG Münster, OVGE 25, 126 (131).
14 Dronsch, Fn. 2.
15 Lersche, in: Maunz/Dürig/Herzog, RdNr. 75 zu Art. 86; Fleck (Fn. 3), RdNr. 5a zu Art. 77; Steiger, 318; Böckenförde, Organisationsgewalt, 103f., 286f.
16 Lersche (Fn. 15), RdNr. 107a zu Art. 86; Oldiges, 227.
17 v. Münch, in: v. Münch, Vorbem. Art. 1–19, RdNr. 35.
18 Stern, Bd. III/1, 974f.; v. Münch (Fn. 17), RdNr. 26 zu Vorbem. 1–19; Denninger, in: AK-GG, RdNr. 15, 16 zu Art. 1; Klein, in: Schmidt-Bleibtreu/Klein, RdNr. 26 zu Vorbem. vor Art. 1; BVerfGE 69, 315 (355); 65, 1 (44, 49).

der Anspruch des Bürgers auf Sicherheit bei erheblich gestiegener Gewaltkriminalität noch hinreichend erfüllt wird[19].

12 Bei der Beratung des Artikels wurde vorgeschlagen, die **Beleihung** anzufügen, um ihr eine Grundlage in der Landesverfassung zu schaffen[20]. Das ist nicht erforderlich. Der beschlossene Text reicht aus. Der Beliehene, auch beliehener Unternehmer genannt, ist ein sehr altes Rechtsinstitut des öffentlichen Rechts, das unter anderem auch der Entlastung staatlicher Haushalte dient[21]. Mit einer Beleihung können besondere Erfahrungen Einzelner der öffentlichen Verwaltung nutzbar gemacht werden[22]. Der Bliehene ist ein Teil der mittelbaren Staatsverwaltung. Die ihm zugewiesenen öffentlich-rechtlichen Kompetenzen bleiben Funktionen des Staates[23]. Unter der Weimarer Reichsverfassung fiel er unter den Begriff der Landesbehörden des Art. 14 WRV[24]. Art. 33 Abs. 4 GG erlaubt ihn in bestimmten Umfange[25]. Es besteht Übereinstimmung, daß die Beleihung eines Gesetzes oder einer gesetzlichen Grundlage bedarf[26]. An diesen Grundsatz hält sich der Landesgesetzgeber z. B. im Schulrecht[27].

Artikel 57

Selbstverwaltung

(1) Gemeinden und Landkreise und die sonstigen öffentlich-rechtlichen Körperschaften verwalten ihre Angelegenheiten im Rahmen der Gesetze in eigener Verantwortung.

(2) In den Gemeinden und Landkreisen muß das Volk eine Vertretung haben, die aus allgemeinen, unmittelbaren, freien, gleichen und geheimen Wahlen hervorgegangen ist. In Gemeinden kann an die Stelle einer gewählten Vertretung die Gemeindeversammlung treten.

(3) Die Gemeinden sind in ihrem Gebiet die ausschließlichen Träger der gesamten öffentlichen Aufgaben, soweit die Gesetze nicht ausdrücklich etwas anderes bestimmen.

(4) Den Gemeinden und Landkreisen und den sonstigen öffentlich-rechtlichen Körperschaften können durch Gesetz staatliche Aufgaben zur Erfüllung nach Weisung übertragen werden, wenn gleichzeitig Bestimmungen über die Deckung der Kosten getroffen werden.

---

19 Meder, RdNr. 2, 3, 5 zu Art. 99; Jörn Ipsen, Nieders. Gefahrenabwehrrecht, 38; BVerfGE 88, 203 (251).
20 Schriftlicher Bericht, 25.
21 Stober, 870.
22 Huber, Wirtschaftsverwaltungsrecht, Bd. I, 534,
23 Huber, Fn. 22.
24 Huber (Fn. 22); 540.
25 Huber (Fn. 22), 544; Stern, Bd. III/1, 1335; Kunig, in: v. Münch/Kunig, RdNr. 20 zu Art 33; Manthey, in: v. Münch/Kunig, RdNr. 20 zu Art. 22; Stober, 872.
26 Stober, 875; Stern, Fn. 25; Elster, Die Verwaltung, in: Korte/Rebe, 288 (538); OVG Münster, OVGE 34, 201 (204).
27 Woltering/Bräth, RdNr. 12 zu § 148.

(5) Das Land stellt durch seine Aufsicht sicher, daß die Gesetze beachtet und die Auftragsangelegenheiten weisungsgemäß erfüllt werden.

(6) Bevor durch Gesetz oder Verordnung allgemeine Fragen geregelt werden, welche die Gemeinden oder die Landkreise unmittelbar berühren, sind die kommunalen Spitzenverbände zu hören.

Übersicht

	RdNr.
Ein Rückblick	1
Die Aufteilung der Gesetzgebungskompetenzen	2
Die grundgesetzliche Mindestgarantie	3
Der Inhalt der gemeindlichen Selbstverwaltung	4
Eine institutionelle Garantie	5
Kein Landesgrundrecht auf Selbstverwaltung	6
Die Allzuständigkeit	7
„im Rahmen der Gesetze"	8
Die „eigene Verantwortung"	9
Die Wahlgrundsätze	10
Das „Unionsvolk" der Gemeinden und Landkreise	11
Kommunale plebiszitäre Entscheidungen	12
Die ausschließlichen Träger	13
Auftragsverwaltung bei „sonstigen öffentlich-rechtlichen Körperschaften	14
Die Kostenregelung der Auftragsverwaltung	15
Der Inhalt der Kommunalaufsicht	16
Die Rechtsaufsicht	17
Die Fachaufsicht	18
Kein Anspruch des Bürgers gegen die Aufsichtsbehörde	19
Die Anhörung der Spitzenverbände bei der Gesetzgebung	20

Der Art. 57 NV regelt die Kommunalverfassung und erwähnt die „sonstigen öffentlich-rechtlichen Körperschaften". Er wird ergänzt durch die Artikel über die Finanzwirtschaft und Landkreise (Art. 58 NV) und die Gebietsänderung (Art. 59 NV). Der Art. 57 NV wiederholt den Mangel des Art. 44 VNV, in dem er im ersten und vierten Absatz die „sonstigen öffentlich-rechtlichen Körperschaften" erwähnt, die nicht den umfangreichen Schutz der Gebietskörperschaften kraft Art. 28 Abs. 1 Satz 2-4 und Abs. 2 GG genießen. Der Gesetzgebungs- und Beratungdienst des Landtages hatte aus Gründen der Rechtsklarheit eine Trennung empfohlen[1].

1

„Das zudringliche Eingreifen der Staatsbehörden in Privat- und Gemeindeangelegenheiten muß aufhören, und dessen Stelle nimmt die Tätigkeit des Bürgers ein, der nicht in Formen und Papieren lebt, sondern kräftig handelt ...", schrieb Freiherr vom Stein[2]. Selten haben Worte eines Staatsmannes ein so weites Echo gefunden. Sie wurden das Motiv der Preußischen Städteordnung vom 19. November 1808[3]. Mit dieser Städteordnung beginnt

---
1 Schreiben v. 7. 1. 1993, 5.
2 Schoeps, Preußen, 8. Aufl., 1968, 342.
3 Schoeps (Fn. 2), 341.

in Deutschland die Geschichte der modernen Selbstverwaltung[4]. Das Prinzip der kommunalen Selbstverwaltung wurde zum Grundsatz des deutschen und österreichischen Staatsaufbaus[5]. In bisher unübertroffener Prägnanz stellte der österreichische Reichsgesetzgeber schon 1849 fest: „Grundfeste des freien Staates ist die freie Gemeinde"[6]. Die Weimarer Reichsverfassung gewährte mit Art. 127 den Gemeinden und Landkreisen die unmittelbar verbindliche institutionelle Garantie der Selbstverwaltung „innerhalb der Schranken des Gesetzes"[7]. Nach dem Kriege gewährten die Verfassungsgeber der Flächenstaaten die Garantie der kommunalen Selbstverwaltung[8]. Der Grundgesetzgeber übernahm in Art. 28 GG die institutionelle Garantie und fügte noch Vorschriften des Wahlrechts sowie 1994 „die Gewährleistung der Grundlagen der finanziellen Eigenverantwortung" hinzu[9].

Die sonstigen öffentlich-rechtlichen Körperschaften haben keine gemeinsame dogmatische Wurzel. Hier waren die Landesgesetzgeber vor 1934 maßgebend[10]. Zur Entwicklung der berufsständischen öffentlich-rechtlichen Kammern wird auf das Schrifttum verwiesen[11]. Der Verfassungsgeber wollte mit dem Begriff die berufsständische Selbstverwaltung schützen, Einrichtungen, die eine mitgliedschaftliche Struktur aufweisen[12]. Zur Zeit der Verfassungsgebung der Vorläufigen Niedersächsischen Verfassung hatte der Begriff bereits folgenden Inhalt: Es sind rechtsfähige Verbände öffentlichen Rechts, mitgliedschaftlich organisiert, die staatliche Aufgaben mit hoheitlichen Mitteln unter der Aufsicht des Staates erfüllen[13]. Der Bestandsschutz für diese Körperschaften erreicht nicht den Grad der Kommunen[14]. Der Begriffsinhalt schützt jedoch einen Kern der mitgliedschaftlichen Selbstverwaltung[15].

2   Das Land ist für die **Gesetzgebung** auf dem Gebiet des Kommunalrechts ausschließlich allein zuständig[16]. Der Bundesgesetzgeber darf den Gemeinden den Vollzug eines Bundesgesetzes nur dann übertragen, wenn es sich um einen Annex zu einer zur Zuständigkeit des Bundesgesetzgebers gehö-

---

4 Hendler, Das Prinzip Selbstverwaltung, in: Hdb. d. Staatsrechts, Bd. IV, 1133, 1134; Knemeyer, Politische Gemeinde, in: Staatslexikon, Bd. II, Sp. 821 (823); Püttner, Kommunale Selbstverwaltung, in: Hdb. d. Staatsrechts, Bd. IV, 1171 (1172).
5 Püttner, Fn. 4; Ermacora, 310; Adamovich/Funk, 292.
6 Adamovich/Funk, Fn. 5.
7 Anschütz, RdNr. 1, Gebhard, RdNr. 3b, jeweils zu Art. 127; Schmitt C., 171.
8 Faber, in: AK-GG, RdNr. 6 zu Art. 28, 1708.
9 Bundesgesetz v. 27. 10. 1994 – BGBl. I, 3146.
10 Heising, Die Hannoverschen Realgemeinden, 1954, 32f.; Dornheim, Das Recht der Wasser- und Bodenverbände, 1961, 12f.; F. B. Grefe, Hannovers Recht, 3. Aufl. des Leitfadens zum Studium des Hannoverschen Privatrechts, Bd. 1, 1860, 295f.; Hampe, Das particulare Braunschweigische Privatrecht, 2. Aufl., 1901, Von den juristischen Personen, § 13. Verhältnis des Landes- zum Reichsrecht, 49ff.
11 Huber, Wirtschaftsverwaltungsrecht, Bd. I, 182f., 232f.; Stober, 861; Ossenbühl, Satzung, in: Hdb. d. Staatsrechts, Bd. III, 463 (467); Püttner, 73 ff.; Julius Hatschek, 330f.
12 Elster, Die Verwaltung, in: Korte/Rebe, 288 (506).
13 Ernst Forsthoff, Lehrbuch des Verwaltungsrechts, Bd. I, 7. Aufl., 431.
14 StGH, U. v. 3. 6. 1980 – StGH 2/79, Fundstelle s. Art. 54 NV.
15 Elster (Fn. 12), 507.
16 BVerfGE 77, 288 (299); Rengeling, Gesetzgebungszuständigkeit, in: Hdb. d. Staatsrechts, Bd. IV, 723 (733); Kunig, in: v. Münch/Kunig, RdNr. 8 zu Art. 70.

renden materiellen Regelung handelt und diese Annexregelung für den wirksamen Vollzug notwendig ist[17]. Die Gesetzgebungszuständigkeit für die Organisation der „sonstigen Körperschaften" des öffentlichen Rechts richtet sich dagegen nach den Aufgaben, den Kompetenzen, die der Körperschaft übertragen werden sollen[18]. Hier ist die Aufteilung des Grundgesetzes maßgebend.

Der Grundgesetzgeber gewährt mit Art. 28 Abs. 2 GG in der Fassung vom 27. Oktober 1994[19] eine **Mindestgarantie der kommunalen Selbstverwaltung**[20]. Er ergänzt sie durch: 3
- die Realsteuergarantie (Art. 106 Abs. 6 GG),
- die Garantie der Beteiligung an der Einkommensteuer (Art. 106 Abs. 5 GG),
- das Gebot der demokratischen Verfassung (Art. 28 Abs. 1 Satz 2 u. 3 GG),
- und die Lebensfähigkeitsgarantie (Art. 115c Abs. 3 GG)[21].

Eine Verletzung der Landesverfassung bedeutet nicht zwingend eine Verfassungswidrigkeit nach Art. 28 Abs. 2 GG, weil die Landesverfassung teilweise weitergeht[22].

Nach Ansicht des Bundesverfassungsgerichts gehören zum wesentlichen **Inhalt der gemeindlichen Selbstverwaltung** folgende Kompetenzen: 4
- Personalhoheit,
- Gebietshoheit,
- Organisationshoheit,
- Satzungshoheit,
- Haushaltswesen[23],
- Recht der Führung des Gemeindenamens[24], und
- eine eingeschränkte Planungshoheit[25].

Dabei gilt die Garantie der kommunalen Selbstverwaltung nicht absolut. Eine Fortentwicklung ist zulässig, wenn sie das Selbstverwaltungsrecht nicht aushöhlt[26].

Art. 57 Abs. 1 NV gewährt den Gemeinden und Landkreisen eine **institutionelle Garantie**. Sie schützt diese Kommunen als Einrichtung des Gesetzgebers, aber nicht individuell[27]. Gemeinden, Städte und Landkreise müssen in ausreichender Zahl vorhanden sein, um dem überkommenen Bild in politischer, soziologischer und wirtschaftlicher Hinsicht zu entsprechen[28]. 5

---

17 BVerfG, Fn. 16.
18 Isensee, Idee und Gestalt des Föderalismus im Grundgesetz, in: Hdb. d. Staatsrechts, Bd. IV, 517 (577).
19 BGBl. I, 3146.
20 Löwer, in: v. Münch/Kunig, RdNr. 34 zu Art. 28.
21 Püttner (Fn. 4), 1176.
22 Löwer (Fn. 20), RdNr. 36 zu Art. 28.
23 BVerfGE 52, 98 (117); 83, 363 (382); 91, 228 (236).
24 BVerfGE 59, 216 (226).
25 BVerfGE 76, 107 (118).
26 BVerfGE 52, 98 (117).
27 BVerfGE 76, 107 (119).
28 Meder, RdNr. 5 zu Art. 11.

6 Gemeinden, Städte und Landkreise haben **kein Grundrecht** gegen das Land auf einen Schutz[29]. Der starke Schutz der Landesverfassung ist auch nicht als Landesgrundrecht zu werten.

7 Mit der Formel „**verwalten ihre Angelegenheiten**" meint der Verfassungsgeber „alle Angelegenheiten der örtlichen Gemeinschaft" des Art. 28 Abs. 2 Satz 1 GG[30]. Die Universalität des gemeindlichen Wirkungskreises, die „**Allzuständigkeit**" umfaßt die Befugnis, sich aller Angelegenheiten der örtlichen Gemeinschaft, die nicht durch Gesetz bereits anderen Trägern öffentlicher Verwaltung übertragen worden sind, anzunehmen[31]. Gründe der Wirtschaftlichkeit und Sparsamkeit rechtfertigen noch keine sogenannte „**Hochzonung**". Vielmehr muß ein Belassen einer Aufgabe bei einer Gemeinde zu einem unverhältnismäßigen Kostenanstieg führen[32]. Eine dezentrale Wahrnehmung der Aufgaben hat gegenüber einer zentralen Vorrang[33].

8 „**Im Rahmen der Gesetze**" besagt: Der Staat darf in die kommunale Selbstverwaltung nur durch materielles Gesetz eingreifen. Untergesetzliche Normen müssen eine hinreichende gesetzliche Grundlage haben[34].

9 Die „**eigene Verantwortung**" bedeutet: Die Gemeinde entscheidet bei freiwilligen Selbstverwaltungsaufgaben über das Ob, Wann und Wie[35]. Sie entscheidet ohne Weisung und Vormundschaft des Staates, wie ihr das nach Maßgabe der Rechtsordnung zweckmäßig erscheint[36], in Abwesenheit von Staatskuratel[37].

10 Art. 57 Abs. 2 Satz 2 NV schreibt für die „**Vertretungen der Gemeinden und Landkreise**" die **Wahlgrundsätze** „allgemein, unmittelbar, frei, gleich und geheim" vor. Wegen dieser Wahlgrundsätze wird auf Art. 8 Abs. 1 NV verwiesen.

11 Der Begriff des „**Volkes**" im Kommunalverfassungsrecht entspricht nicht mehr dem des Volkes, das den Landtag wählt (Art. 7 NV) und plebiszitäre Entscheidungen fällt (Art. 47, 48, 49 NV). Volk im Sinne des Art. 57 Abs. 2 NV ist das **Unionsvolk** im Sinne des Art. 28 Abs. 2 Satz 2 GG der neuen Fassung. Die Wahlberechtigung und die Wählbarkeit richten sich nach Maßgabe des Rechts der Europäischen Gemeinschaft durch eine dynamische Verweisung[38]. Dies sind die „Richtlinien über die Einzelheiten der Ausübung des aktiven und passiven Wahlrechts bei den Kommunalwahlen für Unionsbürger" vom 9. Dezember 1994[39]. Das Land ist Adressat der Umset-

---

29 BVerfGE 45, 63 (75); Stern, Bd. III/1, 1166.
30 Schriftlicher Bericht, 36.
31 BVerfGE 79, 127 (146, 150); Stern, in: Bonner Kommentar, RdNr. 68 zu Art. 28.
32 BVerfGE 79, 127 (153).
33 BVerfGE 83, 363 (382).
34 BVerfGE 76, 107 (117).
35 Löwer (Fn. 20), RdNr. 61 zu Art. 28.
36 Stern (Fn. 31), RdNr. 9 zu Art. 28.
37 Faber (Fn. 8), RdNr. 40 zu Art. 28.
38 Klein, Gedanken zur Europäisierung des deutschen Verfassungsrechts, in: FS Stern, 1301 (1310).
39 Amtsblatt der Europäischen Gemeinschaften v. 31. 12. 1994, 38.

Selbstverwaltung   Art. 57

zung dieses vorrangigen Rechts[40]. Sollte der Landesgesetzgeber einen Teil dieser Richtlinie nicht als Kommunalwahlrecht umgesetzt haben, entfaltet sie eine unmittelbare Rechtswirkung für jeden Unionsbürger in Niedersachsen[41]. Bei der Auslegung des nieders. Kommunalwahlrechts ist diese Richtlinie heranzuziehen[42]. Sie hat Anwendungsvorrang gegenüber dem Kommunalwahlrecht des Landes[43]. Der Landesgesetzgeber hat das Wahlrecht für die Unionsbürger geregelt[44].

Das **Prinzip der Einheitlichkeit der demokratischen Legitimationsgrundlage** gebietet, daß kommunale **plebiszitäre Entscheidungen**, Bürgerentscheide und Bürgeranträge, von allen **Unionsbürgern** der Kommunen getroffen werden[45]. 12

Art. 57 Abs. 3 NV wiederholt das oben unter RdNr. 7 bereits angeführte Prinzip der **Universalität oder Allzuständigkeit**. Die Vorschrift ist wortwörtlich von Art. 44 Abs. 3 VNV übernommen worden. Sie weicht von der Parallelnorm des Art. 28 Abs. 2 Satz 1 GG ab. Während Art. 28 Abs. 2 Satz 1 GG „alle Angelegenheiten der örtlichen Gemeinschaft" erfaßt, spricht Art. 57 Abs. 3 NV davon, daß „die Gemeinden in ihrem Gebiet die ausschließlichen Träger der gesamten öffentlichen Aufgaben sind". Diese Ausschließlichkeit schränkt der 4. Absatz wieder ein. Der Verfassungsgeber konnte sich jedoch nicht zur klaren Formulierung entschließen[46]. 13

Ob den „**sonstigen öffentlich-rechtlichen Körperschaften**" staatliche Aufgaben zur Erfüllung nach Weisung durch Gesetz übertragen werden können, richtet sich nach der Rechtsmaterie, der die Körperschaft zuzuordnen ist. Nur soweit der Landesgesetzgeber nach dem Grundgesetz die Gesetzgebungskompetenz hat, kommt eine Übertragung in Betracht (RdNr. 2). 14

Der 4. Absatz korrespondiert mit Art. 58 NV. Er hat gegenüber Art. 58 eine eigenständige Bedeutung und verpflichtet den Gesetzgeber, beim Übertragen staatlicher Aufgaben die dadurch entstehenden Kosten zu regeln[47]. Beide Artikel sind selbständige landesverfassungsrechtliche **Finanzgarantien**[48]. „Staatliche Aufgaben zur Erfüllung nach Weisung" ist der übertragene Wirkungskreis. In ihm sind die Kommunen weder bei der Stellung der Aufgaben noch bei der Gestaltung entscheidungsbefugt[49]. „Staatliche Auf- 15

---
40 Löwer (Fn. 20), RdNr. 30 zu Art. 28.
41 BVerfGE 85, 191 (205); 75, 223 (235).
42 BVerfGE 75, 223 (237).
43 Isensee, Vorrang des Europarechts und deutsche Verfassungsvorbehalte – offener Dissens, in: FS Stern, 1239 (1242); Jarass, Konflikte zwischen EG-Recht und nationalem Recht vor den Gerichten der Mitgliedstaaten, DVBl., 1995, 954 (957).
44 §§ 34 Abs. 1, 35 Abs. 1 Nr. 3 NGO i. d. F. v. 17. 12. 1998 – Nieders. GVBl. S. 710 u. §§ 39 Abs. 1, 30 Abs. 1 Nr. 3 NLO i. d. F. v. 17. 12. 1998 – Nieders. GVBl. S. 710.
45 BVerfGE 83, 37 (53); Neumann, RdNr. 11 zu Art. 148 Bremische Verfassung; Engelken, RdNr. 42 zu Art. 72; Schrapper, Die Richtlinie 94/80 EG zum aktiven und passiven Kommunalwahlrecht für Unionsbürger, DVBl., 1985, 1167 (1171).
46 Zur Kontroverse über die Formulierung: Schriftlicher Bericht, 36.
47 StGH, B. v. 15. 8. 1995 – StGH 2/93, Fundstelle s. Art. 54 NV.
48 StGH, U. v. 25. 11. 1997 – StGH 14/95, Fundstelle s. Art. 54 NV.
49 StGH, Fn. 48.

gaben" sind nur die des Landes, nicht bundesgesetzliche Aufgaben[50]. Das identische Finanzproblem der durch den Bundesgesetzgeber den Kommunen aufgebürdeten Kosten ist noch nicht hinreichend gelöst worden[51]. Bei der Gestaltung der Kosten ist zu berücksichtigen:
- die verursachten Kosten der Auftragsverwaltung brauchen nicht vollständig ersetzt zu werden,
- sie können pauschaliert werden,
- die Kosten sind zu ermitteln und sichtbar zu machen,
- der Gesetzgeber kann dies in einem selbständigen Gesetz oder mit dem allgemeinen Finanzausgleich erfüllen[52].

16 Während die österreichische Bundesverfassung dem Bund gegenüber den Gemeinden die **Kommunalaufsicht** für den Vollzug der Bundesgesetze vorsieht[53], steht sie nach der Kompetenzaufteilung des Grundgesetzes ausschließlich dem Lande zu. Es gibt keine Bundeskommunalaufsicht[54]. In Angelegenheiten des eigenen Wirkungskreises ist sie eine reine Rechtsaufsicht[55]. Diese ist so zu handhaben, daß die Entschlußkraft und die Freude an der Verantwortung nicht beeinträchtigt werden[56]. Das Land kann eine Staatsaufsicht nur soweit ausüben, als durch Gesetz präzise umschriebene Maßstäbe bestehen[57]. Soweit **unbestimmte Rechtsbegriffe** Spielräume belassen, stehen diese allein den Kommunen, nicht aber den Aufsichtsbehörden zu[58]. Die organisatorische Gestalt der Aufsicht über die Kommunen verbleibt in aller Regel im Bereich des Staates[59]. Wegen der Einzelheiten der Kommunalaufsicht wird auf das Schrifttum verwiesen[60].

17 Mit der Formel „**daß die Gesetze beachtet**" wird die **Rechtsaufsicht** in Selbstverwaltungsangelegenheiten umschrieben[61]. Gesetz im Sinne der Norm sind förmliche Gesetze, Rechtsverordnungen und unter-formell-gesetzliche Normen des Landes[62].

18 Mit den Worten „**die Auftragsangelegenheiten weisungsgemäß erfüllt werden**" wird die **Fachaufsicht** ausgedrückt[63]. Hier umfaßt die Aufsicht sowohl die Rechtsaufsicht als auch die Zweckmäßigkeit[64].

---

50 StGH, Fn. 48.
51 Kirchhof, Anm. zu o. a. Urteil (Fn. 48), DVBl., 1998, 189 (190).
52 StGH, Fn. 48.
53 Ringhofer, Anm. zu Art. 11; Adamovich/Funk, 293; Walter, 635.
54 BVerfGE 8, 122 (137).
55 BVerfG, Fn. 54.
56 BVerfG, Fn. 54.
57 BVerfGE 38, 258 (280).
58 BVerfGE 78, 331 (343).
59 BVerfGE 78, 331 (341).
60 Elster (Fn. 12), 470; Faber, Kommunalrecht, in: Faber/Schneider, 225 (263f.); Püttner (Fn. 4), 1187f.
61 Vorauflage, RdNr. 17 zu Art. 44; Elster (Fn. 12), 470.
62 BVerfGE 26, 228 (237); Elster, Fn. 61; Löwer (Fn. 20) RdNr. 60 zu Art. 28.
63 Vorauflage, Fn. 61.
64 Faber u. Elster, jeweils Fn. 60.

Selbstverwaltung   Art. 57

Der Bürger hat keinen klagbaren Anspruch gegen eine Aufsichtsbehörde   19
auf ein Einschreiten der Aufsicht[65].

Mit Wirkung vom 6. Dezember 1997 wurde durch das Zweite Gesetz zur Än-   20
derung der Niedersächsischen Verfassung vom 21. November 1997 – Nieders. GVBl. S. 480 – der 6. Absatz angehängt. Parallelvorschriften hierzu gibt es in den Landesverfassungen von Baden-Württemberg (Art. 71 Abs. 4), Brandenburg (Art. 97 Abs. 4) und Thüringen (Art. 91 Abs. 4). Beim Bund ist die Anhörung der **kommunalen Spitzenverbände** zu Gesetz- oder Verordnungsentwürfen durch eine Verwaltungsvorschrift, die Gemeinsame Geschäftsordnung der Bundesministerien, geregelt worden[66]. Die Landesregierung beschloß bereits 1974, die kommunalen Spitzenverbände zu Gesetz- und Verordnungsentwürfen anzuhören[67]. Normadressaten der Vorschrift sind der Landtag als Gesetzgeber und die Landesregierung sowie die dafür zuständigen Landesminister bei Verordnungen im Sinne des Art. 43 NV. Bei Gesetzentwürfen und Verordnungsentwürfen wird das federführende Ressort in der Regel die Spitzenverbände anhören. Bei Gesetzen richtet sich die Frist für die Anhörung nach dem Umfang und der Schwierigkeit der Sachfragen. Die Frist ist in der Regel dann noch gewahrt worden, wenn die Spitzenverbände hinreichend Zeit haben, die Stellungnahme ihrer Mitglieder einzuholen. Die Kommunen werden durch „**allgemeine Fragen unmittelbar berührt**", wenn durch die Norm rechtliche oder wesentliche immaterielle Interessen betroffen werden. Hierbei ist die Verfassungspraxis zu berücksichtigen. Kommunale Spitzenverbände sind zur Zeit der **Nieders. Landkreistag e.V.**, der **Nieders. Städtetag** und der **Nieders. Städte- und Gemeindebund**[68]. „Gesetz" ist hier nur das parlamentarische Gesetz. Bei plebiszitären Gesetzesentwürfen können sich die kommunalen Spitzenverbände durch Veröffentlichung direkt an das Landesvolk wenden. Auch Verordnungen mit einer bundesrechtlichen Ermächtigung werden erfaßt[69]. Eine unzureichende Anhörung oder eine Nichtanhörung kann zur Nichtigkeit der Norm führen[70]. Der Verfassungsgeber schuf durch die zwingende Anhörung einen Unsicherheitsfaktor.

Artikel 58

Finanzwirtschaft der Gemeinden und Landkreise

Das Land ist verpflichtet, den Gemeinden und Landkreisen die zur Erfüllung ihrer Aufgaben erforderlichen Mittel durch Erschließung eigener Steuerquellen und im Rahmen seiner finanziellen Leistungsfähigkeit durch übergemeindlichen Finanzausgleich zur Verfügung zu stellen.

---
65 Faber (Fn. 60), 266; OVG Münster, B. v. 17. 4. 1975 – OVGE 31, 51.
66 Steinberg, Parlament und organisierte Interessen, in: Schneider/Zeh, 217 (234); Ossenbühl, Verfahren der Gesetzgebung, in: Hdb. d. Staatsrechts, Bd. III, 351 (358).
67 Elster (Fn. 12), 469.
68 Elster, Fn. 67.
69 BVerfGE 18, 407.
70 Sander, in: Feuchte, RdNr. 16 zu Art. 71; Braun, RdNr. 73 zu Art. 71; BVerfGE 10, 221 (227).

Art. 58 Siebenter Abschnitt Die Verwaltung

Übersicht

	RdNr.
Rückblick	1
„Das Land"	2
Die Mitverantwortung des Bundesgesetzgebers	3
Die „Gemeinden und Landkreise"	4
Der Normzweck des kommunalen Finanzausgleichs	5
Die „Aufgaben"	6
Die „erforderlichen Mittel"	7
Die „Erschließung eigener Steuerquellen"	8
Die „finanzielle Leistungsfähigkeit des Landes"	9
Der „übergemeindliche Finanzausgleich"	10

1 Der Verfassungsgeber des Jahres 1993 übernahm mit Art. 58 NV den Inhalt des Art. 45 VNV. Er ersetzte den Begriff „Gebietskörperschaften" durch „Gemeinden und Landkreise". Ursprünglich bedurfte es keinen kommunalen Finanzausgleichs der Gemeinden und Landkreise, da die eigenen Steuerquellen ausreichten. Das Reichsfinanzausgleichsgesetz[1] regelte das Verhältnis der Reichssteuern zu den Landes- und Gemeindesteuern. Es sicherte den Steuerbedarf des Reiches vor dem der Länder und Gemeinden[2]. Die Weimarer Reichsverfassung gab dem Reich die Kompetenz über die Steuergesetzgebung, wobei es bei den Abgaben und sonstigen Einnahmen nur die Erhaltung der Lebensfähigkeit der Länder zu berücksichtigen hatte (Art. 8 WRV). Ausdrückliche Schutzbestimmungen zugunsten der Gemeinden und Gemeindeverbände sah die Reichsverfassung nicht vor. Die Länder hatten ihre finanzpolitische Selbständigkeit im „unitarischen Bundesstaat" verloren[3]. Das Grundgesetz gebietet seit dem 15. November 1994 ausdrücklich, die Grundlagen der finanziellen Eigenverantwortung für Gemeinden und Gemeindeverbände zu schaffen (Art. 28 Abs. 2 Satz 3 GG). Es konkretisiert dieses Gebot u. a. durch Art. 106 Abs. 5 bis 7 sowie 9 GG[4]. Dabei „sind die Kommunen staatsorganisatorisch den Ländern eingegliedert"[5]. Im Schrifttum wird Art. 106 Abs. 7 GG als eine institutionelle Garantie für einen kommunalen Finanzausgleich des Landesgesetzgebers gewertet[6]. Welche Höhe eine finanzielle Mindestausstattung oder eine angemessene Finanzausstattung der Kommunen haben soll, ist jedoch vom Bundesverfassungsgericht noch nicht entschieden worden.

2 „Das Land" ist nach der Kompetenzzuweisung des Grundgesetzes ausschließlich für den Finanzausgleich zuständig[7]. Im Rahmen der grundgesetzlichen Vorgaben hat der Landesgesetzgeber einen „weiten Spielraum für die Gestaltung des Finanzausgleichs"[8].

---

1 Vom 23. 6. 1923 – RGBl. I, 494.
2 Graf Hue de Grais, 201.
3 Giese, RdNr. 3 zu Art. 8; Gebhard, RdNr. 7d zu Art. 8 WRV; Huber, Verfassungsgeschichte, 488.
4 BVerfGE 71, 25 (38); 83, 363 (391); 86, 148 (215).
5 So BVerfGE 86, 148 (215).
6 Maunz, in: Maunz/Dürig/Herzog, RdNr. 84 zu Art. 106.
7 BVErfGE 26, 172 (181).
8 BVerfGE 23, 353 (369).

Den **Bundesgesetzgeber** trifft jedoch eine „Mitverantwortung"[9]. 3

Die Beschränkung des Finanzausgleichs auf „**Gemeinden und Landkreise**" 4
entspricht dem System des Art. 106 GG. Die Landkreise fallen im Grundgesetz unter den Begriff der „**Gemeindeverbände**"[10]. Der Verfassungsgeber der Vorläufigen Niedersächsischen Verfassung verwandte den Oberbegriff „Gebietskörperschaften".

Normzweck des kommunalen Finanzausgleichs ist es: Die Unterschiede der 5
Finanzkraft der Kommunen sollen gemildert, aber nicht völlig abgebaut werden, damit die ursprünglich Finanzschwachen so gestärkt werden, daß sie ihre Aufgaben in eigener Verantwortung erfüllen können[11].

Die „**Aufgaben**" im Sinne des Art. 58 NV müssen angemessen sein. Dabei 6
ist der Grundsatz der Einheitlichkeit der Lebensverhältnisse zu berücksichtigen, der bei kommunalen Leistungen regionalpolitische Entscheidungen nicht ausschließt. Der Landesgesetzgeber kann das Mindestniveau typisieren[12].

„**Mittel**" sind zur Erfüllung von Aufgaben „**erforderlich**", wenn bei ihnen 7
das Gebot sparsamer und wirtschaftlicher Haushaltsführung beachtet wird[13]. Dabei kann der Landesgesetzgeber alle weiteren tatsächlichen oder erzielten Einkünfte der Kommunen berücksichtigen.

„**Steuern**" sind nach der Rechtsprechung des Bundesverfassungsgerichts 8
„einmalige oder laufende Geldleistungen, die nicht eine Gegenleistung für eine besondere Leistung der öffentlichen Hand darstellen und von einem öffentlich-rechtlichen Gemeinwesen auferlegt werden, um Einkünfte zu erzielen. Sie sind an den Tatbestand gebunden, an den das Gesetz die Zahlungspflicht knüpft"[14].

Die Pflicht des Landesgesetzgebers, die erforderlichen Mittel „**durch Erschließung eigener Steuerquellen ... zur Verfügung zu stellen**", richtet sich als Gesetzgebungsauftrag an den parlamentarischen Landesgesetzgeber. Er ist Erschließender, nicht die Gemeinden oder die Landkreise[15]. Gebühren und Beiträge fallen nicht unter den Steuerbegriff. Sie werden vom Landesverfassungsgeber nicht erwähnt[16]. Der Landesgesetzgeber hat im Niedersächs. Kommunalabgabengesetz den Gemeinden die Vergnügungssteuer und den Landkreisen und kreisfreien Städten die Jagdsteuer zugewiesen[17]. Bei diesem spärlichen Ergebnis fragt man sich, ob man noch von der Erschlie-

---

9 Wendt, Finanzhoheit und Finanzausgleich, in: Hdb. d. Staatsrechts, Bd. IV, 1021 (1062); Maunz (Fn. 6), RdNr. 80, 84 zu Art. 106.
10 Badura, 527.
11 Nds. StGH, B. v. 15. 8. 1995 – StGH 2/93, Fundstelle s. Art. 54 NV.
12 Nds. StGH, Fn. 11.
13 Nds. StGH, Fn. 11.
14 BVerfGE 72, 424 (433).
15 Fleck, in: Geller/Kleinrahm/Fleck, RdNr. 2 zu Art. 79. Der plebiszitäre Gesetzgeber ist nach Art. 48 Abs. 1 Satz 3 NV ausgeschlossen.
16 Elster, Die Verwaltung, in: Korte/Rebe, 288 (474).
17 § 3 Abs. 1 u. 2 Nieders. Kommunalabgabengesetz i. d. F. v. 23. 7. 1997 – Nieders. GVBl., S. 374.

Art. 59 Siebenter Abschnitt Die Verwaltung

ßung eigener **Steuerquellen** sprechen kann[18]. Die Steuern für die Kommunen sind weitgehend vom Grundgesetz geregelt:

Der Landesgesetzgeber kann nach Art. 105 Abs. 2a GG örtliche Verbrauchs- und Aufwandsteuern „erfinden"[19].

Die Gemeinden erhalten nach Art. 106 Abs. 5 GG einen Anteil an dem Aufkommen der Einkommensteuer.

Das Aufkommen der Realsteuern steht den Gemeinden nach Art. 106 Abs. 6, 1. Halbsatz GG zu.

Das Aufkommen der örtlichen Verbrauchs- und Aufwandsteuern ist für die Gemeinden nach Maßgabe des Landesgesetzgebers auch für die Landkreise vorgesehen (Art. 106 Abs. 6, 2. Halbsatz GG. Hierunter fallen Getränke-, Speiseeis-, Hunde-, Jagd-, Fischerei-, Vergnügungs- und Zweitwohnungssteuer sowie die Feuerschutzabgabe[20]. Nach Art. 106 Abs. 7 GG fließen den Gemeinden und den Landkreisen ein vom Landesgesetzgeber zu bestimmender Hundertsatz vom Gesamteinkommen der Gemeinschaftssteuern zu (Einkommensteuer, Körperschaftsteuer, Umsatzsteuer).

9   Die Pflicht des Landesgesetzgebers zum kommunalen Finanzausgleich wird begrenzt durch den Vorbehalt „**seiner finanziellen Leistungsfähigkeit**". Dies bezieht sich auch auf die Grenzen für die Erschließung neuer Steuerquellen[21].

10 Der Finanzausgleich muß „**übergemeindlich**" sein. Er muß über den Landeshaushalt durchgeführt werden. Ein nur zwischengemeindlicher Finanzausgleich genügt somit nicht. Er ist ein Ersatz dafür, daß der Staat nicht mehr in der Lage ist, alle Gemeinden ausreichend mit eigenen Steuermitteln auszustatten, wie es noch vor dem Ersten Weltkriege war[22]. Gemeinden und Landkreise können nach Art. 54 Nr. 5 NV die Kommunalverfassungsbeschwerde beim Staatsgerichtshof erheben. Wegen der Kompetenzaufteilung der Kommunalverfassungsbeschwerden zwischen Karlsruhe und Bückeburg siehe RdNr. 58 zu Art. 54 NV.

Artikel 59

Gebietsänderung
von Gemeinden und Landkreisen

(1) Aus Gründen des Gemeinwohls können Gemeinden und Landkreise aufgelöst, vereinigt oder neu gebildet und Gebietsteile von Gemeinden oder Landkreisen umgegliedert werden.

---

18 Wandhoff, Staat und Kreisfinanzen, in: Wagener, 71 (75); Faber, Kommunalrecht, in: Faber/Schneider, 225 (244).
19 Fischer-Menshausen, in: v. Münch/Kunig, RdNr. 26 zu Art. 105.
20 Fischer-Menshausen (Fn. 19), RdNr. 24 zu Art. 105 u. RdNr. 27 zu Art. 106; Birk, in: AK-GG, RdNr. 19 zu Art. 105; Braun, RdNr. 3 zu Art. 73; Stern, Bd. II, 1156; Maunz (Fn. 6), RdNr. 55 zu Art. 105.
21 Nds. StGH, Fn. 11.
22 Fleck (Fn. 15), RdNr. 4 zu Art. 79.

(2) Gebietsänderungen bedürfen eines Gesetzes. Gebietsteile können auch durch Vertrag der beteiligten Gemeinden oder Landkreise mit Genehmigung des Landes umgegliedert werden.

(3) Vor der Änderung von Gemeindegebieten ist die Bevölkerung der beteiligten Gemeinden zu hören.

Übersicht

	RdNr.
Bundesgesetzliche Gebietsänderungen	1
Organisationsgesetze	2
Das Ermessen des Landesgesetzgebers	3
Die „Gründe des Gemeinwohls"	4
„aufgelöst"	5
„vereinigt oder neu gebildet"	6
Die Notwendigkeit einer Neuwahl	7
Ein Parlamentsvorbehalt	8
Die vertraglichen Gebietsänderungen	9
Die „Genehmigung des Landes"	10
Fälle einer Anhörungspflicht	11
Die „Bevölkerung"	12
Die „beteiligten Gemeinden" (Art. 59 Abs. 3 NV)	13
Die Anhörung der Gebietskörperschaften	14
Die Grundsätze für die Anhörung	15
Die Eingliederung gemeindefreier Gebiete	16
Die Außenstellen der Landkreise	17

Der Artikel behandelt die kommunalen Gebietsänderungen durch Landesrecht. **Bundesgesetzlich** sind Gebietsänderungen mit Zustimmung der betroffenen Gemeinden und Landkreise nach § 58 Abs. 2 Satz 2 Flurbereinigungsgesetz möglich. Die Zulässigkeit einer solchen Änderung ist ohne Zustimmung der staatlichen Stellen des Landes recht fraglich. Denn der Bundesgesetzgeber greift mit einer Annexregelung in das Hausgut einer ausschließlichen Landeskompetenz ein[1]. Es ist nicht ersichtlich, daß eine Gebietsänderung wegen eines Flurbereinigungsplanes das kommunale Organisationsrecht des Landes ausschalten darf. Die bundesrechtliche Vorschrift verstößt zumindest dann gegen die Kompetenzverteilung des Grundgesetzes, wenn die Gebietsänderung wesentliche Auswirkungen bei den betroffenen Gemeinden hat. Nach dem Bundesgesetz über das Verfahren bei sonstigen Änderungen der Gebietshoheit der Länder nach Art. 29 Abs. 7 GG können Grenzen von Gemeinden und Landkreisen ebenfalls geändert werden[2]. Aufgrund dieser Vorschrift schloß das Land den Staatsvertrag mit dem Lande Mecklenburg-Vorpommern über die Umgliederung der Gemeinden im ehemaligen Amt Neuhaus und anderer Gebiete nach Niedersachsen vom 2./9. März 1993 – Nieders. GVBl. S. 124 – ab.

1

---

1 BVerfGE 22, 180 (210) zur Zulässigkeit einer bundesgesetzlichen Annexregelung; Püttner, Kommunale Selbstverwaltung, in: Hdb. d. Staatsrechts, Bd. IV, 1171 (1182).
2 Vom 30. 7. 1979 – BGBl. I, 1325; Evers, in: Bonner Kommentar, RdNr. 83 zu Art. 29.

2   Gesetze über Gebietsänderungen und Neugliederungen gehören zu den **Organisationsgesetzen**[3]. Soweit sie durch Vertrag der beteiligten Gemeinden oder Landkreise durchgeführt werden, ist daher die Genehmigung des Vertrages ein Akt der Organisationsgewalt des Gliedstaates Niedersachsen und keine Maßnahme der Kommunalaufsicht[4]. Von dieser Wertung ging der Landesverfassungsgeber aus[5]. Eine vertragliche Gebietsänderung kann daher im Genehmigungsverfahren auf ihre Zweckmäßigkeit geprüft werden[6].

3   Art. 59 Abs. 1 NV **ermächtigt den Landesgesetzgeber** („können") zur Änderung von Gebieten der Gemeinden. Dem steht nicht die Selbstverwaltungsgarantie des Art. 28 Abs. 2 Satz 1 GG entgegen. Denn diese Vorschrift gewährleistet nur den Bestand der Gemeinde als Institution, nicht individuell[7].

4   Der Landesgesetzgeber kann Bestands- und Gebietsänderungen von Gemeinden nur aus Gründen des öffentlichen Wohls vornehmen[8]. Dies gilt auch für die Landkreise[9]. Welche „**Gründe des Gemeinwohls**" dabei maßgeblich sind, bestimmt der Gesetzgeber mit den Zielen seines Gesetzes im Rahmen der verfassungsmäßigen Wertordnung[10].

5   Eine Kommune kann „**aufgelöst**" werden durch Aufteilung ihres Gebiets auf andere, fortbestehende Kommunen oder Bildung neuer Kommunen[11]. Mit der Auflösung erlöschen die Funktionen der Organe der Gemeinde oder des Landkreises. Eine aufgelöste Kommune kann nur noch die Auflösung anfechten. Insoweit gilt sie kraft Fiktion als parteifähig im Prozeß[12].

6   Kommunen sind „**vereinigt**", wenn aus mehreren eine neue Kommune gebildet wird[13]. Eine Kommune ist „**neu gebildet**", wenn sie aus den Teilen noch fortbestehender Kommunen zusammengesetzt wird[14].

7   Ist eine Kommune durch Vereinigung oder durch Neubildung aus bewohnten Teilen entstanden oder sind bewohnte Gebietsteile umgegliedert worden, so hat sich die **Legitimationsgrundlage** geändert. Es besteht ein anderes Kommunalvolk als Legitimationssubjekt[15]. Eine solche Neugliederung gebietet daher eine umgehende **Neuwahl der betroffenen Vertretungskörperschaft**[16].

8   Gebietsänderungen bedürfen eines „**Gesetzes**" (Art. 59 Abs. 2 Satz 1 NV). Hier kommt nur ein formelles Gesetz des parlamentarischen oder plebiszitären Gesetzgebers in Betracht[17]. Es besteht ein sogenannter Parlamentsvorbehalt.

---

3 BVerfGE 86, 90 (108).
4 Braun, RdNr. 14 zu Art. 74.
5 Schriftlicher Bericht, 38.
6 Fn. 5.
7 BVerfGE 86, 90 (107); 50, 50.
8 BVerfGE 86, 90 (107).
9 Nds. StGH, U. v. 14. 2. 1979 – StGH 2/77, Fundstelle s. Art. 54 NV.
10 Nds. StGH (Fn. 9), Leitsatz I 9; U. v. 3. 6. 1980 – StGH 2/79, Fundstelle s. Art. 54 NV.
11 Braun, RdNr. 6 zu Art. 74.
12 OVG Münster, OVGE 33, 164 (167).
13 Braun, Fn. 11.
14 Braun, Fn. 11.
15 Zum Begriff: BVerfGE 83, 37 (55).
16 VerfGH Nordrhein-Westfalen, OVGE 26, 270 (303).
17 Braun, RdNr. 16 zu Art. 74; Hopfe, in: Linck/Jutzi/Hopfe, RdNr. 8 zu Art. 92.

Der Vertrag der beteiligten Kommunen (Art. 59 Abs. 2 Satz 2 NV) hat den 9
Charakter eines öffentlich-rechtlichen Koordinationsvertrages[18]. Er beschränkt sich auf „Gebietsteile", die umgegliedert werden.

Die „Genehmigung" ist ein Organisationsakt (s. o. RdNr. 2). Sie wird mit 10
Zugang der schriftlichen Genehmigung beim Vertragspartner wirksam[19]. Da sie zugleich Normcharakter hat, muß sie deshalb auch verkündet werden[20]. Die Niedersächsische Gemeindeordnung und die Niedersächsische Landkreisordnung schreiben eine Veröffentlichung im amtlichen Verkündungsblatt der Bezirksregierung vor[21].

Die Verfassung schreibt nur die Anhörung der „Bevölkerung" bei der „Än- 11
derung von Gemeindegebieten" vor (Art. 59 Abs. 3 NV). Nach einem für Niedersachsen ergangenen Beschluß des Bundesverfassungsgerichts ist eine Anhörung geboten bei der Auflösung von Gemeinden, Gemeindezusammenschlüssen, Eingemeindungen und sonstigen Gebietsänderungen[22].

„Bevölkerung" im Sinne der Norm sind die im Gebiet der Kommune woh- 12
nenden Staatsbürger, Unionsbürger und Ausländer[23]. Die Beteiligung von Staatsbürgern und Unionsbürgern berücksichtigt ihre kommunale Aktivbürgerschaft nach Art. 28 Abs. 1 GG. Mit der Wahl des weiten Begriffes „Bevölkerung" beschränkt der Verfassungsgeber sich nicht auf die betroffenen Aktivbürger.

„Beteiligt" sind bei einer Änderung des Gemeindegebiets die abgebende 13
und die aufnehmende Gemeinde. Demgemäß sind die Bevölkerungen dieser Gemeinden anzuhören.

Es genügt jedoch nicht, nur die Bevölkerungen der Gemeinden anzuhören. 14
Denn auch die **Gemeinden** als betroffene Gebietskörperschaften haben ein **Recht auf eine Anhörung**[24]. Entsprechend gilt dies für die Landkreise[25].

Bei der **Anhörung der Gebietskörperschaften** ist zu beachten: 15

– Der Landesgesetzgeber entscheidet über die Art und Weise.

– Eine erneute Anhörung ist geboten, wenn das Vorhaben in wesentlichen Punkten geändert worden ist.

– Den Betroffenen ist die beabsichtigte Maßnahme in ihren wesentlichen Punkten und mit den sie tragenden wesentlichen Gründen mitzuteilen.

– Eine Anhörung ist rechtzeitig, wenn die Vertretungskörperschaft aufgrund eigener Vorbereitung hinreichend beraten und die von ihnen be-

---

18 Braun, RdNr. 13 zu Art. 74; Hopfe (Fn. 17), RdNr. 6 zu Art. 92; Sachs, Die normsetzende Vereinbarung im Verwaltungsrecht, VA, 1983, 25 (49).
19 § 1 Abs. 1 Nieders. Verwaltungsverfahrensgesetz i. d. F. v. 28. 11. 1997 – Nieders. GVBl. S. 489 i. V. m. § 58 Abs. 1 Verwaltungsverfahrensgesetz v. 25. 5. 1976 – BGBl. I, 1253; Braun, RdNr. 14 zu Art. 74.
20 Braun, RdNr. 15 zu Art. 74.
21 § 19 Abs. 3 NGO und § 15 Abs. 3 NLO.
22 BVerfGE 86, 90 (107).
23 Hopfe (Fn. 17), RdNr. 10 zu Art. 92.
24 BVerfGE 50, 195 (202); 86, 90 (107).
25 Nds. StGH, Fn. 9.

schlossene Stellungnahme noch Einfluß auf die Entscheidung des Gesetzgebers nehmen kann[26].

Bei Rückgliederungen hat der Landesgesetzgeber die Gründe den Betroffenen mitzuteilen, die ihn veranlassen, eine **Neugliederung** rückgängig zu machen[27].

16 Über die Eingliederung kommunalisierungsfähig gewordener **ursprünglich gemeindefreier Gebiete** in schon bestehende Gemeinden entscheidet der Landesgesetzgeber, wenn mehrere Gemeinden die Eingliederung in ihr Gemeindegebiet begehren[28].

17 Landkreise können eine **Außenstelle des Landkreises** aufgrund ihrer Organisationsgewalt bestimmen, falls dies notwendig geworden ist[29]. Eine solche Notwendigkeit wurde z. B. früher für den am rechten Ufer der Elbe gelegenen Teil des Landkreises Bleckede, **Amt Neuhaus**, bejaht[30].

Artikel 60
Öffentlicher Dienst

Die Ausübung hoheitsrechtlicher Befugnisse ist als ständige Aufgabe in der Regel Angehörigen des öffentlichen Dienstes zu übertragen, die in einem öffentlich-rechtlichen Dienst- und Treueverhältnis stehen. Sie dienen dem ganzen Volk, nicht einer Partei oder sonstigen Gruppe, und haben ihr Amt und ihre Aufgaben unparteiisch und ohne Rücksicht auf die Person nur nach sachlichen Gesichtspunkten auszuüben.

Übersicht

RdNr.

I. Der Funktionsvorbehalt (Satz 1)

Der Normzweck 1
Eine institutionelle Garantie 2
Die Normadressaten 3
Die „Angehörigen des öffentlichen Dienstes" 4
Die „hoheitsrechtlichen Befugnisse" 5
„ständige Aufgabe in der Regel" 6
Kein Anspruch auf eine Einstellung als Beamter 7

II. Das Neutralitätsgebot (Satz 2)

Das vorrechtliche Bild 8
Eine Beamtenpflicht 9
Die Normadressaten 10
Die politischen Beamten 11
Verletzung zugunsten einer Partei 12

---

26 BVerfGE 50, 195 (202); 86, 90 (107f.); Nds. StGH, Fn. 9.
27 BVerfGE 86, 90 (111).
28 OVG Lüneburg, OVGE 36, 352.
29 Nds. StGH (Fn. 9), Leitsatz IV 2.
30 Handbuch über den Königlich Preußischen Hof und Staat für das Jahr 1902, 1901, S. 561.

Öffentlicher Dienst **Art. 60**

Der Artikel wiederholt im ersten Satz Art. 33 Abs. 4 GG und im zweiten 1
Art. 130 Abs. 1 WRV, dessen Inhalt der Bundesgesetzgeber im Beamtenrechtsrahmengesetz (§ 35 Abs. 1) übernahm[1]. **Normzweck** des Art. 60 Satz 1 NV ist es nach Ansicht des Bundesverfassungsgerichts, die Kontinuität hoheitlicher Funktionen des Staates dadurch zu sichern, daß ihre Ausübung in der Regel Beamten übertragen wird. Es soll eine stabile Verwaltung gesichert werden. Diese soll einen ausgleichenden Faktor gegenüber den das Staatsleben gestaltenden politischen Kräften darstellen[2]. Die Beamten sollen auch in Krisenzeiten, z. B. bei einem Streik, eine funktionsfähige Staats- und Kommunalverwaltung sichern[3].

Die Vorschrift ist eine **institutionelle Garantie** für das Berufsbeamtentum[4]. 2
Angestellte und Arbeiter dürfen demnach nur in Ausnahmefällen hoheitliche Befugnisse ausüben[5]. „Die ständige Ausübung hoheitlicher Befugnisse in größerem Umfange" durch Nichtbeamte ist mit dem Grundgesetz nicht vereinbar[6].

Normadressaten sind die Dienstherren[7]. Das sind in Niedersachsen das 3
Land Niedersachsen als Gliedstaat, seine Kommunen und dienstherrnfähige juristische Personen des öffentlichen Rechts, die der Aufsicht des Landes unterstehen.

„**Angehörige des öffentlichen Dienstes** ... **die in einem öffentlich-rechtli-** 4
chen Dienst- und Treueverhältnis stehen", sind Beamte[8].

„**Hoheitsrechtliche Befugnisse**" sind hoheitliche Aufgaben[9]. Die Eigen- 5
schaft einer Aufgabe als „hoheitlich" ist grundsätzlich keine Frage der Rechtsform, sonst könnte der einfache Landesgesetzgeber auch über die Anwendbarkeit des Funktionsvorbehaltes entscheiden. Die Vorschrift liefe leer[10]. Die „**Aufgabe**" bezieht sich auf den einzelnen Dienstposten, nicht auf den Zweig der Verwaltung[11]. Eine Aufgabe wird hoheitlich wahrgenommen, wenn der Bedienstete unmittelbar(!) an Entscheidungen mitwirkt, die zu Hoheitsakten führen[12]. Das sind besonders Entscheidungen der Eingriffsverwaltung, bei denen die öffentliche Hand ein Monopol hat. Ordnungsbehörden, Justizverwaltung, Polizei[13], Personalverwaltung für Beamte[14], Schulverwaltung als grundrechtsgebundene Staatskompetenz[15]. Soweit die Lei-

---

1 Schriftlicher Bericht, 38.
2 BVerfGE 88, 103 (114); 99, 300 (315).
3 Schuppert, in: AK-GG, RdNr. 37 zu Art. 33 Abs. 4, 5; Stern, Bd. I, 349.
4 BVerfGE 7, 155 (162); Schuppert (Fn. 3), RdNr. 24 zu Art. 33 Abs. 4 f.
5 BVerfGE 9, 268 (284).
6 So BVerfG, Fn. 5.
7 Stern, Bd. I, 349.
8 BVerfGE 3, 162 (186); 7, 155 (162); Stern, Bd. I, 348.
9 BVerfGE 9, 268 (284); 44, 249 (262).
10 Isensee, Öffentlicher Dienst, in: Hdb. d. Verfassungsrechts, Bd. II, 1149 (1173); Lecheler, Der öffentliche Dienst, in: Hdb. d. Staatsrechts, Bd. III, 717 (731).
11 Lecheler (Fn. 10), 727; Benndorf, Zur Bestimmung der hoheitlichen Befugnisse gemäß Art. 33 Abs. 4 GG, DVBl., 1981, 23 (28).
12 Benndorf, Fn. 11; Kunig, in: v. Münch/Kunig, RdNr. 49 zu Art. 33.
13 Benndorf, Fn. 11.
14 Lecheler (Fn. 10), 729.
15 Isensee (Fn. 10), 1174.

stungsverwaltung hoheitlich entscheidet, sind ihre Maßnahmen nicht von geringerem Gewicht, wenn sie in Grundrechte des Bürgers eingreifen[16].

6 Das Gebot „ist ... zu übertragen" ist doppelt eingeschränkt: es muß eine „**ständige**" Aufgabe sein und der Vorbehalt gilt nur „**in der Regel**". „Ständig" ist die hoheitliche Aufgabe, wenn sie nicht zeitlich begrenzt wahrgenommen wird[17]. „In der Regel" bedeutet, daß Ausnahmen zulässig sind[18]. Das Gebot der Verfassung ist verletzt worden, wenn das Tarifpersonal im Hoheitsbereich die Zahl der Beamten übersteigt[19]. Eine **staatliche Schule** muß somit überwiegend Lehrer im Status eines Beamten haben.

7 Der Inhaber eines Dienstpostens mit ständigen hoheitlichen Aufgaben hat **keinen Anspruch auf eine Einstellung als Beamter**[20]. Der Arbeitgeber hat jedoch die Pflicht, diesem Arbeitnehmer die Übernahme in das Beamtenverhältnis anzubieten[21].

8 Art. 60 Satz 2 NV regelt das **Neutralitätsgebot,** das der Grundgesetzgeber nicht ausdrücklich umschreibt. In der Zeit des Kaiserreichs hatte ein Regierungswechsel parteipolitisch nur geringe Bedeutung. Den Parteien erschien nach 1918 eine Ämterpatronage eine legitime Reaktion auf die Übernahme der Beamtenschaft der Monarchie[22]. Der Weimarer Verfassungsgeber bestimmte mit Art. 130 Abs. 1 WRV, daß „die Beamten Diener der Gesamtheit, nicht Diener einer Partei sind". Damit sollte eine rechtliche Verantwortlichkeit der Beamten gegenüber Parteien ausgeschlossen werden. Sie sollten nur das Staatsinteresse, aber nicht Interessen einer Partei oder einer Klasse wahrnehmen[23]. Sie sollten parteipolitisch motivierte Anordnungen ihrer Vorgesetzten ablehnen[24]. Der Bundesgesetzgeber übernahm das Neutralitätsgebot im Beamtenrechtsrahmengesetz (§ 35 Abs. 1).

9 Das Bundesverfassungsgericht rechnet die „loyale Pflichterfüllung" und „den unparteiischen Dienst für die Gesamtheit" zu den **hergebrachten Pflichten der Beamten**[25]. Sie gelten auch für Angestellte, die hoheitliche Funktionen der Beamten wahrnehmen[26]. Normzweck dieses Verfassungsgrundsatzes ist es, eine „stabile Verwaltung zu sichern"[27].

10 **Normadressaten** des Art. 60 Satz 2 NV sind alle Beamten des Landes, seiner Kommunen und juristischen Personen des öffentlichen Rechts, die der Aufsicht des Landes unterstehen[28].

---

16 Kunig (Fn. 12), RdNr. 48 zu Art. 33; Maunz, in: Maunz/Dürig/Herzog, RdNr. 33 zu Art. 33; Lecheler (Fn. 10), 731.
17 BVerfGE 83, 130 (150).
18 BVerfGE 28, 191 (198).
19 Isensee (Fn. 10), 1171; BVerfGE 9, 268 (284).
20 Isensee (Fn. 10), 1175; Stern, Bd. I, 348.
21 Isensee, Fn. 20.
22 Eschenburg, Zur Geschichte des deutschen Beamtentums seit dem Preußischen Allgemeinen Landrecht von 1794, in: Eschenburg, 302 (308).
23 Anschütz und Giese, jeweils RdNr. 1 zu Art. 130; Gebhard, RdNr. 3b zu Art. 130 WRV.
24 Gebhard, Fn. 23.
25 BVerfGE 7, 155 (162); 9, 268 (286); 28, 191 (198).
26 BVerfGE 28, 191 (198).
27 BVerfGE 7, 155 (162).
28 BVerfGE 28, 191 (198).

Das Neutralitätsgebot wird durch § 31 Beamtenrechtsrahmengesetz bei **poli-** 11
tischen Beamten durch die Nähe zur politischen Führung[29] wesentlich eingeschränkt[30]. Der Reichsgesetzgeber übernahm aus der preußischen Gesetzgebung das Institut des politischen Beamten[31]. Die Weimarer Republik paßte diese Institution der parlamentarischen Regierungsform an. Die politischen Beamten sollten die Politik der Regierung aktiv vertreten, damit die von den leitenden Staatsmännern aufgestellten Grundsätze in der Praxis verwirklicht werden könnten[32]. Damit die politische Spitze und die Beamtenhierarchie zusammenarbeiten können, bestätigte der Bundesgesetzgeber rahmenrechtlich die Einrichtung. Die politischen Beamten müssen mit den „grundsätzlichen Ansichten und Zielen der Regierung fortdauernd übereinstimmen"[33]. Das Neutralitätsgebot wird somit relativiert. Der einfache Landesgesetzgeber hat im Nieders. Beamtengesetz die Institution übernommen (§ 47).

Die öffentliche Verwaltung ist nur dann rechtsstaatlich einwandfrei und 12
kann nach Ansicht des Bundesverfassungsgerichts nur dann zuverlässig und unparteiisch arbeiten, wenn sichergestellt ist, daß „Behördenbedienstete nach außen grundsätzlich Stillschweigen bewahren"[34]. Es ist daher eine Verletzung des Neutralitätsgebotes, wenn **Beamte interne Unterlagen** ihrer Verwaltung **Parteifreunden zuspielen**. Eine Fraktion, die solche Unterlagen verwertet, mißachtet zwingendes Verfassungsrecht.

Artikel 61
Wählbarkeit von Angehörigen des öffentlichen Dienstes

Die Wählbarkeit von Angehörigen des öffentlichen Dienstes in Vertretungskörperschaften kann gesetzlich beschränkt werden.

Übersicht

	RdNr.
Übernahme des Inhalts von Art. 47 VNV?	1
Das vorrechtliche Bild	2
Eine grundgesetzliche Ermächtigung	3
Die „Angehörigen des öffentlichen Dienstes"	4

Der schriftliche Bericht zum Entwurf einer Nieders. Verfassung (Drucks. 1
12/5840) geht davon aus, daß Art. 61 NV den Inhalt des Art. 47 VNV übernehme und die Aufzählung der Personalkategorien „Beamte, Angestellte des öffentlichen Dienstes und Richter" durch „Angehörige des öffentlichen

---
29 Lecheler (Fn. 10), 728.
30 BVerwG, U. v. 27. 1. 1977, ZBR 1977, 282f.
31 Perels/Spilling, Das Reichsbeamtengesetz, 1906, 2. Aufl., RdNr. IV zu § 25.
32 Brand, 562f.; Stern, Bd. I, 374.
33 Stern, Fn. 32.
34 BVerfG, Fn. 28.

Art. 61

Dienstes" ersetzt habe. Diese Kürzung hat jedoch nicht denselben Begriffsinhalt, wie nachfolgend ausgeführt wird. Offensichtlich war sich der Verfassungsgeber der Änderung des wesentlichen Inhalts nicht bewußt und überschritt damit nichtsahnend eine grundgesetzliche Ermächtigung.

2 Ursprünglich war eine Beschränkung des passiven Wahlrechts der Beamten und Richter sowie Angestellten im öffentlichen Dienst dem deutschen Staatsrecht fremd. Bis 1945 war Deutschland „das Land der unbegrenzten Kompatibilitäten". Weder die Verfassung des Deutschen Reiches von 1871 noch die von 1919 brachte erwähnenswerte Einschränkungen des passiven Wahlrechtes der Angehörigen des öffentlichen Dienstes. Der Weimarer Verfassungsgeber wollte die Beamten an das politische Leben heranführen[1]. Die Besatzungsmächte zwangen den Grundgesetzgeber zum Kompromiß des Art. 137 Abs. 1 GG der alten Fassung[2]. Bei der Novellierung der Vorschrift (1956)[3] ging der Grundgesetzgeber von der generellen Zulässigkeit einer Wählbarkeitsbeschränkung für den öffentlichen Dienst aus[4].

3 Grundsätzlich ist der Landesverfassungsgeber für sein Landeswahlrecht zum Landtag, für sein Landesparlamentsrecht und das Statusrecht der Landtagsabgeordneten allein zuständig[5]. Dies gilt jedoch nicht für eine **Beschränkung des passiven Wahlrechts**[6]. Dies kann nur der Grundgesetzgeber einschränken. Art. 137 Abs. 1 GG ist seine einzige Ermächtigung an den Landesgesetzgeber zur Beschränkung des passiven Wahlrechts in Anknüpfung an ein Dienstverhältnis[7]. Nur im engen Rahmen dieser grundgesetzlichen Ermächtigung kann der Landesverfassungsgeber eine Parallelvorschrift in seine Landesverfassung bringen[8]. Andere als die von Art. 137 Abs. 1 GG angeführten Personenkategorien des öffentlichen Dienstes darf der Landesverfassungsgeber nicht ausschließen[9]. Der Landesgesetzgeber kann aber die grundgesetzliche Ermächtigung **unter**schreiten[10]. Er hat politisch abzuwägen und zu entscheiden, wie weit er die Ermächtigung ausschöpfen will[11].

4 Das Grundgesetz ermächtigt zur Beschränkung der Wählbarkeit nur für
 – Beamte, Angestellte des öffentlichen Dienstes, Berufssoldaten, freiwillige Soldaten auf Zeit und Richter (Art. 137 Abs. 1 GG).

---

1 Neesze, Amt und Mandat, ZBR 1971, 41; C. Schmitt, 189f.; Achterberg/Schulte, in: v. Mangoldt/Klein, RdNr. 4 zu Art. 137; Versteyl, in: v. Münch/Kunig, RdNr. 1 zu Art. 137; Schenke, Rechtsprechung zum Landesstaatsorganisationsrecht, in: Starcke/Stern, Bd. III, 1 (86); Hans-Peter Schneider, in: AK-GG, RdNr. 1 zu Art. 137; Stober, in: Bonner Kommentar, RdNr. 26 zu Art. 137.
2 Neesze (Fn. 1), 42; Schneider, Fn. 1; Versteyl, Fn. 1; Stern, Bd. I, 315; Stober (Fn. 1), RdNr. 43 zu Art. 137.
3 Neesze, Fn. 2; Achterberg/Schulte, Fn. 1.
4 Stober (Fn. 1), RdNr. 67 zu Art. 137.
5 BVerfGE 58, 177 (191); 57, 43 (57); 38, 326 (337); 48, 64 (83); 98, 145 (157).
6 BVerfGE 58, 177 (191); 57, 43 (57); 38, 326 (336).
7 BVerfG, Fn. 6.
8 Stober (Fn. 1), RdNr. 178 zu Art. 137; Verfassungsgericht Brandenburg, U. v. 25. 1. 1996 – VfGBbg 13/95, Neue Justiz, 1996, 252.
9 Stober (Fn. 1), RdNr. 174 zu Art. 137; Magen, in: Pfennig/Neumann, RdNr. 21 zu Art. 26; BVerfGE 58, 177 (192); 57, 43 (57); 38, 326 (338).
10 Stober (Fn. 1), RdNr. 173 zu Art. 137; BVerfGE 38, 326 (340).
11 Niebler, BVerfGE 48, 94 (100).

Das Bundesverfassungsgericht hat zu diesen Kategorien noch hinzugefügt
- „Leitende Angestellte" privater Unternehmen, an denen die öffentliche Hand mehrheitlich beteiligt ist[12].

Der vom Landesverfassungsgeber gewählte Oberbegriff **„Angehörige des öffentlichen Dienstes"** umfaßt jedoch darüber hinaus noch die Kategorien
- Arbeiter des öffentlichen Dienstes[13], öffentlich-rechtliche Ausbildungsverhältnisse außerhalb des Beamtenrechts[14], wehrpflichtige Soldaten der Reserve im Wehrdienst[15] und Landesminister[16].

Eine entsprechende Einbeziehung dieser Gruppen des öffentlichen Dienstes scheidet aus, weil der Grundgesetzgeber bewußt nur die aufgezählten Personengruppen erfassen wollte[17]. Die erhebliche Überschreitung der grundgesetzlichen Ermächtigung hat die Verfassungswidrigkeit der Vorschrift zur Folge (Art. 31 GG). Die einfachgesetzlichen Normen des Landesgesetzgebers werden von dieser Nichtigkeit nicht berührt, da die Ermächtigung des Art. 137 Abs. 1 GG für sie unmittelbar wirkt[18].

Artikel 62
Landesbeauftragte oder Landesbeauftragter für den Datenschutz

(1) Die Landesbeauftragte oder der Landesbeauftragte für den Datenschutz kontrolliert, daß die öffentliche Verwaltung bei dem Umgang mit personenbezogenen Daten Gesetz und Recht einhält. Sie oder er berichtet über ihre oder seine Tätigkeit und deren Ergebnisse dem Landtag.

(2) Der Landtag wählt auf Vorschlag der Landesregierung die Landesbeauftragte oder den Landesbeauftragten für den Datenschutz mit einer Mehrheit von zwei Dritteln der anwesenden Mitglieder des Landtages, mindestens jedoch der Mehrheit seiner Mitglieder.

(3) Die Landesbeauftragte oder der Landesbeauftragte für den Datenschutz ist unabhängig und nur an Gesetz und Recht gebunden.

(4) Das Nähere bestimmt ein Gesetz. Dieses Gesetz kann personalrechtliche Entscheidungen, welche die der Landesbeauftragten oder dem Landesbeauftragten für den Datenschutz zugeordneten Bediensteten betreffen, von deren oder dessen Mitwirkung abhängig machen. Das Gesetz kann weitere Aufgaben der Landesbeauftragten oder des Landesbeauftragten für den Datenschutz vorsehen.

---

12 BVerfGE 48, 64 (84); Achterberg/Schulte (Fn. 1), RdNr. 27 zu Art. 137.
13 Stober (Fn. 1), RdNr. 282, 285 zu Art. 137; BVerfGE 48, 64 (85).
14 Stober (Fn. 1), RdNr. 285 zu Art. 137.
15 Stober (Fn. 1), RdNr. 285, 333, 335 zu Art. 137.
16 Stober (Fn. 1), RdNr. 293 zu Art. 137.
17 Stober (Fn. 1), RdNr. 283 zu Art. 137.
18 Stober (Fn. 1), RdNr. 175 zu Art. 137; BVerfGE 58, 326 (337); Dickersbach, in: Geller/Kleinrahm, RdNr. 4a zu Art. 46.

Art. 62 Siebenter Abschnitt Die Verwaltung

Übersicht

	RdNr.
Die Gesetzgebungskompetenz für den Datenschutz	1
Eine grundgesetzliche Pflicht	2
Der Normzweck der Aufgabe	3
Eine institutionelle Garantie	4
Der Status des Landesbeauftragten	5
Die Dienstaufsicht als Kompetenz	6
„Die öffentliche Verwaltung"	7
Die Verwaltung der Kirchen	8
Die Kontrolle	9
Die Berichtspflicht an den Landtag	10
Die Ernennung des Landesbeauftragten	11
„unabhängig und nur an Gesetz und Recht gebunden"	12
Die Folgen der Unabhängigkeit	13
Das „Nähere"	14

1 Das Grundgesetz enthält keine spezielle Verteilung der Kompetenz für das Datenschutzrecht. Die Kompetenzen richten sich daher nach den verschiedenen Gesetzgebungstiteln des Grundgesetzes. Der **Datenschutz ist ein Annex** der jeweils einschlägigen Sachmaterien[1]. Eine Übersicht bringt Manfred Wochner[2].

2 Das **Land ist verpflichtet, einen Datenschutzbeauftragten** für seine ihm unterstellten Verwaltungen **einzurichten**[3]. Diese Pflicht stellte das Bundesverfassungsgericht in seinem Volkszählungsurteil vom 15. Dezember 1983 fest[4].

3 **Normzweck** der Einrichtung des Landesbeauftragten ist es, einen **effektiven Schutz des Grundrechts** auf eine informationelle Selbstbestimmung zu gewährleisten. Die für den Bürger bestehende Undurchsichtigkeit der Speicherung und Verwendung von Daten soll gemindert und ein **vorgezogener Rechtsschutz** gegeben werden[5].

4 Art. 62 NV gewährt eine **institutionelle Garantie** für nachfolgende Sachgebiete:
- Selbständigkeit des Datenschutzbeauftragten mit richterlicher Unabhängigkeit;
- Wahl durch das Plenum des Landtages mit doppelter Mehrheit;
- unmittelbarer Schriftverkehr mit dem Landtage.

5 Der Landesbeauftragte hat als Teil der Exekutive den **Status** einer obersten Dienstbehörde im Sinne des § 96 StPO und entscheidet als oberste Dienstbehörde für sich und die ihm unterstellten Bediensteten über Aussagegeneh-

---

[1] Pestalozza, in: v. Mangoldt/Klein, RdNr. 626 zu Art. 75; Kunig, in: v. Münch/Kunig, RdNr. 9 zu Art. 74; Rengeling, Gesetzgebungszuständigkeit, in: Hdb. d. Staatsrechts, Bd. IV, 723 (777); Lorenz, Datenschutz, in: Staatslexikon, Bd. I, Sp. 1168.
[2] Das Datenschutzdurcheinander, DVBl., 1982, 232.
[3] Rudolf, Datenerbe aus der deutschen Teilung und Datenschutz, in: Hdb. d. Staatsrechts, Bd. IX, 927 (939).
[4] BVerfGE 65, 1 (46).
[5] BVerfG, Fn. 4.

migungen. Im übrigen untersteht er der Dienstaufsicht der Landesregierung[6]. Er ist Wahlbeamter[7].

Die **Dienstaufsicht** obliegt der **Landesregierung** als Kollegium[8]. Das ist nach Art. 37 Abs. 2 Nr. 1 NV möglich und wegen des ressortübergreifenden Wirkungskreises des Landesbeauftragten in der Sache geboten[9]. Da die Kompetenzzuweisung der sachlichen Unabhängigkeit des Landesbeauftragten dient, kann sie nicht wirksam auf ein Mitglied der Landesregierung delegiert werden. Die Dienstaufsicht des Kabinetts muß die sachliche Unabhängigkeit des Landesbeauftragten beachten[10].

Die „**öffentliche Verwaltung**" ist Objekt der Kontrolle. Hierunter fallen alle Dienststellen und Behörden des Landes, der Kommunen sowie die unter der Aufsicht des Landes stehenden juristischen Personen des öffentlichen Rechts und alle beliehenen Unternehmer, die Aufgaben dieser öffentlichen Verwaltungen wahrnehmen. Nicht hierunter fallen die Eigenbereiche der obersten Verfassungsorgane des Landes. Sie haben einen unausforschbaren Initiativ- und Beratungsbereich. Der Landtag kann z. B. nur insoweit datenschutzrechtlicher Kontrolle unterworfen werden, als er Aufgaben der Verwaltung wahrnimmt[11]. Die parlamentarischen Tätigkeiten fallen nicht unter den Begriff der Verwaltung. Dagegen rechnen zu den kontrollfähigen Verwaltungstätigkeiten z. B. die wirtschaftlichen Angelegenheiten, die Personalverwaltung, die Ausübung des Hausrechtes, die Polizeigewalt und die Leistungen aufgrund der Gesetze für Abgeordnete, Parteien und Fraktionen[12]. In der Regel verwalten **Landtagsabgeordnete** nicht, noch sind sie ein Teil der Verwaltung. Außerhalb des parlamentarischen Sitzungsbetriebes sind sie nicht verpflichtet, Kontrollen hinzunehmen oder den Landesbeauftragten über datenbezogene Vorgänge zu informieren[13].

Die **Verwaltungen der Kirchen und Religionsgemeinschaften** sind kein Teil der öffentlichen Verwaltung des Landes. Sie haben ein grundgesetzlich geschütztes Selbstbestimmungsrecht[14]. Die großen Kirchen haben ein eigenes Datenschutzrecht[15].

Der Landesbeauftragte „**kontrolliert**" mit der in Art. 62 Abs. 3 NV umschriebenen richterlichen sachlichen Unabhängigkeit. Ähnlich wie der Landesrechnungshof[16] entscheidet er allein, welche Kontrollen er durchführt und wie er sie vornimmt. Weder die Landesregierung noch der Landtag kön-

---

6 § 21 Abs. 2 NDSG i. d. F. v. 17. 12. 1997 – Nieders. GVBl. S. 528.
7 § 21 Abs. 1 Satz 1 NDSG.
8 § 21 Abs. 2 Satz 2 NDSG.
9 Zöllner, 49.
10 Zöllner, 51.
11 Rudolf (Fn. 3), 941.
12 Franke, Thesen der Konferenz der Präsidentinnen ... der deutschen Landesparlamente zum parlamentsspezifischen Datenschutzrecht, ZParl., 1996, 13f.; Röper, 93f.; Zöllner, 67f.
13 Zöllner, 69.
14 Sperling, Staatskirchenrecht, in: Korte/Rebe, 706 (743); Voll, 385; Lorenz, Personenstandswesen, Meldewesen, Datenschutz, in: Hdb. d. Staatskirchenrechts, 2. Aufl., Bd. II, 717 (738); Lehnguth, Kirchliche Einrichtungen und Datenschutz, DVBl., 1986, 1081 (1085).
15 Lorenz, Fn. 14; Heinemann, Der Pfarrer, in: Hdb. d. Katholischen Kirchenrechts, 395 (401).
16 RdNr. 22 zu Art. 71 NV.

Art. 62

nen ihm hierfür Weisungen oder Prüfungsaufträge erteilen. Er kann jederzeit Stichproben machen oder systematisch eine Verwaltung prüfen, ob die in Betracht kommenden Normen eingehalten worden sind[17].

10 Die **Berichtspflicht an den Landtag** (Art. 52 Abs. 1 Satz 2 NV) beschränkt sich auf die „**Tätigkeit und deren Ergebnisse**". Sie enthält kein Weisungsrecht des Landtages zur Prüfung von Angelegenheiten von „besonderer Bedeutung". Will der Landtag den Umfang seiner Fremdinformation gegenüber dem Landesbeauftragten als Teil der Exekutive erweitern, dann kann er dies nur durch eine Änderung des Verfassungstextes tun[18].

11 Art. 62 Abs. 2 NV verteilt die **Personalhoheit** bei der Ernennung des Landesbeauftragten auf Landtag und Landesregierung. Der Wahlvorschlag der Landesregierung setzt einen förmlichen Beschluß des Kollegiums voraus (Art. 37 Abs. 2 Nr. 1 i. V. m. Art. 39 Abs. 2 NV). Das Plenum des Landtages entscheidet durch Beschluß über den Vorschlag (Art. 62 Abs. 2 NV). Zum Begriff der „**anwesenden Mitglieder**" siehe Art. 10 NV, zur „**Mehrheit seiner Mitglieder**" Art. 74 NV. Die Möglichkeit der Konkurrentenklage vor dem Verwaltungsgericht[19] verpflichtet die Landesregierung, die unterlegenen Bewerber spätestens vor der Aushändigung der Ernennungsurkunde an den gewählten Bewerber zu informieren[20].

12 Mit den Worten „**ist unabhängig und nur an Gesetz und Recht gebunden**" übernimmt der Landesverfassungsgeber die Formel der sachlichen Unabhängigkeit der Richter in Art. 97 Abs. 1 GG. Sie dient dem Schutz vor Eingriffen der Legislative und der Exekutive[21]. Die Bindung an das Gesetz umfaßt auch das Recht der Europäischen Union[22]. Verwaltungsvorschriften mit materiell-rechtlichem Inhalt können nicht binden[23]. Die Bindung an das „Recht" ist subsidiär. Eine früher einmal eindeutige und vollständige Regelung des Gesetzes kann aus tatsächlichen oder rechtlichen Gründen lückenhaft und ergänzungsbedürftig geworden sein. Dann ist der Landesbeauftragte befugt und verpflichtet zu prüfen, was unter diesen Umständen Recht ist[24].

13 Dieser Unabhängigkeit schließt rechtliche Empfehlungen und sonstige Einflußnahmen durch Landesregierung oder Landtag aus[25]. Der Landesregierung stehen als Kollegium im Rahmen ihrer Dienstaufsicht **nur Maßnahmen der Verhaltenskorrektur** zu[26]. Der Landesbeauftragte hat wie ein Richter die Amtspflicht, unzulässige Einflußnahmen zurückzuweisen und notfalls durch die Verwaltungsgerichte prüfen zu lassen[27].

---

17 Zöllner, 53.
18 Zöllner, 145. Abzulehnen daher das Weisungsrecht nach § 22 Abs. 3 Satz 3 NDSG.
19 BVerfG, B. v. 19. 9. 1989 – DVBl., 1990, 106.
20 Zöllner, 47; Busch, Anmerkung zum Beschluß (Fn. 19), DVBl., 1990, 107.
21 BVerfGE 38, 1 (21).
22 BVerfGE 85, 191 (204); Rudolf, Datenschutzkontrolle in Deutschland und die Europäische Datenschutzrichtlinie, in: FS Stern, 1347 f.
23 BVerfGE 78, 214 (227).
24 BVerfGE 82, 6 (12).
25 Wassermann, in: AK-GG, RdNr. 21, 22 zu Art. 97.
26 Wassermann, Fn. 25.
27 Meyer, in: v. Münch/Kunig, RdNr. 9 zu Art. 97.

Landesbeauftragte oder Landesbeauftragter für den Datenschutz Art. 62

Der Landesgesetzgeber hat das „Nähere" durch das neue Nieders. Daten- 14
schutzgesetz[28] geregelt. Wo das Verfassungsrecht selbst eine Materie regelt,
kann der einfache Gesetzgeber nur wiederholen. Die **Funktionsklarheit** der
Landesverfassung und die von ihr gebotene Trennung der Gewalten darf dabei nicht beeinträchtigt werden.

---

28 Dronsch, Die Entwicklung des Nieders. Datenschutzrechtes von 1990 bis 1994, NdsVBl., 1994, 30 ff.

ACHTER ABSCHNITT

Das Finanzwesen

Artikel 63

Landesvermögen

(1) Das Landesvermögen ist Eigentum des Volkes. Landesvermögen darf nur mit Zustimmung des Landtages veräußert oder belastet werden. Die Zustimmung kann allgemein oder für den Einzelfall erteilt werden.

(2) Für die Veräußerung der Belastung von Vermögen, das im Eigentum Dritter steht und vom Land verwaltet wird, gilt Absatz 1 entsprechend.

Übersicht

	RdNr.
Parallelvorschriften	1
Das vorrechtliche Bild	2
Kein „Volkseigentum"	3
Öffentliches Eigentum	4
Das „Landesvermögen"	5
Die „Zustimmung des Landtages"	6
Privatrechtliche Nichtigkeit	7
Beteiligung an privatwirtschaftlichen Unternehmen	8
Das „Eigentum Dritter"	9
Beachtung des gesamtwirtschaftlichen Gleichgewichts	10

1 Der Art. 63 NV gibt der parlamentarischen Kontrolle der Verwaltung des Landesvermögens Verfassungsrang. **Ähnliche Normen** haben die Landesverfassungen von Bayern (Art. 81), Berlin (Art. 81), Bremen (Art. 100 Abs. 1 Nr. 6) und Hamburg (Art. 72 Abs. 3). Das Grundgesetz hat keine vergleichbare Norm. Der Bundesgesetzgeber regelt diese parlamentarische Kontrolle einfachgesetzlich in seiner Bundeshaushaltsordnung (§ 64).

2 Die **parlamentarische Kontrolle der Verwaltung des Landesvermögens** regelte sehr ausführlich bereits die Neue Landschaftsordnung für das Herzogtum Braunschweig vom 12. Oktober 1832 (§§ 164, 165), die damalige braunschweigische Verfassung, die bis 1918 galt. Weder konnten Grundstücke, Gerechtsame und Einkünfte ohne Zustimmung der Stände (Landtag) veräußert noch verpfändet werden. Veräußerungen ohne eine Zustimmung des Landesparlaments waren nichtig. Andere deutsche Länder hatten diese strenge Bindung der Exekutive nicht[1]. Die Reichshaushaltsordnung vom 31. Dezember 1922 brachte eine parlamentarische Kontrolle, die der Bundesgesetzgeber mit der Bundeshaushaltsordnung vom 19. April 1969 (BGBl. I, 1284) übernahm. Der Landesverfassungsgeber regelte 1951 mit Art. 48 VNV die parlamentarische Kontrolle des Landesvermögens und des

---

[1] Rhamm, RdNr. 1 zu § 165; Hampe, Das particulare braunschweigische Privatrecht, 2. Aufl., 1901, 124; v. Frankenberg, Das Staats- und Verwaltungsrecht des Herzogtums Braunschweig, 1909, 26.

Landesvermögen Art. 63

Vermögens, das im Eigentum Dritter steht und vom Lande verwaltet wird. Der Verfassungsgeber übernahm mit Art. 63 NV den wesentlichen Inhalt des Art. 48 VNV.

Die Verfassung hat mit dem Begriff „**Eigentum des Volkes**" kein Institut des „Volkseigentums" geschaffen. Aus den Materialien zu Art. 48 Abs. 1 Satz 1 VNV ist kein Anhalt zu entnehmen, daß ein besonderes öffentliches Eigentum gebildet werden sollte[2]. Die Vorschrift dient dem Prinzip der Erhaltung eines **Grundstockes des Landesvermögens**[3]. Eigentümer ist daher das Land Niedersachsen als juristische Person des öffentlichen Rechts[4]. 3

Der Landesgesetzgeber ist befugt, durch Gesetz für öffentliche Wege, Straßen und Plätze, die dem Gemeingebrauch gewidmet sind, ein **öffentliches Eigentum** zu schaffen. Das öffentliche Eigentum begründet eine hoheitliche Sachherrschaft. Dabei bleibt das bürgerliche Eigentum am Boden zwar formell bestehen, wird aber durch die landesrechtlichen Normen überlagert und beschränkt[5]. 4

Das „**Landesvermögen**" besteht aus dem **Finanzvermögen** und dem **Verwaltungsvermögen**. Nach *Paul Laband*[6] ist das Finanzvermögen das werbende, wirtschaftliche Vermögen, welches nicht notwendig durch den Staatszweck selbst geboten und deshalb einer freien, lediglich durch politische und finanzwissenschaftliche Rücksichten geleiteten Verwaltung unterliegt[7]. Dieser Begriffsinhalt hat sich im wesentlichen in den letzten 100 Jahren nicht geändert[8]. Das Verwaltungsvermögen bildet nach Laband „den für die Erfüllung der staatlichen Zwecke und Aufgaben erforderlichen Apparat, das Inventar der Staatsverwaltungen"[9]. Auch dieser Begriffsinhalt ist heute im wesentlichen üblich[10]. Das Bundesverfassungsgericht hat diese Zweiteilung des Staatsvermögens übernommen[11]. 5

Zum Finanzvermögen gehören z. B.:
- Staatliche Forsten und Domänen, staatliche Bergwerke, staatliche Bäderverwaltungen und Spielbanken, Beteiligungen an Unternehmen der Privatwirtschaft, Wertpapiere, Gold, Darlehensforderungen und Devisen[12].

---

2 Korte, 277.
3 Korte, Fn. 2.
4 Vgl. § 64 Abs. 4 Satz 1 Landeshaushaltsordnung.
5 BVerfGE 42, 20 (33f.).
6 Führender Staatsrechtler jüdischer Herkunft, geb. 24. 5. 1838 in Breslau, gest. 23. 3. 1918 in Straßburg im Elsaß. Universitätsprofessor in Königsberg in Preußen und in Straßburg, Mitglied des Staatsrats von Elsaß-Lothringen und seiner Ersten Kammer.
7 Laband, 275.
8 Friauf, Staatsvermögen, in: Hdb. d. Staatsrechts, Bd. IV, 285 (310f.); Stern, Bd. II, 1262.
9 Laband, 275.
10 Friauf und Stern, jeweils Fn. 8; Meder, RdNr. 2 zu Art. 81; Francke, Öffentliches Vermögen, in: Staatslexikon, Bd. IV, Sp. 126 (127); Kloepfer, Staatshaushalt, Haushaltsverfassung, in: Ev. Staatslexikon, Bd. II, Sp. 3409 (3422); Schweiger, in: Nawiasky, RdNr. 3 zu Art. 81; Neumann, RdNr. 4 zu Art. 130 Bremische Verfassung.
11 BVerfGE 10, 20 (37).
12 BGH, U. v. 30. 1. 1967 – DVBl., 1967, 328 (329); Meder, Fn. 10; Schweiger, Fn. 10; Friauf, Fn. 8; Stern, Bd. II, 1262; Obermayer, Allgemeines Verwaltungsrecht, in: Maunz/Obermayer/Knemeyer, 85 (214).

Art. 63

Zum Verwaltungsvermögen zählen:
- Regierungs-, Verwaltungs- und Gerichtsgebäude, Hochschulen samt Inventar und Akten, Archive, Fuhrparke, Parkplätze für Personal des Landes, Anlagen und Ausrüstungsgegenstände der Landespolizei, Deich- und Hochwasseranlagen, Büchereien, Sammlungen, Museen, Theater des Landes, staatliche Kliniken und Krankenhäuser, Forschungsanstalten, Straßen, Brücken sowie öffentliche Gewässer, an denen Gemeingebrauch besteht[13].

6 Der Landtag kann seine **„Zustimmung"** durch Gesetz, Haushaltsplan oder Plenarbeschluß erteilen. Er kann seine Kompetenz auf einen Fachausschuß, die Landesregierung oder einen Landesminister übertragen. Der Landtag hat seine Kompetenzdelegation durch Landeshaushaltsrecht (§§ 63 ff. LHO) geregelt.

7 Ein unter **Verstoß gegen die Vertretungsmacht** staatlicher Organe abgeschlossenes Rechtsgeschäft einschließlich der dinglichen Übertragung ist nichtig[14]. Der Vertragspartner kann sich dabei weder auf guten Glauben berufen noch kann er mit dem Einwand der Verletzung von Treu und Glauben gehört werden. Die Vorschrift ist daher auch ein Verbotsgesetz.

8 Ob die **Beteiligung des Landes Niedersachsen** an der Volkswagen AG „legitimierbar" sei[15], kann dahingestellt bleiben. Denn das Grundgesetz schränkt die wirtschaftliche Beteiligung der Länder nicht ausdrücklich ein. Allein die Möglichkeit, durch eine große Beteiligung an einem Unternehmen Einfluß auf seine Leitung zu nehmen, um Arbeitsplätze zu schützen, ist eine hinreichende Korrektivfunktion[16]. Vom **Volkswagenwerk** sind in Niedersachsen unmittelbar rund 82 000 Arbeitsplätze abhängig (Schreiben der Volkswagen AG an Verfasser v. 22. 8. 1997).

9 Der Nebensatz „soweit nicht anderes bestimmt ist" aus Art. 48 Abs. 2 VNV wurde bei Art. 63 Abs. 2 NV nicht übernommen. Damit wurde der Exekutive die Möglichkeit entzogen, durch Stiftungssatzung dem Landtage die Kompetenz zur Kontrolle wegzunehmen[17]. Die Grundsätze bei der Veräußerung oder Belastung des **Vermögens Dritter** unterscheiden sich daher nicht mehr. Zum Schutz von Vermögensgegenständen, die von kultureller oder historischer Bedeutung sind, siehe Art. 72 NV.

10 Das Grundgesetz verpflichtet das Land, bei der Verwaltung seines Finanzvermögens die Grundsätze des gesamtwirtschaftlichen Gleichgewichts (Art. 109 Abs. 2 GG) zu beachten[18].

---

13 Obermayer, Stern, Meder, Schweiger und Friauf, jeweils Fn. 12; BVerfGE, Fn. 11.
14 BGH, Fn. 12 unter Hinweis auf Art. 48 VNV; Neumann, RdNr. 8, 12 zu Art. 101 Bremische Verfassung.
15 Verneinend Stober, 588.
16 Friauf (Fn. 8), 313; Stern, Bd. II, 1262; einschränkend Püttner, 326.
17 Nieders. Landtag, Vorschläge des Gesetzgebungsberatungsdienstes, Vorlage Nr. 77 v. 15. 1. 1993, S. 2.
18 Fischer-Menshausen, in: v. Münch, 2. sowie 3. Auflage, jeweils RdNr. 14 zu Art. 109; Friauf (Fn. 8), 316.

Artikel 64
Finanzplanung

Der Haushaltswirtschaft ist eine mehrjährige Finanz- und Investitionsplanung zugrunde zu legen. Das Nähere regelt ein Gesetz.

Übersicht

	RdNr.
Die bundesgesetzlichen Vorgaben	1
Die bundesgesetzlich vorgeschriebene Finanzplanung	2
Eine Regierungserklärung in Zahlen	3
Keine rechtlichen Bindungen	4
„Das Nähere"	5

Art. 64 NV hat in der Vorläufigen Niedersächsischen Verfassung keinen Vorläufer. Die Vorschrift soll offenlassen, wieviele Jahre die Planung umfasse und schreibe auch nicht vor, daß der Landtag die Planung beschließe. Der Sonderausschuß „Niedersächsische Verfassung" war sich ferner darin einig, daß die Finanzplanung keine größere Verbindlichkeit haben solle als sie es bisher gehabt habe[1]. Art. 109 GG schränkt die Finanzverfassung des Landes insoweit erheblich ein, als der Bundesgesetzgeber **Grundsätze für das Haushaltsrecht**, für eine konjunkturgerechte Haushaltswirtschaft und für eine mehrjährige Finanzplanung aufstellen kann. Da das Haushaltsrecht des Bundes bereits in seinen Grundzügen in den Art. 110 bis 115 GG normiert worden ist, müssen sich auch die Grundsätze nach Art. 109 Abs. 3 GG im Rahmen der für den Bund geltenden Bestimmungen halten[2]. Die **Grundsatzgesetzgebung des Bundes** bindet die Länder. Entgegenstehende Bestimmungen der Landesverfassungen sind ungültig. In dem vom Bundesgesetzgeber geregelten Bereich kann entgegenstehendes Länderfinanzrecht sich nicht bilden[3]. Soweit der Landesgesetzgeber nach der Grundsatzgesetzgebung des Bundes verfährt, schafft er Landesrecht[4]. Soweit die Grundsatzgesetzgebung des Bundes unmittelbare Regelungen für die Landes- und die **Kommunalverwaltung** enthält, ist durch die **Sperrwirkung eine Landesgesetzgebung** ausgeschlossen[5]. Die Sperrwirkung hat zur Folge, daß Landesgesetze der Grundsatzgesetzgebung nicht widersprechen dürfen[6]. Der Bundesgesetzgeber hat aufgrund der angeführten Ermächtigung das **Haushaltsgrundsätzegesetz** – HGrG – vom 19. August 1969 (BGBl. I, 1273) erlassen. Zu den „**Vorschriften, die einheitlich und unmittelbar gelten**", gehört der

1

---

[1] Schriftlicher Bericht, 39.
[2] Vogel/Wiebel, in: Bonner Kommentar, RdNr. 163 zu Art. 109.
[3] Fischer-Menshausen, in: v. Münch, 2. und 3. Auflage, jeweils RdNr. 17 zu Art. 109; Vogel/Wiebel (Fn. 2), RdNr. 168, 173 zu Art. 109; Maunz, in: Maunz/Dürig/Herzog, RdNr. 51, 52 zu Art. 109; Kisker, Staatshaushaltsrecht, in: Hdb. d. Staatsrechts, Bd. IV, 235 (243f.); Welz, 35f.; Neumann, RdNr. 3 zu Art. 141 Bremische Verfassung.
[4] Maunz (Fn. 3), RdNr. 52 zu Art. 109.
[5] Maunz, Fn. 4; Vogel/Wiebel (Fn. 2), RdNr. 169 zu Art. 109.
[6] Maunz, Fn. 3.

Art. 65

Teil II des Haushaltsgrundsätzegesetzes[7]. Hierzu gehört die Finanzplanung in den Ländern[8].

2 § 50 Haushaltsgrundsätzegesetz regelt bereits u. a. verbindlich für das Land:
- die fünfjährige Finanzplanung[9],
- die Kompetenz der Landesregierung für die Planung[10],
- die Pflicht der Landesregierung, den Finanzplan mit dem Entwurf des Haushaltsgesetzes vorzulegen[11],
- das Recht des Landtages, die Vorlage von Alternativrechnungen von der Landesregierung zu verlangen[12] und
- die Pflicht der Landesregierung, im Finanzplan die Investitionsschwerpunkte zu erläutern und zu begründen[13].

3 Der Finanzplan der Landesregierung soll eine **Regierungserklärung in Zahlen** sein. Umfang und Zusammensetzung der dafür erforderlichen Angaben und ihre Deckungsmöglichkeiten sollen in ihren Wechselbeziehungen zur Entwicklung des wirtschaftlichen Wachstums dargelegt werden[14].

4 Rechtlich **bindet der Finanzplan** weder den Landtag[15] noch die Landesregierung[16].

5 Von seiner geringen Regelungskompetenz hat der Landesgesetzgeber mit § 31 Landeshaushaltsordnung bereits Gebrauch gemacht. Diese Finanzplanung wurde praktiziert[17]. „Das Nähere" ist in § 31 LHO durch den Verweis auf Grundsatzgesetzgebung des Bundes erfüllt.

Artikel 65

Landeshaushalt

(1) Für jedes Haushaltsjahr sind alle Einnahmen des Landes nach dem Entstehungsgrund und alle Ausgaben des Landes nach Zwecken getrennt im Haushaltsplan zu veranschlagen. Der Haushaltsplan ist in Einnahme und Ausgabe auszugleichen. Zusätzlich können Verpflichtungsermächtigungen für die Folgejahre ausgewiesen werden.

---

7 § 49 HGrG.
8 § 50 HGrG z. Zt. i. d. F. v. 26. 8. 1998 – BGBl. I, 2512.
9 § 50 Abs. 1 HGrG.
10 § 50 Abs. 3 Satz 1 HGrG i. V. m. § 9 Abs. 2 Satz 2 Stabilitätsgesetz; Kisker (Fn. 3), 271; Welz, 293; Maunz (Fn. 3), RdNr. 49 zu Art. 109.
11 § 50 Abs. 3 Satz 1 HGrG.
12 § 50 Abs. 3 Satz 2 HGrG; Welz, 295.
13 § 50 Abs. 4 HGrG.
14 Badura, 547f.; Stern, Bd. II, 1082; Maunz (Fn. 3), RdNr. 50 zu Art. 109.
15 Stern, Bd. II, 1082; Mahrenholz, in: AK-GG, RdNr. 52 zu Art. 109; Badura, 548; Klein, in: Schmidt-Bleibtreu/Klein, RdNr. 11 zu Art. 109; Maunz (Fn. 3), RdNr. 50 zu Art. 109; Kisker (Fn. 3), 270; Eickenboom, Haushaltsausschuß und Haushaltsverfahren, in: Schneider/Zeh, 1183 (1202).
16 Badura, Kisker, Maunz und Eickenboom, jeweils Fn. 15.
17 Dronsch, Die Landesregierung, in: Korte/Rebe, 246 (249f.).

Landeshaushalt   Art. 65

(2) Die Verwaltung darf nur die im Haushaltsplan veranschlagten Ausgaben leisten und das Land zu Ausgaben in künftigen Haushaltsjahren nur verpflichten, soweit der Haushaltsplan sie dazu ermächtigt.

(3) Bei Landesbetrieben und Sondervermögen des Landes brauchen nur die Zuführungen oder die Ablieferungen im Haushaltsplan veranschlagt zu sein.

(4) Der Haushaltsplan wird im voraus durch Gesetz festgestellt.

(5) In das Haushaltsgesetz dürfen nur Vorschriften aufgenommen werden, die sich auf die Einnahmen und die Ausgaben des Landes und auf den Zeitraum beziehen, für den das Haushaltsgesetz beschlossen wird. Das Haushaltsgesetz kann vorschreiben, daß die Vorschriften erst mit der Verkündung des nächsten Haushaltsgesetzes oder bei Ermächtigung nach Artikel 71 zu einem späteren Zeitpunkt außer Kraft treten.

Übersicht

	RdNr.
Geringe Änderung des Art. 49 VNV	1
Die Grundsatzgesetzgebung des Bundes	2
Die Funktionen des Haushaltsplanes	3
Das Prinzip der Jährlichkeit	4
Das Prinzip der Vollständigkeit	5
Die „Ausgaben"	6
Haushaltsklarheit und Wahrheit	7
Der Grundsatz der sachlichen Spezialität	8
Die Ausgeglichenheit des Haushalts	9
Die „Verpflichtungsermächtigungen"	10
„Landesbetriebe und Sondervermögen"	11
Der Grundsatz der Vorherigkeit	12
Der „Haushaltsplan"	13
Das Initiativmonopol der Landesregierung	14
Das Bepackungsverbot	15

Die in diesem Artikel enthaltenen Grundsätze haben sich bereits in der ersten Hälfte des vorigen Jahrhunderts entwickelt. Hierzu wird auf *Klaus Stern* verwiesen[1]. Die Vorläufige Niedersächsische Verfassung regelte das Haushaltsgesetz in Art. 49. Der Verfassungsgeber übernahm den Inhalt und fügte die Einzelveranschlagungen und die Verpflichtungsermächtigung hinzu. Er sah von der Frist „vor Beginn des ersten Rechnungsjahres" (Art. 49 Abs. 2 Satz 1 VNV) ab[2]. 1

Das Grundgesetz hat die Kompetenz des Landesgesetzgebers auf dem Gebiet des Haushaltsrechtes erheblich eingeschränkt[3]. Nach Art. 109 Abs. 3 GG kann der Bundesgesetzgeber **Grundsätze für das Haushaltsrecht**, für eine **konjunkturgerechte Haushaltswirtschaft** und für eine mehrjährige Fi- 2

---

[1] Stern, Bd. I, 1066f.; Weitere Fundstellen: Stier-Somlo, RdNr. 2 zu Art. 63; Giese und Anschütz, jeweils vor RdNr. 1 zu Art. 85; Huber, Verfassungsgeschichte, Bd. VI, 500f.
[2] Schriftlicher Bericht, 39.
[3] Kisker, Staatshaushalt, in: Hdb. d. Staatsrechts, Bd. IV, 235 (243).

Art. 65

nanzplanung bestimmen. Da aber das Haushaltsrecht des Bundes bereits in seinen Grundzügen in den Art. 110 bis 115 GG normiert worden ist, müssen sich die Grundsätze nach Art. 109 Abs. 3 GG im Rahmen der für den Bund geltenden Bestimmungen halten[4]. Die **Grundsatzgesetzgebung** des Bundes bindet den Landesgesetzgeber. Entgegenstehende Bestimmungen des Landesgesetzgebers sind ungültig. In den geregelten Bereichen kann neues Landesfinanzrecht nicht entstehen[5]. Dabei ist der Bundesgesetzgeber nicht auf Richtlinien beschränkt. Seine Grundsätze können auch für die Landesverwaltung unmittelbar bindendes Recht schaffen[6]. Soweit der Landesgesetzgeber nach den Richtlinien verfährt, schafft er Landesrecht[7]. Der Bundesgesetzgeber hat aufgrund der angeführten Ermächtigung das **Haushaltsgrundsätzegesetz** vom 19. August 1969 und das **Stabilitätsgesetz** vom 8. Juni 1967 erlassen[8]. Mit dieser Grundsatzgesetzgebung ist jedoch die Kompetenz nicht verbraucht worden[9]. Die **Entparlamentarisierung der Finanzgesetzgebung der Länder** wird fortschreiten, um die sogenannten **Maastricht-Kriterien** zu erfüllen[10].

3 Zu den **Funktionen des Haushaltsplanes** hat das Bundesverfassungsgericht entschieden: Das Haushaltsbewilligungsrecht ist ein wesentliches Instrument der **parlamentarischen Regierungskontrolle.** Daher ist das gesamte Finanzvolumen der Budgetplanung und -entscheidung dem Parlament und der Regierung zu unterstellen[11]. Das Parlament muß in regelmäßigen Abständen den vollen Überblick über das dem Staat verfügbare Finanzvolumen haben[12].

4 Mit der Formel „**für jedes Haushaltsjahr**" (Art. 65 Abs. 1 Satz 1 NV) berücksichtigt der Landesverfassungsgeber das **Prinzip der Jährlichkeit** für jedes Haushaltsjahr (Rechnungsjahr), welches das Haushaltsgrundsätzegesetz des Bundes vorschreibt (§§ 4, 8 Abs. 1 HGrG). Wird der Haushaltsplan für zwei Haushalte aufgestellt, ist er nach Jahren zu trennen (§ 9 Abs. 1 HGrG).

5 Das **Prinzip der Vollständigkeit** wird durch „**alle Einnahmen des Landes**" ausgedrückt[13]. Alle kassenmäßig zu erwartenden Deckungsmittel ohne eine Rücksicht auf Art und Herkunft fallen hierunter[14]. **Schwarze Kassen** verletzen das Prinzip der Vollständigkeit[15].

---

4 Vogel/Wiebel, in: Bonner Kommentar, RdNr. 163 zu Art. 109.
5 Vogel/Wiebel (Fn. 4), RdNr. 167, 168 zu Art. 109; Fischer-Menshausen, in: v. Münch/Kunig, RdNr. 17 zu Art. 109.
6 Fischer-Menshausen, Fn. 5; Maunz, in: Maunz/Dürig/Herzog, RdNr. 51 zu Art. 109.
7 Maunz (Fn. 6), RdNr. 52 zu Art. 109.
8 Haushaltsgrundsätzegesetz – HGrG – geändert durch Gesetz v. 26. 8. 1998 – BGBl. I, S. 2512; Stabilitätsgesetz, geändert durch Gesetz v. 14. 9. 1994 – BGBl. I, S. 2389.
9 Vogel/Wiebel (Fn. 4), RdNr. 144 zu Art. 109.
10 Kirchhof, Der demokratische Rechtsstaat, die Staatsform der Zugehörigen, in: Hdb. d. Staatsrechts, Bd. IX, 957 (976); Hennecke, Die Verpflichtung ... zur Vermeidung übermäßiger öffentlicher Defizite, NdsVBl., 1997, 56 (57).
11 BVerfGE 93, 319 (343); 91, 186 (202); 70, 324 (356).
12 BVerfGE 82, 159 (179); 93, 319 (343).
13 BVerfGE 93, 319 (343).
14 Fischer-Menshausen (Fn. 5), RdNr. 16 zu Art. 110.
15 Kirchhof, Staatliche Einnahmen, in: Hdb. d. Staatsrechts, Bd. IV, 87 (96); Kisker (Fn. 3), 262.

Landeshaushalt　　　　　　　　　　　　　　　　　　　　　　　　**Art. 65**

Was zu den „**Ausgaben**" zählt, führt § 10 Abs. 3 Nr. 2 HGrG verbindlich an. 6
Dabei stellt § 3 Abs. 1 HGrG klar, daß die Exekutive nur ermächtigt wird,
Ausgaben zu leisten. Es steht der Exekutive frei, von der im Haushaltsplan
erteilten Befugnis keinen Gebrauch zu machen[16]. Will der Landtag die Landesregierung zu einer bestimmten Ausgabe verpflichten, so muß er ein entsprechendes Leistungsgesetz außerhalb des Haushaltsplanes erlassen[17]. Eine
Landesregierung, die sich durch einen Ausgabenansatz gebunden fühlt, denaturiert sich zum Exekutivausschuß des Landtages[18].

Den „**Entstehungsgrund**" anzuführen, schreibt § 10 Abs. 3 HGrG verbindlich vor. Die Herkunft muß eindeutig zu erkennen sein[19]. Dieses **Prinzip der** 7
Haushaltsklarheit und -wahrheit[20] dient der Kontrolle. Da der Landtag für
die von ihm dem Bürger auferlegte Abgabenlast verantwortlich ist, muß er
diese Last in regelmäßigen Abständen auch prüfen[21].

Bei der Ausgabe ist der „**Zweck**" anzuführen. Dies gebietet ausführlich bereits § 10 Abs. 3 Nr. 2 HGrG[22]. Auch dies dient der parlamentarischen Kontrolle[23]. 8

Die Pflicht, den „**Haushaltsplan in Einnahmen und Ausgaben auszugleichen**", ist eine Kernbestimmung des Haushaltsverfassungsrechtes[24]. Sie 9
zwingt den Haushaltsgesetzgeber, auf jeden Fall Ausgaben und Einnahmen
„zur Deckung zu bringen"[25]. Der Jahreshaushalt darf nicht mehr an Ausgaben vorsehen, als Einnahmen zu ihrer Deckung kassenmäßig im Rechnungsjahr zu erwarten sind[26]. Auch durch Einnahmen aus Krediten kann diese
Pflicht erfüllt werden[27].

„**Verpflichtungsermächtigungen**" (Art. 65 Abs. 1 Satz 3 NV) sind bereits 10
nach § 5 HGrG bei der Aufstellung des Haushaltsplanes anzuführen. Der
Verfassungsgeber nahm dieses Institut neu auf[28]. Hierbei handelt es sich um
die Ermächtigungen im **engeren** Sinne, die erst der Haushaltsplan zur Leistung von Ausgaben schafft. Verpflichtungen im weiteren Sinne werden
durch einfaches Landesgesetz geschaffen[29].

„**Landesbetriebe**" sind rechtlich unselbständige abgesonderte Teile der Landesverwaltung, deren Tätigkeit erwerbswirtschaftlich ausgerichtet ist. „**Son-** 11
dervermögen" sind rechtlich unselbständige abgesonderte Teile des Vermö-

---

16 Kisker (Fn. 3), 247.
17 Maunz (Fn. 6), RdNr. 14 zu Art. 110.
18 Stern, Bd. II, 1208.
19 Kisker (Fn. 3), 266.
20 Kisker, Fn. 19.
21 BVerfGE 82, 159 (179); 91, 186 (202).
22 Kisker, Fn. 19.
23 BVerfG, Fn. 21.
24 BVerfGE 79, 311 (329).
25 BVerfG, Fn. 24.
26 Fischer-Menshausen (Fn. 5), RdNr. 14 zu Art. 110.
27 Kisker (Fn. 3), 268; Stern, Bd. II, 1250; Fischer-Menshausen (Fn. 5), RdNr. 16 zu Art. 110;
　 Berenskötter, Das Finanzwesen, in: Korte/Rebe, 554 (641).
28 Schriftlicher Bericht, 39.
29 v. Köckritz/Ermisch/Lamm, RdNr. 5 zu § 6 BHO.

Art. 65

gens des Landes. Sie sind durch ein Gesetz oder aufgrund eines Gesetzes entstanden[30].

12 Der 4. Absatz enthält den **Grundsatz der Vorherigkeit** („im voraus"). Er wird als Sollvorschrift gewertet. Wird der Haushalt verspätet verabschiedet, so gilt er rückwirkend ab Beginn des Rechnungsjahres[31]. Das Gebot verpflichtet die Landesregierung, den Entwurf des Haushaltsgesetzes rechtzeitig zuzuleiten, damit er vor Ablauf des vorherigen Rechnungsjahres vom Landtag verabschiedet werden kann[32].

13 „**Der Haushaltsplan**" ist eine Anlage des Haushaltsgesetzes. Beide bilden zusammen eine Einheit[32]. Außerhalb des **Organbereichs zwischen Landtag und Landesregierung** entfaltet er keine Rechtswirkung[33]. die Übung, nicht den gesamten Haushaltsplan zu verkünden, ist zulässig[34]. Die Rechtswirkung des Haushaltsgesetzes erstreckt sich auch auf die Einzelpläne[35]. Der Haushaltsplan ist „unter das Recht subordiniert". Gesetzliche und vertragliche Pflichten muß das Land auch dann erfüllen, wenn der Haushaltsplan sie nicht berücksichtigt[36]. Wegen des Verfahrens bis zur Kabinettsreife einer Haushaltsvorlage wird auf das Schrifttum verwiesen[37].

14 Die Landesregierung hat das **Initiativmonopol für das Haushaltsgesetz**[38]. Der Landesgesetzgeber teilt diese Auffassung. Die Landesregierung beschließt als Kollegium den Entwurf des Haushaltsgesetzes und des Haushaltsplanes (§ 29 Abs. 2 LHO). Im Rahmen seines Bewilligungsrechtes hat der Landtag bei einer Haushaltsvorlage u. a. folgende Möglichkeiten:
- er kann einzelne Ansätze erhöhen oder herabsetzen;
- er kann neue Ansätze, die die Regierungsvorlage nicht enthält, einstellen;
- er kann die ganze Vorlage ablehnen[39].

Der Landtag ist nicht befugt, rechtlich notwendige Teile des Haushaltsentwurfs, so z. B. den Einzelplan des Ministerpräsidenten, abzulehnen und im übrigen das Haushaltsgesetz zu beschließen[40]. Der Beschluß des Plenums über die Feststellung des Haushaltsgesetzes unterliegt dem **Grundsatz der Unverrückbarkeit**[41]. Die Landesverfassung schließt eine plebiszitäre Feststellung des Haushalts ausdrücklich aus (Art. 48 Abs. 1 Satz 3 NV).

15 Der 5. Absatz enthält das sachliche und zeitliche **Bepackungsverbot**. Es entspricht nach Wortlaut und Regelungsgehalt Art. 110 Abs. 4 Satz 1 GG.

---

30 Verwaltungsvorschrift zu § 26 BHO, zit. nach v. Köckritz/Ermisch/Lamm.
31 Fischer-Menshausen (Fn. 5), RdNr. 8 zu Art. 110.
32 StGH, B. v. 1. 11. 1998 – StGH 1/98, Fundstellen s. Art. 54 NV; BVerfGE 66, 26 (38), Verpflichtung des Parlaments und der Regierung.
33 BVerfGE 38, 121 (126).
34 BVerfG, Fn. 33.
35 BVerfGE 20, 56 (93).
36 Fischer-Menshausen (Fn. 5), RdNr. 3 zu Art. 110.
37 Stern, Bd. II, 1209.
38 Berenskötter (Fn. 27), 646; Oldiges, 273 f.
39 Hopfe, in: Linck/Jutzi/Hopfe, RdNr. 3 zu Art. 99; Braun, RdNr. 11 zu Art. 79; Meder, RdNr. 5 zu Art. 78; Neumann, RdNr. 11 zu Art. 131 Bremische Verfassung.
40 BVerfGE 45, 1 (32); Katz, in: Feuchte, RdNr. 35 zu Art. 79; Neumann, Fn. 39.
41 Maunz (Fn. 6), RdNr. 24 zu Art. 110.

Vorläufige Haushaltsführung Art. 66

Normzweck der Vorschrift ist es, das Haushaltsgesetz als Zeitgesetz von allen Bestimmungen frei zu halten, die nicht die Haushaltswirtschaft des Rechnungsjahres betreffen und von allgemeiner Bedeutung sind[42]. Als zulässig werden Normen angesehen, die unmittelbar auf die Einnahme- oder Ausgabegestaltung des Landes einwirken[43]. Soweit jedoch das Haushaltsgesetz rechtsgestaltend wirkt, müssen die normalen Regeln der Gesetzgebung beachtet werden. Die in Betracht kommenden Fachausschüsse müssen hinreichend beteiligt werden und die Fraktionen und Gruppen beraten und beschlossen haben[44]. Es ist **Aufgabe der Opposition,** für eine ausreichende Beteiligung zu sorgen.

Artikel 66
Vorläufige Haushaltsführung

(1) Ist bis zum Schluß eines Haushaltsjahres der Haushaltsplan für das folgende Jahr nicht durch Gesetz festgestellt, so sind bis zur Verkündung des Haushaltsgesetzes die Präsidentin oder der Präsident des Landtages, die Landesregierung und die Präsidentin oder der Präsident des Landesrechnungshofs ermächtigt, alle Ausgaben zu leisten, die nötig sind,
1. um gesetzliche bestehende Einrichtungen zu erhalten und gesetzlich beschlossene Maßnahmen durchzuführen,
2. um die rechtlich begründeten Verpflichtungen des Landes zu erfüllen,
3. um Bauten, Beschaffungen und sonstige Leistungen fortzusetzen oder Beihilfen für diese Zwecke weiter zu gewähren, sofern durch den Haushaltsplan eines Vorjahres bereits Beiträge bewilligt worden sind.

(2) Soweit nicht auf besonderem Gesetz beruhende Einnahmen aus Steuern, Abgaben und sonstigen Quellen oder die Betriebsmittelrücklage die Ausgaben unter Absatz 1 decken, darf die Landesregierung die zur Aufrechterhaltung der Wirtschaftsführung erforderlichen Mittel bis zur Höhe eines Viertels der Endsumme des abgelaufenen Haushaltsplans durch Kredit beschaffen.

Übersicht

	RdNr.
Die Entwicklung der Norm	1
Geltung des Notbewilligungsrechtes (Art. 67 NV)	2
Geltung bei Haushaltskonflikten	3
Zulässigkeit eines Nothaushaltsgesetzes	4
Der Zweck der Norm	5
Verhältnis zum neuen Haushaltsplan	6
Die „Landesregierung ... ermächtigt"	7
Die „gesetzlich bestehenden Einrichtungen"	8

---

[42] Achterberg, 494; RdNr. 8 zu Art. 42 NV.
[43] Fischer-Menshausen (Fn. 5), RdNr. 24 zu Art. 110.
[44] StGH, B. v. 31. 10. 1996 – StGH 4/96, Fundstellen s. Art. 54, NV; a. A.: Richter Starck und Hedergott, NdsVBl., 1997, 39.

Art. 66 Achter Abschnitt Das Finanzwesen

>   Die „gesetzlich beschlossenen Maßnahmen" 9
>   Die „rechtlich begründeten Verpflichtungen" 10
>   Die Fortsetzungsmaßnahmen 11
>   Der Normadressat der Kreditermächtigung 12
>   Spezialvorschrift gegenüber Art. 71 NV 13
>   Das Subsidiaritätsprinzip 14
>   Verletzungen der Kreditermächtigung 15
>   Keine Verpflichtungsermächtigungen 16

1   Die Vorschrift stimmt im wesentlichen mit Art. 50 VNV überein[1]. **Die Vorläufige Haushaltsführung,** auch Nothaushaltsrecht genannt, hat ihre **Wurzel in der preußischen Verfassungsgeschichte.** Nachdem der preußischen Regierung von 1862 bis 1866 kein Haushalt vom Parlament bewilligt worden war, legte die Regierung zur Behebung dieser Verfassungskrise dem Landtag den Entwurf eines Indemnitätsgesetzes vor, das mit großer Mehrheit angenommen wurde. Danach bürgerte sich der Brauch ein, daß eine Regierung jeweils für die Leistung außeretatmäßiger Ausgaben nachträglich um Genehmigung bat. Bei den Haushaltsüberschreitungen beschränkte sie sich jedoch auf Ausgaben, die einer geregelten Verwaltung oder der Erfüllung vertraglicher oder gesetzlicher Pflichten dienten. Der Art. 64 der Preußischen Verfassung von 1920 konkretisierte erstmals diese Übung. Das Grundgesetz übernahm weitgehend wortwörtlich diesen Text. Aus dieser geschichtlichen Entwicklung folgt, daß seit je her das Nothaushaltsrecht eine an feste Tatbestände gebundene Ausnahmevorschrift ist. Inhaltlich meist gleiche Vorschriften haben die Landesverfassungen von Baden-Württemberg, Brandenburg, Hessen, Mecklenburg-Vorpommern, Sachsen, Sachsen-Anhalt, Schleswig-Holstein und Thüringen.

2   Das Notbewilligungsrecht des **Finanzministers** (Art. 67 NV) gilt auch in der Zeit des Nothaushalts (RdNr. 17 zu Art. 67 NV).

3   Welche Gründe dazu geführt haben, daß **„bis zum Schluß eines Haushaltsjahres der Haushaltsplan ... nicht durch Gesetz festgestellt"** (Art. 66 Abs. 1 Satz 1 NV) worden ist, ist unerheblich. Die Vorschrift gilt daher auch im Falle eines Haushaltskonfliktes, der Ablehnung eines Entwurfes der Landesregierung durch den Landtag[2].

4   Art. 66 NV hindert den Landtag nicht, ein **Nothaushaltsgesetz** zu erlassen. Dieses Gesetz kann den Rahmen weiter, aber nicht enger als Art. 66 NV setzen[3].

5   **Zweck der Norm** ist es, der Exekutive des Landes die Leistung der notwendigen Ausgaben zu ermöglichen, die erforderlich sind, um die Geschäfte des Staates fortzuführen[4].

---

1 Schriftlicher Bericht, 40.
2 Fischer-Menshausen, in: v. Münch/Kunig, RdNr. 1 zu Art. 111; Kisker, Staatshaushalt, in: Hdb. d. Staatsrechts, Bd. IV, 234 (254); a. A.: Maunz, in: Maunz/Dürig/Herzog, RdNr. 14 zu Art. 111; Mahrenholz, in: AK-GG, RdNr. 5 zu Art. 111.
3 Fischer-Menshausen (Fn. 2), RdNr. 6, 7 zu Art. 111; Hopfe, in: Linck/Jutzi/Hopfe, RdNr. 1 zu Art. 100; Braun, RdNr. 5 zu Art. 80.
4 BVerfGE 45, 1 (32); Katz, in: Feuchte, RdNr. 3 zu Art. 80.

Vorläufige Haushaltsführung **Art. 66**

Die neue Fassung „**bis zur Verkündung des Haushaltsgesetzes**" ersetzt das „Inkrafttreten des Haushaltsplanes" in Art. 50 Abs. 1 VNV. Die alte Formel entsprach nicht der Rechtslage, da der neue Haushaltsplan rückwirkend vom ersten Tage des Haushaltsjahres in Kraft tritt[5]. Soweit der nachfolgende neue Haushaltsplan geleistete Ausgaben nachträglich anführt, absorbiert er die vorläufige Ermächtigung des Art. 66 NV. Soweit er sie aber nicht deckt, ist Art. 66 NV eine abschließende Ermächtigung[6].

6

Wenn Art. 66 Abs. 1 Satz 1 NV „**die Landesregierung ermächtigt**", so ist Normadressat nicht das Kollegium, sondern die Exekutive, alle für die jeweiligen Einzelpläne zuständigen Stellen, die Ressorts[7]. Die zusätzliche Aufzählung des „**Präsidenten des Landtages**" und des Landesrechnungshofes enthält keine Klausur der Normadressaten. Auch der **Präsident des Staatsgerichtshofes** ist für die Haushaltsführung des von ihm geleiteten Verfassungsorgans „ermächtigt". Meinungsverschiedenheiten unter den Landesministern werden durch Kabinettsbeschluß entschieden[8].

7

„**Gesetzlich bestehende Einrichtungen**" sind Institutionen, die nach einer Rechtsnorm oder einem Organisationsakt für die Dauer eingerichtet worden sind. So z. B. das Beamtentum, Gerichte, Behörden, Schulen, Wagenparks[9].

8

Eine „**Maßnahme ist gesetzlich beschlossen**", wenn sie zumindest dem Grunde nach angeordnet worden ist und die Leistung nicht im Ermessen der Verwaltung steht[10].

9

Eine „**Verpflichtung des Landes ist rechtlich begründet**", wenn ein einklagbarer Anspruch gegen das Land besteht[11].

10

Art. 66 Abs. 1 Nr. 3 NV erfaßt **Fortsetzungsmaßnahmen**, für die der Landtag bereits einmal Mittel bereitgestellt hat[12]. Nicht in vorangegangenen Haushaltsjahren vollzogene Haushaltsermächtigungen können nicht erstmals aufgrund des Art. 66 NV berücksichtigt werden[13].

11

Normadressat der Kreditermächtigung (Art. 66 Abs. 2 NV) ist allein die Landesregierung als Kollegium[14].

12

Die Kreditermächtigung ist **Spezialvorschrift** gegenüber der Kreditgewährung nach Art. 71 NV. Die Ermächtigung wird durch Art. 66 Abs. 2 NV erteilt. Sie bedarf keines Gesetzes[15].

13

---

5 Vorauflage, RdNr. 4 zu Art. 50.
6 Stern, Bd. II, 1218; Maunz (Fn. 2), RdNr. 9 zu Art. 111; Fischer-Menshausen (Fn. 2), RdNr. 2 zu Art. 111.
7 Fischer-Menshausen (Fn. 2), RdNr. 4 zu Art. 111; Oldiges, 281; Maunz (Fn. 2), RdNr. 11 zu Art. 111; v. Mutius, in: v. Mutius/Wuttke/Hübner, RdNr. 7 zu Art. 51.
8 Art. 37 Abs. 2 Nr. 4 NV.
9 Vorauflage, RdNr. 5 zu Art. 50; Braun, RdNr. 14 zu Art. 80; Maunz (Fn. 2), RdNr. 17 zu Art. 111.
10 Dickersbach, in: Geller/Kleinrahm, RdNr. 3 zu Art. 82; Maunz (Fn. 2), RdNr. 18 zu Art. 111.
11 Maunz (Fn. 2), RdNr. 19 zu Art. 111.
12 Maunz (Fn. 2), RdNr. 20 zu Art. 111.
13 v. Zeschwitz, in: Zinn/Stein, RdNr. IV 1c zu Art. 140.
14 Oldiges, 283; Fischer-Menshausen (Fn. 2), RdNr. 7 zu Art. 111.
15 Maunz (Fn. 2), RdNr. 28 zu Art. 111; Fischer-Menshausen RdNr. 2) RdNr. 7 zu Art. 111; v. Mutius (Fn. 7), RdNr. 8 zu Art. 51.

14 Die Kreditermächtigung geht von dem **Subsidiaritätsprinzip** aus[16]. Alle vorhandenen Einnahmequellen, auch weitergeltende Kreditermächtigungen, müssen zuerst ausgeschöpft werden. Die Zweckbindung **„zur Aufrechterhaltung der Wirtschaftsführung"** beschränkt die Kreditaufnahme auf die nötigen Ausgaben im Sinne des ersten Absatzes[17]. Die Landesregierung hat für die Höhe der zu erwartenden Ausgaben ein Beurteilungsermessen[18]. Die weitere Begrenzung **„bis zur Höhe eines Viertels der Endsumme des abgelaufenen Haushaltsplanes"** ist ohne eine praktische Bedeutung, da sie offensichtlich zu hoch angesetz worden ist[19].

15 Unter Verletzung des Art. 66 NV abgeschlossene Rechtsgeschäfte bleiben gültig. Spätere Ermächtigungen im Haushaltsplan heilen Mängel[20]. **Verletzungen des Art. 66 NV** können im Organstreit nach Art. 54 Nr. 1 VN geltend gemacht werden[21].

16 Im Schrifttum wird die Zulässigkeit von **Verpflichtungsermächtigungen** bejaht[22]. Der Verfassungsgeber hat dies abgelehnt[23]. Da Art. 66 NV eine Ausnahmevorschrift zur **Haushaltshoheit des Landtages** ist[24], kommt eine extensive Auslegung der Vorschrift nicht in Betracht[25].

Artikel 67
Über- und außerplanmäßige Ausgaben

(1) Im Falle eines unvorhergesehenen und unabweisbaren Bedarfs sind mit Einwilligung der Finanzministerin oder des Finanzministers über- und außerplanmäßige Ausgaben sowie über- und außerplanmäßige Verpflichtungen zulässig. Dieses gilt nicht, wenn der Landtag noch rechtzeitig durch ein Nachtragshaushaltsgesetz über die Ausgabe entscheiden kann, es sei denn, daß die Ausgabe einen im Haushaltsgesetz festzusetzenden Betrag nicht überschreitet, die Mittel von anderer Seite zweckgebunden zur Verfügung gestellt werden oder eine fällige Rechtsverpflichtung des Landes zu erfüllen ist.

(2) Näheres kann durch Gesetz geregelt werden. Es kann insbesondere bestimmen, daß über- und außerplanmäßige Ausgaben und Verpflichtungen dem Landtag mitzuteilen sind und seiner Genehmigung bedürfen.

---

16 v. Mutius (Fn. 7), RdNr. 8 zu Art. 51; v. Zeschwitz (Fn. 13), RdNr. IV 2 zu Art. 140.
17 Maunz (Fn. 2), RdNr. 30 zu Art. 111.
18 Maunz, Fn. 17.
19 Vorauflage, RdNr. 6 zu Art. 50.
20 Maunz (Fn. 2), RdNr. 33 zu Art. 111; v. Mutius (Fn. 7), RdNr. 9 zu Art. 51.
21 BVerfGE 45, 1 (29 f.).
22 Braun, RdNr. 8 zu Art. 80; Maunz (Fn. 2, RdNr. 9 zu Art. 111.
23 Schriftlicher Bericht, 40.
24 BVerfGE 45, 1 (31).
25 Katz (Fn. 4), RdNr. 9, zu Art. 80.

Über- und außerplanmäßige Ausgaben   Art. 67

Übersicht

RdNr.
Das vorrechtliche Bild des Notbewilligungsrechtes 1
Institutionalisierung des Finanzministers 2
Der Finanzminister als Verfassungsorgan 3
Richtlinienkompetenz des Ministerpräsidenten 4
Beschlußfassung der Landesregierung 5
Kein Eintrittsrecht 6
Die „überplanmäßigen Ausgaben" 7
Die „außerplanmäßigen Ausgaben" 8
„unvorhergesehen" 9
„unabweisbar" 10
Die „Verpflichtungen" 11
Der „Bedarf" 12
Die Priorität des Landesgesetzgebers 13
Die „Einwilligung des Finanzministers" 14
Die Notkompetenz der Minister 15
Die Bagatellklausel 16
Die etatlose Zeit 17
Die „Genehmigung" des Landtages 18
Organstreitverfahren 19
„Das Nähere" 20

Der Haushalt kann noch so sorgfältig geplant worden sein, ein unvorhergese- 1
hener Bedarf kann dennoch auftreten. Da die Handlungsfähigkeit einer Regierung Verfassungsrang hat, muß sie diesen Bedarf erfüllen können. Bereits früher war das **Notbewilligungsrecht des preußischen Finanzministers** in „Allgemeinen Verfügungen" geregelt[1]. Der § 9 Reichshaushaltsgesetz für das Rechnungsjahr 1919 brachte die erste gesetzliche Regelung des Notbewilligungsrechtes des Finanzministers[2]. Die Verfassung des Freistaates Preußen übernahm mit Art. 67 das Notbewilligungsrecht 1920. Der mit verfassungsändernder Mehrheit erlassene § 33 Reichshaushaltsordnung führte es 1922 für die Reichsverwaltung ein[3]. Das Grundgesetz (Art. 112) und fast alle Länderverfassungen haben ähnliche Regelungen. Der Verfassungsgerichtshof für Nordrhein-Westfalen wertete das Notbewilligungsrecht als selbständiges Recht des Finanzministers neben dem Haushaltsrecht des Landtages[4]. Die damalige Bundesregierung folgte dieser Auslegung. Aufgrund einer Anregung aus Niedersachsen rief die CDU-Fraktion des Bundestages das Bundesverfassungsgericht an, das mit Urteil vom 25. Mai 1977 das Notbewilligungsrecht eines Finanzministers auf eine „subsidiäre" Kompetenz zurückführte[5]. Die Gesetzgebung des Bundes und der Länder ist dieser Entscheidung gefolgt. Der Verfassungsgeber der Vorläufigen Niedersächsischen Verfassung übernahm mit Art. 51 Abs. 1 den Inhalt von Art. 112 GG und fügte noch die nachträgliche Billigung der Ausgaben durch den Landtag hinzu. Der Verfas-

---
1 Giese/Volkmann, RdNr. 4 zu Art. 67.
2 Stier-Somlo, RdNr. 1 zu Art. 67.
3 Dickersbach, in: Geller/Kleinrahm, RdNr. 1 zu Art. 85.
4 U. v. 3. 10. 1968 – OVGE 24, 296.
5 BVerfGE 45, 1 (37f.).

Art. 67　　　　　　　　　　　　　　Achter Abschnitt　Das Finanzwesen

sungsgeber übernahm diese Fassung mit Art. 67 NV im wesentlichen und ergänzte sie aufgrund des angeführten Urteils des Bundesverfassungsgerichts.

2 Die Art. 67 Abs. 1 Satz 1 und Art. 69 Satz 1 NV gewähren dem **Finanzminister** Kompetenzen. Zugleich erhält damit sein Amt eine **institutionelle Garantie**[6]. Damit wird erreicht, daß das budgetäre Fachwissen ein besonderes Gewicht gegenüber den Fachressorts erhält[7]. Jedes Landesregierung muß einen Finanzminister haben, dem die Finanzbehörden des Landes unterstellt sind. Das schließt jedoch die Zuweisung anderer Geschäftsbereiche nicht aus[8].

3 Der Finanzminister ist durch die in der Landesverfassung enthaltenen Rechte ein **Verfassungsorgan** und oberstes Landesorgan im Sinne des Art. 54 Nr. 1 NV[9].

4 Art. 67 NV entbindet den Finanzminister nicht von der zentralen Norm des Art. 37 Abs. 1 NV, wonach er seinen Geschäftsbereich nur „**innerhalb der Richtlinien**" des Ministerpräsidenten selbständig und in eigener Verantwortung leitet. Das Bundesverfassungsgericht hat den Vorrang der Richtlinienkompetenz gegenüber dem Notbewilligungsrecht bestätigt (BVerfGE 45, 1 [47]). Diese Ansicht ist auf Kritik gestoßen[10]. Der Ministerpräsident wird bei der „**Richtlinie der Politik**" sich auf Tatbestände der Politik beschränken. Rechtliche Tatbestände des Art. 67 Abs. 1 NV sind nicht richtlinienfähig.

5 Die **Landesregierung** kann den Finanzminister nicht durch Beschluß mit rechtlicher Bindungswirkung anweisen, einer Ausgabe seine „Einwilligung" zu erteilen[11]. Sie kann aber einer Entscheidung des Finanzministers die Grundlage entziehen durch
– eine Haushaltsvorlage, vorläufige Haushaltsführung (Art. 66 NV) und durch einen Beschluß der Verschiebung der Ausgabe[12].

6 Weder der Ministerpräsident noch die Landesregierung können durch **Selbsteintritt** das Notbewilligungsrecht des Finanzministers wahrnehmen[13]. Der Ministerpräsident hat die Möglichkeit, seinen Finanzminister mit Zustimmung des Landtages (Art. 29 Abs. 4 NV) zur Lösung eines Konflikts zu entlassen[14].

---

6 v. Mutius, in: v. Mutius/Wuttke/Hübner, RdNr. 2 zu Art. 52; Braun, RdNr. 3 zu Art. 81; Oldiges, 302; Maunz, in: Maunz/Dürig/Herzog, RdNr. 2 zu Art. 112.
7 Oldiges, 302.
8 Braun, Fn. 6.
9 Klein, Die staatsrechtliche Stellung des Bundesministers der Finanzen, DVBl., 1962, 573 (576); RdNr. 3 zu Art. 69.
10 Sondervotum Niebler, in: BVerfGE 45, 52 (56); v. Mutius (Fn. 6); Stern, Bd. II, 1228; a. A.: Oldiges, 304; Fischer-Menshausen, in: v. Münch/Kunig, RdNr. 4 zu Art. 112; Maunz (Fn. 6), RdNr. 13 zu Art. 112.
11 BVerfGE 45, 1 (49).
12 BVerfG, Fn. 11; Maunz und v. Mutius, jeweils Fn. 10.
13 Dickersbach (Fn. 3), RdNr. 6 zu Art. 85; Braun, RdNr. 5 zu Art. 81; Fischer-Menshausen, Fn. 10; Katz, in: Feuchte, RdNr. 7 zu Art. 81; Barschel, in: Barschel/Gebel, RdNr. C III 2 zu Art. 45; Titzck, Die Rechtsstellung des Finanzministers in Schleswig-Holstein..., in: Barschel, 193 (199).
14 Titzck und Barschel, jeweils Fn. 13; Maunz, Fn. 10.

Eine Ausgabe ist „**überplanmäßig**", wenn der Haushaltsplan für sie zwar einen Ansatz enthält, sie aber diesen Ansatz übersteigt. Eine Ausgabe ist nicht überplanmäßig, wenn die Mehrausgabe aufgrund haushaltsrechtlicher Verstärkungsmöglichkeiten (Ausgabenreste, Deckungsfähigkeit und Verstärkungsvermerke) geleistet werden kann[15]. 7

Ein Ausgabe ist „**außerplanmäßig**", wenn für sie im Haushalt kein Ausgabetitel steht und auch kein Ausgaberest vorhanden ist[16]. 8

Eine Ausgabe ist „**unvorhergesehen**", wenn sie tatsächlich, gleich aus welchen Gründen, von dem Minister der Finanzen oder der Landesregierung bei der Aufstellung des Haushaltsplanes oder vom Gesetzgeber bei dessen Beratung und Feststellung nicht vorgesehen wurde oder dessen gesteigerte Dringlichkeit, die sie durch die Änderung der Sachlage inzwischen gewonnen hat, nicht vorgesehen worden ist[17]. Ein Bedarf, den ein Ressortminister in seinem Hause bereits abgelehnt hatte, ist unvorhergesehen[18]. Meldet ein Minister bewußt einen Bedarf nicht an, um sich die Bewilligung nach Art. 67 NV zu „erschleichen", so wird er sich nicht auf eine Unvorhersehbarkeit berufen können[19]. 9

Eine Ausgabe ist „**unabweisbar**", wenn sie unbedingt notwendig und zugleich zeitlich unaufschiebbar ist, sie ohne Beeinträchtigung schwerwiegender politischer, wirtschaftlicher oder sozialer Staatsinteressen nicht mehr zeitlich aufgeschoben werden kann[20]. Die Ausgabe muß so eilbedürftig sein, daß die Einbringung eines **Nachtragshaushaltes** oder eines Ergänzungshaushaltsplanes oder ihre Verschiebung bis zum nächsten regelmäßigen Haushalt als nicht mehr vertretbar anerkannt werden kann[21]. 10

Der § 22 Abs. 1 Satz 2 Haushaltsgrundsätzegesetz des Bundes[22] verpflichtet das Land, dem Finanzminister die Kompetenz der Notbewilligung bei **Verpflichtungen** zu erteilen. Eine Notwendigkeit, Verpflichtungen von der Notbewilligungskompetenz zu erfassen, entspricht dem Normzweck, das parlamentarische Budgetrecht zu sichern[23]. Die „Einwilligung" des Finanzministers ist an die Stelle der früheren „Zustimmung" getreten. Sie ist vor der schuldrechtlichen Verpflichtung einzuholen[24]. 11

Anstelle des „Bedürfnisses" wählte der Verfassungsgeber den Ausdruck „**Bedarf**". Ob für eine Ausgabe ein Bedarf besteht, richtet sich im „wesentlichen nach politischen Wertungen". Der Staatsgerichtshof kann dabei nur prüfen, ob „die Grenze offensichtlicher Unvertretbarkeit" überschritten worden ist[25]. 12

---

15 Maunz (Fn. 6), RdNr. 10 zu Art. 112.
16 v. Köckritz/Ermisch/Lamm, Verwaltungsvorschrift zu § 37 BHO.
17 So BVerfGE 45, 1 (35).
18 BVerfG, Fn. 17.
19 v. Mutius (Fn. 6), RdNr. 10 zu Art. 52.
20 So BVerfGE 45, 1 (36).
21 So BVerfGE 45, 1 (37).
22 V. 19. 8. 1969 i. d. F. v. 29. 7. 1994 – BGBl. I, 1890.
23 Maunz (Fn. 6), RdNr. 12 zu Art. 112; Katz (Fn. 13), RdNr. 11 zu Art. 81.
24 Schriftlicher Bericht, 40.
25 So BVerfGE 45, 1 (39).

Art. 67 Achter Abschnitt Das Finanzwesen

Die politische Verantwortung für den Bedarf trägt allein der Ressortchef. Die Einwilligung des Finanzministers hebt sie nicht auf[26].

13 Die „Einwilligung" des Finanzministers ist erst dann **zulässig,** wenn der Landtag unter Berücksichtigung der zeitlichen Dringlichkeit des Bedarfs nicht selbst rechtzeitig bewilligen kann[27]. Der Verfassungsgeber berücksichtigt dieses Prinzip der Rücksichtnahme unter Verfassungsorganen[28] durch die Vorschrift des Art. 67 Abs. 1 Satz 2 NV („Dieses gilt nicht, wenn der Landtag ..."). Der Finanzminister hat hierzu **die Landesregierung** zu informieren. Denn sie **ist das Verfassungsorgan,** das nach seiner politischen Leitungsaufgabe auch **im Bereich des Haushaltswesens dem Landtag gegenübersteht**[29]. Sie entscheidet, welche der in RdNr. 10 angeführten Möglichkeiten in Betracht kommt.

14 Gibt die Landesregierung dem Finanzminister den Weg nach Art. 67 Abs. 1 NV frei, so entscheidet er eigenständig endgültig. Weder der Ministerpräsident noch die Landesregierung können diese Entscheidung aufheben[30].

15 Nach § 116 Satz 1 LHO bedarf es ausnahmsweise keiner Einwilligung des Finanzministers, wenn sofort zu handeln ist, um eine dem Lande drohende Gefahr abzuwenden, das durch die Notlage gebotene Maß nicht überschritten wird und die Einwilligung nicht rechtzeitig eingeholt werden kann. Diese **Notkompetenz der Ressortchefs** ist umstritten[31]. Zwar schließt der Begriff „Einwilligung" eine nachträgliche „Genehmigung" nach § 116 Satz 2 LHO aus. Der Verfassungsgeber hat jedoch nur den Normalfall vor Augen gehabt. Er wollte die Minister nicht verpflichten, in Katastrophenfällen am Wochenende untätig zu bleiben.

16 Art. 67 Abs. 1 Satz 2 NV enthält als **„Bagatellklausel"** Ausnahmen von dem Erfordernis eines Nachtragshaushaltsgesetzes („..., es sei denn, daß ..."), welche die Haushaltshoheit des Landtages nicht wesentlich berühren. Die Vorschrift übernimmt einfachgesetzliches Haushaltsrecht (§ 37 Abs. 1 Satz 2 Nr. 2 und Satz 2 Nr. 1–3 LHO).

17 Die Grundsätze des Notbewilligungsrechtes sind in der **etatlosen Zeit** entsprechend anzuwenden[32].

18 Mit der Ermächtigung, durch ein Ausführungsgesetz (Art. 67 Abs. 2 NV) dem Landtag ein Recht zur „Genehmigung" zu erteilen, wird das bisher in § 37 Abs. 4 LHO geregelte Verfahren übernommen. Eine solche „Genehmigung" hat den Charakter einer materiellen und formellen **Vorbereitung der**

---

26 BVerfGE 45, 1 (55).
27 BVerfGE 45, 1 (39).
28 BVerfGE 45, 1 (39); 35, 193 (199).
29 BVerfGE 45, (146 f.).
30 Kröger, 121; Fischer-Menshausen (Fn. 10), RdNr. 4 zu Art. 112; v. Zezschwitz, in: Zinn/Stein, RdNr. IV 1 zu Art. 143; Braun, RdNr. 5 zu Art. 81.
31 Bejahend: Braun, RdNr. 4 zu Art. 81; a. A.: v. Zezschwitz (Fn. 30), RdNr. IV 3 zu Art. 143.
32 BVerfGE 45, 1 (37); v. Mutius (Fn. 6), RdNr. 8 zu Art. 52; Hopfe, in: Linck/Jutzi/Hopfe, RdNr. 5 zu Art. 101; Fischer-Menshausen (Fn. 10), RdNr. 5 zu Art. 111; Stern, Bd. II, 1219; Braun, RdNr. 7 zu Art. 81; einschränkend Kisker, Staatshaushalt, in: Hdb. d. Staatsrechts, Bd. IV, 235 (255).

Entlastung[33]. Sie ist ein selbständiges Prüfungs- und Kontrollrecht des Landtages[34]. Eine Ablehnung der Genehmigung ist eine politische Mißbilligung der Notbewilligung ohne eine rechtliche Rückwirkung, aber mit einer Sperrwirkung für die Zukunft[35]. Die Genehmigung kann mit der Entlastung der Landesregierung (Art. 69 Satz 3 NV) verbunden werden[36].

Der Staatsgerichtshof ist im Organstreitverfahren (Art. 54 Nr. 1 NV) zur Entscheidung von Kompetenzkonflikten des Notbewilligungsrechtes zuständig[37].

19

Eine authentische Auslegung des ersten Absatzes steht dem einfachen Gesetzgeber grundsätzlich nicht zu. Der Gesetzgeber kann in einem Ausführungsgesetz („Das Nähere") verfahrensrechtliche Normen zur „Mitteilung" und „Genehmigung" schaffen[38].

20

Artikel 68

Haushaltswirksame Gesetze

(1) Wer einen Gesetzentwurf einbringt, muß die Kosten und Mindereinnahmen darlegen, die für das Land, für die Gemeinden, für die Landkreise und für betroffene andere Träger öffentlicher Verwaltung in absehbarer Zeit zu erwarten sind.

(2) Der Landtag darf Maßnahmen mit Auswirkungen auf einen bereits verabschiedeten Haushaltsplan nur beschließen, wenn gleichzeitig die notwendige Deckung geschaffen wird.

Übersicht

	RdNr.
Die Normzwecke	1
Geschäftsordnungsrecht mit Verfassungsrang	2
Die Normadressaten der Darlegungspflicht (Abs. 1)	3
„Kosten und Mindereinnahmen"	4
„in absehbarer Zeit zu erwarten sind"	5
Die „anderen Träger öffentlicher Verwaltung"	6
Plebiszitäre Gesetzentwürfe	7
„Der Landtag"	8
„Auswirkungen auf einen bereits verabschiedeten Haushaltsplan"	9
Die „notwendige Deckung"	10
Die Gleichzeitigkeit	11
Die Verletzung des Deckungsgebotes	12
Einbringungsrecht der Abgeordneten	13
Zustimmungsgesetze zu Staatsverträgen	14

---

33 VerfGH Nordrhein-Westfalen (Fn. 4), 309.
34 Kunzmann u. a., RdNr. 6 zu Art. 96; Katz (Fn. 13), RdNr. 16 zu Art. 81; Braun, RdNr. 13 zu Art. 81.
35 Dickersbach (Fn. 3), RdNr. 9 zu Art. 85; v. Zezschwitz (Fn. 30), RdNr. VIII 3 zu Art. 143.
36 Kunzmann, Fn. 34; Katz (Fn. 13), RdNr. 17 zu Art. 81.
37 BVerfGE 45, 1 (28); VerfGH Nordrhein-Westfalen (Fn. 4), 305.
38 Schriftlicher Bericht, 40.

Art. 68

1 Der Verfassungsgeber übernahm den wesentlichen Inhalt von Art. 52 VNV mit Art. 68 Abs. 2 NV und brachte zusätzlich die Darlegungspflicht für Gesetzentwürfe über ihre finanziellen Auswirkungen. Das Deckungsgebot für Landtagsbeschlüsse enthielt bereits die Preußische Verfassung von 1920 (Art. 66). Das Deckungsgebot korrespondiert mit dem Ausgleichsgebot des Art. 65 Abs. 1 NV für den Haushalt. **Normzweck** des ersten Absatzes ist, der Initiant eines Gesetzentwurfes soll sich bereits Gedanken über die finanziellen Auswirkungen seines Gesetzes machen[1]. Dabei wird jedoch noch nicht ein Deckungsvorschlag verlangt[2]. Der zweite Absatz bezieht sich dagegen auf das Endstadium des Gesetzgebungsverfahrens, auf den Beschluß des Landtages. Hier soll durch das Gebot der Haushaltsausgleich (Art. 65 Abs. 1 Satz 2 NV) vom Gesetzgeber beachtet werden[3].

2 In der Sache ist Art. 68 NV **Geschäftsordnungsrecht** im Range von Verfassungsrecht, das weder durch die Geschäftsordnung noch durch einfaches Landesgesetz inhaltlich geändert werden kann[4] und dessen Verletzung in der Regel Rechtsfolgen hat.

3 **Normadressaten** des ersten Absatzes sind nur die Initianten des Gesetzentwurfes. Die Landesverfassung führt sie abschließend in Art. 42 Abs. 3 NV auf. Nur sie können „**einen Gesetzentwurf einbringen**".

4 „**Kosten**" sind Ausgaben, welche die von der Landesregierung geplanten Ausgaben des Finanzplanes oder des Haushaltsplanes oder neue Ausgaben, welche diese beiden Pläne noch nicht vorsehen, erhöhen. Bei „**Mindereinnahmen**" sollen einnahmebegründende Gesetze des Landes geändert werden[5].

5 Die Darlegungspflicht der Initianten beschränkt sich auf die geschätzten Summen, die für die in Art. 68 Abs. 1 – 2. Halbsatz – NV genannten Träger „**in absehbarer Zeit zu erwarten sind**". Hiermit sind die finanziellen Auswirkungen künftiger Haushaltsjahre gemeint. Die Zeitspanne kann sich in der Regel auf den Finanzplan der Landesregierung beschränken[6]. Bei langfristigen Leistungen, Renten, Gehältern und Ruhegehältern, sind entsprechende Berechnungen darzulegen.

6 Die „**anderen Träger öffentlicher Verwaltung**" sind alle Stellen, die der Rechts- oder Fachaufsicht des Landes unterstehen, alle Stellen, die im funktionalen Sinne Landesverwaltung ausüben, auch beliehene Unternehmer. Hierzu RdNr. 6 zu Art. 56.

7 Die Problematik der Darlegungspflicht liegt bei den **Volksinitiativen** und **Volksbegehren** als Initianten. Die Darlegungspflicht für die finanziellen Auswirkungen auf den eigenen und auf fremde nachrangige Haushalte ist dem Geschäftsordnungsrecht des Bundestages entnommen[7]. Die Vertreter

---

[1] Trossmann/Roll, 241.
[2] Schriftlicher Bericht, 41.
[3] Schriftlicher Bericht, 41.
[4] Achterberg, 329.
[5] Stern, Bd. II, 1221.
[6] Trossmann/Roll, 243; RdNr. 2 zu Art. 64 NV.
[7] § 96 Abs. 3 Satz 1 GO Bundestag, Neufassung 1980.

der plebiszitären Gesetzentwürfe haben nicht die umfangreichen Informationsmöglichkeiten wie die Fraktionen, Abgeordneten oder gar die Landesregierung. Sie können nur die in Betracht kommenden Stellen um Auskunft bitten. Das Nieders. Volksabstimmungsgesetz gibt den Volksinitiativen und den Volksbegehren keine Auskunftsrechte für finanzielle Auswirkungen.

Der „**Landtag**" ist hier das Plenum des Landtages. Er „**beschließt**" (Art. 21 Abs. 4 NV). 8

„**Maßnahmen mit Auswirkungen auf einen bereits verabschiedeten Haushaltsplan**" werden in der Regel nur Gesetzesbeschlüsse sein[8]. **Schlichte Parlamentsbeschlüsse** können die Landesregierung nicht binden[9]. Der Verfassungsgeber folgte nicht der Anregung, schlichte Parlamentsbeschlüsse ausdrücklich einzubeziehen[10]. Führt die Landesregierung einen schlichten Parlamentsbeschluß des Landtages aus, der Kosten oder Mindereinnahmen verursacht, so ist er kein Beschluß des Landtages sondern der Landesregierung[11]. Der Sonderausschuß „Niedersächsische Verfassung" wählte in Kenntnis dieser Rechtslage dennoch die weite Fassung „**Maßnahme**", um in Notfällen spontane Hilfe des Landtages zu ermöglichen[12]. 9

Die „**notwendige Deckung**" bei „**einem bereits verabschiedeten Haushaltsplan**" ist die Deckung eines Fehlbetrages im Haushaltsplan oder im verabschiedeten Haushaltsgesetz. Fehlbetrag und Deckung beziehen sich auf die Solleinnahmen und Ausgaben[13]. Als Deckung kommt in Betracht: 10
- Erhöhung von Abgaben,
- Umverteilung durch Minderung von Leistungen,
- Einsparungen bei Titeln, die von der Exekutive noch nicht ausgegeben worden sind oder
- bei denen keine Rechtspflicht zur Leistung besteht[14].

Rechtsklarheit und Rechtssicherheit gebieten es, daß „**gleichzeitig**" mit dem Inkrafttreten einer finanzwirksamen Maßnahme förmlich ein Deckungsbeschluß gefaßt wird[15]. Hieraus folgt, daß der Deckungsvorschlag frühzeitig mit dem finanzwirksamen Antrag während der Vorberatungen zur Entscheidungsreife gebracht wird[16]. 11

Eine **Verletzung des** strikten **Deckungsgebotes** macht den Beschluß des Landtages verfassungswidrig. Das gilt auch für einen **Gesetzesbeschluß**[17]. 12

---

8 Schriftlicher Bericht, 41.
9 RdNr. 19 zu Art. 51 NV; Meder, RdNr. 4 zu Art. 55; StGH Bremen, E. v. 5. 4. 1955, StGHE 1, 65 (69).
10 Fn. 8.
11 Vorauflage, RdNr. 2 zu Art. 52 u. RdNr. 6 zu Art. 3 VNV; v. Mutius, in: v. Mutius/Wuttke/Hübner, RdNr. 2 zu Art. 54; Braun, RdNr. 5 zu Art. 82.
12 Niederschrift v. 31. 8. 1992, S. 25.
13 BVerfGE 1, 144 (158).
14 Vorauflage, RdNr. 4 zu Art. 52 VNV; Neumann, RdNr. 11 zu Art. 102 Bremische Verfassung; v. Mutius (Fn. 11)RdNr. 7 zu Art. 54.
15 Barschel, in: Barschel/Gebel, RdNr. III 3 a zu Art. 47.
16 v. Mutius (Fn. 11), RdNr. 5 zu Art. 54; Vorauflage, Fn. 14.
17 v. Mutius (Fn. 11), RdNr. 8 zu Art. 54; Neumann, RdNr. 12 zu Art. 142 Bremische Verfassung; Dickersbach, in: Geller/Kleinrahm, RdNr. 5 zu Art. 84; Schweiger, in: Nawiasky, RdNr. 3 zu Art. 79.

Der Landtagspräsident darf den Gesetzesbeschluß nicht ausfertigen[18]. Ob die Landesregierung die Ausführung des Gesetzes verweigern kann[19], wird bei Gesetzen, die dem Bürger einen Anspruch gewähren, zu verneinen sein[20]. Die Verfassungswidrigkeit kann mit einer Normenkontrolle vom Staatsgerichtshof festgestellt werden (Art. 54 Nr. 3 und 4 NV).

13 Das **Einbringungsrecht des Abgeordneten** (Art. 52 Abs. 1 NV) wird durch das Gebot der Darlegung der Kosten und Mindereinnahmen nicht unzulässig eingeschränkt, da die Verfassung dies selbst bestimmt[21]. Der Landtag kann die Darlegungspflicht des Art. 68 Abs. 1 NV nicht erweitern[22]. Die Landesregierung leistet den Abgeordneten Hilfe bei der Ermittlung der finanziellen Auswirkungen[23].

14 Auch bei **Zustimmungsgesetzen zu Staatsverträgen** (Art. 35 Abs. 2 NV) hat die **Landesregierung** in ihrem Gesetzentwurf finanzielle Auswirkungen nach Art. 68 Abs. 1 NV darzulegen. Einfachgesetzlich ist sie durch eine Sollvorschrift gehalten, auch einen Deckungsvorschlag zu machen (§ 10 Abs. 1 Satz 2 LHO). Das Deckungsgebot (Art. 68 Abs. 2 NV) ist vom Landtag auch bei Zustimmungsgesetzen zu Staatsverträgen zu beachten. Zum Ausschluß von Änderungsanträgen bei Staatsverträgen siehe RdNr. 21 zu Art. 35 NV. Nobile officium des Ministerpräsidenten ist es, bei Staatsverträgen, die erhebliche haushaltsmäßige Auswirkungen haben können, die Fraktionsvorsitzenden frühzeitig zu informieren[24].

Artikel 69

Rechnungslegung, Entlastung

Die Finanzministerin oder der Finanzminister hat dem Landtag über alle Einnahmen, Ausgaben und Verpflichtungen im Laufe des nächsten Haushaltsjahres Rechnung zu legen. Über das Vermögen und die Schulden ist Rechnung zu legen oder ein anderer Nachweis zu führen. Der Landtag beschließt über die Entlastung der Landesregierung.

Übersicht

	RdNr.
Der Zweck der Norm	1
Bundesrechtliche Vorgaben	2
„Finanzministerin oder Finanzminister"	3
Die Vertretung des Ministers	4
Die Richtlinienkompetenz des Ministerpräsidenten	5
Kabinettsbeschlüsse	6
Das „Legen der Rechnung"	7

---

18 Schweiger und Neumann, jeweils Fn. 17.
19 v. Mutius (Fn. 11), RdNr. 8 zu Art. 54.
20 v. Zezschwitz, in: Zinn/Stein, RdNr. V 4a zu Art. 142.
21 BVerfGE 1, 144 (153).
22 BVerfG, Fn. 21.
23 § 10 Abs. 3 LHO.
24 Praxis in Baden-Württemberg: Welz, 290.

Rechnungslegung, Entlastung   Art. 69

"alle Einnnahmen, Ausgaben und Verpflichtungen" 8
"im Laufe des nächsten Haushaltsjahres" 9
Die Rechnungslegung über das Vermögen 10
Die „Schulden" 11
Das Entlastungsverfahren 12
Der Entlastungsbeschluß 13
Keine Rechtsfolgen 14
Die Nichtentlastung 15
Organstreitverfahren 16
Keine sachliche Diskontinuität 17

Der Verfassungsgeber übernahm den Inhalt des Art. 53 Abs. 1 VNV und 1
fügte noch die „Verpflichtungen" hinzu. Art. 69 Satz 1 und 2 NV entspricht
dem Art. 114 Abs. 1 GG. Er wird ergänzt durch die Rechnungsprüfung der
Haushalts- und Wirtschaftsführung in Art. 70 Abs. 1 Satz 1 NV. Das Bundesverfassungsgericht hat zum **Normzweck** der grundgesetzlichen Parallelvorschrift ausgeführt: Die Vorschrift ist die Rechtsgrundlage für eine **politische**
(Kursiv im Original) Entscheidung des Parlaments über das Finanz- und
Haushaltsgebaren der Regierung. Sie „statuiert" eine spezielle politische
Verantwortung der Regierung gegenüber dem Parlament[1]. Rechnungslegung
und Entlastung bezwecken die Kontrolle der Exekutive und beziehen sich
auf den Haushaltsvollzug[2].

Zu den grundgesetzlichen und **bundesrechtlichen Vorgaben** der Finanzver- 2
fassung der Länder siehe Art. 63 NV[3]. Das den niedersächsischen Verfassungsgeber bindende Haushaltsgrundsätzegesetz (HGrG) des Bundes verpflichtet[4], für jedes Haushaltsjahr durch den „für die Finanzen zuständigen
Minister die Haushaltsrechnung aufzustellen, über eingegangene Verpflichtungen und Geldforderungen Rechnung zu legen und über das Vermögen
und die Schulden Buch" zu führen (§ 37 HGrG).

Der **Finanzminister** ist hier **als Verfassungsorgan** des Landes zuständig. 3
Das war bereits nach Art. 53 VNV so und entspricht der grundgesetzlichen
Parallelvorschrift[5]. Wenn § 114 Abs. 1 Satz 1 Landeshaushaltsordnung von
einer Pflicht des „Finanzministeriums" ausgeht, so widerspricht dies der
Landesverfassung. Kompetenzinhaber ist der Finanzminister als Person und
nicht sein Ministerium. Diese Zuständigkeit ist sowohl gegenüber dem Mi-
nisterpräsidenten als auch der Landesregierung zugriffsfest, obgleich die
Landesregierung als Kollegium und nicht der Finanzminister entlastet wird.
Mit der Vorlage und ordnungsgemäßen Erläuterung der Haushaltsrechnung
hat der Finanzminister die ihm obliegende Pflicht erfüllt. Für das spätere
Verfahren vor dem Landtage ist die **Landesregierung als Adressat der Entlastung zuständig**[6].

---
1 BVerfGE 45, 1 (50).
2 BVerfGE 79, 311 (328).
3 RdNr. 1 zu Art. 64 NV.
4 Vogel/Kirchhof, in: Bonner Kommentar, RdNr. 24 zu Art. 114.
5 RdNr. 3 zu Art. 67; Vogel/Kirchhof (Fn. 4), RdNr. 54 zu Art. 114.
6 Fischer-Menshausen, in: v. Münch/Kunig, RdNr. 9 zu Art. 114; v. Zezschwitz, in: Zinn/Stein, RdNr. IV 3 zu Art. 144; Vogel/Kirchhof (Fn. 4), RdNr. 56 zu Art. 114; Katz, in: Feuchte, RdNr. 6 zu Art. 83.

Art. 69 Achter Abschnitt Das Finanzwesen

4 Im Falle der Verhinderung des Ministers wird die Rechnungslegung von einem anderen Minister unterzeichnet und eingereicht[7]. Sein **Stellvertreter** übt die Kompetenz für diesen aus und wird dabei nicht eigenverantwortlich tätig[8]. Eine von einem **Staatssekretär** unterzeichnete Rechnungslegung ist unwirksam.

5 Es besteht weitgehend Übereinstimmung, daß die **Richtlinienkompetenz des Ministerpräsidenten** in die Kompetenz des Finanzministers zur Rechnungslegung nicht eingreifen kann[9]. Denn die Rechnungslegung orientiert sich an Gesetz und Recht. Sie ist im Gegensatz zur Entlastung keine primär politische Maßnahme.

6 Entsprechendes gilt für **Kabinettsbeschlüsse der Landesregierung** (Art. 37 Abs. 2 NV)[10].

7 Mit dem **Legen der Rechnung** wird dem Parlament Rechenschaft geleistet, ob die Ermächtigungen beachtet worden sind. Die Rechnungslegung muß so abgefaßt sein, daß der einzelne Abgeordnete die Ordnungsmäßigkeit, Plankonformität und Wirtschaftlichkeit der Haushaltsführung der Landesregierung beurteilen kann. Für sämtliche Titel ist nachzuweisen, wie der Haushaltsplan ausgeführt worden ist, welche Einnahmeerwartungen nicht bestätigt oder übertroffen wurden und welche Ausgaben nicht den Planungen entsprochen haben[11]. Überplanmäßige und außerplanmäßige Einnahmen und Ausgaben sind daher nachzuweisen[12]. Eine Summierung und Saldierung ist unzulässig, wenn dadurch **politisch wesentliche Einzelheiten** nicht mehr zu erkennen sind. Einen Antrag, die Landesregierung zu entlasten, bedarf es nicht. Denn der Landtag hat von Amts wegen zu entscheiden. Es genügt die Übersendung an den Präsidenten des Landtages mit der Bitte, eine Entscheidung des Plenums herbeizuführen[13].

8 „Alle Einnahmen, Ausgaben und Verpflichtungen" beziehen sich nicht auf das Haushaltsgesetz, sondern auf den Vollzug des Haushaltes im Haushaltsjahre, auf alle tatsächlich erzielten Einnahmen, tatsächlich geleisteten Ausgaben und tatsächlich zu Lasten des Landes eingegangenen Verpflichtungen[14].

9 Die Einhaltung der Jahresfrist – „**im Laufe des nächsten Haushaltsjahres**" – ist zwingendes Gebot[15]. Die Rechnungslegung kann als Grundlage der parlamentarischen Kontrolle nur dann ihre Aufgabe erfüllen, wenn sie fristgerecht eingereicht wird[16]. Es ist Aufgabe der **Opposition**, notfalls die

---

7 Wahl, 212.
8 Kröger, 125.
9 Braun, RdNr. 4 zu Art. 83; Fischer-Menshausen, Fn. 6; Vogel/Kirchhof (Fn. 4), RdNr. 54 zu Art. 114.
10 Fischer-Menshausen, Braun und Kirchhof, jeweils Fn. 9.
11 Vogel-Kirchhof (Fn. 4), RdNr. 37 zu Art. 114; Neumann, RdNr. 5 zu Art. 133 Bremische Verfassung.
12 Maunz, in: Maunz/Dürig/Herzog, RdNr. 12 zu Art. 114.
13 Vogel/Kirchhof (Fn. 4), RdNr. 55 zu Art. 114; Neumann, Fn. 11.
14 BVerfGE 45, 1 (57); 79, 311 (328); Fricke, Das Finanzwesen, in: Simon/Franke/ Sachs, 253 (265).
15 Löhnig, in: Pfennig/Neumann, RdNr. 6 zu Art. 82.
16 Vogel/Kirchhof (Fn. 4), RdNr. 64 zu Art. 114.

Rechnungslegung, Entlastung   Art. 69

Einhaltung der Frist im Wege einer einstweiligen Anordnung des Staatsgerichtshofes durchzusetzen. Die Frist beginnt mit Ablauf des jeweiligen Rechnungsjahres, nicht der gegebenenfalls mehrjährigen Haushaltsperiode[17].

Die Rechnungslegung des „Vermögens" hat den Zweck, den Bestand des Vermögens zu Beginn, die Veränderungen während und den Bestand am Ende des Rechnungsjahres mengenmäßig in Zahlen nachzuweisen[18]. Der Landtag soll über die Entwicklung des Vermögens, seine Struktur und die Auswirkungen der Haushaltsführung sowie Finanzwirtschaft informiert werden[19]. 10

Zu den „Schulden" rechnen alle in Geld zu erfüllenden Verpflichtungen des Landes, soweit sie nicht der laufenden Haushaltswirtschaft angehören[20]. 11

Das in Art. 69 Satz 3 NV nicht ausdrücklich geregelte **Entlastungsverfahren** schließt den Kreislauf der Finanzkontrolle. Das Plenum befreit mit der Entlastung die Landesregierung von der politischen Verantwortung gegenüber dem Landtag[21]. Es bestätigt ihr, daß sie den Haushalt ordnungsgemäß geführt hat. Gegenstand der Beschlußfassung des Plenums sind der Haushaltsvollzug des Haushaltsgesetzes und des Haushaltsplanes sowie die finanzwirtschaftlichen Vorgänge einschließlich der Überschreitungen des Haushalts. Dabei ist der Landtag nicht an die Feststellungen sowie rechtlichen oder wirtschaftlichen Wertungen des Landesrechnungshofes gebunden[22]. Das Parlament kann zur Vorbereitung seiner Entscheidung die Unzulänglichkeit oder Unvollständigkeit der Rechnungslegung beanstanden und eigene ergänzende Prüfungen durchführen lassen[23]. 12

Das Entlastungsverfahren endet mit dem **Entlastungsbeschluß**, einem **schlichten Parlamentsbeschluß**[24]. Hat der amtierende Präsident des Landtages den Beschluß verkündet, so kann das Plenum ihn nicht mehr aufheben[25]. Auch hier das Unverrückbarkeitsprinzip. 13

Als schlichter Parlamentsbeschluß hat der Entlastungsbeschluß grundsätzlich **keine Rechtsfolgen**. Seit Jahrzehnten stimmt man überein, daß eine parlamentarische Entlastung bürgerlich-rechtliche, strafrechtliche und disziplinarrechtliche Ansprüche nicht beeinträchtigen kann[26]. Greifen Bemer- 14

---
17 Vogel/Kirchhof, Fn. 16; Braun, RdNr. 4 zu Art. 83; David, RdNr. 9 zu Art. 70; Maunz (Fn. 13), RdNr. 16 zu Art. 114.
18 Vogel/Kirchhof (Fn. 4), RdNr. 44 zu Art. 114; Hopfe, in: Linck/Jutzi/Hopfe, RdNr. 4 zu Art. 102; Maunz (Fn. 12), RdNr. 13 zu Art. 114.
19 Löhnig (Fn. 15), RdNr. 4 zu Art. 82.
20 Vogel/Kirchhof (Fn. 4), RdNr. 47 zu Art. 114.
21 BVerfGE 45, 1 (50).
22 Maunz (Fn. 12), RdNr. 59 zu Art. 114; Stern, Bd. II, 461; Vogel/Kirchhof (Fn. 4), RdNr. 151 zu Art. 114.
23 Vogel/Kirchhof und Stern, jeweils Fn. 22.
24 Röper, Die Nicht-Entlastung der Regierung, DVBl., 1980, 525; Dauster, 252; Stern, Bd. II, 459.
25 Röper, Fn. 24; Maunz (Fn. 12), RdNr. 60 zu Art. 114.
26 Giese, RdNr. 1 zu Art. 86; Gebhard, RdNr. 6b zu Art. 86; Röper, Fn. 24; Braun, RdNr. 21 zu Art. 83; Katz (Fn. 6), RdNr. 15 zu Art. 83; Maunz (Fn. 12), RdNr. 63 zu Art. 114; Fischer-Menshausen (Fn. 6), RdNr. 22 zu Art. 114; Meder, RdNr. 1 zu Art. 80; Stern, Bd. II, 461; Hopfe (Fn. 18), RdNr. 9 zu Art. 102; Vogel/Kirchhof (Fn. 4), RdNr. 158 zu Art. 114; Fricke (Fn. 14), 266; Kisker, Staatshaushalt, in: Hdb. d. Staatsrechts, Bd. IV, 235 (277).

kungen oder Mißbilligungen in die Rechte Dritter ein, so haben sie den Weg zu den Verwaltungsgerichten. Zwar ist die Entlastung ein Interorganakt, da er aber veröffentlicht wird, kann er Rechte des Bürgers beeinträchtigen[27]. Der Beamte kann ein Reinigungsverfahren einleiten, wenn Bemerkungen oder Mißbilligungen ein Dienstvergehen vorwerfen (§ 29 Nieders. Disziplinarordnung).

15 Bei einer Nichtentlastung hat die Landesregierung folgende Möglichkeiten:
– Sie reagiert nicht. Das kann in Betracht kommen, wenn sich die Vorwürfe gegen eine nicht mehr amtierende Landesregierung richten.
– Sie stellt die beanstandeten Mängel ab und beantragt, sie zu entlasten.
– Sie erhebt Gegenvorstellungen und hält ihre Haushaltsführung für rechtens.
– Sie wendet sich an den Staatsgerichtshof im Wege des Organstreitverfahrens[28].

16 Der Staatsgerichtshof kann im **Organstreitverfahren** erkennen, ob der Landtag bei seiner Nichtentlastung von unrichtigen tatsächlichen oder rechtlichen Voraussetzungen ausgegangen ist[29]. Die im Schrifttum teilweise vertretene Ansicht, eine Regierung könne eine Entlastung einklagen, wenn die rechtlichen Voraussetzungen vorlägen[30], übersieht, daß eine politische Wertung nicht judizierbar ist[31].

17 Die Grundsätze der **sachlichen Diskontinuität** sind im Entlastungsverfahren nicht anzuwenden[32].

Artikel 70

Landesrechnungshof

(1) Der Landesrechnungshof, dessen Mitglieder richterliche Unabhängigkeit besitzen, prüft die Rechnung sowie die Wirtschaftlichkeit und Ordnungsmäßigkeit der Haushalts- und Wirtschaftsführung. Er berichtet darüber dem Landtag und unterrichtet gleichzeitig die Landesregierung. Das Nähere wird durch Gesetz geregelt. Durch Gesetz können dem Landesrechnungshof weitere Aufgaben zugewiesen werden.

(2) Der Landtag wählt auf Vorschlag der Landesregierung die Präsidentin oder den Präsidenten und die Vizepräsidentin oder den Vizepräsiden-

---

27 OVG Münster, U. v. 9. 5. 1978 – DVBl. 1979, 431 = NJW 1980, 137; Neumann, RdNr. 8 zu Art. 133 Bremische Verfassung.
28 Maunz (Fn. 12), RdNr. 62 zu Art. 114; Vogel/Kirchhof (Fn. 4), RdNr. 160 zu Art. 114; Neumann, RdNr. 7 zu Art. 133 Bremische Verfassung.
29 Stern, Bd. II, 62; Röper (Fn. 24), 527; Vogel/Kirchhof (Fn. 4), RdNr. 160 zu Art. 114; Neumann, RdNr. 7 zu Art. 133 Bremische Verfassung; David, RdNr. 16 zu Art. 70; Maunz (Fn. 12), RdNr. 62 zu Art. 114.
30 Hopfe (Fn. 18), RdNr. 10 zu Art. 102; Katz (Fn. 6), RdNr. 15 zu Art. 83.
31 BVerfGE 62, 1 (37).
32 Einhellige Meinung: Braun, RdNr. 23 zu Art. 83; Mahrenholz, in: AK-GG, RdNr. 43 zu Art. 114; Trossmann, 912.

Landesrechnungshof   Art. 70

ten des Landesrechnungshofs mit einer Mehrheit von zwei Dritteln der anwesenden Mitglieder des Landtages, mindestens jedoch der Mehrheit seiner Mitglieder, auf die Dauer von zwölf Jahren. Die Landesregierung ernennt die Präsidentin oder den Präsidenten, die Vizepräsidentin oder den Vizepräsidenten und auf Vorschlag der Präsidentin oder des Präsidenten mit Zustimmung des Landtages die weiteren Mitglieder des Landesrechnungshofs. Das Nähere bestimmt ein Gesetz.

Übersicht

	RdNr.
Ein Rückblick	1
Die bundesrechtlichen Vorgaben	2
Der Zweck der Norm	3
Der Status des Landesrechnungshofes	4
Die institutionellen Garantien	5
Die Prüfung der „Rechnung"	6
Die Prüfungsergebnisse	7
Die Rechtsnatur der Berichte	8
Die mitlaufende Finanzkontrolle	9
Die „Ordnungsmäßigkeit"	10
Die „Wirtschaftlichkeit"	11
Die Fraktionszuschüsse	12
Das Prinzip der Lückenlosigkeit	13
Geheimhaltungsbedürftige Ausgaben	14
Subventionierte karitative Einrichtungen	15
Die Opposition	16
Das „Nähere"	17
Beratung als „weitere Aufgabe"	18
Die innere Organisation	19
Die Aufteilung der Personalhoheit	20
Die „richterliche Unabhängigkeit"	21
Die Prüfungsbeamten	22
Organstreitverfahren	23

Es gibt im Staatsrecht keine Institution, die ihre organisatorischen Grundzüge in den letzten 280 Jahren so wenig geändert hat wie die der **Rechnungshöfe als ministerialfreie, unabhängige Kollegialbehörden zur Prüfung der Finanzen.** Sachsen führte 1707 die Ober-Rechen-Kammer ein. Ihm folgte Preußen 1714. Die preußische Behörde prägt das System der Rechnungsprüfung. Der Bundesrechnungshof steht in dieser Tradition[1]. Art. 104 Abs. 2 Preußische Verfassung von 1850 und Art. 68 Satz 2 Preußische Verfassung von 1920 bestätigten der Oberrechnungskammer die Prüfung des Haushalts und das Recht der „Bemerkungen" im Rahmen des Entlastungsverfahrens[2]. Die Reichshaushaltsordnung, mit verfassungsändernder Mehrheit vom Reichstage beschlossen, übertrug dem Rechnungshof die Überwachung der gesamten Reichshaushaltsführung. Der Grundgesetzgeber hob mit Art. 114 GG die bisherige Praxis in den Verfassungsrang. Der Bundesgesetz-

1

---
1 Zavelberg, 275 Jahre staatliche Rechnungsprüfung in Deutschland, in: Zavelberg, 43.
2 Stier-Somlo, RdNr. 4 zu Art. 68; Stern, Bd. II, 410f.

Art. 70

geber verpflichtete mit Abschnitt V des Haushaltsgrundsätzegesetzes vom 19. August 1969[3] die Länder, ihren Rechnungshöfen bestimmte Aufgaben und Kompetenzen zuzuweisen. Der Landesverfassungsgeber der Vorläufigen Niedersächsischen Verfassung folgte bei der Finanzkontrolle dem Vorbilde des Bundes (Art. 114 GG = Art. 53 Abs. 1 u. 2 VNV). Aufgrund eines Streites zwischen dem Landtage und der Landesregierung über den Umfang der Personalhoheit der Exekutive für den Landesrechnungshof fügte der Landesverfassungsgeber durch verfassungsänderndes Gesetz vom 29. Februar 1956 den Absatz 3 des Art. 53 VNV ein[4]. Die Novelle 1991[5] brachte die Wahl des Präsidenten des Landesrechnungshofes durch den Landtag mit qualifizierter Mehrheit. Art. 70 NV stimmt inhaltlich mit Art. 53 NVN überein[6].

2 Bei den Aufgaben des Landesrechnungshofes ist der Landesverfassungsgeber weitgehend an das **Haushaltsgrundsätzegesetz** des Bundes gebunden[7]. Das Haushaltsgrundsätzegesetz gewährt dem Landesrechnungshof das unmittelbare Berichtsrecht gegenüber Landtag und Landesregierung sowie die Kompetenz für die Prüfung der gesamten Haushalts- und Wirtschaftsführung des Landes einschließlich der Sondervermögen und Betriebe.

3 Der **Zweck der Norm** ist die umfassende Prüfung der Haushalts- und Wirtschaftsführung der Landesregierung als Vorstufe und Grundlage der parlamentarischen Finanzkontrolle des Landtages mit dem Ziele der Entlastung der Landesregierung sowie die Unterstützung der Selbstkontrolle der Exekutive. Sie beschränkt sich nicht auf die öffentliche Verwaltung, sondern umfaßt auch wirtschaftliche Beteiligungen aller Art sowie die fiskalische Verwaltung des Landes.

4 Demgemäß hat der Landesrechnungshof eine staatsrechtlich **einzigartige Doppelstellung**. Er ist ein unabhängiges Hilfsorgan der Legislative und der Exekutive[8]. Damit ist er ein oberstes Landesorgan, aber noch kein Verfassungsorgan[9].

5 Zusätzlich zu den Vorschriften des Haushaltsgrundsätzegesetzes gewährt Art. 70 NV eine **institutionelle Garantie,** eine Bestandsgarantie der Landesverfassung, für nachfolgende Sachgebiete:
- Selbständigkeit des Landesrechnungshofes,
- Prüfung der Rechnung des Finanzministers,
- Prüfung der gesamten Haushalts- und Wirtschaftsführung des Landes,

---

3 BGBl. I, 1273.
4 Korte, 294 f.
5 Gesetz v. 27. 11. 1991 – Nieders. GVBl. S. 301.
6 Schriftlicher Bericht, 41.
7 §§ 42 f. HGrG; BVerwG, U. v. 19. 12. 1997 – NdsVBl., 1997, 206 (207).
8 Mahrenholz, in: AK-GG, RdNr. 50 zu Art. 114; Vogel/Kirchhof, in: Bonner Kommentar, RdNr. 174, 177 zu Art. 114; Stern, Bd. II, 447.
9 Hopfe, in: Linck/Jutzi/Hopfe, RdNr. 1 zu Art. 103; Katz, in: Feuchte, RdNr. 8 zu Art. 83; Maunz, in: Maunz/Dürig/Herzog, RdNr. 25 zu Art. 114; Vogel/Kirchhof (Fn. 8), RdNr. 177 zu Art. 114; Braun, RdNr. 6 zu Art. 83; Kisker, Staatshaushalt, in: Hdb. d. Staatsrechts, Bd. IV, 235 (291); David, RdNr. 5 zu Art. 71; Stern, Die staatsrechtliche Stellung des Bundesrechnungshofes und seine Bedeutung im System der Finanzkontrolle, in: Zavelberg, 11 (42); v. Mutius, in: v. Mutius/Wuttke/Hübner, RdNr. 3 zu Art. 57; a. A.: Mahrenholz, Festrede aus Anlaß des 50jährigen Bestehens des Niedersächsischen Landesrechnungshofes, NdsVBl., 1999, 125 (128).

Landesrechnungshof   **Art. 70**

- richterliche Unabhängigkeit seiner Mitglieder und
- unmittelbarer Schriftverkehr mit dem Landtage und der Landesregierung[10].

Der einfache Landesgesetzgeber ist demnach verpflichtet, eine personelle und materielle Mindestausstattung zu gewähren, damit die von der Verfassung und den beiden Gesetzgebern Bund und Land übertragenen Funktionen fristgerecht voll erfüllt werden können[11]. Die zentrale Bedeutung der EDV-Programme für die Landesverwaltung kann z. B. die Notwendigkeit der Einstellung von Informatikern mit betriebswirtschaftlicher Vorbildung als Prüfungsbeamte gebieten.

Der Umfang der für das Land verbindlichen **Rechnungsprüfung** folgt aus §§ 42 f. Haushaltsgrundsätzegesetz. Sie umfaßt neben der „rechnerisch-formellen Kontrolle" die „materielle Kontrolle" und die sogenannte „Verfassungskontrolle". Bei der Verfassungskontrolle ist zu prüfen, ob der gesetzlich festgestellte Haushaltsplan, einschließlich der dazugehörenden Unterlagen, von der Verwaltung eingehalten worden ist. Dabei sind Haushaltsgesetz und Haushaltsplan nicht Gegenstand, sondern Maßstab für die Haushaltsprüfung[12].   6

Der Landesrechnungshof faßt das Ergebnis seiner Prüfung, das **„Prüfungsergebnis",** soweit es für die Entlastung der Landesregierung bedeutsam sein kann, jährlich für den Landtag in sogenannten „Bemerkungen" zusammen, die er unmittelbar und gleichzeitig Landtag und Landesregierung zuleitet[13].   7

Verfahrensrechtlich hat dieser Bericht des Landesrechnungshofes den Charakter eines Kollegialgutachtens einer obersten Fachbehörde. Er ist sanktionslos und bindet das Parlament nicht[14].   8

Neben dieser „klassischen" Aufgabe der nachträglichen Prüfung[15] enthält Art. 70 Abs. 1 Satz 1 NV die rechnungsunabhängige Pflicht zur Prüfung der „Haushalts- und Wirtschaftsführung", die sogenannte **mitlaufende Finanzkontrolle,** die nicht der Vorbereitung des formellen Entlastungsverfahrens dient[16]. Mit dieser allgemeinen finanzpolitischen Kontrolle des Landtages[17] werden z. B. erfaßt   9

- langfristige Finanzpläne,
- Investitionsprogramme,
- konjunktur- und wachstumspolitische Maßnahmen unter Einsatz staatlicher Wirtschaftsgüter und
- vertragliche Finanzverpflichtungen[18].

---

10 Braun, RdNr. 5 zu Art. 83; Katz (Fn. 9), RdNr. 9 zu Art. 83; Vogel/Kirchhof (Fn. 8), RdNr. 165 zu Art. 114; Maunz (Fn. 9), RdNr. 17 zu Art. 114.
11 Maunz, Fn. 10.
12 BVerfGE 20, 56 (96).
13 Art. 70 Abs. 1 Satz 2 NV, § 97 Abs. 1 LHO.
14 Stern, Bd. II, 441; Vogel/Kirchhof (Fn. 8), RdNr. 176 zu Art. 114; Knöpfle, Die Zulässigkeit einer Öffentlichkeitsarbeit der Rechnungshöfe, in: FS Stern, 629.
15 Die Preußische Verfassung von 1850 bestimmte bereits, daß die Bemerkungen der Ober-Rechnungskammer zur Entlastung der Staatsregierung vorgelegt werden (Art. 104 Abs. 2 Satz 2).
16 Welz, 133; Sigg, 30f.; Vogel/Kirchhof (Fn. 8), RdNr. 20, 21 zu Art. 114.
17 Sigg, 31.
18 Sigg, 30f.

Art. 70

10 „Ordnungsmäßig" ist ein Finanzgebaren, wenn es der gesamten Rechtsordnung entspricht, wenn Gesetze, Unionsrecht, Verordnungen, Staatsverträge und Verwaltungsvorschriften beachtet worden sind[19].

11 „Wirtschaftlich" ist eine staatliche Maßnahme, wenn die Bedeutung der durch sie erreichbaren Ziele für das Gemeinwohl den eingesetzten Aufwand an Zeit, Arbeit, Kraft, Finanzmitteln unter Einschluß abträglicher Nebenfolgen als gerechtfertigt erscheinen läßt und die gleichen Ziele nicht auch mit einem geringeren Aufwand erreicht werden könnten[20].

12 Das Bundesverfassungsgericht geht davon aus, daß **Fraktionszuschüsse**, auch „**Ausstattung**" genannt (Art. 19 Abs. 2 Satz 2 NV), in jeder Weise nach den gleichen verfassungsrechtlichen und haushaltsrechtlichen Maßstäben geprüft werden müssen wie andere Haushaltsmittel[21]. Der Landesrechnungshof ist verpflichtet, die Zweckbindung dieser Mittel an die Arbeit der Fraktionen regelmäßig nachzuprüfen[22]. Ob dabei politische Ziele der Fraktion kritisiert werden dürfen, wenn ihr Aufwand evident unwirtschaftlich erscheint, ist umstritten[23]. Solange jedoch der **Bundes**gesetzgeber in Kenntnis dieses seit Jahren bestehenden Problems keine Grenze zieht, ist der Landesrechnungshof berechtigt, auch politische Ziele in Ausnahmefällen zu werten.

13 Es gibt **keine Prüfungsfreiräume**. Es gilt das **Prinzip der Lückenlosigkeit**. Ausnahmen kann nur der Bundesgesetzgeber im Rahmen seiner Grundsatzgesetzgebung zulassen[24]. Das Prinzip korrespondiert mit dem Vollständigkeitsgrundsatz des Art. 65 Abs. 1 Satz 1 NV[25]. Die Landeshaushaltsordnung konkretisiert diesen Grundsatz der Lückenlosigkeit in den §§ 88 Abs. 1, 91 und 92.

14 Der Grundsatz der Lückenlosigkeit erfaßt auch **geheimhaltungsbedürftige Ausgaben**. Hier kann der Landesgesetzgeber bestimmen, daß der Präsident des Landesrechnungshofes und zwei weitere Mitglieder prüfen. Prüfungsbeamte können dabei zu Hilfe gezogen werden[26]. Da die Landesregierung die politische Verantwortung für die Wahrung der Geheimhaltung trägt[27], müssen die Mitglieder dieses Prüfungsgremiums und die ihnen zugeteilten Prüfungsbeamten Inhaber der in Betracht kommenden Sicherheitsstufe sein. Entsprechendes gilt für die parlamentarische Prüfung im Landtage.

15 Das Grundgesetz beschränkt die Rechnungsprüfung gegenüber **karitativen Einrichtungen der Kirchen, Religionsgemeinschaften** und **Weltanschauungsgemeinschaften**. Bei der Prüfung von staatlichen Subventionen an

---

19 Vogel/Kirchhof (Fn. 8), RdNr. 93 zu Art. 114; Kisker (Fn. 9), 284.
20 Vogel/Kirchhof (Fn. 8), RdNr. 90, zu Art. 114; Kisker, Fn. 19; v. Arnim, Wirtschaftlichkeit als Kontrollmaßstab des Rechnungshofes, in: Zavelberg, 259 (264).
21 BVerfGE 80, 188 (214).
22 BVerfG, Fn. 21.
23 Bejahend: Kisker (Fn. 8), 275 f.; v. Arnim, Fn. 20; verneinend: Mahrenholz (Fn. 8), RdNr. 15 zu Art. 114.
24 Vogel/Kirchhof (Fn. 8), RdNr. 125, 127 zu Art. 114.
25 M(Fn. 8), RdNr. 14 zu Art. 114.
26 Vogel/Kirchhof (Fn. 8), RdNr. 126 zu Art. 114; § 89 Abs. 3 LHO.
27 Siehe RdNr. 23 zu Art. 24 NV.

Landesrechnungshof   **Art. 70**

diese Stellen sind die Grundrechtssensibilität und das kirchliche Selbstbestimmungsrecht zu beachten[28]. Eine Prüfung der wirtschaftlichen Verwendung der Mittel ist weitgehend eingeschränkt. Denn der Staat ist nicht befugt, die Qualität der Mitarbeiter der Einrichtungen und die Ziele ihrer Träger zu bewerten[29]. Unzulässige Prüfungsersuchen des Landesrechnungshofes können von den Trägern der Einrichtungen nach Ausschöpfung des verwaltungsgerichtlichen Rechtsweges mit der Verfassungsbeschwerde wegen **Verletzung des Grundrechtes auf Religionsfreiheit** angefochten werden[30].

Die geltende parlamentarische Finanzkontrolle berücksichtigt nicht hinreichend die **Aufgaben der Opposition**, wie es z. B. das österreichische Staatsrecht vorsieht: 16

- Prüfungspflicht des Rechnungshofes auf Antrag von mindestens einem Drittel der Abgeordneten ohne einen Plenarbeschluß über einen bestimmten Vorgang[31],
- Kontrolle der außergewöhnlichen Vermögenszuwächse von Mitgliedern der Regierung[32].

Der Landesgesetzgeber hat seine Rechtsetzungspflicht durch die **Landeshaushaltsordnung** – LHO – und das **Gesetz über den Landesrechnungshof** – LRHG – erfüllt. Das „Nähere" kann institutionelle Garantien nicht einschränken[33]. Der Landesgesetzgeber hat ferner die Grundsatzgesetzgebung des Bundes zu beachten. Der Landesgesetzgeber kann dem Landesrechnungshof zusätzliche Aufgaben übertragen, die unmittelbar der parlamentarischen Finanzkontrolle dienen, so z. B. der Prüfung der von der **Landesverwaltung benutzten EDV-Programme** auf ihre Sicherheit gegen Veruntreuungen durch Landesbedienstete. 17

Die institutionelle Garantie der „**richterlichen Unabhängigkeit**" schließt nach nahezu einhelliger Ansicht eine **Pflicht** des Landesrechnungshofes und seiner Mitglieder, Gutachten zu erstatten und zu beraten, aus. Das gilt auch für den Präsidenten des Landesrechnungshofes[34]. Denn die Landesverfassung schränkt die richterliche Unabhängigkeit nicht ein[35], § 42 Abs. 5 HGrG bestimmt vielmehr für den Landesgesetzgeber verbindlich, daß der Landesrechnungshof beraten „**kann**". Dabei darf der Umfang der Beratung die Prüfungspflicht nicht beeinträchtigen. Die Mitglieder des Landesrechnungsho- 18

---

28 Leisner, 48; Röbbers, Förderung der Kirchen durch den Staat, in: Hdb. d. Staatskirchenrechts, 2. Aufl., 867 (881).
29 Röbbers, Fn. 28.
30 BVerfGE 42, 312 (322); Neumann, RdNr. 5 zu Art. 4 Bremische Verfassung.
31 Walter/Mayer, 315; § 99 Abs. 2 Nationalrats-Geschäftsordnungsgesetz. Korff, Wege zur Verbesserung der Finanzkontrolle, ZParl., 1981, 399 (401).
32 Adamovich/Funk, 323.
33 Vogel/Kirchhof (Fn. 8), RdNr. 211 zu Art. 114.
34 § 88 Abs. 3 LHO: „Der Landesrechnungshof hat sich auf Ersuchen des Landtages gutachtlich zu äußern...".
35 Sigg, 39; Braun, RdNr. 9 zu Art. 83; Katz (Fn. 9), RdNr. 13 zu Art. 83; Maunz (Fn. 9), RdNr. 30 zu Art. 114; Vogel/Kirchhof (Fn. 8), RdNr. 182, 201 zu Art. 114; Friedmann, Die Effizienz der Tätigkeit des Bundesrechnungshofes, in: Zavelberg, 157 (167); Kisker (Fn. 9), 281; Fischer-Menshausen, in: v. Münch/Kunig, RdNr. 11a zu Art. 114; Stern, Bd. II, 431; Neumann, RdNr. 16 zu Art. 133a Bremische Verfassung.

Art. 70

fes entscheiden nach pflichtgemäßem freiem Ermessen, ob und wieweit sie beraten oder Gutachten erstatten[36].

19 Die institutionelle Garantie der personellen Unabhängigkeit der Mitglieder des Landesrechnungshofes schränkt die **innere Organisation** des Landesrechnungshofes ein. Monokratische Entscheidungen und hierarchische Weisungsstränge kommen nicht in Betracht[37]. Innerhalb der Kollegialverfassung hat jedes Mitglied einen Anspruch auf eine gleiche Beteiligung[38]. Alle Mitglieder müssen mit gleichem Stimmgewicht die Geschäftsverteilung beschließen.

20 Art. 70 Abs. 2 NV verteilt die **Personalhoheit** über die Mitglieder des Landesrechnungshofes auf Landtag und Landesregierung. Die Vorschrift ist eine Ausnahmenorm zu Art. 38 Abs. 2 NV, wonach die Landesregierung die Beamten ernennt und entläßt. Beide Vorschriften ergeben folgende Kompetenzen:

> **Landtag:** Wahl des Präsidenten und des Vizepräsidenten und Zustimmung für die weiteren Mitglieder des Landesrechnungshofes.
>
> **Landesregierung:** Vorschläge für die Wahl des Präsidenten und des Vizepräsidenten zu Beamten auf Zeit, Ernennung der Mitglieder zu Beamten auf Lebenszeit, Ernennung der Prüfungsbeamten zu Beamten auf Lebenszeit.

Zum Wahlverfahren vor dem Plenum des Landtages siehe Art. 21 Abs. 4 Satz 2 NV, zur „Mehrheit seiner Mitglieder" Art. 74 NV.

21 Art. 70 Abs. 1 Satz 1 NV gewährt den Mitgliedern des Landesrechnungshofes die **„richterliche Unabhängigkeit".** Sie umfaßt die persönliche (Art. 97 Abs. 2 GG) und die sachliche Unabhängigkeit (Art. 97 Abs. 1 GG)[39]. Die Mitglieder werden jedoch dadurch nicht zu Richtern[40]. Unzulässig ist es z. B., Mitglieder des Landesrechnungshofes der gleitenden Arbeitszeit zu unterwerfen[41]. Die sachliche Unabhängigkeit bedeutet Weisungsfreiheit und ausschließliche Bindung an Gesetz und Recht. Allein die Mitglieder entscheiden, welche Prüfungsgegenstände sie wählen[42]. Weder Landesregierung noch Landtag können dem Rechnungshof Weisungen über Prüfungen erteilen.[43] Der Landesrechnungshof kann Beanstandungen wiederholen, welche der Landtag bereits in einem früheren Entlastungsverfahren für unbegründet oder unerheblich gehalten hat[44]. Ein „Ceterum Censeo" der Mitglieder des Landesrechnungshofes zu einem bestimmten Sachverhalt kann somit Jahr für Jahr wiederholt werden.

---

36 Friedmann, Fn. 35.
37 Stern (Fn. 9), 36; Neumann, RdNr. 14 zu Art. 133a Bremische Verfassung.
38 Vogel/Kirchhof (Fn. 8), RdNr. 190 zu Art. 114.
39 Stern, Bd. II, 423; Sigg, 57; David, RdNr. 10, 11 zu Art. 71.
40 Stern, Fn. 39.
41 BGH, U. v. 16. 11. 1990 – NJW 1991, 1103.
42 Stern (Fn. 9), 37 sowie Bd. II, 423; Vogel/Kirchhof (Fn. 8), RdNr. 182 zu Art. 114.
43 Vogel/Kirchhof, Fn. 42.
44 Vogel/Kirchhof, Fn. 42.

Weisungsunterworfene **Prüfungsbeamte** der Laufbahnen des gehobenen oder des höheren Dienstes dürfen nur für Vorarbeiten als Hilfskräfte eingesetzt werden. Sie dürfen nicht selbständig arbeiten[45]. 22

Als „**oberstes Landesorgan**" (Art. 54 Nr. 1 NV) kann der Landesrechnungshof im Organstreitverfahren den Weg zum Staatsgerichtshof beschreiten. Von dieser Möglichkeit ging der Verfassungsgeber aus[46]. Verfahrensrechtlich wird der Landesrechnungshof so gestellt, als ob er ein Verfassungsorgan des Landes wäre. 23

Artikel 71
Kreditaufnahme, Gewährleistungen

Die Aufnahme von Krediten sowie die Übernahme von Bürgschaften, Garantien oder sonstigen Gewährleistungen, die zu Ausgaben in künftigen Haushaltsjahren führen können, bedürfen einer der Höhe nach bestimmten oder bestimmbaren Ermächtigung durch Gesetz. Kredite dürfen die für eigenfinanzierte Investitionen, Investitionsfördermaßnahmen und zur Umschuldung veranschlagten Ausgaben nicht überschreiten. Ausnahmen sind nur zulässig zur Abwehr einer nachhaltigen Störung des gesamtwirtschaftlichen Gleichgewichts oder zur Abwehr einer akuten Bedrohung der natürlichen Lebensgrundlagen.

Übersicht

	RdNr.
Das vorrechtliche Bild	1
Die bundesrechtlichen Vorgaben	2
Der Zweck der Norm	3
Die „Ermächtigung durch Gesetz" zur „Aufnahme von Krediten"	4
Die Kassenverstärkungsmittel	5
Kreditaufnahme durch Dritte für das Land	6
„Bürgschaften, Garantien oder sonstige Gewährleistungen"	7
Das Bruttoprinzip	8
Die „Ermächtigung"	9
„durch Gesetz"	10
„bestimmt" und „bestimmbar"	11
Die „Investitionen"	12
Die „Störung des gesamtwirtschaftlichen Gleichgewichts"	13
Ein Einschätzungs- und Beurteilungsspielraum	14
Die „akute Bedrohung der natürlichen Lebensgrundlagen"	15
Nichtige Kreditermächtigung und Darlehensverträge	16
Die Verantwortung der Exekutive bei der Kreditaufnahme	17
Organstreitverfahren beim Staatsgerichtshof	18
Verschuldensgrenzen nach Unionsrecht	19

Die Vorschrift übernimmt den wesentlichen Inhalt des Art. 54 Satz 1 VNV und fügt mit den Sätzen 2 und 3 zusätzliche Normen ein. Regelungen der 1

---

[45] Stern (Fn. 9), 38; Maunz (Fn. 9), RdNr. 18 zu Art. 114.
[46] Schriftlicher Bericht, 41.

Art. 71

Staatsverschuldung gibt es seit Anfang des 19. Jahrhunderts. So bestimmte die preußische Verordnung wegen der künftigen Behandlung des gesamten Staatsschuldenwesens vom 17. Januar 1820 (Preuß. Gesetzessammlung S. 9) die Beteiligung der „reichsständischen Versammlung" Preußens. Die Preußische Verfassung von 1850 verlangte, daß die Aufnahme von Anleihen und die Übernahme von Garantien nur aufgrund eines Gesetzes stattfinde (Art. 103). Die Reichsverfassung von 1871 wiederholte mit Art. 73 diese Regelung. Die Weimarer Reichsverfassung von 1919 schränkte die Kreditaufnahme zusätzlich auf einen „außerordentlichen Bedarf" und „werbende Zwecke" ein (Art. 87). Durch das 20. Gesetz zur Änderung des Grundgesetzes vom 12. Mai 1969[1] erhielt der Bund die Zuständigkeit, für Bund und Länder gemeinsame Grundsätze des Haushaltsrechts aufzustellen. Von dieser Kompetenz zur **„Grundsatzgesetzgebung"**[2] hat der Bundesgesetzgeber durch das Gesetz zur Förderung der Stabilität und des Wachstums der Wirtschaft – StuWG – vom 8. Juni 1967[3] und das Gesetz über die Grundsätze des Haushaltsrechts des Bundes und der Länder – Haushaltsgrundsätzegesetz, HGG – vom 19. August 1969[4] Gebrauch gemacht. Diese Gesetze schränken durch ihre Sperrwirkung im Finanzverfassungsrecht die Kompetenz des Landesverfassungsgebers erheblich ein. Er darf von den Regelungen des Bundesgesetzgebers nicht abweichen[5]. Aufgrund dieser umfassenden Neuregelung des Finanzverfassungsrechts fügte der niedersächsische Verfassungsgeber mit dem Neunten Gesetz zur Änderung der Vorläufigen Niedersächsischen Verfassung vom 28. März 1972[6] die Fassung des Art. 54 VNV ein. Sie entsprach den bundesgesetzlichen Vorgaben.

2 Nach **Art. 109 Abs. 2 GG** ist das Land verpflichtet, bei seiner Haushaltswirtschaft den Erfordernissen des gesamtwirtschaftlichen Gleichgewichts Rechnungs zu tragen. Diese Bestimmung **bindet den Landesverfassungsgeber** unmittelbar[7]. Dies gilt auch für die Kreditgesetzgebung des Landes[8]. Eine weitere ausdrückliche Bindung enthält das angeführte Stabilitätsgesetz[9]. Landesrechtliche Ausnahmen, die nicht der Abwehr einer Störung des gesamtwirtschaftlichen Gleichgewichts dienen, kann der Landesgesetzgeber nicht schaffen. Sie sind nicht zulässig[10].

3 **Normzweck** einer nach den bundesgesetzlichen Vorgaben zulässigen Regelung der Kreditaufnahme ist es, im Rahmen der Erfordernisse des gesamtwirtschaftlichen Gleichgewichts die Staatsverschuldung zu begrenzen. Es

---

1 BGBl. I, 357.
2 Hierzu RdNr. 1 zu Art. 64 NV.
3 BGBl. I, 582.
4 BGBl. I, 1273.
5 RdNr. 1 zu Art. 64 NV.
6 Nieders.GVBl. S. 171.
7 BVerfGE 90, 107 (116); 86, 148 (264); 79, 311 (331); David, RdNr. 28 zu Art. 72; Ganseforth, Haushalt und Finanzen, in: Faber/Schneider, 472 (473).
8 Hopfe, in: Linck/Jutzi/Hopfe, RdNr. 16 zu Art. 98; Friauf, Staatskredit, in: Hdb. d. Staatsrechts, Bd. IV, 321 (336 f.); Katz, in: Feuchte, RdNr. 9 zu Art. 79; Barschel, in: Barschel/Gebel, RdNr. C VI 2 zu Art. 43.
9 § 23 StuWG.
10 BVerfGE 79, 311 (333).

Kreditaufnahme, Gewährleistungen   Art. 71

soll verhindert werden, daß sich ein stetig **wachsender Schuldensockel** bildet, der schließlich die Fähigkeit des Staatshaushaltes, auf die Probleme der Gegenwart und der Zukunft zu reagieren, verhindert[11].

Die „**Ermächtigung durch Gesetz**" zur „**Aufnahme von Krediten**" bedeutet, daß **Normadressat** nur der Landtag ist. Der **plebiszitäre Gesetzgeber** ist ausgeschlossen (Art. 48 Abs. 1 Satz 3 NV). Das Kreditgesetz verpflichtet die Landesregierung oder den Finanzminister nicht, das Land zu verschulden[12]. Die „**Aufnahme von Krediten**" ist die vertragliche Begründung von Finanzschulden. Sie kann z. B. in folgenden Formen geschehen: Schuldverschreibungen, Schatzanweisungen, Wechsel, Darlehen gegen Schuldschein, Schuldbuchforderungen, Landesanleihen, Landesobligationen. Nicht hierunter fallen **Verwaltungsschulden**. Dies sind Verbindlichkeiten, die bei Geschäften der Verwaltungstätigkeiten entstehen. So z. B. Kaufpreisschulden[13]. 4

Umstritten ist, ob **Kassenverstärkungskredite** nach dem Normzweck unter den Kreditbegriff des Art. 71 NV und seiner Parallelvorschriften fallen[14]. Eine einfachgesetzliche Regelung in der Landeshaushaltsordnung ist in der Praxis üblich (§ 18 Abs. 2 LHO). 5

Kredite, welche das Land **durch einen Dritten in dessen Namen auf Rechnung des Landes** aufnehmen läßt, fallen nach dem Normzweck unter den Kreditbegriff des Art. 71 NV[15]. 6

Der Begriffsinhalt der „**Bürgschaften**" und „**Garantien**" richtet sich nach bürgerlichem Recht. Mit „**sonstigen Gewährleistungen**" werden privatrechtliche, gemischte und öffentlich-rechtliche Verträge aller Art erfaßt, bei denen das Land das künftige Risiko eines Dritten übernimmt[16]. Nach § 39 Abs. 1 Landeshaushaltsordnung ist bei diesen Interzessionsverträgen die Höhe der Haftung des Landes zu bestimmen. Haupt- und Nebenforderungen sind somit zu addieren. 7

Bei einer Kreditaufnahme ist nach dem **Bruttoprinzip** die gesamte Summe in die Ermächtigungsnorm aufzunehmen. Dies entspricht der Publizitätspflicht für den Haushalt[17]. Die Vorbelastung späterer Haushaltsjahre muß für den Bürger erkennbar sein. 8

Ob die Landesregierung oder der Finanzminister die **Kreditermächtigung** nutzen wollen, entscheiden sie aufgrund ihrer Mitverantwortung für den Haushalt[18]. Ist die Kreditermächtigung nach bundesrechtlichen Vorgaben 9

---

11 BVerfGE 79, 311 (352, 355).
12 Wiebel, in: Bonner Kommentar, RdNr. 76 zu Art. 115; Stern, Bd. II, 1276; Maunz, in: Maunz/Dürig/Herzog, RdNr. 3 zu Art. 115; v. Mutius, in: v. Mutius/Wuttke/Hübner, RdNr. 3 zu Art. 53; Braun, RdNr. 3 zu Art. 84.
13 Maunz (Fn. 12), RdNr. 13 zu Art. 115; Stern, Bd. II, 1267; Braun, RdNr. 6 zu Art. 84.
14 Verneinend: Maunz (Fn. 12), RdNr. 11 zu Art. 115; Klein, in: Schmidt-Bleibtreu/Klein, RdNr. 9 zu Art. 115; Wiebel (Fn. 12), RdNr. 88 zu Art. 115; a. A.: Braun, Fn. 13.
15 Maunz (Fn. 12), RdNr. 12 zu Art. 115; Fischer-Menshausen, in: v. Münch/Kunig, RdNr. 8 zu Art. 115; einschränkend: Braun, Fn. 13.
16 VerfGH Rheinland-Pfalz, E. v. 20. 11. 1996 – VGH 3/96; Wiebel (Fn. 12), RdNr. 49 zu Art. 115; Maunz (Fn. 12), RdNr. 21, 22 zu Art. 115.
17 Maunz (Fn. 12), RdNr. 17 zu Art. 115; Braun, RdNr. 8 zu Art. 84; Wiebel (Fn. 12), RdNr. 75 zu Art. 115; Friauf (Fn. 7), 334.
18 BVerfGE 45, 1 (46); Braun, RdNr. 5 zu Art. 84.

Art. 71

unzulässig geworden, können sie sich nicht auf eine gesetzliche Ermächtigung des Landesgesetzgebers berufen. Hierzu RdNr. 19.

10 Die Ermächtigung geschieht „**durch Gesetz**". Nach § 18 Abs. 2 Landeshaushaltsordnung ist die Ermächtigung in das Haushalts**gesetz** aufzunehmen. Das ist der Regelfall. Die Ermächtigung kann aber auch in einem anderen Gesetz erteilt werden[19]. Eine Rechtsverordnung oder ein Haushalts**plan** genügen nicht[20]. Auch eine **Notverordnung** ist zulässig, da sie Kraft und Rang eines formellen Gesetzes hat (RdNr. 16 zu Art. 44 NV).

11 Eine Kreditaufnahme ist der Höhe nach „**bestimmt**", wenn der Geldbetrag in Zahlen angeführt wird. Sie ist der Höhe nach „**bestimmbar**", wenn das Gesetz die Merkmale so genau festlegt, daß zu gegebener Zeit die Höhe des Kredits zahlenmäßig hinreichend errechnet werden kann[21]. Die ziffernmäßige Bestimmung ist die Regel, die Bestimmbarkeit kommt als Ausnahme nur dann in Betracht, wenn dies zur Zeit der Beschlußfassung aus rechtlichen oder tatsächlichen Gründen nicht möglich ist[22].

12 Art. 71 Satz 2 NV regelt die „**gesamtwirtschaftliche Normallage**" und Satz 3 die „**Ausnahme vom Regelfall**". Bei der „Normallage" wird der Umfang der Kreditermächtigung auf die Summe der veranschlagten Ausgabe für **Investitionen** beschränkt[23]. Der Begriff entspricht der der Praxis des Bundestages. Hierunter fallen z. B. Baumaßnahmen und Ausgaben „für Investitionen und Investitionsmaßnahmen gemäß Nr. 7 und 8 des Gruppierungsplanes nach § 13 Abs. 3 Nr. 2 Bundeshaushaltsordnung"[24]. Der Begriffsumfang ist so weit, daß er ohne Begrenzung durch den Gesetzgeber kaum praktikabel ist[25].

13 Ausnahme vom Regelfall ist eine „**nachhaltige Störung des gesamtwirtschaftlichen Gleichgewichts**" (Art. 71 Satz 3 NV). Der Verfassungsgeber wiederholt hier das ihn nach Art. 109 Abs. 2 GG bindende Gebot[26]. Diese Ausnahme setzt voraus:
– eine Störung dieses Gleichgewichts liegt vor oder droht unmittelbar,
– sie ist ernsthaft und nachhaltig,
– die Kreditermächtigung ist nach Umfang und Verwendung geeignet, die Störung des gesamtwirtschaftlichen Gleichgewichts abzuwehren,
– eine fehlende Anpassung der Struktur der Wirtschaft an neue Gegebenheiten oder eine schon bestehende hohe Staatsverschuldung darf dabei nicht Ursache der Störung sein[27].

---

19 Braun, RdNr. 3 zu Art. 84; Katz (Fn. 8), RdNr. 7 zu Art. 84; Meder, RdNr. 3 zu Art. 82; Hopfe (Fn. 8), RdNr. 14 zu Art. 98; Wiebel (Fn. 12), RdNr. 68 zu Art. 115.
20 Friauf (Fn. 8), 333; Stern, Bd. II, 1276; Fricke, Das Finanzwesen, in: Simon/Franke/Sachs, 253 (259).
21 Maunz (Fn. 12), RdNr. 16 zu Art. 115; Friauf (Fn. 8), 334; Wiebel (Fn. 12), RdNr. 72 zu Art. 115; Mahrenholz, in: AK-GG, RdNr. 9 zu Art. 115.
22 BVerfGE 79, 311 (333, 335).
23 BVerfGE 79, 311 (333).
24 So BVerfGE 79, 311, Leitsatz Nr. 2.
25 Friauf (Fn. 8), 343 f.; v. Mutius (Fn. 12), RdNr. 18 zu Art. 53; Höfling, Bundesverfassungsrechtliche Direktiven für die Staatsschuldenpolitik, Der Staat, 1990, 255 (259 f.).
26 Hopfe (Fn. 8), RdNr. 16 zu Art. 98; Katz (Fn. 8), RdNr. 14 zu Art. 84; Isensee, Staatsverschuldung im Haushaltsvollzug, DVBl., 1996, 173.
27 BVerfGE 79, 311 (339 f.).

Bei der Bewertung dieser Faktoren hat der Gesetzgeber einen **Einschätzungs- und Beurteilungsspielraum**[28], dessen Grundlage jedoch nur wirtschaftliche Daten für das **gesamte** Bundesgebiet sind[29]. Nur im Lande auftretende Störungen genügen daher nicht.

14

Mit der singularen weiten Ausnahmevorschrift „**zur Abwehr einer akuten Bedrohung der natürlichen Lebensgrundlagen**" überschreitet der Landesgesetzgeber seine Kompetenz, die nach zutreffender Ansicht des Landesrechnungshofes durch Art. 109 Abs. 2 GG und § 1 StuWG wesentlich eingeschränkt wird[30]. Die Vorschrift kann daher nicht angewandt werden.

15

Eine verfassungswidrige Kreditermächtigung hat als **Interorganrecht** keinen Einfluß auf die Wirksamkeit der vom Lande abgeschlossenen privatrechtlichen Verträge[31].

16

Art. 71 NV verpflichtet die **Landesregierung** nicht, dem Landtage vor der Inanspruchnahme einer gesetzlichen Kreditermächtigung Investitionen in gleicher Höhe nachzuweisen[32]. Denn die Vorschrift richtet sich allein an den Landtag als Normadressat (RdNr. 4). Will die Exekutive von einer Kreditermächtigung Gebrauch machen, so hat sie selbst verantwortlich zu prüfen, ob die Grundsätze des gesamtwirtschaftlichen Gleichgewichts dies noch zulassen. Denn sie ist beim Vollzug des Haushaltes und der Haushaltswirtschaft an Art. 109 Abs. 2 GG gebunden[33]. Da erst die tatsächliche Kreditaufnahme das gesamtwirtschaftliche Gleichgewicht beeinträchtigen kann, hat sie in diesem Zeitpunkt die Voraussetzungen zu prüfen[34]. Diese Pflicht wird in §§ 1, 23 StuWG noch bestätigt.

17

Die **Fraktionen** können die Exekutive dahingehend kontrollieren, ob die Pflicht zur „Konjunkturstabilisierung auf eine antizyklische Steuerung des Konjunkturablaufes"[35] bei der Aufnahme des Kredits hinreichend erfüllt wird. Sie können eine Verletzung dieser Pflicht im **Organstreitverfahren** vom Staatsgerichtshof prüfen lassen. Der angeführte Beschluß des Staatsgerichtshofes setzt sich mit den in das **Landesverfassungsrecht hineinwirkenden Bundesvorschriften**[36] nicht auseinander.

18

Die stark gestiegene Verschuldung von Bund, Ländern und Kommunen wird eine größere Haushaltsdisziplin erzwingen, um das neue bundesrechtliche **Staatsziel der Preisstabilität** zu erfüllen[37]. Die Kreditermächtigungsvorschriften des Bundes und der Länder haben sich bisher als unzureichend erwiesen[38]. Zum Staatsziel der Preisstabilität wird auf die Einleitung verwiesen.

19

---

28 BVerfGE 79, 311 (343).
29 BVerfGE 79, 311 (344).
30 Nieders. Landesrechnungshof, Schreiben vom 17. 2. 1993 an den Landtag; Schriftlicher Bericht, 42.
31 Vorauflage, RdNr. 6 zu Art. 50 und RdNr. 12 zu Art. 54; Wiebel (Fn. 12), RdNr. 69 zu Art. 115.
32 StGH, B. v. 17. 2. 1997 – StGH 11/95, Fundstelle s. Art. 54 NV.
33 BVerfGE 79, 311 (331); Fischer-Menshausen (Fn. 15), RdNr. 8 zu Art. 109.
34 Isensee (Fn. 26), 175; Wolffgang, Die Fortgeltung der Kreditermächtigung nach § 13 Abs. 2 Satz 1 HGrG – Grundlage für eine Schattenkreditwirtschaft?, DVBl., 1984, 1049 (1054).
35 BVerfG, Fn. 33.
36 Siehe RdNr. 9 zu Art. 54 NV.
37 Henneke, Die Verpflichtung von Bund, Ländern und Kommunen zur Vermeidung übermäßiger öffentlicher Defizite, NdsVBl., 1997, 25.
38 Henneke, Fn. 37.

NEUNTER ABSCHNITT
Übergangs- und Schlußbestimmungen

Artikel 72
Besondere Belange und überkommene Einrichtungen der ehemaligen Länder

(1) Die kulturellen und historischen Belange der ehemaligen Länder Hannover, Oldenburg, Braunschweig und Schaumburg-Lippe sind durch Gesetzgebung und Verwaltung zu wahren und zu fördern.

(2) Die überkommenen heimatgebundenen Einrichtungen dieser Länder sind weiterhin dem heimatlichen Interesse dienstbar zu machen und zu erhalten, soweit ihre Änderung oder Aufhebung nicht in Verfolg organisatorischer Maßnahmen, die sich auf das gesamte Land Niedersachsen erstrecken, notwendig wird.

Übersicht

	RdNr.
Rückblick	1
„Gesetzgebung und Verwaltung"	2
„Die kulturellen und historischen Belange"	3
„Die überkommenen heimatgebundenen Einrichtungen"	4
„dem heimatlichen Interesse dienstbar zu machen"	5
Die Ausnahmevorschrift (Art. 72 Abs. 2, 2. u. 3. Halbsatz)	6
Keine Dokumentation der Einrichtungen	7

1 Seit jeher besteht die historische Erfahrungsregel, daß bei der Vereinigung von Staaten kulturelle und wirtschaftliche Einrichtungen in die neue Hauptstadt verlegt werden. Die braunschweigische Verfassungspraxis kannte daher bereits seit dem 17. Jahrhundert Bestimmungen, wonach bei einer Vereinigung des Herzogtums mit einem anderen Staat der Öffentlichkeit gewidmete Kunstschätze des Landes nicht aus dem Lande entfernt werden durften. Büchereien und Museen sollten vom Lande untrennbare Anstalten zur Förderung der Wissenschaft und der Kunst bleiben[1]. Die britische Besatzungsmacht wollte nach der Bildung des Landes Niedersachsen einen kulturellen Abstieg der alten Hauptstädte Braunschweig, Oldenburg und Bückeburg vermeiden und verfügte mit der am 1. November 1946 in Kraft getretenen Verordnung Nr. 70[2]: Die von der gesetzgebenden Körperschaft des Landes Niedersachsen erlassene Gesetzgebung soll die Belange der früheren Länder auf dem Gebiet der Überlieferung, Kultur, Architektur und Geschichte gebührend berücksichtigen. Von dieser Rechtslage ging der Landesverfassungsgeber bei Art. 56 VNV aus. Er kürzte diese Formel, ohne sie inhaltlich wesent-

---

[1] Rhamm, 319f.
[2] Amtsblatt der Militärregierung, 1946, 408.

lich zu ändern. Der Verfassungsgeber übernahm diese sogenannte **Traditionsklausel** mit Art. 72 NV[3].

Normadressaten der Pflichten sind die beiden Gesetzgeber, Landtag und Volksgesetzgebung, sowie die staatliche Landesverwaltung. Die Gemeinden und Landkreise werden dadurch nicht gehindert, bei ihrer Verwaltung den Normzweck der Vorschrift zu beachten.

„**Kulturelle und historische Belange**" sind Einrichtungen, die eine Außenwirkung entfaltet haben. Es müssen wechselseitige Beziehungen zur eingesessenen Bevölkerung bestehen[4]. Bei Kollisionen mit anderen Grundsätzen der Landesverfassung müssen die Normadressaten die Förderungspflicht in die Abwägung einbeziehen. Die Förderungspflicht bietet somit nur einen relativen Schutz.

„**Überkommene heimatgebundene Einrichtungen**" ist ein unbestimmter Begriff des Verfassungsrechts, der weder in der Vorläufigen Niedersächsischen Verfassung noch in der Landesverfassung oder in sonstigen Rechtsvorschriften erläutert worden ist[5]. Sie verkörpern im Bewußtsein der eingesessenen Bevölkerung in besonders augenfälliger Weise Schwerpunkte kultureller, wissenschaftlicher oder wirtschaftlicher Art, die im Laufe der geschichtlichen Entwicklung dieser Länder eine eigenständige Ausprägung mit Außenwirkung erfahren haben[6]. Unerheblich ist es, ob die Einrichtung durch Gesetz oder Organisationsakt geschaffen worden war. Maßgeblich ist die tatsächliche Ausprägung der Form der Errichtung[7]. „Überkommen" sind nur die Einrichtungen, die zum Inkrafttreten der Vorläufigen Niedersächsischen Verfassung am 1. Mai 1951 bereits bestanden haben[8].

„**Dem heimatlichen Interesse dienstbar zu machen und zu erhalten**" bedeutet nach Ansicht des Staatsgerichtshofes:

– Grundsätzlich ist der bisher bestehende Umfang und der Bereich der zweckgebundenen Aufgaben weiter dem heimatlichen Interesse dienstbar zu machen und zu erhalten.

– Die nachhaltige Ertragskraft des Trägers der Einrichtung ist bei einer den Aufgaben dienenden Vermögenssubstanz zu wahren.

– Soweit nicht die überlieferte Erscheinungsform und damit der Charakter der Heimatgebundenheit geschmälert wird, kann die Einrichtung den Zeiterfordernissen angepaßt und weiterentwickelt werden[9].

Art. 72 Abs. 2, 2. und 3. Halbsatz NV enthält eine **eng auszulegende Ausnahme**[10]. Nachfolgende Merkmale müssen insgesamt vorliegen:

---

3 Schriftlicher Bericht, 43.
4 Nds. StGHE 1, 120 (135).
5 Fn. 4.
6 StGH, Fn. 4.
7 Nds. StGHE 1, 120 (138).
8 Nds. StGHE 2, 1 (190).
9 Nds. StGHE 1, 120 (142).
10 Rebe, Entstehung und Grundentscheidungen der Vorläufigen Niedersächsischen Verfassung, in: Korte/Rebe, 97 (138); Weber, Die Traditionsklauseln der Nieders. Verfassung, Neues Archiv für Niedersachsen, 1963, 178 (188).

- Die Organisationsmaßnahme bedarf eines förmlichen Gesetzes,
- sie muß sich auf ganz Niedersachsen auswirken,
- es muß eine zwingende Notwendigkeit zu einer Änderung oder einer Aufhebung der geschützten Einrichtung bestehen und
- der Zweck der Organisationsmaßnahme ist mit dem Normzweck der heimatgebundenen Einrichtung abzuwägen[11].

Liegen nicht alle Merkmale vor, so kann der Landesgesetzgeber nur nach einer Änderung der Verfassung die Organisationsmaßnahme durchführen[12].

7 Weder der Landesgesetzgeber noch die Landesregierung haben bisher die in Betracht kommenden Einrichtungen listenmäßig erfaßt oder umschrieben. Die Landesregierung hat lediglich für die Gebiete der ehemaligen Länder Braunschweig und Oldenburg einige Einrichtungen aufgeführt[13]. Der Niedersächsische Minister für Ernährung, Landwirtschaft und Forsten führte in einem Schreiben vom 1. Dezember 1992 die alten hannoverschen Landschaften, Körperschaften des öffentlichen Rechts, an[14]. Der Staatsgerichtshof hat bisher die Klosterkammer als eigenständige Verwaltung des Allgemeinen Hannoverschen Klosterfonds anerkannt[15]. Er verneinte aber die Eigenschaft für das ehemalige Domanialvermögen des Landes Schaumburg-Lippe[16].

Artikel 73
Übertragung von Hoheitsrechten

Für das in Artikel 1 Abs. 2 des Staatsvertrages zwischen der Freien und Hansestadt Hamburg und dem Land Niedersachsen vom 26. Mai/4. Juni 1961 (Nieders. GVBl. 1962 S. 151) bezeichnete Gebiet können öffentlich-rechtliche Befugnisse des Landes auf die Freie und Hansestadt Hamburg übertragen werden.

Übersicht

	RdNr.
Die Vorgeschichte	1
Nachträgliche Heilung des Cuxhaven-Staatsvertrages	2
Die „Befugnisse des Landes"	3
Ein aktives staatsrechtliches Servitut	4

1 Bereits im 13. Jahrhundert betrieb Hamburg an der Elbemündung zum Schutze seiner Schiffahrt eine Stützpunktpolitik. 1394 erwarb es das zum späteren Amt Ritzebüttel gehörende Gebiet, das mit der Stadt Cuxhaven eine hamburgische Exklave bildete. Mit dem Groß-Hamburg-Gesetz des Reiches erhielt mit Wirkung vom 1. April 1937 Hamburg große preußische

---

11 Nds. StGHE 1, 120 (134); 2, 1 (167); Rebe, Fn. 10.
12 Nds. StGHE 1, 120 (144).
13 Beschlüsse v. 10. 12. 1952 – Nds. MBl. S. 612 und 10. 8. 1954 – Nds. MBl. S. 383.
14 Landtagsdrucksache 12/4215. Hierzu Reinicke, 301 ff.
15 Fn. 4.
16 Nds. StGHE 1, 24 (33).

Übertragung von Hoheitsrechten   Art. 73

Gebiete und verlor zugleich die Exklave Cuxhaven an Preußen. Mit der
4. Durchführungs-Verordnung zu diesem Reichsgesetz wurde Hamburgs Eigentum auf Grundstücke am Amerikahafen beschränkt. Der Alte Hafen, der Fischereihafen und der Neue Fischereihafen wurden preußisches Eigentum. Hamburg durfte auf preußischem Gebiet eine hoheitliche Hafenverwaltung einrichten[1]. Preußen und Hamburg hatten damals bereits nicht mehr den Status von Gliedstaaten und waren nur noch Verwaltungsbezirke des Reiches[2]. Nach dem Kriege war der Fortbestand dieser hamburgischen Befugnisse zwischen Hamburg und Niedersachsen umstritten[3]. Das Land Niedersachsen hatte ein Interesse daran, seinen Fischereihafen zu erweitern und die örtlichen Anlagen des Fischmarktes und der Fischereiindustrie auszubauen. Hamburg dagegen wollte sich Gelände zum Ausbau eines Tiefwasserhafens zum tiefen Fahrwasser der Außenelbe sichern[4].

Dem **Cuxhavenvertrag** vom 26. Mai/4. Juni 1961 stimmte der Landtag mit   2
Zustimmunggesetz vom 27. September 1962 zu (Nds. GVBl. S. 150, ber. 216). Gleichzeitig wurde Art. 56a VNV eingefügt. Der Vertrag trat am 5. Oktober 1962 in Kraft. Art. 2 dieses Staatsvertrages bestimmt, daß ein bestimmtes Gebiet in der Elbmündung mit den Inseln **Neuwerk** und **Scharhörn** hamburgisches Staatsgebiet wird. Dieser Teil des Staatsvertrages ist mit der Ratifikation des Durchführungsabkommens, eines Staatsvertrages, am 1. Oktober 1967 in Kraft getreten[5]. In dieser Exklave führte Hamburg sein Landesrecht ein[6]. Nach Art. 1 Abs. 2 des Cuxhavenvertrages verzichtete Hamburg auf seine Hoheitsrechte aus der 4. Durchführungsverordnung zum Groß-Hamburg-Gesetz. Die Gegenleistungen des Landes für die vermeintlichen Rechte Hamburgs waren erheblich. Die beiden Inseln nebst Wattenmeer haben eine Gesamtgröße von etwa 100 Quadratkilometern. Wegen der Einzelheiten wird auf die Karten des Staatsvertrages verwiesen. Da zur Zeit des Abschlusses des Cuxhavenvertrages der Bund noch kein Ausführungsgesetz zu Art. 29 Abs. 7 GG erlassen hatte, bestimmte der Bundesgesetzgeber durch § 8 des Gesetzes über das Verfahren bei Änderung des Gebietsstandes der Länder vom 16. März 1965, daß das Gebiet auf Hamburg übergeht, sobald die Grenzlinien durch das im Staatsvertrage vorgesehene Abkommen festgesetzt worden sind. Der Bundesgesetzgeber heilte damit den zur Zeit des Vertragsabschlusses bestehenden Mangel der Wirksamkeit des Staatsvertrages[7].

Die „**Befugnisse des Landes**" sind die Hamburg eingeräumten Rechte im   3
Gebiet des Amerikahafens: Planungsrecht, Baupolizei, Wege-, Wasser- und Schiffahrtspolizei sowie die Hafenverwaltung und der Hafenausbau[8].

---

[1] Hans Peter Ipsen, 449f.; Lagoni, Hamburgische Rechte in Cuxhaven und im Gebiet der Elbmündung, in: Hoffmann-Riem/Koch, 689f.; Korte, 87.
[2] Pfundtner/Rüdiger, 72; Stuckart/Schiedermair, 49.
[3] Korte, 87; Ipsen, 449.
[4] Lagoni (Fn. 1), 690.
[5] Drexelius/Weber, RdNr. 2 zu Art. 2; Lagoni (Fn. 1), 693.
[6] Lagoni, Fn. 5.
[7] Vorauflage, RdNr. 2 zu Art. 56a; David, RdNr. 4 zu Art. 2.
[8] Lagoni (Fn. 1), 691; David, RdNr. 12 zu Art. 2.

4 Diese Rechte haben den Charakter eines **aktiven staatsrechtlichen Servituts**. Der Gliedstaat Hamburg übt auf diesem niedersächsischen Staatsgebiet die angeführten Rechtsmaterien aus. Im Völkerrecht bezeichnet man ein solches Bündel von Hafennutzungsrechten als „aktives Staatsservitut"[9]. Wegen der Auswirkungen des Cuxhavenvertrages auf das niedersächsische Küstenmeer wird auf RdNr. 9 und bezüglich des Anteils Niedersachsens auf den Festlandssockel auf RdNr. 10 zu Art. 1 NV verwiesen.

Artikel 74
Mehrheiten und Minderheiten
der Mitglieder des Landtages

Mehrheiten oder Minderheiten der „Mitglieder des Landtages" im Sinne dieser Verfassung werden nach der gesetzlichen Mitgliederzahl berechnet.

Übersicht

	RdNr.
„Mehrheiten oder Minderheiten"	1
Der maßgebliche Zeitpunkt	2
Die „gesetzliche Mitgliederzahl"	3
Das Pairing	4

1 Art. 74 NV hat denselben Inhalt wie Art. 57 VNV. Der Verfassungsgeber wechselte nur den Begriff des Abgeordneten mit dem „Mitglied des Landtages" aus. Die Vorschrift ist eine gesetzliche Begriffsbestimmung für **Mehrheiten und Minderheiten**. Es handelt sich um einen unbestimmten Rechtsbegriff des Verfassungsrechts, der einer Auslegung durch den einfachen Gesetzgeber kaum zugänglich ist[1].

2 Maßgeblicher Zeitpunkt zur rechtlichen Beurteilung ist die Abstimmung oder die Wahl im Plenum[2].

3 Der **gesetzliche Sollbestand des Landtages** unterliegt Schwankungen. Die „gesetzliche Zahl der Mitglieder" richtet sich nach dem Wahl- und Wahlprüfungsrecht. Sie ist nach den Abgeordneten zu berechnen, die bei der konkreten Entscheidung stimmberechtigt wären[3]. Diese Zahl kann sich im Laufe der Wahlperiode verringern durch Mandatsniederlegung, Tod eines Abgeordneten, Aberkennung des Mandats, Unvereinbarkeit von Amt und Mandat, wenn Nachfolger ihr Amt nicht haben übernehmen können oder

---

[9] Seidl-Hohenveldern, 292f.; Gloria, Staatsgebiet, in: Knut Ipsen, 246 (257); Verdross/Simma, 638f.

Fußn. zu Art. 74

[1] Maunz, in: Maunz/Dürig/Herzog, RdNr. 3 zu Art. 121; H.-P. Schneider, in: AK-GG, RdNr. 2 zu Art. 121; Rechenberg, in: Bonner Kommentar, RdNr. 8 zu Art. 121; Versteyl, in: v. Münch, RdNr. 5 zu Art. 121; Braun, RdNr. 2 zu Art. 92.
[2] Versteyl, Fn. 1; Schneider (Fn. 1), RdNr. 2 zu Art. 121; Feuchte, in: Feuchte, RdNr. 3 zu Art. 92.
[3] Schneider, Fn. 2; Braun, Fn. 1; Maunz (Fn. 1), RdNr. 4 zu Art. 121; Feuchte, Fn. 2.

die Landesliste erschöpft ist[4]. Die gesetzliche Mitgliederzahl verringert sich aber nicht durch persönliche Umstände wie z. B. Krankheit, Urlaub, Sitzungsausschluß und Verschollenheit. Diese Tatbestände betreffen nur den Istbestand[5].

Unter **Pairing** versteht die parlamentarische Praxis eine Absprache über die Nichtteilnahme an bestimmten Abstimmungen oder Wahlen unter Abgeordneten verschiedener Fraktionen oder unter verschiedenen Fraktionen. Zweck des Pairing ist es, Mehrheitsverhältnisse im Parlament aufrechtzuerhalten, die Abwesenheit zu neutralisieren[6]. Ist jedoch eine **qualifizierte Mehrheit** für eine bestimmte Abstimmung oder Wahl vorgeschrieben, so ist eine Pairingvereinbarung ausgeschlossen[7]. Wegen des hohen Verfassungsranges der **Mandatsfreiheit** (Art. 12 Satz 2 NV = Art. 38 Abs. 1 Satz 2 GG) sind **Pairingvereinbarungen** nur informeller Natur. Sie können durch den einfachen Gesetzgeber, durch Geschäftsordnungsrecht des Landtages oder einer Fraktion nicht geregelt werden[8]. Wegen der höchstpersönlichen Natur der Mandatsfreiheit muß eine Fraktion zum Abschluß einer Pairingvereinbarung die Zustimmung ihrer Abgeordneten einholen. Andererseits gebietet es die Loyalität des Abgeordneten gegenüber seiner Fraktion, daß er die Absicht einer Pairingabsprache hinreichend frühzeitig seinem Fraktionsvorstand mitteilt.

4

Artikel 75
Volksvertretungen anderer Länder

Artikel 22 Abs. 2 und die Artikel 14, 15 und 16 gelten entsprechend für Volksvertretungen anderer Länder der Bundesrepublik Deutschland.

Die Vorschrift besagt mit ihren Verweisungen: Die Normen der Landesverfassung über die **Parlamentsberichterstattung** (Art. 22 Abs. 2 NV), die **Indemnität** (Art. 14 NV) und **Immunität der Abgeordneten** (Art. 15 NV) und ihr **Zeugnisverweigerungsrecht** mit dem subsidiären **Beschlagnahmeverbot** (Art. 16 NV) gelten entsprechend für die **Mitglieder der Landesparlamente** der **anderen Bundesländer**. Die Vorschrift entspricht dem Art. 58 VNV. Ähnliche Regelungen hat die Hessische Landesverfassung in den Art. 95 bis 97. „Volksvertretungen" sind die Landtage der anderen Bundesländer, das Abgeordnetenhaus des Landes Berlin und die Bürgerschaften der Hansestädte Hamburg und Bremen. Die Stadtbürgerschaft in Bremen fällt nicht hierunter. Sie ist eine kommunale Vertretungskörperschaft[1].

1

---

4 Braun, Rechenberg, Versteyl, jeweils Fn. 1; Schneider (Fn. 1), RdNr. 3 zu Art. 121; Maunz, Fn. 3.
5 Trossmann, 320; Braun, RdNr. 3 zu Art. 92; Schneider, Fn. 3.
6 Trossmann, 377; Achterberg, 646.
7 Achterberg, 647; Trossmann, 378.
8 Abmeier, 102f.; Schulze-Fielitz, Parlamentsbrauch, Gewohnheitsrecht, Observanz, in: Schneider/Zeh, 359 (386); Versteyl, Beginn und Ende der Wahlperiode, in: Schneider/Zeh, 467 (486); Trossmann, 378.

Fußn. zu Art. 75
1 Neumann, RdNr. 1f. zu Art. 148 Bremische Verfassung.

Artikel 76
Übergangsvorschrift für die Wahlperioden

(1) Die Zwölfte Wahlperiode des Landtages endet mit dem 20. Juni 1994. Artikel 6 Abs. 1 Satz 3 der Vorläufigen Niedersächsischen Verfassung gilt bis zum Ende der Zwölften Wahlperiode fort. Der Ausschuß nach Artikel 12 der Vorläufigen Niedersächsischen Verfassung bleibt bis zum Zusammentritt des Landtages der Dreizehnten Wahlperiode bestehen. Artikel 18 der Vorläufigen Niedersächsischen Verfassung gilt weiterhin für diesen Ausschuß.

(2) Die Dreizehnte Wahlperiode beginnt mit dem Ende der Zwölften Wahlperiode. Für die Wahl und den Zusammentritt des Landtages der Dreizehnten Wahlperiode gelten noch Artikel 4 Abs. 2 Satz 2 und Artikel 6 Abs. 2 und 3 der Vorläufigen Niedersächsischen Verfassung. Der Landtag der Dreizehnten Wahlperiode wird auf vier Jahre gewählt. Der Landtag der Vierzehnten Wahlperiode ist frühestens 44, spätestens 47 Monate nach Beginn der Dreizehnten Wahlperiode zu wählen; im übrigen ist Artikel 9 Abs. 2 dieser Verfassung anzuwenden.

1 Der Artikel ist eine **Ausnahmevorschrift zu Art. 9 Abs. 1 NV**, der die **Wahlperiode um ein Jahr verlängert**. Die 13. Wahlperiode begann am 21. Juni 1994. Die Übergangsvorschrift wurde notwendig, da ein Parlament eine laufende Wahlperiode nicht verlängern darf. Hierzu RdNr. 3 zu Art. 9 NV.

Artikel 77
Übergangsvorschrift für die Besetzung des Staatsgerichtshofes

Die Mitglieder des Staatsgerichtshofes und deren Stellvertreterinnen oder Stellvertreter bleiben nach Inkrafttreten dieser Verfassung in der Zeit, für die sie gewählt worden sind, in ihrem Amt.

1 Diese **Übergangsvorschrift** stellt klar, daß die Mitglieder des Staatsgerichtshofes, die nach dem Staatsgerichtshofgesetz a. F. aus dem Kreise der Präsidenten der Gerichte des Landes und den Vorsitzenden an den oberen Landesgerichten gewählt worden sind, bis zum Ende ihres richterlichen Hauptamtes dem Staatsgerichtshof angehören (Schriftlicher Bericht, S. 44).

Artikel 78
Inkrafttreten

(1) Diese Verfassung tritt am 1. Juni 1993 in Kraft.

(2) Gleichzeitig tritt die Vorläufige Niedersächsische Verfassung vom 13. April 1951 (Nieders. GVBl. Sb. I S. 5), zuletzt geändert durch Artikel 1 des Gesetzes vom 27. November 1991 (Nieders. GVBl. S. 301), außer Kraft.

Inkrafttreten   Art. 78

Übersicht

                                                                    RdNr.
Verfassungsgebung unter dem Besatzungsregime   1
Die Vorläufigkeit der Vorläufigen Niedersächsischen Verfassung 2
Verfassungsgebung und Verfassungsänderung   3
Der Landtag als Verfassungsgeber   4
Freie Wahl des Verfahrens zur Verfassungsgebung   5

Der Zweite Weltkrieg wurde politisch nicht 1945, sondern 1990 mit der Unterzeichnung des „Zwei-plus-vier-Vertrages" beendet[1]. Als die Vorläufige Niedersächsische Verfassung 1950/51 beraten und beschlossen wurde, herrschte noch das Besatzungsregime. Die Besatzungsmächte griffen in ihren Zonen erheblich in die Rechtsetzung der Landesparlamente bei den Landesverfassungen ein[2]. Deutsche Landesverfassungen waren für den Besatzungsabsolutismus unverbindlich[3]. Landesverfassungen verfestigten die Interventionen der Besatzungsmächte[4]. Inwieweit das Besatzungsregime beim Entwurf der Vorläufigen Niedersächsischen Verfassung eingegriffen hat, läßt sich zur Zeit nicht beantworten. Denn der hierfür in Betracht kommende Nachlaß des damaligen Ministerpräsidenten Kopf ist der Öffentlichkeit noch nicht zugänglich[5]. Nachdem die Britische Kontrollkommission von dem Einspruchsrecht keinen Gebrauch gemacht hatte[6], konnte die damalige Landesverfassung verkündet werden.   1

Der in seiner Entscheidungsfreiheit zum Handlanger der Besatzungsmacht degradierte Landtag drückte seine Unfreiheit durch **die Vorläufigkeit** in der Überschrift und in Art. 61 Abs. 2 VNV aus. Die Vorläufigkeit sollte u. a. die Bereitschaft des Verfassungsgebers zeigen, den Status des Landes jederzeit zu überprüfen, sobald sich Deutschland nach Wiederherstellung seiner Einheit eine neue Ordnung schüfe[7]. Die Besatzungsverhältnisse geboten den Interimscharakter[8]. Der damalige Verfassungsgeber verschwieg nicht die Besatzungslage, er „heuchelte" nicht[9].   2

Das deutsche Staatsrecht unterscheidet zwischen **Verfassungsgebung** und **Verfassungsänderung**. Nach der Rspr. des Bundesverfassungsgerichts ist eine verfassungsgebende Gewalt – **pouvoir constituant** – nur an die überpositiven Rechtsgrundsätze und an die Schranken der Bundesverfassung gebunden. Sie ist selbst unabhängig, kann sich nur selbst Schranken auferlegen und entscheidet allein über das Verfahren, in dem sie die Verfassung er-   3

---

1 Feldmeyer, Deutschlandpolitik ist nicht zu Ende, FAZ v. 13. 8. 1996.
2 Neumann, RdNr. 2 zu Art. 155 Bremische Verfassung; Nawiasky, in: Nawiasky, Systematischer Überblick, 4; Zinn, in: Zinn/Stein, Einführung, 16 f.; Schockenhoff, 26; Hans Peter Ipsen, 179.
3 Hans Peter Ipsen, Fn. 2; Herzog, Besatzungsrecht, Besatzungsregime, in: Ev. Staatslexikon, Bd. I, Sp. 232 (239).
4 Ipsen u. Neumann, jeweils Fn. 2.
5 Rebe, Entstehung und Grundentscheidungen d. Vorl. Nieders. Verfassung, in: Korte/Rebe, 97 (106), dort. Fn. 17.
6 Rebe, Fn. 5.
7 Werner Weber, Vortrag, in: Werner Weber, Zur Vorläufigen Niedersächs. Verfassung, 1984, 26.
8 Korte, 53.
9 Hans Peter Ipsen, Fn. 2.

arbeitet[10]. Diese Ansicht teilt die herrschende Lehre[11]. Dagegen ist die verfassungsändernde Gewalt – **pouvoir constitué** – verfassungsrechtlich geordnet und instituiert[12]. Sie wurde in der Vorläufigen Nieders. Verfassung durch Art. 37 und 38 geregelt. Sie konnte für eine Aufhebung der **gesamten** Landesverfassung keine Rechtsgrundlage sein[13]. Denn der Begriff der Änderung umfaßt nicht die Aufhebung oder Beseitigung einer Verfassung[14].

4 Da **der Landtag** die gesamte Vorläufige Nieders. Verfassung mit Art. 78 Abs. 2 NV **„außer Kraft"** setzte, konnte er dies nur, indem er sich **als verfassungsgebende Gewalt** selbst einsetzte. Grundgesetzliche Vorschriften schlossen dies nicht aus. Denn das Grundgesetz regelt die verfassungsgebende Gewalt nur für den Bundesverfassungsgeber in Art. 146 GG[15]. Der Landtag war zur Aufhebung berufen, da die Vorläufige Niedersächsische Verfassung ausdrücklich nur als zeitlich befristetes Provisorium beschlossen worden war. Hiervon gingen alle Fraktionen aus[16].

5 Der Landtag konnte das **Verfahren** der Aufhebung der alten Landesverfassung in seiner Eigenschaft als verfassungsgebende Gewalt frei wählen[17]. Bei einem Ergebnis von 149 Ja-Stimmen bei einer Nein-Stimme stellt sich nicht die Frage einer hinreichenden Legitimation. Demgemäß konnte der Staatsgerichtshof die Vorschriften der neuen Landesverfassung anwenden, ohne die Kompetenz des Landtages im Rahmen der Prüfung der Prüfungsmaßstäbe[18] erörtern zu müssen. Politisch wenig verständlich ist es nur, warum der Landtag seinem Landesvolk zwar plebiszitäre Gesetze über die Änderung der Landesverfassung zugewiesen, aber die Beteiligung an der pouvoir constituant verweigert hat[19].

---

10 BVerfGE 1, 14 (61).
11 Heckel, Die Legitimation des Grundgesetzes durch das deutsche Volk, in: Hdb. d. Staatsrechts, Bd. VIII, 489 (514, 530); Stern, Bd. I, 148, 151; Boehl, Landesverfassungsgebung im Bundesland, Der Staat, 1991, 572 (577, 579, 581); Böckenförde, Die verfassungsgebende Gewalt d. Volkes, in: Böckenförde, Staat, Verfassung, Demokratie, 90, 94, 102; Badura, Verfassung, in: Ev. Staatslexikon, Bd. II, Sp. 3746; Hoffmann, in: Bonner Kommentar, RdNr. 2, 3 zu Art. 79; Evers, in: Bonner Kommentar, RdNr. 87 zu Art. 79 Abs. 3; Braun, Rdnr. 2, 3 zu Art. 64; Linck, in: Linck/Jutzi/Hopfe, RdNr. 1, 2 zu Art. 106. Zum Stand der Ansichten: Storr, 58; Bryde, in: v. Münch, RdNr. 3 zu Art. 79.
12 Stern, Bd. I, 151 f.
13 Vorauflage, RdNr. 2 zu Art. 37.
14 Hoffmann (Fn. 11), RdNr. 1, 6 zu Art. 79; Neumann, Rdnr. 3 zu Art. 125 Bremische Verfassung.
15 Böckenförde (Fn. 11), 104; Frh. v. Campenhausen, in: v. Mangoldt/Klein, RdNr. 23 zu Art. 146; Zuleeg, in: AK-GG, RdNr. 2 zu Art. 146.
16 Präsident d. Nieders. Landtages, Die Verabschiedung d. Nieders. Verfassung, 9.
17 BVerfGE 1, 14 (61); Badura, Fn. 11; Stern, Bd. I, 148; Boehl (Fn. 11), 581.
18 BVerfGE 30, 1 (24 f.).
19 Albert Janssen, Die neue Nieders. Verfassung ... ein wirklicher Fortschritt?, Neues Archiv für Niedersachsen, 1994, 1.

Sachregister

Die erste Zahl bezieht sich auf den Verfassungsartikel; die Zahl hinter dem Schrägstrich auf die Randnummer.

Abgeordnete
- Abgeordnetenanklage 17/1 f.
- Alimentation, Diäten 13/12; 48/11
- Altersversorgung 13/15
- Antragstellung, Ausschuß 20/14
- Äußerung des –, Rechtsweg 14/20
- Behinderungsverbot 13/9
- Beratervertrag 12/9; 13/17
- Berufspolitiker 12/3
- Beschlagnahmeverbot 16/15
- Bundesbeamte 13/8
- Datenschutzbeauftragter 62/7
- Disziplinarverletzungen 15/6
- Doppelmandat 8/18
- Ehrenschutz für – 18/22
- Einkommensteuer 13/22
- Ersatzleute 12/9
- formalisierte Gleichheit 12/9; 13/13
- Fragerecht 24/2 f.
- Fraktionsbildungsrecht 19/4 f.
- Fraktionslose 20/13
- Fraktionsmehrheit 12/6
- Freiheitsbeschränkung 15/10
- Geheimhaltung 12/9
- Gerichtsverfahren 14/14
- Gewissen 12/6
- Haft 15/18
- Immunität 11/3; 15/1 f.
- imperatives Mandat 12/7
- Indemnität 14/1 f.
- Informationsanspruch 12/9
- Kandidatenaufstellung 8/13; 11/6
- Landesvolk und – 12/5
- Mandatsanwartschaftsrecht 11/3
- Mandatsdauer 11/1 f.
- Mandatsfreiheit 12/1 f.; 74/4
- Mandatsverlust 11/19 f.; 17/4
- Mandatsverzicht 12/10
- Minderheit der – 12/9
- Ministerabgeordnete 8/20; 14/13
- Mitarbeiter des – 16/12
- Mitglied des Landtages 11/18; 12/4
- öffentliches Amt 12/1
- Opposition 16/4
- Parteiausschluß 19/10
- Parteimitgliedsbeitrag 13/18
- pauschalierte Aufwandsentschädigung 13/22
- Räume der – 18/10, 13
- Rotation der – 12/10
- Spenden an – 12/9
- Stimmrecht 15/16
- Unvereinbarkeiten mit dem Amt 8/16 f.
- Urlaubsanspruch 13/3 f.
- Untersuchungsverfahren, parlamentarische – 16/11; 17/11
- Verschwiegenheitspflicht 22/13
- Vertragsstrafen 12/7
- Wahl 8/1 f.
- Wahlbewerbung 13/2 f.
- Wahlprüfung 11/6 f.
- Zeugnisverweigerungsrecht 16/1 f.

Abolition 36/11
Agrarstruktur 25/13
Amts- und Funktionsbezeichnung, weibliche Form der – Einl./–

Behinderte 3/12
Bildung
- Begriff 4/5
- Erziehungsberechtigte, Grundrechte 4/9
- Fachhochschule 5/20
- Gesetzgebungszuständigkeiten 4/1; 5/2, 3
- Hochschulen, alte – 5/4, 13; 72/4
- Hochschulen des Bundes 5/23
- Hochschullehrer 5/5
- Lehrer, Aufgaben 4/9
- Menschenrecht 4/3
- Privathochschulen 5/21
- Privatschulen 4/11
- Recht auf – 4/1 f.; 5/4
- Religionsgemeinschaften, Hochschulen der – 5/22
- Schüler, behinderte 3/12
- Schulen
  - Aufsicht 4/9
  - Formen der – 4/9
  - Organisation der – 4/9
  - Zusammenlegung von – 56/11

Sachregister

- Schulpflicht 4/6 f.
- Schulsport 6/22
- Selbstverwaltung der Hochschulen 5/14 f.
- soziales Landesgrundrecht 4/4
- Wissenschaft 5/5
- Wissenschaftsfreiheit 5/1 f.
- Wissenschaftsbetriebe 5/11

Braunschweig 72/1 f.
Bückeburg 55/21
Bundesrat
- Einheitlichkeit der Stimmabgabe 37/19
- Empfehlungen an den – 25/12; 37/19
- Informationspflicht der Landesregierung 25/12
- Mitgliedschaft im – 25/12; 35/5; 37/18
- parlamentarische Verantwortlichkeit 25/12; 37/19
- Stimmabgabe 37/19

Bundeswehrhochschulen 5/23

Cuxhaven-Staatsvertrag 73/1 f.

Datenschutz 62/3
Diözesanzirkumskription 35/19
Demokratie
- Mandatsfreiheit, Schlüsselbegriff der – 12/2
- Organisation der – 28/5
- Prinzipien der – 3/4; 21/22
- Rätedemokratie 2/4
- Rechtsstaat und – 1/11
- repräsentative – 2/2, 4; 12/5
- Symbol der – 1/22
- Staatsformprinzip 1/9
- Volkssouveränität 2/3
- Wirtschaftsdemokratie 2/9

EDV-Programme, Prüfung der – 70/17
ethischer Tierschutz 6 b/1
Europäische Union
- Anwendungsvorrang des Rechts der – 57/11
- Europäisches Parlament, Mitgliedschaft 28/12
- Frauenquote, starre 3/10
- Gleichbehandlungsrichtlinie 3/10
- Grundrechte der – 3/8 f.
- Kommunalwahlrecht 57/11
- Konvergenz-Kriterien 6/11; 71/19; Einleitung

- Landesbüro in Brüssel 35/7
- Landesgesetzgebung, Verlust durch Recht der – 7/5
- Maastricht-Urteil 3/8; 51/15
- Mitgliedschaft in 25/16
- Recht der – 2/12
- Richter, Bindung an Recht der – 51/15
- Richtlinien 25/16
- Rundfunksendungen 6/14
- Staatenverbund 1/17
- Unionsbürger 2/6; 57/11, 12
- Zusammenarbeit mit – 25/15

Exekutivföderation 25/1

Festlandssockel 3/10
fiskalische Verträge, auswärtige Staaten 35/15
Fraktionen
- Arbeitskreise 19/23
- Ausschluß von Abgeordneten 19/10
- Ausschußvorsitze 19/8
- Begriff der – 19/1, 2
- Benennungsrecht für Ausschüsse 20/9
- Chancengleichheit 19/19; 24/9
- Fraktionsbildung 19/4
- Fraktionsdisziplin 20/10
- Fraktionsrecht 19/13
- Geschäftsführung 19/13
- Gruppen, parlamentarische 19/14
- Mandatsfreiheit 12/6
- Mindeststärke 19/2, 9
- Mitgliedschaft 19/10
- Opposition 70/16
- Oppositionsfraktion 19/16 f.
- Oppositionszuschlag 19/21 f.
- Partei, Weisungsrecht 19/11
- politisches Gliederungsprinzip 19/2
- Räume der – 18/10
- Rechtsnachfolge 19/7
- Rechtsnatur 19/3
- Richteranklage 52/7
- Statusverlust 19/6
- Vorschlagsrecht, Wahl Landtagspräsidenten 18/2, 6
- Wahl der Mitglieder StGH 55/6
- Willensbildung, eigenständige 19/11
- Zuschuß, staatlicher – 19/12, 21; 70/12

Frauenquoten 3/10

Gesetzgebungskompetenzen
- Abgeordnetenentschädigung 13/11
- Amtshilfe 27/16

Sachregister

- Amtsinhalt der Ämter 38/2
- Anklage, ehrenamtliche Richter 52/17
- Annexkompetenz 1/12; 6/18
- Ausführungsgesetze, Gemeinschaftsrecht 2/12
- Begnadigungsrecht 36/2
- Behördentyp, Behördenzug 56/8
- Beiräte, Beteiligung 37/15
- Berufsgerichte 51/2
- Bindung außerhalb des Landes 1/5
- Datenschutz 62/1, 2, 8
- Denkmalpflege 6/16
- Durchsuchung bei Abgeordneten 16/3
- Eigenorganisation des Landes 38/2
- Eigentum, öffentliches 63/4
- exekutive Eigenverantwortung, Landesregierung 28/5
- Festlandssockel 1/8
- Fernsehprogramme, Bundesländer 6/14
- Finanzausgleich, kommunaler 58/2
- Finanzgesetzgebung 63/10; 64/1; 65/2; 69/2; 70/2; 71/2, 13
- Finanzplanung 64/2
- Finanzvermögen 63/10
- Gebietsänderung, kommunale 59/1
- Gebietsbestand des Landes 73/2
- Geltung, räumliche 14/19; 27/26
- gemeinschaftliche Behörden mit anderen Ländern 38/9
- Gerichte, Richter 51/2; 55/2, 19
- gesamtwirtschaftliches Gleichgewicht 71/12f.
- Gesetzesvorbehalt, Parlamentsvorbehalt 41/1f.
- Grundrechte, Zuständigkeit 3/4
- Grundsatzgesetzgebung des Bundes 64/1; 65/2; 69/2; 70/2; 71/1
- Haushaltsrecht 64/1; 65/2; 69/2; 71/2
- heimatgebundene Einrichtungen 5/13; 72/1f.
- höherrangiges Recht 45/4, 6; 47/6
- Hochschulrecht 5/2f.
- Immunität, Abgeordnete 15/2
- Indemnität, Abgeordnete 14/3
- karitative Einrichtungen 70/15
- Körperschaften des öffentlichen Rechts 57/2
- kommunale Verfassungsbeschwerde 54/18f.
- Kommunalrecht 57/2f.; 64/1
- Kommunalwahlrecht 57/11
- Kulturförderung 6/11
- Kulturhoheit 4/1; 6/4
- Kulturhoheit, kommunale 6/8
- Kündigung von Staatsverträgen 35/21
- Kunstfreiheit 6/6
- Landesrechnungshof 70/2, 5
- Landesregierung, Funktionsfähigkeit 29/1, 11
- Landesverfassungsbeschwerde 54/24
- Landesverwaltung 56/2
- Landtagsgeschäftsordnung 21/3f.
- Landtagswahlrecht 8/22; 9/2; 11/5; 61/3
- ministerialfreier Raum 2/10; 37/14
- Mitglieder der Landesregierung, Alimentation 34/2
- Notverordnung 44/1f.
- Organisationsgewalt 38/5; 56/1f.
- Personalunion mit Nachbarland 28/14
- plebiszitäres Gesetz, Aufhebung 46/13
- Privatschulen 4/10f.
- Regierungsfunktion, Landesregierung 28/5; 37/16
- Richteranklage 52/1
- Religionsgemeinschaften 6/17
- Rundfunkfreiheit 6/13
- Rundfunkverfassung 6/13
- Schule 4/10
- Schulsport 6/22
- Sport 6/18
- Staatsgerichtshof 51/2; 55/2, 19
- Staatssymbole 1/19
- Staatsverträge 35/9f.; 42/32
- Stabilitätsgesetz 65/2; 71/1
- Steuerrecht 6/11
- Telekommunikation 6/13
- Tierschutz 6b/1, 2
- Umweltschutz, natürliche Lebensgrundlage 1/9; 71/15
- Verfassungsänderung 46/5; 78/3
- Verfassungsgebung, pouvoir constituant 78/3
- Verwaltungsabkommen 35/13
- Vollbeschäftigung 6a/4, 5
- Wahlrecht, passives 8/17; 61/3, 4
- Wählbarkeit, öffentlicher Dienst 61/3
- Wissenschaftsfreiheit 5/2f.
- Wohnraumförderung 6a/4, 5
- Zeugnisverweigerungsrecht, Abgeordneter 16/2

Gesetzgebungsverfahren
- Abgeordnete, Diäten 20/16
- akzessorischer Alternativentwurf 49/6
- Ausfertigung 45/1f.

Sachregister

- Ausschüsse im – 42/29
- Befassungspflicht 42/30; 47/5; 49/5
- Bepackungsverbot 65/15
- Beschlußfähigkeit des Landtags 21/27
- Beschlußfähigkeit der Landesregierung 39/12
- Deckungsgebot 68/1 f.
- Diskontinuität, sachliche 42/19; 47/9; 48/18
- Einbringung, Gesetzentwurf 42/24
- Einschätzungs- und Beurteilungsspielraum 71/14
- finanzwirksame Gesetze 47/18; 48/8
- Funktion des Gesetzes 42/1
- Gegenstandslosigkeit, Gesetzentwurf 42/28
- Geschäftsordnungsrecht 21/4
- Gesetzentwurf 42/23; 47/12; 48/6, 7
- Gesetzesvorbehalt 41/1 f.
- Gesetzesvorbereitung, Informationspflicht 25/8
- Haushaltsentwürfe 42/31; 65/14
- Haushaltsgesetz 65/14; 67/13
- Haushaltsplan 65/13; 71/10
- Initiativmonopol, Haushalt 65/14; 67/13
- Inkrafttreten des Gesetzes 45/21 f.
- Kassations- und Zustimmungsvorbehalte 43/6
- Klausur der Initianten 42/20 f.
- Koalitionsverträge 42/2
- Kompetenzen, Hochzonung 42/3
- Kreditaufnahme durch Gesetz 71/1 f.
- Lesungen 42/5
- Mängel, wesentliche, Gesetzgebungsverfahren 42/7
- Mehrheiten, Minderheiten 74/1 f.
- Nachbesserungspflicht 44/7
- Nachtragshaushalt 67/10
- Nothaushaltsgesetz 66/4
- öffentliche Bekanntmachung 45/24
- Pairing 74/4
- Parlamentsvorbehalt 25/10; 41/3
- Pattsituation 10/2
- Pflicht zur Gesetzgebung 42/2
- Regelungsdichte 41/5
- Sperrwirkung, Grundsatzgesetzgebung Bund 64/1
- Spitzenverbände, kommunale 57/20
- Staatsverträge 25/15; 35/9 f.
- Technik 25/11
- Umlaufverfahren, Landesregierung 39/10
- Umweltrecht 25/11
- Unverrückbarkeitsprinzip 42/8; 45/13; 65/14
- Verfassungsgebung 78/3 f.
- Verkündung 45/14 f.
- Verordnungsermächtigung 43/1 f.
- Volksbegehren 48/1 f.
- Volksentscheid 49/1 f.
- Volksinitiative 42/36; 47/7
- Zustimmungsgesetz zum Staatsvertrag 42/32; 35/9

Gießkannenprinzip 6 a/7
Gliedstaatsverträge 35/11, 22
Globalisierung 6 a/9
gouvernementale Bundesstaatlichkeit 25/1, 14
gouvernementale Kooperation 25/14
gouvernementale Koordination 35/8
Großvorhaben 25/9
Grundrechte, Menschenrechte
- Ausbildungsstätte 4/4
- Arbeitsplatzwahl 6 a/1
- Behinderte 3/12
- Berufswahl 4/4
- Bildung, Recht auf – 4/1 f.
- Datenschutz 62/3
- Diskriminierungsverbot 3/11
- Erziehungsberechtigte 4/9
- Europäische Union 3/8
- Frauenquote, starre 3/10
- Gleichberechtigung 3/9 f.
- Grundgesetz, Grundrechte 2/11
- Justizanspruch 11/5; 27/24; 53/1 f.
- Kommunen, Schutzanspruch 57/6
- Landesgrundrechte 3/4 f.
- Mandatsfreiheit 12/11
- Menschenrechte 3/2 f.; 3/8
- Menschenrechtskonvention, europäische 3/2
- Petition 26/1; 36/9
- Privatschulen 4/11 f.
- rechtstaatliche Prinzip und – 1/10
- Religionsfreiheit Präambel/4; 31/7; 70/15
- Rundfunkfreiheit 6/12 f.
- Schutz der –, Landesregierung 24/24
- soziale Grundrechte 4/1, 4
- staatsbürgerliche Rechte 3/6
- Verwaltungsorganisation 56/11
- Völkervertragsrecht 3/2
- Wahlrecht, aktives, passives 6 a/12; 33/11; 61/3 f.
- Wissenschaftsfreiheit 5/2 f.

Sachregister

Hannover 1/1 f.; 72/1 f.
Haushaltswirtschaft
- Abgaben, öffentliche 48/10
- Ausgaben 65/6, 9; 67/7 f.; 69/8
- Ausgleichspflicht 65/9
- Bedarf, politische Verantwortung 67/12
- Bepackungsverbot 65/15
- Bewilligungsrecht 65/14
- Bürgschaften, Garantien 71/7
- Deckungsgebot, Gesetzentwürfe 68/1 f.
- Einzelheiten des Haushalts 69/7
- Einzelpläne 66/7
- Entlastung 67/18; 69/1 f.
- Finanzausgleich, kommunaler 58/1 f.
- Finanzbehörden des Landes 67/2
- Finanzgarantien, Kommunen 57/15
- Finanzgesetzgebung, Entparlamentarisierung 65/2
- Finanzminister 67/1 f.; 69/3 f.; 70/5; 71/4
- Finanzplan 64/4 f.; 68/5; 70/9
- Finanzvermögen 63/5
- Finanzvolumen 65/3
- Fortsetzungsmaßnahme 66/11
- Fraktionszuschüsse 70/12
- Geheimhaltung 70/14
- gesamtwirtschaftliches Gleichgewicht 63/10; 71/2, 13
- Grundsatzgesetzgebung des Bundes 64/1; 65/2; 70/17
- Grundsätze für das Haushaltsrecht 64/1; 65/2
- Haushaltsgesetz 66/3, 6
- Haushaltsgrundsätzegesetz 64/1 f.; 65/2; 70/2, 6; 71/1
- Haushaltsjahr 66/3; 65/4; 69/9
- Haushaltsklarheit 65/7, 8
- Haushaltsplan 65/13; 66/6, 14; 68/9, 10; 70/6; 71/10
- Haushaltsvorlage 67/5
- Initiativmonopol, Landesregierung 65/14
- Investitionsprogramme 70/9
- Jährlichkeitsprinzip 65/4
- Kassenverstärkungskredit 71/5
- Kommunen 57/4
- konjunkturgerechte Haushaltswirtschaft 65/2; 70/9
- Kreditaufnahme 71/4; 44/16
- Kreditermächtigung 66/12 f.; 71/9
- Kreditgesetzgebung 71/1 f.
- Landesbetriebe 65/11; 66/16
- Landeshaushalt 65/1 f.; 48/9

- Landeshaushaltsordnung 70/17; 71/7
- Landesrechnungshof 69/12; 70/1 f.
- Landesregierung 65/13, 14; 66/3, 7, 12; 67/2, 5, 6, 13; 68/9, 12, 14; 69/3; 70/3; 71/4, 17
- Landesvermögen 63/1 f.; 69/10
- Landtag, Haushaltshoheit 66/16
- Lückenlosigkeitsprinzip 70/13, 14
- materielle Kontrolle 70/6
- mitlaufende Finanzkontrolle 70/9
- Nachtragshaushalt 67/10
- Notbewilligungsrecht 66/2; 67/1 f.
- Nothaushaltsgesetz 66/4
- öffentliches Eigentum 63/4
- parlamentarische Kontrolle 65/3; 69/7 f.
- plebiszitärer Gesetzgeber 48/8 f.; 65/14; 68/7; 71/4
- rechnerisch-formelle Kontrolle 70/6
- Ressortchefs, Notkompetenz 67/15
- Richtlinienkompetenz 69/5, 6
- sachliche Diskontinuität 69/17
- schlichte Parlamentsbeschlüsse 68/9
- Schulden 69/11; 71/3, 19
- schwarze Kassen 65/5
- Selbstkontrolle der Exekutive 70/3
- Sondervermögen 65/11; 70/2
- Staatsgerichtshof 55/3; 66/7; 69/10
- Stabilitätsgesetz 65/2; 71/2
- Steuerquellen, kommunale 58/8
- Subventionen 70/15
- Verfassungskontrolle 70/6
- Verpflichtungsermächtigungen 65/10
- Verwaltungsschulden 71/4
- Verwaltungsvermögen 63/5
- Volkswagen AG, Beteiligung 63/8
- Vollständigkeitsprinzip 65/5; 70/13
- vorläufige Haushaltsführung 66/1 f.
- Vorherigkeit 65/12
- Wirtschaftlichkeit 70/11
Herrnhuter, Eid 31/7
heimatgebundene Einrichtungen 72/1 f.

Initiativgewalt des Staates 28/5
„Inzuchtklausel" 29/5

Juden Präambel/1; 5/2; 9/10

Kirchen, Religionsgemeinschaften
- Abgeordnetenmandat und Kirchenamt 8/21
- Beteuerungsformeln von Sekten 31/12
- Datenschutzrecht 62/8

393

Sachregister

- Denkmalpflege 6/17 f.
- Fachhochschulen 5/22
- Geistliche, Ausbildung 5/22
- Gerichte der – 51/7
- Grundrecht der Religionsfreiheit Präambel/4; 31/7; 70/15
- Herrnhuter 31/7, 12
- Hochschulen der – 5/22
- karitative Einrichtungen, Rechnungsprüfung 70/15
- Kirchenverträge mit Bistümern 35/17
- Konkordate 5/22; 35/17, 19
- Mennoniten 31/7
- Quäker 31/7
- religiöse Eidesformel 31/1 f.
- staatliche Subventionen 70/15
- Staatskirchenverträge 35/20
- Verantwortung vor Gott Präambel/4
- Volksinitiative der Christen Präambel/1
- Wahltag, jüdische Feiertage 9/10

Klosterkammer 72/7
Koalitionsvereinbarung 42/2
Kooperation der Länder 35/8
Kommunen
- Allzuständigkeit 57/7, 13
- Auftragsverwaltung 57/15; 58/1 f.
- Bevölkerung 59/12
- Cuxhaven-Staatsvertrag 73/1 f.
- Deckungsgebot, Gesetzesinitiativen 68/1 f.
- Fachaufsicht 57/18
- Finanzausgleich 58/1 f.
- Finanzgarantien 57/15; 58/1 f.
- Finanzzuweisungen, Landeshauptstadt 1/26
- Gebietsänderung 59/1 f.
- Gleichberechtigung 3/9
- immaterielles Interesse, Gesetzgebung 57/20
- institutionelle Garantie 57/5
- Kommunalaufsicht 57/16, 19
- Kommunalwahlrecht 57/11
- Kompetenz-Hochzonung 57/7
- Kulturhoheit 6/8
- Kulturpolitik 6/8
- Kunst- und Kulturförderung 6/8
- Rechtsaufsicht 57/17
- Samtgemeinde 54/21
- Selbstverwaltung 56/3; 57/1 f.
- Spitzenverbände, kommunale 43/16; 57/20
- Sportförderung 6/19
- Steuern 57/3; 58/8

- Verfassungsbeschwerde, kommunale 54/17 f.
- Verordnungsermächtigung 43/10
- Volk 57/11
- Wahlgrundsätze 57/10
- Wirkungskreis 6/8; 57/7, 13

Koalitionsvereinbarung 42/2
Konkordanz der Funktionen 21/6
Konkordanz, Grundsatz der praktischen – 4/9
Konkordat 6/19; 35/17 f.
Kultur
- Belange, kulturelle 72/3
- Denkmalpflege 6/16 f.
- ehemalige Länder Hannover, Oldenburg, Braunschweig, Schaumburg-Lippe 72/1 f.
- Gleichschaltung, ideologische 6/7
- hannoversche Landschaften 6/9
- heimatgebundene Einrichtungen 6/6; 72/1 f.
- Klosterkammer 72/7
- kommunale Förderung 6/8
- kommunale Kulturhoheit 6/8
- künstlerische Leistungen 6/7
- Kulturaufgaben des Staates 6/1
- Kultur, Begriffe 6/3
- Kulturhoheit des Landes 4/1; 6/4; 13/14, 19
- Kulturkompetenzen des Bundes 6/4, 13
- Kunst, Begriff 6/2
- Kunstfreiheit 6/5
- Kunstschätze des Landes 72/1
- Kunst- und Musikhochschulen 5/2
- Organisation der Kulturpflege 6/10
- private Kulturförderung 6/11
- private Sportförderung 6/18 f.
- Rundfunkfreiheit 6/13
- Rundfunkstaatsverträge 6/15
- Schulsport 6/22
- Sport, Begriff 6/20
- Sportförderung 6/18 f.

Küstenmeer 1/7
Küstenschutz 25/13

Landesregierung
- Abgeordnetenprivileg 28/10
- Ämterhoheit 38/1
- Aktenvorlage, Landtagsausschüsse 24/11 f.
- Anhörungsrecht, außerordentliche Landtagssitzungen 21/19

394

Sachregister

- Antwortpflicht 24/2 f.
- Ausnahmebeschluß für Regierungsmitglieder 34/10
- Begriff 28/1; 33/3
- Beschlußfähigkeit 39/12, 17; 28/7; 34/21
- Beschlußfassung 39/9 f.; 43/8
- Bestätigung der – 29/14, 21 f.
- Bildung 29/1 f.
- Bundesrat 25/16; 42/3
- Bundesratsvertreter, Abberufung, Bestellung 37/18
- Bundesstaatlichkeit, gouvernementale 25/14
- Datenschutzbeauftragter 62/6 f.
- Einheit der –, Grundsatz 33/10
- Entlastungsverfahren 69/3 f.
- Ernennung der Mitglieder des StGH 55/15
- Europäische Union 25/16
- Finanzplanung 64/2 f.
- Funktionsfähigkeit 24/22; 28/5; 37/5; 41/3
- Geheimhaltung 70/14
- Geschäftsbereiche 29/14; 37/20
- geschäftsführende – 28/9; 33/12; 40/12; 44/5
- Geschäftsordnung 39/3 f.
- Geschlossenheit der – 37/5
- Gesetzesinitiative 37/22; 42/2
- Gesetzesvorbereitung 25/8
- Grenzen der Informationspflicht 24/21 f.
- gouvernementale Kooperation 25/14
- gouvernementale Koordination 35/8
- Großvorhaben 25/9
- Grundsatzfragen der Landesplanung 25/9
- Haushaltsgesetz, Entwurf 42/31; 65/14
- Inspektionsrecht, Adressat 24/19
- „Inzuchtklausel" 29/5
- Kabinettsbeschluß und Richtlinie 37/10
- Kabinettsgröße 29/11
- Kabinettspolitik, Geschlossenheit 39/3
- Kabinettsprinzip 37/1
- Kabinettssolidarität 39/3; 42/35
- Kanzlerprinzip 37/1
- kooperativer Föderalismus 25/14
- Koordination, Außenpolitik 35/7
- Kompetenzen 37/16
- Kompetenzwahrnehmung 28/3
- konstruktives Mißtrauensvotum 32/1 f.
- Kreditermächtigung 66/12; 71/17
- Landesbeauftragter für den Datenschutz 62/1 f.
- Landesbüro in Brüssel 35/7
- Landesverwaltung, Organisationsgewalt 56/1, 8
- Meinungsverschiedenheiten, Minister 37/21
- Minderheitsregierung 30/13
- Ministeranklage 40/1 f.
- ministerialfreier Raum 2/10; 37/14
- Mitglied anderer Volksvertretungen 28/13
- Mitgliedschaft, Bundesrat 28/8, 10
- Mitgliedschaft, Bundestag 28/11
- Mitgliedschaft in der – 28/7
- Nachbesserungspflicht 44/7
- nachgeordnete Behörden 56/6
- „Nebensouveräne" 38/10
- Nichtöffentlichkeit, Landtagssitzungen 22/9
- Notbewilligungsrecht 67/5
- Notstandsfall 39/17
- Notverordnungen 44/1 f.
- öffentliche Einrichtungen, Zugang von Abgeordneten 24/19
- Organisationsbeschlüsse 38/10
- Organisationsgewalt 38/1, 4; 56/1 f.
- parlamentarische Kontrolle 33/13
- Personalhoheit 38/1, 6; 51/11; 70/20 f.
- Personalunion mit Nachbarland 28/14
- politische Verantwortung 38/9
- politische Gestaltung, Zentrum der 28/5
- Regierungsakte 37/3; 38/10
- Regierungserklärung 64/3
- Regierungsumbildung 29/26
- Ressortfreiheit 37/14
- Ressortprinzip 37/1, 12
- Ressortwechsel 29/26; 31/10
- Richteranklage 52/7
- Rücktritt 33/9
- staatsleitende Entscheidungen 25/2
- Staatskanzlei 56/9
- Statusentscheidungen, Beamte, Richter 38/6
- Stellungnahme zu Volksbegehren 48/17
- Stichentscheid 39/11
- Stimmabgabe im Bundesrat 37/19
- Stimmrecht 39/12, 13, 17; 28/7
- Teilbestätigung der – 29/20
- Umlaufverfahren 39/10; 43/8

395

Sachregister

- Unterrichtungspflicht, Landtag 25/1 f.
- Vereidigung der – 29/24; 31/2
- Verfahren nach Art. 18 GG 15/17
- Verfassungsgerichte, Parteifähigkeit 28/4
- Verordnungen 43/1 f.
- Versteinerungsprinzip der – 33/14
- Verwaltungsvorschriften 18/21
- Vetorecht 42/10 f.
- Vollregierung 33/12
- vollziehende Gewalt 28/6
- Wahltagsbestimmung 9/10; 49/18
- Wahlvorschläge, Staatsgerichtshof 55/6
- Wechsel, Status 29/24
- Zusammenarbeit der Bundesländer 35/8
- Zustimmungsgesetz, Entwurf des – 42/32

Landschaften, hannoversche 6/9, 72/7

Landtagspräsident
- Abberufung gegen seinen Willen 18/7
- Amtsverlust 18/5
- Änderung der Fraktionsstärke 18/6
- Aufgaben 18/23
- Ausfertigung 18/23; 44/12; 45/1 f.; 68/12
- Bindung an Gesetz und Recht 18/20
- Durchsuchung und Beschlagnahme 18/12
- Eigenverantwortlichkeit für Landtagsverwaltung 18/16
- Einberufung des Landtages 18/23
- Einstands- oder Prästationspflicht 18/16
- Entschädigung, Diäten 13/14
- gesetzlicher Vertreter 18/15
- Hausrecht 18/10, 23
- Land, Vertretung 18/15
- Landtagsverwaltung 18/9, 16
- Mißtrauensantrag 18/21
- oberstes Landesorgan 54/3; 55/4
- Ordnungsgewalt 18/11, 22, 23; 23/16
- Organisationsgewalt 18/16
- Personalhoheit 18/16 f.
- singulare Doppelstellung 18/23
- staatsoberhauptliche Kompetenz 18/23
- Status 18/23
- Stellvertreter 18/4; 45/12
- Versammlungsfreiheit, Verlustfeststellung 44/4, 14
- Wahl des – 18/3
- Wahl, Ministerpräsidenten 29/9 f.
- Wahlvorschlag für – 18/2, 3
- Würde des Landtages 18/22
- Zustimmung zu Notverordnungen 18/23; 44/11

Landtag
- Abstimmung 14/8
- Ältestenrat, Status, Aufgaben 20/18; 44/11
- akzessorischer Alternativentwurf des – 49/6
- Alterspräsident 9/7
- Ansehen 17/2
- Aufgaben 7/1 f.
- Aufhebung, Ausschuß 20/12
- Auflösung 10/1 f.; 30/1
- Aufsattelverbot 27/9
- Ausnahmebeschluß 34/13
- Ausschuß 14/11; 20/1 f.
- Befassungspflicht Präambel/1; 42/30; 47/5; 49/5
- Beratung 10/7; 21/15 f.
- Beschlußfähigkeit 21/27
- Beschlußfähigkeit kraft Verfassungsrechts 30/8
- Betroffener, Untersuchungsverfahren 27/25
- Beweiserzwingungsrecht, Untersuchungsausschuß 27/14
- Brief-, Post- und Fernmeldegeheimnis 27/22
- Datenschutzbeauftragter 62/7 f.
- Delegation von Befugnissen 20/16
- Einberufungsanträge 21/17
- Einsetzungs- und Errichtungsbeschluß 20/6, 7
- Enquete-Kommission 23/5
- Finanzgesetzgebung, Entparlamentarisierung 65/2
- Finanzplan, Bindung 64/4
- Fraktionsproporz 18/4
- Funktionsfähigkeit des – 15/18; 17/2
- Geheimhaltungspflichten 24/23 f.; 25/19; 27/18, 22
- Geschäftsbereiche, Ausschüsse 20/12
- Geschäftsordnungsautonomie 21/1, 7
- Geschäftsordnung 21/1 f.; 68/2
- Geschäftsordnungsmaterien 21/3, 4
- Geschäftsordnungsbeschluß 32/10
- Gesetzgebung 7, 4, 5; s. Gesetzgebungskompetenz, Gesetzgebungsverfahren
- Haushaltsfunktion 7/4
- Haushaltshoheit 63/1 f.; 64/1 f.; 65/1 f.
- Immunität 15/1 f.

Sachregister

- Indemnität 14/1 f.
- Informationspflicht, Landesregierung, Ausnahmebeschluß 34/13
- Interpellationsrecht 24/1 f.
- Kompetenzwanderung zum Bund 25/1, 11
- Konkordanz der Funktionen 21/6
- Konstituierung 9/9
- Kontinuität des – 11/14
- Kontrolle, parlamentarische 2/10; 7/49; 63/2; 65/3; 69/7 f.; 70/9
- Kreationsfunktion 7/4
- Kreditgesetzgebung 71/1 f.
- Landesbeauftragter für den Datenschutz 62/10, 11, 13
- Landesvermögen, Kontrolle 63/2 f.
- Landtagsverwaltung, institutionelle Garantie 18/14
- Legislaturperiode 9/1 f.
- Legitimationsspende 7/2
- Mandatsverlustprüfung 11/17 f.
- Medienvertreter, Zutritt 22/6, 13
- Mehrheit der Abgeordneten 29/8; 74/1 f.
- Mehrheitsenquete 27/5
- Ministeranklage 40/2 f.
- Ministerverantwortung 37/15
- ministerialfreier Raum 2/10; 37/4
- Mitglieder, anwesende 10/6
- Mitgliederzahl, gestzl. 11/21; 74/1 f.
- „Mitregieren" der Ausschüsse 20/15
- Öffentlichkeit 7/4; 20/17; 22/1 f.; 27/15
- Opposition 19/15 f.; 27/9
- Organidentität 9/4
- Organisationsgewalt, Aufteilung 56/1
- Organsouveränität 7/10
- Organtreue, Grundsatz der – 24/9
- Parlamentsberichterstattung 22/15 f.
- Parlamentsabsolutismus Präambel/4; 46/2
- Parlamentsvorbehalt 2/7; 41/2 f.
- Personalhoheit 18/8, 16 f.; 62/11; 70/20 f.
- Petitionen 26/1 f.
- Petitionsüberweisungsrecht 25/11
- Plenarbeschlüsse 21/23
- Pflichtbeschluß 27/7
- Plenarvorbehalt 20/5; 21/7; 32/3
- Pouvoir constituant Präambel/6; 78/3
- Pouvoir constitué 78/3
- Präsidium, Konstituierung, Aufgaben 18/8 f.

- Rang 7/10; 18/22
- Rechts- und Amtshilfe 27/16
- Repräsentationsorgan 7/3; 9/1
- sachliche Diskontinuität 21/10; 15/14; 26/10; 27/12; 42/47; 69/17
- schlichter Parlamentsbeschluß 21/23; 26/11; 51/14; 68/9; 69/13 f.
- Selbstbefassungsrecht, Ausschüsse 20/15
- Selbstversammlungsrecht 21/12
- Sollbestand der Abgeordneten 74/3
- Spiegelbildprinzip 11/9; 19/14; 20/11, 20; 27/11
- ständige Ausschüsse 20/4
- Untersuchungsausschüsse 27/1 f.
- Vereinbarung über Pairing 74/4
- Verfahrenskonkurrenzen, Petitionen 26/12
- Verfassungsgebende Gewalt 78/4, 5
- Verteidigungsfall 9/15
- Vertretung des Volkes 7/3
- Volksvertretungen anderer Länder 75/1
- Vizepräsidenten 13/14; 18/4
- Wahl zum Landtag s. Wahl
- Wahlperiode 9/1 f.; 10/1; 11/2; 16/9; 15/14; 18/2; 19/6; 20/11; 42/19, 27; 76/1
- Wahlprüfung 11/1 f.
- Würde des – 18/22
- Zeugnispflicht, Untersuchungsverfahren 1/5; 27/26
- Zeugnisverweigerungsrecht 16/1 f.
- Zitierrecht 23/1 f.; 24/1
- Zusammentritt 9/7
Langzeitarbeitslosigkeit 6 a/9
Lex Brandes 18/7
Lex Holtfort 13/1
Loccumer Vertrag 6/17; 35/20

Matching Funds 6/11
Medien
- Parlamentsberichterstattung 22/15 f.
- Rundfunkrecht 6/12 f.
- Rundfunkstaatsverträge 19/20
- Telekommunikation 6/12
- Vereidigung der Landesregierung 31/2
- Zutritt zu öffentlichen Sitzungen 22/6, 13
Mennoniten, Eid 31/7, 12
Ministerpräsident
- amtierender der geschäftsführenden Landesregierung 40/12

397

Sachregister

- Ausscheiden 33/11
- Außenpolitik 35/4
- Beurlaubung von Ministern 34/21
- Berufungsrecht, Minister 29/19
- Bezüge 34/2
- Bundesrat 35/5
- designierter – 29/10
- Ersatzvertretung des – 33/16
- Geschäftsbereich, zusätzlicher 29/17
- geschäftsführender – 37/4
- Gnadenrecht 36/1 f.
- konstruktives Mißtrauensvotum 32/1 f.
- Landesregierung, Geschäftsleitung 39/1 f.
- Legitimität, demokratische 32/17
- Ministerverantwortung 37/15
- Mißbilligungsbeschluß 32/22
- Mitgliedschaft, Landesregierung 28/7
- Präsidialrechte 39/2
- Ratifikation von Staatsverträgen 35/22
- Richtlinienkompetenz 37/1 f.; 67/4; 69/5
- Rücktritt 33/9
- Selbsteintritt 67/6
- Staatsoberhaupt des Landes 35/3
- Status 34/1
- Statusverlust 29/24
- Stellvertreter des – 29/20; 30/12; 33/16; 37/5; 40/12
- Vereidigung 29/24; 31/1 f.
- Verkündung von Gesetzen 45/16 f.
- Vertretung des Landes 35/1 f.
- Verurteilung, Amtsverlust 40/12
- Wahl des – 29/1 f.; 30/6 f.; 32/12 f.

Minister
- Amtseid 31/1 f.
- Amtsführung, Pflicht zu – 34/21
- Angriffe, politische gegen – 39/3
- Aufsichtsrat 34/8 f.
- Beantwortungspflicht 23/10 f.; 24/1 f.
- besondere Aufgaben, – für 29/15
- Bestätigung 29/21; 30/12
- Beurlaubung 34/21
- Bezüge 34/2
- Ehrenamt, öffentliches 34/9
- Finanzminister 29/12; 66/2; 67/1 f.; 69/3
- Geschäftsbereich 37/12, 13
- Geschäftsbereich, – ohne 29/16
- Geschäftsbereich, zusätzlicher – 29/17
- geschäftsführender – 28/9
- Gesetzentwurf des – 37/22
- institutionelle Garantie 67/2

- Justizminister 51/11, 13; 29/12
- Kirchenämter 34/4
- Kompetenzverlust durch Landesgesetz 37/19
- Meinungsverschiedenheiten der – 37/21
- Ministeranklage 40/1 f.
- ministerialfreier Raum 37/14
- Ministerien, Organisation 56/9
- Mitgliedschaft in Landesregierung 28/7; 29/12
- Notkompetenz, haushaltrechtliche 67/15
- oberste Personaldienststelle 38/7
- Ordnungsgewalt des Landtagspräsidenten 23/16
- Personalhoheit 37/12; 38/7 f.
- Prästationspflicht 37/15
- Rederecht im Landtag 23/14
- „Reinigungsverfahren" 40/11
- Ressorts, institutionelle Garantie 29/12
- Ressortfreiheit 37/14
- Ressortorganisation 37/12
- Ressortpolitik 37/12
- Ressortprinzip 37/12; 38/7
- Richtlinie, Adressat 37/6
- Rücktrittsrecht 33/1 f.
- Staatssekretär 28/7; 39/12; 43/9; 69/4
- Status 34/1; 67/3; 69/3
- Stellvertreter 69/4
- Unvereinbarkeiten, informale 34/20
- Verantwortung 37/15
- Vereidigung 29/24
- Verordnungskompetenz 37/23
- Verwaltungsvorschriften, Erlaß 37/12
- wirtschaftliche Unternehmen, Teilhaberschaft 34/19
- Zugangsrecht, Landtag 23/6 f.

„Nebenaußenpolitik" 35/3
Nebensouveräne 38/10
Neuwerk 73/2
Niedersachsen
- Aktivbürgerschaft Präambel/5
- Außenpolitik 35/7
- Bildung des Landes 1/2
- Düneninseln 1/6
- Festlandssockel 1/7
- gemeinschaftliche Behörden mit anderen Ländern 38/9
- Gleichberechtigung des Landes – 35/8
- Gliedstaat 1/3; 35/3

Sachregister

- Grundverhältnis zu anderen Ländern 35/11
- Küstengewässer 1/7
- Küstenmeer 1/7
- Landesrecht 54/9
- Neugliederung der Länder 28/14; 35/18
- partielles Völkerrechtssubjekt 35/6
- Personalunion mit Nachbarland 28/14
- Raum 1/1
- Staatsbewußtsein 1/4
- Staatsgebiet 1/4
- Staatsgewalt 2/5
- Staatsoberhaupt 35/3
- Staatssymbole 1/18 f.
- Teil europäischer Völkergemeinschaft 1/9, 17
- Verwaltungshoheit 1/5, 27/26
- Volk, Landesvolk Präambel/5; 1/3; 2/4, 6; 3/1; 7/3; 12/5; 22/2; 31/2

Notstandsfall 39/17

Öffentlicher Dienst
- Angestellte, Arbeiter im – 38/7; 61/4
- Behörden, gemeinsame mit anderen Ländern 38/9
- Delegation von Personalbefugnissen 38/10
- ehrenamtliche Richter 51/10; 52/17
- Funktionsvorbehalt für Beamte 60/1 f.
- Hochschullehrer 38/7
- Landesbeauftragter, Datenschutz 62/1 f.
- Neutralitätsgebot 60/8
- oberste Personaldienststelle 38/7
- Personalhoheit 38/6 f.
- Personalpolitik 38/8
- Planstellen nach Geschäftsanfall 53/5
- politische Beamte 60/11
- politische Verantwortung 38/9
- Rechnungshofmitglieder 70/18 f.
- Refeudalisierung, Verbot 38/10
- Richter 51/1 f.
- Richteranklage 52/1 f.
- Richterwahlausschuß 51/11
- Statusentscheidungen 38/6
- Treuepflicht der Richter 52/5
- Wählbarkeit 61/1 f.

Oldenburg 72/1 f.
Organisationsgewalt 38/4; 56/1 f.

parlamentarischer Terrainverlust 25/1
Parlamentsabsolutismus 46/2
Parteienstaat 12/3
Parteigerichte 51/8
politische Gestaltung, Zentrum 28/5
politischer Stil 26/8
pouvoir constituant 78/3
Prästationspflicht 18/16; 37/15
Preisstabilität, Staatsziel der – Einleitung; 71/19

Quäker, Eid 31/7

Retifikation 35/22
Raumordnung 25/9
Rechtsprechung
- Abolition 36/11
- Aufhebung eines Gerichts 51/2
- Ausnahmegericht 3/6
- Aussetzung des Verfahrens, Abgeordnetenanklage 17/12
- Berufsgerichte 51/2
- Berufsrichter 51/9; 52/2; 55/18
- Beschlagnahmeverbot, Abgeordnete 6/15 f.
- ehrenamtlicher Richter 51/10; 52/17
- Funktionsfähigkeit der Gerichte 53/5
- gemeinschaftliche Gerichte mit anderen Ländern 38/9; 51/2
- Gerichte, Kriterien 51/5
- Gerichtsfreiheit, Abschlußbericht 27/24
- Gerichtsgrenzen, Änderung 51/2
- Gerichtsorganisation 51/2
- gesetzlicher Richter 3/6
- Gesetz und Recht, Bindung 2/14; 51/15
- Gnadenordnungen 36/2
- Gnadensachen, Rechtsweg 36/8
- Grundrechte der Europäischen Union 3/8
- Immunitätsentscheidung, Bindung an – 15/20
- „Im Namen des Volkes" 51/6
- Instanzenzug, Kürzung 53/6
- Kirchengerichte 51/7
- Kompetenzkonflikt, negativer 53/12
- Konkurrenz von Straf- und parlamentarischem Untersuchungsverfahren 27/26
- Landesgrundrechte, Bindung 3/4 f.
- Ministeranklage, Verfahrenskonkurrenz 40/10
- obere Landesgerichte, Landesrecht 42/1
- Parteigerichte 51/8

Sachregister

- politische Treuepflicht des Richters 51/3, 5
- Prozeßgrundrechte 3/6
- rechtliches Gehör 3/6
- Rechtsschutz und Petition 26/12
- Rechts- und Amtshilfe, parlamentarischer Untersuchungsausschuß 27/16
- Rechtsweg, Einschränkung 53/3
- Rechtsweg, Gewährleistung 53/1 f.
- Rechtspfleger 51/9
- Rechtsprechung, Begriff 51/1, 4
- Richteranklage 52/1 f.
- Richter, Auslese 38/6, 9
- Richterplanstellen, Zahl der – 53/5
- Richterwahlausschuß 51/11
- schlichte Parlamentsbeschlüsse, Bindung 51/14
- Staatsgerichtshof siehe nachfolgend
- Straferlaß 36/10
- Unabhängigkeit des Richters 51/12
- Verbandsklage 53/7
- Verwaltungsvorschriften 51/15
- Vorlagepflicht an StGH, Zulässigkeitsprüfung 27/23
- Wahlprüfungsverfahren 11/6
- Wählbarkeit der Richter 61/1, 4
- Zeugnispflicht, parlamentarisches Untersuchungsverfahren 27/26
- Zeugnisverweigerung, Abgeordneter 16/1 f.

Scharhörn 73/2
Schaumburg-Lippe 72/1 f.
Schwarz-Rot-Gold 1/22
Selbstkoordination der Länder 35/8
Staatsgerichtshof
- Abgeordnetenanklage 17/9 f.
- abstrakte Normenkontrolle 11/12; 54/8 f.
- Bundesverfassungsgericht, Kommunalverfassungsbeschwerden 54/18
- Entscheidungen 54/25
- Gerichtsverfassung 55/19
- Gesetzeskraft der Entscheidungen 55/20
- Gesetzgebungskompetenz des Landes 51/2; 54/2
- hauptamtliche Mitglieder 54/24
- kommunale Verfassungsbeschwerde 54/17 f.
- Kompetenzen, Zuweisung weiterer – 54/23 f.
- konkrete Normenkontrolle 54/12 f.
- Landesverfassungsbeschwerde 54/24
- Mandatsverlust 11/19 f.
- Ministeranklage 17/10; 40/1 f.
- Mitglieder 55/3, 6, 8 f.
- Notverordnungen 44/18
- Organstreitverfahren 12/11; 15/20; 16/17; 23/9; 25/21; 27/7; 29/26; 37/11 f.; 54/2 f.; 67/19; 70/23; 71/18
- plebiszitäre Verfahren 47/14; 48/14; 49/15; 54/7
- Plenarprinzip 55/5
- Präsident 55/4
- Rechtsweg 53/11
- Sitz 55/21
- Status 55/2, 3
- Untersuchungsauftrag, parlamentarisches Untersuchungsverfahren 27/23
- Unvereinbarkeiten, Mitgliedschaft 55/18
- Verfahren 55/19
- Verfahrenskonkurrenzen 17/11
- Verfassungsänderung 46/14
- Wahl der Mitglieder 55/6 f.
- Wahlprüfung 11/12 f.; 54/25
- Zwischenverfahren 54/15

Staatsziele, Staatsgrundsätze, Staatsfundamentalnormen
- Arbeitsförderung 6 a/8
- Behinderte 3/12
- Bildung 4/1
- Demokratie 1/9; 2/2, 4
- demokratische Grundordnung 1/22
- Gott, Verantwortung vor – Präambel/4
- Kulturstaat 6/5
- Kunstfreiheit 6/5
- Lebensgrundlage, natürliche 1/9, 12, 13
- Mehrheitsprinzip 21/22
- periodische Wahlen 9/1
- Preisstabilität, bundesrechtliches Staatsziel Einleitung; 71/19
- Rechtsstaat 1/9, 10
- Republik 1/9, 10
- Sozialstaat 1/9, 10
- Sportförderung 6/19
- Tierschutz 6 b/3
- Wohnungsförderung 6 a/8

Technik, Recht der – 29/11; 51/9
territoriale Radizierung, Prinzip der – 35/18
Titanic-Prinzip Einl./ –
Traditionsklausel 72/1 f.

Sachregister

Unionsbürger, kommunale 2/6; 57/11
Universitäten 5/13

Verbandsklage 53/7
Verfassung
- Änderung der – 46/1 f.; 49/1; 78/5
- Autonomie der – 1/3
- Begriff 40/5
- erste – 1/1
- ethisches Fundament Präambel/1
- Ewigkeitsklauseln 46/10
- Funktionsklarheit der – 62/14
- Homogenitätsgebot des Grundgesetzes 1/3; 2/3; 3/1; 7/1; 8/3; 9/2; 12/2; 13/11; 19/17; 24/22; 28/5; 29/1; 35/11; 38/2; 43/3; 46/11; 48/3; 49/3; 51/10; 52/1; 61/3; 62/2; 63/10; 64/4; 65/2; 69/2; 70/2; 71/1, 2, 15
- Landesverfassungsbeschwerde 54/24
- pouvoir constituant 78/3 f.
- Präambel, Zweck Präambel/2
- Prüfungsmaßstab 54/4, 13
- Rangordnung oberster Landesorgane 7/10
- Rechtsverhältnisse, verfassungsrechtliche 54/2
- Staatsgerichtshof 55/1 f.
- Textgebot der – 46/4
- Verfassungsgeber Präambel/6; 78/1, 3
- Verfassungsgewohnheitsrecht 39/3; 42/27; 46/6; 78/4
- Verfassungsrichterrecht 46/5
- Verfassungswandel 46/9
Verteidigungsfall 9/15; 10/9; 11/16
Volkswagen AG 63/8

Wahlen
- Allgemeinheit, Grundsatz 8/4
- Deutsche 8/10
- Doppelmandat 8/18
- Freiheit der – 8/7
- Gleichheit der – 8/8
- Geheimheit der – 8/9
- grundrechtsgleiche Rechte 8/12
- Grundsätze der – 8/2
- Landesbeauftragter Datenschutz 62/11
- Landesrechnungshof, Mitglieder 70/20
- Minister-Abgeordnete 8/20
- Ministerpräsident 29/1 f.; 30/4 f.; 32/1 f.
- nachrückender Bewerber 8/6
- Parteien, Kandidatenaufstellung 8/13
- passives Wahlrecht 8/17; 57/11; 61/2
- Personen, – von 21/27
- Prüfung der – 11/7 f.
- Sperrklauseln 8/15
- Staatsgerichtshofmitglieder 55/6 f.
- Staatsorgane 7/4
- Unmittelbarkeit 8/5
- Unvereinbarkeiten, Mandat 8/16
- Wahlgesetz, Normzweck 8/22; 57/11
- Wahlkreis 8/14
- Wahlprüfung 11/1 f.
- Wahltag 9/10
- Wohnsitz 8/11
Wattenmeer 73/2
Weißes Roß 1/20

Zeugen Jehovas, Eid 31/7
zweischichtige Organqualität, Ältestenrat 20/19

401

DIE FACHZEITSCHRIFT FÜR NIEDERSACHSEN.

Die NIEDERSÄCHSISCHEN VERWALTUNGSBLÄTTER vermitteln wissenschaftliche Abhandlungen, Beiträge mit Praxisbezug und einen umfassenden Überblick über die aktuelle Rechtsprechung für den Bereich des öffentlichen Rechts in Niedersachsen.

Auf gesonderten Informationsseiten hält die Rubrik »Neues Recht in Niedersachsen« den Leser insbesondere über den Stand von Gesetzgebungsvorhaben auf dem laufenden. Hinweise auf wichtige Seminare und Tagungen von landesweiter Bedeutung sowie weitere interessante Daten und Fakten aus der Verwaltung vervollständigen das Informationsangebot.

Internet:
www.boorberg.de

E-Mail:
bestellung@boorberg.de

Die Niedersächsischen Verwaltungsblätter erscheinen am 1. jeden Monats.

Fordern Sie ein aktuelles Probeexemplar an!

500 F

⊕|BOORBERG

Zu beziehen bei Ihrer Buchhandlung oder beim RICHARD BOORBERG VERLAG, Kestnerstraße 44, 30159 Hannover.

VERFASSUNGEN DER LÄNDER.

Kommentar zur Verfassung des Landes Baden-Württemberg
von Dr. Klaus Braun, Ltd. Ministerialrat
1984, 806 Seiten, DM 112,–/sFr 99,50/öS 818,–
(Mengenpreise)
ISBN 3-415-01044-9

einschließlich

Ergänzungsband zu Braun, Kommentar zur Verfassung des Landes Baden-Württemberg
von Dr. Klaas Engelken, Ministerialrat
1997, 104 Seiten

Die Verfassung des Freistaates Bayern
Handkommentar
von Dr. Theodor Meder,
Senatspräsident a.D. beim Bayer. Obersten Landesgericht
1992, 4. Auflage, 653 Seiten,
DM 128,–/sFr 113,50/öS 934,–
ISBN 3-415-01680-3

Handbuch der Verfassung des Landes Brandenburg
hrsg. von Dr. Dr. h.c. Helmut Simon, Richter des Bundesverfassungsgerichts a.D., Dr. Dietrich Franke, Vors. Richter am OVG, und Prof. Dr. Michael Sachs
1994, 372 Seiten, DM 112,–/sFr 99,50/öS 818,–
(Mengenpreis)
ISBN 3-415-01993-4

Verfassung der Freien Hansestadt Bremen
Kommentar
von Heinzgeorg Neumann,
Vizepräsident des Verwaltungsgerichts a.D.
1996, 538 Seiten,
DM 164,–/sFr 145,50/öS 1197,–
ISBN 3-415-01842-3

Verfassung der Freien und Hansestadt Hamburg
Kommentar
von Dr. Klaus David LL.M.
1994, 1012 Seiten,
DM 164,–/sFr 145,50/öS 1197,–
(Mengenpreise)
ISBN 3-415-01905-5

Handbuch der Verfassung des Freistaates Sachsen
hrsg. von Prof. Dr. Christoph Degenhart, Universität Leipzig, und Prof. Dr. Claus Meissner, Präsident des VGH Baden-Württemberg
1997, 630 Seiten,
DM 168,–/sFr 149,50/öS 1226,–
ISBN 3-415-02353-2

Die Verfassung des Freistaates Thüringen
Kommentar
von Dr. Joachim Linck, Direktor beim Thüringer Landtag, Dr. Siegfried Jutzi, Ministerialdirigent, und Jörg Hopfe, Regierungsdirektor
1994, 638 Seiten,
DM 168,–/sFr 149,50/öS 1226,–
ISBN 3-415-01907-1

BOORBERG

Zu beziehen bei Ihrer Buchhandlung oder beim RICHARD BOORBERG VERLAG, Kestnerstraße 44, 30159 Hannover
Internet: www.boorberg.de   E-Mail: bestellung@boorberg.de